외환시장의
이론과 실무

외환시장의 이론과 실무

Foreign Exchange Market

이영섭 · 정치화 지음

율곡출판사

머리말

그리 길지도 않은 지난 10여 년간 우리는 IMF 위기, 글로벌 금융위기 등 크고 작은 수많은 사건들을 경험했다. 이런 경험들을 통해 볼 때, 현재 우리 경제가 가장 관심을 가져야 할 문제를 하나 제시하라면 주저없이 환율문제를 꼽을 수 있다. 대형 조선업체뿐만 아니라 중소형 수출업체 등 무역에 종사하는 기업들은 환율변동에 따른 손실에 대한 대책을 마련하느라 애를 먹고 있다. 때로는 적절한 대응책 덕분에 이득을 얻기도 하지만, 때로는 키코 사태에서 보듯이 잘못된 판단으로 인해 기업 존망에 결정적인 타격을 입기도 한다. 개별 기업뿐만 아니라 정부 차원에서도 환율문제는 가장 골치 아픈 두통거리이다. 정부는 한편으로 수출을 촉진하고 다른 한편으로 물가를 안정시키느라 환율이라는 외환정책의 외줄 곡예를 항상 아슬아슬하게 타고 있다. 때로는 적절한 정책으로 안정적인 경제운용을 해나가지만 때로는 전반적인 경제관리를 제대로 이루었음에도 단 하나 외환관리를 잘못해 위기에 빠지기도 한다.

이런 상황들을 수없이 보면서 환율문제를 해결하지 않으면 우리 기업들 그리고 우리 경제가 안고 있는 고민들이 절대 해결되지 않겠구나 하는 절박감을 갖게 되었다. 이에 관련분야의 학계와 실무에서 전문가로 활동하고 있는 저자들은 그동안 축적된 지식과 경험을 바탕으로 이러한 문제를 해결하는 데 미력이나마 도움이 될 수 있는 자료를 만들어야겠다는 생각을 했다. 환율은 외환시장에서 결정되는 가격이다. 따라서 우리가 안고 있는 문제를 해결하기 위해서는 환율 자체뿐만 아니라 외환시장에 대한 포괄적인 이해가 필요해, 외환시장 전반의 이론과 실무에 관한 이 책을 집필하기로 한 것이다.

사실 함께 책을 쓰자고 처음 얘기가 나왔던 것은 거의 10년 전이다. IMF 위기 이후 폭발적으로 자본이동이 증대하고 우리나라에서도 외환시장의 역할이 중요해지면서, 외환시장의 새로운 특징 및 흐름에 대해 함께 정리해보자고 했었다. 그러나 서로 각자의 업무에 시달리느라 시간을 낼 수 없었고 또한 너무 상황이 빠르게 변화되어 어제 정리한 것이 오늘은 쓸모없게 되어, 본격적인 집필작업을 하기가 어려웠다. 그러다 너무 늦으면 더욱 집필하기가 어렵다는 위기감을 느껴 이번에는 어떤 일이 있더라도 끝내기로 마음먹고 겨우 탈고를 하게 되었다.

시중에 외환과 관련된 책들이 많이 있는데, 이 책은 그것들과 확실하게 하나 다른 점이 있다. 기존의 책들은 평범한 교과서 차원에서 기초적인 개념 혹은 이론 위주로 설명을 하거나 아니면 아주 실무적인 차원에서 세부적인 테크닉들만을 소개하는 양 극단을 취하고 있다. 그러나 이 책은 두 가지 모두를 함께 포괄하고 있다는 것이 큰 특징이다. 우선 기존 교과서에서 다루고 있는 개념 및 이론들을 모두 소화시킴으로써 외환시장을 이해하는 데 필요한 지식을 충분히 제공하고 있다. 동시에 실무적인 차원에서 외환시장별로 거래되고 있는 상품들의 특징, 구체적인 거래기법 및 전략들을 소개함으로써 현장감을 파악하는 데 큰 도움을 주고 있다. 저자들은 이론과 실무는 따로 가는 것이 아니라 불가분의 관계에 있다는 신념하에 양자를 함께 결합시켜 이 책에 설명하려고 최대한 노력했다.

이 책을 집필하는 과정에서 많은 분들로부터 고마운 도움들을 받았다. 서울대학교 김인준 교수님께서는 평소 가르침을 주셨을 뿐만 아니라 저서 중의 일부를 이 책에 원용하도록 배려해주시기까지 하셨다. 이 책의 몇 개 장들은 김인준 · 이영섭(공저), 『국제금융론』에 있는 장들을 일부 수정 · 보완해 포함시킨 것들임을 미리 밝혀둔다. 국제금융연구회의 여러 참여자들께서는 평소 관련된 연구를 진행할 때 격려와 논평을 통해 이 책의 이론 부분을 완성하는 데 커다란 도움을 주셨다. 홍익대학교 김철중 교수님께서 국제재무관리 전반에 대해 말씀해주신 배경지식들은 관련 연습문제들을 만드는 데 상당히 도움이 되었다. SC제일은행의 박이철 부행장님, JP모건의 안희정 전무님과 박휘준 전무님, Calyon은행의 송동섭 전무님, 톰슨로이터의 배혜정 상무님께서는 이 책의 실무적인 내용을 작성하는 데 많은 도움을 주셨다. 한편 이 책의 내용 중 우리나라의 현황과 관련된 부분들은 한국은행의 자료를 이용했는데, 귀중한 자료들을 공개하는 한국은행에 대해 이 자리를 빌어 감사를 드린다. 아울러 서울대학교의 신민이 양, 남진욱 군, 김예민 양은 자료수집, 원고집필 및 교정단계에서 궂은 일을 마다하지 않고 꼼꼼하게 도와줌으로써, 이 책이 현재와 같은 모습으로 나타나는 데 커다란 도움을 주었다. 그리고 이 책의 원고를 오랫동안 기다리시면서도 한 번도 불평없이 격려만을 해주신 율곡출판사 박기남 사장님, 신재혁 과장님 및 편집부 직원들께도 심심한 사의를 표하고 싶다.

책을 집필할 때 늘 그렇지만 주변에서 가장 고통을 많이 받는 사람들은 가족이다. 이번에도 오랜 기간 동안 생활도 불규칙하고 함께 하지도 못했지만, 여느 때처럼 편하게 작업에 몰두할 수 있도록 세심한 배려를 해주고 늘 따뜻한 모습으로 맞아준 가족들에게 모든 마음을 담아 감사함을 전한다.

2011년 8월

이영섭 · 정치화

차 례

03장 외환거래와 환율

04장 환율, 이자율, 물가의 관계 : 국제평가관계

II부 환율이론과 환위험 관리

05장 환율결정이론

06장 환율예측기법

07장 환위험 측정

08장 환위험 관리

III부 외환시장의 종류 및 실무

09장 현물환 시장

10장 선물환 및 외환스왑시장

11장 통화선물시장

12장 통화스왑 및 관련 스왑시장

13장 통화옵션의 기초

14장 여러 가지 통화옵션

IV부 국제통화제도와 외환 · 금융위기

15장 국제통화제도와 지역 통화협력

16장 외환 · 금융위기

I 부

Part one

외환시장의 기초

01장
Chapter one

서론

1. 외환시장 이해의 중요성 | 2. 본서의 구성

1. 외환시장 이해의 중요성

수많은 시장 중에서 왜 외환시장에 대해 특별한 이해가 필요한가 하는 질문을 받는다면 대답은 간단하다. 모든 국제거래는 반드시 외환거래를 수반하게 되어 있으며 따라서 외환시장에 대한 이해 없이는 국제거래에 대한 이해가 불가능하기 때문이다.

오늘날 주변을 돌아보면 거의 모든 생활이 국제거래와 연계되어 있다. 매일같이 마시는 커피는 브라질, 콜롬비아를 비롯한 남미 국가들에서 주로 오고, 영어학원 원어민 강사는 미국, 영국을 비롯한 영어권 국가에서 온다. 이젠 외국여행도 아무 때나 갈 수 있으며, 명동이나 이태원에 가면 여기가 한국인지 외국인지 혼동이 될 정도이다. 국내 기업이나 금융기관들은 자금이 부족한 경우 외국 금융기관에서 돈을 빌리고, 반대로 자금에 여유가 있는 사람들 및 기관들은 국내뿐만 아니라 해외로 투자처를 찾아 나선다.

이처럼 흔히 보는 외국과 연계된 일상생활들이 바로 국제거래의 일부이다. 커피수입은 무역거래를 하는 것이고, 내국인의 해외여행 또는 외국인의 국내여행은 서비스거래를 하는 것이고, 해외차입이나 해외투자는 국제금융거래를 하는 것이다. 그런데 이러한 국제거래를 하기 위해서는 반드시 국내통화와 외국통화를 바꾸어야 한다. 커피를 수입하려면 달러를 지불해야 하고, 외국여행을 하려면 우리 원화를 그 나라 통화로 바꾸어야 하며, 또한 해외차입이나 해외투자를 하려면 달러와 같은 외화가 필요하다. 이처럼 어떤 국제거래라도 외환시장에서의 외환거래를 수반하게 되어 있으며, 따라서 외환시장에 대한 이해가 충분하지 못하면 급변하는 국제환경 변화가 우리의 일상생활 그리고 우리 경제에 어떤 영향을 미치는지 제대로 이해할 수 없다.

국내경제와 국제경제의 연계성은 지난 수십 년간 글로벌화 추세로 인해 더욱 심화되고 있다. 이와 더불어 국제거래도 지속적으로 확대되었고, 따라서 외환거래도 폭발적으로 증가했다. [그림 1－1]은 외환거래의 연간 거래규모를 GDP와 비교하고 있다. 1989년부터 2010년까지 20여 년간 전세계 연간 GDP는 19.6조 달러에서 61.2조 달러로 세 배 이상 증가했다. 이에 비해 외환시장의 규모는 동 기간 147.5조 달러에서 995.3조 달러로 6.7배 이상 증가해, 지금은 전세계 GDP 규모의 16.3배에 이르고 있다. 이로 인해 외환시장은 다른 어느 시장보다도 커다란 시장이 되어, 지금은 그 규모가 전세계 주식시장, 채권시장, 대출시장을 합한 규모의 4.5배에 달한다. 따라서 과거에는 GDP로 대변되는 경제활동 및 금융시장의 움직임이 외환시장 흐름을 좌우했는데, 지금은 외환시장의 변화가 경제활동 및 금융시장의 움직임에 심각한 영향을 미치는 상황으로 변모되었다.

그림 1－1 외환시장 규모와 세계 GDP 규모

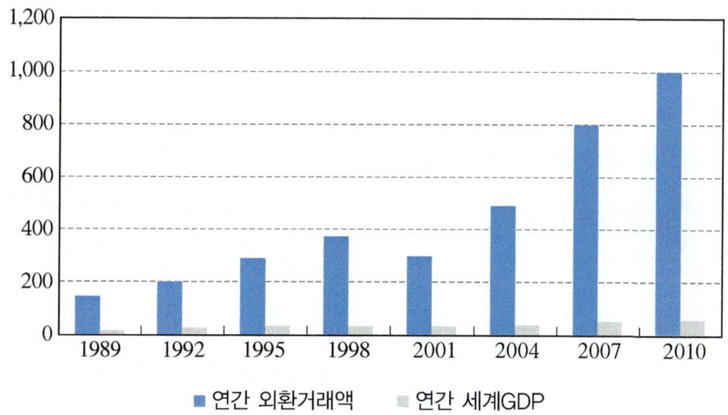

자료 : BIS, Central Bank Survey of Foreign Exchange and Derivative Market Activity ; World Bank, Dataset.

외환시장의 규모 확대와 더불어 나타난 또 하나의 중요한 변화는 외환거래의 구조가 아주 복잡해졌다는 것이다. 단순한 외환거래도 일반적인 금융거래에 환율이라는 또 다른 요인이 추가로 개입되기 때문에 이해하기 어려운데, 최근에는 환율과 연계된 파생상품 거래가 보편화되어 거래구조를 이해하기가 더욱 어려워졌다. 거래구조가 복잡해지면 가장 심각한 문제는 거래에 따른 수익 그리고 특히 위험을 파악하기가 불가능해질 수 있다는 것이다. 수익은 그나마 어렴풋이 파악하더라도 위험에 대해서는 전혀 파악하지 못하다가 어떤 사건이 발생하고 나서야 나중에 사후적으로 파악하게 되는 경우가 상당히 많다. 1997년 IMF 위기를 즈음해 SK증권이 JP 모건과 총수익스왑(total return swap, TRS)을 체결했다가 출자금액의 5.41배에 이르는 손해를 보고 파산 직전에까지 갔던 것은 파생상품거래에 따른 위험을 이해하지 못해 낭패를 본 대표적인 예이다. 또한 글로벌 금융위기를 즈음해 많은 중소기업 수출업체들이 이색옵션 중의 하나인 키코(knock- in- knock- out, KIKO)를 계약했다가, 환율이 급등하자 수출금액의 몇 배에 달하는 손해를 보고 줄줄이 도산한 것도 복잡한 구조의 키코 상품에 내재된 위험을 제대로 이해하지 못해 발생한 것이다.

이처럼 외환시장이 확대되어 가면서 동시에 거래도 점점 복잡해지고 있는데, 외환거래를 이해하지 못하면 국제거래에 따른 이득기회를 놓칠 뿐만 아니라 위기에 직면하게 될 위험이 커진다. 우선 개인 또는 기업 차원에서 보면, 일반적으로 사람들은 해외증권투자의 투자수익률에 가장 큰 영향을 미치는 요인은 해외증권시장에서의 가격변동이라고 믿고 있다. 그러나 좀더 자세히 살펴보면 증권가격 자체의 변동보다는 환율변동이 더 큰 영향을 미치고 있음을 알 수 있다. 따라서 외환시장의 움직임을 이해하지 못하면 투자이득을 회수하기가 아주 어렵다. 더더욱 큰 문제는, 앞에서 SK증권 및 키코 사태의 예를 든 것처럼, 외환시장에 대한 무지가 개인 및 기업의 존망을 좌우한다는 것이다. 따라서 국제거래에 따른 위험을 방지하고 이득을 향유하기 위해서는 외환시장에 대한 이해가 필수적이다.

또한 국가적인 차원에서도 경제활동을 관리하고 위기에 대응하기 위해서는 외환시장의 움직임을 정확하게 이해해야 한다. 예를 들어 환율은 수출에 대한 영향을 통해 경제성장에 영향을 미치고 동시에 수입물가를 통해 인플레이션에도 영향을 미치므로, 이를 어떻게 관리하느냐가 경제운용의 핵심목표인 실업 및 인플레이션 관리에 필수적이다. 더욱이 지난 10여 년간 두 차례의 위기 경험에서 보았듯이 외환위기 관리의 실패는 국가의 존망을 좌우한다. IMF 위기도 그랬지만 특히 우리나라에서도 2008년 글로벌 금융위기가 발생한 것은 전반적인 경제관리 잘못이라기보다 외환관리의 잘못 때문이다. 따라서 또다른 위기의 재발을 방지하고 국가경제를 안정적으로 운영하기 위해서는 다른 어느 것보다도 외환시장에 대한 충분한 이해를 통해 적절한 외환관리를 유지해가야 한다.

2. 본서의 구성

외환시장에 대한 이해를 도모하기 위해서는 이론적인 측면과 실무적인 측면을 두루 살펴보아야 한다. 외환시장의 기본 운영구조뿐만 아니라, 주요 상품들은 무엇인가, 이들이 어떻게 거래되는가, 그리고 이러한 상품들의 가격은 어떻게 결정되는가를 이해해야 한다. 아울러 외환시장에 대한 이해를 활용한 전략, 외환시장과 다른 금융시장들 간의 관계, 그리고 이러한 시장들을 전체적으로 아우르는 제도에 대한 이해도 필수적이다.

이 책은 이러한 제반 문제들을 대부분 포괄하고 있으며, 다양한 이슈들을 연관성에 따라 정리해 총 4개의 부, 16개의 장으로 구성되어 있다.

제I부는 외환시장에 대한 공부를 할 때 가장 기초적으로 요구되는 내용들을 소개하고 있다. 제1장은 서론으로서 이미 설명했듯이 왜 외환시장에 대한 이해가 필요한지를 역설하고 있다. 제2장은 모든 국제거래가 반드시 경유하는 외환시장의 기본적인 구조 및 현황을 소개하고 외환시장과 다른 금융시장과의 관계를 전체적인 국제금융시장 분류체계를 이용해 설명하고 있다. 제3장은 개념적인 차원에서 외환거래를 소개하고 환율의 다양한 표시법과 종류, 그리고 외환 포지션의 개념 및 중요성에 대해 설명한다. 제4장은 국제거래가 균형을 이룰 때 환율, 이자율, 물가가 어떤 관계를 유지하게 되는지 그리고 이러한 관계가 왜 국제거래의 판단기준이 되는지 설명하고 있다.

제II부는 외환시장의 가격인 환율에 초점을 맞추고 관련된 이슈들을 다루고 있다. 제5장은 우선 환율이 어떻게 결정되는지를 설명하고 있는데, 전통적인 거시적 환율결정이론들을 크게 유량접근법과 자산시장접근법으로 나누어 설명한 후, 최근 나타나고 있는 새로운 설명들을 소개하고 있다. 이어 제6장에서는 환율예측방법을 이론에 기초한 기초적 분석과 경험에 기초한 기술적 분석으로 나누어 설명하면서, 예측의 판단근거로 사용되는 다양한 실무적인 예들을 함께 제시하고 있다. 제7장 및 제8장은 이러한 환율에 대한 지식을 기반으로 환위험을 관리하기 위한 전략을 설명한다. 우선 제7장에서는 환위험을 관리하기 위해서는 환위험의 크기를 측정해야 하므로, 환위험을 환산환위험, 거래환위험, 경제적 환위험으로 나누고 각 위험을 어떻게 측정하는지 설명한다. 아울러 제8장은 이처럼 측정된 환위험을 관리하는 여러 가지 내부적 및 외부적 기법들을 설명하고 있다.

제Ⅲ부는 외환시장을 다양한 형태로 나누어 각 시장별로 구체적인 상품을 소개하면서 이들을 어떻게 거래하는지 실무적인 내용을 전달하고 있다. 제9장은 가장 기본적인 현물환거래에 대한 것인데, 외환시장 실무에 필요한 용어, 시장에서의 관습, 거래판단에 필요한 정보 등을 아울러 제공하고 있다. 제10장은 선물환거래를 설명하면서 이와 긴밀하게 연계되어 있는 외환스왑거래를 함께 설명해준다. 제11장은 표준화된 통화선물시장을 설명하는데, 선물시장의 구조 및 거래실무뿐만 아니라 전세계의 중요한 선물시장에 대해서도 소개하고 있다. 제12장은 우선 기초적인 통화스왑과 금리스왑을 소개한 후, 글로벌 금융위기를 맞아 크게 문제가 되었던 신용부도스왑 및 기타 다양한 형태의 스왑을 설명한다. 제13장 및 제14장은 옵션시장에 대한 것이다. 제13장에서는 옵션시장을 이해하는 데 필요한 기초적인 내용들과 옵션가격 결정에 대해 설명을 하고 아울러 옵션거래에 따른 위험도 소개하고 있다. 제14장에서는 우리나라에서 크게 문제가 되었던 키코를 비롯해 기타 여러 가지 다양한 옵션상품에 대해 소개하고 이러한 상품들이 어떤 특징을 지니고 있는지 설명해준다.

마지막으로 제Ⅳ부는 외환시장뿐만 아니라 다른 금융시장을 포괄해 전체적인 차원에서 논의될 수 있는 이슈들을 다루고 있다. 제15장은 그 중에서 제도적인 측면 및 국제통화금융협력 측면을 다루고 있다. 따라서 전반적인 환율제도의 특징과 국제통화제도의 변천과정을 소개하고 아울러 유럽의 통화통합 과정과 기타 다른 지역에서의 지역통화 · 금융협력 움직임을 살펴보고 있다. 제16장은 자본자유화와 더불어 발생하고 있는 외환금융위기에 대해 설명하고 있는데, 위기의 중요한 특징, 주요 사례, 국제투기세력과의 관계, 그리고 우리나라의 위기 경험 등을 살펴보고 있다.

02장

Chapter two

외환시장의 구조와 동향

1. 외환시장의 구조 | 2. 외환시장의 동향 | 3. 외환시장과 국제금융시장 | 요약 | 부록 우리나라의 외환시장 | 연습문제

1. 외환시장의 구조

1.1 외환시장의 개념과 특징

1.1.1 외환시장의 개념

외환이란 대외결제수단으로 사용할 수 있는 일체의 외국통화표시 청구권을 말한다. 따라서 외환은 달러, 유로 등 외국통화뿐만 아니라 외국통화로 표시된 채권, 주식 등 금융자산을 포괄한다. 국제거래에 참여하는 사람이나 기업들은 대금의 결제과정에서 자국통화를 외환으로 바꾸거나 해외로부터 수취한 외환을 자국통화로 바꾸어야 하므로 자국통화와 외환이 서로 교환되는 시장을 필요로 하게 된다.

외환시장이란 이와 같은 자국통화와 외환의 매매가 이루어지는 시장을 말한다. 그러나 외환시장은 외환의 매매거래가 이루어지는 특정의 장소나 공간을 지칭하기보다는 외환거래가 이루어지는 총괄적인 거래메커니즘 및 거래양태를 의미한다. 따라서 외환시장은 특정장소나 건물과 같은 지역적 공간에서뿐만 아니라 전파 또는 기타 통신수단을 통해서 이루어지는 외환거래 행위까지 포함하는 개념이다. 즉, 외환시장이란 시장참여자가 어떤 한 통화를 다른 특정 통화로 바꿀 수 있는 시장을 통틀어서 말한다. 외환시장은 광의의 금융시장의 일부이지만, 일반적으로 금융시장에서 신용이 거래되는 것과는 달리 기본적으로 다른 국가통화로 표시된 지불수단이 매매되는 시장이다.

외환시장에서는 지불수단이 거래되므로 흔히 외환거래는 국제무역과 국제자본거래를 바탕으로 발생한다고 믿고 있다. 그러나 1970년대 초반 이후 변동환율제도로 이행하면서 결제의 수단이라는 고전적 의미의 외환의 개념은 퇴색되고 외환도 주식이나 채권과 같이 하나의 투자의 대상으로 그 성격이 변화하게 되었다. 오늘날의 외환시장에서는 무역 등 다른 거래에 수반되는 차원의 거래보다는 외환거래 자체를 통해 금융이득을 추구하는 금융거래가 훨씬 큰 비중을 차지하고 있다. 이처럼 외환시장은 각종 국제무역 및 국제금융거래가 외환이라는 매개를 통해서 범세계적으로 이루어지는 통합시장이다.

1.1.2 외환시장의 특징

① 24시간 시장(global market, 24-hour market)

외환시장은 각국의 시장들이 서로 중복 연결되면서 전세계적으로 24시간 돌고 도는 시장이다. 즉, 외환시장은 매일 아침 시드니 시간 오전 5시에 뉴질랜드의 웰링턴 시장으로부터 시작되는데, 그 후 도쿄, 싱가포르, 홍콩 등 아시아를 거쳐서 프랑크푸르트, 파리, 런던, 밀란, 마드리드, 취리히 등 유럽을 지나 뉴욕에 이를 때까지 하루 종일 거래가 이루어진다. 뉴욕시간 오후 4시 30분까지는 세계금융센터(world-wide financial center)에서 주요통화의 당일자 외환거래를 할 수 있으나 오후 5시가 넘으면 다음 날짜 거래가 시작된다. 따라서 날짜별로는 우리나라 시간으로 월요일 아침 7시부터 토요일 아침 6시까지 계속해서 거래가 이루어지는 것이다.[1]

표 2-1 주요 외환시장의 개장 및 폐장 시간

개장-폐장 시간(한국시간)	주요 외환시장
08AM ~ 18PM	시드니, 도쿄, 홍콩, 싱가포르, 바레인
16PM ~ 02AM	취리히, 프랑크푸르트, 파리, 런던(5PM)
22PM ~ 06AM	뉴욕
06AM ~ 08AM	샌프란시스코, 웰링턴

외환시장은 지리적 혹은 시간적 제약이 없으며 또한 공식적인 개장시간과 개장환율(opening rate)도 없고, 폐장시간과 폐장환율(closing rate)도 존재하지 않는 곳이다. 그러나 뉴욕시장은 비공식적이지만 보통 오전 8:30~오후 3:00 사이에 거래가 이루어진다. 뉴욕시장에서 오후 4:30 이후에는 일반적으로 외환거래가 어렵다. 왜냐하면 뉴질랜드의 오클랜드 시장에서 뉴욕시간으로 오후 4:00에 거래를 시작하기 때문이다. 각 시장의 폐장과 개장시간 사이에는 외환시장이 대체로 조용한

1. 서머타임 적용시 월요일 아침 6시부터 토요일 아침 5시까지 거래가 이루어짐.

그림 2-1 주요 시장의 외환거래 시간

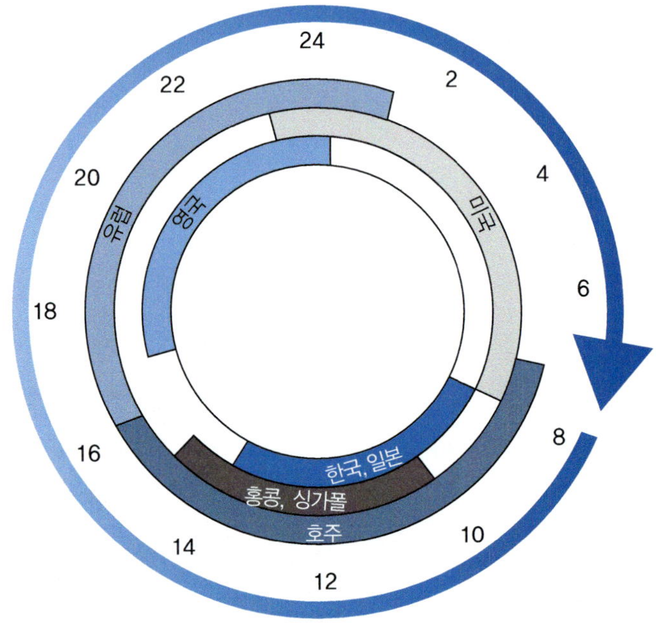

편이다. 실제로 1980년대 말에 뉴욕시장 폐장(미국 동부시간 오후 4:30)과 도쿄시장 개장(미국 동부시간 오후 6:00) 사이를 이어주는 시장을 캘리포니아주에 개설해보려고 했지만 실패한 예가 있다. 뉴욕시장에서는 오전 8:00 부터 12:00까지가 거래량의 66%가 거래되는 가장 활발한 시간인데([그림 2-2]), 이때가 런던시장과 뉴욕시장이 겹치는 시간대이기 때문이다. 대형은행 중 소수의 은행들은 야간데스크(overnight desks)를 운영하며 24시간 거래하기도 하나 대부분은 거래시간이 끝나면 거래가 가장 활발하게 진행되는 시장에 소재하고 있는 다른 은행 혹은 해외지점으로 거래주문(overnight order)을 넘겨 놓고 퇴근한다. 우리나라의 외환시장은 오전 9:00부터 오후 3:00까지 거래된다. 그러나 원-달러(USD/KRW) NDF 시장[2]은 해외에서 시간제약 없이 계속 거래된다.

2. NDF 시장에 대한 설명은 제10장 제3절을 참조할 것.

그림 2-2 뉴욕외환시장의 시간대별 거래규모

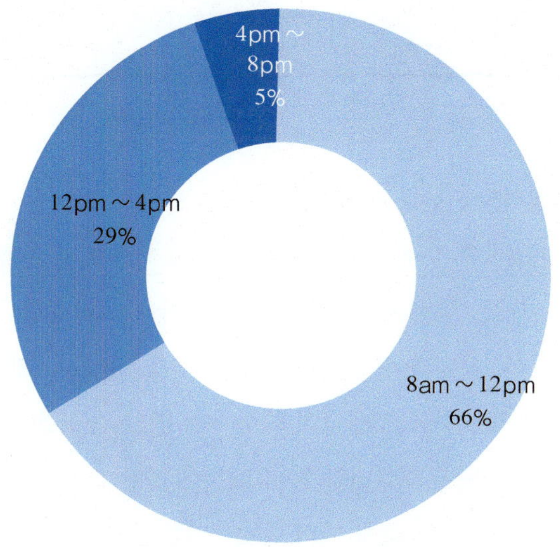

② 대규모 시장

환율이 매우 다이내믹하게 움직이고 주로 OTC 시장을 통해 거래되는 외환시장은 어떤 금융시장보다도 거래규모가 크다. BIS[3]에 의하면 2010년 4월 기준으로 외환시장(spot, forwards and FX swaps)의 하루 거래량(daily turnover) 규모는 약 3조 9,810억 달러로 연간 규모는 약 995조 달러에 이르고 있다. 이를 다른 시장 및 국제거래와 비교한 〈표 2-2〉를 보면 더욱 뚜렷이 외환시장의 규모를 알 수 있다. 2009년 전세계 GDP의 총합은 61.2조 달러이고 전세계 무역규모는 19.8조 달러에 이른다. 하지만 연간 외환거래 규모에 비하면 이는 각각 6.1% 및 2.0%밖에 안 되는 아주 미미한 수준이다. 또한 전세계 주식시장 및 채권시장의 시가총액과 은행시장의 대출 잔액규모의 총합인 금융시장의 규모는 221.5조 달러로서 외환시장의 22.3% 정도이다. 최근 금융파생상품시장이 급격하게 팽창해왔지만 아직까지는 외환시장의 2/3 정도인 668.1조 달러에 불과하다.

3. Bank for International Settlements(국제결제은행)를 말하며, 스위스 바젤에 본부를 두고 각국 중앙은행들의 외환보유고 관리 및 국제적 신용질서유지를 위한 역할을 수행하고 있다. 또한 은행들의 리스크 관리 등에 관한 지침을 마련하고 각 금융기관들에 대해 BIS 자본비율 등을 마련해 자기자본비율규제에 관한 국제적 기준을 설정했다. BIS에서는 매 3년마다 시장의 거래량 조사를 해 Central bank survey of foreign exchange and derivatives market activity와 같은 보고서를 발표한다. http://www.bis.org/

표 2-2 외환시장 규모

외환시장	전세계 GDP	전세계 무역	금융시장	금융파생상품
995.3(조 달러)	61.2	19.8	221.5	668.1
외환시장 대비 비율(%)	6.1	2.0	22.3	67.1

주 : 금융시장은 주식, 채권 및 은행시장의 잔액규모 합.

③ 범세계적 도매시장(은행간 거래시장)

외환시장은 무역업자 혹은 여행객 등을 위한 대고객 거래도 존재하지만 대부분의 거래량은 은행간 거래를 통해 발생된다. 은행간 거래는 거래단위당 평균금액이 약 4백만 달러 정도로서, 은행과 은행끼리 주로 로이터 딜링시스템으로 거래를 하는 것을 말한다. 대형은행일수록 트레이더의 숫자도 많고 각 통화별로 전담하는 데스크가 따로 있고 또한 전문 트레이더가 있기 때문에 많은 은행들이 이러한 전문거래시스템을 통해 은행간 거래를 하게 된다. 주요 외환시장에서 은행간 거래규모는 전체거래의 90% 이상을 차지하고 있다.

④ 점두시장(over-the-counter market, OTC market)

대부분의 외환거래는 점두시장[4]에서 첨단의 정보통신장비(예 : 로이터 딜링, 컴퓨터, 전화 등)를 이용해 거래가 이루어진다. 상대적으로 런던국제선물거래소(London International Financial Futures Exchange, LIFFE)와 같은 선물거래소 등 장내시장(listed market)에서 거래되는 외환 거래량은 미미한 수준이다.

⑤ 제로섬 시장(zero sum market)

외환시장의 경우 외환시장에 참여한 한 거래자가 외환차익을 실현했다면 상대방은 그에 상응하는 손실을 보는 것이 원칙이다. 만일 외국통화에 대한 국내통화의 가치가 상승했다면 이는 반대로 국내통화에 대한 외국통화의 가치가 하락했음을 의미하기 때문이다. 때로는 외환시장에서 일반거래자들 전체가 이익을 실현하거나 손실을 보는 경우가 발생하기도 한다. 만약 중앙은행이 시장에서 손실(net loss)을 실현했다면 일반거래자들의 거래실적은 전체적으로 흑자(positive sum)가 될 것이고 그 반대로 중앙은행이 이익(net gain)을 실현했다면 일반거래자들의 거래결과는 적

4. 점두거래는 특정 거래소를 통하지 않고 증권거래 혹은 외환거래가 이루어지는 것을 말한다.

자(negative sum)가 될 것이다.

1.2 외환시장의 참가자

외환시장에는 개인과 기업에서부터 은행 등 금융기관과 중앙은행, 정부에 이르기까지 다양한 참가자가 있다.

1.2.1 비금융기관 참가자(non-financial customers)

최근 수년간 각국의 외환시장 규정완화 조치로 비금융기관들이 외환시장에 많이 참여 할 수 있게 되었다. 비금융기관 참가자들로는 기업, 개인, 정부, 연기금 등 다양하다. 수출과 수입을 하는 일반기업, 개인투자자(high net-worth individuals) 그리고 정부는 대외거래의 발생에 따라 외환의 매매를 필요로 한다. 또한 미국의 경우 연기금(pension funds)도 외환거래를 한다. 기업들은 영업이 국제화됨에 따라 외환시장을 잘 분석하지 않으면 안 되는 입장에 있으며 해외 자산부채가 외환시장의 등락에 따라 위험에 노출되어 있으므로 위험관리를 필요로 하게 된다. 최근 몇몇의 기업들은 투기적 포지션(speculative position)을 취해가면서 이익실현 기회를 노리기도 한다. 특히 아시아, 유럽, 남미의 개인 투자자들은 투자은행이나 프라이빗뱅킹(private banking, PB)부서를 통해서 외환거래를 많이 한다. 순수한 민간인들은 대개 여행 경비 환전이나 송금 등을 목적으로 외환거래를 한다. 1985년 프라자 협정 이전까지 달러 강세시장이었을 때 매년 여름이면 주로 미국 여행자들이 달러를 팔고 유럽통화를 샀었고 1990년대 달러 약세 때에는 외국인들이 미국으로 와서 달러강세를 유발하기도 했다.

1.2.2 은행(banks)

기관투자자(institutional investors), 은행, 중앙은행, 다국적금융기관 등 금융기관 참가자들은 영업상 외환시장에 필수적으로 참여하게 된다. 그 중에서 은행은 가장 중요한 외환시장 참가자이다. 은행은 고객들의 외환거래 중개자로서 또는 은행 자체의 외화자금 관리를 위해 외환거래를 한다. 기업을 포함한 모든 고객들이 외환거래를 하려면 반드시 상업은행들 및 투자은행들(commercial and investment banks)과 거래를 해야 하기 때문에 자연스럽게 은행은 시장에 중개자로서 참가하게 된다. 은행의 본업은 전통적으로 대출과 예금(loans and deposits)이다. 그러나 이러한 상품은 규모와 위험에 비해 수익성도 떨어지고 은행의 BIS 자본비율을 비롯한 재무구조를 나쁘게 한다. 그러나 외환상품은 위험도 적고(상대방이 파산할 경우 시장위험만 커버하면 됨), 보통 잔액의 10% 이내에서 위험자산의 비중이 잡히므로 위험대비 수익성이 좋다. 신용라인(credit line)도 총거래금액의 10% 이내만 있으면 된다. 따라서 선진은행들이 앞다투어 딜링룸, 즉 외환상품과 파생상품 부서를 키우기 시작했다. 또한 외환시장은 유동성도 좋으므로 트레이더들만 고용해 놓으면 수익을 창출하기 쉬운 시장이다. 현재 전세계 외환시장에서 가장 대표적인 외국환은행들은 〈표 2-3〉과 같다.

표 2-3 세계 10대 외국환은행, 2011년 5월

순위	은행	시장점유율
1	Deutsche Bank	15.64%
2	Barclays Capital	10.75%
3	UBS AG	10.59%
4	Citi	8.88%
5	JP Morgan	6.43%
6	HSBC	6.26%
7	Royal Bank of Scotland	6.20%
8	Credit Suisse	4.80%
9	Goldman Sachs	4.13%
10	Morgan Stanley	3.64%

주 : 시장점유율은 총외환거래량에서 차지하는 비중을 나타냄.

은행을 대표해서 일정한도(limit)를 위임받은 외환 딜러(dealer) 또는 트레이더(trader)가 시장에 참여한다.[5] 외환 트레이더는 철저히 수익동기로 은행이름을 빌려서 자기의 판단하에 외환거래(buy low and sell high)를 한다. 보통 국제상업은행들은 트레이더에게 성과급으로 동기부여를 한다.

5. 흔히 딜러는 단기적 관점에서 주로 일중거래(intraday trading)를 하고, 트레이더는 장기적 관점에서 위험거래(risk taking)를 한다고 구분한다. 그러나 우리나라에서는 혼용해서 쓰기도 한다. 초단기거래를 하는 딜러를 jobber라고도 한다. 과거 유럽과 영국에서는 딜러, 미국에서는 트레이더라는 단어를 많이 쓰기도 했다. 지금은 트레이더라는 말을 더 많이 쓰지만 이 책에서는 혼용하고자 한다.

① 외환 트레이더의 일과

외환 트레이더들의 일과는 상당히 바쁘고 동적이다. 딜링룸은 일과가 시작되면 아주 시끄럽고 분주하다. 하루 종일 브로커로부터 시끄럽게 방송되는 스피커(squawk boxes)를 통해 시장의 정보와 분위기를 늘 간파해야 한다. 트레이더는 전화기에 둘러싸여 양쪽 귀에 각각 전화기를 대고 있을 정도로 정보를 주고받기에 바쁘다. 또한 보통 4~5개의 스크린을 보면서 정보를 효율적으로 얻어야 하고 컴퓨터 시스템에 아주 익숙해야만 한다. 트레이더들은 은행간 거래를 할 때 주로 로이터 딜링 시스템(Reuters Dealing System)을 통해 컴퓨터스크린으로 서로 대화(electronic conversations)를 하며 거래를 한다. 그 대화내용을 프린트해 거래증빙으로 사용한다. 이것은 과거에 사용하던 통신수단인 텔렉스나 전화보다도 신속하며 정확하다. 딜링룸은 프론트데스크(front desk) 혹은 트레이딩 플로어(trading floor)라고 하며, 미들오피스(middle offce) 및 백오피스(back office)와 연결되어 있다.

외환 트레이더들은 다른 직원들보다 1시간 30분 정도 먼저 은행에 출근해 간밤에 금융시장에서 일어난 사건들과 뉴스들을 점검하고 대책을 수립하고 업무에 임한다. 예를 들어 런던의 트레이더는 극동지역(도쿄, 홍콩, 싱가포르) 시장에서 일어난 일들을 여러 가지 통신수단과 매체를 통해 수집하고 분석한다. 또한 뉴욕시장이 개장하면 뉴욕의 트레이더들에게 시장정보를 주기도 한다. 트레이더들은 시장정보를 수집하고 통합해 자체 딜링룸의 아침회의를 통해 각자의 견해를 교환하고 하루 전략을 수립한다. 그리고 전략을 바탕으로 거래를 시작해 이익을 창출한다.

② 외환 트레이더의 윤리문제(ethics)

외환 트레이더들에게는 철저한 윤리준수가 요구된다. 거래정보의 비밀유지는 시장의 평가 및 기능유지를 위해 엄격히 준수되어야 하며, 은행 및 브로커는 직무상 알게 된 정보를 제3자에게 전달하면 안 된다. 은행이나 브로커 회사의 내부라고 할지라도 필요불가결하지 않은 부서 외에는 비밀정보를 전달해서는 안 된다는 것이 시장의 행동규범(code of conduct)이다.[6]

■ 개인계정을 통한 외환 및 자금거래 금지

트레이더의 개인계정을 통한 외환이나 자금거래는 고객이나 은행의 이익에

6. 한국은행국제부, 동경외환시장관행위원회의 행동규범(code of conduct), 1995. 8.

상반될 위험이 높아 금지된다. 설령 개인계정거래가 허용되더라도 트레이더가 업무상 취득한 내부정보를 이용하면 안 되고, 거래명세 및 객관성, 내부정보의 유무 등에 관한 모니터링을 해야 한다.

■ **부정행위 방지**

외환 및 자금거래에 종사하는 트레이더는 1) 녹음되지 않는 외선전화(무선통신수단 포함)를 사용하는 경우 2) 통상의 경우와 다른 결제방법을 지시한 경우 3) 결제자금 수취자가 거래상대방은행 이외의 제3자인 경우 4) 거래 성립 후 거래내용의 확인이 불가능한 경우 5) 기타 통상적인 거래와 다른 상황에 접한 경우 거래해서는 안 된다.

■ **거래상대방과의 관계**

1) 외환 및 자금거래에 종사하는 트레이더는 공정한 거래유지를 위해 거래상대방과 양식과 절도 있는 관계를 유지해야 한다. 2) 은행과 브로커 사이의 긴밀한 의사소통은 브로커의 기능향상에 도움이 되지만 과도한 접대나 선물제공은 공정한 거래 유지 등에 바람직하지 않다. 3) 은행 및 브로커회사의 관리자는 접대 및 선물제공에 관한 구체적인 지침을 정해 이를 이행하도록 하며, 접대 또는 선물제공 사실을 상호 기록하도록 하고 관리자에게 보고하도록 한다. 4) 필요시 은행관리자는 접대 증여내용의 보고를 브로커의 관리자에게 요구할 수 있다.

■ **약물 및 알콜 등의 남용**

약물 및 알콜 등에 중독된 자는 외부의 유혹에 빠지기 쉽고 최선의 방법이 아닌 방법으로 딜링을 할 위험이 있다. 따라서 관리자는 약물, 알콜의 남용이 딜링 업무에 악영향을 미칠 수 있다는 점을 주지시킬 필요가 있다.

■ **자금세탁**(money laundering)

은행은 고객의 신원을 항상 확인해야 하며 자금세탁을 조장하는 거래가 되지 않도록 제반 조치를 강구해야 한다.[7]

---

7. 자금세탁 방지를 위한 국제적 노력은 웹사이트 : www.moneylaundering.com을 참조할 것.

Box 2-1 트레이더들의 행동규범(Code of Conduct)

☞ 트레이더는 소속은행을 위해서만 거래를 해야 하며, 자기 자신을 위해 거래해서는 안 된다. 트레이더는 규정이나 정책에 반해 소속은행의 명성, 평가나 신용을 이용해서는 안 된다.
☞ 트레이더는 시장이나 경쟁자를 해할 수 있는 루머를 퍼뜨려서는 안 된다.
☞ 트레이더는 거래상대방이 가격제시를 잘못한 것이 명백한 경우 이를 이용해서는 안된다.
☞ 트레이더는 소속은행의 이익을 해하지 않는 범위 내에서 곤경에 처한 다른 트레이더에게 도움을 주어야 한다.
☞ 트레이더는 자신에게 주어진 한도와 권한, 의무를 준수해야 한다.
☞ 트레이더는 소속은행의 자산을 보호해야 하며, 은행의 이익에 반하는 계약을 맺어서는 안 된다.
☞ 트레이더는 모든 거래에서 한 약속을 지켜야 하며 번복해서는 안 된다.
☞ 트레이더는 규정에 어긋나거나 트레이더의 판단이나 시장관행상 부적합하다고 여겨지는 거래를 즉시 최고경영자에게 보고해야 한다.
☞ 트레이더는 주니어 트레이더가 독립적으로 딜링을 시작하기 전에 적합한 훈련을 시켜야 하며 업무처리 방식, 시장 관행과 기타 정보를 교육해야 한다.
☞ 트레이더는 거래에 전념해야지 오퍼레이터들의 영역인 결제(settlement)에 개입해서는 안 된다.
☞ 트레이더는 최고의 지식수준과 전문성과 직업의식을 갖춘 딜링 분야의 전문가로서 행동해야 하며 그러한 트레이더로 인정받아야 한다.

③ 트레이더의 자질(characteristics of a trader)

성공적인 트레이더가 되기 위한 자질은 상반된 성격이 필요하다. 한편으로는 시장상황에 빠르게 대응해야 하기 때문에 민첩하고 유연해야 하며 다른 한편으로는 시장의 풍파를 지긋이 견디어내는 강인함이 있어야 한다.

트레이더는 최소한 포지션[8]을 잡기 전에 시장에 대한 자기만의 견해(a view on the market)와 시나리오, 그리고 포지션 관리, 즉 손실과 이익목표를 어떻게 실현하겠다는 계획이 필요하다. 이러한 견해는 환율변화 전망에 대한 기초적 경제분석과, 기술적 분석 등에 근거를 둔다. 트레이더는 시장의 많은 정보를 거두절미해 중요한 것만을 정확히 분석해야 하는데 이러한 자질은 과학이라기보다는 차라리 예술에 가깝다고 표현할 수 있다. 좋은 트레이더는 포지션의 방향이 틀려서(against the trend) 손실이 오면 그 부분에 대해서는 재빠르게 포지션을 꺽어서 손절매를 하고, 반면에 이익기회가 오면 오래 가져가는 기술이 있어야 한다.

8. 외환 포지션이란 각 통화의 자산과 부채 상태를 말한다. 자세한 내용은 제3장을 참조할 것.

보통 트레이더는 전략적 접근(strategic approach)을 하는 유형과 포지션을 자주 사고파는(in-and-out) 유형이 있다. 전략적 유형의 트레이더는 보다 큰 그림에 초점을 두고 큰 금액을 가지고 승부를 건다. 반면 대부분의 트레이더는 자주 사고파는 유형이라고 볼 수 있는데 하루 거래량이 많지만 시장에 대한 강력한 견해가 없는 경우가 많다. 따라서 손실과 이익이 작아지며 위험도 크지 않다. 결국 트레이더에 대한 평가는 위험에 대한 태도와 관리능력이 어떠하냐에 따라서 성패가 좌우되지만 위험의 선호도와는 상관없이 최종적인 성과는 투자수익률로 측정되어야 할 것이다. "그 누구도 시장보다는 크지 않다(nobody is bigger than the market)" 라는 사실을 명심하고 시장을 존중하며, 시장을 잘 읽고 시장의 추세에 동승해서 마치 파도를 타는 것처럼 딜링을 하는 것이 필요하다. 즉, 어떠한 큰 기관(심지어 중앙은행도)일지라도 단기적으로는 시장에 충격을 줄 수 있지만 전체시장에 맞서서 시장의 추세를 바꿀 수는 없다. 실례로 1992년의 9월과 1993년 여름 유럽통화제도(European Monetary System, EMS) 내에서 외환시장에서 인위적인 환율범위를 지키려 했던 유럽 중앙은행들의 실패사례를 들 수 있다.

1.2.3 중앙은행(central banks)

중앙은행은 자국통화 가치를 조절하거나 외환시장을 안정시키기 위해 외환시장에 참가한다. 중앙은행들은 비영리기관이기 때문에 돈을 벌기 위해서 시장에 나오는 것은 아니다. 그리고 주요 선진국의 중앙은행들은 결코 투기거래를 하지 않는다. 반면에 예외적으로 말레이시아 중앙은행인 뱅크 네가라(Bank Negara)는 외환투기거래를 많이 하는 것으로 소문나 있다. 중앙은행들이 시장에 들어오는 목적은 거래환경을 제공하고 조성하는 데 있다. 그들은 또한 시장이 경제적 또는 재무적으로 불균형상태에 처할 때 이를 조정하기 위해 시장에 인위적인 개입을 한다.

비록 이익창출이 그들의 목적이 아니지만 중앙은행의 외환거래는 외관상 수익성이 좋아 보인다. 왜냐하면 중앙은행들은 장기적 관점(long-term basis)에서 거래를 하기 때문이다. 예를 들면 모든 주요국의 중앙은행들은 1985년 9월 플라자 협정 이후 달러/엔 환율이 245엔 수준일 때 달러를 매각하기 시작해서 121엔 수준(1988년 1월) ~ 80엔 수준(1995년 4월)에 걸쳐서 달러를 다시 사들였기 때문에 수익성이 좋을 수밖에 없었다. 그러나 1992년과 1993년 유럽 통화위기 때의 유럽 중앙은행들은 반대로 많은 손실을 보기도 했다.

Box 2-2 조지 소로스와 유럽 중앙은행들과의 싸움[9]

1991년 유럽연합(EU)의 통화통합 추진을 위한 마스트리트(Maastricht) 조약이 체결된 이후 EMU 가입조건을 충족시키려는 노력을 하는 과정에 유럽경제의 취약점이 노출되면서 통화위기가 촉발되었다.

1999년까지 단일 통화권을 구축하려 한 유럽통화제도(European Monetary System, EMS) 참가국들은 회원국 간 일종의 준(準)고정환율제인 '환율조정 메커니즘', 즉 ERM(exchange rate mechanism)을 운영하고 있었다. 예컨대 독일 마르크화와 영국 파운드화는 일정한 변동폭에서만 움직일 수 있었다. 만약 이 변동폭을 벗어날 정도로 환율이 요동치면 회원국 중앙은행들은 시장에 개입해 인위적으로 변동폭에서 벗어나지 않도록 해야 했다. 그 결과 EMS 환율제도에서는 환위험이 작기 때문에 투자자들은 저금리 통화를 차입해서 고금리 통화를 매입하는 이른바 '컨버전스 플레이'를 지속해 고금리 통화의 과대평가가 불가피했다. 따라서 투기세력들은 고평가된 유럽 각 통화들의 평가절하를 예상하고 투기적 공격에 나서기 시작함으로써 중앙은행들과 싸움을 시작했는데, 결국 중앙은행들이 방어에 실패하고 위기를 맞게 되었다.

1992년 9월 초, 인위적 환율관리 시스템인 ERM의 결정적 한계가 드러났다. 진앙지는 독일이었다. 1990년 통일을 달성한 독일은 낙후된 동독 경제를 단기간에 일구기 위해 휴지조각이던 동독 화폐와 서독 화폐를 1대 1로 맞교환하고 동독에 대대적 투자를 단행했다. 동독에 천문학적인 돈이 풀리자, 독일 중앙은행인 분데스방크는 인플레이션을 막기 위해 통독 후 2년 동안 10차례나 연거푸 금리를 인상하는 초고금리 정책을 취했다. 분데스방크의 초고금리정책은 독일 내에서는 효과를 거둬, 이 기간 중 독일의 소비자물가는 연간 2.5%밖에 안 올랐다. 그러나 유럽 다른 나라들에게는 재앙이었다. 높은 금리를 주는 나라로 쏠리는 게 돈의 속성이다. 돈이 독일로 쏠리면서 마르크화가 고평가되자, 다른 유럽국가들도 ERM 규정을 지키기 위해 금리를 올려야 했다. 그러나 가뜩이나 경기가 맥을 못추던 판에 금리를 올리자 독일보다 체력이 약한 다른 나라들은 경기가 급랭하며 실업률이 두 자리로 급등하는 등 심각한 위기상황에 처하게 됐다. 하지만 헬무트 슐레징거 분데스방크 총재는 "독일 국내사정이 최우선이다. 못 견디겠다면 ERM에서 탈퇴하라"며 마이웨이를 계속했다.

1992년 9월 마침내 유럽 다른 나라들의 체력이 쇠잔했다. 이런 상황에서 EMS의 회원국은 아니지만 회원국이 되기를 희망했던 핀란드와 스웨덴 등 북구권 통화에 대한 투기적인 공격이 발생하면서 '검은 9월'이라 불리는 유럽의 외환위기가 시작되었다. 9월 8일 핀란드가 가장 먼저 마르크화와 자국화폐 간 연동제를 폐기했다. 스웨덴은 자국화폐 가치 보전을 위해 단기금리를

9. 이 내용은 http://stocksci.egloos.com/2060608, http://www.kcif.or.kr/fxcrisis/2_2.asp, 선물옵션 잡지 및 금융의 지배(니얼 퍼거선 2010, pp.314-316)를 참고해 정리했음.

자그마치 500%나 인상했다. 이탈리아 화폐와 스페인 화폐 역시 대폭락했고, 영국의 파운드화도 대폭락 조짐을 보이기 시작했다.

하지만 독일과 함께 유럽연합의 헤게모니를 다투고 있던 영국은 파운드화 방어를 선언하고 나섰다. 존 메이저 영국 총리는 "파운드화 평가절하는 영국의 장래에 대한 배신행위"라고까지 호언했다. 영국 수뇌부의 메시지는 한마디로 "영란은행 금고는 넉넉하니 국민들이여 안심하라"는 것이었다. 하지만 헝가리계 유대인으로 태어나 런던에서 교육을 받은 조지 소로스는 1956년 미국으로 이민을 갔기는 했지만 누구보다 영국 정세에 밝았고 따라서 "말라리아에 걸린 파운드화"의 허장성세를 간파했다. 그는 이때부터 이례적으로 각종 언론지상을 통해 '파운드화 대폭락'을 예언하기 시작했다. 그는 평소 언론과의 접촉을 극도로 기피하는 '미스테리맨'으로 유명했다. 그는 생리적으로 기자들을 싫어해, 자신 입장을 밝힐 필요가 있을 때는 영국 〈더 타임스〉, 프랑스 〈르 피가로〉 등의 신문 · 잡지에 직접 기고하는 형식을 취해왔다. 하지만 파운드화를 공격하기 시작하면서 그는 이례적으로 신문, 잡지, TV 등 모든 언론매체와의 인터뷰를 마다하지 않았다. 이른바 시장흐름을 자신에게 유리하게 끌어가는 '아나운서 효과'를 겨냥한 고도의 바람잡이 공세였다. 소로스는 언론을 이용해 바람몰이를 하는 동시에, 사용 가능한 자금을 총동원해 연일 파운드화 팔자 주문을 내며 무자비하게 파운드화를 공격하기 시작했다. 영란은행을 공격하면서 그가 직접 동원한 현찰만 100억 달러에 달했다. 당시로는 엄청난 거금이었다. 이뿐이 아니었다. 다른 헤지펀드들도 소로스의 뒤를 좇아 1,100억 달러를 동원해 파운드화를 공격했다. 이들은 적은 돈으로 큰 거래를 하는 이른바 '레버리지 효과(지렛대 효과)'를 극대화했는데, 이로 인해 영란은행이 받은 공세 압박은 1조 달러대가 넘은 것으로 뒷날 추산됐다. 영란은행은 필사적으로 파운드화를 사수하려 했다. 외환보유액을 총동원해 파운드화(약 500억 달러에 해당하는 파운드화)를 사들이고, 단기금리를 10%에서 15%로 대폭 인상해 파운드화 가치를 지키려 애썼다. 하지만 소로스 일파의 노도같은 공세에는 역부족이었다. 당연히 영국이 발칵 뒤집혔다. 파운드화가 폭락(20% 하락)하며 금융시장이 패닉 상태에 빠져들자 영국 국민들과 야당들은 메이저 총리를 맹비난하고 나섰다. 요구의 핵심은 "ERM에서 즉각 탈퇴하라"였다. 야당의 거센 반대를 무릅쓰고 영국을 ERM에 가입시켰던 범유럽주의자 메이저 총리는 결국 압력에 굴복, 9월 16일 굴욕적인 ERM 탈퇴 선언을 함으로써 전세계에 큰 충격을 안겨주었다. 더이상 ERM에 잔류했다가는 소로스가 주도하는 국제 환투기 세력의 공세에 영란은행 금고가 텅텅 비어 국가파산의 위기에 몰리기 때문이다. 비슷한 곤경에 처했던 이탈리아 리라화도 ERM에서 같이 탈퇴했다. 이탈리아 일간지 〈라 레프불리카〉는 이 소식을 "유럽, 산산조각 나다"라는 제목으로 대서특필했다.

소로스는 이 한 달간의 총공세를 펼쳐 당시로선 천문학적 금액인 10억 달러 이상을 가볍게 벌어들인 것으로 후일 밝혀졌다. 소로스 펀드의 그해 운용수익률은 무려 68.6%였다. 소로스와 그에게 투자한 투자자들이 나눠 가진 수익은 다름 아닌 영란은행 금고에 쌓여 있던 영국의 국부였다. 이 사건으로 소로스의 이름은 국제적으로 높아졌고, 중앙은행들이 자칫 외환정책을 잘못 운영할 경우 헤지펀드의 먹이가 될 수 있음을 국제사회는 뼈저리게 경험했다.

1993년 초 덴마크 크로네와 벨기에 프랑화에 대한 투기적 공격에 이어 스페인 페세타와 포르투갈 에스쿠도, 아일랜드 펀트화도 투기세력들의 타겟이 되었다. 1993년 7월에는 프랑스 프랑화에 대한 투기적 공격이 재개되어 프랑스 중앙은행과 독일 분데스방크가 방어에 나섰지만 실패했고 결국 프랑화는 큰 폭으로 절하되었다. 결과적으로 유럽 주요 통화들이 큰 폭으로 절하됨에 따라 유럽연합은 1993년 8월 ERM의 환율변동 허용폭을 종래의 기준환율 중심 상하 2.25%에서 상하 15%로 대폭 확대하는 등 유럽의 고정환율제도를 완화했다.

1.2.4 외환 브로커(FX brokers)

① 브로커의 역할

외환 브로커는 매입자와 매도자를 연결해주는데 절대로 자기 자신의 이름으로 외환거래를 하지 않아 위험부담(risk taking)을 지지 않고 어떠한 재무적 책임도 지지 않는다. 다만 중간에서 두 은행 또는 금융기관을 연결해 거래를 중개하고 수수료(brokerage 또는 commission)만 챙긴다. 이때 가장 높은 가격을 제시하는 매입자(the highest bid)와 가장 낮은 가격을 제시하는 매도자(the lowest offer)가 합의하는 가격에 거래를 성사시킨다. 외환 브로커들은 전자 브로커 시스템(electric broking system, EBS) 등 고도로 발달된 정보테크놀로지(information technology)를 바탕으로 다이내믹한 외환시장을 활성화하면서 수익을 취하는 데 다음과 같은 중요한 역할을 한다.

- 매입자(buyer)와 매도자(seller)를 끌어와서 시장을 조성한다.
- 고객들에게 최적의 가격을 제공한다.
- 빠르고, 정확하고, 신빙성 있게 트레이더의 주문을 실행(order execution)시킨다.

브로커는 수수료 수입으로 존립하기 때문에 외환거래량을 많이 늘리지 않으면 안 된다. 따라서 은행 트레이더들과 좋은 관계를 유지하기 위해 여러 가지 서비스를 제공한다. 예를 들면 기술적 분석을 해 은행에 제공하기도 하고 거래시간을 늘리기도 한다. 또한 트레이딩룸의 해당상품 데스크에 시장상황을 방송하는 장비를 설치해서 트레이더들이 거래가격의 흐름을 쉬지 않고 모니터링(monitoring)할 수 있게 한다.[10] 최근에는 트위터(twitter) 등 소셜네트워크(social network service, SNS)를 통한 시장 및 가격 정보도 적극적으로 제공한다.

② 브로커의 윤리문제

외환시장에서의 가격구조—즉, 누가 어떤 가격에 얼마만큼의 금액을 사고팔기를 원하는지에 관한 정보—는 매우 중요한 정보이다. 이 정보를 은행은 알 수 없지만 브로커는 자연스럽게 알 수 있다. 이론적으로 브로커는 공정한 중개자에 불과하므로 이를 이용해 이익을 창출하지는 못한다. 그러나 이러한 정보를 다른 특정은행 또는 트레이더에게 불공정하게 제공하면 특정인에게 큰 이익을 가져다 줄 수도 있고 상대방에게는 큰 손실을 입힐 수도 있는 시장윤리상의 문제가 발생할지도 모른다. 이를 막기 위해 브로커 회사는 이 문제를 아주 신중히 관리하고 시장에서 명성(reputation)을 좋게 유지하려고 한다. 만약, 이를 어기게 되면 해당 브로커 회사와는 모든 거래를 중단하도록 되어 있다. 따라서 브로커는 다른 외환시장 참가자와 마찬가지로 고도의 전문성(professionalism)이 있어야 하며 윤리규정을 철저히 따라야 한다. 또한 거래시 브로커의 실수로 인해 거래가 잘못 체결되어 거래 일방의 손실(이익)이 발생되는 경우[11] 브로커는 해당은행에 신속히 연락하고 쌍방이 확인한 다음 협의를 거친 후 그 결과를 은행에 서면으로 통지해야 한다.

1.3 외환시장의 거래 및 결제시스템

외환시장에서의 거래와 결제를 원활하게 하기 위해서는 무엇보다도 효율적인 은행 간 통신시스템이 필수적이다. 과거에 모든 외국환은행들은 1920년부터 써오던 케이블 메시지(cable transfers)를 통해서 외환의 지급과 수취를 해왔다. 이 방법은 인간의 수작업에 의존하므로 실수가 많았고 외환거래량이 증가함에 따라 시간이 많이 소요되는 단점이 있었다. 만일 거래 및 결제시스템에 오류가 발생하게 되면 사슬처럼 연계되어 있는 외환시장 거래자들 사이에 연쇄적인 부도가 발생하게 되고 이는 엄청난 혼란을 발생시킬 수 있다. 이러한 단점을 보완하고 체제위험(system

10. 스팟데스크 등 트레이딩 데스크에는 squawk boxes or voice boxes 혹은 open box system을 통해 제시되는 시장방송을 통해 정보를 교환하고 거래를 한다. 요즘은 전자브로커 시스템이 주종을 이룬다.
11. 외환거래시 브로커의 실수로 인해 거래가 잘못 체결되면 현재의 시장가격으로 잘못된 거래를 상쇄하는 역거래를 하게 되는데, 이때 거래 일방에게 발생되는 손실 또는 이익을 스터핑(stuffing)이라고 한다.

risk)을 방지하고자 국제은행들 간에 보다 효율적인 국제통신시스템을 마련하기 위한 노력이 진행되어 왔다. 이 중 대표적인 것이 1973년 5월 외국환은행 간 무역관련 업무와 자금결제업무 등을 처리하기 위해 유럽은행들을 중심으로 벨기에 브뤼셀에 설치된 SWIFT(Society for Worldside International Financial Telecommunication)이다. 비영리단체인 SWIFT는 각국의 데이터집중센터로 구성되어 있으며 개별 참여은행들의 컴퓨터단말기는 각국의 데이터집중센터와 연결되어 있다.

SWIFT를 이용하게 되면 여러 면에서 큰 이점이 있다. 첫째, SWIFT는 국제적인 외국환은행 간 전용통신망이므로 이를 이용하면 한 은행에서 다른 은행으로 메시지를 보내는 것이 신속하고 통신비용 또한 과거 텔렉스에 비해 훨씬 절약된다. 둘째, 메시지 전달에 있어서 엄격한 통일양식을 활용해 컴퓨터가 전달내용을 읽게 됨으로써 업무처리가 자동화된다. 셋째, 가맹은행 간에는 과거와는 달리 관련문서를 교환할 필요가 없고 상호 주고받은 사실만 확인하면 계약절차가 완료되므로 착오에 의해 사고가 유발될 소지가 거의 없다. 넷째, SWIFT는 다른 결제시스템(예를 들어 CHIPS)과 자동연계됨으로써 범세계적 차원에서 신속한 국제자금결제를 가능하게 한다. 이와 같이 SWIFT를 이용하면 데이터의 정확성과 진위성을 즉시 확인할 수 있기 때문에, SWIFT는 과거 텔렉스를 통해 이루어지던 통신 및 수표나 어음으로 이루어지던 은행 간 자금이체를 대체하게 되었다. 현재 전세계 3,000여 개 이상의 금융기관이 SWIFT에 가입하고 있으며 우리나라도 1992년 3월부터 거의 모든 국내은행 및 외국은행 국내지점들이 회원으로 가입하고 있다.

그런데 현재 세계 외환거래는 대부분 달러 위주로 되어 있고 달러화가 아닌 통화들 간의 거래도 많은 경우 달러화를 거쳐서 이루어지고 있다. 따라서 대부분의 외환거래 결제는 미국의 결제제도를 거치게 된다. 미국의 은행 간 결제는 크게 CHIPS(Clearing House Interbank Payments System)와 Fed-Wire로 구성되어 있는데 외환 및 금융거래의 대부분은 CHIPS를 통해 결제되고 있다. 유럽에서는 EU회원국 금융기관들 간의 유로화지급결제를 위해 1999년부터 범유럽실시간통화결제시스템인 TARGET(Trans-European Automated Real-Time Gross Settlement Express Transfer)을 운영하고 있다.

최근에는 1995년 20개 국제은행들이 외환결제위험에 대한 해결방안을 모색하기 위해 G20을 결성하고 연구한 결과 1997년 영국에 유한지주회사인 CLSS(Continuous Linked Settlement Services)를 설립하고 이후 뉴욕에 위치한 CLSB(CLS Bank

International)를 설립했다. CLSB는 국제통화의 거액결제에 대한 즉시결제(payment versus payment) 서비스를 제공함으로써 원본위험(principal risk)을 제거하려 하고 있다.[12]

이와 같은 정보, 통신 및 결제망을 통해 외환시장은 시장조성자(market maker) 간 정보교환과 가격경쟁이 치열해 거의 완전경쟁시장에 가까운 편이며 효율적인 시장(efficient market)이라고 할 수 있다.

2. 외환시장의 동향

2.1 외환시장의 규모

각국의 중앙은행과 국제결제은행(Bank for International Settlements, BIS)은 매 3년마다 전세계 외환시장에 대해 서베이를 실시한다. 이에 의하면 2010년 4월 기준으로 현물환거래(spot transactions), 선물환거래(outright forward transactions) 그리고 외환스왑거래(foreign exchange swap contracts) 등 전세계의 일일평균 총외환거래규모는 약 3조 9,810억 달러에 이른다. 이는 2007년 기준의 3조 2,100억 달러에 비해 7,710억 달러 증가한 것으로 10년 전에 비해 그 규모가 약 3.6배에 이른다. 외환거래의 종류별로 살펴보면, 현물환거래는 2007년 1조 50억 달러에서 2010년 1조 4,900억 달러로 증가해 총거래의 37%를 차지하고 있으며, 선물환거래는 동기간 3,620억 달러에서 4,750억 달러(총거래의 12%)로, 그리고 외환스왑거래는 1조 8,430억 달러에서 2조 160억 달러(총거래의 51%)로 빠르게 증가하고 있다. 한편 거래상대방을 기준으로 보면 외환딜러와의 거래가 37%, 다른 금융기관과의 거래가 51%, 그리고 비금융기관과의 거래가 13%를 차지하고 있다(〈표 2-5〉).

12. 외환결제제도에서 제기되는 원본위험은 'Herstatt 위험'이라고도 불리우는데, 이는 국가지급결제제도의 운영시간이 상이해 거래쌍방이 동일한 시점에 통화를 교환하지 못하기 때문에 발생할 수 있다.

표 2-4 외환거래별 전세계 외환거래규모 (10억 달러)

거래종류	1989년	1992년	1995년	1998년	2001년	2004년	2007년	2010년
현물환거래	317	394	494	568	387	631	1,005	1,490
선물환	27	58	97	128	131	209	362	475
외환스왑거래 등	246	368	546	794	682	1,060	1,843	2,016
총합	590	820	1,190	1,490	1,200	1,970	3,210	3,981

자료 : BIS, Central Bank Survey of Foreign Exchange and Derivatives Market Activity.

표 2-5 외환거래 유형 및 상대방 (%)

거래상대방 / 거래종류	딜러	타 금융기관	비금융기관	Total
Spot	13	19	5	37
Outright forwards	3	6	3	12
FX swaps	23	23	5	51
Total	39	48	13	100

자료 : BIS, Central Bank Survey of Foreign Exchange and Derivatives Market Activity.

〈표 2-6〉은 외환거래규모를 세계 각국 중앙은행의 공적 외환보유액의 총합 및 전세계 무역액과 비교하고 있다. 2010년 말 기준 외환보유액의 총합은 6조 3,443억 달러, 전세계 연간 무역규모는 15조 6,400억 달러로 주정되고 있다. 이에 따르면 연간 외환거래액은 전세계 무역규모의 63.6배에 이르고 있어, 총외환거래액

표 2-6 공적 외환보유액, 세계수출액과 외환거래액 비교

연도	공적 외환보유액 총합(1조 달러) (1)	연간 세계수출액 (1조 달러) (2)	일평균 외환거래액 (1조 달러) (3)	연간 외환거래액 (1조 달러) (4)	외환보유액/일평균외환 거래액 (1)/(3)	연간 외환거래액/연간 수출액 (4)/(2)
1989	0.7223	2.91	0.590	147.5	1.2	50.7
1992	0.9108	3.76	0.820	205.0	1.1	54.5
1995	1.2020	4.80	1.190	297.5	1.0	61.9
1998	1.5724	5.27	1.490	372.5	1.1	70.7
2001	1.8964	6.16	1.200	300.0	1.6	48.7
2004	2.7430	11.33	1.970	492.5	1.4	43.5
2007	4.7218	17.14	3.210	802.5	1.5	46.8
2010	6.3443	15.64	3.981	995.3	1.6	63.6

주 : 연간 외환거래액은 일평균 외환거래액에 연간 250영업일을 곱한 수치임.

자료 : BIS, Central Bank Survey of Foreign Exchange and Derivatives Market Activity ; IMF, International Financial Statistics.

중에서 수출 등과 같은 실물적인 배경이 있는 실수요 거래가 차지하는 비중은 겨우 1.6%에 불과하다. 따라서 전체 외환거래의 98.4%는 실물거래와 무관하게 이익을 실현하려고 하는 금융거래임을 알 수 있다.

2.2 주요 외환시장

외환거래가 활발하게 이루어지고 있는 주요 외환시장은 주요 국제금융시장과 일치한다. 현재 규모가 가장 큰 시장은 런던시장으로서 전세계 외환거래의 36.7%가 이 시장에서 이루어지고 있다. 런던시장의 뒤를 이어 뉴욕을 포함한 미국시장이 전세계 거래규모의 17.9%를 차지하고 있으며, 도쿄시장(6.2%), 싱가포르시장(5.3%), 스위스시장(5.2%), 홍콩시장(4.7%) 등이 그 뒤를 따르고 있다. 우리나라 외환시장은 12번째 규모로서 전세계 거래규모의 0.9% 정도를 차지하고 있다.

그림 2-3 주요 외환시장, 2010년

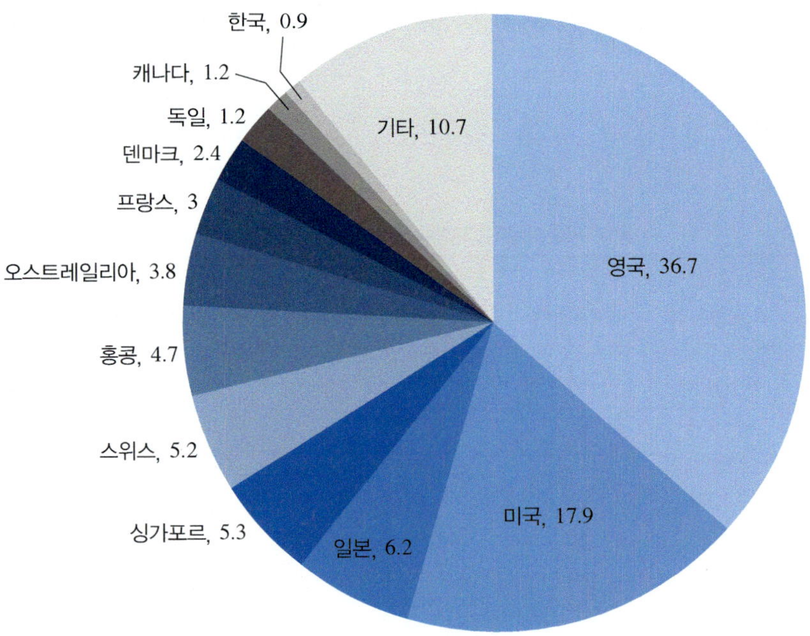

자료 : BIS, Central Bank Survey of Foreign Exchange and Derivatives Market Activity.

2.3 주요 국제통화

각 통화가 외환거래에서 차지하는 비중은 〈표 2-7〉에 나타나 있다. 총합이 200%인 것은 모든 외환거래는 이종통화 간의 거래이기 때문이다. 짐작할 수 있는 바와 같이 달러화가 가장 큰 비중을 차지하고 있으며, 유로화가 달러화 다음으로 큰 비중을 차지하고 있다. 그 뒤를 일본 엔화, 영국 파운드화, 호주 달러화, 스위스 프랑화 등이 뒤따르고 있으며, 우리나라의 원화는 1.5%의 비중을 차지해 11번째로 중요한 외환거래 통화로서의 역할을 하고 있다.

표 2-7 외환거래에서 각 통화가 차지하는 비율 (%)

통화	1989년	1992년	1995년	1998년	2001년	2004년	2007년	2010년
미국 달러화	90	82	83	87	90	89	86	84.9
독일 마르크화	27	40	37	30	–	–	–	–
일본 엔화	27	23	24	20	23	20	17	19.0
영국 파운드화	15	14	10	11	13	17	15	12.0
프랑스 프랑화	2	4	8	5	–	–	–	–
스위스 프랑화	10	9	7	7	6	6	7	6.4
캐나다 달러화	1	3	3	4	5	4	4	5.3
호주 달러화	2	2	3	3	4	6	7	7.6
Euro	–	–	–	–	38	37	37	39.1
Ecu 및 기타 EMS 통화	4	12	15	17	–	–	–	–
그 외 통화	22	11	10	16	22	21	27	25.7
총합	200	200	200	200	200	200	200	200

자료 : BIS, Central Bank Survey of Foreign Exchange and Derivatives Market Activity.

2.3.1 미국 달러(U.S. Dollar)

세계외환시장에서 미국 달러가 개입되는 거래가 약 85%로서 대부분을 차지하고 있고, 그 나머지는 달러 이외의 통화들 간의 크로스 커런시 거래(cross currency dealing)로 볼 수 있다. 이처럼 대부분의 거래가 달러 위주로 이루어져 있어 국제금융시장이 불안할 때 달러의 역할이 돋보인다. 특히 1997~1998년에 아시아 위기가 왔을 때 그리고 2008년 글로벌 금융위기가 왔을 때 안정자산을 추구하는 성향으로 더욱 달러의 가치가 돋보였다. 달러는 제2차 세계대전 후, 특히 브레튼우즈체제(Bretton Woods System) 이후 세계를 이끄는 통화로서 확고한 위치를 차지하게 되었다. 물론 아직까지도 미국 경제규모, 미국 금융시장의 규모에 의해 세계 제1의 통화(financial standard)로 자리매김을 하고 있지만, 1999년 유로화의 등장, 미국의 만성적인 경상수지 적자 그리고 2008년 이후의 글로벌 금융위기의 진원지 등으로 인해 입지가 약간 흔들리고 있다.

Box 2-3 미국은 왜 외환위기가 없는가?

1997년 한국은 3년 연속 무역적자에 불과 1천억 달러 정도의 외채로 IMF 사태를 맞았지만 미국은 2010년 5,610억 달러 경상수지 적자를 기록하는 등 오랫동안 지속적인 적자국이고 무려 13조 9,800억 달러의 외채를 갖고 있으면서도 끄떡하지 않는다. 세계 최대의 채무국이자 세계 최대의 무역적자국인 미국은 왜 외환위기를 걱정하지 않는가? 그 이유는 바로 달러가 전세계 최고의 국제통화이자 기축통화로서의 세뇨리지[13]를 누리고 있기 때문이다. 즉, 자국 정부 외에 외국이나 민간이 보유하고 있는 통화는 해당 통화금액만큼을 정부가 무이자로 돈을 대출 받아 쓰는 결과이기 때문에 정부에게 거대한 자금조달 이익이 돌아간다. 미국은 기축통화국으로서 이러한 이익을 독점하기 때문에 우리나라와 같이 외환위기를 걱정할 필요가 없다. 즉, 우리나라는 달러가 모자라는 경우 해외 금융기관이나 IMF로부터 빌려오지 못하면 국가 파산사태에 당면하지만 미국은 달러를 찍어내면 그만이기 때문이다. 최근 유로 탄생의 이면에는 선진국 간에 서로 기축통화로서의 지위를 장악해보려는 치열한 경쟁이 벌어지고 있다.

전세계에 연간 미국의 경상수지 적자만큼의 달러가 매년 해외로 흘러가고 있으며 현재 유통되고 있는 약 4조 5천억 달러 가운데 대략 60% 정도가 외국에서 돌아다니고 있는 만큼, 수출통계에는 안 잡혀 있지만 단일품목으로 달러가 세계 최대의 수출품인 셈이다. 이는 미국이 달러를 찍어내는 비용을 뺀 나머지 금액만큼 엄청난 규모의 돈을 외국으로부터 이자 한 푼 주지 않고 대출받아 거의 영구적으로 쓰고 있는 거나 마찬가지이다. 다르게 말하면 대외적자를 달러를 찍어내서 메꾸고 있는 셈이다. 더군다나 여기에는 규제장치도 없으므로 달러화로 표시된 국제유동성은 과잉공급될 수밖에 없다. 미국이 발행한 달러의 상당 부분이 세계금융시장에서 유통되고 있고 이들 국제유동성은 투기성 자금화되어 세계경제의 안정성을 위협하고 있다. 미국연방은행(FRB)은 미국이 누리는 세뇨리지가 연간 수백억 달러에 이를 것으로 보고 있다. 제2차 세계대전 막바지 브레튼우즈에서 미국과 영국이 17개월간 처절한 결투를 벌여 미국이 승리함으로써 달러화가 세계기축통화로 지정되었고, 미국정부는 세계기축통화국으로서 세뇨리지를 장악해 왔다. 1999년 유로화가 새로운 기축통화로서 자리를 차지하려는 야심을 품고 태동했는데, 만일 유로화가 또 하나의 국제통화로서 성공하게 되면 미국은 과거에 누리던 이익을 유로경제권과 나눠야 하기 때문에 유러화의 등장은 달러에 대한 중대한 도전이라고 할 수 있다.

---

13. 원래 세뇨리지(seignorage)는 정부가 통화를 발행할 때 얻게 되는 이익, 즉 통화 명목가치와 제조비용 간의 차이를 말한다. 그러나 오늘날에는 이러한 통화주조에서 발생하는 이익 외에 통화발행을 통해 거의 무이자로 자금을 조달해 쓰는 자금조달비용과 관련된 이익을 포함하는 의미로 사용한다.

2.3.2 유로(EURO)[14]

1979년 유럽통화제도(European Monetary System, EMS) 출범 이후 창출된 유럽통화단위(European Currency Unit, ECU)에 바탕을 두고 새로운 단일통화를 만들어낸 것이 유로이다. 1999년 1월 1일부터 11개국(독일, 벨기에, 룩셈부르크, 스페인, 프랑스, 아일랜드, 이탈리아, 네덜란드, 오스트리아, 포르투갈, 핀란드)의 통화를 통합해 유로를 기초로 하는 유럽통화동맹이 출범했으며, 그리스는 2001년 뒤늦게 합류했다. 이후 2007년 슬로베니아, 2008년 사이프리스 및 몰타, 2009년 슬로바키아, 그리고 2011년 에스토니아가 새로운 회원으로 가입해 현재는 총 17개국이 유로를 사용하고 있다.

유로는 현재 달러 다음가는 세계 제2의 통화로서 자리를 차지하고 있으나, 달러의 위상을 많이 잠식할 것으로 예상되었던 출범 당시의 기대에는 미흡한 실정이다. 유럽 각국의 지지부진한 성장률 및 높은 실업률 그리고 각국이 구조조정을 두고 반발을 하는 등의 문제로 인해 부침을 거듭해오고 있다. 특히 2008년 글로벌 금융위기 이후 그리스, 아일랜드 등 유럽 국가들의 재정위기가 확산되면서 일부에서는 유로의 존망까지도 불안하게 보고 있는 실정이다.

2.3.3 일본 엔(Japanese Yen)

일본 엔은 세계에서 3번째로 거래량이 많은 통화이지만 달러나 유로에 비해서는 국제성이 떨어진다. 그러나 일본의 활발한 교역량을 바탕으로 전세계적으로 어느 때나 활발히 거래할 수 있는 유동성이 있는 통화이다. 이론적으로 일본 엔은 일본의 부존자원이 부족하기 때문에 원자재의 가격등락에 따라 환율이 많이 움직일 수밖에 없는 통화이다. 그렇지만 1973년 오일쇼크를 통해 원자재 가격폭등의 위기를 극복하는 법을 터득해 1990년 걸프전이 났을 때도 일본이 기름을 미리 비축해놓았기 때문에 엔화환율이 급락하지는 않았다. 엔은 오히려 주식시장의 니케이지수(Nikkei index)나 부동산시장의 움직임에 더욱 민감한 편이다. 1989년 일본중앙은행(Bank of Japan)이 부동산시장과 주식시장의 거품을 빼려고 시도했을 때 엔은 잠

14. 자세한 논의는 제15장을 참조할 것.

시 약세를 보였으나 오래 가진 못했으며 1989년과 1995년 사이 일본의 뇌물관련 정치 스캔들로 일본이 혼란스러운 때도 일본 특유의 애매함 때문에 시장에서 큰 변동이 없었다.

그러나 클린턴 대통령 집권 후 로이드 벤슨(Lloyd Bentsen) 재무부 장관이 미-일 무역수지 불균형 해소를 위해 시장에서 일본경제의 강인함이 엔 환율에 반영되기를 원한다는 코멘트를 반복함으로써 1995년 4월 19일 엔-달러(USD/JPY) 환율이 79.75라는 낮은 수치를 기록하기도 했다. 이때에는 1985년 G5 플라자협정(Plaza Accord) 때와 마찬가지로 미국이 무역수지 적자를 개선하기 위해 일본에게 환율정책(엔절상)을 통해서라도 일본의 무역수지 흑자를 줄이라고 강력하게 칼을 들이댄다고 시장에서 믿었으며 시장에서는 엔화 강세가 어디까지 가야 하고 달러가 어디까지 약세로 가야 하는지 바닥이 안 보인다고 말했었다. 그러나 환율정책으로도 무역수지 불균형은 별로 개선되지 않았다. 1990년대 이후에는 일본의 장기침체로 인해 일본 엔이 약세로 갈 것으로 예상되었으나 글로벌 금융위기 이후에 오히려 달러에 대해 강세를 유지하는 모습을 보였다.

Box 2-4 일본 엔에 대한 몇 가지 상식

일본 엔은 왜 다른 통화와 달리 100자리 환율을 가지고 있을까? 제2차 세계대전 후 1949년 미국의 점령군이 일본의 새 환율을 정할 때 일본국기가 태양을 상징하고 있으며 하루의 시작은 아시아로부터 시작해 태양이 돌고 있다는 개념을 환율에다 반영했기 때문이다. 즉, 태양은 원을 나타내고 원은 360도이므로 달러/엔 스팟 환율을 360으로 정해 시작한 것이다. 일본재무성(과거 대장성)은 일본의 정치와 통화부문에서 가장 중요한 부서이다. 과거 '미스터 엔'으로 불리던 사카키바라, 구로다, 시오카와, 미조구치 등이 모두 재무성 소속이었다. 통화정책은 일본은행이 담당하지만 환율정책은 재무성이 담당한다.

2.3.4 영국 파운드(British Pound)

영국의 파운드 스털링은 세계외환시장에서 달러, 유로, 일본 엔 다음으로 거래량이 많다. 파운드는 세계 제1의 외환시장인 런던시장의 자국통화이지만 뉴욕시장 및 아시아 외환시장에서는 유동성이 적다. 따라서 상대적으로 스프레드도 크고 매우 많이 움직이므로 위험성이 커지게 되고 이는 다시 런던 이외의 시장에서 파운드에 대한 선호를 감소시키게 된다. 파운드는 영국이 산유국이므로 오일통화(petro currency)로서 석유가격의 등락에 매우 민감할 때도 있다.

영국은 대처 수상 말기(1990년) 10%에 가까운 국내의 인플레이션 억제를 목표로 환율조정 메커니즘(Exchange Rate Mechanism, ERM)에 준회원국으로서 가입했으나 이후 높은 실업률과 경상수지 악화, 조지 소로스로부터 환투기 공격을 받는 등 환율이 지극히 불안정해짐에 따라 1992년 ERM에서 탈퇴를 강요당하게 되었다. 2000년대 들어와서는 강세와 약세를 반복했는데, 특히 2003년에는 영국 파운드화 가치가 탄탄한 경제성장과 높은 금리를 바탕으로 달러, 유로, 일본 엔, 스위스 프랑 등 세계 주요 통화에 대해 10～20%씩 가치가 급등해 '세계에서 가장 강한 통화' 로 부상하기도 했다. 파운드 가치가 당시 급등한 것은 영국의 안정된 경제 성장과 상대적으로 높은 금리가 시너지 효과를 낸 결과였다.

2.3.5 스위스 프랑(Swiss Franc)

스위스 프랑은 EMU의 통화도 아니고 G7 통화도 아닌 작은 국가의 통화이지만 세계 주요통화에 속하고 있다. 이는 무엇보다도 스위스가 정치적으로 영세중립국이라는 특징 때문이지만, 이외에도 기초 인프라 등 다른 여건들도 스위스 프랑을 선호하도록 만들고 있다. 스위스는 한편으로 독일 등 유로지역과는 경제적으로 상당히 가까운 상관관계가 있으면서도 다른 한편으로 전 소련연방(Soviet Union)에 속했던 동구 유럽지역에 대한 재무적인 노출이 별로 없는 편이다. 그러므로 동구에 정치적 불안이 올 때는 상대적으로 유로에 비해 스위스 프랑이 이득을 보게 된다. 스위스 의회는 스위스가 EMU에 가입하는 것을 반대해, 1992년～1993년 EMU가 위기상황에 있을 때에도 스위스 프랑은 유럽통화이지만 그 돌풍에 휘말리지 않았다. 스위스 은행시스템은 세계적으로 넓은 고객망을 가지고 있으며 최고의 신뢰를 얻고 있다. 한 가지 주의할 점은, 흔히 스위스 프랑을 안정된 통화라고 오해하기 쉬우나 외환시장의 관점에서 보면 사정이 다르다는 것이다. 즉, 스위스 프랑은 주로 유로가 움직이는 패턴과 유사하긴 하지만 유로보다는 시장의 유동성이 적기 때문에 큰 물량이 시장에 나올 경우에는 유로보다 더 크게 움직일 수 있는 상대적으로 위험이 큰 통화이다.

3. 외환시장과 국제금융시장

3.1 국제금융시장의 분류

외환시장은 광의의 국제금융시장의 일부라고 볼 수 있다. 광의의 국제금융시장은 먼저 크게 지불수단(means of payments)이 거래되는 외환시장(foreign exchange market)과 신용(credit)이 거래되는 신용시장(credit market)으로 나눌 수 있다([그림 2-4]).

그림 2-4 국제금융시장의 분류

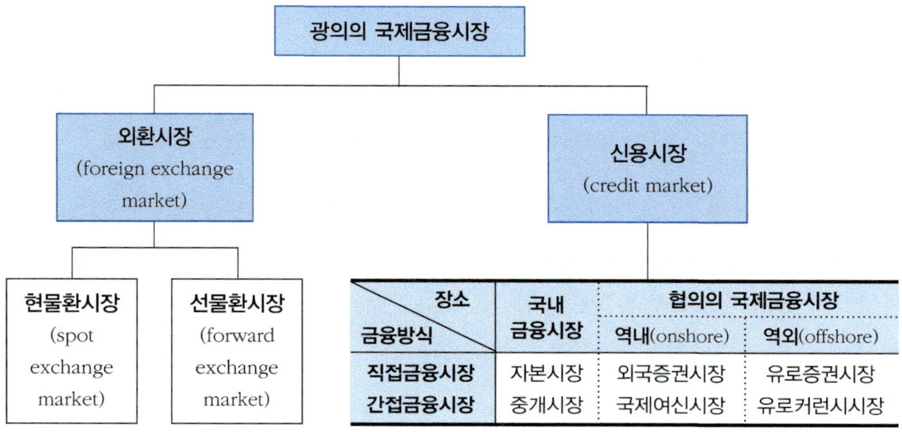

장소 / 금융방식	국내 금융시장	협의의 국제금융시장: 역내(onshore)	협의의 국제금융시장: 역외(offshore)
직접금융시장	자본시장	외국증권시장	유로증권시장
간접금융시장	중개시장	국제여신시장	유로커런시시장

또한 국제금융시장은 금융중개방식에 따라 직접금융시장(direct financial market)과 간접금융시장(indirect financial market)으로 구분할 수 있다. 직접금융시장은 자금의 대차거래가 수요자와 공급자 사이의 직접적인 거래에 의해서 이루어지는 시장이며, 자금수요자가 발행한 증권을 자금의 공급자가 매입하는 형식으로 이루어진다. 즉, 국제금융시장에서 자금수요자가 주식이나 채권 등 증권을 발행했을 때 그 증권을 구입할 의향이 있는 투자자는 정보수집망을 통해 증권발행자를 평가한 뒤 수익성이 있다고 판단되는 경우 그 증권을 구입함으로써 증권발행자에게 자

금을 조달하게 된다. 이와는 달리 간접금융시장은 자금의 대차가 금융중개기관을 통해 이루어지는 경우로 보통 예금의 형식으로 공급된 자금을 은행 등 금융중개기관이 수요자에 대출하는 형식으로 이루어진다. 때로는 여러 단계의 금융기관을 매개로 자금의 이동이 이루어지기도 한다. 예를 들어 국제금융중개기관을 통한 간접자금조달은 우선 자금에 여유가 있는 자금공급자가 자국의 은행에 예금을 하고 자국은행은 이 자금을 국제금융센터에 위치한 은행에 예금을 하게 되는데 자본이 부족한 자금수요자는 이 국제금융센터 은행으로부터 자금을 대출받기도 한다.

또한 국제금융시장은 지리적인 측면에서 금융기관 소재지를 중심으로 볼 때 역내금융시장(onshore market)과 역외금융시장(offshore market)으로 분류할 수 있다. 역내금융시장은 내국인과 외국인 사이 또는 외국인 상호간의 거래가 금융기관 소재국의 통화로 이루어지는 경우를 말한다.[15] 역내금융시장은 직접금융과 간접금융 여하에 따라 각각 외국증권시장과 국제여신시장으로 구분할 수 있다. 역외금융시장은 금융기관 소재국 이외의 통화로 이루어지는 경우를 말하며 유로금융시장(Euro market)이라 불린다. 역외금융시장은 다시 직접금융시장인 유로증권시장과 간접금융시장인 유로커런시시장(Eurocurrency market)으로 구분할 수 있다. 예를 들어 유로채(Eurobond)는 장기자본시장에서 발전되어 온 역외직접금융상품으로, 표시외채의 통화발행국 이외의 장소에서 발행되고 국제인수단(international underwriting syndicate)에 의해 인수 · 매출되는 채권을 뜻한다. 유로달러채가 주종을 이루고 있으며, 유로엔채, 유로스털링채 등도 일정한 비중을 차지하고 있다. 그러나 실제적으로 역내금융시장과 역외금융시장을 명확하게 구분하기 어려운 경우가 많다. 예를 들어 흔히 역외금융시장으로 분류되더라도, 런던시장처럼 국내시장과 국외시장이 구분되지 않는 내외일체형 시장, 뉴욕시장처럼 양자가 분리된 시장, 실체가 없이 형식적으로만 이루어지는 세금피난형 시장 등 다양한 유형이 있다.

한편 국제금융시장은 금융거래가 특정의 장소인 거래소를 통해서 이루어지느냐 혹은 통신수단을 이용해 거래당사자 간의 합의에 의해 이루어지느냐에 따라 장내시장(exchange traded market)과 장외시장(over-the-counter market)으로 구분

15. 이러한 분류는 국제금융거래만을 기준으로 한 것이며 모든 거래를 포함해 정의할 때는 외국시장(foreign market)이라는 용어를 역내시장과 동일시하기는 곤란하다. 좀더 포괄적으로 정의하면 역내금융시장은 비거주자와 거주자 간 거래 또는 거주자와 거주자 간의 국내금융거래를 포함하는 시장이고 역외금융(offshore banking)이란 비거주자와 비거주자 간의 모든 금융거래를 포함하는 시장이라고 할 수 있다.

되어 있다. 장내시장은 시장참가자가 금융상품에 대한 매매주문을 중앙집중적 장소인 거래소에 보내고 거래소는 이를 경쟁입찰원칙 등 표준화된 규칙에 의해 처리하는 시장으로 거래소시장이라고도 부른다. 장내시장은 시장참가자들 간의 거래관계가 다면적이고 거래소에 집중된 매매주문의 상호작용에 의해 가격이 결정(order-driven)되므로, 거래상대방을 알 수 없으며 거래정보가 투명하다는 점이 특징이다. 장외시장은 거래소 이외의 장소에서 금융거래가 이루어지는 시장을 말하며 크게 직접거래와 브로커경유거래로 이루어져 있다. 직접거래는 금융중개기관을 거치지 않고 매매당사자 간의 개별적인 접촉에 의해 직접 거래가 이루어지는 시장을 말한다. 브로커경유거래는 딜러/브로커 등이 거래를 중개하는 시장을 말하는데, 딜러/브로커가 고시한 매매가격을 거래상대방이 승낙해 가격이 결정(quote-driven)되기 때문에 거래정보의 투명성이나 거래상대방의 익명성이 낮은 것이 특징이다. 장외거래는 거래당사자 간에 자율적으로 거래가 이루어지므로 동일한 시간에 동일한 상품에 대해 거래가 이루어지더라도 거래가격은 매매당사자에 따라 다르게 결정될 수 있다. 외환시장에서 장외시장의 포괄적 의미는 기업을 비롯한 일반 고객과 은행 사이에서 외환거래가 이루어지는 대고객 시장도 포함한다. 오늘날에는 전세계가 고도로 발달된 통신시설로 연결되어 모든 시장 참여자들이 24시간 거래를 하고 있는 하나의 통합된 글로벌마켓이 장외 외환시장이다.

국제자본시장은 또한 거래단계에 따라 발행시장과 유통시장으로 구분된다. 발행시장(primary market)이란 금융상품이 새로이 발행되는 시장이며 유통시장(secondary market)이란 이미 발행된 금융상품이 거래되는 시장을 의미한다. 발행시장에서 발행자와 매입자 간의 중개역할을 하는 금융중개기관은 해당 상품의 발행업무를 대행함은 물론 발행위험의 전부 또는 일부를 부담하며 시장조성기능(market making)을 수행한다. 유통시장은 이미 발행된 채권 및 주식을 현금화할 수 있게 함으로써 해당 금융상품의 유동성을 높여준다. 또한 유통시장은 금융상품의 발행가격을 결정하는 데도 중요한 역할을 한다. 예를 들어 유통시장의 가격이 높을수록 발행가격도 높아져 발행기업은 낮은 비용으로 자금을 조달할 수 있게 되는 반면, 유통시장의 비효율성 등으로 가격이 낮게 형성되거나 불안정하면 기업의 자금조달비용이 늘어나게 된다.

이처럼 관심 기준에 따라 국제금융시장을 다양하게 분류할 수 있는데, 많은 국제기구 또는 주요 기관들이 발표하는 자료들을 보면 〈표 2-8〉처럼 국제금융시장을 일반적으로 기능적인 측면에서 크게 국제은행시장(international banking market), 국제유가증권시장(international securities market), 파생상품시장(derivatives market) 및 외환시장(foreign exchange market)으로 분류하고 있다. 국제은행시장은 은행이 자금을 조달하는 입장인가 아니면 제공하는 입장인가에 따라 예금시장과 대출시장으로 구분할 수 있다. 국제유가증권시장은 만기 1년 이하의 단기거래 위주로 이루어져 있는 국제단기금융시장(international money market)과 만기 1년 이상의 장기거래 위주로 이루어져 있는 국제자본시장(international capital market)으로 나누는데, 국제자본시장은 또 다시 국제채권시장(international debt securities market)과 국제주식시장(international equity market)으로 세분된다. 파생상품시장은 거래계약의 형태에 따라 보통 선물시장, 옵션시장, 스왑시장으로 구분하고, 외환시장은 크게 현물환시장, 선물환시장, 외환스왑 및 옵션시장 등으로 구분할 수 있다.

표 2-8 국제금융시장의 기능적 분류

대분류	세부분류	
국제은행시장	예금시장	
	대출시장	
국제유가증권시장	단기금융시장	
	자본시장	채권시장
		주식시장
파생상품시장	선물시장	
	옵션시장	
	스왑시장	
외환시장	현물환시장	
	선물환시장	
	외환스왑 및 옵션시장	

3.2 외환시장과 유로커런시시장

외환시장과 유로커런시시장은 기능적인 측면에서 불가분의 관계를 갖고 있어 상호 밀접하게 연결되어 있다. 유로커런시시장이 유로예금과 대출 등이 이루어지는 신용시장(credit market)인 데 반해 외환시장은 이종통화 간의 지급수단이 교환되는 지급수단의 매매중개시장이므로, 유로커런시시장의 신용거래에 필요한 유로커런시들은 외환시장에서의 거래를 통해 조성되게 된다. 즉, 유로커런시시장의 신용거래는 외환시장의 이종통화의 거래와 연계되어 이루어지게 된다.

이처럼 외환시장에서의 거래는 유로커런시시장의 신용거래와 직결되어 있으므로 외환시장의 참여는 단순히 환율뿐만 아니라 교환되는 통화의 이자율을 함께 고려한 후에 이루어지게 된다. 외환시장에서 환율결정이 반드시 해당 통화의 이자율 결정과 관련되는 것은 바로 외환시장과 유로커런시시장이 하나의 통합된 시장을 이루고 있고 또한 유로커런시시장과 각국 국내단기금융시장이 연결되어 있기 때문이다. 따라서 실제로 많은 주요 국제금융시장의 딜링룸에서 스왑데스크(swap desk)는 단기자금데스크(money market desk)에 소속되어 있다.

요약

1. 외환시장이란 외환거래가 이루어지는 총괄적인 거래메커니즘 및 거래양태를 의미한다. 외환시장은 다른 어느 시장보다도 규모가 큰 시장이고, 범세계적 시장, 24시간 시장, 장외거래시장, 제로섬시장 및 도매거래시장이라는 특징을 지니고 있으며, 주요 참가자는 외국환은행, 고객, 외환 브로커, 중앙은행 등이다. 외환시장에서의 거래와 결제를 원활하게 하기 위해 가장 대표적으로 이용되는 은행 간 통신시스템으로는 SWIFT가 있다.

2. 현재 전세계 외환시장의 일평균 거래규모는 3조 9,810억 달러에 이르고, 런던시장이 가장 거래규모가 크며, 뉴욕시장, 도쿄시장, 싱가포르시장, 스위스시장, 홍콩시장 등이 그 뒤를 따르고 있다. 우리나라 외환시장은 12번째로서 전세계 거래규모의 0.9% 정도를 차지하고 있다. 통화별로는 달러화가 가장 큰 비중을 차지하고 있으며, 그 뒤를 유로화, 일본 엔화, 영국 파운드화, 호주 달러화, 스위스 프랑화 등이 뒤따르고 있다. 우리나라의 원화는 1.5%의 비중을 차지해 11번째로 중요한 외환거래 통화로서의 역할을 하고 있다.

3. 외환시장은 광의의 국제금융시장의 일부라고 볼 수 있다. 국제금융시장은 관심 기준에 따라 다양하게 분류될 수 있는데, 일반적으로는 기능적인 측면에서 크게 국제은행시장, 국제유가증권시장, 파생상품시장 및 외환시장으로 분류하고 있다. 외환시장과 유로커런시시장은 기능적인 측면에서 불가분의 관계를 갖고 있어 상호 밀접하게 연결되어 있다.

부록 우리나라의 외환시장[16]

1. 우리나라의 외환시장 개관

우리나라 외환시장이란 미국 달러화(혹은 엔과 같은 외국통화)에 대해 우리나라 통화인 원화의 거래가 이루어지는 제한적 시장을 말한다. 여기서 제한적이라 함은 외국통화와 우리나라 원화의 거래 및 결제가 주로 우리나라에서 이루어지고 세계 다른 지역에서는 거의 이루어질 수 없음을 의미한다.

우리나라의 외환시장에는 개인, 기업 등의 고객, 국내시중은행과 외국은행 서울지점, 종합금융회사, 증권회사 등의 금융기관, 한국은행 및 기획재정부 등의 정부, 그리고 서울외국환중개(주) 및 한국자금중개(주) 등의 외국환중개회사(broker)가 참여하고 있다.

우리나라의 외환거래 중 대고객거래는 외국환은행의 세일즈 딜러가 담당하고 있는데, 금융기관과 기업 또는 개인(내국인 및 외국인) 간에 주로 이루어지고 있다. 은행간 거래는 은행간 직접거래(direct dealing)와 외국환중개회사를 통한 브로커경유거래(trading through broker)로 구분된다. 우리나라의 은행간 거래는 국내은행들의 본점과 종합금융회사 그리고 외국은행의 국내지점들이 참여해왔으나 2002년 7월 1일부터 보험사와 증권사도 참여할 수 있게 되었다. 한국은행은 자체자금 또는 외국환평형기금 등을 대리해 참여하지만 보통 시중은행이나 외국은행 창구를 이용해 시장에 개입한다. 은행간 거래의 원천은 대고객거래에 바탕을 두고 있으며 거기에다 트레이더(인터뱅크 딜러 담당)들의 각종 헤지거래 및 투기적 거래가 추가된다.

2. 우리나라 외환시장의 구성

우리나라의 외환시장은 지역적으로 국내에서 외환이 거래되는 역내시장(onshore market)과 국외에서 거래되는 역외시장(offshore market)이 존재한다. 역

16. 이 내용은 한국은행, 『우리나라의 외환제도와 외환시장』을 참조해 정리했음.

내시장은 크게 현물환시장, 선물환시장, 외환스왑시장, 통화선물시장으로 구성되어 있고 역외시장으로는 NDF(non-deliverable forward) 시장이 있다.

우리나라에서 현물환거래(spot transaction)란 보통 2영업일(2 business days) 이전에 만기가 도래하는 포지션을 커버하는 거래로서 일반적으로 당일물(value today) 익일물(value tommorow), 익익물(value spot)의 3가지 형태로 거래가 된다.[17] 우리나라의 원화는 국제금융시장에서 마음대로 교환되는 태환통화(convertible currency)가 아니므로 다른 주요 외환시장과는 달리 24시간 시장이 형성되지 않는다. 현물환시장은 오전 9시부터 오후 3시까지 거래 된다.

결제일이 현물환기간을 넘는 기간부터 선물환이라고 하는데, 주로 1주일물부터 1년물까지의 거래가 성립되며 1년 이상 되는 선물환은 신용위험문제로 잘 거래되지 않는다. 우리나라의 선물환제도는 1968년 7월 12일 처음으로 도입되어 외국환은행의 대고객매입거래에 한해 이용되었고 은행간 거래는 1976년 6월에 허용되었으나 외국통화 간의 거래에만 한정되었다. 원화 대 외국통화 간 선물환 거래는 1980년 7월 1일부터 시행된 외국통화와 내국통화 간의 선물환제도(원화 선물환제도)로부터 시작되었다. 현재는 우리나라 선물환시장이 스왑시장과 현물환시장 간의 차익거래 등과 연결되어 상당히 발전했다. 그러나 기업체에서 선물환거래의 필요성이 아무리 절실하다 하더라도 기업신용한도(credit line) 때문에 3개월 이상 긴 기간일 경우 혹은 금액이 큰 경우 선물환계약을 은행과 체결하기 어려울 때가 있다.

외환스왑거래는 현물환으로 팔고(사고) 선물환을 동시에 사서(팔아서) 연결하거나(sell and buy 또는 buy and sell), 선물환과 선물환 거래를 서로 반대방향으로 연결해 동시에 행하는 거래를 말한다. 선물환과 마찬가지로 주로 1주일부터 1년까지의 기간을 커버한다. 스왑거래는 환위험의 부담없이 외환의 수취와 결제시점 간의 불일치를 조정하거나 선물환시장과 자금시장 간의 차익거래에 많이 사용된다. 우리나라는 1997년~1998년 IMF위기 즈음 달러수요가 급증해 기업들이 현물환시장에서 당일물을 사고 익일물을 팔아서 환위험 없이 모자라는 당일의 외화포지션을 충당하는 거래를 빈번히 했다. 외환스왑거래를 이용하면 단기금융시장에 비해 보유통화를 담보로 함에 따라 채무불이행의 위험이 크게 축소되고 외환매매 방식에 따라 단기금융거래에 소요되는 대출관련 부대경비가 크게 절감되는 이점이 있다.

---

17. 2002년 8월 1일부터는 은행간시장의 현물환거래단위를 제2 영업일결제(value spot)로 단일화했다.

외환거래규모를 살펴보면 2010년 일평균 거래량이 418.9억 달러로 2009년의 380.8억 달러에 비해 10.0% 증가했다. 이 중 현물환거래가 39.6%, 선물환거래가 15.6%, 외환스왑이 42.8%를 차지하고 있다. 한편 거래상대별로는 대고객거래가 15.0%, 은행간 거래가 85.0%를 차지하고 있으며, 은행별로는 국내은행이 49.3%, 외국은행지점이 50.7%를 차지해 국내외 기관 간에 비슷한 정도의 거래실적을 보여주고 있다. 또한 우리나라 외환시장에서는 미국 달러화와 원화 간의 거래가 전체 거래의 83.7%를 차지하고 있으며, 원화와 달러 이외의 외국통화 간의 거래는 2.1%, 외국통화와 외국통화 간의 거래는 14.2%에 불과한 수준이다. 그나마 외국통화 간의 거래도 미국 달러화와 일본 엔화 혹은 미국 달러화와 유로화 등 미국 달러화가 연계된 거래가 대부분을 차지하고 있다.

표 A2-1 **우리나라 외환거래 추이**(일평균) (억 달러)

구분	2002	2004	2006	2008	2010
현물환	50.7	86.1	127.5	196.9	165.8
선물환	12.5	29.6	50.8	95.1	65.2
외환스왑	19.6	51.6	77.5	166.9	179.2
외환파생거래	9.1	18.8	45.8	94.7	8.7
계	91.9	186.1	301.6	553.6	418.9

주 : 외환파생거래는 통화관련 거래 및 금리관련 거래를 포함.
자료 : 한국은행

한편 선물거래소를 통한 통화선물거래(currency futures)는 선물회사, 은행 및 증권사를 중심으로 기관투자가들이 현물시장에 대한 헤지 목적으로 참여하며 시장을 주도한다. 또한 은행을 통한 선물환시장을 이용하기 어려운 신용이 낮은 중소기업이나 개인이 증거금을 예치하고 외환위험을 헤지할 수 있는 시장이다.[18]

NDF는 선물환거래의 한 가지 방법으로 쌍방이 만기에 원금을 교환하지 않고 계약 선물환율과 만기 지정환율(fixing rate) 간의 차이를 계산해 차액결제만을 하는 방법이다. 우리나라 달러/원 환율의 변동성이 늘어나고 국제투자자들의 투자금액은 늘어나는데 달러/원 환율을 효율적으로 헤지할 수가 없었기 때문에 싱가포르와 홍콩 등지에서 1995년 이후 NDF 거래가 활성화되어 왔다.[19] NDF는 단지 계약형태

18. 제11장 통화선물시장 참조.
19. 그렇지만 달러/원 NDF 시장이 양성화된 것은 프레본 야마니(Prebon Yamane)사가 1996년 9월 30일부터 Reuter Telerate를 통해 달러/원 NDF환율을 고시하면서부터이다.

일종으로 우리나라 역내에서도 얼마든지 거래는 가능하다. 역외 NDF는 주로 국내에 주식투자를 하고 있거나, 한국내 보유자산에 대한 헤지가 필요한 외국인 투자자들이 환위험 회피수단으로 활용한다. 거래기간은 보통 1, 2, 3, 4, 5, 6, 9개월과 1년, 5년까지 있으나 신용라인과 시장의 유동성 제약 등으로 6개월까지 활발하게 거래된다. 이때 환율결정 기준 날짜(fixing date)는 선물환만기 2영업일 이전 날짜가 된다. 또한 지정환율(fixing rate)은 기준 날짜의 외환시장 마감 후에 중앙은행이 고시한 환율로 결정된다. NDF의 경우에는 선물환거래와는 달리 만기일에 두 통화의 총액을 결제하지 않고 선물환율과 결정기준환율 간의 차이만을 결제하는 차액결제(netting) 제도를 택하고 있기 때문에 선물환계약에 비해 결제위험(settlement risk)이 상대적으로 작다.

연습문제

01. 외환시장의 특징에는 어떤 것이 있는지 간단히 서술하라.

02. 외환시장에서 투기자와 헤저 간에는 어떤 관계가 있는가?

03. 유로화의 탄생 목적 및 배경, 그리고 유로화의 출범이 외환시장에 끼친 영향을 서술하라.

04. 거래에 따른 이득 측면에서 주식시장과 외환시장 간의 가장 큰 차이점은 무엇인가?

05. 외환 트레이더의 Code Of Conduct에 대해 서술하라.

06. 스위스 프랑이 경제대국의 통화가 아니면서도 주요 국제통화로서 역할을 할 수 있는 이유는 무엇인가?

07. 외환 브로커가 외환시장에 왜 필요한지 그리고 시장에 기여하는 바가 무엇인지 설명하라.

03장

Chapter three

외환거래와 환율

1. 환율의 종류와 표시법

1.1 환율의 종류

1.1.1 환율이란?

각 나라는 그 국가의 재화나 서비스의 가격을 표시하는 화폐단위가 있다. 즉, 우리나라에는 원, 미국에는 달러, 중국은 위안, 독일은 유로, 영국은 파운드, 일본은 엔이 있다. 그러면 서로 다른 국가의 재화나 서비스에 대한 가격을 비교하려면 어떻게 해야 할까? 서로 다른 통화의 교환비율을 알게 되면 비교가 가능해지는데, 이때 이용되는 것이 바로 두 통화 간의 교환비율을 나타내는 환율이다. 즉, 환율이란 한 국가의 통화가치를 다른 특정국가의 통화로 나타낸 것을 의미한다. 예를 들어 우리나라 국경 내에서 현대자동차 소나타와 기아자동차 K5 가격은 쉽게 비교가 되지만, 현대자동차의 그랜저(예를 들어 5천만원)와 미국의 캐딜락(예를 들어 $45,000)의 가격을 비교하려면 미국 달러와 우리나라 원화의 환율을 알아야만 한다. 오늘날 모든 경제행위를 하는 사람들은 환율을 모르고서는 살아갈 수 없는 실정이다. 따라서 각종 신문이나 방송에서는 예외 없이 환율을 고시하고 있다.

〈표 3－1〉은 2011년 8월 4일의 월스리트 저널에 게재된 환율표이다. 이 표에서 미국 1달러에 대한 우리나라 원화의 환율은 1,066.04원, 즉 $1 = 1,066.04원으로 나타나 있다. 이를 정반대로 바꾸어 말하면 우리나라 1원은 $\frac{1}{1,066.04}$달러, 즉 0.000938달러가 된다는 것이다. 만일 이 표에 나타난 환율을 그대로 이용한다면, 이제는 그랜저와 캐딜락 가격을 비교할 수 있다. 이 표에 따르면 1달러가 1,066.04원과 같으므로, 캐딜락 가격 $45,000는 47,971,800원이 되고 따라서 캐딜락 가격이 그랜저 가격(5천만원)보다 싼 것을 알 수 있다.

표 3-1 뉴욕 외환시장의 환율

CURRENCIES OVERVIEW

Asia 8:43 p.m. EDT 08/04/11	Last (bid)	Prior Day †
Australian Dollar (AUD/USD)	1.0457	1.0467
Hong Kong Dollar (USD/HKD)	7.8023	7.8011
Indian Rupee (USD/INR)	44.570	44.320
Indonesian Rupiah (USD/IDR)	8499	8486
Japanese Yen (USD/JPY)	78.91	78.87
Malaysian Ringitt (USD/MYR)	2.9939	2.9935
Singapore Dollar (USD/SGD)	1.2224	1.2245
S. Korean Won (USD/KRW)	1066.04	1066.15
Taiwanese Dollar (USD/TWD)	28.880	28.775
Thai Baht (USD/THB)	29.970	29.971

† Late Thursday in New York.

Americas 8:43 p.m. EDT 08/04/11	Last (bid)	Prior Day †
Argentine Peso (USD/ARS)	4.1715	4.1710
Brazilian Real (USD/BRL)	1.5795	1.5658
Canadian Dollar (USD/CAD)	0.9800	0.9813
Mexican Peso (USD/MXN)	12.0411	12.0498

† Late Thursday in New York.

Europe & Others 8:43 p.m. EDT 08/04/11	Last (bid)	Prior Day †
Euro (EUR/USD)	1.4093	1.4093
Czech Koruna (USD/CZK)	17.2110	17.2330
Denmark Krone (USD/DKK)	5.2850	5.2842
Norwegian Krone (USD/NOK)	5.5362	5.5367
Polish Zloty (USD/PLN)	2.8670	2.8685
Russian Ruble (USD/RUB)	28.2225	28.2160
Swedish Krona (USD/SEK)	6.5535	6.5505
Swiss Franc (USD/CHF)	0.7641	0.7635
U.K. Pound (GBP/USD)	1.6240	1.6261
Egyptian Pound (USD/EGP)	5.9772	5.9748
Israeli Shekel (USD/ILS)	3.5070	3.5039
S. African Rand (USD/ZAR)	6.9284	6.9362

† Late Thursday in New York. Get this by E-mail

See Hourly Snapshots | See Full Daily Closing Prices

Currency Index 8:32 p.m. EDT 08/04/11	Last	Chg	% Chg
US Dollar Index	75.25	-0.03	-0.04

자료 : Wall Street Journal FX 화면(www.wsj.com)

1.1.2 ISO 코드

외환시장에는 각종 통화가 개입되는데 대부분의 금융기관과 기업체들은 각 통화의 이름 전체(full name)를 쓰지 않고 ISO(International Standard Organization)에서 사용하는 표준화된 코드(international standardized codes)를 쓴다. 예를 들면 미국 달러는 USD라고 쓰고 유로는 EUR이라고 쓴다. ISO는 외환시장에서 일하는 모든 사람들(traders, customer traders, back-office clerks)이 사용하며 복잡하고 범세계적 시장에서 불가피하게 사용된다. 트레이더들은 각종 통화에 대해 일종의 별명 내지는 애칭(nick names)을 사용한다. US달러는 벅(buck) 혹은 그린백(greenback)이라고 부르며, 영국 파운드는 케이블(cable) 혹은 퀴드(quid)라고 부르기도 한다. 스위스 프랑은 스위시(swissy)라고 하며, 호주 달러는 오지(aussie), 뉴질랜드 달러는 키위(kiwi)라고 한다.

표 3-2 ISO Code

각국별 통화(부호)	ISO CODES	환율 표기 예
US dollar ($)	USD	USD/KRW
Euro (€)	EUR	EUR/USD
Japanese yen (¥)	JPY	USD/JPY
Swiss franc (Sfr)	CHF	USD/CHF
Sterling (£)	GBP	GBP/USD
Canadian dollar (Ca$)	CAD	USD/CAD
Australian dollar (Au$)	AUD	AUD/USD
Korean won (₩)	KRW	USD/KRW
Chinese yuan (¥)	CNY	USD/CNY

Box 3-1 각국 통화에 대한 호칭

외환시장에서 각종 통화는 다음과 같이 부른다.

doll, dolly, delly, buck, greenback : 미국 달러(USD)

cable, quid : 영국 파운드(GBP)

fiber : 유로(EUR)

loonie : 캐나다 달러(CAD)

swissy : 스위스 프랑(CHF)

aussie or ozzie : 오스트레일리아 달러(호주 달러)(AUD)

kiwi : 뉴질랜드 달러(NZD)

copey : 덴마크 크로네(DKR)

stocky : 스웨덴 크로나(SKR)

sing : 싱가폴 달러(SGD)

1.1.3 환율의 종류

통화의 대외가치를 측정함에 있어서는 평가기준이나 이용목적에 따라 명목환율, 실질환율, 실효환율, 구매력평가환율 등 몇 가지 상이한 환율개념이 이용된다.

① 명목환율과 실질환율

명목환율(nominal exchange rate)은 외환시장에서 매일 고시되는 환율 그 자체로서 앞의 표에서 보았듯이 USD 1 = KRW 1,066.04, USD 1 = JPY 78.91 등이 그 예이다. 그러나 명목환율은 두 나라 간의 물가변동을 제대로 반영하지 못하는 문제점이 있으므로 이를 감안해 구매력변동을 반영하도록 조정한 환율이 실질환율(real exchange rate)이다. 구체적으로 실질환율(q)은 명목환율(S)에 두 국가의 물가수준(국내 P 및 외국 P^*)을 반영해 (3-1)식과 같이 계산한다.

$$q = \frac{S \times P^*}{P} \tag{3-1}$$

일정기간 동안 실질환율이 일정하다면 그 기간 동안 두 국가 간 상대적인 통화가치에 변화가 없고, 실질환율이 상승하면 자국통화의 가치가 작아진 반면 실질환율이 하락하면 자국통화의 가치가 커졌음을 의미한다. 실질환율은 동시에 국제상품시장에서 자국상품의 가격경쟁력을 반영하기도 하는데, 실질환율이 일정한 것은 국제상품시장에서 가격경쟁력에 변화가 없음을 의미하며, 실질환율의 상승은 자국상품의 가격이 상대적으로 싸져서 그만큼 가격경쟁력이 높아진 것을, 반면에 실질환율 하락은 가격이 올라서 그만큼 가격경쟁력이 떨어졌음을 의미한다.[1]

② 실효환율

지금까지 환율에 대한 논의는 교역상대국이 한 나라인 경우를 가정하고 있다. 그런데 현실세계에서는 여러 국가들과 교역을 한다. 특히 선진국가들이 변동환율제도로 이행한 후 이들 국가 간에 환율이 급변함에 따라 특정 기축통화를 기준으로 한 환율로 상품의 가격경쟁력을 평가하는 데는 한계가 있다. 일례로 우리의 대미환율에는 변화가 없지만 일본 엔화의 가치가 달러에 대해서 상승한다면 일본 엔화는 우리의 원화에 대해서도 가치가 상승하게 되고 그 결과 우리 상품의 가격경쟁력은 높아진다.

실효환율(effective exchange rate)은 두 나라 간의 통화를 확대해 자국통화와 모든 교역상대국 통화와의 종합적인 관계를 나타내는 환율이다. 예를 들어, 우리나

1. 한 가지 주의할 것은 간혹 실질환율을 (3-1)식의 역으로 표시하기도 한다. 이런 경우 실질환율의 변화가 의미하는 바는 본문의 설명과 정반대로 된다.

라 원/달러 환율은 상승했으나, 원/엔 환율은 하락했을 경우 원화의 평균적인 가치변동을 나타내 주는 것이 바로 실효환율이다. 이는 주요 교역상대국의 명목환율을 교역량 등으로 가중평균해서 구하는데 명목실효환율(nominal effective exchange rate, NEER)은 (3-2)식과 같이 나타낸다. 이를 다시 교역상대국의 물가지수 변동까지 감안하면 실질실효환율(real effective exchange rate, REER)을 구할 수 있다.

$$\text{명목실효환율}(NEER) = S_1^{\omega_1} \times S_2^{\omega_2} \times S_3^{\omega_3} \times \cdots \times S_n^{\omega_n} \qquad (3-2)$$

단, S_i : i국 통화와의 환율
$\omega_1 + \omega_2 + \omega_3 + \cdots + \omega_n = 1$

1.2 환율의 표기법과 해석

1.2.1 매입률과 매도율

외환시장에서는 거래를 위해 환율을 매입률(bid rate)과 매도율(offer rate 또는 ask rate)의 두 가지로 고시한다. 외환시장에서의 매입률과 매도율은 시장조성자(환율을 제시하는 사람 : market maker 혹은 price maker) 입장에서 고시되므로, 매입률은 시장조성자가 외환을 매입하는 경우에 적용되는 환율을, 그리고 매도율은 시장조성자가 외환을 매도하는 경우에 적용되는 환율을 의미한다. 다음의 〈표 3-3〉에서 엔-달러 시장에서의 매입률은 달러당 83.45엔, 매도율은 83.50엔으로 나타나고 있다. 매입률과 매도율을 함께 표시할 때는 아래와 같이 "-" 또는 "/"를 이용해 표시해준다.[2]

USD/JPY : 83.45-50
EUR/USD : 1.3547-1.3548

---

2. 정확한 환율표시는 기준통화를 좌편에 표시하고 상대통화는 우편에 표시하게 되어 있는데, 많은 경우 환율 표기방법을 잘못 사용하고 있다. 예를 들어 우리나라에서는 주간경제지 등을 포함한 신문과 언론 심지어 교과서에까지 원/달러, 엔/달러 등과 같이 표시를 하는데, 이것은 달러/원, 달러/엔으로 표기해야 정확한 표기이다.

예를 들어 달러와 일본 엔을 거래하는 A은행(market maker)이 USD/JPY 83.45-50의 환율을 고시했다고 하자. 이러한 환율을 제시하면, A은행이 달러를 살 때는 1달러당 83.45엔(JPY)을 주고 사겠다(매입률=83.45)는 의사표시이며, 반대로 달러를 팔 때는 1달러당 83.50엔(JPY)을 받고 팔겠다(매도율 = 83.50)는 의미이다. 따라서 외환시장 참여자(market participant)가 이 가격으로 달러를 거래하고자 할 때는 1달러당 83.50엔을 주고 달러를 사거나 반대로 달러를 팔 때는 83.45엔을 주고 팔아야 된다.

표 3-3 환율고시의 예

통화	Bid	Offer	현재가	전일대비	시가	고가	저가	거래량	전일종가	재정환율	시간
USD/JPY	83.45	83.50	83.45	0.0600	83.33	83.67	83.21	0	83.39	1352.43	05:59
EUR/USD	1.3547	1.3548	1.3547	0.0013	1.3604	1.3621	1.3498	0	1.3534	1528.80	06:00
GBP/USD	1.6001	1.6006	1.6001	0.0010	1.6093	1.6111	1.5965	0	1.5991	1806.21	06:00
USD/CHF	0.9732	0.9734	0.9732	0.0007	0.9687	0.9775	0.9681	0	0.9725	1160.28	05:59
USD/CAD	0.9866	0.9872	0.9866	-0.0056	0.9956	0.9986	0.9865	0	0.9922	1143.93	05:59
AUD/USD	1.0018	1.0020	1.0018	0.0016	1.0013	1.0045	0.9962	0	1.0002	1130.63	06:00
NZD/USD	0.7600	0.7603	0.7600	0.0009	0.7613	0.7643	0.7554	0	0.7591	857.74	05:59
USD/HKD	7.7950	7.7960	7.7950	-0.0002	7.7893	7.7968	7.7888	0	7.7952	144.79	05:56

자료 : 한국외환은행 홈페이지(http://fx.keb.co.kr/)

매입률과 매도율의 차이를 스프레드(spread)라고 부르는데, 이와 같은 매매율 차이는 거래비용의 성격을 띠고 있다. 거래의 비용이나 은행이 인식하는 위험의 크기에 따라 거래유형별, 고객별로 스프레드의 크기가 달라지는데, 일반적으로 도매거래에서보다 소매거래에서의 스프레드가 더 크다.

1.2.2 직접 vs. 간접 표시방법/유럽식 vs. 미국식 표시방법

① 직접표시방법 vs. 간접표시방법

직접표시방법(direct quotation)이란 외화 1단위(또는 100단위)당 자국통화의 교환비율을 표시하는 방법이며 우리나라와 대부분의 국가에서 이 방법을 채택하고 있다. 이 방법은 주로 은행간 거래(interbank trading)나 장외시장(OTC market)에서 사용되며 가장 보편화된 환율표시 방법이다. 예를 들면 1 USD = KRW 1,000 또는 USD/KRW = 1,000으로 표시하는 방법이다. 간접표시방법(indirect quotation)은 자국통화 1단위 또는 100단위에 대해 외국통화의 교환비율을 표시하는 방법으로 외국통화표시법이라고 한다. 앞의 예를 이용하면 1 KRW = $0.001 또는 KRW/USD = 0.001로 표시하는 것이다. 이 방법은 주로 영연방통화(common wealth currency)들이 채택하고 있으며, 영국, 호주, 뉴질랜드, 남아프리카공화국과 통화선물시장에서 사용한다. 자국통화의 상승 또는 하락을 수치의 대소만으로 파악할 수 있기 때문에 선물거래시에 자주 사용된다.

② 유럽식 표시법 vs. 미국식 표시법

외환시장의 은행간 거래에서 주로 사용되는 미국 달러 1단위에 대해 외국통화의 가격을 나타내는 통화표시방법을 유럽식 표시법(European terms)이라고 한다. 이는 미국 입장에서 보면 직접표시방법에 해당한다. 반면 미국 내에서 일반고객과의 외환거래에 사용되는 표시법은 미국식 표시법(American terms)이라고 한다. 즉, 특정외국통화 1단위에 대한 미국 달러화의 가격을 나타내는 방법으로 미국 입장에서 보면 간접표시방법에 해당한다.

Box 3-2 외환시장에서의 몇 가지 관행

외환시장에서 환율을 표시할 때는 다소 예외가 있기는 하지만 보통 숫자 5개를 이용해 표시한다. 예를 들어 유로와 달러 간의 환율은 EUR/USD = 1.3547, 달러와 중국 위안화 간의 환율은 USD/CNY = 6.1234 등이다. 이처럼 환율을 표시하게 된 이유는 다른 금융시장에서의 가격변화 표시와 유사하게 환율변화를 정확하게 표시하기 위해서였다. 이때 맨 마지막 숫자 한 단위를 포인트(point) 혹은 핍(pip)이라고 한다. 예를 들어 앞의 표에서 EUR/USD 환율이 1.3547에서 1.3592로 상승하면 45핍스 상승했다고 얘기한다. 최근에 일부 외국환은행들이 소수점 5자리 혹은 6자리까지 환율을 고시하면서 1980년대부터 사용되던 이 관행이 허물어지기 시작했다.

또한 원래 외환시장의 딜러들은 환율표시를 할 때 순서별(hierarchy for major exchange rates), 즉 EUR, GBP, USD, non-euro(European national currencies), JPY의 순서대로 환율을 표시한다. 따라서 EUR/GBP, EUR/USD, EUR/JPY로 표기하도록 되어 있다. 그러나 쉽게 파운드, 호주 달러, 뉴질랜드 달러, 유로 등은 미국식으로 표기(1 GBP = 1.6000 USD)되고 다른 통화는 유럽식으로 표기(1 USD = 120 JPY 혹은 1 USD = 6.1234 CNY)된다고 생각하면 된다. 따라서 이러한 관례에 따르면 우리나라 원/달러의 경우 표기방법은 달러/원으로 표기하는 것이 맞다.

1.2.3 교차환율

거의 대부분의 거래는 달러 위주로 되어 있어 각 통화의 달러에 대한 환율은 직접 알 수 있지만, 유로/엔, 파운드/스위스프랑 등과 같이 다른 통화들 간에 외환거래가 이루어지는 경우에는 종종 환율을 직접 알 수 없다. 이런 경우 각 통화의 달러화에 대한 환율을 통해 이들 통화들 간 환율을 구할 수도 있는데, 이를 교차환율(cross rate)이라고 한다. 예를 들어 엔/원(JPY/KRW) 교차환율을 구할 때 현물환율(spot)이 다음과 같이 형성되어 있다고 하자.

USD/JPY : 120.00
USD/KRW : 1,200.00

이 경우 엔/원(JPY/KRW) 교차환율은 10.00(또는 엔에 대한 환율의 경우 관례적으로 100엔당 표시하므로 1,000.00)이 된다. 만일 외환시장에서의 원-엔 거래를 통해 형성된 JPY/KRW 환율이 두 통화의 달러환율을 이용해 계산한 교차환율과 다르다면 다음의 제2절에서 설명하듯이 세 통화 간의 삼각차익거래(triangular arbitrage transaction)가 발생하게 되고, 이러한 차익거래는 세 통화 간의 환율을 다시 균형관계로 일치하도록 만들어준다.

$$\text{JPY/KRW} = \frac{\text{USD/KRW}}{\text{USD/JPY}} = \frac{1,200.00}{120.00} = 10.00$$

앞에서 설명했듯이 외환시장에서는 매입률과 매도율이 함께 고시된다. 이런 경우에도 위의 예보다는 다소 복잡하지만 교차환율을 이용해 이종통화 간의 매입률과 매도율을 구할 수가 있다. 그런데 문제는 어떤 통화는 직접표시방법을 이용하고 어떤 통화는 간접표시방법을 이용하는 등 환율표시방법이 다양하므로 교차환율을 구하는 방법도 다양하게 나타나는데, 이는 간단하게 〈Box 3-3〉과 같이 정리될 수 있다.[3]

---

3. 보다 자세한 설명은 제9장을 참조할 것.

Box 3-3 교차환율을 구하는 간단한 방식

1. 직접표시 방법 환율끼리 (서로 어긋나게 나눔)

USD/KRW : 1000.00-1010.00

USD/JPY : 100.00-105.00

JPY/KRW : 9.52-10.10

2. 간접표시방법 환율 끼리 (서로 어긋나게 나눔)

EUR/USD : 1.1900-1.2000

GBP/USD : 1.6000-1.7000

EUR/GBP : 0.7000-0.7500

3. 직접표시방법과 간접표시방법 환율과의 혼합 (같은 방향으로 곱함)

EUR/USD : 1.1900-1.2000

USD/CHF : 1.2000-1.2300

EUR/CHF : 1.4280-1.4760

2. 외환거래의 형태

외환시장에서 이루어지는 거래형태는 여러 기준에 따라 분류할 수 있는데, 일반적으로 결제일 및 거래목적에 따른 분류를 많이 이용하고 있다. 외환거래는 결제일에 따라 현물환거래, 선물환거래 및 스왑거래로 분류하고 거래목적에 따라 실수요거래, 차익거래, 투기거래, 헤징거래로 분류할 수 있다.

2.1 현물환거래, 선물환거래, 스왑거래[4]

외환거래에는 거래계약이 이루어지는 거래일(contract date 또는 deal date)과 거래계약 후 실제로 외환거래에 대한 대금지불이 이루어지는 결제일(value date 또는 settlement date)이 다를 수 있다.

4. 이에 대한 보다 자세한 설명은 제3부에 나오지만, 외환거래의 전체적인 개념을 파악하고 외환시장과 관련해 자주 등장하는 용어들을 설명하기 위한 기초설명을 우선 제공하고자 한다.

2.1.1 현물환거래(spot transaction)

현물환거래는 모든 외환거래의 가장 기본이 되는 거래로서, 외환의 거래가 이루어진 후 즉각적으로 대금결제가 이루어지는 거래, 즉 거래일과 결제일이 일치하는 거래를 말한다. 그러나 현실적으로는 세계 각 지역 간의 시차가 있어 계약을 이행하고 최종 사무처리하기 위한 시간이 필요하기 때문에 보통 대금결제가 2영업일 이내에 이루어지는 경우를 현물환거래로 분류한다. 현재는 정보처리기술이 발전해 2일까지 걸리지 않지만 여러 가지 실수를 막고 정확성을 기하기 위해 아직도 2영업일을 고수하고 있다.

따라서 현물환거래는 약정일로부터 몇 영업일째 대금결제가 이루어지는가에 따라 당일물, 익일물, 익익일물로 구분한다. 거래 당일에 결제되는 현물환거래는 당일물(value today)이라 하고 거래 다음 영업일에 결제되는 것은 익일물(value tomorrow), 거래 후 둘째 영업일에 결제되는 것은 익익일물(value spot)이라고 부른다.

전세계적으로 현물환거래는 전체 외환시장을 주도해가는 가장 인기 있는 거래이다. 현물환거래의 큰 매력은 손실과 이익을 짧은 시간에(2영업일 이내) 실현시킬 수 있으므로 신용위험에 노출되는 시간이 아주 짧다는 것이다. 따라서 높은 수익성과 낮은 신용위험 때문에 시장의 거래량이 급증해왔고 이에 따라 현물환시장은 높은 변동성(high volatility)과 높은 유동성(high liquidity)을 특징으로 하고 있다.

현물환거래에 적용되는 환율을 현물환율(spot rate)이라고 하는데, 일반적으로 환율이라고 하면 현물환율을 의미하며 이에 대한 구체적인 표시는 앞에서 설명한 바와 같다. 〈표 3-4〉는 외환시장에서 실제적으로 외환딜러들이 가장 보편적으로 이용하는 환율정보의 사례를 보여주고 있다. 이 예에서 각 열은 시간, 통화이름, 은행이름 약자, 현물환율(bid/offer), 방금전 가격을 제시한 은행이름, 이전환율, 당일

표 3-4 로이터 현물환율(spot rate) 정보 페이지

	CCY	BANK	SPOT	BANK	PREV1	HIGH	LOW
0925	EUR	RVTB	0.9341/46	NWHK	39/44	0.9345	0.9335
0925	JPY	DRE1	118.66/76	NWHK	68/73	118.83	118.70
0924	GBP	BSPP	1.4673/81	NWHK	74/79	1.4683	1.4665
0925	CHF	BGFX	1.6474/84	BGFX	72/82	1.6492	1.6476
0922	AUD	WBCA	0.5165/70	WBCA	66/71	0.5205	0.5145

자료 : Thomson Reuters 3000Xtra

고가, 당일저가를 나타낸다. 은행이름은 약자로 표시하는데, 예를 들어 ANZH는 ANZ 은행 홍콩지점, SCBS는 SCB 싱가포르 지점을 나타낸다.

2.1.2 선물환거래(forward transaction)

선물환거래는 외환매매계약 체결일로부터 일정기간 경과 후 특정일에 외환을 결제, 인도하기로 약정한 거래로서 약정된 결제일까지 매매 쌍방의 현금결제가 유보된다는 점에서 현물거래와 다르다. 선물환거래는 결제일에 적용할 환율, 즉 선물환율(forward rate)을 거래시점에서 미리 정한다. 선물환거래의 만기일 결정에는 확정일 방식(outright forward)과 선택일 방식(option forward)의 두 가지가 있다. 전자는 계약체결시 만기일을 특정일로 정해 두는 방법이고, 후자는 계약체결시 우선 일정기간을 정하고 그 기간 중에 고객이 만기일을 사후적으로 지정하는 방식이다. 선물환계약의 만기는 며칠, 몇 개월, 또는 몇 년 등 어느 기간이라도 될 수 있지만, 7일(1 week), 30일(1 month), 90일(3 months), 180일(6 months), 360일(1 year) 등이 일반적으로 널리 통용된다. 이처럼 표준적인 날을 결제일로 정하는 거래를 표준결제일(even date) 선물환거래라고 하고, 그렇지 않은 경우를 비표준결제일(odd date) 선물환거래라고 한다.

선물환율을 표시하는 방법은 완전호가, 스왑포인트(또는 스왑률) 호가 등이 있다. 완전호가(outright rate quotation)란 아래의 예처럼 선물환율을 현물환율과 마찬가지로 그대로 표시하는 방법이다. 이 방법은 외환시장에 익숙하지 않은 일반고객들에게도 이해되기 쉽다는 장점이 있어 대고객거래에서 주로 사용된다.

표 3-5 선물환율의 완전호가

	GBP/USD	USD/JPY
현물환율(spot)	1.5785−1.5805	118.81−119.40
30일 선물환	1.5834−1.5864	118.45−119.14
60일 선물환	1.5917−1.5965	117.88−118.62
90일 선물환	1.6115−1.6171	116.97−117.80

포인트호가(point quotation 또는 swap rate quotation)는 선물환율을 현물환율에 대한 격차인 스왑률로 고시하는 방법으로 위에서 든 예는 아래와 같이 표시된다.

예를 들어, GBP/USD 환율에 있어서 30일 선물환 매입률의 스왑률이 49로 나타나고 있는데, 이는 현물환 매입률과 30일 선물환 매입률이 각각 1파운드 = \$1.5785 및 1파운드 = \$1.5834이므로 파운드가 49포인트(= 1.5834 − 1.5785) 할증되어 매입되고 있다는 것을 의미한다. 스왑률로 표시할 때 + 또는 − 부호를 붙이지 않더라도 외환시장에서는 매입스왑률과 매도스왑률의 크기를 보고 선물환이 할증되어 있는지 아니면 할인되어 있는지 쉽게 파악하고 있다. 즉, GBP/USD 환율의 경우처럼 매입스왑률보다 매도스왑률이 크게 나타난 경우 선물환은 할증되어 있으므로 선물환율을 구하기 위해서는 현물환율에 스왑률을 더하면 된다. 반대로 USD/JPY 환율의 경우처럼 매입스왑률보다 매도스왑률이 작게 나타난 경우는 선물환이 할인되어 있는 경우이므로 선물환율을 구하기 위해서는 현물환율에서 스왑률을 빼면 된다. 이와 같은 방법은 주로 은행간 시장에서 시장의 구조에 익숙하고 환율의 흐름을 신속하게 파악하고자 하는 전문 트레이더들과 브로커들 간에 이용된다.

표 3-6 선물환율의 포인트호가

	GBP/USD	USD/JPY
현물환율(spot)	1.5785–1.5805	118.81–119.40
30일 선물환	49–59	36–26
60일 선물환	132–160	93–78
90일 선물환	330–366	184–160

2.1.3 스왑거래(swap transaction)

스왑거래란 현물환거래 대 현물환거래, 현물환거래 대 선물환거래, 또는 선물환거래 대 선물환거래와 같이 결제일과 거래방향을 달리하는 두 개의 외환거래가 동시에 행해지는 거래를 말한다. 이 중 현물환거래와 선물환거래가 결합된 형태로 이루어지는 스왑거래가 일반적이다. 앞에서 설명한 선물환거래는 미래의 일정시점에 일방적인 매도(또는 매입)가 발생하는 반면 스왑거래에서의 선물환거래는 미래의 매도(또는 매입)에 상응하는 또 다른 매입(또는 매도)이 동시에 발생한다. 이를 구분하기 위해 전자를 forward outright라고 부르고 후자를 forward swap이라고 부른다.

스왑은 매입과 동시에 매도하거나 매도와 동시에 매입하기 때문에 두 개의 결제일을 갖는데, 먼저 도래하는 결제일을 근일(near end, near date 또는 short leg),

나중에 도래하는 결제일을 원일(far end, far date 또는 long leg)이라고 한다. 스왑거래에서 근일에 외환을 매입하고 원일에 매도하는 거래를 스왑인(swap in : buy and sell)이라고 하고, 이와는 반대로 근일에 외환을 매도하고 원일에 매입하는 거래를 스왑아웃(swap out : sell and buy)이라고 한다.

스왑거래시 적용되는 가격은 앞에서 설명한 현물환율과 선물환율의 격차(forward differential)인 스왑률(또는 스왑마진)을 이용해 고시된다. 그런데 스왑은 한 시점의 매입(또는 매도)거래와 다른 시점의 매도(또는 매입)거래가 교환되는 것이므로, 매입률과 매도율 중 어느 쪽의 스왑률을 적용할 것인가 하는 문제가 생긴다. 이를 구체적인 예를 들어 설명해보자.[5]

	USD/KRW	USD/JPY
현물환율(spot)	1,210.00–1,220.00	118.81–119.40
3개월 스왑률	200–400	180–160

이 예에서 시장조성자(혹은 딜러)가 원화에 대해 달러현물환을 사고 3개월 달러 선물환을 파는 스왑을 행한다고, 즉 달러를 스왑인(USD buy and sell against KRW)한다고 가정하자. 이 예의 스왑률 고시에서는 선물환할증되어 있으므로 달러가 저금리통화임을 알 수 있다.[6] 따라서 저금리통화인 달러를 운용하는 시장조성자는 두 통화 간의 금리차를 보상받아야 하므로 가능한 한 많이 보상받고자 현물환율에 상대적으로 큰 400포인트의 프리미엄을 더해 적용할 것이다.

다음으로 시장조성자가 엔화에 대해 달러를 스왑인(USD buy and sell against JPY)한다고 하면, 적용되는 근일의 스팟환율은 마찬가지로 매입률과 매도율의 중간인 119.10엔이 된다. 그러나 이 경우 위의 예와는 달리 엔화보다 고금리통화인 달러를 운용하므로 금리 차이를 보상해야 한다. 따라서 시장조성자는 가능한 한 적게 보상하고자 할 것이므로 상대적으로 작은 160포인트의 디스카운트를 적용할 것이다.

5. 자세한 내용은 제10장 제1절 외환스왑거래 부분을 참조할 것.
6. 스왑포인트가 왼쪽이 오른쪽보다 적을 때는 기준통화(USD)가 할증된 경우이며 이는 USD 금리가 낮다는 것을 의미한다. 이는 제4장에서 설명하는 이자율평가를 통해 쉽게 이해될 수 있다.

표 3-7 **스왑마진, 통화 프리미엄 및 이자율 관계**

스왑 마진 (스왑 스프레드)	프리미엄 or 디스카운트	현물환율 대비 선물환율의 크기	양국 간 이자율의 상대적 크기
bid < offer	프리미엄 스프레드 (기준통화 할증)	선물환율은 기간이 길어짐에 따라 금리 차이만큼 계속 증가	기준통화의 이자율이 낮음
bid > offer	디스카운트 스프레드 (기준통화 할인)	선물환율은 기간이 길어짐에 따라 금리 차이만큼 계속 감소	기준통화의 이자율이 높음

Box 3-4 환율변화율과 관련된 몇 가지 용어

위에서 설명한 선물환율의 변화와 관련해서는 선물환할증률(forward premium) 또는 선물환할인율(forward discount)이란 용어들을 사용하는데, 이들은 아래의 식과 같이 현물환율로부터의 선물환율 변화율로 나타낸다.

$$\text{선물환할증률(또는 할인율)} = \frac{F_t - S_t}{S_t} \times \frac{12}{\text{선물환 만기월수}} \times 100 \qquad (3-3)$$

위에서의 GBP/USD 30일 선물환의 매입률과 매도율의 예를 이용하면 파운드는 달러에 대해 각각 3.73% 및 4.48% 할증상태에 있고, USD/JPY 30일 선물환의 매입률과 매도율은 달러가 엔에 대해 각각 3.64% 및 2.61% 할인상태에 있음을 보여준다.[7]

한편 현물환율의 변화와 관련해서는 흔히 평가절하 또는 평가절상이라는 용어를 사용하는데, 영어 표현으로는 환율제도에 따라 다르게 나타나고 있다. 고정 환율제도에서 환율을 올려(내려) 자국통화의 가치를 인위적으로 작게(크게) 만들 때는 devaluation(revaluation)이라는 용어를 사용하는 반면, 변동환율제도에서 시장에서 환율이 상승(하락)해 자국통화의 가치가 작아질(커질) 때는 depreciation(appreciation)이라는 용어를 사용한다.

평가절하율 또는 평가절상률을 계산할 때 기술상 약간 유의해야 할 점이 있다. 예를 들어 USD/KRW 환율이 아래와 같이 변동되었다고 하자. 동일한 환율이 현물환시장에서는 위에서 설명한 것처럼 달러를 중심(1달러당 기준)으로 표시되어 있으며, 통화선물시장에서는 원화를 중심(1원당 기준)으로 표시한 환율이 나와 있다. 아래의 첫 번째 예에서 2009년 2월 18일부터 2011년 8월 3일까지의 환율변화율을 달러를 중심으로 계산해보면 환율이 1,470.60에서 1,059.30으로 바뀌었으므로 달러는 원화에 대해 38.83%($=\frac{1{,}059.30 - 1{,}470.60}{1{,}059.30} = 38.83\%$) 평가절하된 것으로 나타난다. 그러나 이를 원화를 중심으로 계산해보면 원화가 38.83% 평가절상된 것이 아니라

7. 예를 들어 GBP/USD 30일 선물환 매입의 경우 할증률은 아래와 같이 (3-1)식을 이용해 계산할 수 있다.

$$\text{선물할증률} = \frac{1.5834 - 1.5785}{1.5785} \times \frac{12}{1\text{개월}} \times 100 = 3.73\%$$

27.97%($=\frac{0.0009440-0.000680}{0.0009440}$ = 27.97%) 절상된 것으로 나타나 양자간에 괴리가 발생한다. 그런데 환율변동폭이 큰 경우 이러한 현상은 더욱 심해진다. 아래의 두 번째 예는 1997년 아시아 위기가 닥쳐왔을 때 인도네시아 루피아(Rupiah)의 환율 변화를 보여주고 있다. 이 경우 루피아에 대한 달러의 절상률은 420%($=\frac{13,000-2,500}{2,500}$ = 420%)에 이르는 반면, 루피아의 절하율은 80.78%($=\frac{0.0000769-0.0004}{0.0004}$ = −80.78%)로 나타나고 있다. 이처럼 환율변동폭이 클 경우 동일한 환율변화임에도 불구하고 어느 통화를 중심으로 하느냐에 따라 평가절하율 및 평가절상률 간에 큰 차이가 있는 것처럼 나타날 수 있음을 주의해야 한다.

예 : USD/KRW 환율

	통화선물시장	외환시장
2009년 2월 18일	0.000680	1,470.60
2011년 8월 3일	0.000944	1,059.30
달러화 절하율	–	38.83%
원화(KRW) 절상률	27.97%	–

예 : 달러-루피아 환율

	통화선물시장	현물환시장
1997년 6월 30일	0.0004	2,500
1998년 1월 30일	0.0000769	13,000
달러화 절상률	–	420%
루피아 절하율	80.78%	–

2.2 실수요거래, 차익거래, 헤징거래, 투기거래

외환거래는 또한 외환시장 참가자들이 어떤 동기를 가지고 거래하는가에 따라 실수요거래, 차익거래, 투기거래 및 헤징거래로 구분할 수 있다.

2.2.1 실수요거래(real demand transaction)

실수요거래는 수출입이나 외화표시 금융자산의 매매에 따라 외환을 수취하거나 대금을 결제하기 위해 외환시장에서 이루어지는 거래를 의미한다. 예를 들어 개인들은 여행(tourism)이나 사업상 해외출장(business travel), 가족송금(intra-family payments) 등으로 외환을 사고팔아야 한다. 정부끼리(government to government) 혹은 국제금융기관도 외국원조, 해외차관도입 등으로 외환시장을 이용해야 한다.

한편 기업들은 국제무역거래에 있어서 상품(commodities), 자본재(capital goods), 소비재(consumer goods), 서비스(services–legal, financial, insurance, etc)를 수입 · 수출하기 위해 외환시장에서 자국통화를 타국통화로 또는 타국통화를 자국통화로 바꾸는 작업이 필요하게 된다. 또한 투자자로서 해외은행에 예금할 때(bank deposits abroad), 또는 해외정부채(foreign government bond), 해외증권(foreign securities) 등을 사거나 팔 때, 해외직접투자(foreign direct investment), 국제대차(international loans–issuance and repayment) 등을 할 때도 해당국통화(local currency)로 자국통화(home currency)를 바꾸는 작업이 필요하게 된다.

2.2.2 차익거래(arbitrage transaction)

차익거래는 재정거래라고도 하는데 아무런 위험이 없는 이윤, 즉 차익을 취하기 위한 거래를 말한다. 외환시장에서 발생하는 차익거래는 크게 환차익(또는 통화차익 : exchange or currency arbitrage)거래와 이자차익(interest arbitrage)거래가 있다.

환차익이란 환율의 차이로 인해 발생하는 무위험이윤을 말하는데, 환차익은 크게 두 가지 이유 때문에 발생할 수 있다. 하나는 공간적 차익(space arbitrage)이라 불리는 직접차익(direct arbitrage)으로서 각 지역의 외환시장에서 동일한 두 통화에 대한 환율 차이가 발생할 때 얻을 수 있는 차익이다. 예를 들어 동경외환시장에서 \$1 = 120엔인데 뉴욕외환시장에서 \$1 = 115엔이라고 하자. 이 경우 먼저 뉴욕외환시장에서 115엔을 가지고 1달러를 바꾼 후 동경외환시장에서 1달러를 120엔과 바꾸면 순식간에 아무런 위험이 없이 1달러당 5엔의 차익을 얻게 된다.

또 다른 환차익은 삼각차익(triangular arbitrage)이라 불리는 간접차익(indirect arbitrage)으로서 세 나라 통화 간에 형성되는 환율 간에 차이가 발생할 때 얻을 수 있는 차익이다. 예를 들어 외환시장에서 \$1 = 1,000원, \$1 = 100엔, 100엔 = 950원으로 환율이 형성되었다고 하자. 이 경우 \$/원 환율과 \$/엔 환율을 이용해 계산한 교차환율인 엔/원 환율은 100엔 = 1,000원인 데 반해 외환시장에서 원–엔 거래를 통해 형성된 환율은 100엔 = 950원이다. 따라서 950원을 가지고 100엔을 바꾼 다음 이 100엔을 1달러로 바꾼 후 다시 1달러를 1,000원으로 바꾸면 순식간에 1달러당 50원의 차익을 얻을 수 있다.

한편 이자차익(interest arbitrage)이란 이자율의 차이로 인해 발생하는 차익으로서, 이자차익거래에는 시간차익(time arbitrage)거래와 무위험이자차익(covered interest arbitrage)거래가 있다. 시간차익거래란 외환의 만기일에 따라 환율 차이가 있는 경우 발생하는 차익을 얻기 위한 외환거래를 말한다. 예를 들어 선도환시세가 만기의 기간에 비례해 호가되지 않고 다음과 같이 형성되었다고 하자. 선물환할증률(혹은 할인율)은 이자율을 고려해 기간별로 비례해야 하나 2개월물 및 3개월물의 프리미엄이 상대적으로 낮게 제시되어 있다. 이 중 3개월물이 상대적으로 낮게 나타나 있으므로 3개월물을 매입하고 2개월물을 매도함으로써 차익을 확보할 수 있다.

	1개월 선물환	2개월 선물환	3개월 선물환
선물환 할증률	0.30%	0.45%	0.70%

무위험이자차익거래는 환위험부담 없이 국내통화표시 금융자산과 외국통화표시 금융자산 간 수익률이 다를 때 차익을 얻기 위해 이루어지는 거래를 말한다. 흔히 이자차익거래라고 하면 무위험이자차익거래를 의미하는데, 이와 같은 차익거래는 무위험이자율평가(covered interest rate parity)가 성립하지 않는 경우 발생하며, 이를 통해 현물 및 선물환율과 국내금리 및 외국금리 간 균형체계가 유지된다.[8]

2.2.3 헤징거래(hedging transaction)

헤징거래는 환율변동에 수반해 발생하는 환위험을 회피하기 위한 거래를 말한다. 즉, 외환거래자가 외화자산 또는 부채를 가진 경우 환위험이 발생할 수가 있는데, 이런 경우 반대거래를 통해 환위험이 발생하지 않도록 하는 거래를 말한다. 헤징거래는 환위험을 감소시킴으로써 국가 간 상품 및 서비스 거래는 물론 자본거래를 원활하게 만들어준다.

헤징거래는 여러 가지 수단을 이용해 이루어질 수 있다.[9] 우선 경상거래와 관련

8. 이자율평가 및 이에 따른 차익거래와 관련된 자세한 설명은 제4장을 참조할 것.
9. 이에 대한 자세한 설명은 제7장 및 제8장의 환위험관리를 참조할 것.

해 선물환시장을 이용해 헤징하는 경우를 예로 들어보자. 이를 위해 수입업자가 미국에서 100만 달러어치의 제품을 구입하고 수입대금을 3개월 후에 지불하기로 했다고 하자. 만일 그동안 여러 가지 상황변화로 원화의 가치가 불안해져 현재 $1 = 1,200원이었던 환율이 3개월 후에 $1 = 1,300원으로 상승한다면 수입업자는 예상하지 못한 환율변화로 인해 1억원만큼(12억원→13억원)의 추가부담이 발생하게 된다. 따라서 수입업자는 예상하지 못한 환율변화로 인한 위험을 회피하기 위해 선물환거래를 통해 미래 부담해야 할 액수를 미리 정하고자 할 것이다. 수입업자는 수입계약으로 일종의 부채가 발생했으므로 선물환 매입을 통해 미리 외화자산을 확보해 둠으로써 환위험을 피할 수 있다.

다음으로 자본거래와 관련해 외환시장에서 스왑시장을 이용해 환위험을 피하는 경우를 살펴보기 위해, 우리나라 은행이 국제금융시장에서 만기 3개월의 달러자금을 차입했다고 하자. 만일 외환시장이 불안한 조짐을 보이는 상황이라면 3개월 동안 환율이 급변해 상당한 위험이 수반될 수도 있다. 이러한 위험에 대처하기 위해서 이 은행은 차입한 달러를 현물환시장에서 매각해 원화로 전환한 후 이를 운용하고 동시에 차입한 달러의 원리금에 상당하는 달러 3개월 선물환을 매입하는 스왑거래를 행하면 된다. 이와 같은 스왑거래는 현물환의 매도거래와 선물환의 매입거래가 동시에 발생함으로써 자금의 운용기간이나 차입기간 동안 발생할 수 있는 환위험을 피할 수 있다.

2.2.4 투기거래(speculative transaction)

투기거래란 차익거래와는 달리 투자자가 위험을 감수하고 예상되는 이윤을 취하기 위한 거래이다. 외환시장에서도 미래의 환율변화에 대해 다른 참여자들보다 뛰어난 예상을 하고 이익을 추구하고자 외환투기거래가 발생한다. 예상이 맞아 떨어지는 경우에는 이익을 확보할 수 있지만 예상이 틀리는 경우에는 손해를 볼 수도 있으므로 이와 같은 거래를 하는 경우 거래당사자는 위험을 감수해야만 된다. 투기거래가 없는 경우 헤징거래에 대응하는 거래가 발생할 수 없으며, 따라서 투기거래는 외환시장에서의 다양한 거래가 활발하게 이루어지고 거래의 연속성이 유지되도록 하고 있다. 과거에는 상업은행(commercial banks)이나 투자은행(investment bank), 헤지펀드, 연기금, 정부투자기관, 보험사, 기타 금융기관의 포트폴리오 운용자 및 투기적 다국적 기업 등이 주요 외환투기거래자들이었으나 최근에는 일부 개인 및 소규모기업들도 가세하고 있다.[10]

이제 현물환시장 및 선물환시장을 통해서 이루어지는 외환투기의 예를 들어보자. 만일 외환거래자들이 외환시세가 계속 상승해 강세를 유지할 것으로, 즉 강세시장(bull market)을 예상한다면 현물환시장에서 외환을 매입한 후 추후 강세시장 후반에 재매도하는 강세투기(bull speculation)를 하게 된다. 이와는 반대로 외환시세가 계속 하락해 약세를 유지할 것으로, 즉 약세시장(bear market)을 예상할 때는 현물환시장에서 외환을 매도한 후 추후 약세시장 후반에 재매입하는 약세투기(bear speculation)를 하게 된다.

선물환시장에서의 투기거래는 선물환율이 미래의 현물환율을 정확히 반영하지 못한다고 믿는 경우 이익을 취하기 위해 발생한다. 예를 들어 외환시장에서 1년 선물환율이 $1 = 1,136원으로 고시되어 있다고 하자. 이런 상황에서 어떤 투자자가 1년 후에 원화의 환율이 $1 = 1,124원이 될 것으로 예상한다고 하면, 선물환 달러의 매도, 즉 원화를 대가로 달러화를 1년 선물환으로 매각하고자 할 것이다. 만일 1년 후 예상대로 환율이 $1 = 1,124원이 되었다면 이 투자자는 현물시장에서 1,124원을 가지고 $1를 매입한 후 이를 미리 정해진 선물환율에 따라 1,136원에 매각함으로써 1달러당 12원씩(1,136 – 1,124) 이익을 얻을 수 있게 된다. 그러나 예상이 맞지 않아 1년 후 현물환율이 1,136원 이상으로 상승하게 되면 투자자는 손해를 입게 된다. 이처럼 투기거래는 차익거래와는 달리 예상의 정확성에 따라 투자자가 이익을 볼 수도 있고 손해를 볼 수도 있는 위험을 내포하고 있다.[11]

외환투기는 안정적일 수도 있고 불안정적일 수도 있다. 외환투기자가 환율이 낮을 때 사서 높을 때 팔거나 높을 때 팔고 낮을 때 사서 이익을 얻고자 투자를 한다면 이러한 외환투기는 외환시장을 안정적으로 움직이게 한다. 그러나 이와는 달리 환율이 상승할 때 지속적인 상승을 예상하고 외환을 매입하거나 환율이 하락할 때 지속적인 하락을 예상하고 외환을 매도한다면 환율의 변동은 더 커지게 되고 외환시장은 불안정적으로 움직이게 된다.

---

10. 소위 마진 트레이딩이라고 불리는 외환거래가 개인 중심으로 활발히 거래되고 있다.

11. 이와 같은 투기거래는 유위험 이자율평가(uncovered interest rate parity)가 성립하지 않을 때 발생하는 거래로 해석할 수도 있다. 이와 관련해서는 제4장을 참조할 것.

3. 외환 포지션(FX position)

3.1 포지션의 정의

외환 포지션이란 각 통화별 외환의 차감 잔액으로 정의할 수 있다. 즉, 외화를 자국통화에 대한 하나의 상품이라고 보고 환율을 이 상품의 매매에 적용되는 가격이라고 하듯이, 외환 포지션은 이들 외환상품 또는 외환 채권 · 채무의 재고량을 의미한다. 다시 말해, 한 통화의 자산과 부채의 차이를 말하며, 아무리 자산 규모가 크더라도 포지션은 아주 작은 금액일 수가 있다. 포지션은 각 통화별로 환위험 관리(risk cover)를 위한 기초자료가 되고, 외환 매매 손익을 정확히 산출하기 위해 또는 통화별 외화자금의 과부족의 조정을 위한 자료로서 사용된다.

현재 각 은행들의 딜링룸은 컴퓨터의 발달로, 모든 거래, 즉 각종 포지션이 발생 할 때마다 딜러가 딜러 슬립(dealer' s slip 또는 deal ticket)을 시스템에 입력(input)만하면 실시간(real time)으로 포지션이 시스템에 즉시 반영되어 각종 포지션을 위험관리 측면에서 즉각 알도록 되어 있다. 예를 들면 딜링 시간 중에 스팟 트레이더(현물환 트레이더 : spot trader)가 자기가 가지고 있는 포지션의 평균가격과 포지션의 크기, 그리고 현재시간의 환율로 평가했을 경우의 손익상황 등을 알고 싶을 때는 언제든지 모든 정보가 시스템에서 제공되도록 되어 있다.

3.2 외환 포지션의 종류

포지션은 각 통화별로 현물환과 선물환을 종합해 외환의 매입과 매도의 결과로서 발생하며, 이 포지션의 크기에 따라 해당 통화 가격이 변동할 때, 즉 환율의 변화에 따라 외환 차익과 차손이 발생하게 된다. 이 포지션은 자산과 부채의 상태, 결제기준, 그리고 기타 관리목적에 따라 여러 가지로 세분화되어 있다.

3.2.1 대차대조표(B/S) 상태에 따른 분류

매입초과 포지션(overbought position) 또는 롱 포지션(long position)이라고도 하며 자산이 부채보다 큰 경우를 말한다. 현물환 및 선물환 포지션과 미래에 발생될 모든 현금흐름(cash flow), 즉 파생상품에서 발생되는 이자 및 손익 포지션을 종합해 외환 매입액이 외환 매도액을 초과함으로써 외화표시 자산이 외환표시 부채보다 많을 경우를 말한다. 이 경우는 향후 외화를 팔아야 할 상태로서 환율이 상승하면 이익이 발생하고 환율이 하락하면 손실이 발생한다.

매도초과 포지션(oversold position) 또는 숏 포지션(short position)이라고도 하며 부채가 자산보다 큰 상태를 말한다. 즉, 현물환 및 선물환을 종합해 외환 매도액이 외환 매입액을 초과함으로써 외화표시 부채가 외화표시 자산보다 많을 경우를 말한다. 이 경우는 향후 외화를 구매해야 할 상태로서 환율이 상승하면 손실이 발생하고 환율이 하락하면 이익이 생긴다.[12]

균형 포지션(square position 또는 flat position)은 현물환 및 선물환을 종합해 외화표시 자산과 외화표시 부채가 동일한 상태를 말하는데, 환율의 움직임에 따라 어떤 손익도 발생하지 않는다.

3.2.2 결제기준에 따른 분류

외환 포지션은 각 통화별로 산출되며, 자금의 결제기일에 따라 다음과 같이 구분된다. 현금 포지션(cash position)은 이미 결제가 이루어져 자신의 은행잔고로 남아 있는 예치 잔액을 말한다. 현물환 포지션(spot position)은 현물환 거래조건에 의한 매입액과 매도액의 차이를 말한다. 그러나 은행에 따라서는 관리 목적상 1주일 이내에 자금의 수도가 이루어지는 거래를 포함시키기도 한다. 선물환 포지션(forward position)은 선물환 거래에 의한 매입액과 매도액의 차이를 말한다. 이는 파악기준에 따라 모든 선물환거래 잔액을 상계처리한 순선물환 포지션(net forward position), 일정기간 예를 들어 1개월 단위로 산출하는 갭 포시션(gap position), 그리고 매일매일의 결제기준으로 산출하는 롤오버 포지션(rollover position) 등으로

12. 롱 포지션과 숏 포지션은 환율의 움직임에 따라 손익이 발생하게 되므로 환위험에 노출되어 있다는 의미에서 오픈 포지션(open position)이라고 불린다.

나누어진다. 종합 포지션(overall position 또는 combined position)은 위의 현금 포지션, 현물환 포지션 및 선물환 포지션을 모두 합한 포지션을 말한다. 일정시점에서 외환의 손익을 측정하기 위해서는 이 종합 포지션에 대한 평가가 필요하다.

3.2.3 관리목적에 따른 분류

딜러 포지션(dealer position 또는 trader position)은 위험 포지션(risk position)이라고도 하며, 트레이더가 거래대상으로 관리를 해야 하는 포지션으로 이에 따라 트레이더들의 거래실적이 나타나게 된다. 은행 포지션(bank position)은 은행 전체의 외환 포지션을 말한다. 은행이나 기업의 외화자산 중에는 해외 현지법인의 자본금이나 외화표시 장기투자자산 등 트레이더들의 관리대상이 되지 않는 외화 포지션이 있는데, 이러한 포지션과 트레이더 포지션을 합한 것이 은행 포지션이다. 실제로 외국은행들은 트레이더 포지션과는 별도로 자본금 헤지(capital hedge)를 위한 포지션을 시장에서 장기적 관점에서 대규모로 거래하기도 한다.

어떤 형태로 분류된 포지션이든 포지션은 환율의 변동에 따라 손익을 발생시키게 되고 트레이더들은 포지션의 조정을 통해서 이익을 추구하거나 손실의 발생위험을 줄이고자 노력한다. 그러므로 모든 형태의 외환거래는 포지션을 발생시키게 되므로 트레이더들은 외환거래(FX trading)를 포지션 거래(position trading)라고도 부른다. 전문 외환거래에서는 모든 통화의 가격이 달러 기준으로 표시되고 있으므로 트레이더 포지션은 주로 달러 기준으로 환산되어서 관리된다.

요약

1. 환율은 자국통화와 외국통화의 교환비율 또는 외국통화의 자국통화표시가격으로서 거래대상, 형태 등에 따라 다양하게 표시될 수 있다. 외환시장에서의 매입률과 매도율은 시장조성자(market maker) 입장에서 고시되므로, 매입률은 시장조성자가 외환을 매입하는 경우에 적용되는 환율을, 그리고 매도율은 시장조성자가 외환을 매도하는 경우에 적용되는 환율을 의미한다. 매입률과 매도율의 차이를 스프레드라고 한다. 달러 이외의 다른 통화들 간에 외환거래가 이루어지는 경우에는 각 통화의 달러화에 대한 환율을 통해 이들 통화들 간 환율을 구할 수도 있는데, 이를 교차환

율(cross rate)이라고 한다.

2. 외환거래는 결제일에 따라 현물환거래, 선물환거래, 스왑거래 등으로 나눌 수 있다. 현물환거래는 가장 기초적인 거래로서 거래계약과 결제가 동시에 이루어지는 거래를 말한다. 선물환거래는 거래계약 후 일정기간 후 결제하기로 약정하는 거래를 말한다. 스왑거래는 결제일과 거래방향을 달리하는 두 개의 외환거래가 동시에 행해지는 거래를 말한다. 또한 외환거래는 거래동기에 따라 실수요거래, 차익거래, 헤징거래 및 투기거래로 나누어진다. 실수요거래는 수출입이나 외화표시 금융자산의 매매에 따라 외환을 수취하거나 대금을 결제하기 위해 이루어지는 거래이고, 헤징거래는 환율변동에 따른 위험을 회피하기 위해 이루어지는 거래를 말한다. 차익거래는 위험을 수반하지 않는 이익, 즉 차익을 취하기 위한 거래를 의미하는 반면 투기거래는 예상되는 이익을 취하고자 행해지는 거래이지만 예상이 맞지 않는 경우 손해를 볼 수 있는 위험이 수반된다.

3. 외환 포지션은 외화자산과 외화부채 간의 차이를 말하며, 각 통화별로 환위험 관리를 위한 기초자료가 되고, 외환 매매 손익을 정확히 산출하기 위해 또는 통화별 외화자금의 과부족의 조정을 위한 자료로서 사용된다. 롱 포지션은 외화자산이 외화부채보다 큰 경우를, 숏 포지션은 그 반대의 경우를 말하며, 균형 포지션은 양자가 일치하는 경우를 의미한다. 결제기준에 따라서 현금 포지션, 현물환 포지션, 선물환 포지션, 그리고 이를 모두 합한 종합 포지션으로 나눈다. 한편 관리목적에 따라 트레이더가 거래대상으로 하여 관리를 해야 하는 딜러 포지션(또는 위험 포지션)과 은행 전체의 외환 포지션인 은행 포지션으로 나누기도 한다.

부록 주요 환율추이

그림 A3-1 EUR/USD 현물환율 장기추이(1986~2011)

자료 : Thomson Reuters

그림 A3-2 USD/JPY 현물환율 장기추이(1971~2011)

자료 : Thomson Reuters

그림 A3-3 **USD/CHF 현물환율 장기추이**(1986~2011)

자료 : Thomson Reuters

그림 A3-4 **USD/KRW 현물환율 장기추이**(1981~2011)

자료 : Thomson Reuters

연습문제

01. 예를 들어 다음과 같이 과거와 현재의 USD/JPY 환율이 제시되었다고 하자.

	과거	현재
USD/JPY	130.00	120.00
EUR/USD	0.8500	0.9000

a. 엔화에 대한 달러화 절하율은 몇 %인가?
b. 달러화에 대한 엔화 절상률은 몇 %인가?
c. 달러화에 대한 유로화 절상률은 몇 %인가?
d. 유로화에 대한 달러화 절하율은 몇 %인가?

02. 일본에 수출하고 미국으로부터 수입을 하는 한국 자동차 회사가 달러를 사고 엔을 팔기 위해 3개 은행에서 다음과 같이 환율을 제시(quotation)받았다.

Bank A : USD/JPY 113.10–113.20
Bank B : USD/JPY 113.12–113.22
Bank C : USD/JPY 113.08–113.15

a. 이 기업은 어느 은행과 거래를 해야 가장 유리한 환율로 거래를 할 수 있는가?
b. 위의 예에서 만약 자동차 회사가 달러를 팔고 엔을 사려면 어느 은행과 거래를 해야 하는가?
c. 만약 C은행이 고객으로부터 1,000,000,000엔을 달러를 상대로 산다면(엔을 사고 달러를 판다) 어떤 환율을 적용하며 고객에게 얼마의 달러를 지급해야 하는가?

03. 한국 자동차 회사의 런던지사가 스위스에 자동차를 수출해 수출대금으로 받은 스위스 프랑을 영국 파운드로 바꾸고자 한다. 외환시장에서 현물환율(spot rate)을 거래은행으로부터 다음과 같이 제시받았다면 이때 적용환율은 얼마가 될까?

Spot : GBP/USD : 1.5400–05
Spot : USD/CHF : 1.5337–42

04. 한국 자동차 회사의 독일지사 외환담당자가 취리히 외환시장에서 현물환율이 다음과 같이 거래된다는 시장정보를 얻었다고 할 때 CHF/JPY 교차환율의 매입률–

매도율을 계산해보라.

Spot : USD/CHF : 1.5337–1.5342
Spot : USD/JPY : 128.95–128.98

05. 2005년 9월 27일의 환율이 다음과 같다. JPY/KRW의 매입률–매도율은 얼마인가?

Spot : USD/KRW : 1035.00–1035.20
Spot : USD/JPY : 113.35–113.37

06. 2007년 6월 한국 원화는 달러당 930원이었는데 7개월 후 1,030원까지 상승했다. 이처럼 환율변동폭이 클 경우 어느 통화를 중심으로 하느냐에 따라서 절상률 또는 절하율이 많이 달라지게 되는데, 각각의 통화를 기준으로 다음을 계산해보라.

a. 달러 절상률은 얼마인가?
b. 원화는 당초에 비해 몇 % 절하되었는가?

07. 어느 한국 회사가 10억 엔의 대금을 지불받고 동시에 8천만 유로를 차입했다고 하자. 이 회사의 외환 포지션은 어떤 상태이며, 환율이 다음과 같이 변한다면 손익이 얼마나 발생하게 되는지 계산하라.

	현재	1개월 후
USD/JPY	130.00	120.00
EUR/USD	0.8500	0.9000
USD/KRW	1050.00	1100.00

08. 두 통화 간 차익거래(bilateral arbitrage transaction)와 삼각차익거래(triangular arbitrage transaction)의 차이점을 간단한 예를 들어 설명하라.

09. 환차손익을 계산할 때 왜 종합 포지션에 근거하는가?

04장

Chapter four

환율, 이자율, 물가의 관계 : 국제평가관계

1. 구매력평가

국제금융거래를 결정하는 가장 중요한 변수들은 환율, 이자율, 물가 등인데, 이들을 연계시켜 주는 이론적 균형관계를 통틀어 국제평가관계(international parity relationships)라고 부른다. 이러한 관계는 구매력평가, 이자율평가, 피셔효과, 국제피셔효과, 선물환평가 등 다양한 형태로 나타나고 있다. 국제평가관계는 국제금융의 골격을 이루는 것이어서, 국제금융시장의 여러 현상을 분석하고 이해하는 데 있어 기본적인 틀이 된다. 특히 국제평가관계는 국제실물거래든 국제금융거래든 국제거래를 결정하는 기준이 된다. 이 장에서는 이를 국제실물거래에서의 균형을 나타내는 구매력평가와 국제금융거래에서의 균형을 나타내는 이자율평가로 크게 구분해 설명하고자 한다.

구매력평가(購買力平價 : purchasing power parity, PPP)란 국제상품거래에서 물가와 환율 간의 관계를 나타내는 것으로서, 간단히 말해 모든 국가에서 통화의 구매력은 동일하게 된다는 것을 의미한다.

1.1 일물일가의 법칙

구매력평가의 이론적인 출발점은 일물일가의 법칙(law of one price)이다. 무역에 따른 운송비용도 전혀 없고 관세 등의 무역장벽도 전혀 없는 이상적인 완전경쟁시장이라면, 두 나라에서 팔리는 상품의 가격은 두 나라에서 동일할 것이다. 이를 설명하기 위해 간단한 예로 콜라 1개의 값이 미국에서 $1인데 우리나라에서는 500원이라고 하자. 만일 환율이 $1 = 1,200원이라면 원화로 환산해봤을 때 미국에서의 콜라값은 1,200원(= $1 × 1,200)으로 우리나라에서보다 훨씬 비싸다. 똑같은 콜라인데 가격차이가 엄청나므로 운송비가 전혀 들지 않고 무역장벽이 전혀 없는 경우 우리나라에서 콜라를 사서 미국에 내다 팔면 1개당 700원씩 이익이 남는다. 따라서 모든 사람들이 거저 돈을 벌기 위해 이렇게 할 것이므로 우리나라에서는 콜라에 대한 수요가 급증해 가격이 상승하고 미국에서는 콜라 공급이 늘어나 가격이 하락할 것이다. 이처럼 가격이 조정되어 우리나라에서 콜라 1개당 900원으로 상승하고 미국에서 1개당 75센트(= \$0.75)로 하락한다면, 원화로 환산해 비교했을 때 두 국가 간에 콜라값이 같아지게 된다.[1] 즉,

$$900\text{원(우리나라에서의 가격)} = \$0.75\text{(미국에서의 가격)} \times 1{,}200\text{원} \tag{4-1}$$

이제 이 관계를 좀더 일반화시키기 위해 특정상품 i의 국내에서의 국내통화표시가격을 p_i, 외국에서의 외국통화표시가격을 p_i^*, 그리고 환율을 S라 하자. 환율을 이용해 이 상품의 외국통화표시가격을 국내통화단위로 표시하면 Sp_i^*가 될 것이다. 만일 국내가격 p_i가 외국가격 Sp_i^*보다 낮다면 무역업자들은 해당 상품을 국내에서 사다가 외국에 팔아 이득을 챙기는 이른바 차익거래를 할 것이다. 이 과정에서 국내가격이 높아지고 외국가격이 낮아지게 되어 결국 동일한 통화로 표시했을 때 두 상품의 가격은 어디에서나 같아지게 된다. 이 관계를 식으로 표시하면[2]

$$p_i = Sp_i^* \tag{4-2}$$

과 같이 나타나고 이를 일물일가의 법칙이라 한다.

1.2 절대적 구매력평가(absolute PPP)

특정 재화에 대한 일물일가의 법칙을 소비자상품바스켓에 확대 적용하면 구매력평가를 얻을 수 있다. 국내외의 물가지수(P 및 P^*)는 모든 재화의 가격을 해당가중치에 따라 총합한 것이므로

$$P = p_1^{\alpha_1} \times p_2^{\alpha_2} \times p_3^{\alpha_3} \times \cdots \times p_n^{\alpha_n},\ \text{단, } \sum_i \alpha_i = 1 \tag{4-3}$$

1. 물론 환율이 조정되어 두 가격이 같아질 수도 있다.
2. 이 장에서 위첨자 '*' 및 'e'는 각각 외국 및 예상값을 나타내고 $\hat{x} \equiv \frac{dx}{x}$ 또는 $\hat{x} \equiv \frac{(x_{t+1} - x_t)}{x_t}$는 변화율을 나타낸다.

$$P^* = p_1^{*\beta_1} \times p_2^{*\beta_2} \times p_3^{*\beta_3} \times \cdots \times p_m^{*\beta_n}, \text{ 단, } \sum_i \beta_i = 1$$

와 같이 표시될 것이다. 만약 두 나라 사람들의 소비패턴이 동일해 모든 상품에 대한 두 나라의 가중치가 같다면($\alpha_i = \beta_i$, $n = m$),

$$\frac{SP^*}{P} = \left(\frac{Sp_1^*}{p_1}\right)^{\alpha_1} \times \left(\frac{Sp_2^*}{p_2}\right)^{\alpha_2} \times \left(\frac{Sp_3^*}{p_3}\right)^{\alpha_3} \times \cdots \times \left(\frac{Sp_n^*}{p_n}\right)^{\alpha_n} \quad (4-4)$$

을 얻을 수 있다. 만일 모든 상품에 대해 (4－2)식의 일물일가의 법칙이 성립한다면 (4－3)식은

$$\frac{SP^*}{P} = 1 \quad (4-5)$$

이 된다. 이를 절대적 구매력평가라고 부르며 이는

$$P = SP^* \text{ 혹은 } S = \frac{P}{P^*} \quad (4-6)$$

와 같은 형태로도 표시된다. 구매력평가조건은 S, P, P^* 간의 관계를 나타내는 것으로서, 그 자체로서는 물가가 환율을 결정하는지 아니면 환율이 물가를 결정하는지 인과관계를 제시하는 것은 아니다.

절대적 구매력평가에 대한 실증분석들은 (4－6)식과 같은 물가와 환율 간의 관계에 대해 그다지 긍정적인 결과를 제시하지 않고 있다. 절대적 구매력평가가 현실과 부합되지 않는 이유는 여러 가지가 있다.

첫째, 각국에서 물가를 계산할 때 그 경제 내에 존재하는 모든 상품을 고려하는 것이 아니라 일부 품목만을 고려한다는 것이다. 따라서 이러한 물가수준은 그 국가 통화의 구매력을 정확하게 반영하지 못하고 그것을 이용해 얻은 구매력평가는 오류일 수 있다는 것이다.

둘째, 설사 각국의 물가가 그 경제 내에 있는 모든 품목을 고려해 계산되었을지라도 각국마다 존재하는 품목이 다를 것이고, 또한 존재하는 품목이 동일할지라도 각국마다 물가계산에 적용되는 가중패턴이 다르다는 것이다.

셋째, 구매력평가에서 가정하는 것과는 달리 현실세계에서는 관세, 쿼터 등의

Box 4-1 빅맥 PPP환율

영국에서 발행되는 주간 경제전문지 Economist에서는 1986년 이래 매년 4월마다 전세계적으로 판매되고 있는 맥도널드의 빅맥가격을 비교 · 분석해서 발표하고 있다. 빅맥은 전세계 120여 개국의 매장에서 동일한 상품으로 판매되고 있으므로, 이 빅맥지수를 이용해 일물일가의 법칙 또는 절대적 구매력평가를 간단히 검증할 수 있는 기회를 독자들에게 제공한다는 취지에서이다.

〈표 4-1〉은 2010년 7월의 빅맥지수를 보여주고 있다. 빅맥버거는 중국에서 가장 싸게(개당 1.95달러) 팔리고 있고, 스위스에서 가장 비싸게(개당 6.19달러) 팔리고 있으며, 우리나라에서는 개당 2.82달러에 팔리고 있다. 이에 따르면 대부분 국가들의 통화는 과소평가되어 있어 대미달러 환율이 내려가야 하는 반면 스위스, 덴마크 등 일부 국가들의 통화는 과대평가되어 있기 때문에 대미달러 환율이 상승해야만 한다.

그러나 비록 빅맥이 세계 거의 모든 나라에서 판매되고는 있으나 과연 동일한 상품인가에 대해서는 의문의 여지가 있다. 주재료인 소고기값이 무역장벽으로 나라마다 차이가 있을 뿐 아니라 건물임대료, 인건비, 조세제도, 지역별 시장구조 등도 천차만별일 것이다. 그러므로 빅맥은 교역이 가능하지 않은 서비스재화의 측면도 강하기 때문에 구매력평가의 척도로서 빅맥 PPP환율은 무리가 있을 수밖에 없다.

그럼에도 불구하고 빅맥지수는 유용한 경제학적 함의를 준다. 일례로 물가보다는 명목환율의 변동이 실질환율의 변동을 주도한다는 실증적 결과이다. 또한 빅맥 PPP환율은 비록 간단하지만 미래 환율의 움직임을 예측하는 유용한 지표가 된다는 일부 연구결과도 발표되었다.

표 4-1 **빅맥지수**(2010년 7월 현재)

국가	국내가격	달러가격	빅맥 PPP	현재환율	과소(−)/과대(+) : %
미국	3.73달러	3.73	−	−	−
아르헨티나	14.0페소	3.56	3.75	3.93	−5
호주	4.35호주달러	3.84	1.17	1.13	3
브라질	8.71헤알	4.91	2.33	1.77	31
영국	2.29파운드	3.48	0.61	0.66	−7
캐나다	4.17캐나다달러	4.00	1.12	1.04	7
중국	13.2유안	1.95	3.54	6.78	−48
덴마크	28.5크로나	4.90	7.63	5.81	31
인도네시아	22,780루피	2.51	6,102	9,063	−33
일본	320엔	3.67	85.7	87.2	−2
말레이시아	7.05말레이달러	2.19	1.89	3.21	−41
멕시코	32.0페소	2.50	8.57	12.8	−33
필리핀	102페소	2.19	27.3	46.5	−41
러시아	71.0루블	2.33	19.0	30.4	−38
싱가포르	4.23싱가포르달러	3.08	1.13	1.37	−18
대한민국	3,400원	2.82	911	1,204	−24
스위스	6.50스위스프랑	6.19	1.74	1.05	66
대만	75.0대만달러	2.34	20.1	32.1	−37
태국	70.0바트	2.17	18.8	32.3	−42

무역제한조치 및 수송비용이 존재한다. 이러한 무역장벽은 상품 및 용역의 이동을 제한할 만큼 크기 때문에 비교역재가 존재하게 되고 구매력평가가 성립하지 않게 된다.

넷째, 상품시장의 구조가 완전경쟁이 아닌 독과점구조인 경우 독과점자들은 각각의 시장에 가격차별화를 할 수 있게 되어 구매력평가가 성립하지 않게 된다.

1.3 상대적 구매력평가(relative PPP)

절대적 구매력평가는 국내에서 생산된 상품이나 해외에서 생산된 상품의 국내가격이 같다는 일물일가의 법칙을 전제로 한다. 그러나 앞서 지적한 바와 같은 여러 요인들 때문에 동일한 상품의 가격차이가 국가 간에 현저하고 또한 이와 같은 가격차이가 상당기간 지속되는 경우 절대적 구매력평가설에는 문제가 생기게 된다.

그런데 양국 간에 가격차이가 현저한 경우에도 양국의 물가상승률(π, π^*)과 환율변화율과는 안정적인 관계를 유지할 수 있다. 이처럼 현실적으로 P와 SP^*의 절대수준이 같지는 않더라도 양자 간에 일정한 관계가 존재하는 경우 구매력평가는 실질환율이 (4-5)식에서와 같이 1이 아니라 상수로 유지되는 상대적 구매력평가로 나타나게 된다. 따라서 상대적 구매력평가는 아래와 같이 (4-6)식에 로그를 취하고 양변을 전미분한 형태, 즉 (4-7)식과 같이 환율변화율이 양국 간 인플레이션의 차이와 같아지는 형태, 또는 (4-8)식과 같이 예상환율변화율이 양국 간 예상인플레이션과 같아지는 형태로 표시할 수 있다.[3]

$$\pi = \hat{S} + \pi^* \text{ 혹은 } \hat{S} = \pi - \pi^* \qquad (4-7)$$

$$\pi^e = \hat{S}^e + \pi^{*e} \text{ 혹은 } \hat{S}^e = \pi^e - \pi^{*e} \qquad (4-8)$$

상대적 구매력평가는 사실 단순히 절대적 구매력평가를 완화시킨 형태로만 제시되는 것은 아니다. 그 이론적 근거는 고전학파의 통화중립성으로 거슬러 올라간다. 고전학파의 세계에서 통화량이 증가하면 물가와 명목환율 등 모든 명목변수가

---

3. 예상 환율변화율이 양국 간의 예상인플레이션 차이와 같아진다는 것을 구분해 사전적 상대구매력평가(ex-ante relative PPP)라고 부르기도 한다.

비례적으로 상승하게 되고, 반면에 실질변수는 아무런 변화가 없게 된다. 오늘날에도 최소한 명목적 교란요인(nominal shock)에 대해서는 상대적 구매력평가가 성립할 것이라는 것이 적지 않은 경제학자들의 의견이다.

절대적 구매력평가설과는 달리 실질환율이 일정하다는 상대적 구매력평가설은 1960년대까지만 해도 상당히 현실에 부합하는 것으로 받아들여졌다. 특히 1920년대 독일의 경우와 같이 물가가 폭등하는 초인플레이션(hyper-inflation) 시기에는 국내통화가치의 급락으로 환율도 급격하게 상승하는 경향이 있어서 물가와 환율 간의 변화추이가 거의 일치하는 모습을 보이기도 했다.

그러나 1970년대에 들어서면서 양자 간의 안정적인 관계가 크게 이탈되는 경향을 보이고 있다([그림 4-1]). 만일 상대적 구매력평가가 성립하면 환율변화율(실선)이 인플레이션 차이(점선)와 비슷하게 움직여야 한다. 그러나 그림에서 보듯이 양자 간의 움직임이 확연히 다르다. 그 원인으로 절대적 구매력평가설의 문제점 외에도 특히 1960년대까지 주종을 이루었던 명목적 교란요인 대신 1970년대 이후 실질적 교란요인(real shock)이 상당수 발생했다는 것을 들 수 있다.

그림 4-1 상대적 구매력평가 : 독일 vs. 미국

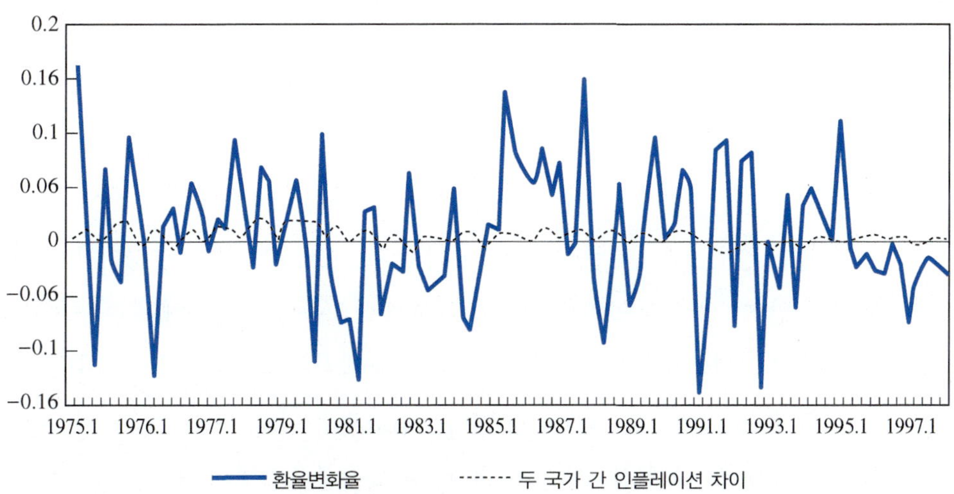

이를 설명하기 위해서 실질환율(q)을 명목환율 및 소비자물가(P)를 이용해 다음과 같이 정의한다고 하자.

$$q = \frac{SP^*}{P} \tag{4-9}$$

소비자물가는 교역재와 비교역재의 가중평균이므로 (4-9)식을 교역재가격(P_T, P_T^*)과 비교역재가격(P_N, P_N^*)으로 표시하면 다음과 같이 된다. 여기서 α, β는 각각 국내 및 외국 소비자물가에서의 비교역재 비중을 나타낸다.

$$q = \frac{S \times (P_N^*)^{\beta} \times (P_T^*)^{1-\beta}}{(P_N)^{\alpha} \times (P_T)^{1-\alpha}} \tag{4-10}$$
$$= \left(\frac{P_N^*}{P_T^*}\right)^{\beta} \times \left(\frac{P_N}{P_T}\right)^{-\alpha} \times \left(\frac{SP_T^*}{P_T}\right)$$

첫째, 1970년대의 석유파동에서와 같이 교역조건이 변화하는 경우를 보자. 산유국을 자국이라고 하면, 자국의 교역재인 석유의 가격 P_T가 외국의 교역재인 제조업품의 가격 P_T^*에 비해 크게 상승함에 따라 $\frac{SP_T^*}{P_T}$가 하락하고 자국의 실질환율 q는 하락하게 된다. 이러한 실질절상은 당시 산유국들이 전반적으로 경험한 바 있으며, 소위 화란병(Dutch disease) 증세의 일종이다.

둘째, 교역재 간에 절대적 구매력평가가 성립해 $\frac{SP_T^*}{P_T} = 1$이 된다고 해도, 자국의 수요가 교역재에서 비교역재로 바뀌는 경우 $\frac{P_N}{P_T}$이 상승함으로써 실질환율이 하락할 수 있다. 예컨대 1990년 무렵 우리나라는 주택 200만호 건설 추진과정에서 이러한 실질절상 경험을 했다.

셋째, 자국의 수요가 교역재와 비교역재를 막론하고 전반적으로 증가하더라도 역시 실질절상이 초래된다. 이는 교역재와 비교역재의 차이에 기인한다. 교역재시장의 경우 초과수요는 외국으로부터의 수입으로 어느 정도 충당되기 때문에 가격상승압력이 상대적으로 덜한 반면, 국내에서 모든 것을 충당해야 하는 비교역재의 경우는 초과수요가 보다 직접적인 가격상승압력으로 작용하기 때문이다. P_T가 P_N에 비해 덜 상승하게 되고 이에 따라 자국통화의 실질가치는 상승한다. 다시 말하면, 예컨대 총수요팽창으로 인한 경기상승은 그것이 특별히 비교역재 수요의 팽창때문이 아니라고 하더라도 실질절상을 초래하는 경향이 있다는 것이다.

넷째, 자국의 교역재 부문에서 생산성 향상이 이루어지는 경우, 한편으로는 생산성 향상의 직접적 결과로 P_T가 하락하고 다른 한편으로는 생산요소가 비교역재 부문에서 보수가 좋은 교역재 부문으로 이동하게 된다. 이에 따라 비교역재의 생산에 차질이 생기면서 P_N이 상승해 결국 $\frac{P_N}{P_T}$이 상승하게 되고 실질절상이 초래된다. 마스톤(R. Marston, 1987)의 실증분석에 따르면, 1973년~1983년 기간 중 일본 엔화는 미국 달러화에 비해 약 9%의 실질절상을 경험했는데, 이는 주로 일본 교역재 부문의 생산성 향상이 미국 교역재 부문의 생산성 향상을 크게 앞섰기 때문이라는 것이다.

교역재 부문의 생산성 향상문제는 국가 간의 생활비 수준의 차이와 관련해서도 중요하다. 환율을 감안하더라도 선진국의 생활비가 개발도상국에 비해 월등히 높다는 것은 잘 알려진 사실이다. 발라사(B. Balassa, 1964)에 의하면,[4] 경제성장과정에서 교역재 부문은 주로 제조업이기 때문에 생산성 향상이 급속히 이루어지는 반면, 비교역재 부문은 주로 서비스산업이기 때문에 생산성 향상이 더디게 된다. 이에 따라 선진국의 비교역재 가격이 개발도상국보다 높게 되고, 이는 선진국의 물가수준을 높이는 원인이 된다. 우리나라에서도 지난 40여 년간의 고도경제성장 결과 생활비가 크게 올랐으며, 특히 공산품가격에 비해 서비스가격이 급등했음은 주지의 사실이다.

다섯째, 현실적으로 가격은 상당히 경직적이기 때문에 명목환율이 변동할 때마다 실질환율이 따라서 변동하게 된다. 실증적으로 실질환율의 변동성과 명목환율의 변동성 간에는 높은 상관관계가 발견된다.[5] 명목환율이 변동하는 메커니즘에 관한 확신이 희박해 가는, 다시 말해 원인 모를 명목환율의 변동이 빈번해 가는 오늘날, 명목환율의 변동이 그대로 실질환율의 변동으로 반영되어 경제에 충격을 가한다는 것은 커다란 걱정거리가 아닐 수 없다.

---

4. 한편 크라비스와 립시(I. Kravis and R. Lipsey, 1983)는 생산성의 격차 대신 부존자원의 차이로 선진국-개발도상국 간의 물가수준 차이를 설명하고 있다. 선진국은 개발도상국에 비해 노동보다는 자본이 상대적으로 풍부하기 때문에 선진국에서는 노동의 한계생산성 및 실질임금이 높게 된다. 일반적으로 비교역재 산업은 교역재 산업에 비해 노동집약적이다. 따라서 노동이 비싼 선진국에서 비교역재의 가격이 높을 것이며, 비교역재가 비싼 선진국의 물가수준이 개발도상국보다 높을 것이다.

5. M. Mussa(1986), pp.117-214. 1973년 변동환율제가 시작된 이래 명목환율과 더불어 실질환율의 변동이 심해진 사실도 그 증거의 하나로 지목된다. 그러나 이는 1970년대 이후 명목적 교란요인에 비해 실질적 교란요인이 빈번해진 때문인 면도 적지 않아 논란이 되고 있다.

2. 이자율평가

이자율평가(interest rate parity)는 상품시장에서의 일물일가의 법칙이 국제금융시장에 적용된 것이라 할 수 있으며, 동일한 통화로 환산했을 때 모든 국가에서 투자의 기대수익률이 같아진다는 것을 의미한다. 이자율평가는 투자의 기대수익률이 위험을 수반하고 있는가 여부에 따라 크게 무위험 이자율평가와 유위험 이자율평가로 구분한다.

2.1 무위험 이자율평가(covered interest rate parity, CIRP)

흔히 이자율평가라고 하면 무위험 이자율평가를 의미하는데, 이는 국가 간의 자본이동에 따른 제약이 없는 경우에 성립한다. 즉, 거래비용이 없고 자본통제가 없으며 국가위험(정치적 위험 등을 포함)이 없다고 가정하면, 표시통화를 제외한 다른 조건이 동일한 두 금융자산으로부터의 기대수익률은 동일통화로 환산한 경우 같아지게 된다.

예를 들어 어떤 국내투자자가 2,400억원의 자금을 원화표시 채권에 투자할 것인가 또는 달러화표시 채권에 투자할 것인가를 고민하고 있다고 하자. 투자에 따른 위험이 동일하다면, 투자자의 선택은 두 투자대상으로부터 기대되는 수익률에 달려 있을 것이다. 국내의 명목이자율(i)이 12%라면 이 돈을 만기 1년의 국내채권에 투자해 1년 후에 받는 금액은 2,400억 × (1 + 0.12)원 = 2,688억원이 된다. 그러면 이 돈을 달러화표시 채권에 투자하는 경우 1년 후에 받는 금액은 얼마가 될까? 우선 달러화표시 채권에 투자하기 위해서는 원화를 달러화로 환전해야 한다. 외환시장에서 현물환율(S_t)이 \$1 = 1,200원이라면 원화 1원으로는 현재 $\frac{1}{1,200}$단위의 달러화를 살 수 있으므로 2,400억원을 달러로 환전하면 2,400억 × $\left(\frac{1}{1,200}\right)$ = 2억 달러가 된다. 외국이자율(i^*)을 4%라고 하면 이 돈을 1년 만기 달러화표시 채권에 투자하는 경우 1년 후에 받는 원리금은 2억 × (1 + 0.04) 달러가 될 것이다. 따라서 원화표시 채권에 대한 투자와 달러화표시 채권에 대한 투자 중 어느 쪽이 유리할 것인가를 판단하기 위해서는 2,400억 × (1 + 0.12)원 = 2,688억원과 2억 × (1 + 0.04) 달러의 크기를 비교하면 될 것이다.

그런데 전자는 원화로 표시된 데 비해 후자는 달러화로 표시되어 있으므로, 후자를 1년 후의 환율을 이용해 원화 단위로 환산할 필요가 있다. 그러나 1년 후의 미래환율(S_{t+1})이 얼마가 될지는 미리 알 수가 없으므로, 원화 단위로 표시한 해외채권으로부터의 투자수익은 불확실하게 된다. 이러한 불확실성은 투자 초기에 선물환계약을 체결함으로써 제거될 수 있다. 만일 투자 초기에 1년 후 1달러당 F_t원을 받고 달러화를 매도하기로 선물환계약을 체결해 놓는다면, 해외채권에 대한 투자로부터의 원리금은 2억 × (1 + 0.04) × F_t원으로 고정되는데, 이를 무위험 외환수익이라고 한다. 여기서 F_t는 선물환율이다.

이처럼 선물환계약을 체결하는 경우 투자에 대한 수익률은 아무런 위험이 수반되지 않으므로, 만일 두 채권이 서로 다른 수익률을 가진다면 투자자는 수익이 높은 쪽으로 자본을 이동시킬 것이다. 예를 들어 선물환율이 현물환율과 같이 $1 = 1,200원이라면, 해외투자의 총원리금은 2억 × (1 + 0.04) × 1,200 = 2,496억원밖에 안 된다. 따라서 국내투자로부터의 수익(2,688억원)이 훨씬 커지므로 국내투자자들은 모두 국내에 투자하려고 할 것이고 따라서 국내채권 가격이 상승해 국내이자율이 하락하게 된다. 마찬가지로 외국투자자들은 달러화표시 채권을 처분해 자금을 마련한 후 투자수익이 훨씬 좋은 우리나라 채권을 구입하려고 할 것이므로 외국채권 가격은 하락하고 외국이자율은 상승하게 된다. 이처럼 투자수익률을 좇아 자금이 이동하게 되면 국내 및 외국이자율이 조정되어(물론 환율도 조정됨) 두 국가의 투자수익률이 수렴하게 될 것이다.

반대로 선물환율이 $1 = 1,320원이라고 하면, 해외투자의 총원리금은 2,745.6억원이 되어 해외투자가 국내투자보다 수익성이 커진다. 따라서 자금이 국내에서 해외로 이동하게 되고 이로 인해 국내이자율은 상승하고 해외이자율은 하락해 투자수익률 차이가 조정될 것이다. 만일 선물환율이 $1 = 1292.31원이라면 해외투자의 총원리금은 2,688억원으로 국내투자와 같아진다. 즉,

$$2{,}400\text{억원} \times (1 + 0.12) = \frac{2{,}400\text{억}}{1{,}200} \times (1 + 0.04) \times 1{,}292.31 \qquad (4-11)$$

위의 예에서 보인 것처럼 국내투자와 해외투자가 서로 다른 수익을 가져다 준다면 금리차익거래가 발생하게 되고 양국의 이자율과 환율은 영향을 받게 된다. 결

국 금리차익에 의한 자본이동은 두 투자기회로부터의 수익률이 동일해질 때까지 계속될 것이다. (4-11)식을 정리하면 양국의 이자율 및 환율 간에는 다음과 같은 균형관계가 형성됨을 알 수 있다.

$$1+i=\frac{F_t}{S_t}(1+i^*) \text{ 혹은 } \frac{1+i}{1+i^*}=\frac{F_t}{S_t} \tag{4-12}$$

i와 i^*가 작은 경우 $\frac{(1+i)}{(1+i^*)}\approx 1+i-i^*$이므로 (4-12)식은 다음과 같은 근사식으로 고쳐 쓸 수 있다.[6]

$$i=i^*+\frac{(F_t-S_t)}{S_t} \text{ 혹은 } i-i^*=\frac{(F_t-S_t)}{S_t} \tag{4-13}$$

(4-13)식에서 $\frac{(F_t-S_t)}{S_t}$는 선물환율이 현물환율로부터 이탈하는 정도를 나타내는 선물환할증(forward premium, fp)이다.[7]

이 식을 이용하면 위의 예에서 보여준 국내투자와 해외투자 중 어느 것이 유리한지를 수익률 비교를 통해 훨씬 쉽게 알 수 있다. 즉, 국내투자의 수익률은 i = 12%이고 해외투자의 수익률은 i^*+fp = 4% + *선물환할증*으로 나타난다. 따라서 선물환율이 현물환율보다 8% 이상 높으면 해외투자가 유리하게 되고 8%보다 낮으면 국내투자가 유리하게 되어 자본이 유리한 투자기회를 찾아 이동하게 된다. 그 결과 국내외 이자율이 조정되거나 아니면 외환시장에서 선물환율이 현물환율보다 8% 높게 형성되면 두 지역의 투자수익률이 같아지게 되는 것이다.[8]

표 4-2 **국내투자와 해외투자의 비교**

투자수익률	비교
국내투자 : 0.12 해외투자 : $0.04+\frac{F_t-1,200}{1,200}$	① 선물환율 = 1,200 국내투자(0.12) > 해외투자(0.04 = 0.04 + 0.00) ② 선물환율 = 1,320 국내투자(0.12) < 해외투자(0.14 = 0.04 + 0.10) ③ 선물환율 = 1,296 국내투자(0.12) = 해외투자(0.12 = 0.04 + 0.08)

6. 예를 들어 $i=0.04$, $i^*=0.03$이라고 하면, $\frac{1+i}{1+i^*}=\frac{1.04}{1.03}=1+0.04-0.03-0.000291$이 되므로 아주 미미한 마지막 항을 무시하고 이를 $1+0.04-0.03$과 유사한 것으로 간주하는 것이다. 마찬가지로 $(1+i)\times(1+i^*)=1+i+i^*+i\times i^*$에서도 마지막 항을 무시하고 $1+i+i^*$와 유사하다고 간주한다.

7. 이 값이 '+' 인 경우 외국통화(예를 들어 달러화) 가치는 할증됨을 의미하지만 국내통화 가치는 반대로 할인됨을 의미한다. '−' 인 경우는 선물환할인(forward discount)이라고 부른다.

[그림 4-2]의 *IP*선은 무위험 이자율평가를 만족시키는 이자율 격차와 선물환할증 간의 관계를 보여주고 있다. 예를 들어, *IP*선상에 있는 *B*점은 3%의 선물환할증이 있는 경우 국내금리는 미국금리에 비해 3% 더 높게 됨을 보여준다. *A*점의 경우에는 3%인 선물환할증이 2%의 국내외 금리차보다 더 크므로, 달러화표시 채권에 투자하는 것이 국내채권에 투자하는 것보다 수익률 면에서 더 유리하게 된다. 이 경우 양국 간에 자본이 자유롭게 이동할 수 있다면 우리나라로부터 미국으로 자본이 유출될 것이며, 이 같은 자본의 이동은 양국의 금리와 환율이 결국 *IP*선상의 한 점에서 균형을 이루도록 만들 것이다.

그림 4-2 이자율 격차와 선물환할증

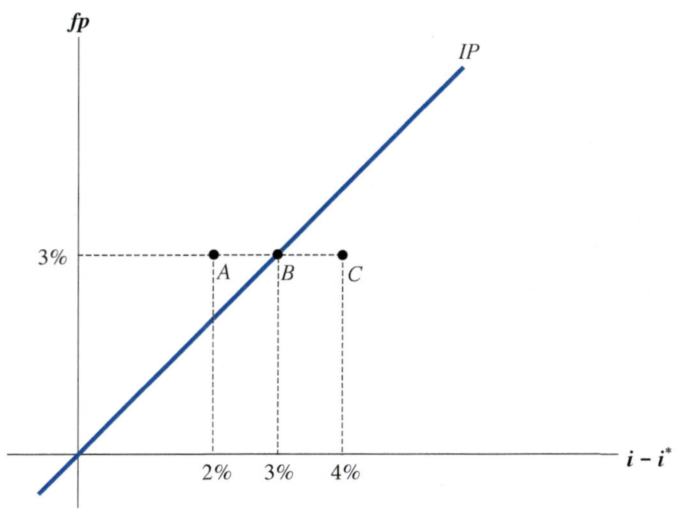

무위험 이자율평가는 국가 간 자본의 이동이 완전한 경우에만 성립될 수 있으므로 이자율평가가 얼마나 잘 성립되는지의 여부로부터 자본의 이동성이 완전한지의 여부를 판단할 수 있다. 무위험 이자율평가를 실증적으로 분석하기 위해서는 기간 프리미엄(term premium), 위험 프리미엄(risk premium), 유동성 프리미엄(liquidity premium) 등으로 말미암아 이자율평가가 성립하지 않는 것을 방지하기 위해 위험도와 만기 등의 조건이 동일한 금융자산을 선택해야 하며 또한 외환과 금

8. (4-12)식을 이용할 때와 (4-13)식을 이용할 때 약간 차이가 나는데 이는 앞에서 말한 근사식을 도출할 때 오차항을 무시하기 때문이다.

융자산 간의 거래에 따른 비용을 정확하게 산출해야 한다. 이 같은 조건을 가장 이상적으로 만족시키는 유로커런시시장에서는 무위험 이자율평가가 대체로 성립되고 있음이 밝혀졌다.[9] [그림 4－3]은 무위험 이자율평가로부터의 이탈정도를 나타내는데, 유로커런시 시장에서 미국달러와 캐나다달러 간에는 거의 차이가 없음을 보여주고 있다.

그림 4－3 무위험 이자율평가(미국과 캐나다의 경우), **2000년 1월～2010년 9월**

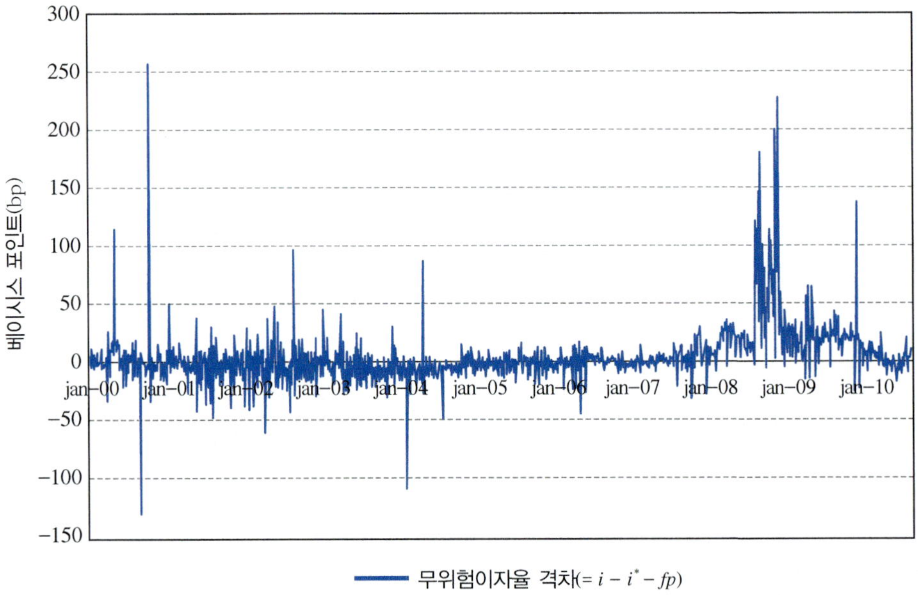

자료 : Levich(2011).

반면에 재무성증권이나 상업어음과 같은 단기금융상품에 대한 자료를 이용한 연구는 이자율평가 관계가 자주 위반됨을 보여준다. 더구나 3년～5년 만기의 장기채권이나 직접투자 등에 있어서는 이자율평가가 잘 성립되지 않는다.

물론 위의 연구결과가 반드시 국가 간 자본이동성의 불완전성을 뒷받침한다고 말하기는 어려운데, 그 이유는 정치적 위험 및 기타 다른 요인 때문에 무위험 이자율평가가 성립하지 않을 수도 있기 때문이다.

첫째, 정치적 위험(political risk)이란 금융자산이 발행되거나 보유되는 국가가 통치권을 행사함에 따라 수익률에 영향을 미칠 수 있는 가능성을 말한다. 가장 전형

9. R.Z. Aliber(1973), pp. 1451−1459 ; J.A. Frenkel and R.M. Levich(1975), pp.325−383.

적인 정치적 위험의 예로는 자산의 몰수 또는 동결을 들 수 있다. 1970년 카터 행정부는 이란이 미국 내에 보유하고 있는 자산을 동결시켰는데, 동결된 자산의 규모가 120억 달러에 달했다. 그러나 자산동결과 같은 극적인 정치적인 사건만이 정치적 위험을 야기시키는 것은 아니다. 투자시점과 원리금의 상환시점 사이에 자본의 유출입에 대한 통제조치가 도입되는 것도 정치적 위험이다. 즉, 어떤 국가가 현재에는 자본의 자유로운 유출입을 허용하고 있더라도, 장래에 원금이나 이자의 본국 송금을 제약할 가능성이 있다면 사람들은 이 국가에 대한 투자를 기피할 것이다. 실제로 외환에 대한 통제는 국제수지 위기나 외채 위기를 경험하고 있는 국가들에 의해 빈번하게 이용되어 왔으므로, 국제수지에 어려움을 겪고 있는 국가의 경우 비록 현재는 외환에 대해 아무런 통제를 하고 있지 않더라도 이 같은 어려움이 계속된다면 결국 외환의 유출에 대해 통제를 가할 것임을 예상하게 된다.

미래의 자산몰수, 자산동결, 외환통제 그리고 그 외의 정부의 간섭이나 규제 가능성에 의해 발생하는 정치적 위험은 국가가 통치권을 행사하는 한 완전히 제거될 수 없으며, 국가에 따라 그 크기도 상이할 것이다. 따라서 동일한 종류의 금융상품이라 하더라도 서로 다른 국가에서 발행된다면 이들은 각각 상이한 크기의 정치적 위험을 가지게 된다. 이러한 정치적 위험이 존재하는 경우 명목이자율에 위험부담료가 추가되어 있으므로 무위험 이자율평가가 성립하지 않을 수 있게 된다.

Box 4-2 IMF 위기시의 금리차익거래

1997년 12월 외환시장의 패닉(panic)현상으로 환율이 달러당 2,000원대까지 가는 오버슈팅 현상이 분명해지자 선물환시장은 마침내 미국 달러화가 원화에 대해 할인되어서 거래가 되는 기현상이 발생했다. 예를 들어 당시 미국 달러화의 LIBOR금리가 연6%, 우리나라의 1개월 CD금리가 연 24%였다면 선물환할증은 2,000 × (24% − 6%)/12 = 30이 되어 이론적인 1개월 후의 선물환율은 2,030원이 되어야 함에도 불구하고 당시 시장에서는 선물환율이 2,000원 아래에서(예를 들어 1970원 정도) 형성되었다. 이러한 현상은 양 국가 간의 금리차이를 정확히 반영해 선물환율이 형성되는 선진국의 외환시장에서는 있을 수 없는 현상으로 당장 자금시장과 외환시장과의 차익거래기회(arbitrage opportunity)를 제공해준다. 따라서 달러화를 조달하는 데 문제가 없던 외국계은행들은 금리차이 및 선물환할인에 따른 이중의 차익(위의 예에서는 연평균 36%)을 실현시킬 수 있었다. 그렇지만 우리나라의 대부분의 금융기관들은 하루하루 외환부족상태를 메우기 위해 현물환시장에서 높은 가격에 달러를 사고 다시 낮은 가격의 선물환율에다 팔아야 하는 국면에 처해 있었기 때문에 오히려 손해를 보아야만 했다.

둘째, 국가 간 조세취급이 상이한 경우 세금을 고려하지 않은 무위험 이자율평가가 성립하지 않는 것은 당연하다. 이는 투자자의 의사결정이 세후수익률에 의존하기 때문이다.

2.2 유위험 이자율평가(uncovered interest rate patity, UIRP)

유위험 이자율평가는 국제피셔효과(international Fisher effect)라고도 하는데, 두 국가 간 금융자산이 완전대체적(perfect substitutable)일 때 성립한다. 즉, 두 국가의 금융자산이 완전대체적이라면 동일한 통화로 표시하는 경우 두 금융자산은 동일한 것으로 간주될 수 있으며 따라서 투자에 따른 기대수익률도 아래와 같이 같아지게 된다는 것이다.

$$1 + i = \frac{S_{t+1}^{e}}{S_t}(1 + i^*) \qquad (4-14)$$

위에서와 마찬가지로 (4-14)식은 다음과 같은 근사식으로 표시할 수 있다.

$$i - i^* = \frac{S_{t+1}^{e} - S_t}{S_t} \qquad (4-15)$$

따라서 유위험 이자율평가는 두 국가 간의 이자율 격차가 예상환율변화율 $\hat{S}^e \equiv \frac{S_{t+1}^{e} - S_t}{S_t}$과 같아진다는 것을 의미한다.

국내 및 해외투자에 대한 수익률이 같아지는 조건이라는 점에서 유위험 이자율평가는 무위험 이자율평가와 기본적으로 유사하다. 그러나 한 가지 주의할 것은 유위험 이자율평가의 경우 선물환계약을 통해 미래환율에 대한 불확실성을 제거하지 않고 투자자의 환율예상에 의존하기 때문에 무위험 이자율평가에서와는 달리 기대수익률에 위험이 수반된다는 것이다. 즉, (4-14)식 및 (4-15)식에서 S_{t+1}^{e}는 투자자가 예상하고 있는 미래의 환율을 의미하는데, 이 예상이 틀리는 경우 투자자는 손해를 볼 수 있으며 예상착오에 따른 위험을 투자자 자신이 떠맡아야 한다.

무위험 이자율평가가 성립하는 반면 유위험 이자율평가가 성립하지 않는 경우 환위험할증(또는 환위험할인)이 발생하게 된다. 예를 들어, 투자자가 (4-15)식이 성립하지 않고 아래와 같이 국내채권에 대한 기대수익률이 달러화표시 채권에 대한 기대수익률보다 클 것으로 예상한다고 하자.

$$i > i^* + \frac{(S^e_{t+1} - S_t)}{S_t} \qquad (4-16)$$

만일 무위험 이자율평가가 성립한다면, (4－13)식을 (4－16)식에 대입해

$$\frac{F_t - S^e_{t+1}}{S_t} > 0 \qquad (4-17)$$

가 됨을 알 수 있다. $\frac{(F_t - S^e_{t+1})}{S_t}$는 미래환율에 대한 예상이 선물환율을 벗어나는 정도를 나타내는데, 이를 환위험할증('－'의 경우 환위험할인)이라고 부른다. 예컨대 환위험할증이 있는 경우 투자자들은 선물환율이 나타내는 것보다 미래의 환율이 더 낮아질 것이라고 예상하고 이익을 노린 투기거래를 행하고자 할 것이다.

실증분석 결과에 따르면 무위험 이자율평가와는 달리 유위험 이자율평가의 경우 [그림 4－4]에서 보는 바와 같이 대체적으로 성립하지 않는 것으로 나타나고 있다. 이처럼 국내외 이자율 격차와 예상환율변화율 간에 커다란 괴리가 존재하는 이유는 무엇보다도 환위험할증 때문이라고 할 수 있다.

그림 4－4 유위험 이자율평가(미국과 캐나다의 경우)

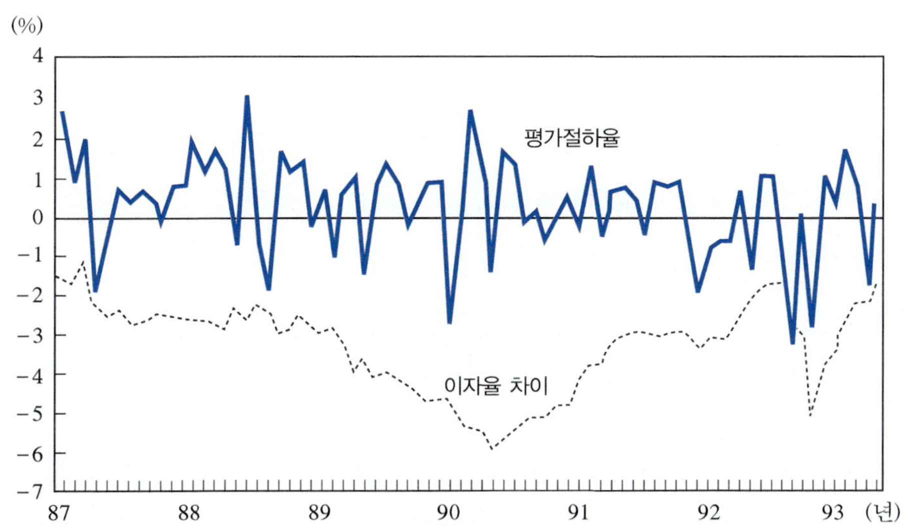

3. 국제평가관계의 종합

지금까지 구매력평가와 이자율평가에 대해 설명했다. 이 절에서는 이외에도 이자율, 환율, 물가 간의 관계를 나타내는 추가적인 조건들을 몇 가지 더 소개한 후, 앞에서 개별적으로 설명한 국제평가관계들을 종합적으로 정리하고자 한다.

3.1 기타 평가관계

3.1.1 피셔 효과(Fisher effect, FE)

피셔(Irving Fisher)의 주장에 따르면 명목이자율은 실질수익률과 예상물가상승률의 두 요소로 구분된다. 예를 들면 투자자들이 물가상승률을 연간 5%로 예상하면 명목이자율은 예상물가상승률에다 실질수익률을 더해야 하기 때문에 최소한 5%보다는 높아야 한다는 주장이다. 이러한 주장을 다음과 같은 구체적인 수식으로 표시한 것이 피셔 효과인데, 이는 명목이자율(i)이 실질이자율(r)과 예상물가상승률을 반영해 결국에는 명목이자율이 실질이자율과 예상물가상승률의 합으로 나타나게 된다는 이론이다.

$$1 + i = (1 + r) \times (1 + \pi^e) \text{ 또는 } i \equiv r + \pi^e \qquad (4-18)$$

3.1.2 선물환평가(forward parity)

선물환율은 계약에 의해 미래환율을 미리 정한 것이다. 따라서 위험중립적인(risk neutral) 외환시장 참가자들은 선물환율이 자신들의 미래환율에 대한 예측값과 다를 경우, 투기적인 이익을 취하고자 거래를 행할 것이다. 이와 같은 거래는 선물환율이 미래환율의 예측값과 같아질 때까지 계속될 것이므로, 최종적으로 다음과 같은 균형조건을 얻게 되고 이를 선물환평가라고 부른다.

$$F_t = S^e_{t+1} \tag{4-19}$$

이 조건은 선물환율이 미래의 현물환율에 대한 효율적인 불편예측치(不偏豫測値 : unbiased estimator, UE)임을 나타내는데, 이것이 만족되는 경우 외환시장이 효율적임을 의미한다. 한편 이 식은 선물환 계약시 아무런 위험프리미엄이 요구되지 않았으므로 위험중립적 선물환율 결정가설, 또는 간단히 '위험중립성가설' (risk neutrality hypothesis)이라고도 부른다. 이 식이 만족되는 경우 (4-13)식과 (4-15)식이 같아지므로 무위험 이자율평가와 유위험 이자율평가가 동시에 만족된다. 그러나 외환시장 참가자들이 위험에 대해 중립적이지 않고 위험프리미엄을 요구하게 되면 무위험 이자율평가가 성립하더라도 유위험 이자율평가는 성립할 수 없게 된다.

3.1.3 실질이자율평가(real interest rate parity, RIRP)

실질이자율평가란 국가 간 실질이자율 차이는 상품의 실질가치 변화와 동일해진다는 것으로서, 유위험 이자율평가와 피셔 효과를 결합해 도출할 수 있다. 이를 보기 위해 피셔 효과를 이용해 두 국가 간 실질이자율 차이를 표시하면 다음과 같다.

$$r - r^* = (i - \pi^e) - (i^* - \pi^{*e}) = (i - i^*) - (\pi^e - \pi^{*e}) \tag{4-20}$$

한편 유위험 이자율평가를 나타내는 (4-15)식에 따르면 두 국가간 이자율 격차는

$$i - i^* = \frac{S^e - S}{S} \tag{4-21}$$

이 되므로 (4-20)식은

$$r - r^* = \frac{S^e - S}{S} - (\pi^e - \pi^{*e}) \tag{4-22}$$

가 된다. 그런데 실질환율(q)의 변화율은

$$\frac{q^e - q}{q} = \frac{S^e - S}{S} - (\pi^e - \pi^{*e}) \tag{4-23}$$

이므로 이를 (4-22)식에 대입하면 다음과 같은 실질이자율평가식을 도출할 수 있다.

$$r - r^* = \frac{q^e - q}{q} \tag{4-24}$$

이 식은 명목변수로 표시된 유위험 이자율평가를 실질변수로 표시한 것이라고 볼 수 있다. 따라서 실질이자율평가에 따르면 국가 간의 자본이동은 실질환율변화를 고려한 실질수익률의 차이에 의해 이루어진다. 즉, 자본은 실질수익률이 낮은 국가로부터 높은 국가로 이동하게 되고 그 결과 자본이 풍부해진 국가의 실질수익률이 하락하게 되므로, 국제자본의 이동성이 완전하다면 국가 간의 실질수익률은 동일하게 된다는 것이다.

상대적 구매력평가가 성립하는 경우 실질이자율평가는 두 국가 간의 실질이자율이 같아짐을 의미하며, 이를 피셔 효과와 결합하면 국가 간의 명목이자율 차이는 각국의 예상인플레이션 차이 때문에 발생하게 된다는 것을 알 수 있다. 미시킨(F.S. Mishkin, 1984)은 유로통화에 대한 분기별 자료를 이용해 이를 검정한 결과 국가 간의 실질이자율이 동일하다는 가설이 지지되지 못함을 발견했다. 이와 상이한 검정방법을 이용한 마크(N.C. Mark, 1985)의 연구 역시 세전과 세후 실질수익률의 경우에 있어서 국가 간의 실질이자율이 동일하지 않다는 것을 보여주었다.

프랑켈(J.A. Frankel, 1991)은 자본이동에 대한 인위적인 제약이 거의 없다고 여겨지는 국가들 간에도 실질이자율이 같아지지 않는 이유를 알아보기 위해 두 국가 간의 실질이자율 차이를 다음과 같이 세분화했다.

$$\begin{aligned} r - r^* &= (i - \pi^e) - (i^* - \pi^{*e}) \\ &= (i - i^* - fp) + (fp - \hat{S}^e) + (\hat{S}^e - \pi^e + \pi^{*e}) \end{aligned} \tag{4-25}$$

프랑켈은 이 식에서 무위험 이자율평가로부터의 이탈을 나타내는 첫 번째 항은 국가할증(country premium)이라고 명명했다. 그 이유는 무위험 이자율평가로부터의 이탈을 유발시키는 거래비용, 정보비용, 자본통제, 미래의 자본통제 가능성, 내

외국인에 대한 상이한 조세취급 등은 국가가 서로 다름으로 말미암아 발생하기 때문이다. 한편 두 번째 항은 환율변동 위험에 대한 환위험할증을 그리고 세 번째 항은 상대적 구매력평가로부터의 이탈을 나타내는데, 이 두 가지는 국가의 차이보다는 주로 표시통화의 차이로 말미암아 발생하므로 이들을 통화할증(currency premium)이라 명명했다. 프랑켈은 25개국의 자료를 이용해 국가할증과 통화할증의 크기를 각각 추정했는데, 대부분의 국가에 있어서 통화할증의 폭이 상당히 크고 변동도 심한 것으로 나타났다.

3.2 국제평가관계 종합

지금까지 물가, 이자율, 환율 간의 다양한 관계에 대해서 알아보았다. 이러한 관계들은 예상인플레이션 차이, 이자율 차이, 선물환할증, 예상환율변화율 간의 상호관계로 〈표 4-3〉 및 [그림 4-5]와 같이 정리될 수 있다.

표 4-3 국제평가관계 요약

평가관계	표현	설명
절대적 구매력평가	$P = SP^*$	국내물가는 외국물가와 환율을 곱한 수준과 동일하다. 따라서 환율은 국내물가와 외국물가의 비율로 나타난다.
상대적 구매력평가	$\pi = \hat{S} + \pi^*$	국내 인플레이션은 외국 인플레이션과 환율변화율의 합과 동일하다. 따라서 환율변화율은 양국 간의 인플레이션 차이를 반영한다.
무위험 이자율평가	$i = i^* + fp$	국내이자율과 외국이자율의 차이는 선물환할증과 같다.
유위험 이자율평가	$i = i^* + \hat{S}^e$	국내이자율과 외국이자율의 차이는 예상환율변화율과 같다.
피셔 효과	$i = r + \pi^e$	명목이자율은 실질이자율에 예상물가상승률을 반영한 것이다.
선물환평가	$F = S^e$ $fp = \hat{S}^e$	선물환과 미래환율의 예상값이 같아진다. 즉, 선물환할증과 예상환율변화율이 같아진다.
실질 이자율평가	$r = r^* + \hat{q}^e$ $i - \pi^e = i^* - \pi^{*e}$	국내외 실질이자율 차이는 실질환율 변화율 예상과 같다. 상대적 구매력평가가 성립하면 양국 간의 명목이자율 차이는 예상인플레이션 차이를 반영한다.

그림 4-5 국제평가관계의 종합

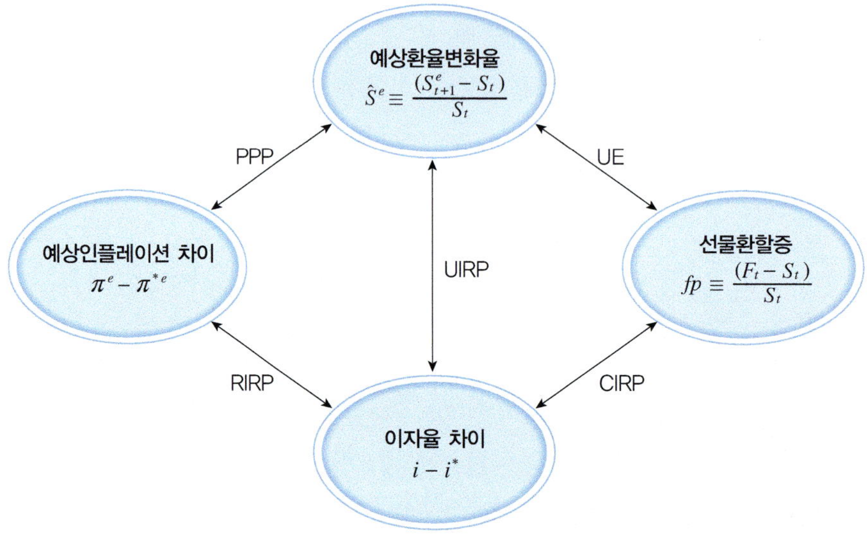

첫째, 예상인플레이션 차이와 예상환율변화율 간에는 상대적 구매력평가(relative PPP)가 도출된다. 둘째, 예상인플레이션 차이와 이자율 차이 간에는 실질이자율평가(RIRP)가 도출된다. 셋째, 이자율 차이와 예상환율변화율 간에는 유위험 이자율평가(UIRP)가 도출된다. 넷째, 이자율 차이와 선물환할증 간에는 무위험 이자율평가(CIRP)가 도출된다. 마지막으로 선물환할증과 예상환율변화율 간에는 선물환율의 미래현물환율에 대한 불편성(UE)을 나타내는 선물환평가가 도출된다.

요약

1. 절대적 구매력평가란 두 나라에서 동일한 상품바스켓의 가격은 동일한 통화로 환산했을 때 같아져야 한다는 것이며, 일물일가의 법칙이 그 근거가 된다. 상대적 구매력평가는 일정기간 동안 두 나라 통화 간의 환율변화율이 두 나라 사이의 인플레이션 차이와 같다는 것이다. 상대적 구매력평가가 성립한다는 것은 $q = \frac{SP^*}{P}$로 정의된 실질환율이 시간에 걸쳐 일정하다는 것을 의미한다.

2. 절대적 구매력평가는 실증적으로 성립하지 않는 것으로 나타나지만, 상대적 구매력평가는 통화공급의 변화 등 명목적 교란요인에 대해서는 대체로 성립한다고 볼 수 있다. 그러나 실질적 교란요

인이 발생하는 경우 실질환율이 변동하기 때문에 구매력평가를 기대할 수 없다. 비교역재에 대한 수요가 증가하거나 교역재의 생산성이 향상되는 경우 실질환율이 하락하며, 이를 실질절상이라 한다. 또한 현실적으로 존재하는 가격경직성 때문에 명목환율의 변동이 실질환율의 변동으로 반영되는 경우가 적지 않다.

3. 이자율평가란 자본이동성이 완전한 경우 두 국가의 이자율 간에 성립되어야 할 평가관계를 말하는데, 기본적으로 환율변화를 함께 고려했을 때 모든 국가에서 투자수익률이 같아진다는 것을 의미한다. 이자율평가는 투자의 기대수익률이 위험을 수반하고 있는가에 따라 크게 무위험 이자율평가와 유위험 이자율평가로 구분한다.

4. 이자율평가관계가 성립하지 않을 수 있는 이유로는 자본의 불완전한 이동성 이외에도 신용위험, 유동성위험, 상환기간의 차이에 따른 이자율위험, 정치적 위험, 국제금융시장과 외환시장의 비효율성, 국가 간 조세의 차이, 환위험 등을 들 수 있다.

5. 피셔 효과란 명목이자율이 실질이자율과 예상물가상승률의 합으로 나타난다는 것이며, 선물환평가란 선물환율이 미래환율의 예상값과 같아진다는 것을 말한다. 또한 실질이자율평가는 두 국가 간의 실질이자율 차이가 실질환율 변화율 예상과 같다는 것으로서, 상대적 구매력평가가 성립하면 양국 간 명목이자율의 차이가 예상인플레이션의 차이를 반영한다는 것을 의미한다.

연습문제

01. "상대적 구매력평가가 성립한다는 것은 $q = \frac{SP^*}{P}$로 정의된 실질환율이 시간에 걸쳐 일정하다는 것을 의미한다" 고 했는데 그 이유를 설명하라.

02. "후진국의 물가수준은 선진국보다 낮다." 이 명제가 맞는지 틀리는지 설명하라.

03. 자국의 물가지수를 $P = (P_A)^{\alpha}(P_B)^{1-\alpha}$, 타국의 물가지수를 $P^* = (P_A^*)^{\beta}(P_B^*)^{1-\beta}$로 정의할 때 비록 A, B 두 재화에는 일물일가의 법칙이 성립하더라도 양국 간에 (상대적) 구매력평가는 일반적으로 성립하지 않음을 보여라. 어떤 조건에서 구매력평가가 성립하게 되는가?

04. 미국에서 스타벅스 카페라떼가 \$3.00, 우리나라에서 3,000원, 환율은 \$1 =

1,100원이다. 물가가 미국에서 10%, 우리나라에서 5% 상승한다면, 원화가 얼마나 절상 또는 절하될 것으로 예상하는가?

05. 현재의 현물환율이 달러당 100엔이고, 1년 만기 유로달러와 유로엔의 금리가 각각 4.0%와 3.0%라 하자. 이 이자율에 내재되어 있는 1년 후의 환율은 얼마인가?

06. 우리나라의 수출업자가 1년 후에 수출대금으로 100만 달러를 받을 예정이다. 우리나라의 연간이자율이 8%이고 미국의 연간이자율이 5%이고 현재의 환율은 1달러당 1,200원이라 하자. 1년 후 선물환율은 얼마가 되어야 하는가?

07. 현재의 현물환율이 달러당 80엔이고, 1년 만기 채권금리가 달러화표시 채권의 경우 5%, 엔화표시 채권의 경우 6%라고 하자. 1년 만기 선물환율이 달러당 90엔이라면 이러한 상황에서 돈을 벌기 위해서는 어떻게 해야 할지를 상세히 설명하고, 그에 관련된 위험은 어떤 것이 있는지 설명하라.

08. 본문에서 소개한 〈Box 4-2〉에서 이자율평가가 성립하지 않을 때 외국계은행들이 어떻게 연평균 36%의 차익을 실현시킬 수 있었는지 주어진 금리 및 선물환율을 이용해 설명하라.

09. 현재 국내이자율이 연 10%, 외국이자율은 연 6%이다. 환율에 대해 아래의 식과 같이 예상을 한다고 하자. 지난분기의 환율이 \$1 = 1,000원이었다면 이번 분기의 환율이 어느 정도 될 때 국내에 투자하겠는가?

$$\text{예상환율변화율} = 0.5 \times \frac{(\text{이번분기의 환율} - \text{지난분기의 환율})}{\text{지난분기의 환율}}$$

Part two

Ⅱ부 환율이론과 환위험 관리

05장

Chapter five

환율결정이론

1. 환율결정의 개요

1.1 환율결정의 기본 원리

국제무역 및 국제금융 거래에서 참가자들의 구매 및 투자 결정과 관련해 가장 중요하게 고려되는 것이 물가, 이자율과 환율의 움직임이다. 그 중에서도 특히 환율은 국제거래를 통해서만 발생하는 것이므로 그 움직임을 설명하기 위해 사람들이 많은 노력을 기울여왔다. 오늘날 우리가 배우는 환율결정이론들은 1970년대 이후 개발된 것이 주를 이루고 있다. 제2차 세계대전 이후 세계금융질서를 유지해 오던 브레튼우즈체제가 1970년대 초에 무너지고 환율제도가 고정환율제도에서 변동환율제도로 이행함에 따라 그때부터 '환율결정이론'에 대한 관심이 높아지기 시작했기 때문이다.

과거의 환율이론이든 가장 최근의 환율이론이든 기본적인 결정원리는 동일하다. 환율이란 외환시장에서 거래되는 외환이라는 상품의 가격이므로, 환율결정의 기본원리는 경제학에서 가장 기초적인 가격결정원리, 즉 수요-공급 원리인 것이다.

외환에 대한 수요는 수입대금 지불, 여행자금 환전, 외국자산 매입, 외국에 대한 투자 등 다양한 이유 때문에 발생한다. 그런데 예를 들어 대미 달러 환율이 상승하게 되면 미국을 여행하는 데 드는 비용이 증가하기 때문에 외국 여행수요 및 달러화에 대한 수요가 감소할 것이다. 즉, 환율이 상승하게 되면 외환에 대한 수요가 감소하게 된다. 따라서 외환수요 곡선은 일반적인 수요곡선과 마찬가지로 우하향하게 된다.

한편 외환에 대한 공급은 수출대금 유입, 외국여행객의 국내 방문, 국내자산에 대한 외국인의 투자 등 다양한 이유 때문에 생겨난다. 예를 들어 외국인의 국내 여행이 증가하게 되면 외환공급이 늘어나게 된다. 일본 엔화에 대한 환율이 100엔 = 1,000원에서 100엔 = 1,200원으로 증가했다고 해보자. 이럴 경우 일본인들은 한국을 방문하는 데 드는 비용이 과거에 비해 거의 20% 가까이 감소하게 된다.[1] 따라서 보다 더 많은 일본인들이 우리나라를 방문하고자 할 것이고 국내 외환시장에 외환(일본 엔화)의 공급이 증가하게 된다. 이는 외환공급 곡선이 일반적인 공급곡선과 마찬가지로 우상향한다는 것을 의미한다.

[그림 5-1]은 외환수요 곡선, 외환공급 곡선 및 균형환율을 보여주고 있다. 이 그림에서 수량에 해당하는 *X*축은 외환의 규모를 나타내고 가격에 해당하는 *Y*축은 환율을 나타낸다. 따라서 균형환율은 외환수요 곡선 *DD*가 외환공급 곡선 *SS*와 만나는 *E*점에서 결정된다. 만일 균형환율이 S_0보다 높다면 외환에 대한 공급이 외환에 대한 수요를 초과하므로 국내 외환시장에 외환이 넘치게 된다. 따라서 외환의 가치, 즉 환율이 하락하게 된다. 반면 환율이 S_0보다 낮다면 수입수요가 늘고 해외로 여행하고자 하는 사람들이 증가하는 등 외환에 대한 수요가 증가해 외환이 상대적으로 부족하게 되므로 환율이 상승하게 될 것이다.

그런데 환율 이외에 외환의 수요 및 공급을 변화시키는 요인이 발생하면 외환수요 곡선 혹은 외환공급 곡선이 이동해 균형환율 자체가 변한다. 예를 들어 통제되

그림 5-1 외환의 수요, 공급 및 균형환율

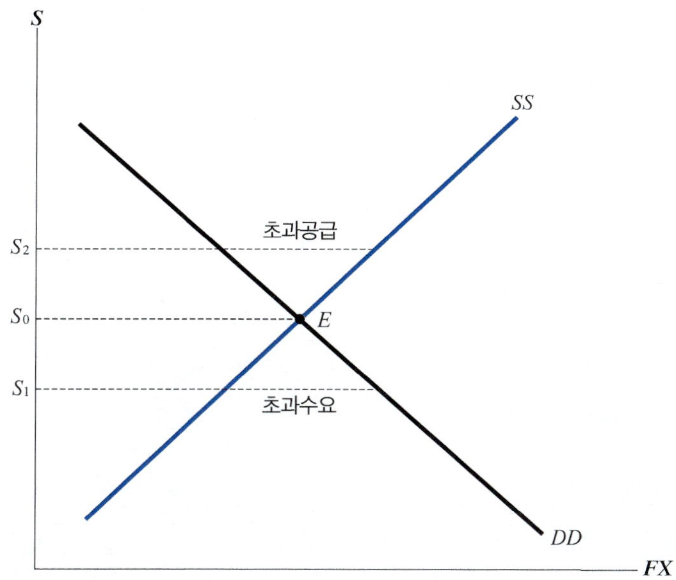

1. 예를 들어 10,000원짜리 식사를 하는 데 드는 비용이 과거에는 일본 엔으로 1,000엔이 들었는데, 지금은 825엔(= 10,000원/12)밖에 들지 않는다.

었던 해외여행이 갑자기 자유화되었다고 하자. 이러한 자유화 조치로 그동안 해외여행을 하고 싶어도 제도적인 제약으로 불가능했던 사람들이 이제는 유명한 해외관광지를 찾아 여행을 떠나게 될 것이다. 따라서 환율이 변화하지 않더라도 추가적인 외환수요가 생겨나므로 [그림 5-2](a)에서 외환수요 곡선이 오른쪽(DD_2)으로 이동하게 될 것이다. 이처럼 수요곡선이 이동하게 되면 균형환율은 S_0에서 S_2로 상승하게 된다. 반대로 다른 이유로 외환수요가 감소하면 수요곡선이 왼쪽(DD_1)으로 이동해 균형환율이 S_1으로 하락한다.

마찬가지로 공급곡선의 이동도 균형환율을 변화시킨다. 예를 들어 자본자유화 조치에 따라 외국인의 국내투자가 허용되었다고 하자. 그동안 국내시장이 매력적이었음에도 불구하고 자본통제로 인해 투자기회를 갖지 못했던 많은 외국자본들이 이제는 국내자산을 얼마든지 구입할 수 있다. 따라서 외국자본들이 국내주식 혹은 기타 자산을 매입하고자 유입된다면, 외화를 국내 원화로 환전하기 위해 국내시장에 외환이 넘쳐나게 된다. 이는 [그림 5-2](b)에서 외환공급의 이동(SS_1)으로 나타나게 되고, 균형환율은 S_0에서 S_1으로 하락하게 된다. 반대로 북한의 도발위협 등으로 외국자본들이 국내투자를 꺼리면 공급곡선이 SS_2로 위축되어 균형환율이 S_2로 상승한다.

그림 5-2 외환 수요 · 공급의 변동과 균형환율 변화

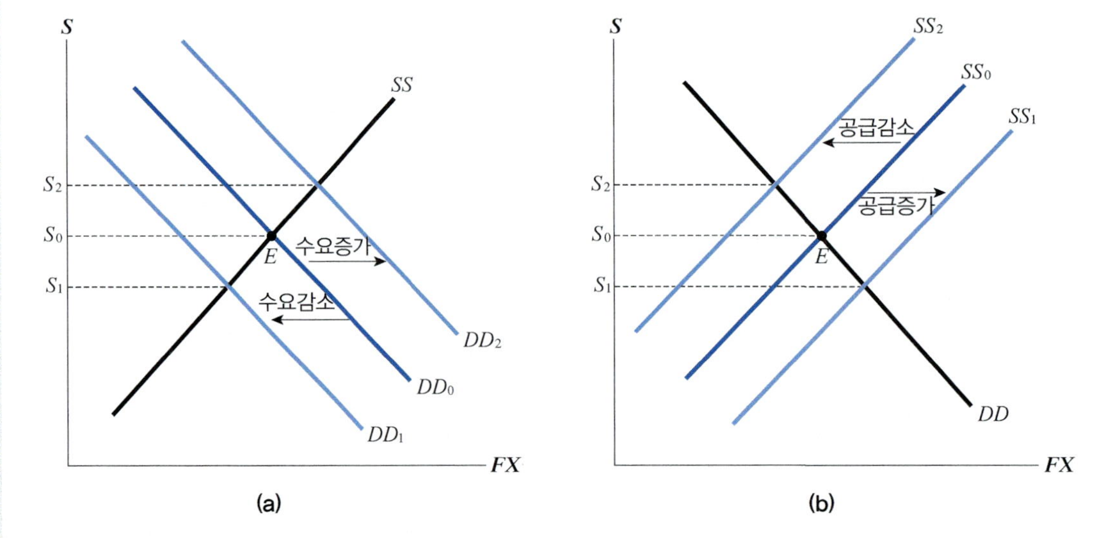

1.2 환율에 영향을 미치는 요인들

환율에 영향을 미치는 요인들은 아주 다양하다. 말 그대로 주변의 모든 요인들이 직접적이든 간접적이든 환율에 영향을 준다고 볼 수 있다.

1.2.1 기초여건의 변화(fundamental changes)

경제상황의 변화, 정치적인 상황 변화 또는 정책의 변화와 같이 기초 여건 자체가 바뀌면 당연히 환율은 영향을 받게 되어 있다.

① 경제적 요인 및 예측(economic factors and forecasting)

그 중에서도 환율에 가장 큰 영향을 주는 요인으로 물가, 이자율, 통화량, 국제수지 등과 같은 경제적인 변수들을 꼽는다. 예를 들어 앞에서 설명했던 구매력평가설에 의하면, 국내 인플레이션이 외국에 비해 상대적으로 높은 경우 이는 해당국 통화의 약세요인이 된다. 또한 시중에 통화량이 과다하게 풀려 있으면 이는 인플레이션 압력으로 작용할 가능성이 크므로 해당국 통화의 약세요인이 될 수 있다. 한편 국내이자율이 상승한다면 이는 자금의 유입을 초래하므로 단기적으로는 해당통화의 강세요인이 될 수 있다. 특히 미국 연방은행(FRB)이 발표하는 금리정책은 매번 세계외환시장의 방향을 제공한다. 경상수지를 포함한 국제수지도 외환의 수요 · 공급에 영향을 미쳐, 국제수지가 악화되는 경우 해당국 통화는 약세로 가는 경향이 있다. 아울러 경제성장률과 실업률과 같이 경기동향을 보여주는 지표들도 환율에 중요한 영향을 미치고, 이외에도 금융시장의 사정, 주식시장의 전망 등도 외환시장 및 환율에 큰 영향을 준다.

② 전쟁 및 정치적 요인(war and political events)

정치 · 경제적인 불안이 존재할 때 시장에서 환율을 움직이는 가장 보편적인 요인은 안전자산 선호현상(flight to quality)일 것이다.[2] 즉, 투자자들은 특정국가의 경제 혹은 정치적 상황에 대한 불확실성이나 위험(uncertainty 또는 risk)이 증가하면

2. 반대로 수익률이 높은 곳으로 위험자산 비중을 늘리는 경우를 고수익 선호현상(flight to higher gains)이라 한다.

그들의 자산을 보다 안전한 곳(safe heaven)으로 옮기려는 속성이 강하다. 정치 경제가 불안하면 안전자산(safety assets) 역할을 하는 USD, CHF, 금(gold)이 강세로 이어지는 원리이다. 그 사례는 수도 없이 많지만[3] 2008년 서브프라임모기지 사태 이후 유럽 재정위기에 대한 불안감, 이집트 소요사태 등으로 금(gold), 미국 국채 등의 가격이 지속적으로 상승한 것도 좋은 예로 들 수 있다.

또한 특정국이 아니더라도 국제금융시장을 불안하게 만드는 지정학적인 위기는 안전자산에 대한 선호를 증대시켜 다른 통화를 약세로 만들기도 한다. 예를 들면 일본 엔의 경우 1998년 5월경 인도에 이어 인근 국가인 파키스탄의 핵실험으로 아시아 지역의 제2의 환란이 우려되는 주변 정치상황 때문에 수요가 안전자산인 달러로 이동하는 바람에, 엔화는 140엔대의 약세로 된 바 있다.

정치위기는 갑작스럽게 발생되는 경향이 있다. 따라서 시장에 그러한 충격이 오면 시장의 거래량이 즉시 엄청나게 떨어지고 비드-오퍼(bid-offer) 간의 스프레드가 예를 들어 5핍스(pips)에서 갑자기 100핍스까지 벌어지는가 하면 때로는 거래가 아예 되지 않아 은행들의 포지션 방향에 따라서 엄청난 손해를 당하기도 한다. 이때에는 분석할 시간도 없고 단지 재빠르게 기동력을 동원하지 않으면 큰 위험을 안게 된다. 어떠한 충격이 외환시장에 오더라도 그 영향은 가지각색으로 나타나게 된다. 때로는 거꾸로 반응(wrong side action)을 하기도 하고 어떤 때에는 그 영향이 길기도 하며 반면 아주 짧게 끝나버릴 때도 있다. 이러한 시장에서 이기려면 다양한 분석을 병행해 뉴스를 정확히 해석하려는 총체적인 노력을 해야 한다.

③ 중앙은행의 시장개입 요인[4]

1973년 브레튼우즈 체제가 붕괴된 이후 주요 환율은 시장에서 자유롭게 결정되도록 되어 있었지만 사실은 각국의 정부가 여러 가지 이유로 수시로 시장에 개입하고 있다. 실질적인 효과에 대해서는 논란이 있지만, 각국의 중앙은행들이 협력해 공동개입하거나 자국의 금융통제수단으로 지급준비율, 할인율 등 여러 정책을 함께 동원하는 경우 환율변동에 중대한 영향을 미치기도 한다.

---

3. 예를 들어 1970년대 Penn Central Rail Road 파산, 1987 주식시장 붕괴, 1998년 LTCM 파산 및 러시아 모라토리엄 선언, 2001년 9 · 11사태 등

4. 대표적인 중앙은행으로 영국의 The Bank of England (BOE), 미국의 The Federal Reserve (FRB), 유럽의 The European Centran Bank (ECB), 일본의 The Bank of Japan(BOJ), 우리나라의 The Bank of Korea (BOK) 등이 있다.

역사적으로 가장 유명한 성공적인 시장개입의 사례로 1985년 9월 플라자 협정을 들 수 있다. 당시 G5(미국, 영국, 프랑스, 독일, 일본) 중앙은행들은 달러화 가치를 낮추기 위해 공동개입(joint intervention)으로 막대한 달러를 시장에다 처분해 24시간 만에 달러화 가치를 무려 4%나 낮추었다. 그 후 시장의 관심사는 달러화의 안정적 운용이었다. 실제로 클린턴 행정부 1기 때(1992～1996년) 달러화 가치를 유지하고자 벤슨(Lloyd Bentsen), 루빈(Robert Rubin)과 같은 미국 재무장관들은 G7 중앙은행을 동원해 수차례에 걸쳐서 적극적으로 시장에 개입한 바 있다.

또 다른 공동개입의 사례로 1995년의 예를 들 수 있다. 이때 달러화는 바닥이 어디라고 단언하기 어렵게 추락하고 있었고, 반면 엔화 가치는 천정이 어딘지 모르게 상승하고 있었다. 약세시장에서 1995년 4월 19일 79.75까지 떨어졌던 달러/엔 환율을 끌어올리기 위해 8월 2일 일본의 대장상 다케무라 마사요시가 엔화 강세 완화조치의 일환으로 일본의 해외투자촉진법을 시장에 발표하고, 연이어 미국 연방은행과 일본중앙은행이 공동 개입해 달러를 사들이고 엔화를 매각하는 시장개입으로 환율이 91.05엔대까지 상승했다. 8월 15일 독일, 스위스 중앙은행들도 공동개입해 시장에서 약 40억 달러를 사들이자 달러화가 급등해 8월 16일 도쿄시장에서 달러/엔 환율이 99.05까지 상승하면서 다시 달러화 강세시장으로 전환된 바 있다. 이와 같이 시장개입이 성공했던 이유는 과거의 효력 없는 시장개입이 아니라 G7이 실질적인 협조체제를 구축했다는 점이 시장에서 인정되었기 때문이다. 또한 여름휴가철을 틈타서 적은 개입자금으로도 극대의 효과를 볼 수 있게 개입시점을 잘 잡았으며 아울러 8월 15일 일본의 대미 경상수지 흑자가 감소해 달러가 상승하는 시장에서 달러 매수개입을 한 것이 정책의 방향을 시장에 확인시켰기 때문이다.

이외에도 9 · 11 사태 이후 추락하는 달러를 떠받치기 위해 2001년 9월에는 일본중앙은행이 10일간 무려 5번씩 시장에 개입한 적도 있다. 그러나 지금과 같이 시장규모가 워낙 큰 시장에서는 반드시 중앙은행이 개입했다고 해서 시장의 추세를 바꾸기는 쉽지 않다. 간혹 시장의 많은 트레이더들(traders)과 헤지펀드들은 중앙은행들을 상대로 싸움을 해서 승자가 되기도 한다.

Box 5-1 쓰나미 이후 엔고를 방지하기 위한 국제공조개입

2011년 3월 11일 일본 도호쿠 지역에서 오후 2시 46분경 전세계를 놀라게 한 리히터규모 9.0의 대지진과 쓰나미가 발생했을 때, 뉴스가 나온 직후 도쿄시장에서 엔-달러 환율은 82.80대에서 83.30까지 급등(엔화약세/달러강세)했었다. 그러나 몇 시간 뒤 뉴욕시장에서는 지진피해 복구로 인한 경제 활성화 기대 및 엔캐리 트레이딩 포지션의 청산(엔 매입) 기대로 환율이 81.68까지 하락해 오히려 엔화강세(달러약세)로 마감되었다. 그 후에도 엔캐리 트레이딩에 편승하는 투기적 헤지펀드들의 엔화매입이 잇따르자 일본중앙은행이 외환시장에서 엔화를 매도하고 달러를 매입하는 시장개입을 했지만 환율은 심리적 지지선인 80엔을 깨고 내려갔다. 마침내 3월 16일 뉴욕 외환시장이 영업을 마친 후 전자거래를 통한 엔화매입 급증으로 76.25엔을 찍음으로써 1995년 4월 19일 도쿄시장에서 기록했던 79.75엔의 기록을 갱신하기에 이르렀다. 엔화가 일본의 대재앙을 맞은 5일 만에 약세로 되지 않고 오히려 4.6%나 절상이 되었던 것이다.

더이상 시장을 방치하면 투기세력 등 심리적인 요인으로 엔화가 더욱 급등해 일본경제 및 세계경제에 미치는 악영향이 크다고 판단한 G7 재무장관 및 중앙은행 총재들은 2011년 3월 18일 오전 7시(도쿄시간) 긴급화상회의를 열고 금융시장안정화를 논의했다. 그 결과 엔화를 매도하고 달러를 매입하는 외환시장 공동개입을 18일 당일 즉시 감행했으며, 이는 2000년 추락하는 유로화를 안정시키기 위한 공동개입 이후 10년 6개월 만의 일이었다.

일본의 경우 1995년 1월 발생한 고베 지진 때도 일본 기업들이 지진복구에 필요한 자금을 확보하기 위해 해외 투자자금을 환수하고 보험사들이 보상재원을 마련하기 위해 엔화를 매입하면서 그해 4월 19일에는 79.75엔까지 엔화강세(3개월 만에 약 18% 절상)로 간 적이 있었다. 이후 1995년 6월 15일 캐나다의 핼리팩스(Halifax)에서 열린 제21차 G7 정상회담에서 달러화 강세를 지지하는 소위 역-플라자 협정[5]으로 공동의 노력을 기울여, 그해 9월에는 환율이 100엔대로 회복되었고 1997년에는 126엔대까지 달러가 강세로 된 바 있다.

1.2.2 시장흐름의 변화

① 시장의 분위기적 요인(market sentiment)[6]

외환시장은 외환 트레이더들이 가지고 있는 전망이나 시장을 바라보는 단순한

5. 역-플라자 협정(Anti-Plaza Agreement) : 1995년 6월 핼리팩스에서 열린 G7회담에서 미 · 일 · 독이 상당히 강도 높은 달러화 상승에 비밀합의를 본 것을 말하는데, 이로써 약세를 보였던 달러화의 추세는 다시 강세로 접어든다. 이 협정은 1985년 9월 15일의 플라자 협정을 정반대로 뒤집는 협정으로 달러화의 가치하락에 종지부를 찍게 되었다. 그 후 1995년 8월 2일, 미 · 일 · 독이 달러강세 유지를 위한 공조체제를 공식 발표함으로써 달러화는 더욱 급등하게 되고, 역-플라자 협정의 효과가 본격적으로 표면화된지 수개월 만에 달러화가 20% 이상 폭등하게 되었다.

6. 일부 웹사이트에서는 이와 관련된 정보를 얻을 수도 있다. www.wiley-rft.reuters.com 또는

견해 등에 의해서도 움직일 수 있다. 즉, 시장참여자들이 특정 통화에 대해 긍정적(positive) 혹은 부정적(negative)인 견해를 가지고 있느냐에 따라 시장의 방향이 달라진다. 흔히 트레이더들은 경제지표나 뉴스가 발표되기 이전에 그것을 예측하고 미리 거래를 한다. 또한 경제지표와 뉴스가 발표되어 예상치가 실적(fact)으로 바뀌는 시점에서 실적결과를 트레이더들이 어떻게 해석하느냐에 따라 환율이 정반대로 움직이는 경우도 많다.

예를 들어서 미국의 GDP 발표가 있기 전까지 시장의 분위기가 긍정적이었다면(4.5% 상승 예상) 달러는 다른 통화에 비해서 강세(bullish market)를 보였을 것이다. 그러나 미국정부 발표수치가 예상치보다 낮게(4.3%) 나왔다고 하자. 시장은 이미 긍정적인 면을 반영해 달러를 사 놓은 상태(long position)로 볼 수 있기 때문에 예상치보다 낮은 성장률이 시장에 발표되면, 4.3%의 성장은 아주 좋은 수치임에도 불구하고 뉴스발표 이전에 사 놓았던 달러 포지션을 내다 팔아야 하므로 시장에서는 즉각 달러가 추락하게 된다.[7] 이때 시장에서 주로 사용되는 말은 "소문에 사고 사실이 발표되면 팔아라" 즉, "Buy the rumour, sell the fact"이다. 최근 서브프라임모기지 사태 이후에는 금과 미국 달러화 등을 안전자산으로 보고 있어, 각국의 주식시장 추세와 맞물려 세계경제에 나쁜 신호가 나오면 달러가 상승하고 세계경제에 좋은 신호가 오면 달러가 오히려 하락하는 반응을 하고 있다.

② 핫머니(hot money) 혹은 펀드매니저(fund manager)들의 움직임

컴퓨터통신의 급속한 발달과 국가 간 자본이동이 자유롭게 됨에 따라 1990년대 초부터 시장에 나타난 헤지펀드들의 움직임도 외환시장의 주요 요인으로 작동한다. 통계적으로 정확히 파악하기는 쉽지 않으나 2010년 말 기준으로 글로벌 펀드의 관리자산(asset under management, AUM)은 약 1조 9,170억 달러 정도로 추산하고 있으며, 이 규모는 2008년 2/4분기 정점에 이르렀을 때의 1조 9,300억 달러와 거의

---

www.aciforex.com 등을 참조할 것. 이 중 후자는 파리에 본부를 두고 있는 ACI(Association Cambiste Internationale : The Financial Markets Association)에 관한 홈페이지로서 세계외환시장의 모든 딜러들이 회원으로 가입하고 있는 단체이며 Forex Club International로도 불린다. 1954년 외환딜러들의 친목단체가 파리에서 처음으로 조직된 후 유럽과 세계 각지에 퍼졌다. 약 79개국에서 24,000명 이상의 회원을 확보하고 시장의 관행들에 관해 지침을 마련해주지만 법적인 구속력은 없고 일종의 신사협정으로 존중된다. 우리나라도 1978년 3월 17일에 Korea Forex Club이 조직되어 ACI 회원국으로 가입해 있으며 각 은행의 외환 트레이더들은 회원으로 가입되어 있다.

7. 이러한 news effect는 시장의 기존 견해에 비해 상대적으로 영향을 미친다.

비슷한 수준까지 회복되었다고 한다.[8] 그들은 시장에서 중앙은행도 동원하기 힘든 거액의 물량을 단 하나의 통화에 집중투자해서 밀어붙여 시장을 크게 움직인다. 1998년 10월 8일 미국의 헤지펀드인 타이거 매니지먼트사 혼자서 자그마치 약 200억 달러에 달하는 달러 보유자산을 처분하자 뉴욕시장에서 USD/JPY 환율이 변동환율제 도입 이후 최대 폭인 11엔이나 폭락한 사건은 주목할 만한 사례이다.[9] 이에 비해 일본중앙은행이 외환시장에 개입하는 하루의 자금량은 수십억 달러밖에 안 된다. 외환시장은 주식시장 또는 선물시장과 달라 헤지펀드들의 움직임을 사전에 잘 파악하기가 어렵다.

1980년 후반부터 1990년대까지 가장 영향력이 컸었던 펀드들은 조지 소로스(George Soros)가 이끄는 퀀텀펀드(Quantum Fund)와 줄리안 로버트슨(Jullian Robertson)이 이끄는 타이거 펀드 등이었다. 이들은 뛰어난 정보력과 빠른 판단, 엄청난 자금력 등을 배경으로 외환시장과 주식시장 등에서 머니게임을 즐겼다. 지난 1985년 플라자 협정 직후 조지 소로스는 뉴욕시장이 채 개장하기도 전(뉴욕 일요일 밤) 홍콩시장(월요일 아침)에 들어가서 엔화를 집중 매수(매도)하고 달러화를 매도(매수)해서 단 하루 만에 4,600만 달러를 벌었다. 1992년 9월에 퀀텀펀드는 영국 파운드화를 공략해 단 며칠 만에 10억 달러를 벌었고 또한 1995년 8월 2일 달러화가 90엔대를 상향 돌파하자 달러를 매집해서 약 10억 달러를 벌기도 했다. 이 펀드는 1994년 6월에도 시장에서 약 50억 달러를 팔아서 100엔대를 붕괴시키는 요인을 제공한 바 있다. 그러나 1994년 2월 달러/엔 매입 포지션을 취해 6억 달러의 손실을 입기도 했다. 소로스는 외환투기범으로 몰려 미 하원 청문회에까지 불려 나가기도 했다.

③ 기타 요인

이외에도 G7과 주요국의 중앙은행총재, 재무부장관, 미국 행정부에 영향을 미치는 경제학자들[10]의 발언(lip service), 예기치 않은 중요 사건, 천재지변 등도 외환

---

8. China Daily 2011년 1월 19일자 Hedge Fund Research(HFR) 자료. 2009년 12월 31일 통계로 가장 큰 헤지펀드는 AUM(asset under management) 기준으로 JP Morgan Chase($535억), Bridgewater Associates($436억), Paulson & Co($320억), Brevan Howard($270억), Soros Fund Management($270억)의 순서이다.
9. 헤지펀드들은 금리가 싼 일본에서 자금을 대량으로 조달해 이것을 달러로 바꾼 뒤 수익률이 높은 지역에 재투자하는 이른바 '글로벌 캐리 트레이드' 전략을 자주 사용해왔다.
10. 1990년대 외환시장에 영향을 미쳤던 국제적 인물로는 독일중앙은행 총재 티트마이어(Tietmire), 미국 국제경제연구소(IIE)의 버그스텐(Fred Bergstein), Mr. Yen으로 불렸던 사카키바라 등을 들 수 있다.

시장에 큰 영향을 미친다. 예를 들어 1991년 8월 고르바쵸프(Mikhail Gorbachev)가 갑자기 납치되었을 때 달러/마르크 환율이 1.75에서 1.82까지 급등하기도 했다. 정치인의 스캔들을 비롯해, 1990년 영국의 광우병, 1994년 서울 불바다론, 멕시코 치아파스 농민봉기, 1995년 1월 17일 일본 고베 대지진과 같은 천재지변, 1996년 4월 디트로이트 자동차업계 및 대기업들의 정부로비 등도 외환시장에 커다란 영향을 주었다. 2004년 4월 1일 그린스펀의 심장발작 소문에 달러 약세를 보인 것도 한 예로 들 수 있다(〈Box 5-2〉).

Box 5-2 "그린스펀 심장발작" 소문에 달러 약세

앨런 그린스펀 미국 연방준비제도이사회(FRB) 의장이 심장 발작을 일으켰다는 소문으로 뉴욕시장에서 달러화가 약세를 보이자 FRB가 황급히 이를 부인하고 나섰다. 앤드루 윌리엄스 FRB 대변인은 지난달 31일(현지시간) "그린스펀 의장의 건강에 관한 소문은 사실이 아니며 그는 아무런 이상이 없다"고 말했다.

FRB는 시장에 나도는 소문에 대해서는 공식적인 반응을 보이지 않지만 그린스펀 의장의 심장 발작설이 나돈 후 외환시장에서 미국 달러화가 급락하는 등 심각한 부작용이 일자 대응에 나선 것으로 보인다.

그린스펀 의장의 건강 악화 소문이 나돈 후 유로화에 대한 달러화 가치는 유로당 1.2312달러를 기록해 전날 밤의 1.2168달러에 비해 하락세를 나타냈다. 그린스펀 의장은 감기를 이유로 지난달 26일 예정됐던 연설을 취소했으며 지난 해 전립선 수술을 받기도 했다.

매일경제 2004년 4월 1일

1.3 환율결정이론의 분류

모든 환율이론들이 환율결정의 기본적인 원리인 수요·공급 원리에 대해서는 모두가 동의한다. 또한 제1절에서 보여준 것처럼 외환에 대한 수요와 공급은 아주 많은 요인들에 의해 영향을 받는다는 점도 모두 인정한다. 그러나 어떤 변수들이 가장 중요한지 그리고 그러한 변수들 간에 어떤 관계가 있는지에 대한 설명이 각자 다르기 때문에 다양한 환율결정이론이 제시되고 있는 것이다.

환율결정에 대한 설명은 크게 거시적 접근과 미시적 접근으로 분류할 수 있다. 거시적 접근은 환율을 실물적이든 명목적이든 거시적인 현상으로 파악하고 따라서 개방경제 이론을 이용해 거시경제변수 중의 하나인 환율의 결정과정을 설명하려는 시도이다. 거시적 접근법은 보다 세부적으로 국제수지 균형에서 출발하는 국제수지 접근법(유량모형)과 자산시장 균형에서 출발하는 자산시장접근법(저량모형)으로 나눌 수 있다. 미시적 접근법은 거시적 접근법의 설명력이 현저하게 떨어지자 환율을 거시경제변수로는 설명할 수 없다고 생각하고, 외환시장의 구조, 외환시장 참가자들의 행태 등에 초점을 맞추어 환율의 움직임을 설명하려고 하고 있다. 환율결정이론을 전체적으로 분류해보면 [그림 5-3]과 같이 나타낼 수 있다.

그림 5-3 환율결정이론의 전체적인 분류

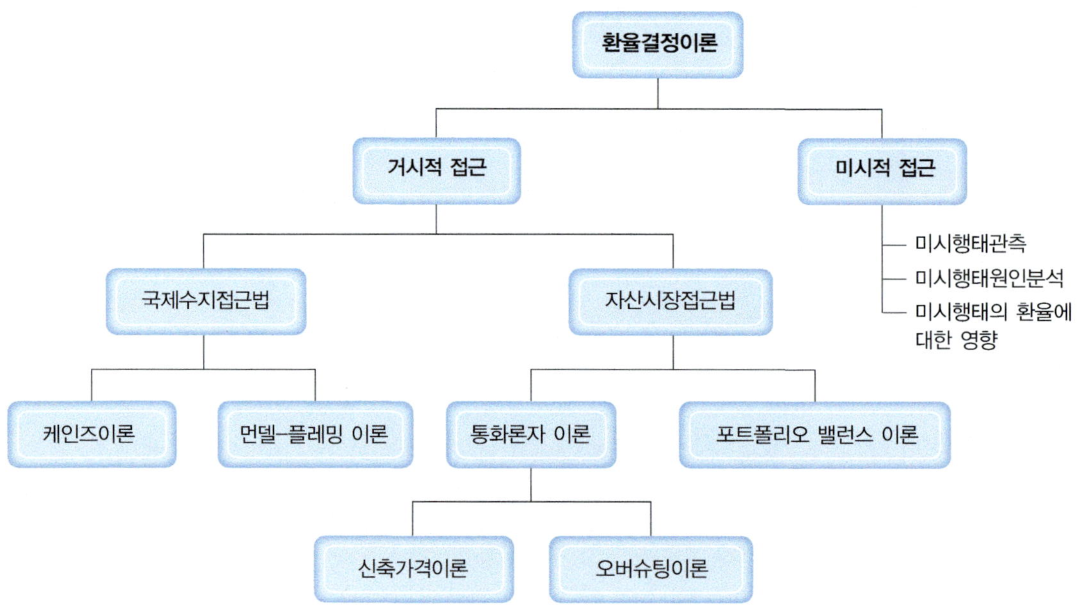

2. 국제수지접근법

국제수지접근법은 기본적으로 유량변수인 국제수지에서 출발하고 있다. 즉, 환율은 국제수지가 균형되는 수준에서 결정되고, 국제수지가 흑자인 경우에는 외환의 초과공급을, 그리고 국제수지가 적자인 경우에는 외환의 초과수요를 유발하게 된다는 것이다. 국제수지접근법에 속하는 환율결정이론으로는 경상수지만을 고려해 국제수지 균형문제를 다루고 있는 케인즈 이론(탄력성 이론)과 금융 · 자본수지까지 포함한 종합수지 차원에서 국제수지 균형문제를 다루고 있는 먼델–플레밍 이론을 들 수 있다.[11]

2.1 케인즈 이론

국제수지접근법 중 가장 대표적인 모형으로는 국제수지 중 경상수지를 강조하는 케인즈 이론을 들 수 있다. 이 이론은 경상거래만을 자율적 거래로 보고 경상수지균형을 곧 국제수지균형으로 간주하고 있다. 적어도 1960년대까지는 국제적 자본이동이 직접적으로 통제되었기 때문에 국제수지는 자본수지보다 경상수지에 의해 영향을 주로 받으며, 따라서 균형환율은 다음과 같이 경상수지가 균형을 이루는 수준에서 결정된다는 것이다.

$$BP = CA = X - IM \qquad (5-1)$$

여기서 수출 X는 외환의 공급요인으로 작용하며 수입 IM은 외환의 수요요인으로 작용한다. 만일 어떤 이유 때문에 수출이 늘어나 경상수지가 흑자로 되면 외환시장에 외환의 공급이 많아져 외환의 가격, 즉 환율이 하락하게 된다. 반대로 수입이 증가해 경상수지가 적자로 되면 외환에 대한 수요가 많아져 환율이 상승하게 된다.

여기서 한 가지 주의할 것은 케인즈 이론에 따른 균형환율이 안정적이기 위해서는 환율상승 또는 환율하락으로 경상수지 불균형이 해소되어야 한다는 것이다. 따라서 균형환율의 안정조건은 수요–공급 도면에서 공급곡선의 기울기가 수요곡선의 기울기보다 커야 한다는 것이다. 이 조건은 평가절하가 경상수지를 개선하기 위한 조건인 마샬–러너 조건과 동일하다.[12]

---

11. 먼델–플레밍 이론은 개방경제 모형이나 약간의 강조점을 변화시키면 환율결정을 설명하는 이론으로도 이용될 수 있다. 개방경제이론으로서의 먼델–플레밍 모형은 정운찬 · 김영식(2010)을 참조할 것.

12. 마샬–러너 조건은 평가절하가 경상수지를 개선시키기 위해서는 환율변화에 대한 수출수요탄력성과 수입수요탄력성의 합이 1보다 커야 한다는 것을 의미한다. 이처럼 상대가격 변화에 따른 수출 및 수입의 변화만을 강조해 환율의 움직임을 설명하는 경우 탄력성 접근법이라고 부르기도 한다. 여기서 설명하는 케인즈 이론은 상대가격뿐만 아니라 소득 및 기타 요인들이 경상수지에 미치는 영향을 고려하고 있

따라서 이 이론에 따라 환율결정을 설명하고자 한다면, 어떤 변화가 외환공급요인인 수출과 외환수요요인인 수입에 영향을 미쳐 경상수지에 흑자(외환의 초과공급) 또는 적자(외환의 초과수요)를 유발하는가를 설명하기만 하면 된다. 일반적으로 경상수지는 상대가격, 국내 및 외국의 소득 등에 의해 영향을 받는다. 그러나 이러한 실물적인 요인 외에도 무역자금조달(trade financing)에 있어서의 선불 및 이연(leads and lags)[13]에 의해서도 경상거래와 관련된 외환이동이 발생할 수 있다.

따라서 위에서의 여러 요인을 반영한 케인즈 이론의 환율모형은 다음과 같이 나타낼 수 있다.

$$S = f\left(\frac{P}{P^*}, \frac{y}{y^*}, i - i^*, Z\right) \tag{5-2}$$

여기서 S는 환율, P는 물가수준, y는 실질소득, i는 명목이자율, Z는 기타 다른 요인들이며 *는 외국을 의미한다. 이 식에서 국내물가가 상승하면 수출의 가격경쟁력이 떨어져 경상수지가 악화되고 따라서 외환에 대한 공급보다는 수요가 더 커질 것이므로 외환의 가격, 즉 환율이 상승하게 되고 그 나라의 통화가치가 절하된다. 또한 국민소득이 증가하면 수입수요가 증가해 마찬가지로 경상수지가 악화되어 환율이 상승하게 된다.

반면 명목이자율이 상승하면 통화가치는 절상된다. 이 식에 명목이자율의 상대적 수준 $(i - i^*)$이 등장하는 것은 이자율이 무역자금 조달결정에 따른 자본이동에 영향을 주어 환율을 변화시키기 때문이다. 예를 들어, 이자율이 낮은 나라의 수입업자들은 자국에서 낮은 이자율로 차입해 상품의 인도보다 대금을 일찍 지급하고 그 대신 상품가격을 인하받는 조건을 수출업자에게 제시할 가능성이 있다. 이자율이 높은 나라의 수출업자는 상품인도에 비해 미리 지급받은 대금을 국내에 높은 이자로 대부해 이익을 얻을 수 있으므로 이러한 제안을 받아들일 것이다. 그렇게 되면 결국 외환은 이자율이 낮은 나라에서 높은 나라로 유입되며 따라서 이자율이 높은 나라의 통화가 평가절상되고 환율이 하락하게 된다. 이자율은 또한 간접적인 경로

으므로 흔히 전통적 유량접근법이라도 불리는 탄력성 접근법과 총지출 접근법을 포괄하고 있다고 볼 수 있다.

13. 선불(leads)은 수입업자가 수입 대금을 상품인도에 비해 일찍 지불함으로써 수출업자에게 외환을 빌려주는 것이고 이연(lags)은 상대적으로 늦게 지불함으로써 해외의 수출업자에게서 외환을 차입하는 것이다. 이것들은 나중에 설명하는 환위험을 관리하기 위한 방법의 하나로도 이용된다.

를 통해서도 경상수지에 영향을 미칠 수 있다. 예를 들어 이자율이 상승하게 되면 국내투자가 위축되어 국내소득이 감소하므로 수입수요가 줄어들게 되고 따라서 경상수지 흑자가 발생하게 되어 환율이 하락하게 될 수도 있다.

기타 다른 요인들로서는 통화량 증가 등 정책적인 변화를 고려할 수 있다. 예를 들어 국내통화량이 증가하게 되면 국내이자율이 하락하게 되어 위와는 반대로 경상수지가 악화되어 환율이 상승할 수도 있을 것이다. 또한 국내통화량 증가는 국내물가를 상승시켜 상대가격이 상승하게 되므로 수출이 감소하고 수입이 증가하게 되어 경상수지가 악화되고 환율이 상승하게 될 것이다.

2.2 먼델-플레밍(Mundell-Fleming) 이론

환율에 대한 케인즈 이론은 주로 경상거래에 초점을 맞추고 있다. 그러나 점차적으로 국제 자본이동의 규모는 증가해왔다. 따라서 더이상 환율변화를 주로 경상거래상의 변화에 기인하는 것으로 보는 것은 의미가 없어졌다.

국제수지접근법의 또 다른 이론인 먼델-플레밍 이론은 자본거래의 비중이 커짐에 따라 환율에 대한 금융·자본수지의 영향을 고려하기 위한 이론이다. 이 이론은 경상거래뿐만 아니라 자본거래도 이자율 차이에 따른 차익을 취득하기 위한 금융동기에 의해 자율적으로 발생하는 자율적 거래이므로 경상수지와 금융·자본수지를 합한 종합수지균형을 국제수지균형으로 보고 있다. 따라서 다음과 같은 국제수지 균형식에 따라 경상수지 적자(또는 흑자)가 발생하더라도 금융·자본수지가 흑자(또는 적자)로 되면 국제수지 균형을 이룰 수 있다는 것이다.

$$BP = CA + FA = (X - IM) + k(i - i^*) \qquad (5-3)$$

여기서 k는 이자율 격차에 대한 자본이동의 민감도를 나타내는데, 오늘날의 국제자본이동 상황을 고려해 이 값은 아주 크다고, 즉 자본이동 정도가 높다고 가정한다.[14] 따라서 케인즈 이론과는 달리 경상수지에 별 변화가 없더라도 금융·자본수지가 적자(또는 흑자)로 된다면 국제수지가 적자(또는 흑자)로 되어 외환시장에 외환의

14. 원래의 먼델-플레밍 모형에서는 완전자본이동 상태, 즉, $R = \infty$를 가정하고 있다.

공급이 부족(또는 과다)해지고 수요가 과다(또는 부족)하게 되어 외환가격, 즉 환율이 상승(또는 하락)하게 된다.

이 이론을 이용해 환율변화를 설명하는 경우, 어떤 변화가 경상수지와 금융 · 자본수지를 합한 종합수지를 흑자로 전화시키는가 아니면 적자로 전환시키는가를 설명하면 된다. 여기서도 앞에서 설명했던 것들을 참조하면, 경상수지에 영향을 미치는 요인들은 케인즈 이론과 동일하다고 할 수 있고 추가적으로 금융 · 자본수지에 영향을 미치는 대표적인 요인은 이자율 격차이므로 이를 반영한 먼델–플레밍 이론의 환율모형은 (5-2)식의 케인즈 이론과 유사하게 표시될 수 있다. 다만 물가변화, 소득변화, 이자율변화, 통화량변화 등 동일한 요인들이 경상수지 및 금융 · 자본수지에 각각 어떻게 영향을 미치는가에 따라 환율에 대한 영향이 케인즈 이론과는 일부 다른 방향으로 나타날 수 있음을 주의해야 한다.

예를 들어 동일하게 소득이 증가하는 경우라도 소득증가가 재정정책과 같은 상품시장에서의 확장요인 때문인지 아니면 통화정책과 같은 화폐시장 확장요인인지에 따라 국제수지에 대한 효과가 달라진다. 만일 팽창재정정책 때문에 소득이 증가했다면 소득증가에 따라 경상수지가 악화되지만 팽창재정에 따른 이자율 상승효과 때문에 금융 · 자본수지가 흑자로 되고 따라서 종합수지가 흑자로 되어 환율이 하락할 수 있다. 그러나 팽창통화정책 때문에 소득이 증가했다면 이자율이 하락하기 때문에 금융 · 자본수지도 적자로 되어 종합수지가 적자로 되기 때문에 환율이 상승하게 될 것이다.

이처럼 어떤 변화는 경상수지와 금융 · 자본수지에 상충되는 효과를 유발하고, 따라서 전체적인 국제수지가 흑자로 되는지 아니면 적자로 되는지 판단하기가 모호한 경우가 있다. 이때 위에서 가정한 대로 자본이동이 이자율변화에 대해 민감하게 반응한다면 금융 · 자본수지의 효과가 상대적으로 크게 되어 국제수지가 금융 · 자본수지와 같은 방향으로 움직이고 그에 따라 환율이 변화하게 된다.

환율결정모형은 시대상황에 따라 변한다. 즉, 국제거래가 주로 경상거래에 치중되어 있던 시대에는 케인즈 이론에 따른 설명이 설득력이 있었고 반면 국제거래에서 자본거래의 비중이 압도적인 시대에는 먼델–플레밍 이론에 따른 설명이 더 설득력을 갖게 된다.

3. 자산시장접근법

먼델–플레밍 이론이 비록 금융 · 자본수지를 고려하더라도 결정적인 약점은 외환에 대한 수요와 공급이 단지 국제거래의 결과 사후적으로 국제수지에 반영되어 나타난다고 가정한 것이다. 그러나 지난 몇 십 년 동안 자본이동에 대한 장벽이 사라지고 그 결과 투기적 자본거래로 인한 외환시장의 거래량이 무역거래로 인한 외환거래량을 압도할 정도로 증가했다. 이는 외환시장이 국제수지계정의 흐름에 사후적으로 반응하는 시장에서 자산보유자의 결정, 즉 어떤 통화를 이용해 자신의 부를 보유할 것인가에 대한 결정에 따라 사전적으로 반응하는 시장으로 변화했다는 것을 의미한다.

이러한 흐름을 반영해 투자자들의 자산구성(portfolio) 조정과정에서 외환에 대한 수요와 공급이 발생한다는 데 초점을 맞추고 환율결정을 설명하는 이론들이 자산시장접근법이다. 즉, 자산시장접근법은 국제수지접근법과는 달리 일정기간 동안의 국제거래 실적인 유량변수(국제수지)의 균형조건에서 출발하는 것이 아니고 저량변수의 균형조건인 자산시장균형에서 출발하고 있다. 따라서 균형환율은 금융자산에 대한 총수요와 금융자산의 총공급이 일치하도록 하는 수준에서 결정되며, 만일 어떤 이유 때문에 기존의 자산구성을 변화시키려고 하면 이 과정에서 외환에 대한 수요와 공급이 발생하게 된다는 것이다. 자산시장접근법은 금융자산 중 통화만을 고려하는 신축가격 통화론자 이론, 통화론자 이론의 동학모형인 오버슈팅 이론(돈부쉬 이론), 그리고 금융자산으로 증권 및 통화 모두를 고려하는 포트폴리오–밸런스 이론으로 나눌 수 있다.[15]

3.1 신축가격 통화론자 이론

자산시장접근법 중 가장 단순한 이론으로 신축가격 통화론자 이론을 들 수 있

15. 이외에도 거시경제 모형의 일부로서 유량분석과 저량분석의 결합을 시도하고 있는 균형접근법(equilibrium approach), 시제적 접근법(intertemporal approach) 등이 있다. 이에 대해서는 Kouri(1978), Stockman(1980), Krueger(1985), Currie and Hall(1986) 등을 참조할 것.

다. 이 이론은 금융자산 중 통화만을 고려해 관련국가 간 상대적 통화수요와 통화공급이 일치하는 수준에서 환율이 결정된다고 설명한다. 이를 설명하기 위해 다음과 같이 기본적인 통화시장의 균형조건을 도입해보자.

$$\frac{M}{P} = L(y, i) \qquad \text{국내통화시장의 균형조건} \qquad (5-4)$$

$$\frac{M^*}{P^*} = L^*(y^*, i^*) \qquad \text{외국통화시장의 균형조건} \qquad (5-5)$$

위 식에서 M은 통화량을, L은 통화수요를 나타낸다. 일반적인 가정에 따라 여기서도 소득이 증가하면 통화수요가 증가하고 이자율이 증가하면 통화수요가 감소한다고 가정한다. (5-5)를 (5-4)로 나누어 양자를 결합하면

$$\frac{M^*}{M}\frac{P}{P^*} = \frac{L^*(y^*, i^*)}{L(y, i)} \qquad (5-6)$$

가 된다. 가격신축성을 가정하고 있으므로 구매력평가에 따른 $S = \frac{P}{P^*}$를 (5-6)에 대입한 후 환율에 대해 정리하면 균형환율식

$$S = \frac{M}{M^*}\frac{L^*(y^*, i^*)}{L(y, i)} \qquad (5-7)$$

을 얻을 수 있다.

이 이론에 따라 환율의 움직임을 설명하기 위해서는 어떤 변화가 어느 통화의 수요 또는 공급에 변화를 주는가, 그리고 그에 따라 상대적으로 어느 통화가 과잉공급 및 과잉수요되는가를 밝히면 된다. 예를 들어 국내통화량이 갑자기 증가해 (5-4) 및 (5-5)식에 나타난 자산시장의 균형조건이 파괴되었다고 하자. 국내통화량의 증가는 통화시장에서 상대적으로 국내통화가 과잉공급 상태에 있게 만들므로 외국통화에 비해 국내통화의 가치가 하락하고 따라서 (5-7)식에 나타나는 바와 같이 환율이 상승하게 된다.

한편 국내소득의 증가는 통화시장에서 상대적으로 국내통화에 대한 수요를 과도하게 만들기 때문에 국내통화 가치가 상승하고 따라서 환율이 하락하게 된다. 그러나 이 같은 결과는 이전의 케인즈 이론에서 얻은 결과와 상반되는 것이다. 즉, 케

인즈 이론에서 소득의 증가는 수입수요의 증가를 의미하고 이에 경상수지가 악화되어 환율이 상승했다. 이러한 차이가 발생하는 이유는 현재의 모형에서는 소득의 증가로 경제가 호전되어 그 국가의 투자매력이 커졌음을 의미하기 때문이다. 따라서 그 국가의 통화에 대한 수요가 증가해 상대적으로 해당 통화의 가치가 상승하고 환율이 하락하게 된다.

그리고 신축가격 통화론자 모형에서는 국내이자율 상승이 통화수요를 감소시킴으로써 환율상승을 가져온다. 이 점 또한 먼델-플레밍 모형에서 국내이자율 상승이 자본유입을 가져와 환율을 하락시킨다는 것과는 대조적이다. 현재의 모형에서 국내이자율의 상승에 의한 통화수요의 감소는 통화공급의 증가와 마찬가지로 환율을 상승시키는 효과를 가져 온다.

3.2 오버슈팅 이론(돈부쉬 모형)

환율의 움직임을 관찰해보면 일반적으로 다른 경제변수들보다 훨씬 변동이 심하다. 즉, 환율도 주가 또는 부동산 가격 등 다른 자산가격과 마찬가지로 기초적인 경제변수들의 움직임보다 훨씬 크게 움직이는 오버슈팅(overshooting) 현상을 보이고 있다. 앞의 신축가격통화론자 이론은 시장의 완전 청산, 구매력평가설의 즉각적 성립, 그리고 합리적 기대 등을 가정하고 있기 때문에 환율의 오버슈팅과 같은 현상을 설명할 수 없었다. 오버슈팅에 대한 이론적인 설명을 시도한 것이 돈부쉬(R. Dornbusch)의 오버슈팅 이론이다.

돈부쉬는 이러한 현상을 설명하기 위해 단기적인 물가수준의 가격경직성(price stickiness)을 도입했다. 즉, 가격이 단기적으로는 비탄력적이므로 구매력평가설이 장기에만 성립한다는 가정을 도입해 보다 현실적인 모형을 만들었다. 오버슈팅 모형은 단기적으로 상품가격의 경직성 때문에 장기균형으로 조정되는 과정에서 환율이 일시적으로 초과반응을 할 수 있다는 동태적인 현상을 도입하고 있다. 그러나 이 이론도 장기균형을 설명하는 데 있어서는 신축가격 통화론자 이론과 동일하다.[16]

이를 보다 구체적으로 설명하기 위해 국내통화량이 증가했다고 해보자. 오버슈팅 모형에서는 구매력평가설이 장기에는 성립한다고 가정하므로, 장기균형환율도

16. 따라서 오버슈팅 모형을 경직가격 통화론자 이론이라고도 부른다.

이를 반영해 새로운 수준으로 변화한다.

그러나 오버슈팅 이론은 단기적인 가격경직성을 가정하므로, 통화공급이 증가한 경우 이것이 신축가격 통화론자 접근과는 달리 즉각적인 물가변화를 가져오지 못한다. 통화공급 증가에 따라 통화시장에 초과공급이 발생한 경우 물가수준이 상승해 실질통화공급이 감소하든지 이자율이 하락해 통화수요가 증가해야 다시 통화의 수급이 균형을 이룬다. 그런데 단기적으로 물가가 변화하지 않으므로, 결국 통화시장의 수요와 공급은 이자율의 하락을 통해 이루어지게 된다.

이렇게 이자율이 하락한 경우 외환시장에서는 어떤 변화가 있어야 하는가? 오버슈팅 이론은 이와 관련해 두 가지 가정을 도입한다. 하나는 앞에서 설명했던 이자율평가이고 다른 하나는 외환시장참가자들이 환율변화에 대해 회귀적 예상(retrospective expectation)을 한다는 것이다. 회귀적 예상이란, 현재환율이 장기균형환율보다 높으면 앞으로 환율이 장기균형 쪽으로 하락할 것이라고 예상하고 반대로 현재환율이 장기균형환율보다 낮으면 앞으로 환율이 장기균형 쪽으로 상승할 것이라고 예상한다는 것이다. 이는 수식으로 다음과 같이 표현될 수 있다.

$$S^e_{t+1} - S_t = -\alpha(S_t - \overline{S}) \qquad (5-8)$$

단, $\overline{S}$: 장기균형환율, α : 조정계수($0 < \alpha < 1$)

한편 이자율평가는 다음과 같이 쓸 수 있다.

$$i - i^* = \frac{S^e_{t+1} - S_t}{S_t} \qquad (5-9)$$

국내통화량의 증가에 따른 오버슈팅 현상을 위의 두 식을 가지고 설명해보자. 통화량 증가로 인해 외환시장에서는 장기적으로 균형환율($\overline{S}$)이 상승하게 된다는 것을 안다. 따라서 외환시장참가자들은 예상을 할 때 새로운 높은 수준의 장기환율에 기준을 두고 하게 된다. 그런데 통화량의 증가로 인해 국내이자율이 하락하면 위에 나타나 있는 (5-9)식의 좌변이 음(-)으로 된다. 이자율평가가 성립하기 위해서는 우변에서 외환시장참가자들이 환율의 하락, 즉 평가절상을 예상해야만 한다. 그런데 (5-9)식의 회귀적 예상에 따르면 평가절상을 예상하기 위해서는 현재환율이 장기균형수준보다 높아야만 한다. 따라서 통화공급이 이루어지는 시점에서의 환율은 단기적으로 새로운 장기균형수준보다 더 높게 올라갔다가 이후 서서히 장기균형수준으로 조정되어 가는 오버슈팅 현상을 보이게 된다.

이제 환율의 오버슈팅 현상을 그림을 이용해 설명해보자. [그림 5-4]의 가로축은 환율을, 세로축은 물가수준을 나타낸다. 오버슈팅 모형에서도 장기에는 구매력평가설이 성립하므로 장기물가수준과 물가와의 관계는 원점을 지나고 기울기 45°인 직선상에 나타낼 수 있다. 최초에 통화시장이 균형을 이루어 이때 장기균형환율과 물가수준이 A_0에서 달성된다고 하자.

그림 5-4 환율의 오버슈팅

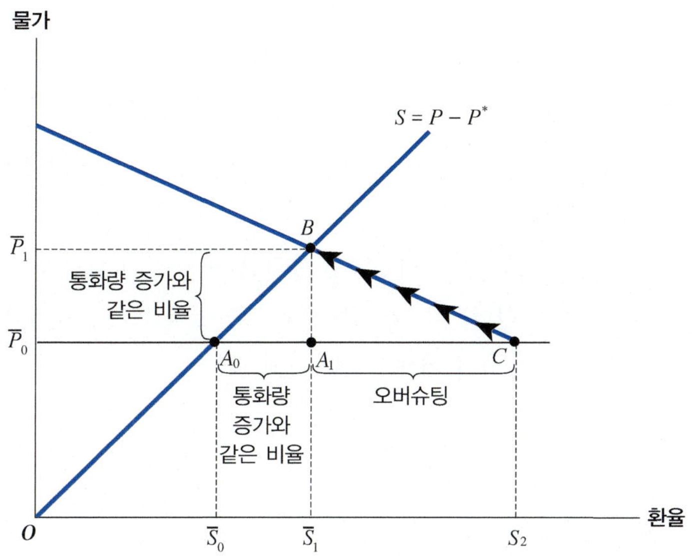

초기균형 A_0에서 만일 정부가 통화량을 증가시키면, 통화량 증가는 장기적으로 물가수준과 환율을 같은 비율로 상승시킨다. 이때의 통화량 증가에 대한 새로운 장기균형점은 B가 될 것이다.

그러나 가격의 경직성 때문에 단기에 물가가 최초의 균형 $\overline{P}_0$ 수준에 머물러 있다면 통화량 증가에 따라 실질통화량이 증가하고 이자율이 낮아지게 된다. 이와 같은 이자율하락은 자본유출을 가져와 환율을 더욱 상승시킨다. 그러므로 통화량 증가에 따라 기대되는 환율상승효과와 물가의 경직성이 가져온 이자율의 하락에 따른 환율상승효과가 겹치면서 환율은 오버슈팅하게 된다. 그 결과 단기균형은 C점에서 이루어지고 이때 환율은 그 장기균형값인 $\overline{S}_1$를 지나쳐 그보다 더 큰 S_2 수준으로 오버슈팅하게 된다.

한편 장기적으로는 물가도 상승하면서 새로운 균형으로 이동해 갈 것이다. 즉 C점은 단기에만 성립할 수 있는 균형일 뿐 장기적으로는 유지되지 않고 새로운 조정이 이루어지게 된다. 경제주체들은 현재의 환율(S_2)이 장기균형환율($\overline{S}_1$)보다 더 높은 수준에 있으므로 환율하락을 예상하게 되며 이에 따라 자본이 유입된다. 또한 종전보다 하락한 이자율로 인해 총수요가 증가해 국내물가가 상승하고 실질통화량이 감소한다. 실질통화량 감소로 이자율은 상승하고 이에 따라 자본유입이 발생한다. 이러한 두 가지 경로를 통한 자본유입은 환율을 하락시켜 새로운 균형상태 $\overline{S}_1$로 돌아가게 한다. 환율은 하락하고 물가가 상승하면서 장기조정은 [그림 5-4]의 C점에서 B점으로 이동하는 화살표 방향을 따라 이루어진다.

결국 통화량이 증가할 때, 환율은 단기적으로는 장기균형환율보다 높은 수준으로 상승하는 오버슈팅 현상을 보이고, 그 후 시간에 따라 서서히 하락해 장기균형수준으로 이동하게 되는 것이다.

[그림 5-5]는 t_0 시점에서 통화공급이 증가할 때 시간의 흐름에 따른 물가와 환율의 경로를 보여주고 있다. 이 그림에서 알 수 있듯이 물가와 환율은 장기균형수준에서는 통화공급의 증가와 비례해 상승하게 되나 단기에 있어서 환율은 오버슈팅한다.

그림 5-5 통화공급 증가 후 물가와 환율의 시간에 따른 변화경로

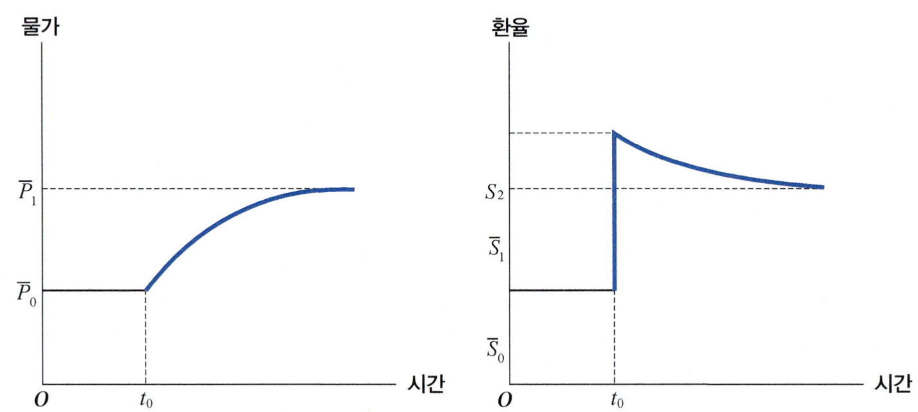

3.3 포트폴리오 밸런스 이론

신축가격 통화론자 이론 및 오버슈팅 이론에서는 유위험 이자율평가를 도입해 국제 자본시장의 완전대체성을 가정하고 있는데, 이는 개인의 부(wealth)를 어느 나라의 통화로 보유하든 간에 개인은 아무런 위험을 느끼지 않는다는 것을 의미한다. 그러나 이것은 매우 비현실적인 가정으로서, 이를 시정하고 보다 현실적인 환율결정 과정을 설명하고자 하는 이론이 포트폴리오 밸런스 이론이다.

이 이론 또한 자산시장의 균형조건에서 출발하고 있다는 점에서 통화론적 접근과 맥을 같이 하고 있으나 위에서 설명했던 두 이론과는 달리, 통화뿐만 아니라 증권 등 다른 종류의 금융자산을 모두 고려했다. 이 이론에 따르면 투자자들은 자산의 편의성, 수익성, 위험 등을 고려해 나름대로 최적의 포트폴리오를 구성하고 있다. 즉, 투자자들은 국내금융자산과 외국금융자산의 상대적인 비중을 자신들의 포트폴리오가 최적으로 되도록 보유하고자 한다. 따라서 국내금융자산과 외국금융자산의 상대적인 가치를 나타내 주는 환율은 이러한 포트폴리오의 구성이 금융시장에서 국내 및 외국금융자산의 공급과 균형되도록 하는 수준으로 결정된다.

이를 좀더 부연 설명해보자. 포트폴리오 밸런스 이론에서는 앞의 통화론적 접근방법이 도입했던 가정인 국내자산과 외국자산 간의 완전대체성, 즉 유위험 이자율평가를 비현실적이라고 간주하고 있다. 국내자산과 외국자산은 엄연히 다른 것이므로 이들은 서로 불완전 대체재이며 따라서 유위험 이자율평가는 성립될 필요가 없다는 것이다. 투자자가 보유자산을 국내자산 또는 해외자산의 형태로 보유하고자 할 때 두 자산의 구성비율(β)은 이들 자산의 편의성, 수익성, 위험 등을 반영하는 양국 기대수익률의 차이($i - i^* - \hat{S}^e$)에 따라 결정된다. 본국투자에 따른 기대수익률이 외국투자에 따른 기대수익률보다 상대적으로 크면 클수록 자국자산에 대한 수요가 증가하고 외국자산에 대한 수요는 감소할 것이다.

현재 자산시장에 공급되어 있는 국내자산 및 외국자산의 규모가 각각 B 및 B^*라고 하면, 자산시장에서의 균형은 총자산($W \equiv B + SB^*$) 중 상대적인 공급비율($\frac{B}{SB^*}$)이 투자자가 보유하고자 상대적인 구성비율 β와 같아져야 한다. 따라서 균형조건은 다음과 같은 식으로 표시할 수 있다.

$$\frac{B}{SB^*} = \beta(i - i^* - \hat{S}^e),\ 단,\ \beta' > 0 \tag{5-10}$$

여기서 S는 환율을 나타내며, 앞에서 설명했듯이 i는 본국 투자수익률, $i + \hat{S}^e$는 해외투자에 따른 기대수익률이다. 이를 환율에 대해 정리하면

$$S = \frac{\frac{B}{B^*}}{\beta(i - i^* - \hat{S}^e)} \tag{5-11}$$

이 식은 환율이 예상투자수익률 차이뿐만 아니라, 국내자산 공급량과 외국자산 공급량에 의해서도 영향을 받는다는 것을 보여준다. 만일 외국이자율이 상승하거나 국내자산의 공급이 증가하면 환율이 상승하고 반대로 국내이자율이 상승하거나 외국자산의 공급이 증가하면 환율이 하락하게 된다.

이제 포트폴리오 밸런스 이론에 따라 정책의 변화가 환율에 어떤 영향을 미치는지 살펴보자. 예를 들어, 만일 통화당국이 경기를 부양시키고자 공개시장조작을 통해 팽창통화정책을 실시한다고 하자. 이때 통화당국은 국내통화량을 증대시키고자 국내증권을 매입할 것이므로 국내증권에 대한 수요가 증가해 증권가격이 상승하고 이자율은 하락하게 된다. 이자율 하락으로 국내증권의 투자매력이 상실되고 상대적으로 외국증권의 투자매력이 커짐으로써 투자자들은 외국증권을 매입하려 할 것이다. 이는 곧 투자자들이 상대적으로 부족한 외국금융자산을 좀더 보유하고자 한다는 것을 의미하며 따라서 외국금융자산의 가치가 상승하고 환율이 상승하게 된다.

때로는 어떤 변화가 국내통화, 국내증권, 외국증권에 복합적인 영향을 주어 환율이 어느 방향으로 움직일지 결론내기가 곤란한 경우도 있다. 포트폴리오 밸런스 이론의 경우 이런 상황에서는 첫째, 국내시장에 대한 영향이 해외시장에 대한 영향보다 크고, 둘째, 증권에 대한 영향이 통화에 대한 영향보다 크다고 간주한다. 예를 들어 소득의 증가는 국내증권 및 해외증권의 수요를 모두 증가시키지만 전자의 영향이 더 크므로 환율을 하락시키게 된다. 또한 이자율의 증가는 국내통화수요를 감소시키면서 동시에 국내증권수요를 증대시키지만, 후자의 영향이 더 크므로 전체적으로 양자를 향한 국내금융자산에 대한 수요를 증대시켜 환율을 하락시키게 된다.

4. 환율결정이론의 새로운 노력

4.1 경험적 연구

이상의 거시경제적 관계에 기초한 환율결정이론들에 대해 그동안 많은 경험적 연구가 행해져 왔다. 이 연구들은 주로 모형으로부터 얻어지는 환율과 다른 변수들과의 관계식을 다양한 여러 방식으로 추정해 그 계수들이 모형에서 설명된 부호를 지니는지, 그 크기는 어떠한지, 또 통계적으로 유의한지를 살펴보고, 그 후 추정된 계수들로부터 얻어지는 환율의 예측치를 실제 환율과 비교해 모형의 예측성을 검사하는 방향으로 행해졌다.

많은 실증분석을 통해 나타난 중요한 사실은 환율모형들이 1973년 이후 변동환율제도에서의 환율 움직임을 잘 설명하지 못한다는 것이다. 즉, 추정된 결과로부터 얻어지는 계수들이 통계적으로 유의하지 못한 경우가 많았고, 그 부호가 반대인 경우도 더러 있었으며, 그렇지 않은 경우라도 자기상관이 높게 나타나는 등의 문제점을 보였다. 또 환율에 대한 예측에 있어서 특히 불만족스러운 결과를 나타냈다. 이 같은 결과는 기존의 환율결정모형이 많은 측면에 있어 문제가 있다는 결론에 이르게 한다.

〈표 5-1〉은 이와 관련해 가장 대표적인 메이시와 로고프(R. Meese and K. Rogoff)의 연구결과를 보여주고 있다. 이 표에는 여러 환율모형에 따른 다양한 환율에 대한 예측치의 평균자승제곱근오차(root mean squared error, RMSE)값[17]들이 나와 있는데, 거의 모든 곳에서 환율모형들의 예측오차가 무작위행보(random walk)에 의한 예측오차보다 크게 나타나고 있다. 그런데 무작위행보모형에 의한 예측치란 환율을 전혀 예측할 수 없으므로 미래 환율이 오늘 환율과 같다고 예측하는 것이나 다름없다. 그럼에도 불구하고 환율모형의 예측이 별로 차이가 없거나 더 나빠보이

17. 통상 '자료외 예측치' (out-of-sample forecast)의 정확도에 대한 통계량으로는 평균오차(mean error, ME)나 절대평균오차(mean absolute error, MAE), 평균자승제곱근오차(root mean squared error, RMSE) 등이 사용된다. 이들은 모두 예측치가 실제값의 평균에서 멀리 떨어진 정도를 나타내므로 그 수치가 클수록 예측치는 부정확하다고 말할 수 있다. 〈표 5-1〉에서는 그 가운데서 평균자승제곱근오차를 사용했다.

기도 한다는 결과는 이 모형들이 유용하지 못하다는 잠정적인 결론을 내리게 한다.

경험적 연구결과들을 종합해볼 때 적어도 데이터상으로는 현재까지의 환율결정모형들이 불완전하다고 할 수 있고, 따라서 앞으로 더 나은 모형을 기대할 여지가 있다고 할 수 있다.

표 5-1 거시경제적 환율모형들의 성과 비교

환율	예측기간	무작위보행모형	거시경제적 모형		
			Frenkel-Bilson	Dornbusch-Frankel	Hooper-Morton
USD/GDM	1개월	3.72	3.17	3.65	3.50
	6개월	8.71	9.64	12.03	9.95
	12개월	12.98	16.12	18.87	15.69
USD/JPY	1개월	3.68	4.11	4.40	4.20
	6개월	11.58	13.38	13.94	11.94
	12개월	18.31	18.55	20.41	19.20
GBP/USD	1개월	2.56	2.82	2.90	3.03
	6개월	6.45	8.90	8.88	9.08
	12개월	9.96	14.62	13.66	14.57
Trade-weighted Dollar	1개월	1.99	2.40	2.50	2.74
	6개월	6.09	7.07	6.49	7.11
	12개월	8.65	11.40	9.86	10.35

주 : 1) 각 수치들은 백분율(%)과 유사한 개념임.
2) 위 표에서 Frenkel-Bilson은 신축가격 통화론자 모형, Dornbusch-Frankel은 오버슈팅 모형, Hooper-Morton은 경직가격 포트폴리오 밸런스 모형을 의미.

자료 : Meese and Rogoff(1983), p.13.

4.2 뉴스 및 투기적 거품

4.2.1 뉴스접근법(news approach)

거시적 환율모형들이 환율의 움직임을 설명하는 데 심각한 어려움에 직면하자 일각에서는 이러한 문제가 나타나는 이유가 환율이 기초경제변수들의 변화에 대해 무작위로 또는 비합리적으로 반응하기 때문이라고 주장하기도 했다. 그러나 또 다른 일각에서는 시장참가자들이 여전히 합리적 예상을 한다는 점은 받아들이고 다른 요인을 도입해 기존의 거시적 모형을 보완해 이러한 문제를 해결하고자 노력했다. 이러한 노력들이 새로 고려하고 강조하려 했던 것이 뉴스의 환율에 대한 역할이고 따라서 이들을 뉴스접근법(news approach)이라고 부른다.

뉴스접근법이 설명하고자 하는 것은 첫째, 외환시장이 어떤 종류의 뉴스들에 반응을 보이며, 둘째, 뉴스에 대해 어떻게 어느 방향으로 반응을 하며, 셋째, 이러한 뉴스들이 얼마나 환율변동을 설명할 수 있는가 하는 점이다. 이를 위해 뉴스접근법은 환율예측오차를 크게 두 부분으로 분리한다. 하나는 환율결정요인들(즉, 경제변수들)에 대한 새로운 정보들 때문에 발생하는 예측오차이고 다른 하나는 경제변수들과 전혀 관계없는 순수오차(random error) 때문에 발생하는 예측오차이다. 만일 기초경제변수들과 관련해 예기치 못했던 변화(즉, 뉴스)가 전자의 예측오차를 상당 부분 설명할 수 있다면, 이는 환율의 움직임이 외형상 무작위행보를 하는 것처럼 보여도 사실은 기초경제변수들과 밀접한 관련을 가지고 움직인다는 것을 의미한다.

뉴스접근법에 대한 경험적 연구들은 환율의 움직임 중 상당 부분이 기초경제변수들의 새로운 뉴스 때문에 발생했고 따라서 외환시장은 경제변수들의 움직임에 예의주시하고 있다는 점을 보여주고 있다. 그러나 이러한 긍정적인 경험적 연구결과에도 불구하고 뉴스접근법은 충분한 대답이 되지 못하고 있다. 즉, 뉴스의 변동성이 일부 환율의 변동성을 설명하지만 여전히 환율의 변동성은 뉴스의 변동성에 비해 훨씬 더 크게 나타나고 있기 때문이다.

4.2.2 투기적 거품

뉴스의 변동성에 비해 환율의 변동성이 더 큰 이유에 대해서는 몇 가지 설명이 가능할 수 있다.

첫째, 뉴스에는 많은 종류가 있는데, 뉴스접근법은 수량화할 수 있는 것만을 고려하고 있으며 소문 등 수량화할 수 없는 뉴스는 전혀 고려하지 못하고 있다. 때로는 이러한 뉴스들이 수량화된 뉴스보다 훨씬 더 큰 영향을 미칠 수도 있다.

둘째, 외환시장참가자들이 외환거래와 관련된 결정을 내릴 때 올바른 모형보다는 틀린 모형에 기초하는 경우가 많다. 틀린 모형을 이용하는 경우 올바른 모형을 이용하는 경우에 비해 환율변동이 더 커질 수 있다.

셋째, 이러한 비체계적인 설명과는 달리 일부에서는 외환시장 참가자들이 합리적인 결정을 내리더라도 과도한 환율변동이 발생할 수 있는 가능성을 제시하고 있다. 이러한 설명은 주식, 부동산가격 등 다른 자산시장가격과 마찬가지로 환율에 있어서도 예상이 아주 중요한 역할을 하고 있음을 강조하고 있다. 즉, 기본적으로 환율은 경제변수의 사후적 결과에 의해 정해지는 것이 아니라, 미래의 변화에 대한 예상을 사전적으로 고려해 결정된다는 것이다. 이러한 예상은 때로는 환율을 안정시키기도 하지만 때로는 미래의 변화에 대한 예상이 조금만 변해도 환율을 과도하게 변하도록 만들 수도 있다.

예상에 따라 환율이 과도하게 움직이는 경우를 설명하기 위해, 예를 들어 어떤 이유로 사람들이 다음달에 환율이 상승할 것으로 예상한다고 해보자. 그러면 외환시장 참가자들은 환율이 상승함으로써 발생할 수 있는 손실을 회피하기 위해 약세통화(원화)를 팔고 강세통화(달러)를 매입하고자 할 것이다. 그런데 원화를 팔고 달러화를 사는 이러한 행위는 달러화에 대한 수요를 더욱 증가시켜 달러화 가치를 더욱 상승시키고 따라서 당초의 예상은 사후적으로 적중하게 된다. 이는 환율의 움직임이 기초경제변수에 의존하는 것이 아니라 자기실현적 기대(self-fulfilling expectations)에 의존한다는 것을 의미하는데, 이러한 과정이 지속되다 보면 기초경제변수들의 움직임과는 무관하게 환율은 과도하게 상승하고 하락하는 투기적 거품(speculative bubble) 현상을 보일 수 있다.

투기적 거품에 따른 설명은 예상의 역할을 강조하고 있다는 점에서 환율의 과도한 변동성을 설명하는 데 실마리를 제공하고 있다. 그러나 투기적 거품에 따른 설명도 몇 가지 해결하지 못한 문제점이 있다. 하나는 처음에 어떻게 거품이 시작되는가 하는 거품의 최초 창출요인에 대한 설명이 없다는 것이다. 다른 하나는 왜 어느 경우에는 거품이 터져 버리고 어느 경우에는 터지지 않는가에 대한 설명을 하지 못한다는 것이다. 나머지 하나는 왜 고정환율제도에서보다 변동환율제도에서 거품이 빈번하게 발생하는 경향이 있는가에 대한 설명도 없다는 것이다.

Box 5-3 환율이론가 3인방(Trio)의 맹활약

환율결정이론의 발전에서 가장 괄목할 만한 업적은 1970년대 중반 이후 자산시장접근법의 개발이라고 할 수 있다. 자산시장접근법은 본문에서 설명했듯이 크게 신축가격 통화론자 모형, 오버슈팅 모형, 그리고 포트폴리오 밸런스 모형으로 나눌 수 있다. 프렝켈(J. Frenkel), 돈부쉬(R. Dornbusch), 무싸(M. Mussa)는 각각의 모형을 개발했거나 개발하는 데 지대한 공헌을 한 논문들을 공교롭게도 같은 해인 1976년에 발표함으로써, 1976년을 '환율이론의 해'로 만들었다.

이들 3인방은 모두 같은 때에 박사과정(시카고 대학)을 다녔으며 모두 존슨(H. Johnson)과 먼델(R. Mundell)의 학생들이었다. 서로 앞서거니 뒷서거니 하면서 환율이론을 포함한 국제금융 분야를 발전시켜 온 이들 중 결과적으로 가장 뛰어난 평가를 받은 인물은 오버슈팅 이론을 개발한 돈부쉬였다. 그의 1976년 논문은 경제학에서 가장 널리 인용되는 논문 중의 하나이며, 또한 크루그만(P. Krugman), 로고프(K. Rogoff), 옵스펠트(M. Obstfeld), 프랑켈(J. Frankel) 등 그의 학생들은 1980년대 이후 국제경제학 분야를 실질적으로 주도해 오고 있다.

4.3 미시적 접근

환율의 움직임을 잘 설명하기 위해서는 기본적으로 예상의 역할을 강조해야 하지만, 동시에 외환시장 참가자들의 행태를 보다 잘 설명할 수 있는 새로운 패러다임이 요구된다. 이러한 요구에 부응해 외환시장의 미시적 구조 및 참가자들의 행태에 초점을 맞추어 새로운 환율결정이론을 정립하기 위한 시도가 미시적 접근이다. 이는 현재 진행단계에 있기 때문에 아직 정형화된 이론으로 불리기는 어렵지만 환율결정이론의 발전에 상당히 긍정적인 기여를 할 것으로 평가받고 있다.

외환시장의 미시구조적 접근은 첫째, 외환시장에서 미시구조적인 행태(empirical regularities)를 통계적으로 포착하기 위한 노력, 둘째, 이러한 미시적인 현상이 발생하게 되는 원인을 설명하기 위한 노력, 그리고 셋째, 미시적인 특징이 환율변화에 영향을 미치는 경로를 파악하기 위한 노력으로 나누어 살펴볼 수 있다.

4.3.1 외환시장의 미시구조적 행태

외환시장의 미시구조적 행태를 포착하기 위한 노력은 주로 외환거래량(trading volume) 및 환율변동성(volatility)의 통계적 특징을 포착하는 데 초점을 맞추고 있다. 그 중 몇 가지 결과를 소개해본다.

첫째, 외환거래 및 환율의 움직임이 시간에 대해 일정한 것이 아니라 시간에 따라 달라진다는 것이다. 이 중 외환거래량이 시간에 따라 변한다는 것은 많은 연구들에 의해 관찰되었는데, 이 연구들에 따르면 점심시간 근방, 주말 직전 등에 거래량이 감소하고 개장 및 폐장 근방에서는 증가하는 것으로 나타나고 있다. 한편, 환율변동성이 시간에 따라 달라진다는 것은 이미 널리 알려진 사실이다. 월효과, 요일효과, 또는 시간효과에 대해 분석한 실증연구들에 따르면 환율변동성이 주말 또는 점심시간에는 작아지는 경향이 있고 월요일 개장 초기에는 급격히 증대하는 경향이 있다.

둘째, 환율변동성이 시간에 따라 어떤 패턴을 보이는가에 대한 단순한 관찰 외에도 환율변동성과 거래량 간의 관계, 한 외환시장에서의 환율변동성과 다른 외환시장에서의 환율변동성과의 관계 등에 대한 연구도 활발히 이루어지고 있다. 얼핏 보면 거래량이 활발해지는 경우 그에 따라 환율변동성도 커진다는 사실을 발견할 수 있으나, 이러한 관계가 항상 성립하는 것이 아니고 외환거래의 원천에 따라 달라질 수 있다. 즉, 외환거래가 투기자들의 예상 차이 때문에 발생한다면 외환거래량의 증가는 곧 환율변동성을 증대시키지만, 외환거래가 유동성 확보를 위한 거래 중심으로 이루어진 경우에는 외환거래량이 증가할 때 오히려 환율변동성이 감소하다는 것이다. 한편, 외환시장들 간에는 상호 연계성이 존재하는데, 한 시장에서의 높은 변동성이 다른 시장에 전달되는 유성현상(meteor shower)을 발견할 수 있다.

셋째, 많은 연구들이 외환거래량 및 환율변동성과 같은 미시적인 정보가 일종의 거래비용 및 불확실성을 나타내는 지표인 환율 스프레드에 영향을 미친다는 것을 보여주고 있다. 환율변동성이 증가함에 따라 환율 스프레드가 확대되는 반면 외환거래량이 증대됨에 따라 환율 스프레드가 감소되는 결과는 외환시장에서 정보가 효율적으로 전달되고 있다는 증거로 제시되기도 한다. 그러나 개장 초 및 폐장 근방에 외환거래량 및 환율변동성이 증가하고 또한 환율 스프레드도 확대되는데, 이와 같은 현상은 정보가 충분히 잘 전달되지 않기 때문에 발생한다고 해석할 수 있다. 즉, 외환시장 참가자들은 시장이 개장되었을 때 시장의 동향을 파악하기 위해 일부 시험거래를 하게 된다. 따라서 개장 초에 외환거래가 증대하게 되고 감(feeling)을 잡기 위한 과정에서 환율변동성이 증가하게 되며 또한 환율 스프레드도 커지는 경향이 있다. 반면 폐장 근방에서는 외환거래자들이 재고량을 처분하고자 할 것이므로 또 다시 외환거래량 및 환율변동성이 증가되고 환율 스프레드가 확대되는 현상이 발생할 것이다.[18]

18. 이와 관련해 거래량의 정보전달능력에 대해 두 가지 견해가 제시되고 있다. 하나는 거래량이 많은 것은 정보가 급속히 가공되고 있는 증거라고 보고 있는데 이를 '사건의 불확실성'(event uncertainty) 견해라고 부른다. 다른 하나는 이와는 반대로 거래량이 많은 것을 정보가 전혀 가공되지 않고 있는 증거로 보고 있는데 이를 '뜨거운 감자'(hot potato) 견해라고 부른다.

4.3.2 미시구조적 행태의 발생 원천

외환시장에서의 거래량 및 환율변동성이 다른 시장에 비해 유난히 크고 시간에 따라 급변하는 이유가 무엇 때문인가를 밝히고자 하는 연구들은 대부분 환율에 대한 예상에서 그 해답을 찾고자 한다. 첫째, 외환거래량이 급격히 증가하는 이유는 무엇보다도 외환시장 참가자들의 환율변화에 대한 예상이 다르기 때문이다. 만일 환율변화에 대한 예상이 동일하다면 일정 방향으로 외환수요 또는 공급이 발생할 것이므로 외환거래가 전혀 일어나지 않을 것이다. 따라서 환율변화에 대한 예상의 차이는 곧 외환거래를 설명해주는 근원이 된다. 최근의 연구들은 환율변화에 대한 서베이데이터를 이용해 환율변화에 대한 다양한 견해 차이가 외환시장변동성 및 외환거래량과 관련이 있음을 실증적으로 보여주고 있다.

둘째, 환율의 급격한 변동 또한 환율변화에 대한 예상 차이에 기인한다. 이는 변동환율제도에서 투기적인 행위가 환율을 안정시키는 효과가 있는가 아니면 불안정하게 만드는 효과가 있는가에 대한 논쟁과 관련이 있다. 외환시장 참가자들을 행태별로 분류해보면, 크게 투기자(speculators)와 투자자(investors)로 나눌 수 있다. 투기자들은 대부분 단기적인 목표를 설정하고 있으므로 환율에 대한 예상을 할 때 최근의 추세에 중점을 두는 기술적인 분석을 위주로 하는 경향이 크다. 따라서 환율이 상승하는 추세에 있는 경우 계속 상승할 것으로 예상하고, 환율이 하락하는 추세에 있는 경우 계속 하락할 것이라고 예상하는 경향이 있으며, 이러한 환율예상은 환율변화를 더욱 심하게 만들 것이다. 반면, 투자자들은 보다 장기적인 목표를 설정하고 있기 때문에 기초경제변수들의 움직임에 근거해 환율예상을 하는 경향이 크다. 따라서 이들은 장기적인 환율추세에 비추어 현재의 환율이 상승했다면 앞으로 떨어질 것이라고 예상하고, 반대로 현재의 환율이 상대적으로 하락했다면 상승할 것이라고 예상할 것이다. 이러한 환율예상 패턴은 환율이 추세에서 벗어날 때 장기추세로 회귀하도록 함으로써 안정적인 효과를 갖게 될 것이다.

4.3.3 미시구조적 행태의 환율에 대한 영향

외환거래량 및 환율변동성 등 외환시장의 미시구조적 특징이 환율변화에 영향을 미치는 경로에 대해서는 상대적으로 연구가 많이 진행되지 못하고 있다.

미시적 접근이 하나의 체계적인 환율결정이론으로 정립되기 위해서는 위에서 소개한 예상형성과 거래 메커니즘에 대한 관측을 통해 그 패턴들이 어떻게 환율에 영향을 미치는지 구조를 설명해야 한다. 이와 관련된 하나의 노력이 기술적 분석과 전통적 분석(기초경제변수들에 근거한 합리적 결정)을 조합하고자 하는 노이즈거래(noise trading) 모형이다. 미시구조적 접근을 취하고 있는 연구들은 합리적 패러다임에 전적으로 의존하는 것을 선호하고 있지 않다. 그보다는 기술적 분석과 전통적 분석 양자 간의 상호작용으로 인해 때로는 정상적인 듯한 움직임이 나타나고 때로는 비정상적인 듯한 움직임이 나타나는 구조를 설명하고자 한다. 이러한 행태를 설명하고자 많은 연구들이 투기자들과 투자자들의 행태를 융합한 모형을 도입하고 있는데, 투기행동 및 투자행동 간의 비중이 변함에 따라 외환에 대한 수요가 변화하고 따라서 환율도 변화할 수 있는 가능성을 제시해주고 있다.

요약

1. 모든 환율이론의 기본적인 환율결정원리는 동일하다. 환율이란 외환시장에서 거래되는 외환이라는 상품의 가격이므로, 환율은 경제학에서 가장 기초적인 가격결정원리, 즉 수요–공급 원리에 의해 결정된다는 것이다. 다양한 환율이론들이 환율결정의 기본적인 원리에 대해서 동의하고 또한 외환에 대한 수요와 공급은 아주 많은 요인들에 의해 영향을 받는다는 점도 모두 인정한다. 그러나 어떤 변수들이 가장 중요한지 그리고 그러한 변수들 간에 어떤 관계가 있는지에 대한 설명이 각자 다르기 때문에 다양한 환율결정이론이 제시되고 있는 것이다.

2. 환율결정이론은 크게 국제수지균형에서 출발하는 국제수지접근법과 자산시장균형에서 출발하는 자산시장접근법으로 나눌 수 있다. 국제수지접근법에는 경상수지에서 출발하는 케인즈 이론과 경상수지 및 금융 · 자본수지를 모두 고려하는 먼델–플레밍 이론 등이 있다. 케인즈 이론에서 물가, 소득, 이자율, 통화량 등의 변화로 경상수지가 흑자가 되면 외환공급이 증가해 환율이 하락하고, 반대로 경상수지가 적자로 되면 외환수요가 증가해 환율이 상승한다. 먼델–플레밍 이론에서는 경상수지뿐만 아니라 금융 · 자본수지에 미치는 영향도 함께 고려해야 하는데, 따라서 종합수지가 흑자로 되면 환율이 하락하고 적자로 되면 환율이 상승한다.

3. 자산시장접근법에는 신축가격 통화론자 이론, 오버슈팅 이론, 포트폴리오 밸런스 이론 등이 있다. 신축가격 통화론자 이론에서 환율은 각국의 통화시장의 균형조건으로부터 얻어지는 통화의 상대

가격으로 볼 수 있다. 국내통화량의 증가는 같은 비율로 환율상승을 가져오는 반면에 외국통화량의 증가는 같은 비율로 환율하락을 가져온다. 국내소득의 증가는 통화수요증가를 통해 환율하락을 가져오는데 이는 케인즈 이론에서 소득이 환율에 미치는 효과와는 정반대이다. 또한 신축가격 통화론자 이론에서는 국내이자율 상승이 통화수요를 감소시킴으로써 환율상승을 가져오는데 이는 먼델-플레밍 이론에서 국내이자율 상승이 자본유입을 초래해 환율을 하락시킨다는 것과는 대조적이다.

4. 오버슈팅 이론에서는 장기적으로 구매력평가설이 성립하나 단기적으로는 상품시장과 통화시장 간의 조정속도가 상이해서 물가가 경직적이라 가정한다. 이 이론에서 통화량이 증가할 때, 환율은 단기적으로 장기균형환율보다 높은 수준으로 상승하는 오버슈팅 현상을 보이고 그 후 서서히 하락해 장기균형수준으로 이동하게 된다. 단기적으로는 통화량 증가에 따라 기대되는 환율상승효과와 물가의 경직성이 가져온 이자율의 하락과 자본유출, 이에 따른 환율상승 효과가 겹치면서 환율은 오버슈팅한다. 장기적으로는 물가상승에 따라 실질통화가 감소하고 그 결과 이자율이 상승하고 자본유입이 일어나면서 환율은 하락해 장기균형점으로 이동한다.

5. 포트폴리오 밸런스 이론은 통화론자 이론과는 달리 자산의 불완전대체성을 가정한다. 포트폴리오에서 국내·해외자산의 구성비율은 기대수익률의 차이에 따라 결정되며 그 차이는 위험의 정도를 반영한다. 포트폴리오 밸런스 이론에서 환율은 양국의 기대투자수익률의 차이, 국내자산과 외국자산의 상대적 공급의 크기에 의해서 결정된다. 그런데 외국자산의 스톡이 과거 경상수지흑자의 누적된 결과라면, 누적된 경상수지흑자는 환율하락을 가져오므로, 외국자산공급의 증가는 환율하락을 가져오고 반면에 외국자산공급의 감소는 환율상승을 불러일으킨다.

6. 경험적 연구결과들을 종합해볼 때 적어도 데이터상으로는 현재까지의 환율결정모형들의 예측치가 무작위행보 예측치보다 별로 낫지 못하다. 따라서 이를 극복하기 위해 뉴스의 역할, 투기적 거품의 역할 등을 강조하기도 했으며, 최근에는 외환시장의 미시적 구조 및 참가자들의 행태에 초점을 맞추어 환율의 움직임을 설명하려는 새로운 노력도 이루어지고 있다.

연습문제

01. 먼델-플레밍 이론(자본이동이 상당히 자유로운 경우)과 신축가격 통화론자 이론에서 통화량 증가의 환율에 대한 영향이 어떻게 달라지는지 비교하라.

02. 국내이자율의 상승이 환율에 어떤 영향을 미치는지 케인즈 모형, 먼델-플레밍 모

형, 신축가격 통화론자 모형 및 포트폴리오 밸런스 모형을 이용해 비교하라.

03. 어떤 국가가 평균 월 1억 달러 정도의 경상수지 적자를 기록하고 있다가 지난달 1.2억 달러로 경상수지 적자가 확대되었다. 만일 이달에는 경상수지 적자가 0.6억 달러로 감소했다는 발표가 있었다면 이는 그 국가의 통화가치에 어떤 영향을 미치겠는지 설명하라.

04. 다음과 같은 뉴스가 모니터 화면에 지나간다면 외환거래자들은 대체적으로 어떤 반응을 보이겠는가?

a. 우리나라 정부가 외국으로 송금하는 이자지급에 대해 상당한 정도의 세금을 부과하는 법을 제정했다.
b. 일본에서 통화량 확대에 호의적인 인사가 일본중앙은행 총재로 임명되었다.
c. 멕시코 유전의 원유매장량이 예상보다 훨씬 적다.

05. 앞의 [그림 5－5]에서 통화량이 10% 증가한 경우를 상정하고, 물가가 5년 동안 매년 2%씩 상승한다고 할 때, 다음의 물음에 답하라.

a. 만일 매년 구매력평가가 성립한다면 환율의 조정경로는 어떠해야 하는가?
b. [그림 5－5]와 같은 현실적인 환율조정 경로를 고려할 때 구매력평가는 단기 및 장기에서 성립하는가?

06. 기초경제변수들에 비해 환율의 변동성이 훨씬 더 큰 이유는 어떻게 설명할 수 있는가?

07. 중앙은행이 시장에 개입할 때 사용할 수 있는 자금의 규모가 헤지펀드가 하루에 동원할 수 있는 자금의 규모보다 작아서 헤지펀드의 공략에 당했다는 뉴스에 동의하는가? 아직도 헤지펀드가 중앙은행을 이길 수 있다고 보는가?

08. 서브프라임모기지 사태 이후 유럽위기가 완전 종식되었으며 다시 글로벌 경제가 강하게 회복될 것으로 예상하는 뉴스가 여기저기서 나온다면 USD/KRW 환율은 어떻게 되겠는가?

09. 지금 세계경제를 비관적으로 보는 뉴스가 나와서 전세계 주식시장이 폭락하고 있

다면 USD의 방향은 어디로 갈 것인가?

10. 미국에서 인플레이션과 경기과열을 우려해 시장의 예상(25bps)을 깨고 정책금리(base rate)를 50bps 갑자기 올린다는 뉴스가 나왔을 때 만약 당신이 트레이더라면 어떻게 시장에 맞서서 베팅을 할 것인지 설명하라.

11. 전세계의 부동산 및 집값이 다시 올라간다는 뉴스가 나온다면 달러의 방향은 어떻게 될 것인가? 기초경제여건(economic fundamentals)의 예상전개 과정을 체계적으로 설명하라.

06장

Chapter six

환율예측기법

1. 기초적 분석 | 2. 기술적 분석의 개요 및 차트의 종류 | 3. 차트패턴 분석기법 | 4. 계량적 분석기법 | 5. 엘리어트 파동 분석기법 | 요약 | 부록 캔들스틱 차트의 활용 | 연습문제

1. 기초적 분석

1.1 환율예측기법의 개요 및 분류

미래환율의 움직임에 대한 예측은 국제금융거래의 모든 면에서 핵심적인 역할을 하고 있다. 이는 장기적인 투자 및 자금조달 계획을 세우기 위해서도 필요하며 또한 급변하는 환율변동에 따른 위험에 대비하기 위해서도 필요하다. 더구나 환율예측은 투자를 통한 수익을 실현하는 데 있어서도 필수적이다.

현실적인 필요성에도 불구하고 환율은 무작위행보를 하므로 기본적으로 예측이 불가능하다는 회의론이 제기되기도 한다. 그러나 실제적으로 상황에 따라 기초경제변수들이 환율의 움직임을 잘 설명하는 경우도 많으며, 더욱이 비록 환율결정이론으로 정형화하기는 곤란하지만 많은 예측기법에 따른 외환거래가 초과수익을 가져다주는 경우도 흔히 있다. 이는 외환시장이 효율적이든 아니든 환율예측은 실제 국제금융거래에서 중요한 역할을 한다는 것을 의미하며, 따라서 환율을 올바로 예측하기 위한 수많은 기법들을 터득할 필요가 있다.

환율예측방법(exchange rate forecasting techniques)은 크게 '기초적 분석방법' (fundamental forecasting approach)과 '기술적 분석방법' (technical forecasting approach)으로 나누어진다. 기초적 분석방법은 환율변동에 미치는 기초적 경제변수들을 선택해 이들 변수와 환율과의 관계를 계량모형화하거나 체계화함으로써 미래의 환율을 예측하는 것이다. 제5장의 환율결정모형은 기초적 분석방법에 속한다. 반면에 기술적 분석방법은 과거의 환율 및 이자율의 변동형태의 추세적인 특징을 시각적 · 통계적으로 분석함으로써 장래의 환율을 예측하는 방법이다.

기초적 분석방법이 환율변동의 경제적 원인을 이론적으로 분석함으로써 환율변동을 예측한다면 기술적 분석은 시장에 나타난 결과 자체를 중시해 경험을 바탕으로 환율변동을 예측한다. 최근 환율 및 이자율의 가변성이 높아지면서 단기예측에 있어서는 기술적 분석방법이, 장기예측에 있어서는 기초적 분석방법이 우세하기 때문에 상호보완적으로 사용된다.

1.2 기초적 분석의 유형

기초적 분석(fundamental analysis)은 각국의 정치적, 사회적, 경제적인 모든 요소를 고려해 해당통화의 본질적 가치를 계산해내고 현재 시장가격과의 괴리를 밝혀 예측하는 방법이다. 따라서 외환시장에서 기초적 분석은 경제지표들과 자산시장, 정치상황 등을 비교 · 분석해 본질적 가치인 균형환율을 찾아내는 이론에 기초한다. 대표적 경제지표에는 GDP, 이자율, 인플레이션, 실업률, 통화공급, 외환보유액, 생산성 등이 있고, 자산시장은 주식, 채권, 부동산시장을 포함한다. 정치상황은 국가의 안정과 정부의 정치 · 경제적 지위 등이 포함된다. 이러한 많은 변수들을 고려해 균형환율을 찾아내는 방법은 부지기수이기 때문에 기초적 분석방법도 여러 형태로 나타날 수 있다.

1.2.1 시장균형관계를 이용한 예측

이 중 가장 간단한 것은 선물환율을 이용하는 방법이다. 제4장에서 설명했던 바와 같이 선물환율은 미래환율에 대한 시장의 예상을 의미하므로 외환시장이 위험중립적이고 효율적인 경우 미래의 현물환율에 대한 불편추정치가 된다. 따라서 선물환율 자체를 그대로 미래환율의 예측치로 이용할 수 있다. 즉, 선물환평가에 따르면

$$S^e_{t+1} = F_t \qquad (6-1)$$

이므로 미래의 환율 S_{t+1}이 평균적으로 현재 외환시장에서 형성되는 선물환율 F_t와 같아질 것이라고 예측하는 것이다.

선물환율을 이용하는 경우 선물환거래의 만기가 대부분 1년 이내이므로 환율예측기간도 1년 이내에 한정된다. 따라서 보다 장기적인 환율예측을 위해서는 유위험 이자율평가(또는 국제피셔관계)를 이용할 수 있다. 즉, 유위험 이자율평가에 따르

면 예상환율변화는 (6-2)식과 같이 이자율 차이와 같게 되므로 국내의 장기이자율이 외국의 장기이자율보다 높다면 장기적으로 환율이 이자율 차이만큼 상승할 것으로 예측하는 것이다.

$$\hat{S}^{e}_{t+1} = i - i^{*} \tag{6-2}$$

장기적인 환율변화를 예측하는 데 널리 이용되는 또 다른 간단한 방법으로 구매력평가식을 들 수 있다. 절대적 구매력평가식에 따른 예측으로는 제4장에서 소개한 빅맥지수(Big Mac index)를 들 수 있다. 한편, 상대적 구매력평가식에 따르면 환율변화는 국내인플레이션과 외국인플레이션 간의 차이가 되므로 국내의 인플레이션이 외국의 인플레이션보다 높다면 장차 환율이 인플레이션 차이만큼 상승할 것이라고 예측하는 것이다. 즉,

$$\hat{S}^{e}_{t+1} = \pi^{e} - \pi^{*e} \tag{6-3}$$

라고 예측하는 것이다.

1.2.2 환율모형을 이용한 예측

그러나 대부분은 위에서 예시한 것보다 훨씬 복잡한 모형들을 이용한다. 예를 들면, 환율변화에 영향을 미칠 수 있는 주요 경제변수들을 선택해 이들 변수들과 환율 간의 관계를 체계화한 환율결정모형을 설정하고 이를 이용해 미래의 환율 변화를 예측한다. 즉, 국민생산, 소비, 투자, 저축, 국제수지, 통화량, 이자율, 인플레이션, 생산성 등과 같은 광범한 경제변수들의 통계자료를 환율결정모형에 따라 계량분석을 하고 이를 기초로 미래의 환율을 예측한다. 따라서 이러한 방법을 이용할 때는 환율과 관련된 이론들 중 어떤 이론에 기초해 예측하는가에 따라 결과가 달라질 수 있다.

구체적으로 환율모형들을 이용해 미래환율을 예측할 때는 두 가지 추가적인 작업이 필요하다. 첫째는 개별 설명변수가 환율에 어떤 방향으로 영향을 미치는가를 파악하는 것이다. 제5장에서 설명한 논리를 이용하면 많은 경우 개별 변수가 양(+)

의 방향으로 영향을 미치는지 아니면 음(-)의 방향으로 영향을 미치는지 판별이 가능하지만, 애매모호한 경우도 많다. 따라서 통계자료를 이용한 계량분석으로 구체적인 방향을 잡아내야 한다. 둘째는 환율예측을 하는 경우 단순히 방향뿐만 아니라 어느 정도 환율이 변화될지 크기도 예측해야 하는 경우가 많다. 따라서 개별 변수가 한 단위 변할 때 환율이 얼마만큼 변하는지도 아울러 파악해야 한다. 이처럼 구체적인 방향과 크기를 파악하기 위해서는 환율이론들을 선형식으로 단순화해서 계량분석을 하는 경우가 많다.

간단한 설명을 위해 케인즈 이론과 통화주의 이론을 예로 들어 보자. 케인즈 이론에 따르면 환율결정은 다음과 같이 나타낼 수 있다.

$$S = f\left(\frac{P}{P^*}, \frac{y}{y^*}, i - i^*, Z\right) \qquad (6-4)$$

그러나 이 식 자체로는 f라는 함수의 구체적인 형태가 나타나 있지 않기 때문에 미래환율을 예측하기가 곤란하다. 따라서 이 식을 다음과 같이 선형관계로 나타내면 여러 가지 추가적인 설명이 가능하다.

$$S = \beta_0 + \beta_1\left(\frac{P}{P^*}\right) + \beta_2\left(\frac{y}{y^*}\right) + \beta_3(i - i^*) + \varepsilon \qquad (6-5)$$

즉, 이제는 예를 들어 국내물가 P가 외국물가 P^*에 비해 1% 더 상승하면 환율 S가 β_1%만큼 상승할 것이라고 예측할 수 있게 된다.

한편 통화주의 이론에 따르면 균형환율은 다음과 같이 나타난다.

$$S = \frac{M}{M^*}\frac{L^*(y^*, i^*)}{L(y, i)} \qquad (6-6)$$

이 식에서 상대적인 통화량 크기 M 및 M^*는 그대로 환율에 반영된다는 것을 알 수 있지만, 통화수요에 영향을 미치는 소득 및 이자율은 어떻게 얼마만큼 환율에 영향을 미치는지 알 수 없다. 따라서 위에서와 마찬가지로 이 식을 다음과 같이 선형관계로 바꾸어주면 각 변수의 환율에 대한 영향을 쉽게 예측할 수 있다.

$$S = \beta_0 + \beta_1\left(\frac{M}{M^*}\right) + \beta_2\left(\frac{y}{y^*}\right) + \beta_3(i - i^*) + \varepsilon \qquad (6-7)$$

즉, 예를 들어 국내소득이 외국소득에 비해 1% 더 빠르게 성장하면 국내통화에 대한 수요가 그만큼 증가해 환율이 β_2%만큼 하락할 것이라고 예측할 수 있게 된다.

1.2.3 기초적 분석의 문제점

기초적 분석방법은 계량모형을 이용해 장기적인 환율변동의 방향을 수식적으로 제시할 수 있다는 이점이 있다. 그러나 위에서 예시로 든 것처럼 모형을 단순화시키기가 쉽지 않고 아울러 방대한 자료를 수집하고 이를 처리하는 과정에서 상당한 비용과 시간이 소요된다. 또한 환율변동에 영향을 주는 예측치 못한 사태발전을 환율예측에 즉시 반영할 수 없다는 문제점이 있다. 기초적 분석방법에 대한 비판자들은 비계량적 요소(즉, 심리적, 비이성적인 요인 등)들을 어떻게 가격의 예측에 계량화해 반영시킬 것인가, 또한 새로 쏟아져 나오는 많은 최신 정보를 전부다 가격에 반영시킬 수 없다면 과연 기초적 분석은 유용한가 하는 의문을 제기하고 있다. 따라서 이와 같은 문제점을 보완하기 위해 아래에서 설명하는 기술적 분석에 의한 환율예측방법이 광범위하게 이용되고 있다.

2. 기술적 분석의 개요 및 차트의 종류

2.1 기술적 분석의 개요

외환시장을 포함해서 금융시장(financial markets)에서 미래를 예측하는 데 가장 많이 쓰는 도구 중의 하나가 기술적 분석이다. 기술적 분석이란 간단히 말해서 과거의 가격 패턴을 사용하는 것이다. 보다 나은 투자수익을 올리기 위해 상품의 수요와 공급에 영향을 미치는 외부요인(external factors)을 연구하기보다는 외부요인의 영향으로 나타나는 시장가격 그 자체를 연구함으로써 앞으로의 가격변화를 알아내고자 하는 것이다. 과거에 있었던 가격 움직임의 행태(pattern or behavior)를 차트에 옮겨서 미래 시장의 움직임(market action), 즉 미래 가격 움직임을 예측하는 기법이다. 이 차트 분석기법의 원조는 1900년대 다우(Charls Dow)에 의해 개발된

다우이론(Dow theory)이라고 볼 수 있는데 다우는 DJIA(Dow Jones Industrial Average)를 분석해 현대 기술적 분석에 큰 공헌을 했다.[1] 또한 기술적 분석은 1980년대 중반이후 시장에서 주가를 예측하기 위해 활발히 사용되어져 왔으며, 유럽에서는 이미 16세기에, 일본에서는 1750년경 쌀 시장(rice market)이 생겨날 때부터 이러한 기술적 분석이 이미 사용되었다고 한다.[2]

기술적 분석의 토대가 되는 3가지 대전제는 다음과 같다.

- 시장가격은 모든 것을 반영한다(ultimate result).
- 시장가격 움직임에는 추세(trend)가 있다.
- 시장가격 움직임의 역사는 스스로 반복하는 경향이 있다(history repeats itself).

트레이더들은 1) 시장에서 형성되는 가격 그 자체는 시장의 모든 힘, 즉 정치·사회·경제적 요인 및 그 밖에 가격에 영향을 주는 모든 요인을 반영한 궁극적인 결과라고 믿는다. 따라서 시장가격에 영향을 미치는 모든 것들이 결국 시장가격에 반영이 된다면 그 다음 단계로서 필요한 모든 것은 시장가격 자체를 연구하는 것이 될 것이다. 기술적 분석가들은 시장이 강세 혹은 약세로 움직이는 데에는 반드시 어떤 이유가 있다는 것을 인정한다. 그러나 그러한 이유를 밝혀내는 것이 예측에 꼭 필요한 것은 아니라고 믿는다. 2) 시장가격은 추세를 따르는 경향이 있다는 말은, 뉴턴의 제1운동법칙과 같이, 움직이는 시장가격이 어떤 추세를 형성하면 그 추세가 전환되기까지 계속 같은 방향으로 움직이려는 경향이 있다는 것이다. 즉, 변하지 않으려고 하는 속성이 있는 인간심리연구에 바탕을 둔다. 3) 시장가격의 움직임(price action) 또는 행태(behavior)는 반복성이 있다는 말은 "미래는 과거에서 발견될 수 있다"(the future can be found in the past)는 것이다. 시장 움직임의 많은 부분이 한 번 했던 것을 반복하려는 인간의 심리연구와 많은 관련이 있다. 이것도 따라서 차트에 반영된 어떤 패턴이라도 이것은 시장의 약세 또는 강세심리가 그 속에 담겨져 있다는 것이다. 이것은 마치 기상예측을 하기 위해 일기예보자가 과거에 있었던 기압과 기온, 기류 등 기후조건들을 연구해 그와 같은 상황이 반복되면 같은 현상이

1. Steven B. Achelis(2001), p.2
2. 기술적 분석 부분은 Luca(2000), ch.20-27을 주로 참고했음을 밝혀둔다.

나타날 것으로 보고 일기예보를 하는 것과 같다. 따라서 어떤 패턴이 형성되면 미래에도 그와 같은 패턴을 이룰 것이라는 가정하에 예측을 하는 것이다.

기술적 분석가들은 모든 기본적인 요인들은 가격에 이미 반영되어 있으므로 가격의 움직임을 통해 다른 시장 참여자들의 견해를 알 수 있고 이를 바탕으로 전략을 수립하는 것이 바람직하다고 한다. 그들은 "시장이 어떻게 하라고 알려줄 때까지 기다려라"(wait for the market to tell you what to do)고 말한다. 기술적 분석의 가장 큰 장점은 한마디로 유연성(flexibility) 그 자체라고 함축해서 말할 수 있다. 만약에 어떤 트레이더가 특정통화에 관한 기술적 분석에 아주 정통해 있다면 상황에 따라서 다른 통화에도 이 기술적 분석을 적용할 수가 있을 것이다. 사실 트레이더들은 자기가 정통한 어떤 통화의 외환거래에서 일시적으로 만족스럽지 못한 결과가 나오면 그 기법을 사용해 다른 통화에서 승부를 거는 수가 많다. 또한 현물환 시장에서 기술적 분석에 능통한 스팟 트레이더는 그가 쓰던 기술적 분석기법을 선물시장(futures market)에 자연스럽게 적용해 성공적인 거래를 할 수 있다. 기술적 분석은 시간적인 제약을 뛰어넘어 분석이 가능하다. 즉, 기술적 분석기법은 시점이 어느 때라도 같은 기법을 적용할 수 있다. 기술적 분석가들은 사용자가 친숙히 쓸 수 있게 인쇄 혹은 컴퓨터상으로 제공되는 다양한 차트들을 어떻게 읽고 해석하느냐에 관심을 두게 된다.[3]

기술적 분석은 워낙 종류가 많아 일률적으로 구분하기 쉽지 않지만 크게 두 가지 분야로 나눌 수 있다. 하나는 양적 분석(quantitive analysis) 또는 계량적 분석으로 통계자료를 이용해 초과매입/초과매도의 정도를 파악하는 것이며, 다른 하나는 순수한 차트 분석(chartism)이다. 아래에서는 이러한 기술적 분석기법들을 보다 자세히 살펴보고자 한다.

2.2 차트의 종류

차트의 종류에는 라인 차트(line chart), 바 차트(bar chart), 포인트-앤드-피겨 차트(point-and-figure chart), 그리고 캔들스틱 차트(candlestick chart) 또는 봉 차

3. 한편 기술적 분석을 비관적으로 비판하는 이론은 카오스(chaos) 이론으로 가격 움직임은 추세가 없고 무작위(random walk)적이며, 연속성이 없다는 것이다. 즉, 차트분석 자체는 스스로 예언(self prophecy)하는 것과 마찬가지라고 비판한다.

트가 있다. 어떤 종류의 차트가 좋은가 혹은 어떤 신호(signals)들을 사용할 것인가는 딜러들의 개인선호에 따라 다르기 때문에 각자마다 과거경험상 잘 맞는 차트를 선호한다.

2.2.1 라인 차트(line chart)

라인 차트는 어떤 특정기간에 기준되는 시점의 가격을 구해 그 가격을 선으로 연결한 것이다. 라인 차트의 가장 큰 장점은 단순성(simplicity)이다. 가장 보편적인 것은 일간차트(daily chart)인데 당일종가(daily closing price)를 기준시점으로 한다. 그러나 일간 라인 차트(daily line chart)의 가장 큰 맹점은 일중에 일어나는 가격의 움직임을 알 수 없다는 점이다. 즉, 가격이 폭락할 때 보여주는 가격갭(price gap)같은 것은 연속차트(continuous chart)에서는 보여줄 수 없다. 그러나 수년에 걸친 장기간의 시장상황을 알아보기 위해서는 라인 차트가 추세를 읽는 데 가장 쉽다. 데이터를 이용해 산출해낸 보조지표인 이동평균선, *RSI*, *MACD*, 스토캐스틱스 등의 계량

그림 6-1 라인 차트의 예(USD/JPY 2010년 12월 20일~2011년 3월 1일)

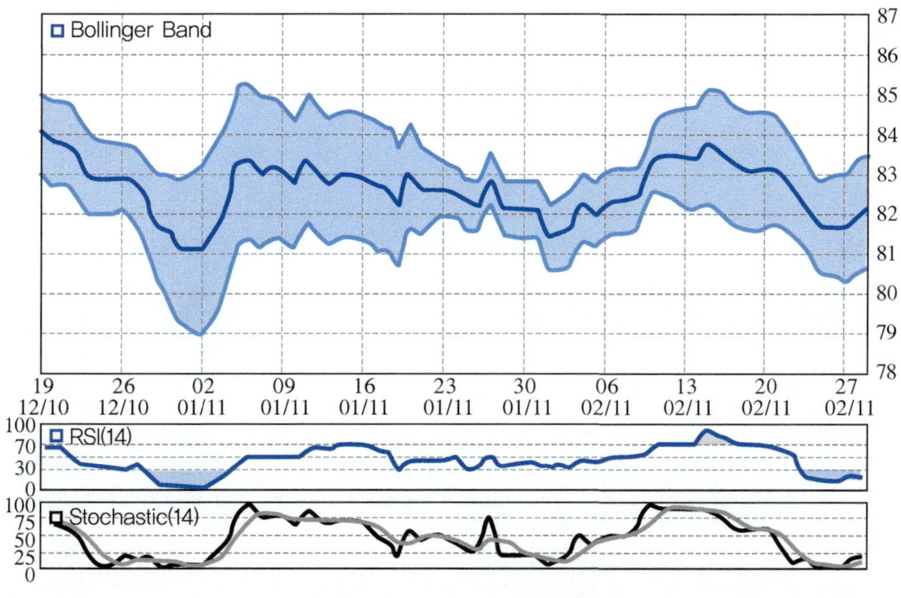

자료 : http://forex.tradingcharts.com

적 분석지표를 나타낼 때는 주로 라인 차트를 쓴다.

2.2.2 바 차트(bar chart)

바 차트는 환율의 시가(open), 고가(high), 저가(low), 종가(closing)를 표시하는 차트이며 가장 보편적으로 쓰는 차트이다. 바 차트는 다음과 같이 만든다.

- 동일 수직선(bar)을 통해 최고가격과 최저가격점을 표시한다.
- 시초가격은 수직선(bar)의 왼쪽(left tick)에 그리고, 종가는 오른쪽(right tick)에 짧은 수평선으로 표시한다.

그림 6-2 바 차트의 예(USD/JPY 08/07/10 20:00 ~ 03/01/11 08:45 EST)

자료 : http://forex.tradingcharts.com

이 차트는 포인트-앤드-피겨 차트(point-and-figure chart)나 라인 차트와 달리 가격갭(price gap)을 그릴 수 있다. 예를 들어, IMM과 같은 통화선물시장은 개장시간이 불과 6 ~ 7시간에 불과하므로 2일간 움직이는 가격범위 안에는 가격갭이 발생할 소지가 늘 상존해 라인 차트가 유용하게 쓰일 수 있다. 그러나 이 차트는 보통 일별, 주별, 월별로 그려지므로 시간단위가 아주 짧은 일중의 가격변동성을 자세히 볼 수 없는 것이 단점이다.

2.2.3 포인트-앤드-피겨 차트(point-and-figure chart, P&F chart)

P&F 차트는 1980년대 후반에 컴퓨터 차트의 등장으로 아주 각광을 받기 시작해 보편적으로 쓰이게 되었다. P&F 차트는 시간은 완전히 무시하고 가격 움직임에만 중점을 두고 방향을 따라서 그린다는 점에서 다른 차트와 다르다. 즉, 시장가격이 상승하면 figure(X)로 표시하고 가격이 하락하면 point(O)를 그려 나가는 방법이다. 단, 차티스트(chartist)가 원하면 시간을 참고로 기록할 수는 있으나 차트를 해석하는 데 시간은 아무런 정보를 제공하지 않는다. 따라서 P&F 차트에는 일정한 시간선이 없고 트레이더가 적당히 알아보기 쉽게 P&F 차트상에 표기한다.[4]

모든 P&F 차트는 20×60과 같이 숫자가 표시되어 있는데 앞의 숫자는 한 칸의 크기(box size)를 나타내고 뒤의 숫자는 최소 방향전환(minimum reversal)의 크기를 나타낸다. 최소 방향전환이란 point(O)에서 figure(X)로의 전환 또는 figure(X)에서 point(O)의 전환이 가능한 최소한의 환율 움직임을 말한다. 방향전환은 시장가격이 특정크기 이상의 반대 방향으로 움직일 때 시작된다. 예를 들어, 1×3는 방향이 같은 방향으로 움직일 때마다 1칸씩 그려가되 반전될 때는 3칸 이상 방향이 반대로 가야만 방향전환을 하여 다른 방향으로 그려 나가는 방법이다. 대부분의 외환트레이더들은 1칸을 10 pips로 잡고 그린다. 이런 경우 1×3 P&F 차트는 환율이 올라갈 때에는 위쪽으로 10 pips씩 움직일 때마다 figure(X)를 그려 나가되 최소한 30 pips가 움직이기 전까지는 point(O)를 그릴 수 없고, 30 pips 이상 아래로 내려가면 그때서야 최종 figure(X)가 그려진 아래 칸부터 시작해 3개의 포인트(O)를 그린다. 그러므로 불필요한 활동(market noise), 다시 말해 작은 움직임은 무시하게 된다. 따라서 이 차트패턴에는 동일한 환율 움직임에도 한 칸의 크기 및 최소 방향전환의 크기에 따라서 서로 차트 모양이 다르게 된다.

---

4. http://www.mvision.com/ bridge information 차트 정보.

그림 6-3 P&F 차트의 예(USD/JPY : 3 box reversal, 1 box size 100 pips)

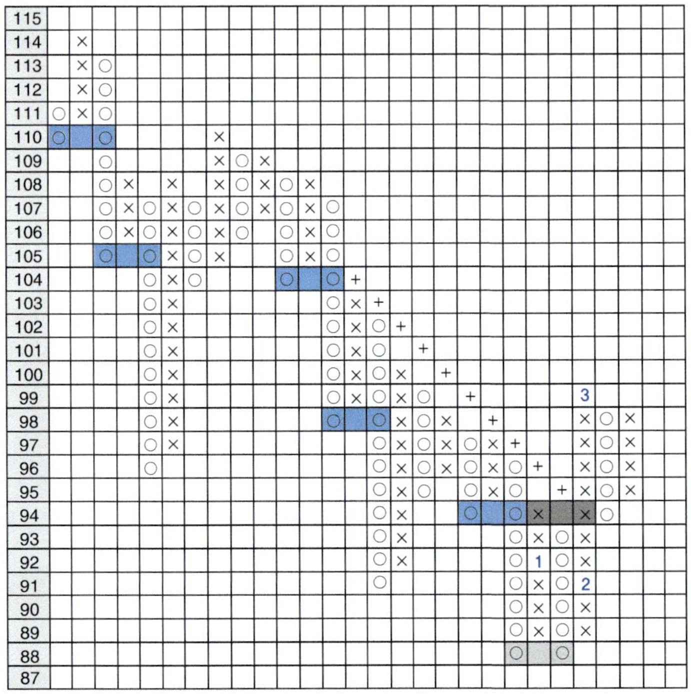

자료 : http://www.forexfactory.com/

[그림 6-3]은 P&F 차트의 예를 보여주고 있다. 이 차트에서 달러/엔은 2009년 1월 중순경(1, 2, 3 숫자는 해당 월을 표기한 것임) 88에서 더블 바텀 패턴으로 지지를 받고 있으며, 2월 중순경에는 94(밀집지역)에서 더블탑을 뚫고 저항선이 뚫리며 올라간다. 그러나 3월 초 키레벨(key level) 100을 앞두고 99선에서 큰 저항을 받고 큰폭의 하락을 지속하다가 전번 돌파레벨 94까지 내려왔으나 다시 상승 중임을 보여 준다.

P&F 차트는 시장에서 트레이더들에게 정확한 신호를 제공하기 때문에 인기가 있다. 이 차트는 일중거래(intraday trading)를 하는 트레이더들에게는 중요한 거래 신호(trading signals)를 포착하기 좋고 정교하며 또한 자의적인 해석을 할 수 있는 여지가 없기 때문에 가장 많이 선호된다. 이 P&F 차트는 단기적인 개별환율의 움직임이 반영되므로 단기거래에 보다 적합하다.

2.2.4 캔들스틱 차트(candlestick chart)[5]

캔들스틱 차트는 1750년경에 일본에서 처음으로 개발되었으나 1980년도에 가서야 컴퓨터 차트(electronic charting)가 발전되면서 구미지역(non-Asian) 트레이더들에게도 보편적으로 사용되어졌다. 이 차트는 4가지 요소, 즉 고가, 저가, 시가, 종가를 표시한다는 점에서 바 차트와 비슷한데 약간 다르게 그리며 해석이 용이하다. 특히 시가와 종가로 된 몸체(body)부분을 표시할 때, 종가가 시가보다 높게 형성될 경우, 즉 시장이 강세로 갈 경우에는 몸체를 빨강색(또는 흰색)으로 표시하고 만약 종가가 더 낮게 형성될 때는 몸체부분을 초록색(또는 검정색)으로 채운다. 이 캔들스틱 차트는 일간 혹은 주간 방향을 잡기에 아주 적합하다.

그림 6-4 외환시장에서 사용되는 캔들스틱 차트의 모습(USD/JPY)

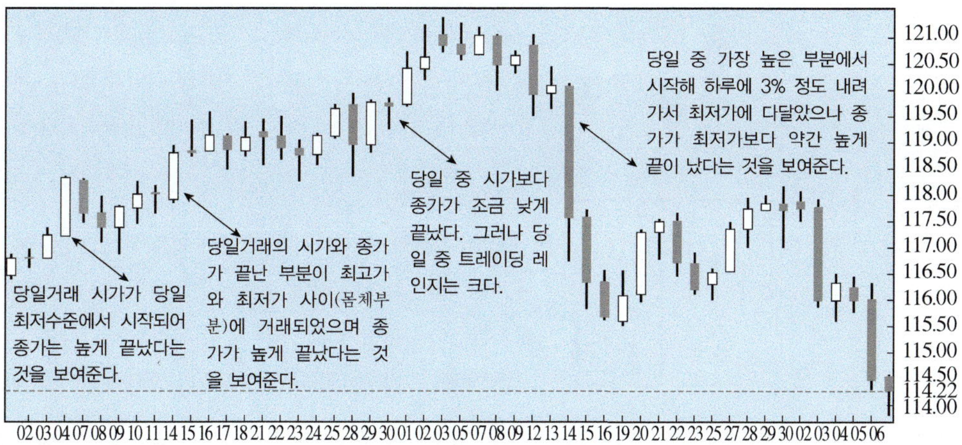

주 : 당일 거래를 기준으로 종가가 시가보다 높게 끝난 것은 흰색, 종가가 시가보다 낮게 끝난 것은 검정색으로 표시됨.

---

5. http://user.chollian.net/~poo2/ 참조.

Box 6-1 캔들스틱의 유래 및 차트의 변화 과정

캔들스틱은 17세기 초 일본의 홈마라는 상인에 의해 만들어졌다고 알려져 있다. 당시 오사카 항구에는 쌀 거래가 주로 이루어지면서 미리 일정가격으로 계약을 체결하는 일종의 선물시장이 형성되어 있었다. 홈마는 선물시장에서 미래의 쌀 가격을 예측하는 세계 최초의 기술적 분석을 사용했고, 홈마의 기술적 분석을 토대로 일본에서 캔들 차트를 발전시켜 오늘에 이르게 된 것이다. 홈마가 사카다 항구에 살았기 때문에 사카다 전법(Sakata' s rule)이라고도 불린다.

캔들스틱 차트의 변화과정을 살펴보면 다음과 같다.

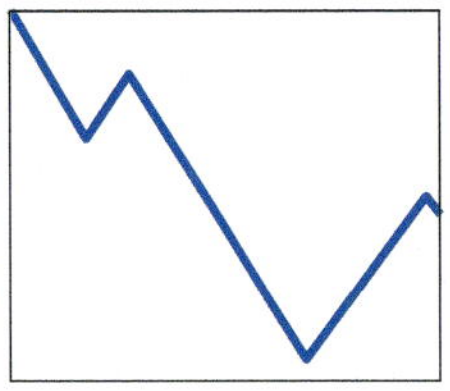

(1) 멈춤 차트(Stopping chart)

선 차트 또는 별 차트라 불리기도 하는 멈춤 차트는 차트의 초기 형태로 각 종가들만을 연결해 만든다. 각 종가를 대각선 혹은 수평선으로 연결해 표현한 것이 이 차트의 특징이라 할 수 있다. 그래프에 의해 표시되는 정보는 각각의 종가만이 나타난다.

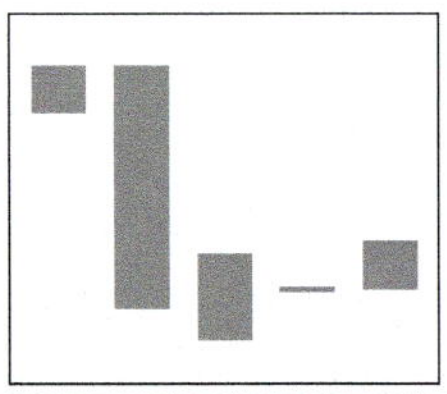

(2) 장대 차트(Pole chart)

장대와 비슷한 모양을 하고 있으며, 장중의 고가와 저가를 연결함으로써 멈춤 차트와 차별화된 차트를 그리고 있다. 그래프에 의해 표시되는 정보는 각 장중의 고가와 저가만이 표현되고 있다.

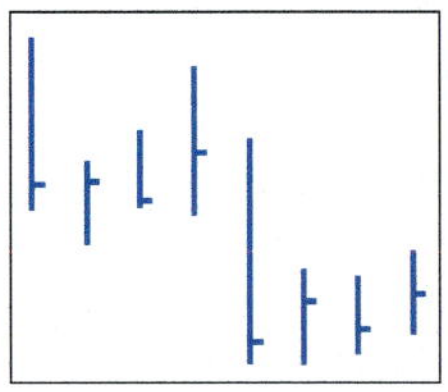

(3) 바 차트(Bar chart)

장대 차트의 고가와 저가, 그리고 멈춤 차트의 종가를 결합해 만든 차트이다. 종가는 장대 중에서 조그마한 점으로 표현해 주가의 움직임 및 추세 변화의 분석에 보다 유익하게 나타내고 있다. 그래프에 의해 표시되는 정보는 각 장중의 고가와 저가를 비롯해 종가도 포함하고 있다.

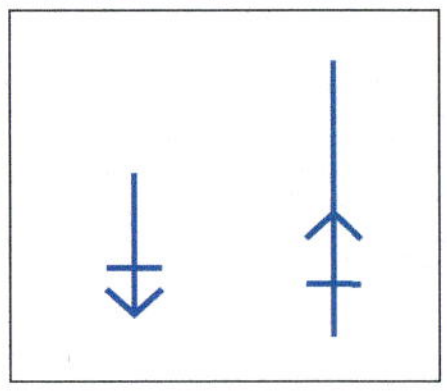

(4) 닻 차트(Anchor chart)

화살표가 마치 닻 모양 같다고 하여 붙은 이름으로 장중의 고가와 저가뿐만 아니라 시가와 종가까지도 포함하고 있다. 종가가 시가보다 높으면 닻 차트의 화살선은 위로 향하며, 종가가 시가보다 낮으면 화살선은 아래로 향하게 된다.

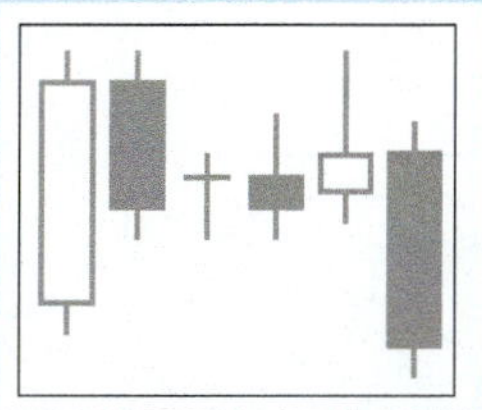

(5) 캔들스틱 차트(Candlestick chart)

닻 차트의 다음 단계로서 장중 시가, 고가, 저가, 종가를 모두 포함하고 있다. 그리고 종가가 시가보다 낮으면 음봉 또는 음선이라 하고, 종가가 시가보다 높으면 양봉 또는 양선이라 불린다. 게다가 수요와 공급 상태를 차트로 표시함으로써 분석을 보다 용이하게 하고 있다. 가장 많은 정보를 그래프를 통해 표현하고 있다.

3. 차트패턴 분석기법

3.1 추세선

3.1.1 개요

차트분석을 할 때 가장 중요한 개념 중의 하나가 추세개념이다. 추세는 현재 진행 중인 환율 움직임의 방향을 말한다. 차트 신봉자들이 특히 유념하는 것은 절대로 추세를 거슬러서 포지션을 만들지 말라는 것인데, 추세를 거슬러서 거래하는 트레이더 치고 돈을 버는 사람이 없다고 해고 과언이 아니다. 그래서 "추세는 당신의 친구이다" (The trend is your friend/The trend is my friend)는 격언은 실무에서 황금률로 받아들인다. 추세선을 그어서 많은 점이 연결될수록, 긴 기간일수록, 방향이 급할수록 추세는 강화된다.

추세선은 중요한 고점(high, peaks)을 3점 이상을 연결하거나 중요한 저점(low, troughs)을 3점 이상 연결함으로써 만들 수 있다. 추세선은 다음과 같이 3가지로 나눌 수 있다. 또한 추세선을 확인한 후 2일 이상 연속 그 추세를 거꾸로 벗어나는 경우에는 추세가 붕괴된 것으로 보고 추세선을 다시 그려야 한다.

- **상승추세선**(rising trendlines) : 일련의 저점들을 연결한 것이 우상향인 경우
- **하향추세선**(falling trendlines) : 일련의 고점들을 연결한 선이 우하향인 경우
- **횡보**(보합)**추세**(sideways trendlines) : 추세가 뚜렷치 않고 옆으로 움직일 때[6]

그림 6-5 추세선 그리기—상승 · 하향 추세선

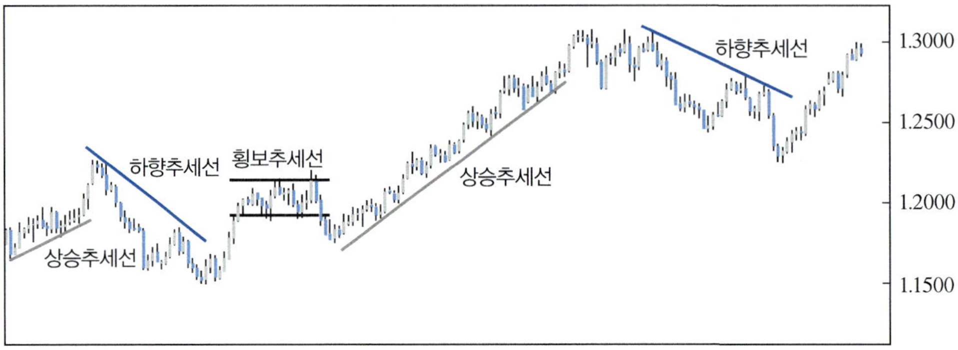

추세는 방향 외에도 시간(time frame)에 따라 장기추세(major or long-term trends), 중기추세(medium-term or secondary trends) 혹은 단기추세(near-term or short-term trends)로 구분한다. 시간구분은 다양하지만 19세기 말 다우가 다우이론을 주장하면서 1년을 장기추세로 제시했기 때문에 장기추세는 최소한 1년(상품선물시장에서는 6개월 정도) 이상을 의미하고, 중기추세는 최소한 3주～수개월 이상을, 단기추세는 2～3주 정도를 의미한다.

3.1.2 지지선(support level)과 저항선(resistance level)

차트상에서 봉우리(peaks)의 의미는 일시적으로 파는 세력(selling power)이 사는 세력(buying power)을 능가하기 시작하는 수준이다. 그러므로 이 점에서 더이상의 가격상승이 되지 않고 하락을 시도하는 포인트라고 볼 수 있다. 그 봉우리를 흔히 저항수준(resistant level)이라고 부른다. 한편 골짜기(troughs)는 사는 세력이 파는 세력을 능가하기 시작하는 시점으로 보면 되는데 이 시점에서는 환율이 더이상 하락하지 않고 상승을 시도하는 수준이다. 따라서 이점을 지지수준(support level)이라고 말한다.

그러나 많은 경우에 지지선이 저항선으로 또는 저항선이 지지선으로 변하기도 한다. 예를 들어, 추세가 전체적으로 상승할 때(uptrend)는 고점과 저점이 점점 상

6. 횡보국면은 flat market 혹은 trendless라고도 한다.

그림 6-6 지지선과 저항선 그리기

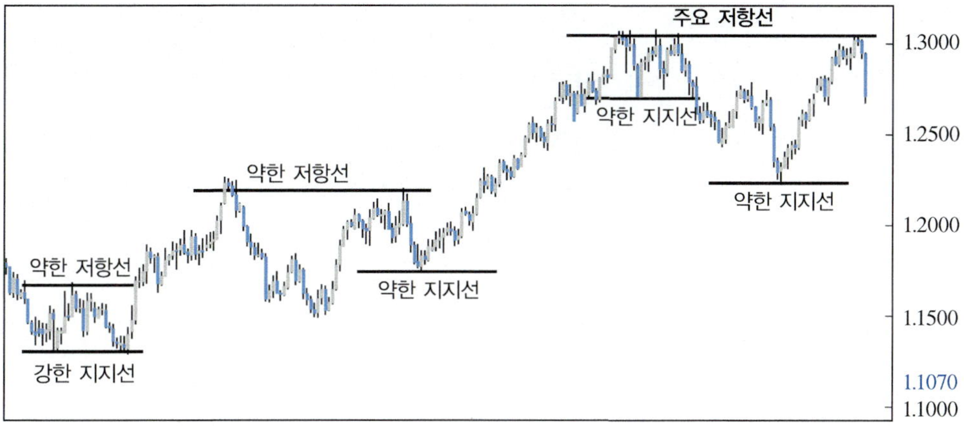

승하게 되고 전체적인 하락추세(down trend)에서는 고점과 저점이 계속 하락하게 되는 경우가 발생하기 때문이다. 저항선을 완전히 뚫고 올라가든지 혹은 지지선을 완전히 뚫고 내려가면 추세의 전환(reverse of trend)이라고 본다.

유명한 기술적 분석가이며 투자자인 갠(W.D. Gann)에 의하면, 금융시장에서 가장 중요한 진실된 추세선은 45도 각도(45 degree angle)에서 이루어진다고 한다. 이것은 환율의 상승 또는 하락이 시간적으로 균형을 이루면서 진행되고 있는 상황임을 의미한다. 갠에 의하면 추세선의 각도가 가파를수록 그 추세의 생명이 짧고 오래 지속될 수 없다. 달리 말해, 추세선의 각도가 완만할수록 그 추세는 길어질 수 있다. 추세선은 오랫동안 지속된 것일수록 그리고 추세선을 깨려는 시도가 많았음에도 지속이 오래될 경우 더욱 중요한 추세선으로 여겨진다. 따라서 단기 추세선은 그 생명이 길지 않아 무시될 때가 많고 장기 추세선을 보다 더 신뢰한다. 또한 환율 움직임이 급상승 혹은 급하락할 경우 추세선을 여러 개 새로 긋는 것보다는 이동평균법(moving average)을 이용해 시장의 추세를 보는 것이 더욱 효과적일 수도 있다.

3.1.3 추세 해석의 몇 가지 사례

① 필터법칙(filter rule)

필터법칙에는 가격필터(price filter)를 이용하는 경우와 시간필터(time filter)를 이용하는 경우가 있다. 가격필터는 종가가 최소한 3% 이상 벗어날 경우를 추세선이 돌파된 것으로 간주하는 방법인데, 단기거래에서는 적합지 않다. 시간필터는 보통 2일 법칙(2-day' s rule)이 적용되는데, 연속해서 2영업일 동안 종가가 추세선을 벗어날 경우에 추세선이 돌파된 것으로 간주하는 방법이다. 한편 추세선도 지지선 및 저항선과 같이 일단 돌파되면 그 역할이 반전되어, 저항선이었던 하향 추세선은 지지선으로 변하고, 지지선이었던 상승추세선은 저항선으로 자리매김을 다시 하게 된다.

② **채널라인**(channel line)

채널라인은 추세선에 수평되게 평행선을 긋는 것인데, 주로 상승추세에서는 지지선과 평행하게 주요 고점들을 연결한 직선이며 하향추세일 경우에는 저항선과 평행하게 주요 저점들을 연결해 만든 직선이다. 따라서 상승추세일 경우 채널라인은 위쪽으로 저항선이 되고 하향추세일 경우에는 아래쪽으로 지지선이 되다.

그림 6-7 채널라인 그리기

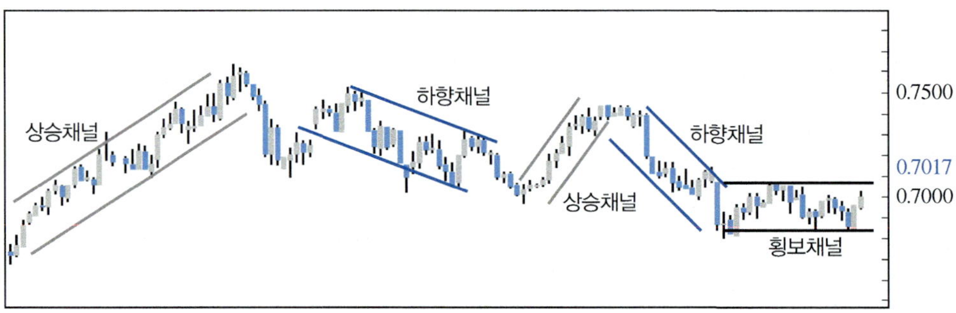

트레이딩 포인트

- 상승(하락)추세에서 환율이 채널 내(추세선과 채널라인 범위)에서 움직일 경우 매수(매도)신호를 매도(매수)신호보다 약 2배 정도 더 많이 보여주므로 트레이더들에게 매력적이다.
- 환율이 추세선에 도달하지 못하고 거듭해 막힐 경우에는 그 추세가 강화된다는 것을 암시한다. 반면에 환율이 채널라인에 도달하지 못하고 거듭해 막힐 경우에는 그 추세가 약화된다는 것을 암시한다.
- 환율이 채널라인을 뚫고 진행되는 경우에는 추세가 더 강화된다는 것을 확인하는 것이다. 또한 환율이 채널을 뚫고 올라가거나 내려갈 때에는 그 다음 목표치는 채널의 범위만큼 위 혹은 아래가 된다.

③ 스피드라인(speed line)

스피드라인은 굴드(Edison Gould)에 의해 제시된 이후 모든 차트 유형에 적용되므로 트레이더들이 많이 사용한다. 스피드라인을 계산하기 위해서는 상승추세인 경우, 추세가 시작된 이후의 최고점과 최저점을 연결해 수직선(보조선 : subsidiary line)을 긋고 그 선의 최저점과 $\frac{1}{3}$점, $\frac{1}{2}$점, 그리고 $\frac{2}{3}$점을 연결해 스피드라인을 만든다. [그림 6-8]에서 가격이 $\frac{2}{3}$스피드라인 범위 내에 있을 때는 당분간 추세가 지속된다고 본다. 그렇지만 $\frac{2}{3}$스피드라인을 뚫고 아래로 내려가면 $\frac{1}{2}$스피드라인까지 빠르게 내려가는 경향이 있고 $\frac{2}{3}$스피드라인은 새로운 저항선이 된다. $\frac{1}{3}$스피드라인이 완전히 붕괴되면 상승추세가 반전된 것으로 보고 매도시점으로 받아들인다. 이때 만약 다시 조정을 보이더라도 $\frac{1}{3}$스피드라인은 저항선이 될 것이다.

그림 6-8 스피드라인의 활용

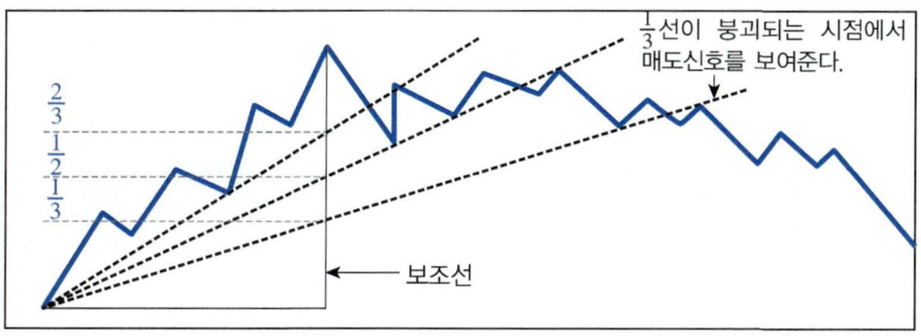

3.2 추세지속 패턴(trend continuation patterns)

차트모양은 차트의 패턴이 완성된 후 패턴 이전의 추세를 다시 계속하면 지속[7] 패턴(continuation pattern)이라고 부르고, 이전의 추세와 반대의 추세를 형성하는 경우를 반전패턴(reversal pattern)이라고 한다.

지속형 패턴은 기존의 시장가격 추세가 잠시 보합국면을 이루면서 조정기를 거치는 과정으로 나타난다. 그러므로 지속형 패턴을 사이에 두고 그 이전의 시장가격 움직임과 그 이후의 시장가격 움직임은 방향이 서로 같다. 또한 이 지속형 패턴은 단기간에 형성되는 수가 많고 그 영향 범위도 반전형에 비해 짧다. 지속형 패턴으로

7. 혹은 강화, 조정이라는 말을 동일하게 사용하기도 함.

는, 깃발 패턴(flag pattern), 페넌트 패턴(pennant pattern), 삼각형 패턴(triangle pattern), 쐐기 패턴(wedge pattern), 직사각형 패턴(rectangle pattern), 지속형 헤드-앤드-숄더 패턴(continuation head and shoulder pattern)[8] 등이 있다.

3.2.1 깃발 패턴(flag formation pattern)

깃발 패턴은 2가지의 중요한 신호, 즉 방향(direction)과 가격목표치(objective)를 비교적 정확하게 제공한다는 점에서 아주 유용한 패턴이다. 이 강화패턴은 견고하고 가파른 상승 혹은 하락추세를 보인 후에 짧은 기간에 걸쳐서 나타나는데 패턴이 형성되는 도중에는 거래량이 감소하다가 위 혹은 아래로 돌파(breakout)할 때 거래량이 다시 증가한다. 깃발 패턴은 지지선과 저항선이 서로 평행하게 형성되거나 두 선이 약간 수렴하는 모양을 보여주는데 모양은 흡사 평행사변형의 형태를 보인다. 그리고 깃발모양이 형성되기 전의 가파른 추세는 깃대(flagpole)의 역할을 하게 된다. 조정기간이 끝나면 다시 원래의 방향대로 추세가 진행되는데 돌파(breakout) 후 목표치는 깃대의 길이만큼 더 상승하거나 하락하게 된다. 만약에 원래의 추세가 상승추세이면 상승깃발(bullish flag)이라 부르고 원래추세가 하락하면 하락깃발(bearish flag)이라 부른다.

[그림 6-9(a)]에서 보면 원래추세는 급상승을 하는데 여기서 깃대(flagpole)의 길이는 A점에서 B점까지로 측정한다. 강화기간은 지지선이 DE선, 저항선이 BC선으로 된다. 시장이 저항선인 C점을 돌파하면 추세는 원래추세를 따라서 C점에서 목표치 F점까지 다시 급상승을 시도한다. 목표치는 앞에서 언급한 대로 돌파시도를 한 저항선(BC)에서 시작해 깃대(flagpole)의 길이(AB)만큼 연장된 점(F)이다. 거꾸로 만약 원래의 추세가 하향추세였다면 [그림 6-9(b)]에서 보는 바와 같이 그 패턴은 약세깃발(bearish flag)이 되므로 원래추세가 140에서 120으로 급락하고 난 뒤 약간 위로 127까지 조정을 거친다. 이후 125에서 지지선 돌파가 이루어지면 다시 아래쪽으로 105까지 급락을 하게 된다. 이 패턴은 수일에서부터 수개월에 걸쳐서 나타난다. 여기서 주의할 점은 지지선과 저항선은 가성돌파(false breakouts) 때문에 여러 번 조정이 있을 수 있다는 것이다.

8. 헤드-앤드-숄더 패턴은 아래의 추세반전에서 보다 자세히 설명된다.

그림 6-9 깃발 패턴

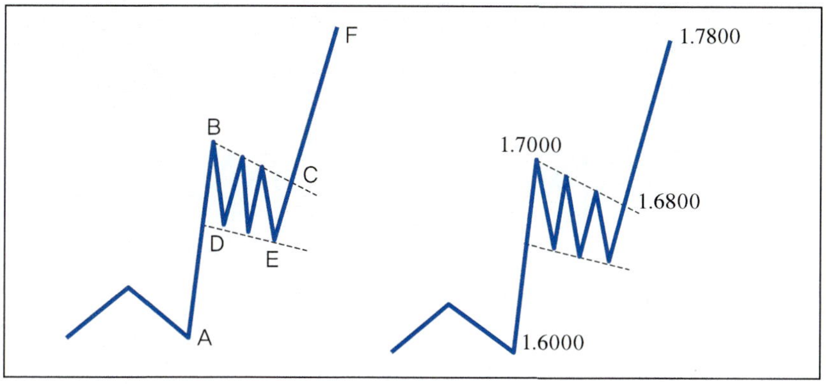

(a) 강세깃발

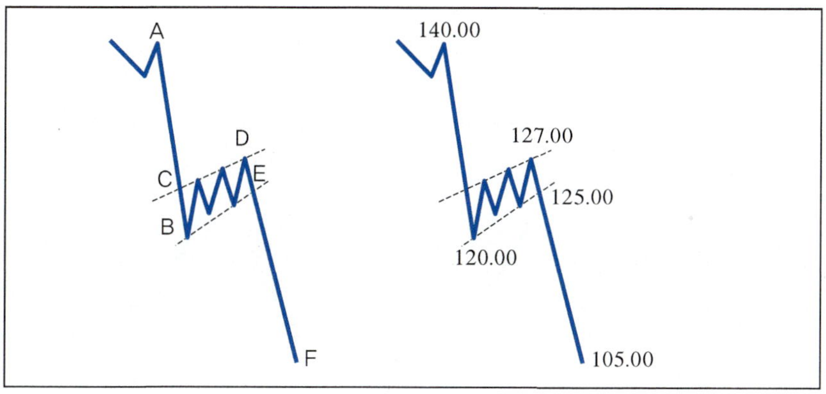

(b) 약세깃발

3.2.2 페넌트 패턴(pennant pattern)

깃발 패턴과 유사한 패턴으로 페넌트 패턴이 있다. 한 가지 차이점은 조정을 거치는 부분에서 지지선과 저항선이 서로 수렴해서 대칭삼각형(pennant)의 모양을 하고 있다는 점이다. 목표치는 깃발모양과 같이 깃대의 길이만큼 잡게 된다. [그림 6-10(a)]에서 깃대의 길이는 AB가 되고 지지선 CD와 저항선 BD가 D에서 모이게 된다. 만약 시장이 D점을 뚫고 돌파를 시도할 경우에는 목표치가 D점에서 AB만큼 올라간 E점이 된다. 만약 원래의 추세가 하향추세([그림 6-10(b)])이면 반대로 생각하면 된다.

그림 6-10 페넌트 패턴

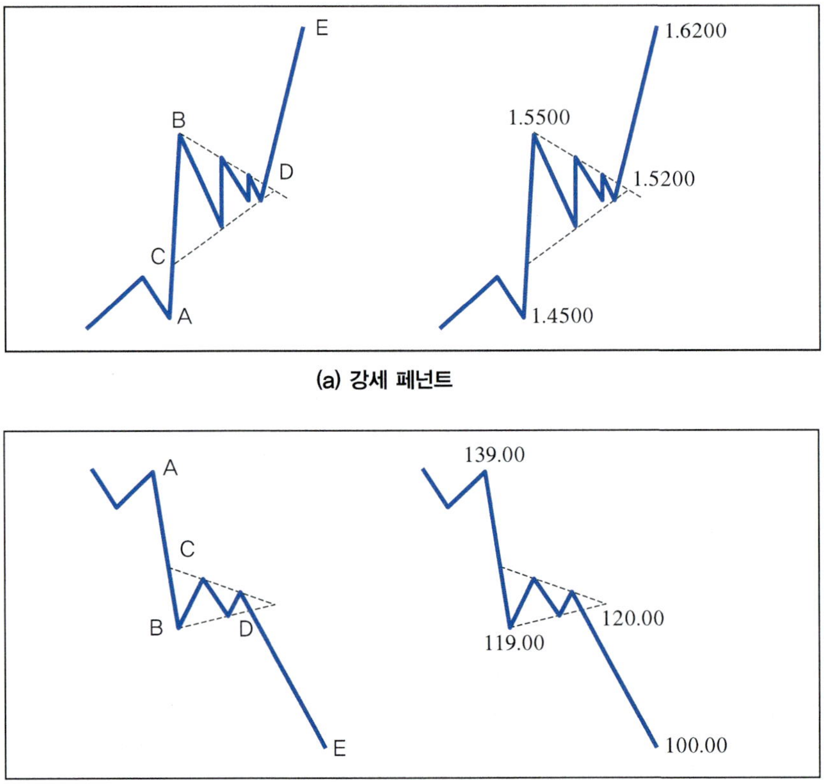

(a) 강세 페넌트

(b) 약세 페넌트

3.2.3 삼각형 패턴(triangle formation pattern)

삼각형 패턴은 페넌트 패턴과 비슷하지만 큰 상승과 하락으로 발생되는 깃대가 없이 패턴이 형성된다는 점이 큰 차이점이다. 여기에는 삼각형의 모양에 따라 대칭(symmetrical), 상승(ascending), 하강(descending), 확장(expanding or broadening) 패턴이 있다.

① 대칭삼각형(symmetrical triangle) **패턴**

거래량에서 매입과 매도측이 서로 경쟁하나 어느 한 쪽도 다른 쪽을 능가할 수 없을 때 이러한 패턴이 형성된다. [그림 6-11]에서 보는 것처럼 환율의 진동폭이 줄어들듯이 거래량도 점차 줄어들다가 돌파가 이루어지는 시점에서 새로운 방향으

그림 6-11 대칭삼각형 패턴

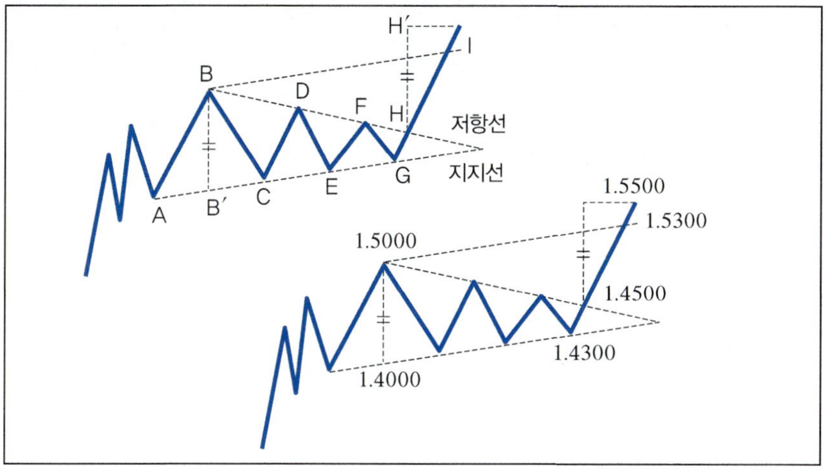

로 다시 큰 폭으로 증가한다. 그림에서 보면 위쪽의 저항선은 BD, F선이 되고 상승 지지선은 ACEG선이 된다. 목표가격을 산출하는 방법은 두 가지가 있다. 첫째 방법은 삼각형을 형성하는 맨 처음 저항점 B에서 수직선을 아래로 그어서 지지선과 만나는 점을 B′라고 하고 이 BB′선을 삼각형의 밑변(base)으로 삼는다. 만약 H점을 돌파하고 환율이 위로 올라간다면 H점에서 BB′(base)만큼 위로 HH′를 그으면 H′가 목표치가 된다. 다른 방법은 아래 지지선 AC, EG에서 평행으로 채널라인을 그어서 새로운 BI선을 만들고 그 저항선과 만나는 점을 목표치로 보는 방법이다. 구체적인 숫자를 사용해 설명하면, 환율이 상승을 하다가 1.5000에서 하락–상승–하락–상승하는 4~6번의 등락이 있은 다음 1.4500에서 위로 돌파가 있게 되면 목표치는 1.5000−1.4000(= 0.1000)의 폭만큼 상승해 1.5500(= 1.4500 + 0.1000)이 된다. 또 한 가지는 지지선과 평행한 채널라인을 그어서 잡는 방법인데 이 경우에는 1.4300에서 0.1000의 폭만큼 위에 잡히게 되므로 1.5300(= 1.4300 + 0.1000)이 목표치가 된다.

② 상승 및 하강 삼각형(ascending and descending triangle) **패턴**

상승삼각형 패턴은 삼각형을 이루는 위의 저항선은 평행하고 밑변의 지지선이 상승하는 모양을 이루는데 이는 수요가 공급보다 강함을 보여준다. 그러므로 돌파

그림 6-12 상승삼각형 패턴

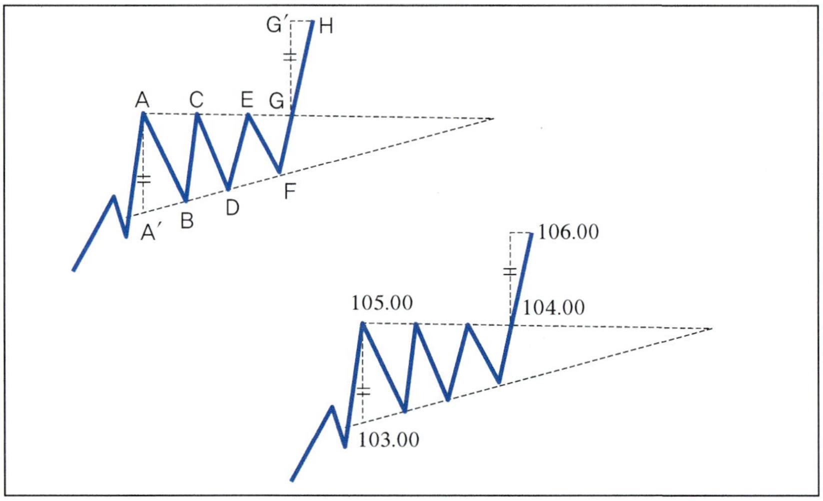

는 위쪽으로 행해진다. [그림 6-12]에서 보는 바와 같이 G점을 돌파하고 환율이 올라가게 되면 AA′(삼각형의 밑변)만큼 G에서 위쪽으로 잡혀서 G′가 목표점이 된다. 물론 거래량이 A점 이후 점차 줄어들다가 돌파가 이루어지는 시점에서 급상승하게

그림 6-13 하강삼각형 패턴

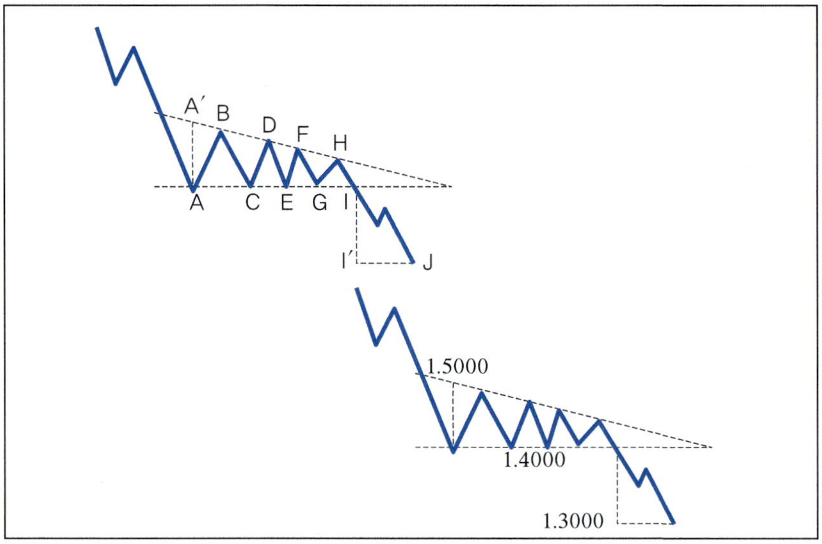

된다.

하강삼각형 패턴은 단순하게 상승삼각형 패턴과 반대로 생각하면 되는데 다른 점은 공급이 수요보다 많으므로 돌파가 아래쪽으로 이루어진다. 따라서 아래쪽의 지지선은 평행이고 위쪽의 저항선은 점차 아래로 쳐지는 모습을 보여준다. [그림 6-13]의 I점에서 돌파가 이루어지면 AA′만큼 아래로 가서 I′가 목표점이 된다.

③ 확장삼각형(expanding or broadening triangle) **패턴**

이 모형은 약간 보기 드문 패턴인데 대칭삼각형을 종축으로 접은 모양이다. 따라서 거래량도 점차 늘어나다가 돌파가 이루어지는 패턴이다. 이때 가격목표치는 [그림 6-14]에서 보는 바와 같이 삼각형의 넓은 밑변, 즉 GG′가 되므로 목표치 또한 더 커지게 된다.

그림 6-14 확장 삼각형 패턴

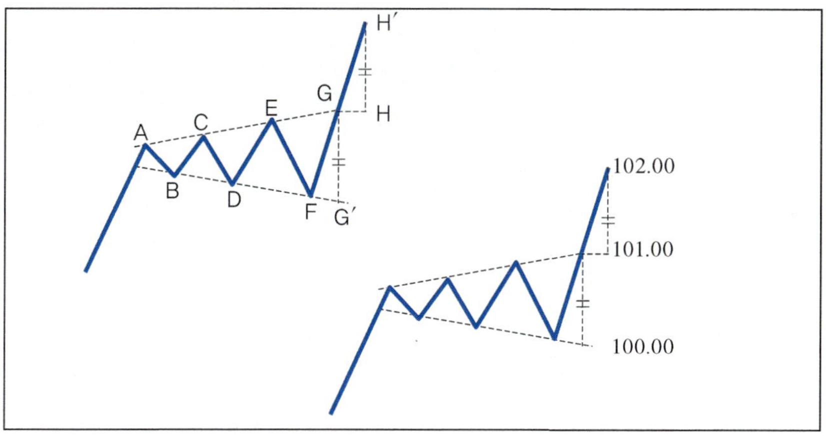

3.2.4 쐐기 패턴(wedge pattern)

쐐기 패턴은 패턴을 형성하는 과정을 보면 삼각형 패턴이나, 깃대가 없는(without pole) 페넌트 패턴과 유사하다. 그러나 차이점도 나타나는데, 조정 또는 강화 기간 동안 만들어지는 쐐기 패턴은 눈에 띄게 경사를 만들면서 형성이 되고 그 경사진 방향과는 반대로 돌파가 이루어지는 점이 특징이며, 돌파 후에는 원래의 추세를 지속해 나간다. 그러나 쐐기 패턴으로부터는 단지 추세의 방향을 알 수 있을 뿐이며 신뢰할 만한 목표치를 구할 수 없다는 단점이 있다. 추세의 방향에 따라서 상승 쐐기(rising wedge)와 하강 쐐기(falling wedge)가 있다.

그림 6-15 쐐기 패턴

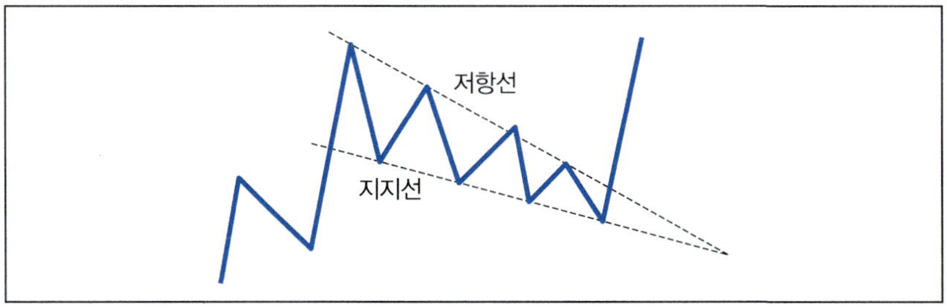

(a) 상승쐐기

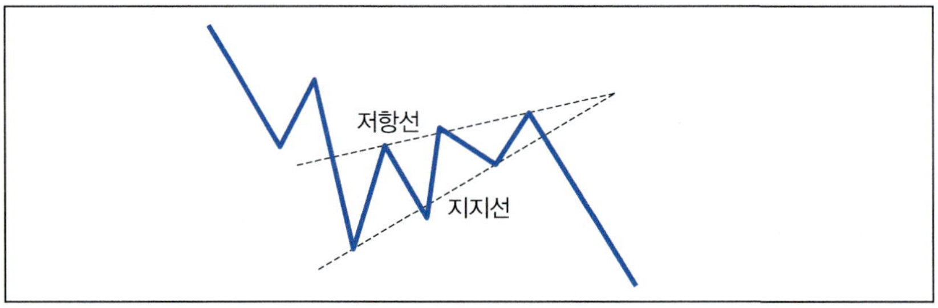

(b) 하강쐐기

3.2.5 직사각형 패턴(rectangle formation pattern)

직사각형 패턴은 소위 밀집지역(congestion area) 혹은 조정기간(consolidation)으로 불리는데, 돌파 후에는 원래의 추세를 지속한다. 그렇지 않은 경우에는 지속패턴에서 반전패턴으로 전환되는 신호로 본다. 이 패턴이 만약 상승추세에서 형성되면 돌파는 위쪽으로 만들어지며, 목표치는 직사각형의 높이만큼이 된다. [그림 6-16]에서 보는 바와 같이 환율은 수평으로 지지선과 저항선을 만들고 있다. A, B, C, D, E에서 더블-탑(double-top)을 형성하는데 실패하고 직사각형 패턴이 형성되었으며, 목표치는 직사각형 모양의 높이 G′H만큼 돌파시점으로부터 높게 형성된 G가 된다. 여기서도 거래량이 많이 늘어나면 조정(강화)구간이 돌파될 가능성이 더 크다는 것을 의미한다.

그림 6-16 직사각형 패턴

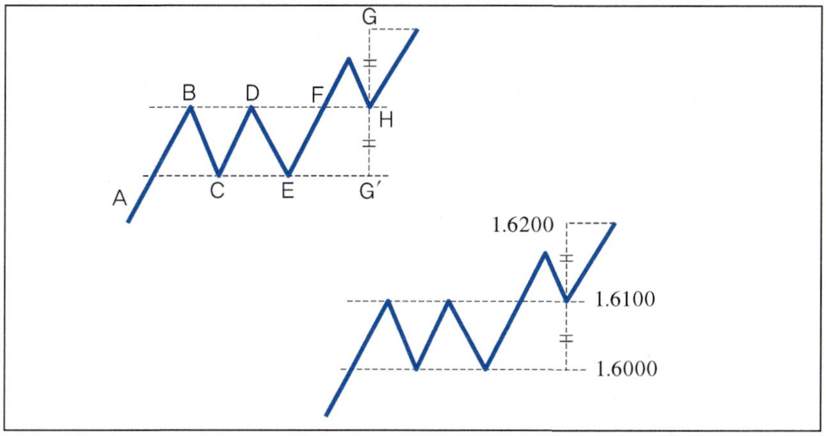

트레이딩 포인트

- 반전과 지속패턴을 파악하는 데는 주로 라인 차트(line chart)나 바 차트(bar chart)가 많이 사용된다.
- 지속패턴의 경우에 돌파가 더욱 자주 발생되는 경향이 있기 때문에 이때 필터(목표치)가 사용된다.
- 삼각형 패턴과 같은 경우에는 자주 가성돌파(false breakouts)가 발생되기 때문에 주의해서 조정을 해주어야 한다.
- 지속패턴에서 돌파가 다른 방향으로 발생될 때가 있는데 이때에는 반전패턴으로 바뀐다고 해석을 해야 한다.
- 거래량이 어느 정도 일어나느냐가 중요한데 선물시장의 자료를 잘 이용해야 한다.

3.2.6 갭(gap)

① 개요

갭은 환율이 큰 폭으로 움직여서 일별 환율변동 범위를 초과할 경우 발생된다. 갭은 거래가 이루어지지 않았던 환율대이므로, 심리적인 지지선 혹은 저항선으로 여겨진다. 주로 바 차트를 사용할 때 특정 가격대에서 어떠한 거래도 이루어지지 않았을 때, 즉 가격이 상승추세일 때는 전날의 고가보다 오늘의 저가가 높은 경우 생기는 공백, 하락추세일 때는 전날의 저가보다 당일의 고가가 낮을 경우 생기는 공백을 갭이라고 부른다. 이러한 갭의 발생은 전일의 매수·매도세력 간의 균형이 갑자기 붕괴되었다는 것을 의미한다. 갭은 주로 선물시장에서 일별 바 차트(daily bar-chart)를 사용할 경우 양일간의 환율변동범위가 겹쳐지지 않을 때 볼 수 있다. 갭은 시카고의 IMM과 같이 개장(7:20 AM)과 폐장시간(2:00 PM)이 정해져 있어서 특정 시간대에만 (하루의 약 $\frac{1}{3}$) 거래가 이루어지는 통화선물 시장에서 포착이 잘 된다. 반면에 연속적으로 그리는 일간, 주간, 시간 차트에서는 거래의 연속성으로 말미암아 갭이 발생되지 않는다.[9]

갭이 나타났다는 것은 어떤 특정한 환율 근처에서는 거래가 성립되지 않았다는 것을 의미한다. 그러므로 다른 말로 바꾸어 설명하면 갭이 일단 형성되면 그 갭이 생겨났던 환율수준이 앞으로 저항선이나 지지선의 역할을 하게 된다. 상승추세에서는 갭이 강력한 지지선의 구실을 하게 되며 하락추세에서는 갭이 강력한 저항선의 역할을 하게 된다. 갭을 분석할 때 유의해야 할 점은 갭이 채워졌는지를 살피는 것이다. 갭이 채워졌다는 것은 지지선이나 저항선이 돌파되었음을 의미하는 것이고 그러므로 갭이 일단 채워지면 그 갭은 이후 큰 의미를 가지지 못한다.

② 보통갭(common gap)

보통갭은 주로 시장에 루머가 돌 때 나타나며 그 루머의 진위가 밝혀지면 소멸되는 양상을 보인다. 그러나 차트분석상 시장의 방향(direction)과 가격목표치(price objective)를 제시하지 않기 때문에 보통 트레이더들은 무시하는 갭이다. 이 보통갭이 선물시장에서 거래량이 많지 않고 만기가 멀 때 발생하면 완전히 무시된다.

때로는 무시하지 않고 거래를 하기도 하는데, 만약 전일의 거래범위(trading range)가 0.7030–0.7100이었고 오늘 시가(opening price)가 0.7130이었다면, 갭을 메꾸기 위해 트레이더들은 0.7130에서 0.7100까지 매도를 할 것이다. 만약 이때 갭이 메꿔지지 않으면 트레이더들은 급히 되사기를 해 시장은 급상승할 가능성이 많다.

9. 예외적으로 주말이나 일중에 환율이 급등 혹은 급락해 연속성이 파괴될 때에는 일간차트에서도 갭이 나타날 수 있다.

그림 6-17 보통갭

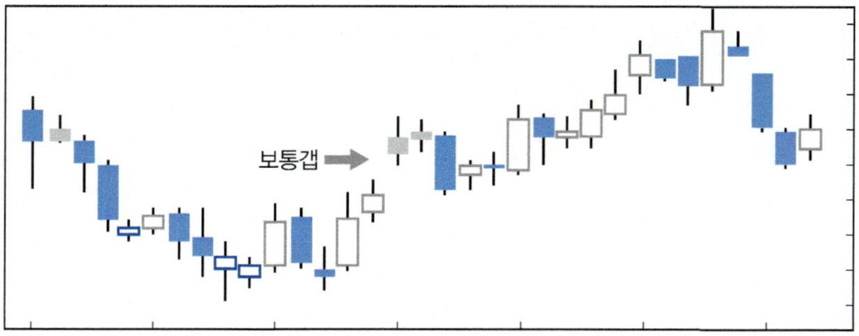

③ **돌파갭**(breakaway gap)

중요한 특정패턴이 완성된 이후 보합 상태에서 갑자기 거래량을 많이 수반하면서 갭이 발생할 때 이를 돌파갭이라고 하는데, 이것은 중요한 변화가 시작된다는 것을 의미한다. 돌파갭은 새로운 추세가 시작될 때 발생하며, 대부분의 경우 장기간 조정기간이 끝나가는 시점에서 자주 발생한다. 또한 거래량이 많으면 많을수록 갭이 채워질 확률은 낮아지고, 갭이 곧바로 완전히 채워지면 가성돌파일 가능성이 크다.

그림 6-18 돌파갭

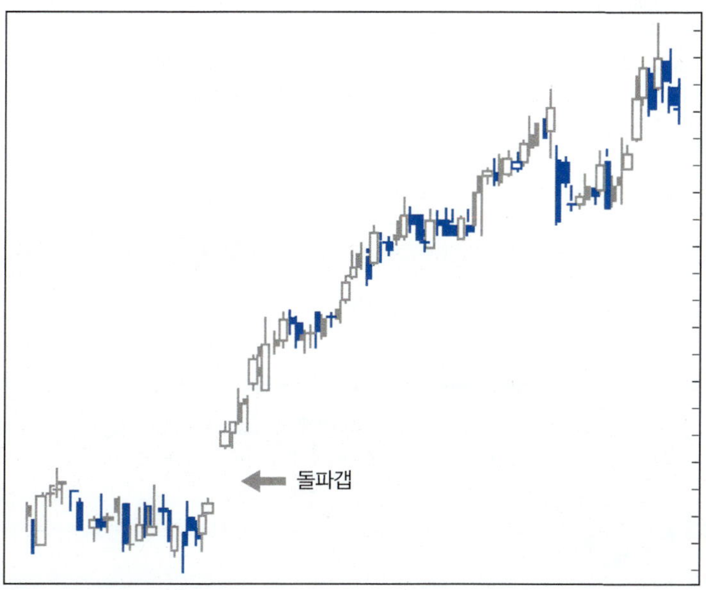

예를 들어 엔 선물(YEN/USD)이 2개월 동안 0.9500에서 0.9700까지 200 pips 범위에서 움직였는데 갭이 0.9700에서 0.9730까지 발생되었다면 트레이더들은 엔 선물을 더 사려고 할 것이다.

트레이딩 포인트

- 돌파갭은 시장의 방향을 제시해준다.
- 가격목표대를 제시하지는 않지만 지속되는 매입세력이 유지되는 경우에는 곧 견고한 상승세가 있다는 것을 암시한다.

④ 런어웨이갭(runaway or measurement gap)

외환시장의 환율변동이 활발하고 시장의 분위기가 급속히 달아오르면서 거의 일직선으로 상승하거나 또는 일직선으로 하락할 때에 주로 나타난다. 따라서 런어웨이갭은 주로 강력한 약세 또는 강세시장에서 발생하며, 기존의 추세가 더욱 가속화되고 있음을 확인시켜주는 갭으로써 추세와 같은 방향으로 나타난다. 런어웨이갭은 견고한 추세가 진행되는 도중에 발생하기 때문에, 이미 진행된 추세의 변동폭을 측정함으로써 앞으로 움직일 환율목표를 측정할 수 있다는 점에서 측정갭

그림 6-19 런어웨이갭

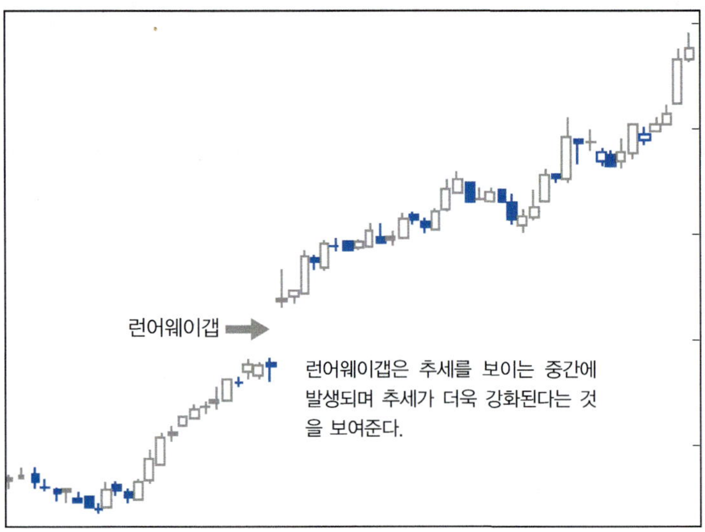

(measuring gap)이라고도 부른다.

예를 들어, USD/EUR 선물시장에서 0.9050에서 0.9250까지 움직이는 상승추세의 꼭대기에서 30 pips 런어웨이갭(runaway gap)이 발생했다면 과거에 움직인 200 pips를 갭이 시작된 시점(0.9280)에 더해 다음 목표치는 0.9480(= 0.9250 + 30pips + 200pips)이 된다는 의미이다.

트레이딩 포인트

- 런어웨이갭은 시장의 방향을 제시한다. 이러한 갭이 나타나면 추세가 견고하다는 것을 확인시켜준다.
- 또한 이 갭은 가격목표치를 제시해주는 유일한 갭이다. 즉, 갭이 발생된 시점부터 종전의 추세와 같은 방향으로 전번 추세의 길이만큼 더 간다는 의미이다.

⑤ 소멸갭(exhaustion gap)

소멸갭은 현 추세에서 돌파갭, 런어웨이갭이 확인된 후 추세의 막바지에 발생한다. 또한 V자 반전패턴의 상반부 혹은 바닥에서 발생하는데, 상승추세 혹은 하락

그림 6-20 소멸갭

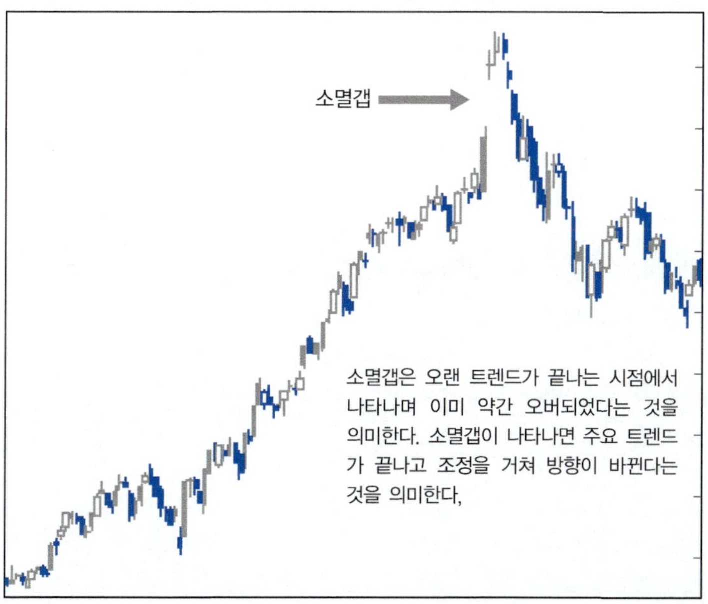

추세를 뒤늦게 인식한 시장 참여자들이 막판장세에 가담하면서 일반적으로 런어웨이갭보다 크게 발생하는 유형으로 추세의 반전이 임박했음을 시사해주는 갭이다. 반전이 일어나면 특징없이 갑자기 방향을 바꾸게 된다. 보통 소멸갭이 생기고 난 후 수일 또는 일주일 이내에 환율 움직임의 방향이 바뀌면서 종가가 갭의 아래(상승추세시)에서 형성되면 추세의 반전을 알려준다.

트레이딩 포인트

- 소멸갭은 시장의 방향을 제공해준다.
- 일반적으로 이러한 갭은 특정통화에 대한 높은 수요가 있음을 제시해주는데 반전될 때 중기적으로 가격의 가속도가 예상된다는 것을 말해준다.

⑥ 섬꼴 반전(island reversals)

소멸갭이 나타나고 나서도 시장가격은 즉시 하락하지 않고 잠시 며칠 동안 보합국면에 머무르는 경우가 있다. 이때 보합국면이 반대 방향의 강력한 돌파갭에 의해서 끝나는 것을 섬꼴 반전이라고 한다. 따라서 섬꼴반전은 소멸갭이 발생되고 곧바로 V자형 패턴의 맨 꼭대기 혹은 맨 바닥에서 형성된다. 주로 소멸갭이 형성된 후 며칠 또는 1주일 정도 환율이 보합국면을 보이다가, 추세의 반대 방향으로 돌파갭이 발생하면 차트상에 따로 떨어진 섬모양이 형성되는데 이것은 추세의 반전을 확인시

그림 6-21 섬꼴 반전

켜주는 중요한 신호이다.[10]

Box 6-2 되돌림(retracement)

시장에서 금융상품의 가격은 한 방향으로만 계속 움직일 수 없으며, 보통 외환시장에서는 차익실현거래와 손절매매거래들 때문에 시장가격의 움직임은 등락을 반복할 수밖에 없다. 시장에서 추세의 움직임은 작용(action)과 반작용(reaction)에 의해 결정된다. 추세의 주된 움직임을 작용이라고 부른다면, 반작용으로 간주되는 것이 바로 되돌림(retracement)이다. 되돌림의 비율은 제5절에서 설명할 엘리어트가 사용한 38.2%와 61.8%의 비율(피보나치 비율)을 일반적으로 사용하고 또한 33%와 66%의 되돌림 비율을 사용하기도 한다. 일반적으로 중요하다고 알려진 되돌림 비율은 25%, 33%, 50%, 66% 그리고 75%로 결정된다. 이러한 비율은 각각 중요한 지지선이나 저항선으로 작용하게 된다. 따라서 주된 추세의 움직임이 끝나고 되돌림 움직임이 시작되는 것이 확인되면, 각각의 비율 부근에서 강력한 지지선이나 저항선이 형성될 것임을 미리 예측할 수 있다.

한편 상승시장에서 추세의 반전이 발생하는 날(key reversal days)은 새로운 고점에 도달하는 부분과 전날보다 낮게 마감이 되는 부분이 합쳐서 구성이 된다. 일반적으로 당일 중 고점과 저점을 잇는 거래범위가 전날의 거래범위보다 훨씬 크고 당일의 종가가 전날의 저점보다 훨씬 아래에 형성될 때 반전되는 날로 본다.

3.3 추세반전 패턴(trend reversal patterns)

앞에서 주요 추세지속 패턴들을 살펴보았는데 또 한 가지 기술적 분석에서 중요한 것은 현재의 추세가 달라지는 추세반전 패턴이다. 반전패턴이 형성되기 위해서는 두 가지 전제조건이 필요하다. 첫째, 무엇보다 기존의 추세가 존재하고 있어야 하고, 다시 말해 반전의 대상이 있어야 하고, 둘째, 중요한 추세선이 돌파되어야 한다는 것이다. 반전패턴의 기본적인 특성의 하나로는 패턴의 모양이 크면 클수록 그 이후에 나타나는 시장가격의 움직임도 따라서 커진다는 사실이다. 패턴이 크다는 것은 패턴의 높이가 높고 폭이 넓다는 것을 의미한다. 시장가격의 변동폭이 크면서 형성에 오랜 시간이 걸린 패턴일수록 향후의 시장가격 움직임이 더 활발해진다. 추세 반전패턴의 차트모양은 다음과 같이 여러 형태가 있다.

10. 럭키금성, 기업외환실무 7-25 참조함.

3.3.1 헤드-앤드-숄더 패턴(head-and-shoulders pattern)

헤드-앤드-숄더 패턴은 차트모양 중에서 가장 잘 알려진 것으로서 널리 신뢰된다.[11] 이 패턴은 3번의 연속된 상승(rallies)을 보여주면서 첫 번째와 세 번째 봉우리의 높이가 비슷한데 이를 어깨(shoulder)라고 하고 가장 높은 두 번째 봉우리를 머리(head)라고 한다. 이 세 개의 봉우리 모두가 목선이라고 부르는 동일한 지지선상에서 반등하게 된다. 이 패턴을 읽을 때는 다음과 같은 점을 주의할 필요가 있다.

- 양 어깨의 높이(height of the shoulders)가 비슷해야 하며, 반드시 머리의 높이보다는 짧아야 한다.
- 그림에서 A, B, C, D점이 목선에 접점이 되어야 한다. 이것이 충족되지 않으면 패턴을 잘못 읽을 수 있다.
- 이 패턴은 세 번째 상승(봉우리)이 끝난 다음에 확인되며 반전은 목선(D)이 완전히 돌파 된 다음에 시작된다.

[그림 6-22]에서는 현재 환율이 xx′-yy′ 채널을 뚫고 내려가고 있는 것을 보여주고 있다. 이 그림은 환율이 채널 지지선(Z)을 뚫고 내려가 C점(목선)에 다다르고 난 다음 다시 반등해 점3(오른쪽 어깨)에서 저항선이 형성 된 경우이다. 여기서 세 번째 봉우리 정점3이 두 번째 봉우리 정점2보다 낮게 형성되면 환율의 주된 상승과정이 끝나고 반전될지도 모른다는 주의 신호가 된다. 다시 환율이 목선(D)을 뚫고 내려가게 되면 작은 반등이 예상되는데 보통 목선에서 다시 저항선(E)이 형성된다. 이때 목선을 위로 뚫지 못하고 다시 하락을 하게 되면 그 다음 목표치(target)는 목선이 돌파된 시점(D)에서부터 시작해 목선과 머리부분까지의 길이만큼 아래(F)로 잡게 된다.[12] 보통 목선이 돌파되는 것이 확인되면 많은 매도거래량을 동반하게 되는데 이럴 경우 확실하게 목표치만큼 환율이 하락할 가능성이 많다.

---

11. 역 헤드-앤드-숄더(inverse head-and-shoulders) 패턴은 헤드-앤드-숄더 패턴의 반대되는 모양으로 생각하면 된다.
12. 최근 새로운 기술적 분석가들은 목표치를 목선에서 잡지 않고 패턴의 중간에서 잡는 경향도 있다.

그림 6-22 헤드-앤드-숄더 패턴

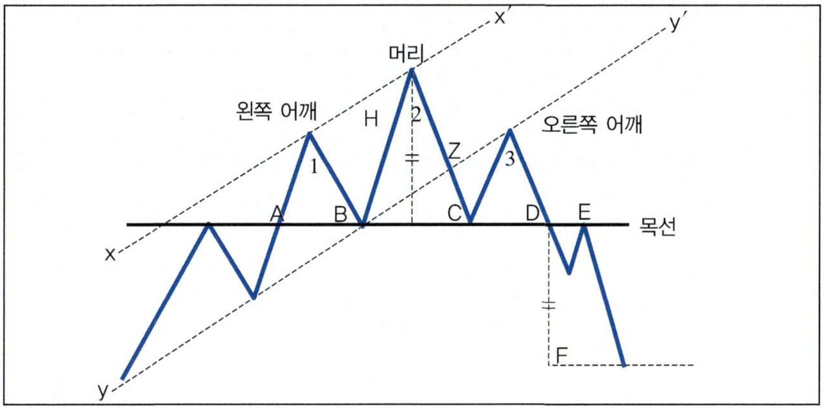

이 차트 모형에서 가장 중요한 점은 목선이 돌파되면서 다량의 거래량이 수반되어야 한다는 것이다. 만약 거래량이 적은 경우(light volume)에는 소위 말하는 가성돌파가 될 경우가 많으므로 주의해야 한다. 그러나 OTC 시장에서 외환거래량을 추정하는 것은 불가능하므로 주로 선물시장의 거래량을 기준으로 하여 추정한다. 한편 헤드-앤드-숄더 패턴이 형성되는 기간은 수주부터 시작해 수개월에 걸쳐 있으며 하루 동안의 차트(intraday chart)로서 이 모형을 확인하는 것은 위험하다. 즉, 이 모형이 형성되는 기간이 길면 길수록 더욱 신빙성이 있다고 할 수 있다. 그러나 목표치에 도달하는 시점은 알 수가 없다.

트레이딩 포인트

- 시장에서 높은 위험을 안고 거래를 하는 고위험 트레이더(high-risk trader)들은 목선이 돌파되기 전에 시장을 읽고 포지션을 잡는다. 만약에 시장이 목선을 뚫고 내려가면 이들은 고수익을 올릴수 있지만 실패할 경우에 대비해 그들은 아주 짧게 손절매 오더를 미리 준다. 물론 시장의 거래량이 적고(thin market) 빠르게 움직이는 시장에서는 손절매 오더가 실행되지 않을 위험도 있다.
- 대개 헤드-앤드-숄더 패턴이 확인되면 목표치의 방향으로 많은 물량의 포지션이 시장에서 새롭게 형성되게 되는데, 만약 차트가 가성으로 판명될 때에는 반대 포지션(position rewinding or squaring)을 만들어서 더 큰 손실을 막아야 한다. 이때에는 빠른 속도로 2배의 물량이 반대방향으로 쏟아지므로 빨리 손절매를 할 수 없는 경우에는 위험 또한 크다.
- 목표치는 단지 참고로 여길 따름이지 반드시 도달해야 하는 포인트는 아니므로 트레이더는

시장상황을 판단해 이익실현 포인트를 약간 짧게 혹은 길게 잡아야 한다.

- OTC 시장(cash market) 거래자들은 거래량에 대한 정보를 얻을 수 없으므로 트레이더 개인의 직관에 의해 거래량을 추정하는 것이 필요하다.

3.3.2 더블-탑 패턴(double top pattern)

더블-탑 패턴은 자주 보이는 추세를 반전시키는 패턴 중의 하나이다.[13] 말 그대로 두 개의 봉우리가 서로 비슷한 크기만큼 형성되는 경우이다. [그림 6-23]에서 지지선은 A와 E를 잇는 선으로 F가 형성된 다음 목선으로 변한다. 이때 목선이 항상 평행선이 되는 것은 아니며 약간씩 기울어진 것이 많다. 반면 저항선은 B와 D를 잇는 선이다. 환율의 방향(price direction)은 만약 F점에서 목선이 뚫리게 되면 약세(bearish)로 반전이 된다고 예측한다. 만약 거래량이 수반되어 목선이 뚫리게 되면, 목선 돌파시점으로부터 두 봉우리의 평균 높이만큼 목표치가 내려오게 된다. 그러나 시장상황에 맞게 목표치를 조금 짧거나 길게 설정하는 것이 좋다. 이 패턴도 수주부터 수개월에 걸쳐서 형성될 수 있으며 따라서 일중(intraday) 차트에서 이러한 모양이 보이더라도 신뢰성이 떨어진다. 그러나 패턴을 형성하는 시간의 길이가 패턴을 확인하는 데 아주 중요한 요소는 아니다. 일반적으로 이 패턴을 읽을 때는 다음과 같은 점을 주의해야 한다.

- 헤드-앤드-숄더 패턴과 마찬가지로 목선이 돌파될 때 다량의 거래량이 수반되어야 이 패턴이 완성된다고 볼 수 있다. 이때에도 거래량은 선물시장에서 추론하는 수밖에 없다. 이때 거래량이 적으면 가성돌파일 가능성이 높으며 이 경우 환율이 갑자기 급반등(backlash)할 수 있으므로 주의해야 한다.
- 두 봉우리의 높이는 대충 일치해야 한다.
- 그림에서 중요한 저항선 A점과 지지선 C점 그리고 다른 지지선 E점이 목선과 반드시 접점을 이루어야 한다.
- 더블-탑 패턴은 두 번의 상승시도 끝에 환율이 반락해 목선을 아래로 뚫고

13. 더블-바텀(double bottom) 패턴은 더블-탑 패턴과 정반대의 모양이므로 더블-탑 패턴에 대한 설명을 그대로 적용하면 된다.

난 후에 완성된다. 목선이 완전히 돌파되지 않으면 추세가 진행된다고 봐야 한다.

그림 6-23 더블-탑 패턴

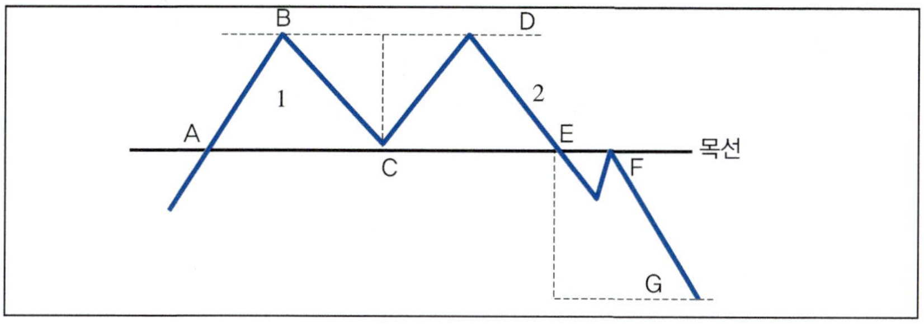

트레이딩 포인트

- 목선이 돌파되었는지 확인을 하려면 종가가 목선을 뚫고 내려가야 하므로 일중 차트보다는 일간 차트(daily chart)를 보고 확인하는 것이 안전하다. 예를 들어, 5분, 15분짜리 차트로 확인하는 것은 위험이 있다.
- 대부분 고위험을 추구하는 트레이더들은 목선이 돌파되기 전에 포지션을 잡고 기다린다. 그러나 목선이 붕괴될 시점에 오면 시장에서 bid-offer 가격이 벌어지든가 혹은 시장이 매우 불안정하게 움직이게 된다. 이때 시장이 반대로 움직일 경우를 대비해 짧은 손절매(tight stop-loss) 오더를 시장에 미리 내어 놓는 것이 좋다. 물론 시장이 빠르게 움직이고 거래량이 적은 경우에는 오더가 체결되지 않을 위험도 있고 체결되더라도 시장에서 아주 불리한 가격에 체결될 위험이 있다.
- 시장에서 대부분의 트레이더가 목선이 돌파되면 미래 목표치를 겨냥해 대량의 포지션을 만들게 되므로 차트가 가성돌파일 경우 포지션을 되감기(position-unwinding) 위해 일시에 급반등할 위험이 있다.
- 목표치는 단지 참고로 여길 따름이지 반드시 도달해야 하는 포인트는 아니므로 트레이더는 시장상황을 잘 판단해 이익실현 포인트를 약간 짧게 혹은 길게 잡는 기술이 필요하다.
- OTC 시장(cash market) 거래자들은 거래량에 대한 정보를 얻을 수 없으므로 트레이더 개인의 직관에 의해 거래량을 추정하는 것이 필요하다.

3.3.3 트리플-탑 패턴(triple top pattern)

트리플-탑 패턴은 헤드-앤드-숄더 패턴과 더블-탑 패턴을 합쳐서 나온 것이다.[14] [그림 6-24]에서 보면 트리플-탑 패턴은 세 개의 봉우리 높이가 거의 같고 봉우리를 연결하는 B, D, F선과 평행으로 선을 그어서 목선을 만든다. 환율이 중요한 저항선인 A점을 뚫고 올라와서 상승을 시도하다가 반락해 다시 A점에서 새로운 지지선을 만들고 세 번째 상승을 시도하다가 반락해 새로운 지지선인 목선을 형성한 G점에서 다량의 매도거래량을 수반하면서 돌파된다. 그러나 약간의 반등을 시도하다가 목선(H점)에서 강력한 새로운 저항선에 부딪치게 되면 세 개의 봉우리 평균높이만큼 아래로 목표치(I점)를 잡고 다시 하락하게 된다. 더블 탑의 경우에는 E점에서 목선이 붕괴되었으나 트리플 탑의 경우에는 E점에서 강한 지지를 받고 급상승한 다음 다시 F점에서 저항을 받아서 하락을 해 목선을 뚫고 아래로 내려오는 패턴이다.

그림 6-24 트리플-탑 패턴

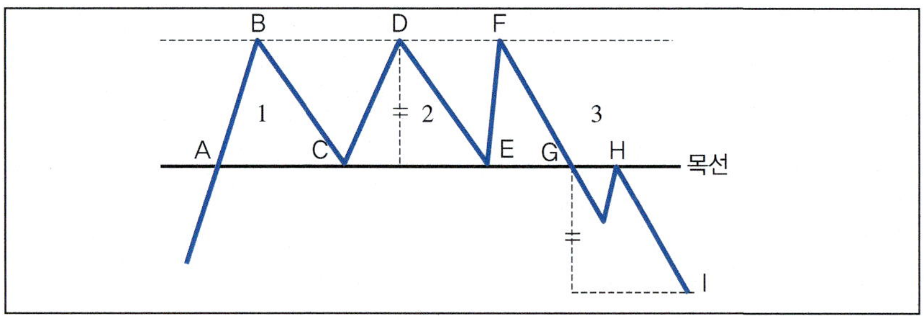

3.3.4 V자 또는 스파이크 패턴(V-formations or spikes pattern)

V자형 탑(top) 패턴과 V자형 바텀(bottom) 패턴은 추세반전을 하기 전에 조정기간이 없이 갑자기 추세가 바뀌는 경우로서 추세의 반전이 일어난 후에야 존재하게 되는 패턴이다. 갑작스럽게 대량의 거래량을 수반하면서 패턴이 완성된다. 이때 반대 포지션(wrong foot)을 잡은 사람들은 급히 포지션의 방향을 바꾸어야 하기 때문에 포지션 물량이 더 커지게 되고 움직임의 폭 또한 크게 된다. 주로 아주 중요한

14. 트리플-바텀(triple bottom) 패턴의 경우에는 정반대의 방향으로 상황을 적용하면 된다.

뉴스가 발표되었다가 큰 충격을 주고 뉴스의 효력이 없어지면서 제자리로 급히 회귀하게 될 때 나오는 패턴이다. 이 경우 대개 섬꼴 반전을 동반하게 된다. 일반적으로 추세반전이 있게 되면 선행추세의 $\frac{1}{3}$ 혹은 $\frac{1}{2}$만큼 큰 조정이 있게 된다.

그림 6-25 V자 또는 스파이크 패턴

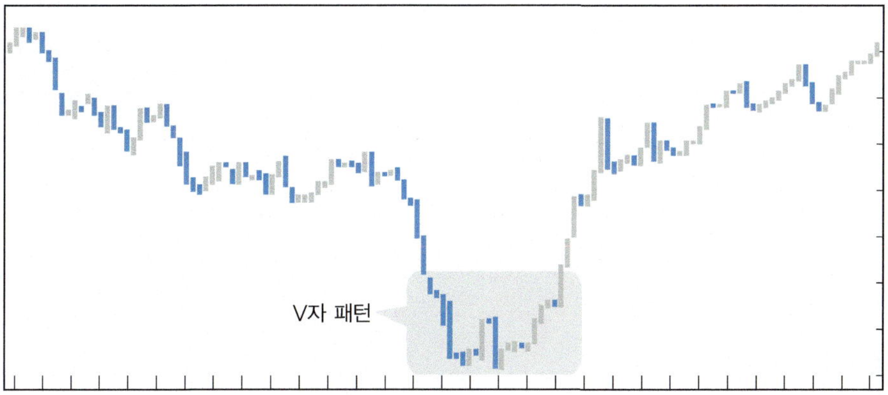

3.3.5 라운드 탑과 라운드 바텀 패턴(round top and bottom pattern)

일명 접시(saucers) 패턴이라고도 하는데 자주 일어나는 추세반전 패턴은 아니다. 아주 천천히 시장의 방향을 전환시키기 때문에 추세가 힘을 잃게 되는 마지막에

그림 6-26 라운드 탑과 라운드 바텀 패턴

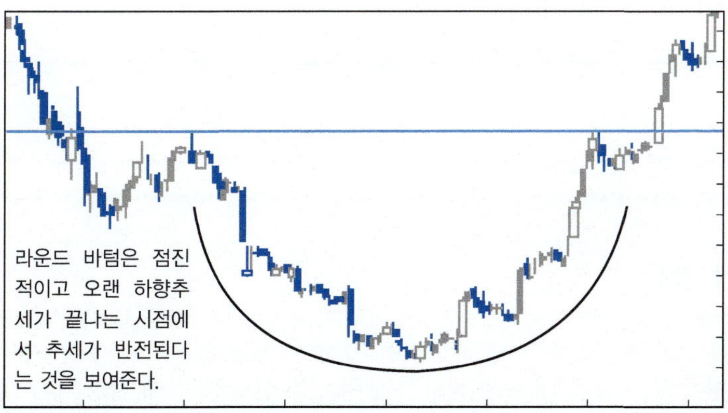

나타나는 현상으로 언제 패턴이 완성될지 예측하기 어렵고 목표치도 잡기 어렵다. 거래량은 점차 환율방향으로 감소하다가 반전이 시작되면서 점차적으로 증가하게 된다. 오랫동안 진행된 것일수록 새로운 방향으로 전환될 가능성이 더 많다.

3.3.6 다이아몬드 패턴(diamond pattern)

추세의 말기에 반전이 일어나기 직전 나타나는데 헤드-앤드-숄더 패턴과 유사하다. 그렇지만 다른 점은 한 봉우리의 최고치가 다른 최고치보다 현저히 낮아지면서 목선이 직선이 되지 않고 휘어지는 모습을 보이게 된다. 이 패턴은 매우 드물게 발견되는데 일단 발견이 되면 반전신호로서 유용하게 사용되며, 목표치는 다이아몬드 패턴의 높이만큼 돌파되는 시점에서 아래로 잡으면 된다.

그림 6-27 다이아몬드 패턴

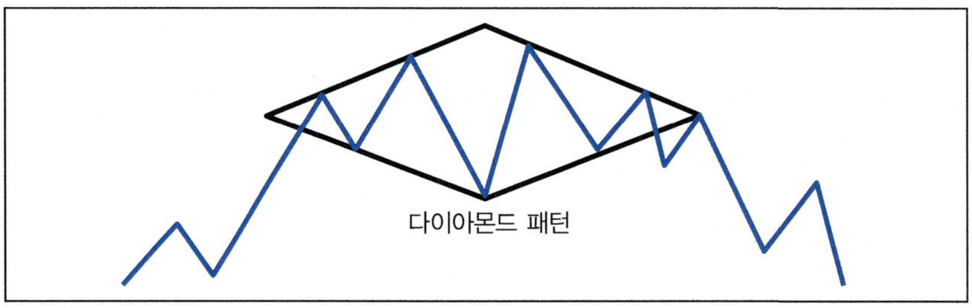

4. 계량적 분석기법

4.1 이동평균법(moving average)

4.1.1 개요

이동평균법은 말 그대로 일정기간의 평균을 산출하는 데 사용되는 표본데이터를 계속 바꾼다는 의미이다. 즉, 새로운 거래일의 데이터가 계속 추가되고 과거 거래일의 데이터는 하나씩 없어진다. 이 방법은 시장에서 일단 추세가 형성되면 그 추세가 반전될 가능성보다는 지속될 가능성이 많다는 가정하에 현재의 추세가 상승인지 하락인지를 판단하고 그 추세에 따라 거래를 하는 기법이다. 이동평균법은 원리가 간단하고 결과가 명확해 기술적 지표 가운데 가장 쉽게 추세를 파악하는 신호를 제공해준다. 주로 이동평균은 오실레이터(oscillator)와 겸용해서 많이 사용된다. 이동평균은 성격상 시장가격을 선행하는 것이 아니고 일정 시차(time lag)를 가지고 후행하면서 추세만을 알려줄 뿐이다.

4.1.2 이동평균법의 종류

이동평균법에는 다음 3가지가 있다. 이들의 중요한 차이점은 가장 최근 데이터에 얼마만큼 비중을 두느냐에 있는데, 단순이동평균은 가격에 동일한 비중을 두어 이동평균을 계산하는 것이고, 가중이동평균은 최근 가격에 비중을 더 두어 계산을 하는 것이다.

① **단순이동평균법**(arithmetic mean or simple moving average)

이 방법은 대상기간의 기준환율(예를 들면, 일일 종가)을 합하고 난 다음 특정기간 날짜의 숫자로 나눈 것으로 산술평균과 같다. 예를 들어, 5일 이동평균은 최근 5일간의 종가를 합해서 5로 나눈 것이다. 이동평균방법은 최근일 가격을 지금까지의 평균에다 더한 다음 가장 오래된 날짜의 가격을 뺀다.

$$\text{단순이동평균}(SMA5) = \frac{aP_{t-1} + bP_{t-2} + cP_{t-3} + dP_{t-4} + eP_{t-5}}{X} \qquad (6-8)$$

$$X = 5,\ a = b = c = d = e = 1$$

② **선형가중 이동평균법**(linearly weighted moving average)

이 방법은 최근의 가격에다 높은 가중치를 부여하고 오래된 가격에다 낮은 가중치를 주어서 최근 가격이 가지고 있는 정보력에 더 큰 비중을 줌으로써 시장정보를 보다 현실적으로 반영한 것이다. 예를 들어, 5일 이동평균은 다음과 같이 계산된다. 여기서 15로 나눈 것은 가중치(5 + 4 + 3 + 2 + 1)의 합이다.

$$\text{선형가중 이동평균}(WMA5) = \frac{aP_{t-1} + bP_{t-2} + cP_{t-3} + dP_{t-4} + eP_{t-5}}{X} \qquad (6-9)$$
$$X = 15,\ a = 5,\ b = 4,\ c = 3,\ d = 2,\ e = 1$$

③ 지수가중 이동평균법(exponentially weighted moving average)

현재의 가격이 가장 큰 정보력을 가지고 있고 시간이 지난 가격의 정보력은 급속하게 작아진다면(지수적 감소) 동일한 가중치를 부여한 단순이동평균법은 의미가 없다고 볼 수 있다. 따라서 최근 가격에 더 많은 가중치를 두어야 한다. 이 점에서 선형가중 이동평균과 비슷하나 지수가중 이동평균은 오래된 가격은 더욱 급속히 적게 반영되도록 하는 방법을 택한다. 왜냐하면 선형가중 이동평균에서 쓰는 가중치는 일차함수적으로 감소하기 때문에 정보력을 제대로 반영하지 못하는 문제가 있기 때문이다. 일반적으로 금일의 지수가중 이동평균(EMA_t)은 다음과 같이 표시된다. 여기서 P_t는 오늘의 종가이다.

$$\text{지수가중 이동평균}(EMA_t) = \alpha P_t + (1-\alpha) EMA_{t-1},\ 0 < \alpha < 1 \qquad (6-10)$$

이 식을 계속 전개해 나가면 EMA_t를 과거에 관측한 환율의 가중평균으로 표시할 수 있다. 예를 들어, k일 이동평균은

$$EMA_t = \alpha [P_{t-1} + (1-\alpha) P_{t-2} + (1-\alpha)^2 P_{t-3} + \cdots + (1-\alpha)^k P_{t-(k+1)}] \qquad (6-11)$$
$$+ (1-\alpha)^{k+1} EMA_{t-(k+1)}$$

과 같이 표시된다. 따라서 현재에서 멀어질수록 가중치가 빠르게 감소한다.

가중치를 얼마로 줄 것인가는 계수 α에 달려 있는데, 보통 $\alpha = \frac{2}{(k+1)}$로 부여한다. 예를 들어, 5일($k=5$) 이동평균을 구한다면 $\alpha = \frac{2}{(5+1)} = 0.333$이 되고 25일($k=25$) 이동평균을 구한다면 $\alpha = \frac{2}{(25+1)} = 0.077$이 되는 것이다. 일단 α를 알게 되면 (6-10)식을 이용해 금일의 이동평균값을 쉽게 구할 수 있다. 예를 들어, 금일 달러/원 종가가 1,180원이고 전일의 지수가중 이동평균값이 1,100이면, 금일의 25일 이동평균값은 다음과 같다.

$$EMA_t = 1{,}180 \times \alpha + 1{,}100 \times (1-\alpha) \qquad (6-12)$$

$$=1{,}180\times 0.077+1{,}100\times(1-0.077)=1{,}099.16$$

4.1.3 이동평균의 기간조합과 해석

① 기간조합과 이동평균선 교차(double cross method)

이동평균은 대개 2~3개를 합쳐서 단기, 중기, 장기로 구분해 신호를 포착한다. 즉, 두 개의 이동평균선이 교차할 때(double cross), 예를 들면 단기이동평균선이 장기이동평균선을 뚫고 올라가는 경우 매수신호가 발생되는 것으로 보고 반대이면 매도신호로 본다. 따라서 이동평균의 간격(interval)을 어떻게 조합하느냐가 중요하다. 대개 3가지 이동평균을 쓰는 경우에는 4일, 9일, 18일의 방법이 많이 쓰이는데, 5일, 20일, 60일의 방법과 7일, 21일, 90일의 방법도 많이 쓰인다. 그리고 2가지를 쓸 때에는 5일과 20일, 10일과 50일을 많이 사용한다.

여기서 유의할 것은 단기이동평균은 현재의 가격변동을 잘 반영해 추세반전을 포착할 수 있으나 시장의 갑작스런 충격(사건, 유언비어 등)에 대한 돌발적 환율 움직임, 즉 소음제거(noise filtering) 역할을 하지 못하므로 인해 추세파악을 왜곡시킬 수 있다. 또한 장기이동평균은 소음제거는 잘 하지만, 필요 없는 과거의 정보를 가지고 있어서 현재의 가격움직임에 둔감해 추세반전을 잘 포착하지 못한다. 따라서 신호를 정확히 제시해주는 기간들을 잘 조합해 사용해야 한다.

② 필터와 포락선(envelop line)**의 사용**

필터는 3% 법칙(3% rule) 혹은 2일 법칙(2 day's rule)을 적용한다. 또한 환율변동에 일정 %의 밴드(volatility band)를 씌워서 아래위로 포락선(envelope line)을 만들고 포락선 위에서 시장이 끝나면 매입, 아래에서 끝나면 매도신호로 본다.

4.2 오실레이터(oscillators)

오실레이터는 환율이 이동평균선과 어느 정도 떨어져 있는가를 분석하는 것으로 환율과 이동평균선 간의 벌어진 거리, 즉 이격률을 말한다. 오실레이터는 시장의 충격으로 말미암아 발생되는 오버슈팅 현상을 포착하기 위해 만든 것이다. 즉 초과매입 신호와 초과매도 상태를 쉽게 포착할 수 있다. 주요 오실레이터는 스토캐스틱스, *MACD*, 모멘텀, *RSI* 등이 있다.

4.2.1 스토캐스틱스(stochastics)

① 개요

스토캐스틱스는 현재의 환율이 해당기간 동안의 환율 움직임의 범위 중 어느 위치에 있느냐를 분석해 향후 환율 방향을 예측하는 기법이다. 환율이 상승추세에 있을 때 종가는 최고가 부근에서 형성될 가능성이 높고 하락추세에 있을 때 종가는 최저가 부근에서 형성될 가능성이 높다. 이와 같은 논리가 스토캐스틱스의 근간이고 최근의 환율 변동폭과 당일 종가의 관계를 통해 지표를 분석한다. 1950년대부터 레인(George Lane)은 자신의 투자교육강의에 이 기법을 사용했으며, 스토캐스틱스는 시장가격을 후행하면서 신호를 제공하는 이동평균과는 달리 가격형성 이전에 신호를 제공한다는 것이 큰 장점이다. 그러나 과연 얼마 전에 신호를 제공해주느냐는 알지 못한다.

② 공식

스토캐스틱스는 O_K(빠른 스토캐스틱스)와 O_D(느린 스토캐스틱스) 2개의 선으로 표시되는데, 각각의 산출방법은 다음과 같다.

$$O_K = \left(\frac{P_t - L_n}{H_n - L_n}\right) \times 100 \qquad (6-13)$$

여기서 n은 스토캐스틱스를 구하기 위해 사용한 기간을 나타내며, 보통 9일에서 12일 사이의 범위가 신호를 잘 제공한다. P_t는 최근(금일)의 종가를 나타내고, L_n은 과거 n일간의 일일 저가 중에서 가장 낮은 가격(lowest low of the past n days)을, H_n은 과거 n일간의 일일 고가 중에서 가장 높은 가격(highest high of the past n days)을 나타낸다.

한편 느린 스토캐스틱스 O_D는 다음과 같이 나타나는데,

$$O_D = \frac{\sum_{t}^{m}(P_t - L_n)}{\sum_{t}^{m}(H_n - L_n)} \times 100 \qquad (6-14)$$

이는 빠른 스토캐스틱스 O_K의 m일간의 이동평균을 의미한다. 예를 들어 사용한 기간을 $n=9$라 하고 $m=3$이라고 하면, $\sum_t^3(P_t-L_9)$은 P_t-L_9의 3일간의 합계를 그리고 $\sum_t^3(H_9-L_9)$은 H_9-L_9의 3일간의 합계를 나타내므로, O_D는 O_K의 3일간의 이동평균을 의미하게 된다

각각의 스토캐스틱스는 항상 0%~100% 범위 내에 있게 되는데, 0%라는 것은 종가가 해당 거래기간 값 범위에서 최저가에 있다는 것을 말하며, 100%라는 것은 종가가 해당 거래기간 값 중에서 최고값에 위치한다고 보면 된다.

③ 지표해석 및 분석방법

예를 들어, 오늘의 종가가 30이고, 지난 n일 동안의 가격범위가 20에서 50이었다고 하면, 빠른 O_K는 $\frac{(30-20)}{(50-20)}\times 100=33\%$가 된다. 그러나 만일 오늘 종가가 40이라면 지난 n일간 가격범위의 윗부분에 가까워지므로 O_K는 $\frac{(40-20)}{(50-20)}\times 100=66\%$가 된다. 이것은 오늘의 종가가 과거 n일간의 고가와 저가 사이에서 어느 정도에 속해 있는가를 표현한다. 보통 각각의 스토캐스틱스가 70 이상이면 초과매입, 30 이하이면 초과매도로 보는데, 일부에서는 80–20을 기준으로 하기도 한다. 매수신호(bullish reversal)는 10% 이하에서 발생되고 매도신호(bearish reversal)는 90% 이상에서 포착된다. 또한 느린 스토캐스틱스 O_D선과 빠른 스토캐스틱스 O_K선이 교차할 때 반전신호를 제공한다. O_K선이 O_D선 위로 상향 돌파하면 매수하고, O_K선이 O_D선 아래로 하향 돌파하면 매도한다. O_K선보다는 주로 O_D선이 30% 이하 혹은 70% 이상인가에 중요한 신호를 제공한다.

그림 6-28 스토캐스틱스의 매도 · 매수 신호

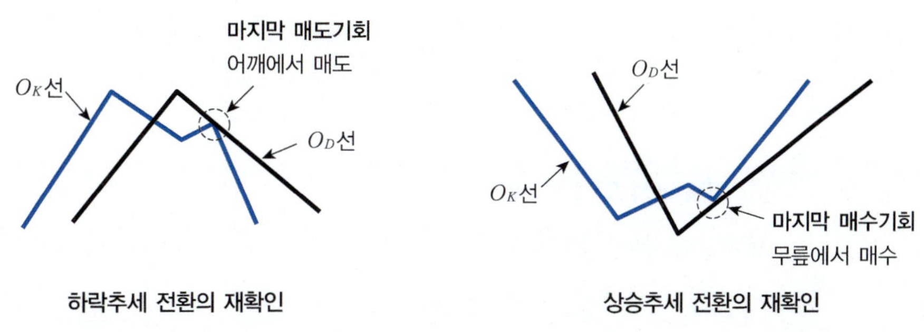

4.2.2 *MACD*(moving average convergence-divergence)

① 개요

*MACD*란 주가의 두 이동평균선 사이의 관계를 보여주는 모멘텀 지표이다. 즉, 단기이동평균선과 장기이동평균선이 멀어지면 다시 가까워지게 되는 성질을 이용해 두 개의 이동평균선의 차이가 제일 큰 시점을 찾아내는 분석기법이다. 1979년 주식시장에서 애펠(Gerald Appel)이 거래시점의 신호를 탐색하기 위해 종전의 이동평균법에 의한 추세분석을 보완한 것인데 2개의 지수평활 이동평균(exponentially smoothed moving average)을 사용한다. 주로 단기보다는 장기적 추세를 파악하는 도구로 사용된다.

② 공식

*MACD*는 통상 12일 지수가중 이동평균(*EMA*12)과 26일 지수가중 이동평균(*EMA*26)의 차이로 구하고(이를 빠른 *MACD*선이라고 부름), 또 *MACD*의 9일 지수이동평균 *EMA*9(*MACD*)을 구해 신호선(signal line)으로 사용한다(이를 느린 *MACD*라고 부른다).

$$EMA12 = \frac{P_t + aP_{t-1} + a^2 P_{t-2} + \cdots + a^{11} P_{t-11}}{1 + a + a^2 + \cdots + a^{11}}, \quad a = 0.154 \qquad (6-15)$$

$$EMA26 = \frac{P_t + bP_{t-1} + b^2 P_{t-2} + \cdots + b^{25} P_{t-25}}{1 + b + b^2 + \cdots + b^{25}}, \quad b = 0.074 \qquad (6-16)$$

$$MACD = EMA12 - EMA26 \qquad (6-17)$$

$$EMA9\,(MACD) = \frac{MACD_t + c^1 MACD_{t-1} + \cdots + c^8 MACD_{t-8}}{1 + c + \cdots + c^8}, \quad c = 0.2 \qquad (6-18)$$

③ 지표해석 및 분석방법

*MACD*를 분석하는 방법은 크게 3가지로 나눌 수 있는데 교차분석(crossovers), 초과매입과 초과매도 분석(overbought/oversold conditions), 그리고 전환분석(divergences)이다. 교차분석은 이동평균법에서 두 개의 선으로 시장을 읽는 방법과 동일하다. 즉, 두 개의 *MACD*선이 서로 교차할 때 매수 · 매도 신호를 주게 되는데,

빠른 *MACD*선이 느린 *MACD* 신호선을 상향교차하면 매수신호로 보고 하향 교차하면 매도신호로 본다.

초과매입와 초과매도 분석은 *MACD* = 0 선을 중심으로 판단하는 것인데, 매수초과(overbought)일 때는 0선 위에서 멀리 떨어진 상태이고 매도초과(oversold)일 때는 0선으로부터 아래로 멀리 떨어져 있을 때를 말한다. 특히 단기이동평균선이 장기이동평균선으로부터 극단적으로 상승 또는 하락할 때, 즉 *MACD*가 급격한 상승이나 하락을 보일 때, 시장가격이 지나치게 확대 상승 또는 하락된 것으로 보며 가격도 곧 되돌아올 확률이 높다고 분석한다.

그림 6-29 ***MACD* 모멘텀과 *RSI* 차트**(EUR/USD daily, 2010년 8월-2011년 8월)

자료 : Wall Street Journal FX Market(www.wsj.com)

전환분석은 시장추세의 마지막 국면에서 나타나는데 추세전환 신호로 인식한다. 추세전환 분석은 약세전환과 강세전환 두 가지 형태로 나타난다. 약세전환은 환율이 고점 상태에서 *MACD*가 이전 고점 돌파에 실패할 때를 말하고, 강세전환은 환율이 저점인데 지속적으로 새로운 저점을 만들 때 *MACD*값이 저점을 점점 높이며 상승하는 경우에 해당된다. 이 추세전환이 초과매도, 초과매입 국면에서 나타나면 더욱더 신뢰도가 높다.

4.2.3 모멘텀(momentum)

① 개요

모멘텀은 순변화 오실레이터(net change oscillator)라고 하는데 일정기간 종가의 차이를 계산해 추세의 소멸시점을 잡는 수단이라고 볼 수 있다. 즉, 모멘텀은 최근종가와 특정기간 전의 종가와의 차이라고 보면 된다. 따라서 종가의 차이가 점점 커지면 추세가 가속화되고 있는 상황을 의미하며, 점점 작아지면 추세가 모멘텀을 잃고 있다는 것을 의미한다. 실제가격의 수준 변화 대신에 변화율을 측정하는 오실레이터이다.

② 공식

모멘텀(M)을 계산하기 위한 공식은 다음과 같다.

$$M = P_t - P_{t-k} \tag{6-19}$$

여기서 P_t는 최근의 종가를, P_{t-k}는 특정기간 전(k 기간 전)의 종가를 나타낸다.

③ 지표해석 및 분석방법

예를 들어, 10일($k=10$) 모멘텀을 만들기 위해서는 최근 종가에서 10일 전의 종가를 조합해 계속 차감해 나가면 된다. 모멘텀 지표는 *MACD*와 비슷한 추세 오실레이터로서의 지표이기 때문에 지표가 저점에서 상승을 시도하면 매수하고, 지표가 고점에서 하락을 시도하면 매도하는 신호를 준다. 즉, 모멘텀의 수치는 0을 중심으로 양(positive) 혹은 음(negative)으로 주어진다. 예를 들어, 극단적으로 양의 수치

(+)가 나올 때는 초과매입 상태이고 극단적으로 음의 수치(–)가 나올 때는 초과매도 상태라고 해석한다. 모멘텀 계산의 기준날짜(예 : 5일)를 짧게 하면 할수록 변동폭이 커지고, 길게(예 : 40일) 잡을수록 변동폭은 작아진다. 모멘텀 차트에서 모멘텀이 제로(0)선을 상향 돌파할 때는 매수신호이고 하향 돌파할 때는 매도신호로 해석한다. 그러나 모멘텀은 추세선과 연결해서 해석하는 것이 일반적이다.

모멘텀의 문제점은 시장의 급변동을 걸러내지 못하고 또한 상한 및 하한의 경계가 없다는 점이다. 이를 개선하기 위해 과거 추이를 살펴보고 극단인지 아닌지를 판단하고, 또한 모멘텀선에다 추세선을 그어보고 거래시점을 포착할 수 있다.

④ ***ROC***(rate of change)

모멘텀과 유사한 것으로 *ROC*를 들 수 있다. 모멘텀은 최근가격에서 특정기간 전의 가격을 빼어 나가는 반면 *ROC*는 최근가격을 특정기간 전의 환율로 나누어서 변화율로 표시한 것을 말한다. 모멘텀과 같은 기준으로 분석하지만, 모멘텀이 0을 기준으로 하는 반면 *ROC*는 100%를 기준으로 한다.

$$ROC = \frac{P_t}{P_{t-k}} \times 100 \qquad (6-20)$$

4.2.4 *RSI*(relative strength index)

① 개요

상대적 강세지수(*RSI*)는 윌더(Welles Wilder)가 개발한 오실레이터이며, 시장가격 변동폭 중에서 시장가격의 상승폭 또는 하락폭이 어느 정도인지를 분석하는 것이다. 즉, 환율이 상승 추세일 경우 얼마나 강한 상승세인지, 하락추세라면 얼마나 강한 하락세인지를 퍼센트로 나타내는 지표이다. 이처럼 추세의 강도를 객관적 수치로 표현함으로써 모멘텀이 가지고 있는 단점, 즉 시장의 돌발적인 환율 움직임(noise)을 제거하지 못하고 일정범위(크기)에 대한 평가 기준이 없다는 단점을 보완하고 있다.

② 공식

RSI 공식은 다음과 같다.

$$RSI = 100 - \frac{100}{1 + RS} \qquad (6-21)$$

$$RS = \frac{k\text{일간 상승한 종가의 평균}}{k\text{일간 하락한 종가의 평균}}$$

③ 지표해석 및 분석방법

*RSI*는 0에서 100까지 표기할 수 있으며 대개 70과 30을 벗어나면 초과매도 혹은 초과매입의 경고신호로 보고, 85% 이상은 초과매입상태, 15% 이하는 초과매도상태를 나타낸다. 원래, 월더는 14일간 *RSI*를 사용했으나 현재에는 9일간(weekly chart의 경우 9주간)을 보다 많이 사용한다. 예를 들어, 9일 동안 전일대비 종가가 계속 하락했을 경우, *RSI*는 0가 되고, 9일 동안 전일대비 종가가 계속 상승했을 경우에는 *RSI*는 100이 된다. *RSI*는 기간을 짧게 사용할수록 민감하게 움직이고 기간이 길수록 둔하게 움직인다는 원칙하에 사용자의 특성에 맞는 기간을 선택하면 된다.

*RSI*의 일반적인 분석법은 여러 오실레이터 분석에서도 언급한 전환(divergence) 분석이다. 즉, 가격은 이전 고점을 돌파해 상승하는데 *RSI*는 이전 고점 돌파에 실패할 경우 추세전환 확률이 높다는 분석을 말한다.

트레이딩 포인트

- **과열과 침체** : *RSI*값이 70 이상일 때는 과열국면으로 분석하고 *RSI*값이 30 이하일 때는 침체국면으로 본다.
- **패턴분석** : *RSI*값은 흔히 헤드–앤드–숄더 패턴이나 삼각형 패턴이 애매모호한 상태일 때 *RSI*값으로 분석하면 유용하다.
- **돌파실패**(failure swing) : 지지나 저항의 돌파를 확인하는 형태로 *RSI*값이 이전의 고점을 돌파하지 못하고 다시 하락하거나 이전 저점 아래로 떨어지지 않고 다시 재상승하는 것을 말한다. 이때 *RSI*값이 30 이하 또는 70 이상에서 돌파실패가 나타나면 환율의 추세전환이 임박했다는 신호로 인식한다.
- **지지와 저항** : 지지구간과 저항구간에서는 환율수준 그 자체보다 *RSI*추세가 보다 더 확실한 신호가 될 수 있다.
- **전환** : 환율이 이전 고가나 저가를 새로이 갱신하는 상황인데도 *RSI*는 새로운 고점이나 저점을 갱신하지 못하고 반대의 추세를 보일 때, 이 현상을 전환(divergence)이라 하며 시장이 곧 추세전환을 할 것이라는 신호이다.

4.3 기타 계량적 분석기법

4.3.1 파라볼릭 시스템(parabolic system, SAR)

파라볼릭은 윌더가 1978년에 가격과 시간에 기초한 손절매 시스템으로 개발한 것으로, 차트상에 나타나는 모양이 포물선(parabola)을 닮은 데서 붙여진 이름이다. 파라볼릭은 기존의 포지션을 정리하고, 반대방향의 포지션을 취해야 할 시점(stop and reverse, SAR)을 제시해준다. SAR는 다음의 세 가지 전제조건에 기초한다.

- 선행 최고점과 최저점은 중요한 저항선 혹은 지지선의 수준으로 작용한다. 따라서 이 수준이 돌파되면 추세는 반전된다고 가정한다.
- 저항선과 지지선은 한 번에 2%씩 이동한다.
- 시간이 경과함에 따라 환율 움직임은 어느 정도까지는 가속화된다.

파라볼릭은 주로 점선으로 나타내며 이 파라볼릭을 나타내는 점선이 가격선(환율)과 만나면 추세가 반전되는 것으로 해석해 기존의 포지션을 정리하고 반대방향의 포지션을 가지라는 것을 충고한다(stop and reverse). 따라서 파라볼릭 점선이

그림 6-30 EUR/USD 파라볼릭 및 SAR 차트 샘플

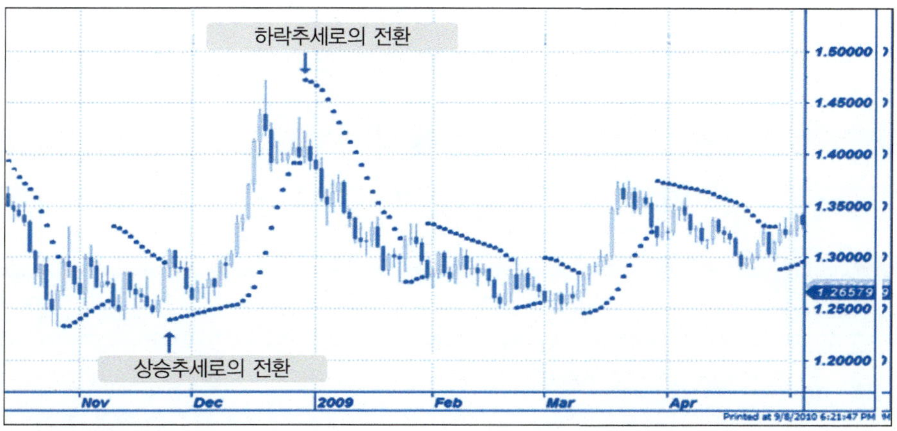

자료 : http://www.dailyfx.com/

환율 아래에 있으면 상승추세이니 매수신호를 의미하고, 점선이 가격선 위에 오면 매도신호로 해석하면 된다.

4.3.2 볼링거밴드(Bollinger band)

볼링거밴드는 볼링거(John Bollinger)의 이름을 따서 붙여진 이름이다. 앞에서 설명한 포락선(envelope)이 이동평균을 중심으로 일정거리(예를 들어, 3%)를 두고 만들어졌다면, 볼링거 밴드는 환율의 20일 이동평균선(가운데)을 중심으로(환율이 이동평균을 중심으로 해당 범위 내에 위치할 확률이 95.55%임을 의미함) 표준편차(volatility)를 계산해 위쪽과 아래쪽에 포락선 밴드를 만든 것이다.

밴드는 그 폭이 시장의 변동성에 의해 확장되기도 하고 때로는 축소되기도 하는데, 밴드폭이 축소될 때는 시장의 변동성이 적어서 가까운 장래에 새로운 추세가 형성되어 확장될 것을 예고한다. 반면 밴드폭이 넓은 경우에는 현재의 추세가 끝날 수 있다는 신호가 된다. 또한 환율의 고점이 밴드 상한 바깥쪽에 형성되었다가 밴드 안쪽으로 들어오는 경우에는 매도신호로 간주하고, 만약 환율이 아래쪽 밴드와 접촉하게 되면 매도 초과가 이루어졌음을 의미하고 매수신호로 본다. 또한 위쪽 밴드는 저항선을 의미하고 아래쪽 밴드는 지지선을 의미한다.

그림 6-31 EUR/USD 파라볼릭 차트

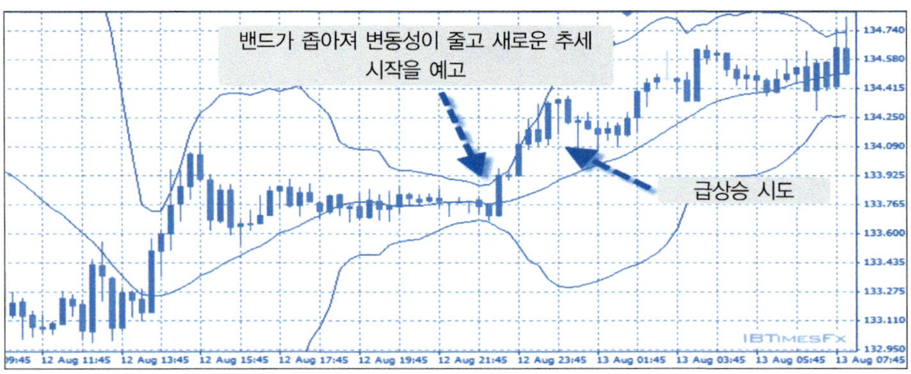

자료 : http://www.ibtimes.com/

4.3.3 갠 분석(Gann analysis)

① 개요

갠(William. D. Gann)에 의해 개발된 갠 분석은 차트의 가격과 시간이 연계된 기하학적 각도와 비율을 시장의 가격변화를 예측하는 데 사용했다. 갠 기법의 대다수가 차트를 이용할 때 가격의 거리와 동일한 시간이 기본이 되며 그 결과 한 단위 시간이 경과할 때 한 단위의 가격이 상승한다면(즉, 1 × 1) 기하학적 각도는 45° 를 이루고 이 45° 가 갠 이론의 근간을 이룬다. 갠의 시장 움직임에 대한 가격예측 방법으로 각도(Gann' s geometric angles), 부채선(Gann fans), 격자(Gann grids) 그리고 스퀘어(cardinal squares)가 있다.

② 해석

갠은 가격 움직임을 다음 표와 같이 $\frac{1}{3}$과 $\frac{1}{8}$을 나누어서 %를 만들었다. 여기서 가장 중요한 %는 50%인데, 33.3%와 66.3%, 50%는 다우이론과 일치하고, 37.5%와 62.5%는 피보나치 비율과 유사하다.

분수	%
$\frac{1}{8}$	12.5%
$\frac{2}{8}$	25%
$\frac{1}{3}$	33.3%
$\frac{3}{8}$	37.5%
$\frac{4}{8}$	50%
$\frac{5}{8}$	62.5%
$\frac{2}{3}$	66.6%
$\frac{6}{8}$	75%
$\frac{7}{8}$	87.5%

갠은 가격이 시간과의 관계에서 중심선인 45° 를 기본 각도로 본다. 이 각도를 근간으로 각도, 부채선, 격자 이론을 설명할 수 있다. 갠의 각도는 45° 선을 중심으로 9개의 중요한 각도를 말한다. 갠의 부채선은 저점과 45° 를 기준으로 나머지 비율을 사선으로 그린 것인데 가격이 45° 선 위에 있을 때는 강세시장, 가격이 45° 선

아래에 있으면 약세시장으로 분석한다. 또한 45° 선을 가격이 상향이나 하향으로 돌파되면 이것은 시장의 중요한 전환신호로 인식한다. 갠은 시장의 추세가 진행되는 동안 각각의 각도가 지지와 저항 역할을 한다고 보았다. 그리고 부채선을 그릴 때 중요한 점은 X(가로)축과 Y(세로)축이 1×1로 동일한 규격이어야 정확하게 그릴 수 있다. 즉, 45° 에서 환율이 반전을 보일 경우 환율반전(divergence)의 신호로 본다.

그림 6-32 갠 각도 분석에 의한 저항선과 지지선 및 반전신호

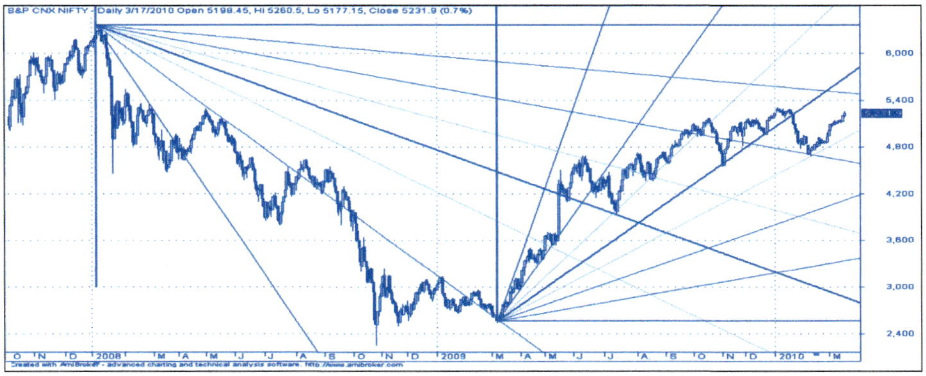

자료 : http://www.marketcalls.in/

표 6-1 **갠의 각도**

단위시간 경과(X)	단위가격 상승(Y)	각도
1	8	1 × 8 = 82.5°
1	4	1 × 4 = 75°
1	3	1 × 3 = 71.25°
1	2	1 × 2 = 63.75°
1	1	1 × 1 = 45°
2	1	2 × 1 = 26.25°
3	1	3 × 1 = 18.75°
4	1	4 × 1 = 15°
8	1	8 × 1 = 7.5°

5. 엘리어트 파동(Elliott wave) 분석기법

5.1 개요

LA에서 태어난 엘리어트(Ralph Nelson Elliott : 1871～1948)는 그의 생애 대부분을 회계원으로 보내면서 노년에 다우존스공업지수(DJIA)를 연구하던 중 자연법칙(밀물, 썰물 등 바다의 물결에서 힌트를 얻음)에 근거해 파동이론을 발견했다. 엘리어트는 1939년에 발간된 *Financial World* 잡지에 주가에도 해가 뜨고 지는 것과 같이 일종의 자연법칙처럼 일정한 리듬이 반복된다는 가격순환을 주장하게 된다. 즉, "주가는 상승 5파와 하락 3파에 의해 끝없이 순환한다" 는 가격 순환법칙을 주장했으나 그 당시에는 큰 인정을 받지 못했다. 그 후 1978년 프레처(Robert Prechter)와 프로스트(A. J. Frost)가 공저서 *Elliott Wave Principle*에서 엘리어트 파동이론에 근거해 1987년 10월 미국주식시장의 대폭락(Black Monday)을 예측했다는 평가를 받고 난 후 주식시장을 예측하는 최고의 예측도구로 각광을 받기 시작했다.

이 엘리어트 파동이론에는 어떤 이론적인 근거나 설명이 포함되어 있지 않은데, 굳이 이론의 근거를 찾는다면 동양의 주역과 같이 우주만물의 생성원리라고 할 수 있다. 이러한 근거가 허황하다고 볼 수 있으나, 기술적 분석 그 자체가 과거의 환율 움직임으로부터 패턴을 연구해 만들어낸 도구라는 점을 생각하면 파동이론도 비과학적이라고 볼 수는 없다. 오늘날 외환시장에서도 많은 트레이더들이 주가에서 발생된 파동이론을 환율에 적용하고 신봉하며 거래를 한다.[15]

엘리어트 파동이론은 환율예측, 특히 장기환율예측에 높은 신뢰성을 보여주고 있는데, 차트패턴 분석과는 달리 한 시점에서 여러 개의 가능성을 제시하지 않는 간편함이 있다. 게다가 기초적 분석과 차트패턴 분석이 환율방향을 제시하지 못할 때에도 엘리어트 파동이론은 해답을 제시한다는 점에서 유용하다.

15. 모든 금융시장의 분석기법은 주가에서부터 환율 그리고 다른 금융시계열에도 그대로 적용된다.

5.2 파동의 기본구성 및 특징

장기간의 주가, 환율 등 금융시장의 가격 흐름을 차트로 그려 분석해보면, 주가, 환율 등의 변동은 일정한 법칙하에 반복적으로 움직이는 것으로 나타난다. 엘리어트가 발견한 가격변동 법칙은, 시장의 가격에는 일정한 리듬, 즉 총 8번의 상하파동이 존재하는데, 이는 상승국면의 5개 파동과 하락국면의 3개 파동으로 구성되어 있다는 것이다. 이때의 상승파동을 충격파동(impulse wave), 하락파동은 조정파동(corrective wave)이라 한다. 이것을 세분화하면 34개의 작은 파동으로 구분할 수 있고 이것을 또 세분화하면 144개의 파동으로 구분할 수 있다.[16] 이렇게 파동을 세분화하는 것을 '파동의 등급' 이라 하는데, 예를 들어 단기파동, 중기파동, 장기파동, 초장기파동 등으로 나눠지며 또한 그 안에서도 세분화되는 파동으로 나눠진다.

이러한 파동분석의 기본 목적은 시장에서 패턴이 어떻게 전개되는가를 살펴보고 해석하는 것이다. 엘리어트 파동이론의 중요한 3가지 요소는 패턴(pattern), 비율(ratio), 시간(time)인데, 파동이론의 기본 법칙은 시장의 거래신호를 해석하는 기초가 된다. 엘리어트의 파동이론은 다우존스공업지수(DJIA)에 처음으로 적용해 개발되었는데, 1939년에 발간된 *Financial World* 잡지에 소개된 대로 다음과 같은 몇 가지 기본적인 원칙이 있다.

- 작용은 반작용을 유발한다.
- 주요 추세는 5개 충격파동과 3개의 조정파동으로 구성된다.
- 8개 파동을 한 사이클로 보며 이 사이클은 다시 한 단계 높(낮)은 5개의 충격파동과 3개의 조정파동으로 구성된다.
- 이 기본적인 5-3 패턴은 시간을 아무리 확대시켜도 끊임없이 계속된다.

즉, [그림 6-33]과 같이 주가 움직임의 기본적인 파동은 8개로 구성되며(1파, 2파, 3파, 4파, 5파, a파, b파, c파) 그 중 1, 3, 5파를 충격파동, 2, 4파를 조정파동이라 하며 전체를 상승 5파라 한다. 5개의 상승 5파가 완성된 후 3개의 하락 3파가 시작된다. 즉, a, b, c파를 하락 3파라 부르는데 a, c파는 충격파동, b파는 조정파동에

16. 김중근(1994), 『엘리어트파동이론』, 사계절.

해당한다. 파동이론은 5단계의 추세지향(상승 혹은 하락) 파동과 그 뒤를 잇는 3단계의 조정(하락 혹은 상승)파동이 반복적으로 형성된다는 것이다. 즉, 1개의 완성된 주기(cycle)는 8개의 파동(상승 5개/하락 3개)이 포함되어 있으며, 앞의 5개 상승 5파는 숫자로 표시되어 있고, 그 뒤의 3개의 하락 3파는 문자 a, b, c로 표시된다. 통상 충격파동은 추세의 흐름과 같은 방향의 파동을 말하며, 조정파동이란 추세의 흐름과 반대되는 방향의 파동을 말한다. 각 파동은 한 단계 낮은(높은) 등급의 파동들로 세분되고, 다시 순차적으로 더 작은 파동(sub-wave)으로 세분될 수 있다. 그러나 엘리어트 파동이론은 지금까지도 많은 연구가 계속되고 있지만 파동계산을 할 때에 그 시작점과 끝점을 정확히 계산하기가 쉽지 않다는 단점을 가지고 있어서 결국 투자자들의 많은 오류와 연습이 요구되는 이론이다.

그림 6-33 엘리어트 파동의 기본패턴 형태

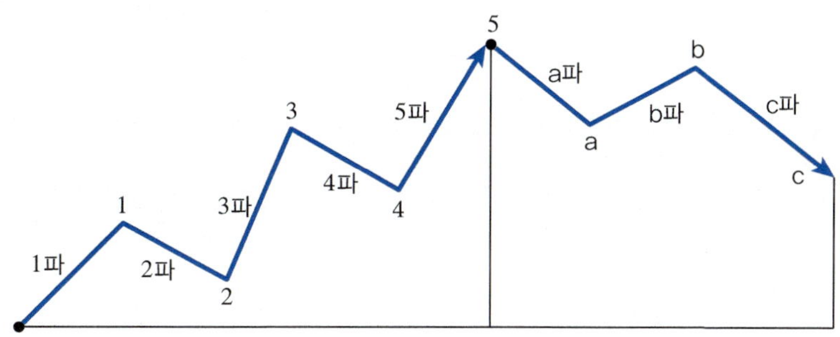

5.2.1 1번 파동

1번 파동은 이제까지의 추세가 일단 끝나고 다시 새로운 추세가 시작되는 출발점이다. 일반적으로 1번 파동은 5개의 파동 중 가장 짧으며, 상승 1파일 경우 장기 하락추세 이후 가장 짧게 나타나는 경우가 많으므로 단순한 반등으로 취급하기 쉽다. 그리고 1번 파동은 충격파동이므로 반드시 5개의 파동으로 구성되어야 한다.

5.2.2 2번 파동

2번 파동은 1번 파동의 방향과는 반대 방향으로 형성되므로 1번 파동으로 인해 새로운 추세가 시작되었다고 생각하던 기술적 분석가들을 과연 새로운 추세가 시작되었는지 의심하게 된다. 보통 상승 2파는 조정파동으로 3개의 파동으로 구성되며 보통 1번 파동의 38.2% 혹은 61.8%비율만큼 되돌리는데 1번 파동을 100% 이상 되돌리는(retracement) 경우는 없다. 1번 파동을 100% 되돌리면 현재의 추세가 전환된 것이 아니고 기존 하락추세가 계속되는 것으로 본다. 즉, 상승시장에서 두 번째 파동의 저점은 첫 번째 파동의 시작점(저점) 이하로 내려갈 수 없다.

5.2.3 3번 파동

3번 파동은 5개의 상승 5파 중에서 가장 강력하고 가격변동도 활발하게 일어나는 파동으로 5개의 파동 중 가장 긴 것이 일반적이다. 또한 거래량도 최고에 이르게 되며 3번 파동에서 갭이 주로 발생하는데 이때의 갭은 돌파갭이나 급진갭일 경우가 많으며 소멸갭은 나타나지 않는다. 3번 파동은 1번 파동에 비해서 길이가 길어야 하는데, 일반적으로 1번 파동의 1.618배가 된다. 다만 3번 파동이 1번 파동의 1.618배가 된다고 하여 그 수준에서 3번 파동이 끝나는 것이라고 생각하는 것은 성급한 생각이며, 또한 그 수준에서 4번 파동으로의 조정이 있을 것으로 기대해 추세와 반대되는 포지션을 만드는 것도 위험한 일이다. 3번 파동은 충격파동이므로 5개의 작은 파동으로 구성되어야 하며 다른 형태로 연장될 수도 있다.

5.2.4 4번 파동

상승 4번 파동은 조정파동으로 3개의 파동으로 구성되며 일반적으로 3번 파동을 38.2% 되돌리는 경우가 많다. 그리고 특별한 경우(diagonal triangles)를 제외하고는 1번 파동의 가격 움직임의 범위 내에 절대 들어가서는 안 된다. 즉, 상승파동일 경우 4번 파동의 저점은 1번 파동의 고점과 겹칠 수 없고 반드시 1번 파동의 고점보다 높아야 한다. 또 4번 파동은 2번 파동과 함께 조정파동으로 조정의 형태가 지그재그나 플랫으로 번갈아 나타나는데, 흔히 4번 파동은 삼각형 패턴을 취한다.

5.2.5 5번 파동

5번 파동은 충격파동으로 이제까지 진행되어온 추세가 막바지에 이르는 국면으로서, 3번 파동에 비해 가격 움직임이 그리 활발하지 못하며 거래량도 3번 파동에 비해 적게 형성된다. 5번 파동 역시 충격파동이므로 5개의 작은 파동으로 세분된다. 5번 파동의 길이는 통상 1번 파동의 길이와 같거나, 또는 1번 파동의 0.618배, 그리고 1번에서 3번 파동 길이의 61.8%만큼 형성되는 경우가 많다. 5번 파동에서도 갭이 나타나는데, 이때의 갭을 소멸갭이라 한다. 5번 파동의 경우 시장이 새로운 고점(저점)을 형성할 때가 많으며 주로 꼭대기(바닥)를 형성하고 다시 하락(상승)하는 경우가 많으니 주의해야 한다.

5.2.6 a파동

1번 파동에서 시작된 주가 움직임의 추세가 5번 파동에 이르러 끝나고 a파동부터는 이제까지의 추세와는 반대방향의 새로운 추세가 시작된다. a파동으로 생각되는 파동은 새로운 추세가 시작되는 충격파동이므로 반드시 5개 파동으로 구성되어야 한다. 따라서 a파동이라고 생각되었던 파동이 3개 파동만 구성하고 기존의 움직임이 재개된다면, 이는 a파동이 아니고 5번 파동이 지속되고 있는 것으로 보아야 한다.

그림 6-34 a파동의 형태

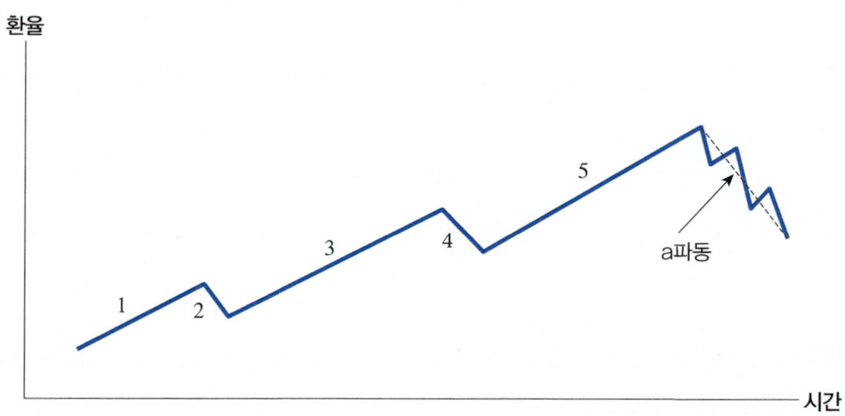

5.2.7 b파동

b파동은 새로이 시작되는 하락추세에 반발하는 매입세력이 시장에 나타나면서 형성되며 보통의 경우 거래는 그리 활발하지 못하다. 이 파동은 1번 파동에서 비롯된 상승추세가 잠깐 동안의 조정기 a파동을 거친 이후에 다시 상승 움직임을 재개하는 것으로 믿기 쉬운 파동으로 b파동이야말로 이제까지의 상승국면에서 가지고 있던 롱 포지션을 정리할 마지막 기회이다.

그림 6-35 b파동의 형태

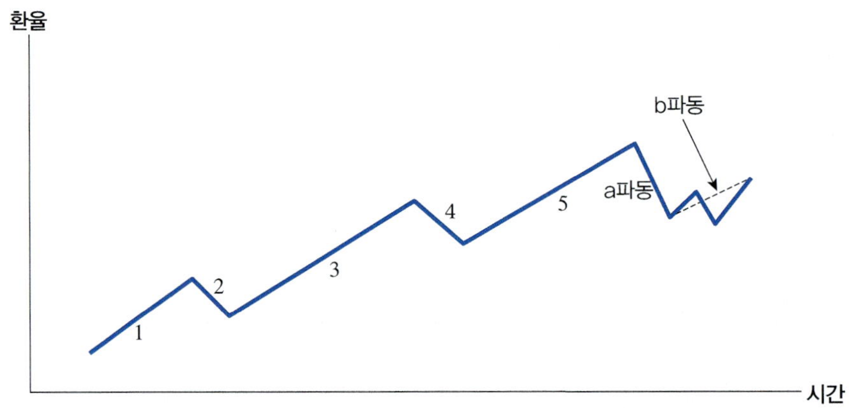

5.2.8 c파동

c파동은 세 번째 파동이라는 점에서 3번 파동의 성격과 유사하고 거래가 활발하게 이루어지며 도중에 갭이 나타나는 등 가격의 변동폭도 크다. 또한 이 파동에서는 실망감과 두려움에서 비롯된 투매의 영향으로 가격의 하락폭도 빨라지게 된다. c파동은 상승파동의 4번 파동 저점과 a파동 저점을 연결한 선을 돌파해 최소한 5번 파동의 크기만큼 하락한다. 패턴 분석의 관점에서 보면 5번 파동과 a파동으로 구성되는 머리를 중심으로 헤드-앤-숄더 패턴의 오른쪽 어깨가 형성되는 것으로 나타난다.

그림 6-36 c파동의 형태

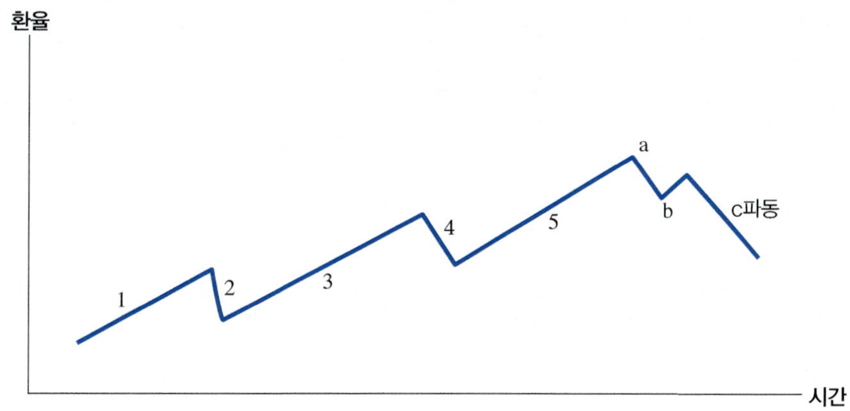

엘리어트 파동이론의 법칙 : 절대불변의 법칙

- 2번 파동이 1번 파동의 시작점 이하로 되돌리는 경우는 절대 없다.
- 1, 3, 5번의 충격파동 중 3번 파동이 가장 짧은 파동일 수는 없다.
- 4번 파동은 절대로 1번 파동과 겹치지 않는다.

그림 6-37 충격파동의 기본형태

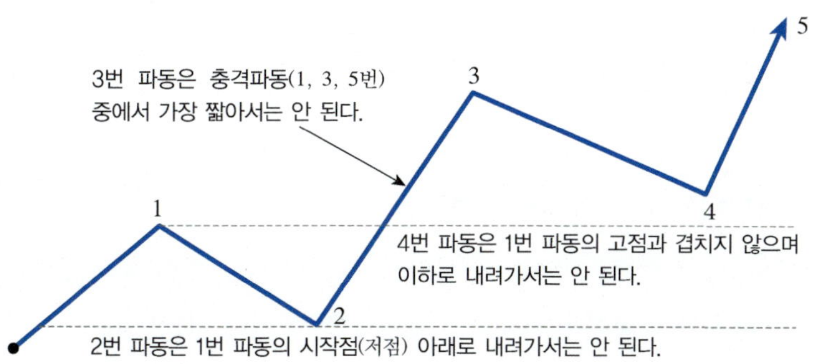

5.3 피보나치(Fibonacci) 비율

5.3.1 개요

엘리어트가 파동이론을 발견하는 데 가장 큰 공헌을 한 것은 바로 피보나치(Leonardo Fibonacci)가 발견한 피보나치 비율(황금비율 golden ratio, 혹은 파이 phi)이다. 피보나치는 1170년대 이탈리아에서 태어난 수학자인데 그는 이집트의 피라미드를 연구하는 동안 지금의 피보나치 숫자로 알려진 아래 숫자 간에 서로의 공통된 특징이 있다는 것을 알게 되었다.

피보나치 숫자는 이전 두 개 숫자의 합은 각각의 다음 숫자로 나타난다는 것이다. 즉, 1 + 1 = 2, 1 + 2 = 3, 2 + 3 = 5, 3 + 5 = 8, 5 + 8 = 13, ……. 따라서 1, 1, 2, 3, 5, 8, 13, 21, 34, 55, 89, 144, 233, 377, 610, 987, 1597, 2584, 4141, ……과 같은 수열을 만들 수 있다. 또 이들 숫자는 해당 숫자의 요소 중에 뒤의 숫자를 앞의 숫자로 나누면 그 값은 1.618에 수렴하고($\frac{233}{144}$ = 1.618055…), 또 앞의 숫자를 뒤의 숫자로 나누면 그 값은 0.618로 수렴한다($\frac{233}{377}$ = 0.61803…). 또 어떤 숫자를 두 자리 앞의 숫자로 나누면 그 값은 2.618로 수렴해간다. 즉, 또한 해당 숫자와 한 숫자 건너 그 상위 숫자를 나누면 몫이 2이고 나눈 수의 하위 숫자가 남는다($\frac{13}{5}$ = 2 and 3). 이 0.618 또는 1.618은 고대 그리스와 이집트 수학자들 간에 황금비율(golden ratio)로 알려지고 있는데, 음악 · 미술 · 건축 등에 이 비율을 사용하고 있다. 비율을 피보나치 비율이라고 말한다.

5.3.2 피보나치 비율과 파동이론

피보나치 비율과 파동이론 간에는 다음과 같은 특징이 나타난다.

1) 파동의 수는 피보나치 수와 일치한다. 즉, 파동의 1주기(cycle)는 5개의 상승 5파와 3개의 하락 3파로 구성된다. 상승 5파의 합 21(= 5 + 3 + 5 + 3 + 5)과 하락 3파의 합 13(= 5 + 3 + 5)을 합치면 34개의 작은 파동(sub-wave)이 된다. 또한 34개 파동 중 각각의 충격파동에 5개의 세분화된 파동을 그리고 각각의 조정파동에 3개의 세분화된 파동을 고려하면 총세분화된 파동(sub-

sub-wave) 수는 144(= 21 + 13 + 21 + 13 + 21 + 21 + 13 + 21)가 된다.

2) 3번 파동의 최소 목표점(minimum target)은 2번 파동의 최종점에다 1번 파동의 높이 × 1.618를 더한 값이 된다.

3) 5번 파동의 경우 2번 파동의 시작점(최종점)에서 1번 파동의 높이 × 3.236(= 1.618 × 2)를 더한 값이 최소목표점이 된다.

4) 일정한 움직임이 있은 후에 가격은 흔히 의미있는 비율로 되돌려지는 것이 일반적인데, 이러한 가격 되돌림은 피보나치 되돌림 수준에서 지지와 저항 역할을 한다. 여기서 되돌림의 목표치를 정할 때 강한 되돌림일 경우 61.8%, 약한 되돌림일 경우 38.2%로 정한다. 중간일 경우 50%로 본다. 피보나치 되돌림은 두 개의 극점(최저점과 최고점) 사이의 추세선이 먼저 그려지고 이 추세선을 가로지르는 9개의 수평선이 피보나치 수준인 0%, 23.6%, 38.2%, 50%, 61.8%, 100%, 161.8%, 261.8% 그리고 423.6%로 나타나며 그려진다.

그림 6-38 이탈리아 천재 수학자 레오나르도 피보나치와 피보나치 수를 이용한 사각형 채우기

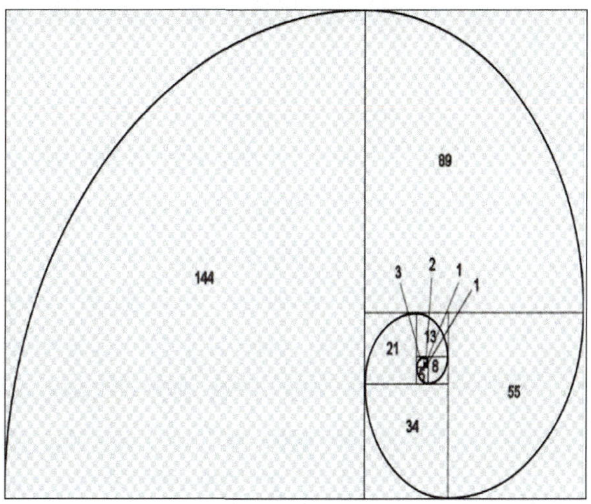

자료 : http://www.grasshopper3d.com/

표 6-2 파보나치 비율과 파동이론

파동	피보나치 비율의 이용
2번 파동	1번 파동을 38.2%의 비율로 되돌리거나 또는 61.8%의 비율로 되돌리는 경향이 많음
3번 파동	1번 파동의 1.618배의 길이로 형성되는 경우가 많음
4번 파동	3번 파동을 38.2% 되돌리는 경우가 많음
5번 파동	1번 파동의 길이와 같거나 1번 파동에서 3번 파동까지 길이의 61.8%의 길이로 형성되는 경우가 많음
b파동	지그재그에서는 a파동을 38.2% 또는 61.8%의 비율로 되돌림. 그리고 불규칙 패턴에서는 a파동의 1.382배 또는 1.236배의 길이로 나타나는 경향이 있음
삼각형 패턴	삼각형을 구성하는 각 파동들은 서로 앞 파동의 61.8%의 길이로 결정되는 경우가 많음

요약

1. 환율예측방법은 크게 '기초적 분석방법'과 '기술적 분석방법'으로 나누어진다. 기초적 분석방법은 환율변동에 미치는 기초적 경제변수들을 선택해 이들 변수와 환율과의 관계를 계량모형화하거나 체계화함으로써 미래의 환율을 예측하는 것이다. 반면에 기술적 분석방법은 과거의 환율 및 이자율의 움직임의 추세적인 특징을 시각적 · 통계적으로 분석함으로써 장래의 환율을 예측하는 방법으로 차트분석기법과 계량적 분석기법이 있다.

2. 차트분석기법은 순수하게 차트의 모양을 보고 일정한 패턴을 찾아내 환율을 예측하는 것이다. 차트의 종류에는 라인 차트, 바 차트, 포인트 앤드 피겨 차트, 그리고 캔들스틱 차트 또는 봉 차트가 있다. 차트분석을 할 때 가장 중요한 개념 중의 하나가 추세개념이다. 추세는 현재 진행 중인 환율 움직임의 방향을 말하는 것으로, 지지와 저항, 가격패턴, 추세선, 이동평균 등을 이용해 파악한다. 추세패턴은 차트의 패턴이 완성된 후 패턴 이전의 추세를 다시 계속하는 추세지속 패턴과 이전의 추세와 반대의 추세를 형성하는 반전패턴으로 나눈다. 지속형 패턴으로는 깃발 패턴, 페넌트 패턴, 삼각형 패턴, 쐐기 패턴, 직사각형 패턴, 지속형 헤드-앤드-숄더 패턴 등이 있다. 반전패턴으로는 헤드-앤드-숄더 패턴, 더블탑 패턴, 트리플탑 패턴, 라운드탑 패턴, V자 패턴, 다이아몬드 패턴 등이 있다.

3. 계량적 분석기법은 통계자료를 이용해 과매수/과매도의 정도를 파악하고 이를 이용해 환율을 예측하는 것이다. 여기에는 이동평균을 이용해 현재의 추세가 상승인지 하락인지를 판단하고 그 추세에 따라 트레이딩을 하는 기법인 이동평균법과 환율이 이동평균선과 어느 정도 떨어져 있는가를 측정하는 오실레이터를 이용해 시장의 충격으로 말미암아 발생되는 과매수 신호와 과매도 신호를 포착하는 오실레이터법이 있으며, 그 외에도 파라볼릭 시스템, 볼링거 밴드, 갠 분석 등도

있다.

4. 장기간의 주가, 환율 등 금융시장의 가격 흐름을 차트로 나타내어 분석해보면 주가, 환율 등의 변동은 일정한 법칙하에 반복적으로 움직이는 것으로 나타난다. 엘리어트가 발견한 가격변동 법칙은, 시장의 가격에는 일정한 리듬, 즉 총 8번의 상하파동이 존재하는데, 이는 상승국면의 5개 파동과 하락국면의 3개 파동으로 구성되어 있다는 것이다. 엘리어트 파동이론은 환율예측, 특히 장기환율예측에 높은 신뢰성을 보여주고 있는데, 차트패턴 분석과는 달리 한 시점에서 여러 개의 가능성을 제시하지 않는 간편함이 있다. 게다가 기초적 분석과 차트패턴 분석이 환율방향을 제시하지 못할 때에도 엘리어트 이론은 해답을 제시한다는 점에서 유용하다.

부록 캔들스틱 차트의 활용

캔들스틱 차트는 주로 주식시장에서 많이 쓰였는데 최근에는 외환시장에서도 많이 사용되고 있다. 구체적으로 어떻게 사용하고 있는지 1개의 캔들스틱, 2개 및 3개의 캔들스틱 조합을 이용한 분석 및 해석을 통해 살펴보도록 하겠다.

1. 캔들스틱 차트의 구조

캔들스틱은 시가, 종가, 고가, 저가의 네 가지 가격으로 구성되어 있으며, 직사각형 부분을 몸통(real body)이라 하며 시가와 종가 사이의 거래범위를 나타낸다. 그리고 몸통의 위아래 가는 선을 그림자(shadow)라고 하며 장중 고가와 저가를 나타낸다. 몸통 위에 있는 그림자를 위 그림자(upper shadow)라 하며 몸통 아래에 있는 그림자를 아래 그림자(lower shadow)라고 한다. 그리고 종가가 시가보다 높은 모양을 양선(white candle) 또는 양봉이라 하며 빨강색 또는 흰색으로 표시되며, 종가가 시가보다 낮은 모양을 음선(black candle) 또는 음봉이라 하며 초록색 또는 검정색으로 표시하게 된다.

그림 A6-1 **캔들스틱의 기본 구조**

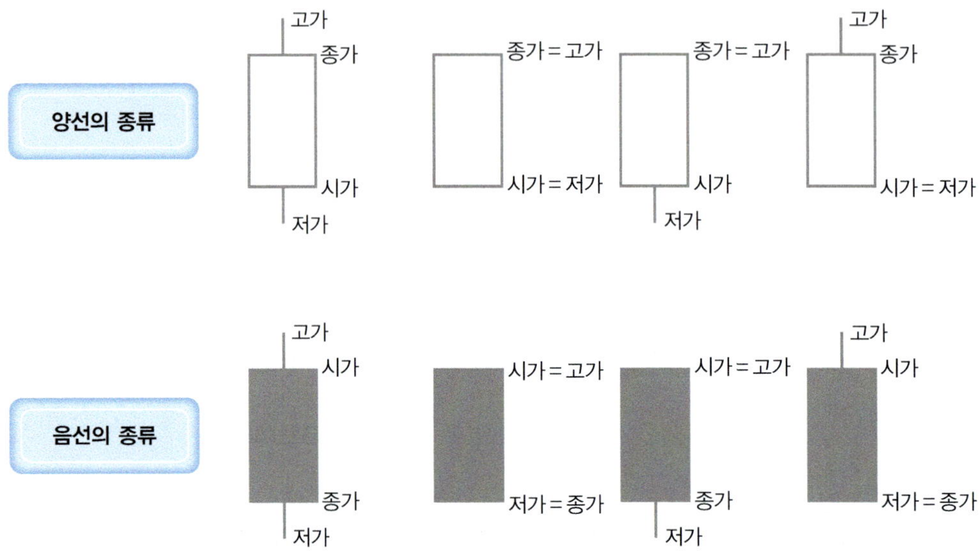

2. 1개의 캔들스틱 차트

1개의 캔들스틱으로 이루어진 차트는 양봉 캔들스틱, 음봉 캔들스틱 및 반전 캔들스틱 패턴 등이 있다. 양봉 캔들스틱은 상승기미를 나타내는 것으로서 흰색으로 표시하며 구체적인 해석은 아래의 그림과 같다.

그림 A6-2 **양봉 캔들스틱**(white candle)

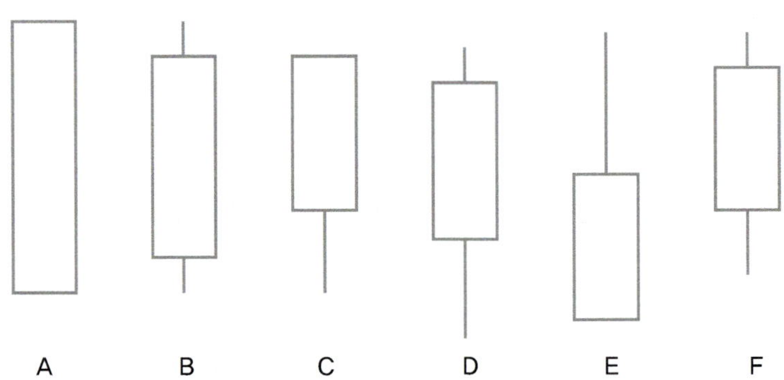

구분	종류	별칭	해석
A	그림자 없는 양장대봉 (long white candle–no shadows)	양봉 마루보주 (white *marubozu*)	매우 낙관적 상승 기미 (very bullish)
B	양장대봉 (long white candle)		매우 낙관적 상승 기미 (very bullish)
C	아래 그림자만 있는 양봉 (white lower shadow)		상승 기미 (bullish)
D	아래 그림자가 긴 양장대봉 (long white candle–lower shadow)	양봉 종가 보주 (white closing *bozu*)	상승 기미 (bullish)
E	위 그림자만 있는 양장대봉 (long white candle–upper shadow)	양봉 시가 보주 (white opening *bozu*)	약한 상승 기미 (moderately bullish)
F	양단봉 (short white candle)		상승 수렴 (stable to bullish)

이와는 달리 음봉 캔들스틱은 검정색으로 표시되는데 하락기미를 나타내며 구체적인 해석은 아래의 그림과 같다.

그림 A6－3 음봉 캔들스틱(black candle)

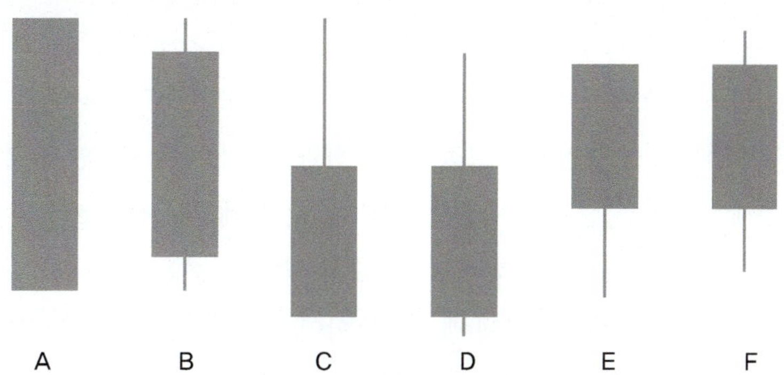

구분	종류	별칭	해석
A	그림자 없는 음장대봉 (long black candle–no shadows)	음봉 마루보주 (black *marubozu*)	매우 비관적 하락 기미 (very bearish)
B	음장대봉 (long black candle)		매우 비관적 하락 기미 (very bearish)
C	위 그림자만 있는 음봉 (long black candle–upper shadow)	음봉 종가 보주 (black closing *bozu*)	하락 기미 (bearish)
D	위 그림자가 긴 음장대봉 (black upper shadow)		하락 기미 (bearish)
E	아래 그림자만 있는 음장대봉 (black lower shadow)	음봉 시가 보주 (black opening *bozu*)	하락 수렴 (stable to bearish)
F	음단봉 (short black candle)		하락 수렴 (stable to bearish)

한편 추세의 변화를 나타내는 캔들스틱은 반전 캔들스틱이라고 하고 다양한 패턴이 있다([그림 A6-4]). 십자형(*doji*)이라 불리는 캔들스틱은 가격이 장중에 등락을 계속하다가 종가가 시가와 같아지게 되는 경우를 말하는데 추세반전에 대한 신호로 본다([그림 A6-4] A~D 참조). 이 십자형은 캔들스틱이지만 종가와 시가가 같아지게 됨에 따라 본래의 몸체 대신에 하나의 선으로 표현되기 때문에 그 모습이 전형적인 캔들스틱의 모습과는 다르다. 이 신호는 미국식 캔들 차트보다 일본식 캔들차트에서 더 중요하게 인식된다. 이 스틱의 의미는 매도세력 간의 한 치의 양보도 없는 상태로 저점에서는 상승추세로, 고점에서는 하락추세 신호로 해석할 수 있다. 하지만 상승추세에서 긴 양선 이후 출현하는 십자형은 추세전환 신호로서 높은 신뢰도를 갖지만, 하락추세에서의 십자형은 신뢰도가 약하다. 이는 하락추세에서는 심리적으로 불안정한 투자자들 때문에 매도세가 이어져 하락세가 계속되는 경우가 나타날 수도 있기 때문이다.

장족 십자가형([그림 A6-4] C 참조)은 도지(*doji*)를 사이에 두고 아래위로 긴 그림자를 갖는 형태로 매수세력과 매도세력이 서로 확신을 갖지 못하고 있음을 보여주고 있다. 하루 중에도 급상승했다가 급하락했거나 또는 급하락했다가 급상승했을 경우로 다소 시장의 추세가 불안정함을 읽어낼 수 있다. 비석형([그림 A6-4] D 참조)은 시가와 종가와 저가가 같게 형성된 것으로 저점보다는 고점에서 신뢰도가 높다. 즉, 상승추세에서 나타나는 비석십자형은 하락추세로의 전환을 의미하는데, 이는 저가로 출발해 상승을 하다가 매수세의 동요로 다시 종가가 저가와 시가 수준으로 하락했기 때문이다. 이때 고가가 높으면 높을수록 강력한 하락전환 신호로 본다.

그림 A6-4 반전 캔들스틱 패턴(reversal pattern)

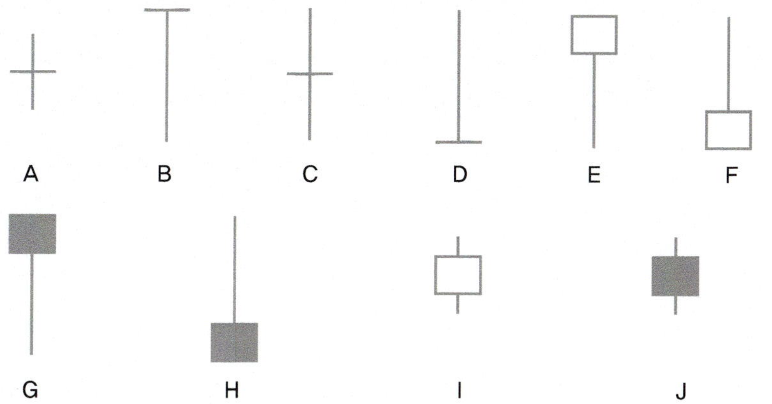

구분	종류	별칭	해석
A	시가 & 종가 도지	십자형(*doji*)	추세전환 (reversal)
B	시가 & 종가 도지	잠자리형(Dragonfly)	추세전환 (reversal)
C	시가 & 종가 도지	장족십자형(*tonbo*)	추세전환 (reversal)
D	시가 & 종가 도지	비석형(gravestone)	추세전환/안정화 (reversal-stable)
E	아래 그림자만 있는 양봉	해머형 (hammer)	저점에서 출현/상승추제전환 (buy at the bottom-reversal)
F	위 그림자만 있는 양봉	역망치형 (inverted hammer)	상승추세전환 (buy at the bottom-reversal)
G	아래 그림자만 있는 음봉	행잉맨형 (hanging man)	고점에서 출현-하락전환 (sell at the top-reversal)
H	위 그림자만 있는 음봉	유성형 (shooting star)	하락추세전환 (sell at the top-reversal)
I	양단봉	코마(*koma*)	모두 가능 (either way)
J	음단봉	코마(*koma*)	모두 가능 (either way)

해머형과 행잉맨형은([그림 A6-4] E, G 참조) 우산형으로 불리기도 하는데 고점이나 저점에서 아래로 달린 꼬리가 몸체의 두 배 이상 되는 모양을 지니고 있다. 우산형은 과도한 매수상태를 나타내므로 향후 상승추세 또는 하락추세로 발전할 가능성이 농후하다고 해석할 수 있다. 역망치형과 유성형은([그림 A6-4] F, H 참조) 우산형의 모습을 정반대로 바꾸어 그린 것으로 보통 갭을 동반해 나타나며, 하락추세 혹은 상승추세가 한계에 다다라 추세반전을 예고한다. 마지막으로 코마(*koma*)는([그림 A6-4] I, J 참조) 전환점은 전환점이지만 어느 방향으로 추세가 전환될 것인지 알 수 없는 상황을 나타낸다.

3. 2개 이상의 캔들스틱 패턴

하나의 캔들스틱을 분석하는 경우에는 몸체보다 그림자의 위치와 길이를 중요하게 여겨서 해석하는 반면 2개 이상을 분석하는 경우에는 그림자보다는 몸체를 더 중요하게 여겨 해석하게 된다.

① 장악형

장악형에는 상승장악형과 하락장악형이 있으며, 첫날 음봉/양봉이, 다음날 양봉/음봉이 완전히 감싸 안은 모양으로 나타난다. 이는 다음 날의 몸체가 크면 클수록 새로운 추세의 에너지가 강한 것으로 본다. 게다가 장악형의 둘째 날 거래량이 급증하게 되면 강력한 추세전환 신호로 해석할 수 있다.

그림 A6-5 장악형(engulfing pattern)

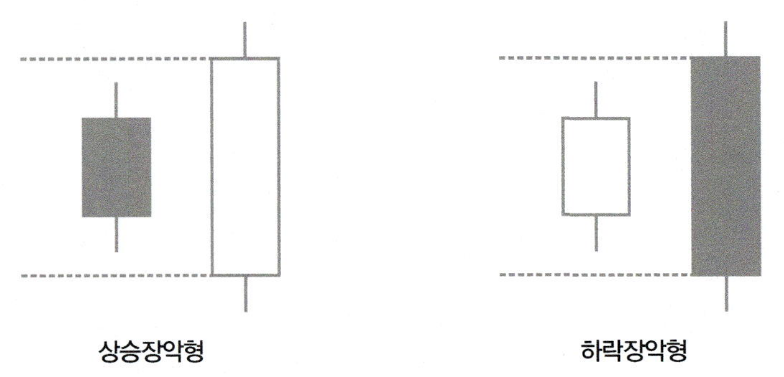

상승장악형은 가격의 상승전환 시점을 예고하는 것으로 해머형으로 변경될 수가 있다. 그리고 하락장악형은 가격의 하락전환 시점을 나타내는 것으로 유성형으로 변경할 수가 있으며, 만약에 몸체가 매우 작을 경우에는 비석형으로 변경될 수도 있다. 결과적으로 2개의 캔들스틱 패턴은 그 역할을 충분히 수행하는 단일 캔들스틱으로 변경될 수 있다.

그림 A6-6 장악형의 변경

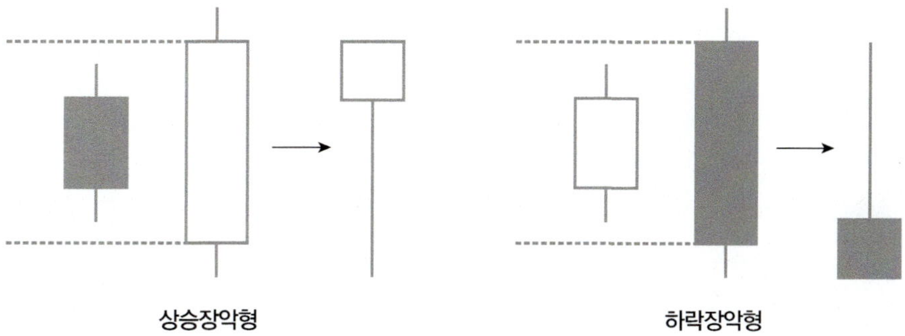

② 잉태형

잉태형이란 몸체가 긴 캔들스틱과 몸체가 짧은 캔들스틱이 계속적으로 나오는 모양으로 둘째 날의 캔들스틱이 첫날의 캔들스틱을 감싸 안을 정도로 큰 장악형과는 반대로 첫날의 캔들스틱이 둘째 날의 캔들스틱을 감싸 안을 정도로 크다. 상승잉태형은 첫째 날 몸체가 긴 음봉 안에서 둘째 날의 몸체가 작은 양봉이 형성되어 웅크

그림 A6-7 잉태형(*harami*)

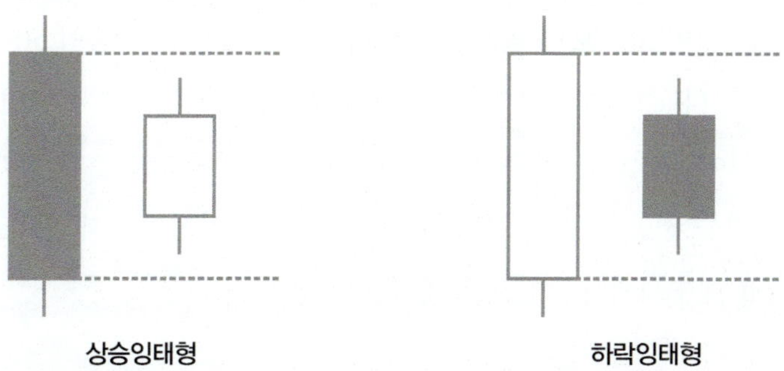

리고 있는 패턴으로 첫째 날 매도세력에 반발 매수세력이 유입되었음을 나타내며 꼬리와 몸통이 작을수록 신뢰도가 높다. 그리고 하락잉태형은 상승잉태형과 마찬가지로 첫째 날 양봉 안에서 둘째 날의 음봉이 웅크리고 있는 형상으로 매도세력의 출현을 알리는 신호이다.

상승잉태형은 가격의 상승전환 시점을 예고하는 것으로 해머형으로 변경될 수가 있으며, 하락장악형은 가격의 하락전환 시점을 나타내는 것으로 유성형으로 변경될 수가 있으며, 만약에 몸체가 매우 작아 둘째 날의 캔들스틱이 십자형으로 나타날 경우 강력한 하락신호를 나타내는 비석형으로 변경될 수 있다.

그림 A6-8 잉태형의 변경

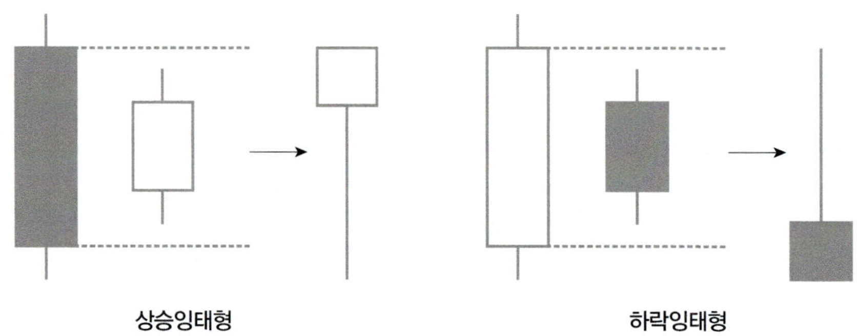

③ 먹구름형과 관통형

먹구름형과 관통형(dark-cloud cover & piercing pattern)은 중요한 반전신호로써 해석되는데 먹구름형은 상승추세에서 하락전환 신호로, 관통형은 하락추세에서 상승전환 신호로 해석된다. 우선 먹구름형은 첫째 날에 몸체가 긴 양선이 나타나고 둘째 날 시가는 전일 고가보다 높게 형성되나 종가는 전일의 양봉의 50% 이하에서 형성되는 패턴이다. 그리고 관통형은 첫째 날 몸체가 긴 음봉이 출현된 후 다음날 몸체가 긴 양선이 나타나는 경우인데, 둘째 날의 시가는 전일 종가 아래에서 낮게 시작된 후, 종가는 전일 음봉의 50% 이상의 수준에서 형성되는 패턴으로 하락추세시 강력한 신규 매수세력의 출현으로 해석할 수 있다.

그림 A6-9 **먹구름형과 관통형**(dark-cloud cover & piercing pattern)

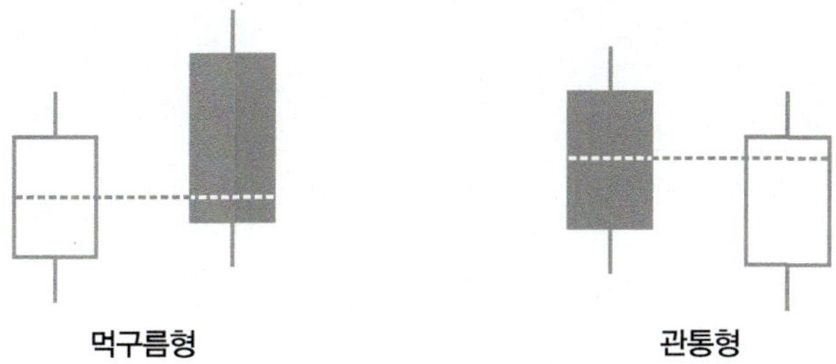

먹구름형은 하락전환 시점을 나타내므로 유성형으로 변경될 수 있으며, 만약 둘째 날의 음선이 길게 나타나 첫째 날의 양선을 포함해버리면 완벽한 하락전환 신호로 해석하는 비석형으로 변경시켜 해석할 수도 있다. 그리고 관통형은 상승반전 및 상승전환 시점을 나타내는 해머형으로 변경될 수 있다. 한 개의 캔들스틱으로 변형시켜 해석해도 분석에 큰 문제를 일으키지 않는다.

그림 A6-10 **먹구름형과 관통형의 변경**

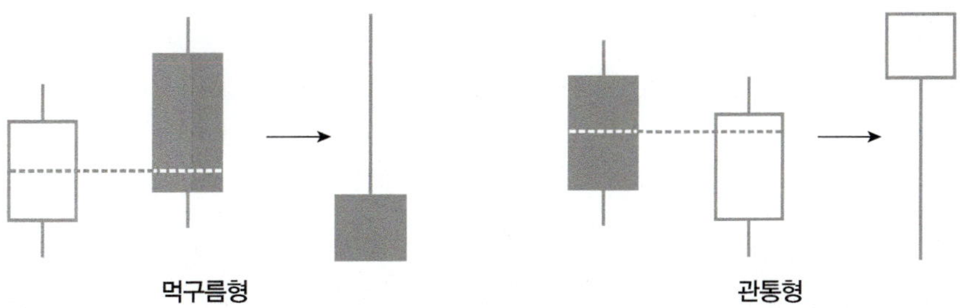

④ **별형**(star pattern)

별형이란 상승추세나 하락추세에서 첫날 몸체가 긴 캔들스틱이 출현한 후에 둘째 날은 첫째 날의 캔들스틱과 무관한 갭성의 단봉이 나타나고 셋째 날 캔들스틱의 종가가 첫째 날의 캔들스틱의 50% 이상에서 형성된 패턴을 이야기한다. 샛별형(morning star)은 하락추세에서 상승전환 신호로 해석할 수 있으며, 석별형(evening star)은 상승추세에서 하락전환 신호로 해석할 수 있다.

그림 A6-11 별형

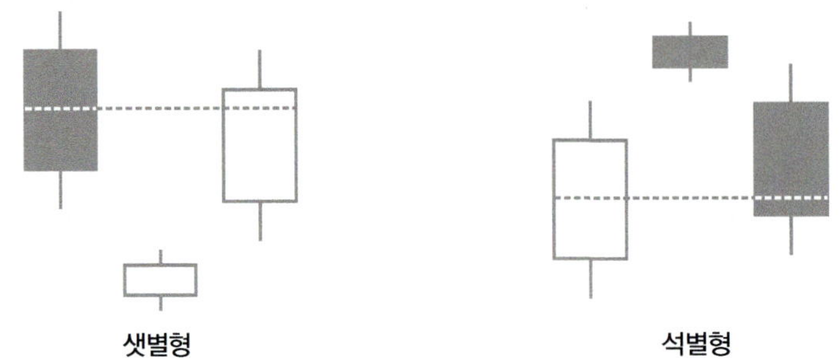

샛별형은 가격의 상승전환 시점을 예고하는 것으로 해머형으로 변경될 수가 있다. 석별형은 가격의 하락전환 시점을 나타내는 것으로 유성형으로 변경될 수가 있으며, 세 번째 음봉이 길게 나타나 첫 번째 양봉을 포갤 수 있는 정도가 되면 강력한 하락신호인 비석형으로 변경될 수 있다.

그림 A6-12 별형의 변경

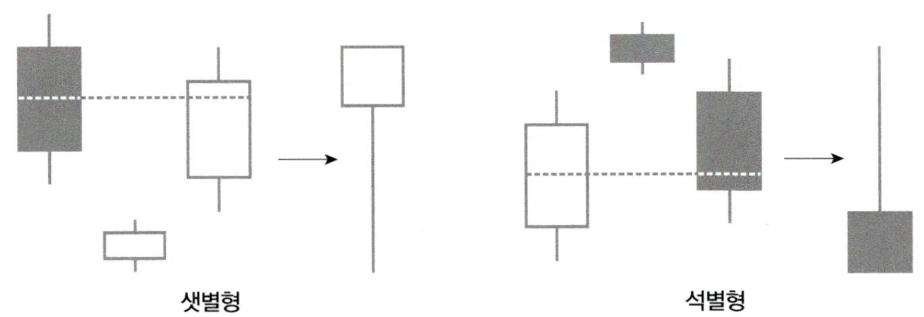

⑤ 적삼병, 흑삼병

적삼병은 연속된 3개의 양봉으로 시초가와 종가가 모두 이전 캔들스틱보다 위에서 형성되는 패턴이다. 저점에서는 대표적으로 강력한 상승추세를 알리는 패턴이지만, 고점에서는 단기 고점을 알리는 신호로 해석할 수 있다. 반면에 흑삼병은 연속된 3개의 음봉으로 시초가와 종가가 모두 이전 캔들스틱보다 아래에서 형성되는 대표적인 하락형 패턴으로 고점에서는 강력한 매도신호로, 저점에서는 거래량에 따라 추가하락 혹은 속임수 패턴으로 해석할 수 있다.

그림 A6-13 적삼병, 흑삼병

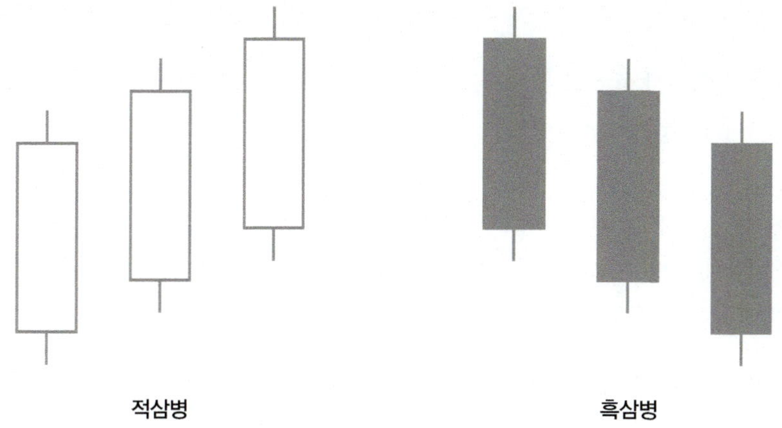

적삼병은 양봉 3개가 합성되어 긴 양봉으로 변환될 수 있고, 흑삼병은 음봉 3개가 합성되어 긴 음봉으로 변환될 수 있다. 이렇듯 몸체가 긴 캔들스틱으로 형성된다는 것은 투자심리의 반전을 나타내고 있다고 해석할 수 있다.

그림 A6-14 적삼병과 흑삼병의 변경

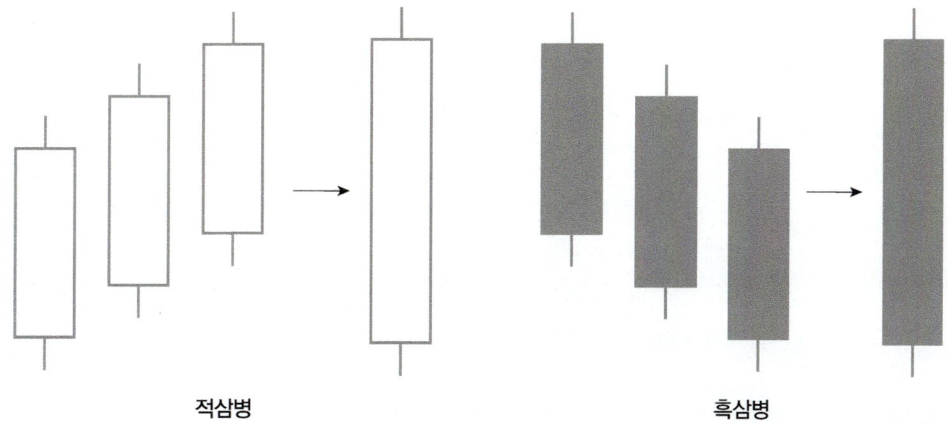

연습문제

01. 정확한 예측과 유용한 예측의 차이는 무엇인가? 정확한 예측을 필요로 하는 사람은 누구인가?

02. 현재환율이 $1 = 100엔이고 일본 및 미국의 연 이자율은 각각 4%와 7%이다. 그러나 어떤 외환딜러가 독자적인 환율예측모형을 이용해 1년 후 환율이 103엔이 될 것으로 예상하고 있다.

a. 1년 선물환율은 얼마인가?
b. 이 외환딜러는 어떤 선물환거래를 하겠는가?
c. 만일 모든 사람들이 동일한 예측모형을 이용한다면 환율과 이자율에 어떤 변화가 발생하겠는가?

03. 남미의 어떤 국가가 미국 달러화에 대해 고정환율제도를 유지하고 있다. 그 국가의 정부는 달러당 0.9페소로 고정된 환율을 유지하기 위해 이자율 정책만을 이용할 수 있으며 아무런 외환통제가 없다고 하자. 그런데 근래 들어 외환이 고갈되어 페소화에 대한 심각한 투기적 공격에 시달리고 있다. 현재 페소화에 대한 연 이자율은 18%이고 달러화에 대한 이자율은 6%이다.

a. 페소화가 절하되는 상황을 이용하려면 어떤 대차관계를 취해야 하는가? ($1,000를 거래한다고 가정하라.)
b. 만일 이 국가의 정부가 페소화에 대한 투기적 공격을 성공적으로 방어한다면 a.번의 대차관계는 얼마만큼의 손실을 야기하는가?
c. 만일 환율이 1개월 내에 1.0페소로 상승한다면 얼마의 이득을 얻겠는가?

04. 환율예측과 관련해 기초적 분석보다 기술적 분석이 더 자의적(discretionary)이라고 하는데, 그 이유가 무엇인가?

05. 차트 패턴의 추세반전 패턴(trend reversal pattern) 중에서 헤드-앤드-숄더(head-and-shoulders) 차트모양을 그려보고 목선(neck-line)을 표시한 후 목선이 붕괴되었을 때 목표치를 어떻게 계산하는지 설명하라.

06. 현대 외환시장은 극도로 효율적인 시장(efficient market)이라고 볼 수 있는데, 효율적인 시장에서도 기술적 분석을 통한 환율예측으로 비정상적인 이익을 얻을 수 있는가? 만약 얻을 수 있다면 효율적 시장가설(efficient market hypothesis)과 기술적 분석과는 어떤 관계가 성립이 되는가?

07. 엘리어트 파동 중에서 충격파동과 조정파동을 설명하고 충격파동은 몇 번 파동으로 구성되며 조정파동은 몇 번 파동으로 구성되는가? 그리고 엘리어트 파동이론의 절대 불변의 법칙을 설명하라.

08. 스피드라인에서 $\frac{2}{3}$선이 붕괴되었다면 무슨 의미로 볼 수 있는가? 만약 상승추세에서 이런 경우 당신은 매수를 하겠는가 아니면 매도를 하겠는가? 만약 $\frac{1}{3}$선이 깨졌다면 무슨 의미로 해석이 가능한가? 이때 매수를 하겠는가 아니면 매도를 하겠는가?

09. 볼린저 밴드의 폭이 축소된다는 의미는 무엇인가? 반면 밴드폭이 넓은 경우에는 어떤 신호를 주는가?

10. 파라볼릭을 나타내는 점선이 가격선(환율)과 만나면 어떤 신호로 받아들여야 하는가? 이때 SAR(stop and reverse)의 의미는 무었인가? 파라볼릭 점선이 환율 아래에서 만나면 상승추세인가, 하락추세인가? 파라볼릭 점선이 가격선 위에 오면 상승신호인가, 하락신호인가?

07장

Chapter seven

환위험 측정

1. 환위험의 기초

1.1 금융위험의 종류

금융시장에 참여하는 은행들이나 금융기관들은 반드시 위험통제시스템(risk control system)을 갖추어 놓고 있어야 하며 언제든지 시가평가(marking to market)를 통해 시장변동의 위험 또는 트레이더나 은행의 거래로부터 발생되는 총위험을 통합해 측정할 수 있어야 한다. 여러 종류의 위험이 있으나 외환거래와 관련해 중요하게 고려되는 위험은 대개 시장위험(market risk), 결제위험(settlement risk), 신용위험(credit risk), 국가위험(country risk) 등이다.

1.1.1 시장위험(market risk)

시장위험이란 은행이 새로 잡은 포지션(position taking)이나 영업상 가지고 있는 포지션이 시장이자율이나 환율이 변동됨으로 인해 발생하는 손실을 말한다. 예를 들어 한국의 A은행이 1백만 달러를 USD/KRW 환율 1,200원에 B은행에 팔았다고 하자. 결제시에 환율이 변동되어 1,250원이 되었다면 A은행은 1달러당 50원씩 총 5천만원의 손실을 본 셈이 된다. 주로 금융기관은 이러한 위험측정을 매일매일 시장이 끝나는 시점에 하게 되는데 이것을 일별시가평가(daily marking to market)라고 한다. 미국의 외환시장에서는 보통 선물시장이 끝나는 3:00pm EDT를 평가(revaluation)시점으로 잡고 있다.

트레이더가 외환을 사거나 팔 때,[1] 즉 포지션이 열려 있을 때(open position)는 환율변동에 따른 위험에 늘 노출되어 있다. 그러나 동일금액에 대해 반대거래를 할

1. 트레이더들은 이것을 '포지션을 잡는다' (position taking)라고 한다.

때, 즉 포지션을 닫을 때(closed or covered)는 환율변동의 위험이 없어진다. 예를 들어 흔히 스왑거래는 환위험은 없다고 말한다. 그러나 엄격히 말하면 선물환 프리미엄을 계산할 때에는 급격한 환율변동이 있으면(high volatility) 이것도 현물환율 변동으로 인한 스왑포인트를 변화시키기 때문에 환위험이 있다고 해야 할 것이다. 일반적으로 외환시장의 위험은 환율위험(exchange rate risk)에다 이자율 위험(interest rate risk)도 포함해 말한다. 그러나 국제금융시장에서 주요 통화의 환율은 하루에 18,000번 이상 가격이 움직인다. 따라서 급변하는 외환시장의 가격변화가 주요 시장위험이라고 말할 수 있다.

트레이더가 이익을 창출하고자 하는 거의 모든 금융거래는 반드시 시장위험을 가지고 있다고 볼 수 있다. 때로는 이러한 시장위험 없이 돈을 버는 거래를 할 수 있는데, 제4장에서 설명한 것처럼 이를 차익거래(arbitrage trading)라고 한다. 이는 여러 가지 시장과 금융상품을 동시에 모니터링해서 시장 간 혹은 상품 간에 차익창출의 기회가 오면 시장이 움직이기 전에 즉시 사고파는 거래를 동시에 함으로써 이익을 취하는 방법이다.

1.1.2 결제위험(settlement risk)

결제위험은 주요 금융시장의 영업시간대가 서로 달라 외환거래의 결제일에 양 통화가 동일 시간에 교환되지 않고 한 통화는 먼저 지급되고 다른 통화는 나중에 지급되므로 발생할 수 있는 위험이다. 예를 들어 미국의 ABC은행이 독일의 XYZ은행과 EUR/USD 환율 1.1900에 1천만 달러(USD 10 Mio)를 매입하는 거래를 했다고 하자. 미국 ABC은행은 독일 XYZ은행으로부터 동일 날짜(same value date)에 1천만 달러를 받고 8,403,360유로를 지급해야 한다. 그러나 유럽의 영업시간이 빠르므로 프랑크푸르트(Frankfurt)시장에서 8,403,360유로를 먼저 입금시키고(payment order), 나중에 뉴욕시장에서 1천만 달러(USD 10 Mio)를 지급받게 된다. 이때 뉴욕의 노스트로 계좌에 달러가 입금되지 않으면 문제가 발생된다. 따라서 각 은행들은 이러한 잠재위험을 줄이기 위해 일일결제한도를 정해 놓고 하루에 특정금액 이상의 거래가 일어나지 않도록 관리하고 있다. 이를 일일 최대지급한도(maximum daily delivery limit)라고도 한다. 또한 이러한 결제위험을 줄이기 위해 최근 각 금융기관끼리 넷팅계약(netting agreement)을 맺어 놓고 동일한 거래에 대해서는 만기에 가서 잔액만 수도하는 방법을 채택하고 있다.

Box 7-1 Herstatt 위험

결제위험을 흔히 허쉬타트 위험(Herstatt risk)이라고도 한다. 1974년 6월 25일 독일의 소규모 민간은행인 Bank Herstatt가 외환딜링에서 약 4억 달러의 환차손을 입고 독일의 영업시간에 파산하면서 Bank Herstatt는 독일 마르크 및 유럽통화를 받았으나 상대적으로 뉴욕에 있는 코레스 은행(correspondent bank)에 지급해야 할 달러는 지급하지 않는 사고가 발생했다. 또한 1991년 영국계 BCCI가 파산하고 난 뒤에도 같은 문제가 발생했다.

1.1.3 신용위험(credit risk)

신용위험이란 상대방이 고의적(voluntary)이든 혹은 비고의적(involuntary)이든 지급해야 할 채무를 이행하지 않을 위험을 말한다. 신용위험의 예로 1980년대 정크본드(junk bond) 거래의 선두주자였던 드렉셀 번햄(Drexel Burnham of New York)사의 갑작스런 파산을 들 수 있다. 물론 이 경우 대출부서와 가장 큰 관련이 있겠지만 신용위험과 결제위험이 동시에 외환시장에도 영향을 미치게 된다. 선물환거래는 물론 현물환거래도 신용위험에 쉽게 노출된다. 반면에 거래소에서 거래되는 통화선물이나 통화옵션의 경우는 청산소(clearing house)를 통해 차익결제만 하기 때문에 신용위험은 거의 없는 편이다. 신용위험은 신용한도(credit line)로 관리된다. 신용부서 혹은 딜링부서는 수시로 상대방의 신용한도를 준수하면서 거래를 해야 한다. 많은 은행들은 영국은행협회(British Banker' s Association)의 외환위원회(Foreign Exchange Committee)에서 초안한 국제 외환계약서(International FX Master Agreement)를 사용한다. 신용위험은 금융기관(특히 은행업)에서는 가장 비중이 큰 위험이며 금융기관 총위험의 약 80% 이상이 신용위험에 속한다고 볼 수 있다. 상업은행들의 위험에 대한 노출(exposure)은 대부분 대출관련 업무(loan or guarantee)와 관련이 있고 고객이 채무상환을 하지 못하고 파산하는 경우가 많기 때문이다.

1.1.4 국가위험(country risk, sovereign risk)

국가위험이란 정치적인 요인으로 국가가 개입해 상대방 국가의 자금 지급을 방해하는 경우를 말하며, 보통 정치적 위험(political risk)이라고도 한다. 중앙은행의 외환시장 개입과는 구별되며 국가적 차원의 전쟁이나 내전, 집단폭동, 외환통제, 규제 변경 등 정치적 요인으로 특정국가가 상대방 국가의 자산을 동결하거나 지급을 하지 못하게 하는 경우에 발생한다. 2011년 2월 26일 유엔 안전보장이사회가 카다피 리비아 국가원수의 해외자산 동결을 만장일치로 결의하면서 미국 등 유럽 국가들이 자국 내 카다피 및 리비아 자산에 대해 동결한 조치는 국가위험의 좋은 예이다. 또한 이란에서 미국인을 인질로 잡았을 경우 미국정부가 이란 자산을 동결한 경우도 있다. 이 경우 신용위험(credit risk)보다 더 많은 금융기관들이 큰 피해를 입게 된다. 따라서 트레이더가 이러한 사태를 사전에 예상하고 예방하는 것은 매우 중요하다.

1.2 환위험의 개념

1.2.1 환위험의 정의

환위험(foreign exchange risk)은 통화위험(currency risk)이라고도 부르는데, 예상하지 못한 환율변동으로 인해 기업이나 경제적 주체가 손실을 입을 가능성의 정도를 말한다. 따라서 환위험은 위에서 소개한 시장위험 중 하나에 속한다.

환위험은 다음과 같이 환노출(foreign exchange exposure)과 환율변동성(exchange rate volatility)의 두 가지 요인에 의해 결정된다.

$$\text{환위험} = \text{환율변동성} \times \text{환노출} \qquad (7-1)$$

여기서 환노출이란 환율변동에 의해 기업가치가 얼마나 민감하게 영향을 받는가 하는 민감도를 의미한다. 이는 외화로 표시된 자산 및 부채 보유상태, 그리고 외화의 현금흐름 등에 의해 그 크기가 달라진다.

(7-1)식은 환위험의 두 요인 간의 관계를 통해서 환위험의 개념에 대한 명확한

이해를 제공해준다. 이 식에 따르면 환노출이 크거나 환율변동폭이 커지면 환위험이 커지게 된다. 예를 들어 A기업은 1억 달러의 순채무를 가지고 있고 B기업은 1백만 달러의 순채무를 가지고 있다. 만일 환율이 1달러당 10원 상승하면 A기업은 10억원의 추가부담이 발생하는 반면 B기업은 1,000만원의 추가부담이 발생한다. 즉, 동일한 환율변동에 대해 환노출 정도가 100배 큰 A기업이 B기업에 비해 100배의 환위험이 발생하게 되는 것이다. 한편 환노출의 크기가 같을지라도 환율변동이 크면 클수록 환위험은 커지게 된다. 동일한 A기업에 대해서 만일 환율이 1달러당 10원 상승하면 외채부담은 10억원 추가되는 데 반해 환율이 100원 상승하면 100억원의 외채상환 부담이 늘어나게 된다.

이처럼 환위험은 환노출의 크기와 환율변동이라는 두 가지 요인에 의해 결정되는데, 이 중 예상하지 못한 환율변동은 개별기업이 통제할 수 있는 변수가 아닌 반면 환노출은 개별기업이 통제할 수 있는 요인이다. 따라서 개별기업 차원에서 환위험을 줄이기 위해서는 환노출을 파악하고 이에 대한 적절한 관리가 중요하다. 이와 같은 이유 때문에 많은 경우 환위험관리와 환노출관리를 동일한 개념으로 혼용해서 사용하기도 한다.

1.2.2 환노출의 종류 : 개념적 구분

환노출의 개념은 어떤 관점에서 보느냐에 따라 다양하게 분류될 수 있는데, 가장 일반적인 분류는 환산노출, 거래노출, 경제적 노출로 나누는 것이다.[2]

환산노출(translation exposure)은 흔히 회계적 노출(accounting exposure)이라고도 하는데, 외화로 표시된 자산, 부채, 수익, 비용 등의 재무제표를 자국통화로 환산할 때 가치변화를 발생시킬 수 있는 외환 포지션을 말한다. 어느 한 기업의 경영성적과 재정상태를 종합적으로 파악하기 위해서는 그 기업의 모든 지사 및 자회사의 재무제표를 모기업의 재무제표와 연결시켜 보아야 한다. 만일 자회사(예를 들어

2. 문헌에 따라 약간씩 용어사용에 차이가 있음에 주의하기 바란다. 어떤 문헌에서는 회계적 관점에서 이미 거래가 끝났고 외화표시 재무제표 환산에 수반되는 환노출인 회계적 노출과 거래가 끝나지 않은 경제적 노출로 구분해 회계적 노출이라는 용어를 이 책에서의 환산노출과 거래노출을 포괄하는 개념으로 사용하기도 한다. 또 다른 문헌에서는 현금흐름의 관점에서 현금흐름이 수반되지 않는 환산노출과 현금흐름에 영향을 주는 경제적 노출로 구분해 경제적 노출이라는 용어를 이 책에서의 거래노출과 경제적 노출을 포괄하는 개념으로 사용하기도 한다.

우리나라 기업의 미국자회사)의 재무제표가 모기업의 보고통화(원화)와 다른 통화(달러화)로 작성되어 있는 경우 연결재무제표를 작성하기 위해서는 보고통화로 환산해야 하는데, 이 과정에서 장부상 기재되어 있는 항목들에 대해 환율변화가 야기할 수 있는 가치의 변화 정도를 환산노출이라고 한다.

거래노출(transaction exposure)은 외화표시거래의 청산과정에서 환율의 변동으로 인해 외환차익 또는 차손이 발생할 수 있는 정도를 말한다. 거래노출은 거래는 이미 끝났으나 결제가 환율변동 시점 이후에 이루어지기 때문에 해당 항목들에 대해 환율변화가 가치의 변화를 야기함으로써 발생한다. 이처럼 거래시점과 결제시점이 달라 거래노출을 야기할 수 있는 외환거래로는, 상품 및 용역의 외상매입과 외상매출, 외화로 결제가 이루어지는 차입 및 대출, 미이행 선물환계약의 당사자가 되는 거래 등이 있다.

경제적 노출(economic exposure)은 흔히 영업노출(operating exposure)이라고도 하는데, 예상하지 못한 환율변동으로 인해 기대현금흐름의 순현재가치, 즉 기업가치가 변화할 수 있는 가능성을 의미한다. 환율의 변동은 장래에 있어 기업의 매출량, 제품가격, 원가 등 실질영업성과에 영향을 미치게 되고 이는 장래 현금흐름의 변동을 통해 결국 기업의 수익에도 영향을 미치게 된다. 환산노출 및 거래노출과의 근본적인 차이는, 다른 환노출들이 경제활동 및 영업활동 자체에는 아무런 영향이 없고 회계상의 문제와 관련이 있는 반면 경제적 노출은 환율의 변동으로 인해 영업행위가 변화함으로써 발생하는 환노출을 의미한다는 것이다. 이처럼 새로운 사업투자 및 환경변화 등에서 발생하는 불확실성과 관련이 있고 미래 현금흐름의 변동으로 인한 기업가치의 변동가능성 그 자체를 인식대상으로 한다는 점에서, 경제적 노출은 기업의 장기적인 경영관점에서 볼 때 환산노출이나 거래노출보다 중요한 개념이 된다.

2. 환산노출의 측정

환산이익은 과세의 대상이 되고 환산손실은 세금공제의 대상이 되므로 기업가치를 증대시키기 위해 환산노출에 대한 정확한 측정 및 관리가 중요하다. 우리나라에서도 모든 주식회사는 연결재무제표를 작성해야 하므로 환산노출의 문제가 더욱 중요해졌다.

환산노출을 측정하기 위해서 몇 가지 알아두어야 할 개념으로 현지통화(혹은 소재국통화), 보고통화라는 것이 있다. 현지통화(local currency)란 기업이 활동하는 그 지역의 통화로서, 해외에서 활동하는 자회사들의 재무제표는 대부분 현지통화로 작성되어 있다. 보고통화(parent' s currency)란 모회사의 재무제표 작성시 표시된 통화를 말하는데, 해외자회사의 현지통화와 모회사의 보고통화가 다른 경우 이를 환산하는 과정에서 환노출이 발생할 수 있다.

2.1 환산노출 측정방법

외화표시 재무제표를 보고통화로 환산할 때, 노출된 항목에 대해서는 현행환율(current exchange rate)을 적용하고 노출되지 않은 항목에 대해서는 역사적 환율(historic exchange rate)을 적용해 환산한다.[3] 재무제표의 여러 항목 중에서 어느 것에 대해 현행환율을 적용하고 어느 항목에 대해 역사적 환율을 적용하느냐에 따라 환산노출 측정방법을 네 가지로 분류할 수 있다.

2.1.1 현행환율법(current rate method)

현행환율법은 자산과 부채의 모든 항목을 현행환율(대차대조표 작성기준일의 환율)로 환산하는 방법이다. 다만 자본항목은 예외적으로 역사적 환율을 적용한다. 따라서 이 방법에 의한 대차대조표상의 순노출은

3. 현행환율이란 재무제표를 작성한 시점의 환율로 결산일 환율이라고도 한다. 역사적 환율이란 외화로 표시된 자산 또는 부채 항목이 발생했을 때의 환율을 말한다.

$$순노출 = 총자산 - 부채(자본계정\ 제외) \quad (7-2)$$

가 된다. 한편 외화로 표시된 수익과 비용, 즉 손익계산서 항목들은 그 항목들이 인식된 시점에서의 환율로 환산하도록 하고 있으나, 편의상 기간 중 평균환율로 환산하는 것이 보통이다. 현행환율법에서는 환산과정에서 발생하는 외화환산이익 또는 손실(translation gains or losses)은[4] 손익계산서에 포함시키지 않고 누적환산조정(cumulative translation adjustment, CTA) 항목을 만들어 별도로 보고한다.

현행환율법의 이론적 배경은 해외자회사의 영업활동을 모회사와는 다른 별개의 독립된 실체로 보고 해외사업과 관련된 해외 자회사의 재무제표는 자회사 자체의 재무상태와 경영성과를 반영할 수 있도록 평가되어야 한다는 점이다. 이 방법은 가장 단순하고 사용하기가 용이하다는 장점 때문에 대부분의 국가에서 광범위하게 사용되고 있다. 그러나 외화로 표시된 모든 항목이 환위험에 노출되어 있다고 보고, 모든 항목에 현행환율을 일률적으로 적용함으로써 재무관리자에게 정확한 정보를 제공하지 못해 재무상태의 파악을 어렵게 만든다는 단점이 있다. 또한 당기손익의 회계처리와 관련해서도 외화환산이익 또는 손실을 해당 자산 및 부채가 소멸된 시기의 손익으로 반영하지 않고 누적환산조정(CTA) 항목으로 처리해 해외사업을 정리할 때까지 이연하는 것은 기간손익계산을 왜곡하는 결과를 초래할 수 있다는 문제점을 안고 있다.

2.1.2 유동성/비유동성법(current/noncurrent method)

유동성/비유동성법은 기본적으로 유동적인 단기항목만이 환율변동에 노출되어 있다고 보고, 재무제표의 유동적인 항목에 대해서는 현행환율을 적용하고 비유동적인 항목에 대해서는 역사적 환율을 적용해 환산하는 방법이다. 대차대조표상의 유동성 자산은 현금, 시장성 있는 유가증권, 외상매출금, 재고자산 등을 말하며, 유동성 부채는 외상매입금, 단기차입금 등을 말한다. 따라서 이 방법에 의한 대차대조표상의 순노출은 결국

4. 재무제표의 환산과정에서 발생하는 손익을 외화환산이익 또는 외화환산손실이라고 하는 반면 외화표시 거래에서 실현된 손익은 외환차익 또는 외환차손(transaction gains or losses)이라고 부른다.

$$\text{순노출} = \text{유동성 자산} - \text{유동성 부채} \quad (7-3)$$

이 된다. 한편 손익계산서의 환산시에는 대부분의 항목들에 대해 기간 중의 평균환율을 적용하지만, 비유동성 항목들과 관련된 수익과 비용, 예컨대 감가상각비 등에 대해서는 역사적 환율을 적용한다. 유동성/비유동성법에서는 현행환율법과는 달리 환율변동에 따라 실현된 손익은 당기손익에 반영하고 미실현된 손익은 이연처리한다.

이 방법은 가장 오래된 환산방법으로서, 각 항목들을 만기에 따라 유동자산 및 부채와 고정자산 및 부채로 구분하는 전통적인 회계관습에 기초하고 있다. 비교적 계산이 용이하고 특히 해외 자회사의 재무유동성을 분석하는 데 유용하다는 이점 때문에 한때는 널리 이용되었다. 그러나 유동성 항목과 비유동성 항목의 구분은 기업에 따라 자의적으로 행해질 수 있다는 점, 그리고 유동성 항목들의 환율변동에 대한 노출성격이 다를 수 있음에도 불구하고 모든 유동성 항목을 동등하게 환율변동에 노출되는 것으로 간주하고 있다는 단점 때문에 최근에는 별로 이용되지 않고 있다.

2.1.3 화폐성/비화폐성법(monetary/nonmonetary method)

화폐성/비화폐성법에서는 환율은 기본적으로 화폐적인 현상이므로 재무제표의 화폐적인 항목만이 환율변동에 노출되어 있다고 보고, 재무제표의 항목을 화폐성 항목과 비화폐성 항목으로 분리해 화폐성 항목은 현행환율로 비화폐성 항목은 역사적 환율로 환산하는 방법이다. 대차대조표상에서 화폐성 항목이란 일정통화로 표시된 금액을 수취하거나 지급해야 할 계약상의 권리와 의무를 나타낸 항목으로서 현금, 예금, 외상매출, 받을 어음 등의 자산항목과 외상매입, 지불어음, 회사채, 장단기부채 등의 부채항목이 이에 해당한다. 비화폐성 항목에는 재고나 고정자산과 같은 자산항목과 선수금, 판매보증충당금 등과 같은 부채항목이 포함된다. 따라서 이 방법에 따른 대차대조표상의 순노출은

$$\text{순노출} = \text{화폐성 자산} - \text{화폐성 부채} \quad (7-4)$$

가 된다. 한편 손익계산서의 환산시에는 회계기간 중의 평균환율이 적용되는데, 다

만 감가상각비와 제품원가와 같은 비화폐성 자산 그리고 부채와 관련된 수입, 지출 항목들에 대해서는 역사적 환율을 적용한다.

화폐성/비화폐성법은 유동성/비유동성법과는 달리 각 항목들을 만기가 아니라 속성에 따라 구분하고 있다. 따라서 유동성 항목들 간 노출성격이 달라질 수 있는 점을 고려해 유동성 항목 중의 하나인 재고자산에 대해 역사적 환율을 적용하고 있다. 또한 외화장기부채를 자국통화로 표시할 때 발생하는 가치의 변화가 해당기간에 바로 반영되어 환율변동의 효과가 누적되지 않는다는 점에서도 유동성/비유동성법의 단점을 보완하고 있다. 그러나 재고자산을 역사적 환율로 환산하는 것은 오히려 당기손익을 왜곡시킬 우려가 있으며, 화폐성 항목과 비화폐성 항목을 구분하는 것이 현실적으로 어려운 경우가 많다는 문제점을 내포하고 있다.

2.1.4 시제법(temporal method)

시제법은 외형상 화폐성/비화폐성법과 거의 비슷하나, 이론적 배경에서는 커다란 차이가 있다. 화폐성/비화폐성법은 재무제표 항목의 속성에 따라 다른 환율을 적용하고 있으나, 시제법에서는 원가산정방법에 초점을 맞추어 각 항목이 취득원가로 산정되었느냐 아니면 현재 시장가치로 산정되었느냐에 따라 다른 환율을 적용하고 있다. 실제적으로 재무제표를 환산할 때 시제법이 화폐성/비화폐성법과 가장 다르게 나타나는 점은 재고자산의 처리문제이다. 화폐성/비화폐성법에서는 재고자산을 항상 역사적 환율로 평가하나, 시제법에서는 대차대조표에 재고자산이 원가로 나타나 있는 경우에는 역사적 환율을 적용하고 시장가치로 나타나 있는 경우에는 현행환율을 적용한다. 한편 손익계산서의 환산시 대차대조표상 역사적 환율이 적용되는 항목과 관련된 수입 및 지출에 대해서는 원칙적으로 역사적 환율을 적용하지만, 편의상 회계기간 중의 평균환율을 모든 항목에 적용하기도 한다. 환율변동에 따른 손익은 실현, 미실현을 불문하고 모두 당기손익에 포함시킨다.

시제법은 소재국통화표시 재무제표 작성과정에서 이미 결정된 속성이 변하지 않도록 한다는 측면에서 일률적으로 속성을 구분하는 화폐성/비화폐성법보다 약간 일반적인 형태라고 할 수 있다. 그러나 이 방법에서는 환차손과 환차익을 손익계산서에 바로 기재하기 때문에, 외환손익이 영업손익보다 오히려 더 큰 영향을 미치는 경우가 많이 있어 지속적인 비판을 받아 왔다.

2.2 환산노출 측정방법의 비교

위에서 환산노출을 측정하는 다양한 방법에 대해 살펴보았는데, 이들 간의 차이점은 〈표 7-1〉과 같이 정리될 수 있다. 이들 중 어떤 방법이 가장 적합한가는 해당 기업의 상황, 환율방향, 환산의 목적 등에 따라 달라질 수 있는데, 현재는 현행환율법이 가장 널리 이용되고 있다.

표 7-1 **환산방법의 비교**(대차대조표)

	현행환율법	유동성/비유동성법	화폐성/비화폐성법	시제법
자산				
현금	C	C	C	C
외상매출	C	C	C	C
재고자산				
(원가평가)	C	C	H	H
(시가평가)	C	C	H	C
고정자산	C	H	H	H
영업권	C	H	H	H
부채 및 자본금				
외상매입	C	C	C	C
단기부채	C	C	C	C
장기부채	C	H	C	C
이연세	C	H	C	C
자본금	H	H	H	H

주 : C는 현행환율의 적용을 의미하고 H는 역사적 환율의 적용을 의미함. 손익계산서의 경우 대차대조표상의 항목과 관련된 수입 및 지출에 대해 원칙적으로 대차대조표에 적용하는 환율과 동일하게 적용함.

이제 구체적인 사례를 통해 위에서 소개한 여러 가지 측정방법에 따른 환산노출의 크기를 비교해보자. 〈표 7-2〉는 환율이 \$1 = 1,000에서 \$1 = 1,100으로 상승했을 경우 대차대조표에 대한 여러 가지 환산방법을 비교하고 있다. 해외 자회사는 우리나라 기업의 미국 자회사라고 가정하는데, 따라서 자회사의 대차대조표와 손익계산서는 달러화로 작성되었으며 이를 보고통화인 우리나라 원화로 환산해야 한다.

우선 현행환율법에 따라 환노출을 측정하는 경우 자본금을 제외한 모든 항목에 현행환율을 적용하므로, 환율변동에 노출되어 있는 노출자산의 합은 \$1,200(= 현금 + 외상매출 + 재고자산 + 고정자산)이고 노출부채의 합은 \$700(= 외상매입 + 단기부채 +

장기부채)이다. 따라서 순노출 = 노출자산 − 노출부채 = \$1,200 − \$700 = \$500이 되므로 환율이 상승하는 경우 환산이익이 발생할 것이고, 반대로 환율이 하락하는 경우에는 환산손실이 발생할 것이다. 이 예에서 환율이 달러당 100원만큼 상승했으므로, 환산이익 = 순노출(\$500) × 환율변동(100원) = 5만원이 된다. 반대로 환율이 달러당 100원 하락하는 경우에는 5만원만큼의 환산손실이 발생할 것이다.

유동성/비유동성법의 경우 유동성 항목이 환율변동에 노출되므로 순노출 = 유동성 자산(현금 + 외상매출 + 재고자산) − 유동성 부채(외상매입 + 단기부채) = \$700 − \$500 = \$200이 된다. 따라서 환율이 100원 상승하는 경우 2만원(= \$200 × 100원)의 환산이익이 발생하게 된다.

마찬가지로 화폐성/비화폐성법을 이용하는 경우 화폐성 항목이 환율변동에 노출되므로 순노출 = 화폐성 자산(현금 + 외상매출원가) − 화폐성 부채(외상매입 + 단기부채 + 장기부채) = \$400 − \$700 = −\$300으로서 부채의 노출이 더 크다. 이때는 환율

표 7-2 **환산노출의 측정사례**(대차대조표)

	환율변화 이전		환율변화 이후			
	\$표시	원화표시	현행환율법	유동성/비유동성법	화폐성/비화폐성법	시제법
현금	200	200,000	220,000	220,000	220,000	220,000
외상매출	200	200,000	220,000	220,000	220,000	220,000
재고자산	300(원가)	300,000	330,000	330,000	300,000	−
	(시가 = 400)	(400,000)	−	−	−	440,000
고정자산	500	500,000	550,000	500,000	500,000	500,000
자산	1,200	1,200,000 (1,300,000)	1,320,000	1,270,000	1,240,000	1,380,000
외상매입	200	200,000	220,000	220,000	220,000	220,000
단기부채	300	300,000	330,000	330,000	330,000	330,000
장기부채	200	200,000	220,000	200,000	220,000	220,000
자본금	300	300,000	300,000	300,000	300,000	300,000
이익잉여금	200	200,000 (300,000)	200,000	220,000	170,000	310,000
누적환산조정	−	−	50,000	−	−	−
부채 및 자본	1,200	1,200,000 (1,300,000)	1,320,000	1,270,000	1,240,000	1,380,000
환산순노출(\$표시) = 노출자산 − 노출부채			\$500	\$200	−\$300	\$100
환산이익(원화표시) = 순노출 × 환율변동			5만원	2만원	3만원(손실)	1만원

주 : 환율이 \$1 = 1,000원에서 \$1 = 1,100원으로 상승했다고 가정함.

이 상승하면 오히려 손실을 입으므로, 환율이 100원 상승함에 따라 3만원(= $300 × 100원)의 환산손실을 입게 된다.

시제법에서는 재고자산을 시가로 산정해 현행환율을 적용해야 하므로 순노출 = $800(현금 + 외상매출 + 재고자산시가) − $700(외상매입 + 단기부채 + 장기부채) = $100이 된다. 따라서 환율이 100원 상승하면 1만원(= $100 × 100원)의 환산이익이 발생한다.

〈표 7－3〉은 손익계산서의 환산방법을 〈표 7－2〉의 대차대조표와 연계해 보여주고 있다. 현행환율법에서는 손익계산서의 모든 항목을 평균환율로 환산하므로 세후이익은 157,500원이 된다. 그런데 현행환율법에서는 환산손익이 손익계산서에 당기손익으로 반영되지 않으므로 순이익은 세후이익과 동일한 157,500원이 된다. 유동성/비유동성법에 따라 손익계산서를 환산하는 경우에는 감가상각비에 대해서 역사적 환율을 적용해주므로 세후이익은 160,500원이 된다. 여기에 〈표 7－2〉에서 계산한 환산이익 2만원을 더해주면 순이익은 180,500원이 된다. 한편 화폐성/비화폐성법에서는 감가상각비 및 제품원가 등에 대해 역사적 환율을 적용해주므로 마찬가지의 계산과정을 거쳐 세후이익이 180,000원이 되고 환산손실 3만원을 고려하면 순이익은 150,000원이 된다. 시제법에서는 제품원가에 대해 평균환율을 적용해 세후이익이 160,500원이 되고 여기에 환산이익을 더하면 순이익은 170,500원이 된다.

표 7－3 **환산노출의 측정사례**(손익계산서)

	환율변화 이전		환율변화 이후			
	$표시	원화표시	현행환율법	유동성/비유동성법	화폐성/비화폐성법	시제법
매출액	1,000	1,000,000	1,050,000	1,050,000	1,050,000	1,050,000
제품원가	650	650,000	682,500	682,500	650,000	682,500
감가상각	100	100,000	105,000	100,000	100,000	100,000
세전이익	250	250,000	262,500	267,500	300,000	267,500
소득세(40%)	100	100,000	105,000	107,000	120,000	107,000
세후이익	150	150,000	157,500	160,500	180,000	160,500
환산이익(원)	–	–	–	20,000	−30,000	10,000
순이익	150	150,000	157,500	180,500	150,000	170,500

주 : 환율이 $1 = 1,000원에서 $1 = 1,100원으로 상승했고 평균환율이 $1 = 1,050원이라고 가정함.

Box 7-2 우리나라의 환산손실의 예

1997년 외환위기 이전 우리나라의 기업들은 환노출 및 환위험에 대한 개념이 거의 없었다고 해도 과언이 아니다. 〈표 7-4〉는 외환위기 직전인 1997년 6월의 시점에서 주요 기업의 달러화 표시 외화부채와 1년 동안의 환율상승에 따른 외화환산손실 규모에 대한 추정치를 보여준다. 1997년 6월 말 현재 20개 주요기업의 총부채는 40,780백만 달러로서, 환율이 10원씩 상승함에 따라 환산손실은 4,078억원씩 증가하게 된다. 1996년 6월 말 환율이 $1 = 844.9원이었고 1997년 6월 말 당시의 환율이 $1 = 887.9원이었으므로, 만일 이에 따른 손익변화를 당기손익으로 반영했다면 환산손실의 규모는 무려 1조7535억원에 이른다. 그러나 이후 환율이 더욱 가파른 속도로 상승해감에 따라 대규모의 외화부채를 보유하고 있던 기업들은 더더욱 큰 손실에 직면하게 되었다.

표 7-4 주요기업의 외화부채와 환산손실 추정 (단위 : 백만 달러, 백만원)

회사명	달러외화부채 (97.6기준)	외화환산 손실규모(추정 : 원)		
		890원	900원	910원
한국전력	7,631	346,462	422,775	499,088
대한항공	5,585	253,536	309,381	365,226
삼성전자	5,272	239,333	292,050	344,767
유공	3,441	156,239	190,653	225,067
한진해운	2,651	120,348	146,856	173,365
포항제철	2,638	119,747	146,122	172,498
쌍용정유	1,933	87,761	107,092	126,422
대우중공업	1,816	82,444	100,603	118,763
현대상선	1,800	81,715	99,714	117,713
LG전자	1,337	60,710	74,082	87,454
현대자동차	1,209	54,903	66,997	79,090
대우	1,209	54,894	66,985	79,076
LG상사	974	44,229	53,971	63,714
LG금속	907	41,155	50,221	59,286
한화에너지	891	40,438	49,345	58,252
기아자동차	710	32,215	39,310	46,406
현대종합상사	639	29,025	35,418	41,811
LG화학	566	25,701	31,362	37,023
현대정공	391	17,773	21,687	25,602
아남산업	389	17,660	21,549	25,439

주 : 1996년 6월 말의 환율은 $1 = 844.9원이었고 이 표의 숫자들은 1997년 6월 말의 환율이 각각 890원, 900원 및 910원이 되는 경우의 환산손실 추정액을 나타냄.
자료 : 매일경제신문 1997년 8월 29일자에서 전재.

3. 거래노출의 측정

앞에서 설명한 바와 같이 거래노출은 결제시점의 환율이 계약체결 당시의 환율과 달라질 경우 발생할 수 있다. 결제되지 않은 거래 중에는 외화표시의 부채나 외상매출금 등과 같이 대차대조표에 기입되는 항목들도 있으나 선물환의 매매 또는 차입금의 상환 등과 같이 외화로 수취 또는 지불할 것이 예상되거나 그렇게 계약되어 있음에도 불구하고 대차대조표에 기입되지 않는 항목들도 있다. 재무제표에 나타나지 않는 거래들은 환산노출에는 포함되지 않으나, 앞으로 이 거래를 결제할 때 현금흐름이 환율변동에 노출되기 때문에 거래노출에 포함된다.

국제거래에서의 실물거래 및 금융거래의 구체적인 예를 들어 거래노출의 측정에 대해 설명해보자.

3.1 국제무역거래에서의 거래노출

우리나라 반도체 수출업체가 미국으로 100만 달러어치의 반도체를 수출하고 3개월 후에 대금을 결제받기로 했다. 현재 환율을 $1 = 1,000원이라고 한다면 지금 당장 수출대금을 지급받는 경우 우리나라의 수출업자는 10억원(= $100만 × 1,000원)을 받을 수 있을 것이다.

그러나 수출대금을 결제할 때까지의 3개월 동안 환율이 오를 수도 있고 내릴 수도 있으므로, 〈표 7-5〉에서와 같이 환율변동의 방향에 따라 수출업자는 이익 또는 손해를 보게 될 것이다. 즉, 수출업자에게 100만 달러만큼 거래노출이 발생하게 된다. 예를 들어 3개월 후에 환율이 $1 = 1,100원으로 상승한다고 하자. 이는 원화에 비해 달러 가치가 커지는 것을 의미하므로, 3개월 후에 100만 달러를 수령하는 경우 현재에 비해 달러 가치 상승폭만큼, 즉 1억원만큼 원화로 환전한 금액이 커지게 되므로 이익을 얻게 된다(= $100만 × 1,100원 − $100만 × 1,000원). 이와는 반대로 환율이 $1 = 900원으로 하락하면 이는 달러가치가 하락함을 의미하므로 동일한 금액을 3개월후에 받게 되면 원화로 바꾸었을 때의 수령액이 1억원만큼 감소하고 따라서 손실을 입게 된다(= $100만 × 900원 − $100만 × 1,000원).

표 7-5 국제무역거래에서의 거래노출

	환율변화 이전 : $1 = 1,000원		환율변화 이후	
	$표시	원화표시	평가절하시 $1 = 1,100원	평가절상시 $1 = 900원
수출대금	100만	10억원	11억원	9억원
거래노출 = 수출대금 환차익(환차손) = 수출대금 × 환율변동			$100만 1억원 차익	$100만 1억원 차손

수입의 경우에는 수출의 경우와 정반대의 상황이 야기된다. 예를 들어 우리나라 수입업자가 미국으로부터 장비를 수입하고 수입대금 100만 달러를 3개월 후에 지급하기로 했다고 하자. 환율이 $1 = 1,100원으로 상승함에 따라 100만 달러를 지불하기 위해 필요한 원화가 1억원 추가되므로 수입업자는 손실을 입게 되고 반대로 환율이 $1 = 900원으로 하락하면 1억원만큼 이익을 얻게 된다.

3.2 국제금융거래에서의 거래노출

기업이 투자재원을 마련하고자 하는 경우 국내금융시장을 이용하는 대신에 국제금융시장을 이용해 외화표시로 자금을 마련할 수도 있을 것이다. 이런 경우 환율이 변함에 따라 원리금 상환부담이 달라지기 때문에 기업은 환율변동에 따른 위험에 노출되는 것이다. 마찬가지로 외국증권에 투자하는 경우에도 환율변동에 따라 투자수익률이 달라질 수 있으므로 거래노출이 수반된다.

국제금융거래에서의 환노출을 측정하기 위해, 국내의 어떤 투자자가 일본에서 1억엔을 차입하고 1년 후 엔화로 원금을 상환하기로 했다고 가정하자. 차관도입 당시 환율은 100엔 = 1,000원이었고 엔화차입 이자율은 3%이다. 만일 1년 후 원/엔 환율이 상승하면 차입자의 입장에서는 상승폭만큼 원리금 상환부담이 가중되지만, 반대로 환율이 하락하면 상환부담이 경감된다.

1년 후 차입자가 상환해야 할 총금액은 엔화로 1억 × (1 + 0.03)엔이 된다. 1년 후의 환율이 현재와 동일한 수준이라면 원리금 상환금액이 원화로 1,030,000,000원(= 1억 × 1.03 × 10원)이 되지만, 환율이 변화하면 원화표시 부담이 증감할 수 있다. 예를 들어 원/엔 환율이 100엔 = 1,050원으로 상승하면 원리금 상환부담은 1,081,500,000원(= 1억 × 1.03 × 10.5원)이 되어, 환율상승 때문에 차입자에게는 51,500,000원의 환차손이 발생하게 된다. 반대로 환율이 100엔 = 950원으로 하락하는 경우에는 원리금 상환부담이 978,500,000원(= 1억 × 1.03 × 9.5원)이 되어, 환율변화 이전에 비해 차입자에게 51,500,000원만큼의 환차익이 발생한다.

표 7-6 국제금융거래에서의 거래노출

	환율변화 이전 : 100엔 = 1,000원		환율변화 이후	
	엔화표시	원화표시	평가절하시 100엔 = 1,050원	평가절상시 100엔 = 950원
원금	1억엔	10억원	10억 5,000만원	9억 5,000만원
이자(이자율 = 3%)	300만엔	3,000만원	3,150만원	2,850만원
원리금	1억 300만엔	10억 3,000만원	10억 8,150만원	9억 7,850만원
거래노출 = 원리금			1억 300만엔	1억 300만엔
환차익(환차손) = 원리금 × 환율변동			5,150만원 차손	5,150만원 차익

처음에 우리나라의 투자자가 일본 엔화를 차입해 국내금융상품에 투자하려고 했다면, 투자자가 순익을 거두기 위해서는 국내투자에 따른 원리금의 총합이 1년 후 엔화차입자금에 대한 상환부담보다 커야 한다. 따라서 환율상승(100엔 = 1,050원)의 경우, 국내투자수익률이 8.15% 이상 되어야만 엔화차입자금에 대한 원리금상환금액(1,081,500,000원)을 충당하고도 투자이익이 남을 수 있다.

4. 경제적 노출의 측정

4.1 경제적 노출의 결정요인

경제적 노출은 환율변동이 판매량, 판매가격, 제품원가 등 기업의 영업행위와 관련된 모든 부문에 영향을 미침으로써 발생한다. 따라서 경제적 노출은 생산, 구매, 판매, 재무 등 기업 경제활동 전 분야에 걸친 종합적인 분석결과의 산물이다. 환율변동이 기업의 실질영업에 미치는 효과는 회계장부상에서 바로 측정될 수 없기 때문에 경제적 노출의 측정은 다양한 요인들이 영업에 미치는 영향에 대한 주관적인 분석이 될 수밖에 없다.

경제적 노출을 결정하는 요인들로는 제품판매시장(수출 및 내수시장)의 구조, 원자재시장(국내시장 및 수입시장)의 구조, 기업재무구조, 환율변화의 거시경제변수(GDP, 물가, 이자율, 실업률 등)에 대한 영향 등을 들 수 있다. 예를 들어 환율이 상승한다면 달러화표시 수출가격이 낮아져 미국으로의 수출물량이 증가될 수 있다. 이와 동시에 수입가격이 높아져 수입원자재 비용이 상승할 뿐만 아니라 최종소비재 수입품 가격도 상승해 국내 인플레이션이 유발될 수 있고 이것이 임금상승 요인으로 작용해 제조원가를 상승시킴으로써 기업의 현금흐름이 변화할 수도 있다.

환율변동이 기업의 현금흐름에 미치는 영향, 즉 경제적 노출은 일반적으로 상품의 판매가격 및 원가가 환율변동에 민감하게 반응할수록 커진다. 예를 들어 수출시장의 수요가 가격변화에 대해 탄력적인 경우, 다른 조건이 동일하다면, 환율의 상승(하락)은 해외에서 국내 수출품에 대한 수요를 크게 증대(감소)시켜 국내기업의 수익을 크게 증대(감소)시킬 것이다. 또한 내수시장에서 가격탄력성이 큰 경우 환율상승(하락)은 수입가격 증가(하락)를 통해 수요를 크게 감소(증대)시키므로 기업의 수익도 그에 따라 감소(증대)하게 될 것이다.

물론 현실에서는 환율변화가 그대로 수출가격 또는 수입가격으로 전가(pass-through)되지는 않는다. 특히 수출시장 혹은 내수시장에서 기업 간에 경쟁이 치열한 경우에는 상품가격이 조금만 변하더라도 시장점유율이 급변할 수 있는데, 기업들은 이와 같이 시장점유율이 급변하는 상황보다는 안정적인 가격을 통해 일정한 시장점유율이 확보되는 것을 선호한다. 따라서 환율이 상승할 때 이를 반영해 수입재의 국내가격을 상승시키기보다는 다소 손해를 보더라도 수입재의 국내가격 상승을 억제해 시장점유율의 상실을 방지하고자 한다. 한편 환율이 하락하는 경우에도 수입재의 국내가격을 낮추기보다는 가격변화는 거의 없게 만들고 이윤을 챙기고자 할 것이다. 이처럼 환율변화가 일시적인 경우에는 이를 가격변화로 대처하기보다 이윤의 변화로 흡수함으로써 국내통화표시가격을 가급적 일정하게 하고 소비자와의 안정적 관계를 유지하고자 하는 것이다.

4.2 경제적 노출의 측정 사례

경제적 노출이 기업의 영업수지와 현금흐름에 미치는 영향을 살펴보기 위해 한국에 있는 전자회사 A가 미국에 자회사를 둔 경우를 가정해보자. 미국에 있는 자회사는 우리나라의 모회사로부터 주요 전자부품을 수입한 후 현지에서의 인력 및 기타 부품을 투입해 전자제품을 만들어 판매하고 있다. 미국 달러화와 우리나라 원화 간의 환율이 $1 = 1000원일 때 자회사는 1대당 $1,000(= 100만원)에 연평균 10만 대의 전자제품을 판매한다. 이때 부품비 등을 포함한 직접원가는 1대당 $630(원화가격 630,000원)이고, 연간 영업비용은 $1천만, 감가상각비는 $5백만이다. 현지 법인세율을 50%라고 하면, 〈표 7－7〉에서 보는 바와 같이 현금유입액은 현지통화로 $1,600만이 되고, $1 = 1,000원의 환율로 환산하면 우리나라 원화로 160억원이 된다.

표 7－7 A사의 손익 및 현금흐름

매출액($1,000 × 10만 대)	$100,000,000
직접원가($630 × 10만 대)	$63,000,000
영업비용	$10,000,000
감가상각비	$5,000,000
세전순이익	$22,000,000
법인세(50%)	$11,000,000
세후순이익	$11,000,000
감가상각비환입	$5,000,000
현금유입액($표시)	$16,000,000
현금유입액(원화표시 : $1 = 1,000원)	16,000,000,000원

이제 환율이 $1 = 900원으로 하락하는 경우 A사의 현금흐름은, 환율변화로 인해 자회사의 경쟁력이 변화하는 효과(competition effect) 및 현지통화를 원화로 환산하는 비율이 변화하는 효과(conversion effect) 때문에 달라지게 될 것이다. 이를 보다 구체적으로 살펴보기 위해 다음과 같이 환율변화로 인해 수입중간재 가격, 제품가격 및 판매대수가 모두 변하는 상황을 고려해보자.

일반적으로 환율변화는 가격뿐만 아니라 판매수량도 변화시키는데, 특히 미국 시장에서 경쟁이 치열하다면 제품가격을 조금만 변화시켜도 판매량에 커다란 영향을 미칠 것이다. 이런 상황을 고려해 A회사의 미국 자회사는 환율변화를 전부 제품가격에 전가시키지 못하고 50%만 전가시켜 제품가격이 $1,056(= 1,000 + $\frac{111}{2}$)이 되었으며, 가격인상에 따라 판매량도 10% 감소해 9만 대가 팔렸다고 가정하기로 한다. 이처럼 수입재 가격, 제품가격 및 제품판매량이 모두 변화하는 경우 현금흐름은 〈표 7-8〉에 나타난 바와 같다. 달러화표시 현금유입은 $13,520,000으로서 환율변화 이전에 비해 $2,480,000만큼 감소하고, 원화표시 현금유입은 121.68억원으로 38.32억원만큼 감소한다.

표 7-8 A사의 손익 및 현금흐름 : 모두 변하는 경우

매출액($1,056 × 9만 대)	$95,040,000
직접원가($700 × 9만 대)	$63,000,000
영업비용	$10,000,000
감가상각비	$5,000,000
세전순이익	$17,040,000
법인세(50%)	$8,520,000
세후순이익	$8,520,000
감가상각비환입	$5,000,000
현금유입액($표시)	$13,520,000
현금유입액(원화표시 : $1 = 900원)	12,168,000,000원

4.3 경제적 노출의 통계분석 추정법

위에서 환노출에 대한 여러 측정사례를 보았는데, 이러한 측정방법들은 환율변화에 대해 수입재가격 및 제품가격이 얼마만큼 반응할 것이며, 동시에 현지시장의 여러 정황상 판매량이 얼마나 변할 것인가에 대한 정확한 정보를 필요로 한다. 그러나 실제적으로 이러한 정보는 불확실하며 더군다나 환율이 현금흐름에 미치는 경로는 복잡하게 얽혀 있어 더더욱 예측하기가 어렵다. 이러한 주먹구구식의 측정방법이 지닌 문제점을 회피하기 위해, 많은 기업들은 과거의 데이터 혹은 현재 유사한 업종의 데이터를 이용한 통계분석 방법에 기초해 환노출을 측정하고 있다.

4.3.1 회귀분석법

기업의 현금흐름과 환율 간의 관계는 양자 간의 상관관계를 통해 쉽게 파악할

수 있다. 이를 보다 체계화한 통계방법이 회귀분석인데, 이는 보통 다음과 같은 식을 데이터를 이용해 추정한 결과를 가지고 경제적 노출의 크기를 측정한다.

$$CF_t = \alpha + \beta S_t + \varepsilon_t \qquad (7-5)$$

여기서 CF는 경제적 노출의 크기를 나타내는 현금흐름을, S는 환율을, 그리고 β는 환율변화에 대한 현금흐름의 민감도를 나타낸다.

(7-5)식을 이용해 환노출을 측정하기 위해서는 β의 크기, β의 유의성, R^2값을 살펴보아야 한다. β가 크고 통계적으로 유의하다면(t-값이 충분히 크다면) 이 회사의 현금흐름은 환율변화에 유의하게 노출되어 있음을 의미한다. 그러나 β가 크고 통계적으로 유의하더라도 R^2값이 작다면, 이는 현금흐름이 환율변화에는 별로 영향을 받지 않고 기타 다른 요인들에 의해 커다란 영향을 받고 있음을 의미한다.

이 방법은 간단하다는 장점 외에도 여러 상황에 유연하게 적용될 수 있다는 장점도 가지고 있다. 예를 들어 (7-5)는 한 가지 통화에 대한 환율(예 : 달러)변화가 현금흐름에 미치는 영향을 분석하기 위한 회귀식을 나타내고 있다. 이를 (7-6)식과 같이 변형시키면 여러 가지의 다른 통화들에 대한 환율(예 : 달러, 엔, 유로 등)변화가 현금흐름에 미치는 영향을 일괄적으로 파악할 수 있다. 뿐만 아니라 측정기간을 필요에 따라 연장함으로써 장기적인 환노출도 측정할 수 있다.

$$CF_t = \alpha + \beta_1 S_t^{\$} + \beta_2 S_t^{¥} \ \beta_3 S_t^{€} + \varepsilon_t \qquad (7-6)$$

4.3.2 *VaR* 분석기법

컴퓨터의 발달 및 금융이론의 발달에 힘입어 환위험에 대한 새로운 측정기법들이 개발되고 있는데, 근래 기업과 금융기관에서 환위험을 측정하는 수단으로 널리 이용되고 있는 대표적인 기법이 *VaR*(Value-at-Risk)이다.[5]

VaR 분석기법은 JP 모건이 1994년 10월 인터넷으로 일반에게 시장위험관리기법을 공개함으로 사용되기 시작했다. 이는 금리, 주가, 환율 등 시장가격에 대한 미

5. *VaR*(Value at Risk)의 표기는 벡토자기회귀모형(vector auto regressive model, *VAR*)과 구별하기 위한 표기이다.

래 분포를 가정 또는 예측해, 향후 불리한 시장가격변동이 발생하는 경우 해당기관이 입을 수 있는 손실의 최대가능금액을 산출하는 기법이다. 즉, 금액단위로 위험을 나타낸 것이다. 대부분의 미국 대형금융기관들은 채권 및 파생금융상품의 단기거래에 수반되는 위험을 효율적으로 관리하기 위해 *VaR* 분석기법을 사용하고 있다.[6] 기업의 입장에서도 향후 간접금융의 축소와 직접금융의 확대에 따라 시장성 자산 및 부채의 보유 비중이 급증할 것이며, 또한 파생금융상품을 사용한 위험관리가 크게 활성화될 것으로 보고 *VaR* 분석기법을 적극적으로 도입하고 있다. 국내에서도 많은 회사들이 회사 전체의 금융위험관리 차원에서 전통적인 ALM(asset and liability management) 기법뿐만 아니라 *VaR* 분석기법을 도입했다.[7]

일반적으로 *VaR*을 측정하는 방법에는 델타분석(delta analysis), 역사적 시뮬레이션(historical simulation), 스트레스 검증(stress testing), 몬테카를로 시뮬레이션(structured Monte Carlo simulation) 등 여러 가지가 있는데, 이 중 델타분석법이 가장 널리 쓰이고 있다. 델타분석법이란 위험요인의 변동에 대한 자산가치의 민감도를 추정한 후 이를 잠재적인 가격변동에 반영시켜서 위험의 크기를 측정하는 방법이다. 이 방법을 이용한 *VaR*의 크기는 다음과 같이 위험요인의 민감도에다 위험노출액을 곱해 나타낼 수 있다.

$$\Delta V = \delta \times A \qquad (7-7)$$

여기서 ΔV는 자산의 잠재적 손실(potential loss), 즉 시장가격이 불리하게 변동할 경우에 입을 수 있는 최대의 손실규모를 의미한다. δ는 위험요인의 민감도(sensitivity)로서 일정한 신뢰도에 따른 배수에다가 해당요인의 변동성(표준편차)을 곱해 도출된다. A는 가격변동에 노출된 자산의 최대금액을 의미한다.

실제로 시장가격이나 민감도가 얼마나 변동할 것인가를 통계적으로 측정하기

6. 1996년 미 연방은행의 위험감독방안 발표 후 각 은행은 *VaR*에 근거한 위험관리 툴을 갖추었으며, SEC에서도 *VaR*을 공시하도록 권고했다. 그 외 국제스왑 및 파생상품협회(ISDA)도 1996년 *VaR*을 리스크 측정 및 관리의 툴로 공식적으로 공인했다. 그러나 2008년 글로벌 금융위기 이후 오히려 위험을 증폭시켰다는 비난을 받았다.

7. ALM은 주로 이자율 변화를 중장기적으로 분석하는 데 비해 *VaR*은 이자율위험과 환율 및 주가변동위험까지 포함해 단기적인 변화를 좀더 정확하게 예측하는 장점이 있다. 예를 들어 신뢰수준 95%에 1일 기준 외환포트폴리오의 *VaR*이 3백만 달러라면 하루에 발생 가능한 최대손실이 3백만 달러보다 클 확률이 5%라는 것을 말한다.

위해서는 이들 분포에 대한 가정이 필요하다. [그림 7-1]에서는 현재가격을 중심으로 가격이 변동하게 될 가능성, 즉 확률을 보여주고 있는데, 정규분포하에서는 현재가격으로 그대로 있을 가능성이 제일 크고 양쪽으로 크게 변동할 가능성은 점점 작아진다. 이때 일정한 신뢰구간을 설정해[8] 현재수익보다 최대한 작아질 경우의 수익감소액을 위험이라고 측정하는 것이 *VaR* 모형이다.

그림 7-1 *VaR* 모형에서의 위험의 크기

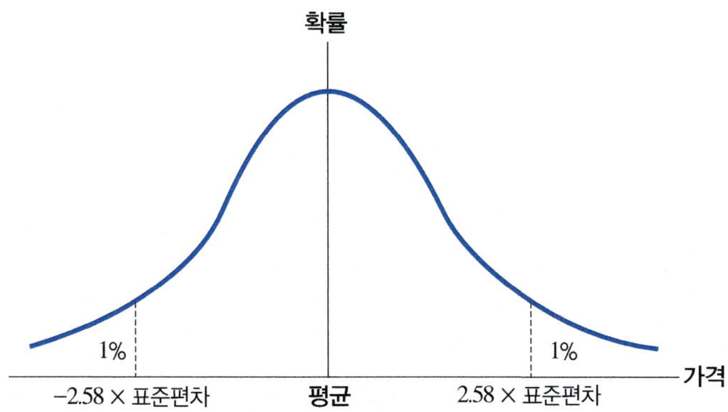

이를 간단한 사례를 통해 설명하기 위해, 어떤 기업이 $10,000를 투자했는데 현재 환율이 $1 = 1,000원이고 일별 환율의 표준편차가 2%라고 하자. 환율변동의 확률분포가 정규분포를 따른다고 할 때 1일 기준으로 99% 신뢰구간하에서의 환율변동위험(δ)은 표준편차의 2.58배인 0.0516(= 2.58 × 0.02)이 된다. 따라서 예상하지 못한 환율변화로 인한 1일 최대손실액인 *VaR*은 아래의 식에서처럼 516,000원이 된다. 만약 10일간의 *VaR*을 계산할 경우에는 (1일 *VaR*) × $\sqrt{10}$로 계산한다. 이때 보유기간이 길수록 손실 발행확률이 증가하며 *VaR* 값도 증가한다. 또한 신뢰수준이 높을수록 *VaR* 값도 증가한다.

$$VaR = \text{환율변동민감도}(\delta) \times \text{환노출금액}(A) \qquad (7-8)$$
$$= (2.58 \times 0.02) \times \$10,000 \times 1,000 = 516,000$$

8. 정규분포라고 가정할 때 시장가격이 한쪽 방향으로 표준편차의 1.65배 이상 벗어날 확률은 5% 미만이고, 2.58배 이상 벗어날 확률은 1% 미만이 된다.

*VaR*은 확실한 과학적 근거에 입각해 시장위험의 크기를 파악할 수 있도록 하나의 숫자로 축약된 정보를 제공해준다는 특징이 있다. 따라서 최고경영자나 재무의사결정자는 위험의 수준이 적정한지의 여부를 판단하기 위해 *VaR*의 결과를 쉽게 활용할 수 있다. 또한 *VaR*을 이용하면 거래상품의 가격결정과 거래전략 수립, 위험조정, 성과측정 등에 도움을 줄 뿐만 아니라 자산관리의 효율성을 증대시킬 수도 있다.

VaR 방법은 정상적인 시장조건하(금융시장에서 자주 발생하는 fat tail과 thin waist의 문제 등을 고려하지 않은 정규분포를 전제)에서 특정 보유기간 및 신뢰수준에 따라서 보유포트폴리오로부터 발생할 수 있는 가장 큰 시장위험의 크기를 금액으로 쉽게 파악할 수 있다는 장점이 있다. 그렇지만 몇 가지 방법상의 한계점을 갖고 있다. 우선 첫째로 과거자료를 가지고 미래를 정확하게 예측한다는 것은 사실상 불가능하다는 점이다. 과거의 결과들이 미래에도 똑같이 발생하게 된다고 가정하고 위험을 측정하는 것은 미래의 불확실성을 감안해볼 때 신뢰하기 어렵다는 모형상의 한계점이 있다. 둘째, *VaR* 모형은 보유기간, 신뢰도, 관찰기간 같은 변수뿐만 아니라 가격의 분포, 상관관계의 안정성(stability) 등과 같은 요인에 의해서 크게 좌우된다는 한계가 있다. 즉, 신뢰도를 95%에서 99%로 바꾸거나 측정기간을 2년에서 5년으로 변경하는 등 기본가정의 조건에 변화를 주면 위험이 매우 다르게 나타난다. 또한 예기치 못한 시장의 구조적인 변화(화폐의 평가절하, 주식거래 시스템의 변경, 신상품 도입 등의 event risk)를 반영하지 못하며, 그 외 유동성위험, 파산위험, 국가적 위험 혹은 법적 위험 등은 고려하지 못한다.

요약

1. 환위험이란 예상하지 못한 환율변동으로 인해 기업이 손실을 입을 가능성을 말한다. 환위험은 환노출과 환율변동성의 두 가지 요인으로 구성되어 있는데, 환노출이란 기업가치가 환율에 영향을 받는 민감도를 의미한다. 환노출은 환산노출, 거래노출, 경제적 노출로 구분된다.

2. 환산노출이란 회계적 노출이라고도 하며, 재무제표를 자국통화로 환산할 때 가치변화를 발생시킬 수 있는 외환 포지션을 말한다. 환산노출의 측정방법은 재무제표의 여러 항목 중에서 어느 것에 대해 현행환율을 적용하는가에 따라 현행환율법, 유동성/비유동성법, 화폐성/비화폐성법, 시제법

등으로 분류할 수 있다. 현행환율법은 모든 항목에, 유동성/비유동성법은 유동성 항목에, 화폐성/비화폐성법은 화폐성 항목에 현행환율을 적용한다. 그리고 시제법은 화폐성 항목 외에 시가로 표시된 재고자산에도 현행환율을 적용한다.

3. 거래노출은 계약을 체결했으나 결제시점까지 환율이 변함으로써 가치가 발생할 수 있는 정도를 말한다. 결제되지 않은 거래로는 외상매출금, 외화표시의 부채, 선물환 매매 등이 있다.

4. 경제적 노출은 영업노출이라고도 하며, 환율변화가 영업행위에 영향을 미쳐 기업가치가 변화되는 정도를 말한다. 경제적 노출은 회계장부상에서 바로 측정될 수 없으며 시장구조, 기업재무구조, 거시경제적 환경 등 다양한 요인들에 의해 영향을 받는다. 경제적 노출의 통계적 추정방법으로는 회귀분석법, *VaR* 등이 있다.

부록 환위험의 사례

1. AIB 미국지점의 외환사고

2002년 2월 6일 아일랜드 최대 은행 얼라이드아이리시뱅크(Allied Irish Banks Plc., AIB)의 미국 볼티모어(Baltimore)에 있는 자회사 올퍼스트파이낸셜(Allfirst Financial Inc.)에서 외환 트레이더가 외환사고를 일으켰다. 존 러스낵(37세)은 현물거래의 경우 위험이 작은 엔・달러화 차익거래(arbitrage)를 주로 해왔는데 이때 위험을 줄이기 위해 제3의 트레이더와 옵션매매 계약을 체결해야 함에도 불구하고 이를 하지 않고 2001년 초부터 옵션거래를 한 것처럼 서류를 허위로 작성해 1년간 손실을 은폐해왔다. 그러나 내부감사 결과 외환거래에서 7억 5천만 달러(약 1조원)의 외환손실을 발생시킨 것이 드러나 AIB는 한때 다른 금융기관으로부터 거래정지를 당했고 주가가 폭락했다.

이 사건은 모회사인 AIB가 보수적 경영으로 이름이 높았던 데다 미 연방준비제도이사회(Fed)가 감독하는 은행에서 발생했다는 점에서 시장에 충격을 더했고 엔론 사건에 이어 미국의 금융시장 감시체제에 문제점을 드러낸 사건이다. 이 사건은 당시까지 단 한 명의 직원이 일으킨 외환사고로는 1995년 싱가포르 딜러 닉 리슨이

11억 7천만 달러 손실을 발생시켜 영국 베어링스은행을 파산으로 몰고간 사건을 제외하면 최대 규모였다. 또한 금액상으로는 1996년 불법적인 구리(銅, copper)거래로 26억 달러의 손실을 입은 일본의 스미토모 사건과 1995년의 베어링스은행 사건에 이어 세 번째로 큰 금융사고였다.

2. NAB, 소속 딜러 무허가 파생상품 거래로 홍역

호주 최대 은행인 내셔널오스트레일리아뱅크(NAB)가 소속 딜러들의 부적절한 파생금융상품 거래에 따른 대규모 손실로 홍역을 치르고 있다고 파이낸셜타임스(FT)가 14일 보도했다. 신문은 전일 NAB가 비상대책위원회 소집 후 호주 증권투자위원회(ASIC)와 영국 금융감독청(FSA)에 소속 딜러 4명의 무허가 파생금융상품 거래로 1억 8천만 호주달러(미화 1억 3,900만 달러)의 손실을 입은 사안에 대해 조사하는 데 조력해줄 것을 요청했다고 전했다.

FT는 이번 사건은 호주에서 발생한 금융 스캔들 가운데 최대 규모라면서 이번 사건의 발단은 NAB 소속 딜러 한 명이 상부의 재가 없이 지난 10월 호주 달러와 뉴질랜드 달러 옵션 거래를 통해 대규모 손실을 입은 후 소속사 동료 3명에게 손실 만회에 도움을 줄 것을 요청하면서 확대됐다고 설명했다. 신문은 이번 사건에 연루된 4명의 딜러들 가운데 3명은 NAB의 멜버른 본사에, 나머지 한 명은 런던 지사에 근무하다가 정직 처분된 것으로 알려졌다면서 이번 손실은 지난 10월 이래 호주 달러와 뉴질랜드 달러가 미국 달러에 대해 15% 급등하면서 초래된 것으로 추정된다고 전했다.

한편 FT는 이번 스캔들로 최근 경쟁은행들에 비해 저조한 실적을 올려 투자자들과 업계 관계자들로부터 따가운 시선을 받아온 NAB가 더욱 어려운 상황에 처하게 될 것으로 보인다는 게 전문가들의 중론이라고 덧붙였다.

서울 = 연합인포맥스, 2004년 1월 14일

3. 삼성물산 홍콩법인 선물거래 관련 손실

삼성물산이 구리 선물거래로 무려 800억원의 손실을 냈다. 삼성물산의 지난해 순이익이 771억원이라는 점을 감안하면 한 번에 지난해 순익을 모두 까먹은 셈이다. 삼성물산은 이번 홍콩법인 선물거래를 통한 대규모 손실과 관련 "아직 정확한 배경이 파악되지 않았다" 며 구체적인 언급을 피하고 있다.

그러나 업계에서는 이번 홍콩법인의 선물거래 손실은 구리가격이 급상승한 것과 관련있는 것으로 추정하고 있다. 삼성물산 홍콩법인이 구리 현물을 매수한 이후 이를 헤지하기 위해 대량의 구리선물에 매도 포지션을 잡아놨다가 구리가격 급상승으로 타격을 입었다는 설명이다. 특히 이번 선물거래 손실은 시장 가격상승으로 입은 손해를 만회하기 위해 무리하게 만기연장을 하다 손실폭을 눈덩이처럼 키운 사례라는 점에서 주목된다.

선물거래 전문가 등을 통해 시나리오를 추정해보면 삼성물산 홍콩법인은 구리 현물을 매입하면서 헤지를 위해 대규모의 구리선물에 매도 포지션을 걸어놨었다. 구리 가격이 상승하면서 보유하고 있던 현물을 팔아 차익을 남겼지만, 설정해 놓은 구리선물 매도 포지션에서는 손실이 발생했다.

그러나 삼성물산 홍콩법인은 구리선물 매도 포지션을 환매해 바로 손실을 반영하지 않고, 계속 환매를 연기했던 것으로 알려졌다. 구리가격이 떨어진다면 선물매도에 의한 손실을 만회할 수 있다고 판단한 것. 하지만 세계 최대 구리 광산지역인 칠레 북부에서 발생한 대규모 강진으로 칠레광산 생산이 일시 중단되면서 구리가격이 사상 최대치로 치솟자 들고 있던 구리선물 매도 포지션의 손실폭이 눈덩이처럼 커지게 됐다. 업계 관계자는 "233년의 역사를 자랑하던 영국의 베어링은행이 파산했던 것도 닉 리슨이라는 인물이 고작 2만 파운드의 손실을 만회하려고 무리하게 선물과 옵션에 손을 대면서 시작된 것" 이라며 "선물투자의 위험성을 다시 한 번 보여준 사례"라고 지적했다.

edaily, 2005년 6월 24일

연습문제

01. 환노출 중 경제적 노출이 다른 노출보다 장기적인 관점에서 중요한 이유는 무엇인가? 미시경제이론의 매몰비용(sunk cost) 개념을 이용해 설명하라.

02. 대한주식회사의 미국 자회사인 US대한의 대차대조표가 2010년 12월 현재 다음과 같다. 환율이 $1 = 1,000원에서 1,100원으로 상승하는 경우 환노출의 다양한 측정방법을 이용해 환차손익이 얼마일지 계산하라.

자산		부채	
현금 및 시장성 유가증권	$200	외상매입금	$300
외상매출금	$250	단기차입	$200
재고자산	$150	장기차입	$300
고정자산	$600	자본금	$500

03. 대한주식회사가 4개국에는 롱 포지션을 갖고 1개국에는 숏 포지션을 갖는 총 $100,000 규모의 포트폴리오투자를 했다. 각국에 투자한 규모 등 이 투자와 관련된 정보가 아래와 같다고 할 때 1% 유의수준에서 총*VaR*(개별국 투자의 *VaR*의 합)을 구하라. 상관관계는 무시함.

국가	포지션($환산규모)	비중(%)	표준편차(%)
캐나다 달러	60,000	60	1.31
영국 파운드	−20,000	−20	2.85
유로	25,000	25	2.97
일본 엔	25,000	25	3.47
스위스 프랑	10,000	10	3.32

04. 위의 문제에서 각 시장 간의 상관관계가 아래의 표와 같다면 1% 유의수준에서 순*VaR*(5개국 분산투자 효과를 고려한 포트폴리오투자의 *VaR*)을 구하라. 참고로 포트폴리오투자의 변동성은 $\sum_{i=1}^{n}\sum_{i=1}^{n}\omega_i\omega_j\sigma_i\sigma_j\rho_{ij}$이다($\omega$ 및 σ는 각 자산의 비중 및 변동성, ρ_{ij}는 i자산과 j자산의 상관관계).

	캐나다 달러	영국 파운드	유로	일본 엔	스위스 프랑
캐나다 달러	1.0	0.09	−0.03	−0.06	−0.07
영국 파운드		0.1	0.71	0.32	0.65
유로			1.0	0.47	0.93
일본 엔				0.1	0.51
스위스 프랑					1.0

05. 어떤 미국회사가 우리나라에 자산을 보유하고 있는데 향후 전망이 다음과 같다.

	상황 1	상황 2	상황 3	상황 4
확률(%)	25	25	25	25
현물환율(원/$)	1,000	1,050	1,100	1,150
자산가격(만원)	1,500	1,400	1,300	1,200

a. 이 미국회사의 경제적 환노출 크기를 구하라.

b. 이 회사가 아무런 헤징을 하지 않는 경우 자산의 달러가격의 분산은 얼마인가?

06. A은행은 달러 포지션이 $1,000,000이다. 현재 달러/원 현물환율은 1,300원이고, 과거의 달러/원 환율 변동성을 조사한 결과 일별 표준편차가 10.08이다.

a. 95% 신뢰수준을 전제로 1일 달러/원 환율변동으로 입게 될 최대 예상 손실액은 얼마인가?

b. 위의 경우 10일 간의 최대 예상 손실액은 얼마인가?

07. 만약 S주식회사의 환노출이 $2,500,000이고 연간 변동성이 13%라면 99% 신뢰수준에서 1일 최대 환손실 추정금액은 얼마인가?

08. A은행은 $1,000,000에 해당하는 만기 10년짜리 미 재정증권(US treasury bond)을 보유하고 있다. 현재 달러/원 현물환율은 1,140원이고 USD/KRW 현물환율의 1일 변동성은 0.2%이며 채권의 일별 수익률의 표준편차는 0.1%이다. 보유기간 5일, 신뢰수준 95%에서 *VaR*을 구하라. 상관관계는 무시함.

08장

Chapter eight

환위험 관리

1. 환위험 관리의 기초

1.1 기본 개요

제7장에서 언급한 것처럼 환위험의 두 가지 구성요인 중 개별기업은 환노출만을 통제할 수 있다. 따라서 환위험 관리는 다양한 종류의 환노출을 방지하기 위한 방안들을 말하는데 어느 노출을 중점적으로 관리해야 하는가는 기업의 목적 및 경제상황에 따라 달라진다.

만일 기업의 목적이 주주의 부를 극대화하는 것이라면 미래현금흐름에 영향을 미치는 경제적 노출 관리가 가장 중요해진다. 그러나 특정시점에 세후당기순이익을 발표해야 한다면 경제적 노출보다도 거래노출 및 환산노출 관리가 더 중요하다.

또한 경제상황 파악과 관련해, 현재의 환율은 균형수준이 아니므로 향후 변할 것이라고 예상한다고 하자. 이때, 현재 외환시장의 불균형을 일시적 불균형으로 간주한다면 거래노출 및 환산노출을 중점관리해 일시적 불균형으로 인한 환율변동의 영향을 최소화하기 위해 노력하는 것이 바람직할 것이다. 그러나 외환시장의 불균형을 일시적인 현상으로 보기 어려운 경우 단기적 대응보다는 보다 장기적 관점에서 경제적 노출 관리에 주력하면서 환율변동으로 인한 미래현금흐름의 불확실성을 최소화하기 위해 노력하는 것이 바람직할 것이다.

한편 환노출을 관리하다 보면, 경제적 노출과 거래노출 혹은 환산노출 간에 서로 상충되는 결과가 나타나는 경우가 있는데, 이때는 경제적 노출에 의거한 결정을 하는 것이 바람직하다. 그 이유는 미시경제이론에서의 매몰비용(sunk cost) 개념을 적용하면 쉽게 이해될 수 있다. 즉, 환산노출은 이미 지나간 과거 행위에 효과가 반영되고 있는 것이나 경제적 노출은 미래의 예측에 바탕을 둔 것이므로 향후의 영업행위에 대한 의사결정은 경제적 노출을 고려하는 것이 바람직하기 때문이다.

1.2 환위험 관리체계

환위험을 효율적으로 관리하기 위해서는 합리적인 관리체계를 마련하는 것이 필요하다. 환위험 관리체계는 크게 사전 단계와 환위험 관리 단계로 나눌 수 있다. 우선 사전단계에서는 다음과 같은 몇 가지 전제를 정해 놓아야만 한다.

- **최고경영자는 확고한 의지를 보여라**
  위험관리는 사전방어 행위이므로 책임 있는 최고경영자의 확고한 의지가 있어야 하며, 사후적인 담당자의 책임을 물어서는 안 된다.
- **위험을 줄이려면 추가이익 가능성도 버려라**
  현재의 가격이 적정해 환율을 고정시키고자 할 경우는 손실가능성이 소멸되는 대신 환율이 유리하게 변할 때 생기는 추가이익 가능성 역시 포기해야 한다. 즉, 손실가능성과 추가이익 가능성을 상호 교환하는 것이다.
- **환위험 노출 허용 정도를 결정하라**
  위험헤지를 하지 않은 것은 100% 위험을 노출시키는 것과 동일하다. 또한 모든 위험을 헤지한다는 것은 많은 비용을 동반할 뿐만 아니라 비효율적이기 때문에 기업의 매출, 수익, 자본 규모 등을 감안해 적정한 위험 노출범위(예를 들어 50%)를 결정해야 한다.
- **투기적 유혹을 버리고 정해진 원칙을 고수하라**
  위험헤지에 관한 내부규정(guideline)을 세워서 원칙을 철저히 따르는 것이 중요하다.

이러한 사전단계에서의 원칙하에 진행되는 기업의 환위험 관리체계는 아래의 [그림 8-1]과 같이 여러 과정으로 구성되어 있다.

그림 8-1 환위험 관리체계

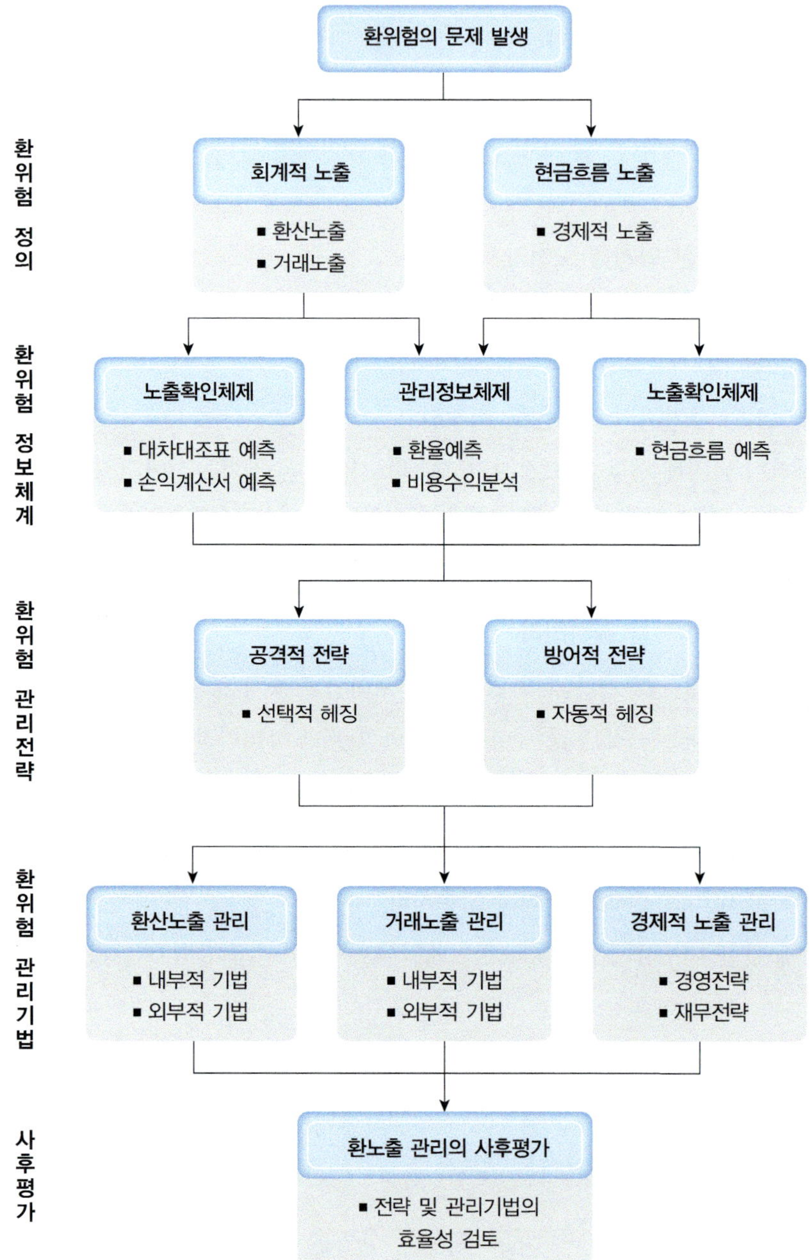

환위험 관리체계의 첫 단계는 환위험 문제가 발생할 소지가 있을 때, 관리대상이 되는 환위험의 성격을 신속히 정립하는 단계이다. 즉, 환율변동의 위험에 대한

노출이 환산노출인가, 거래노출인가 아니면 경제적 노출인가를 신속하고 정확하게 구분해야 한다.

두 번째 단계는 환위험 정보체제를 활용해 환위험에 관한 정보를 수집하고 분석하는 단계이다. 환위험 정보체제는 환위험 확인체제와 환위험 관리체제의 두 하위체제로 구성된다. 앞 단계에서 관리해야 할 환위험이 정의되면, 이 단계에서 환위험 정보체제를 활용해 구체적으로 노출의 크기를 정확하게 파악해야 하고 또한 환위험을 제거하는 데 따른 득실을 계산해야 한다. 이와 같이 환위험 제거에 수반되는 비용 · 수익분석 결과를 기초로 모든 환노출을 헤징할 것인가, 부분적으로 할 것인가, 아니면 전혀 헤징하지 않을 것인가에 대한 의사결정을 하게 된다.

세 번째 단계는 환위험 정보체제에 의해 파악된 각종 정보와 장래의 영업환경을 고려한 후, 환위험에 대한 기본적인 관리전략을 정하는 단계이다. 환위험 관리전략은 기업이 환위험에 대해 어떤 자세를 갖느냐에 따라 달라지는데, 적극적인 전략을 취하는 경우에는 환차익을 극대화하는 데 주력하는 반면 소극적 전략에서는 환차손을 극소화하는 데 주력하게 된다.

네 번째 단계는 구체적인 환위험 관리기법을 동원해 환위험 관리전략을 실현하는 단계이다. 환위험 관리기법은 헤징기법이라고도 하는데 기업이 대외거래를 수행함에 있어서 발생할 수 있는 환위험의 가능성으로부터 기업의 이익을 보호하기 위해 수립하는 재무기법을 말한다. 각각의 환위험 관리기법에 수반되는 거래비용과 효율성은 환노출의 성격 및 환위험 관리전략 등에 따라 달라지므로, 다양한 기법들을 비교 검토해보아야 한다. 환산노출, 거래노출 및 경제적 노출 등 각각의 환노출에 대해 내부적 관리기법 또는 외부적 관리기법을 동원할 수 있다.[1]

마지막으로 사후적 평가단계는 지금까지의 환위험 관리전략 및 관리기법의 성과를 종합평가하는 단계이다. 이를 기초로 차후 환위험 관리의 효율성을 향상시킬 수 있는 새로운 환위험 관리전략을 수립하고 관리기법을 마련하는 것이다.

1. 내부적 관리기법이란 재무관리, 생산관리 등의 일환으로 기업 내부에서 사용할 수 있는 기법을 말하고, 외부적 관리기법이란 기업 외부, 즉 외환 · 금융시장에서의 다양한 상품을 이용하는 기법이다.

2. 환산노출의 관리

환산노출을 관리하는 방법으로 첫째, 모회사와 자회사, 혹은 자회사와 자회사 간의 자산 · 부채조정, 둘째, 각 자회사의 자산 · 부채관리(대차대조표 헤징), 셋째, 파생금융상품을 이용한 헤징 등 크게 세 가지를 고려할 수 있다. 이중 처음 두 가지 방법은 내부적 관리기법에 해당하고, 세 번째 방법은 외부적 관리기법에 해당한다.

2.1 다국적기업 내 자산 · 부채 조정

구체적인 설명을 위해 국내 모회사, 중국 자회사, 멕시코 자회사로 구성된 다국적기업 A의 외화 포지션이 〈표 8-1〉과 같다고 하자. 이 표에서 미국 달러화 항목들은 모회사의 달러화 자산 및 부채로서, 모회사는 미국 달러화 현금 $200,000을 보유하고 있다. 멕시코 페소화 항목들은 멕시코 자회사의 대차대조표이며, 이 중 외상매입금 900,000페소는 모회사에게 지불해야 하는 것이다. 중국 위안화 항목들은 중국 자회사의 대차대조표로서, 부채의 단기차입 항목은 일본 은행으로부터의 차입금 525,000엔을 포함하고 있다. 기타 다른 내용은 표에 나타난 바와 같다. 이 같은 상황에서 A기업 전체로는 미국 달러화에 대해 $200,000, 멕시코 페소화에

표 8-1 다국적기업 A의 환산노출

	미국 달러(USD)	멕시코 페소(MXN)	중국 위안(CNY)	일본 엔(JPY)
현금	200,000	1,800,000	105,000	0
외상매출	0	2,700,000	133,000	0
재고자산	0	4,500,000	210,000	0
고정자산	0	13,800,000	560,000	0
노출된 자산	200,000	22,800,000	1,008,000	0
외상매입	0	2,100,000	173,600	0
단기차입	0	5,100,000	119,000	525,000
장기차입	0	8,100,000	448,000	0
노출된 부채	0	15,300,000	740,600	525,000
순노출	200,000	7,500,000	267,400	−525,000

주 : 현행환율법에 따라 각 통화에 노출된 항목만을 표시함. 1위안 = 15엔이라고 가정함. (+)는 순자산을, (−)는 순부채를 의미함.

대해 7,500,000페소, 중국 위안화에 대해 267,400위안, 그리고 일본 엔화에 대해 −525,000엔만큼 순노출이 발생하게 된다.[2]

만일 이 기업이 적극적 관리전략을 택한다면, 환율변화를 정확히 예측한 후 강세통화에 대해서는 순자산을 증대시키고 순부채를 감소시키며, 약세통화에 대해서는 순자산을 감소시키고 순부채를 증대시키고자 할 것이다.

그러나 이 기업이 소극적 관리전략을 택한다면, 순자산이든 순부채이든 각 통화에 노출된 크기를 줄여야 할 것이다. 이러한 순노출 중 상당 부분은 모회사와 자회사들 간의 거래를 통해 감소시킬 수 있다. 우선 모회사는 미국 달러화를 즉시 원화로 환전하고(달러자산 $2,000 감소), 순자산의 규모가 더 큰 멕시코 자회사에 대해 900,000페소의 외상매출금을 즉시 지급받아 원화로 환전해 놓는다(페소자산 900,000페소 감소). 또한 중국 자회사는 현금에 여유가 있으므로 일본 은행에 대한 차입금 525,000엔(= 35,000위안 × 15)을 즉시 상환하도록 조치를 취한다(위안자산 35,000엔 및 엔부채 525,000엔 감소).

이와 같은 과정을 거치고 나면 〈표 8−2〉에 나타난 바와 같이 전체적인 환노출이 상당히 감소하게 된다. 즉, 달러화 및 엔화에 대한 순노출은 사라지고, 멕시코 페소화에 대한 순노출은 6,600,000페소 그리고 중국 위안화에 대한 순노출은 232,400위안으로 줄어든다.

표 8−2 다국적기업 A의 환산노출 : 모회사와 자회사들 간 자산 · 부채 조정 후

	미국 달러(USD)	멕시코 페소(MXN)	중국 위안(CNY)	일본 엔(JPY)
현금	0	900,000	70,000	0
외상매출	0	2,700,000	133,000	0
재고자산	0	4,500,000	210,000	0
고정자산	0	13,800,000	560,000	0
노출된 자산	0	21,900,000	973,000	0
외상매입	0	2,100,000	173,600	0
단기차입	0	5,100,000	119,000	0
장기차입	0	8,100,000	448,000	0
노출된 부채	0	15,300,000	740,600	0
순노출	0	6,600,000	232,400	0

주 : 현행환율법에 따라 각 통화에 노출된 항목만을 표시함.

2. 편의상 현행환율법에 따라 순노출을 계산했다. 다른 방법을 이용하는 경우 순노출의 크기가 달라져 환노출 관리기법의 이용에 약간의 차이가 생길 수도 있지만, 기본적인 내용에는 큰 차이가 없다.

2.2 자산 · 부채관리 : 대차대조표 헤징

모회사와 자회사들 간의 조정을 통해 환노출 중 일부분이 감소되기는 했지만 아직도 상당한 규모의 환노출이 남아 있다. 이에 대한 추가적인 관리는 자산 · 부채관리(대차대조표 헤징) 및 파생금융상품을 이용한 헤징을 통해 이루어질 수 있다.

자산 · 부채관리(asset liability management, ALM)는 환율전망에 따라 기업이 보유하고 있는 자산 · 부채의 포지션을 조정함으로써 환위험을 관리하는 방법이다. 이는 매우 포괄적인 의미의 관리기법이지만, 보통 기업의 연결재무제표상에서 노출자산의 금액과 노출부채의 금액을 동등하게 만듦으로써, 즉 스퀘어 포지션(square position)을 유지함으로써 순노출액을 0으로 만드는 대차대조표 헤징전략을 의미한다. 그러나 적극적인 차원에서 환차익을 실현하는 방향으로 자산 및 부채를 조정하기도 한다.

앞의 〈표 8-2〉에서 멕시코 통화에 대한 잔여 순노출규모는 6,600,000페소에 이른다. 따라서 순노출을 감소시키기 위해서는 순자산을 줄이든지 아니면 순부채를 증가시켜야 한다. 주어진 항목을 이용해 순자산을 줄이는 방법으로 페소화 현금을 당장 원화로 환전하거나, 외상매출금을 즉시 받아 원화로 환전하거나 혹은 고정자산을 매각해 현금을 원화로 환전하는 방법 등을 들 수 있다. 한편 페소화를 추가로 차입해 부채의 크기를 증대시킬 수도 있는데, 이 경우 차입자금을 페소화 현금으로 보유하게 되면 자산의 크기도 동시에 증가해 순노출의 크기가 변하지 않으므로, 순노출을 감소시키기 위해서는 추가로 차입한 현금을 원화로 환전해야만 한다.

2.3 파생금융상품을 이용한 헤징

파생금융상품을 이용한 헤징은 앞에서 설명한 다양한 파생금융상품을 이용해 환율변화에 따른 손실을 극소화하거나 이익을 극대화하기 위한 방법을 말한다. 하나의 구체적인 사례로서 A기업이 〈표 8-1〉에 나타난 엔화부채에 따른 환위험을 헤징하기 위해 선물환을 어떻게 이용할 수 있는지 살펴보기로 하자. 설명을 간단하게 하기 위해, 현재의 엔/원 환율은 100엔 = 1,000원이고 3개월 선물환율은 100엔 = 1,020원인데, A기업은 3개월 후 환율이 100엔 = 1,030원이 될 것으로 예상하고 있다고 하자.

만일 환율이 A기업의 예상대로 100엔 = 1,030원으로 상승한다면, 아무런 헤징을 하지 않은 경우 이 기업은 157,500원(= 525,000엔 × 0.3원)만큼 손실을 입게 된다. 그런데 선물환율과 A기업의 예상환율 간에 차이가 있으므로, A기업는 엔화매입 선물환계약을 통해 이러한 손실을 보상받을 수도 있다. 즉, 3개월 엔화선물환을 매입하면, 3개월 후 선물환계약에 따라 100엔 = 1,020원에 매입한 엔화를 현물시장에서 100엔 = 1,030원에 매각할 수 있을 것이므로 100엔당 10원(= 1,030원 − 1,020원, 즉 1엔당 0.1원)의 이익을 얻을 것으로 예상할 수 있다. 따라서 157,500원의 예상손실을 정확하게 보상하기 위해서는 1,575,000엔(= $\frac{157,000}{0.1}$) 규모의 선물환 계약을 체결해야 한다.

이상의 설명에 기초해 환손실을 헤징하기 위한 선물환계약의 크기는 일반적으로 다음과 같이 나타낼 수 있다.

$$\text{선물환계약의 규모} = \frac{\text{예상환손실의 규모}}{\text{예상미래현물환율} - \text{선물환율}} \qquad (8-1)$$

그러나 사후적으로 이와 같은 선물환시장헤징이 환손실을 얼마나 잘 헤징할 수 있는가는 환율예측이 얼마나 정확한가에 달려 있다. 실제적인 환율변화의 크기에 따라 선물환거래에 따른 이익(또는 손실)의 크기도 달라지므로, 미래환율에 대해 정확히 예측한 경우에만 환산노출이 완전히 제거될 수 있다. 따라서 선물환시장헤징은 투기적 요소가 가미되어 있는 헤징방법이다.

3. 거래노출의 관리

환위험 관리와 관련해 주로 문제가 되는 것은 상대적으로 단기적인 관점에서 다루어야 할 거래노출을 어떻게 관리할 것이냐 하는 점이다. 거래노출을 관리하기 위한 방법은 앞에서 소개한 환산노출 관리기법에 비해 훨씬 다양한데, 이를 크게 기업내부적으로 환위험을 관리하는 내부적 기법(internal technique)과 외환시장과 금융시장에서의 대응거래를 통해 환위험을 관리하는 외부적 기법(external technique)으로 나누어 설명하고자 한다.

3.1 내부적 관리기법

내부적 관리기법은 순노출의 크기를 줄이거나 더이상 증가되는 것을 방지하기 위한 조치로서 여기에는 리딩과 래깅, 네팅, 매칭, 자산 · 부채 관리, 가격조정, 결제통화선택, 포트폴리오의 다양화, 환차손 적립제도 등이 있다.

3.1.1 리딩과 래깅

리딩과 래깅(leading and lagging : 선불 및 이연)이란 외화표시 자금수입의 결제기간을 인위적으로 조정해 환위험을 감소시키기 위한 방법이다. 이는 주로 본사와 자회사 간의 결제시에 많이 이용되며, 제3자와의 거래에서는 이해관계가 상충될 수 있으므로 크게 활용되지는 않는다. 예를 들어 모회사의 입장에서 통화가치의 하락이 예상되는 자회사로부터의 송금은 앞당기도록 하고(leading) 통화가치의 상승이 예상되는 자회사로부터의 송금은 이연시키도록 함으로써(lagging) 소극적 전략의 측면에서 손실을 방지할 수도 있고 적극적 전략의 측면에서 외환이득을 극대화할 수도 있다.

구체적인 예로서 우리나라 모회사 A가 미국과 독일에 각각 자회사를 가지고 있다고 하자. 최근 미국의 누적적인 경상수지 적자로 인해 달러화가 점차 약세로 전환하고 있는 반면 유로화는 지속적인 강세를 유지할 것으로 전망되고 있다. 이때 모회사 A의 입장에서는 미국 자회사로부터의 송금수취는 촉진시키고 미국 자회사에 대한 지급은 이연시키는 것이 환차익을 증대시킬 수 있다. 반면 독일 자회사로부터의 수취해야 할 금액은 이연시키고 그에 대한 지급은 촉진시키는 것이 바람직하다.

리딩과 래깅을 통해 환노출을 관리할 때 몇 가지 주의할 점이 있다. 첫째, 일반적으로 다국적기업은 중앙의 정보 및 통제센터가 존재해서 다국적기업 내 결제시점이 특정 자회사의 관점보다는 전체의 관점에서 효과적이 되도록 조절한다. 그러나 다국적기업 전체의 이익을 위해 리딩과 래깅을 할지라도 이는 해당 자회사의 환노출을 변화시키고 수익성에도 영향을 주게 된다. 따라서 리딩과 래깅으로 인해 해당 자회사나 경영자의 실적 평가에 불이익이 없도록 해야 할 것이다. 둘째, 리딩과 래깅은 향후 환율변화에 대한 예측을 근거로 행하는 것이므로 실제적으로 이익이 실현될 것인지 혹은 손실이 방지될 것인지는 사후적인 환율수준에 따라 결과가 달라질 수 있다. 사후적으로 실현된 환율이 사전적인 예측과 달라지는 경우에는 오히려 환위험이 더 커질 수도 있으므로, 리딩과 래깅은 위험이 수반되는 투기적 요소를 내포하고 있다.

3.1.2 네팅

네팅(netting : 상계)이란 다국적기업의 본사와 지사 또는 지사 상호 간에 발생하는 채권·채무관계를 개별적으로 결제하지 아니하고 일정기간 경과 후에 채권·채무관계를 상계한 후 차액만을 결제하는 제도이다. 네팅의 형태로는 양자간 네팅(bilateral netting)과 다자간 네팅(multilateral netting)이 있다.

양자간 네팅은 두 회사간에 서로 채권·채무를 상계하고 그 차액만을 결제하는 제도이다. 예를 들어 A회사의 미국 자회사는 일본 자회사에 대해 $100만의 채무를 가지고 있는 반면, 일본 자회사는 미국 자회사에 대해 $150만의 채무를 지고 있다고 하자([그림 8-2]). 양자간 상계가 없는 경우에는 총 $250만($100만+$150만)의 현금거래가 발생하지만, 두 자회사 간에 채권·채무관계를 서로 상쇄하고 나면 일본 자회사가 미국 자회사에 대해 $50만(=$150만−$100만)의 순채무만 지급하면 된다. 따라서 상계 이전에 비해 거래금액이 1/5 수준으로 감소함으로써 거래비용이 크게 절감된다. 양자간 상계를 할 때 고려해야 할 사항은 환위험 관리측면에서 차액을 결제할 결제통화와 결제시점을 선정해야 한다는 것이다. 이 문제들은 보통 관련된 양 당사자들이 합의해 결정한다.

그림 8-2 양자간 네팅

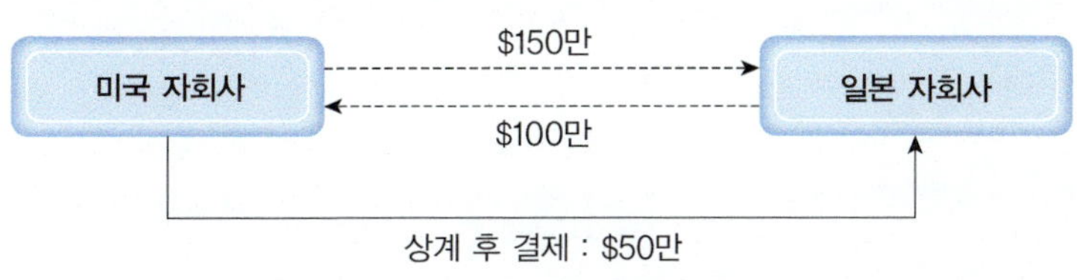

다자간 네팅은 3개 이상의 회사들 간에 채권·채무관계를 상계하는 제도이다. 양자간 네팅과는 달리 다자간 네팅의 경우에는 그룹 내의 중앙결제센터가 자회사들

의 채권 · 채무관계를 총괄 관리해 다각적으로 상계하고 순차액만을 개별 자회사들에게 통보해주는 중요한 역할을 한다. 예를 들어 미국 자회사는 독일 자회사에 대해 $1,000를 지불해야 하고, 일본 자회사는 미국 자회사에게 $3,000를 지불해야 하며, 독일 자회사는 미국 자회사에게 $1,500를 그리고 일본 자회사에게 $1,000를 지불해야 한다고 하자. 이러한 복잡한 채권 · 채무관계는 〈표 8-3〉과 같은 네팅 매트릭스를 이용해 간단히 나타낼 수 있다.

표 8-3 네팅 매트릭스 (단위 : $)

수취부문 \ 지급부문	미국 자회사	일본 자회사	독일 자회사	총수취	순수취	상계액
미국 자회사		3,000	1,500	4,500	3,500	1,000
일본 자회사	0		1,000	1,000	0	1,000
독일 자회사	1,000	0		1,000	0	1,000
총지급	1,000	3,000	2,500	6,500		
순지급	0	2,000	1,500		3,500	
상계액	1,000	1,000	1,000			3,000

만일 다자간 상계가 없다면 해당 채권 · 채무관계를 모두 거래해야 하므로 총거래금액이 $6,500이 될 것이다. 그러나 중앙결제센터가 각 자회사들 간의 채권 · 채무관계를 정리해보면, 미국 자회사는 총 $4,500을 받고 $1,000을 지급해야 하므로

그림 8-3 다자간 네팅

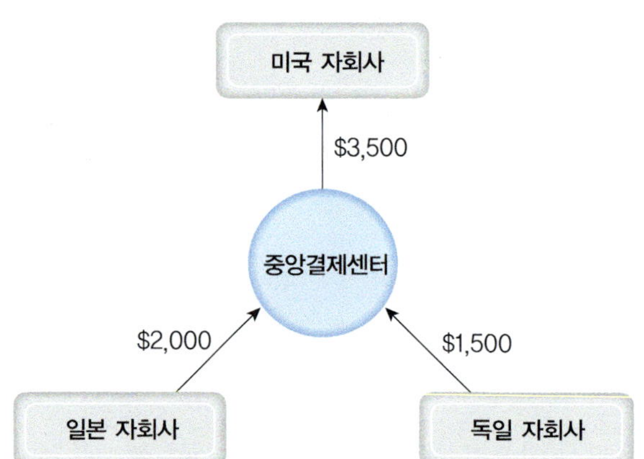

$3,500의 순수취를, 일본 자회사는 $1,000을 받고 $3,000을 지급해야 하므로 $2,000의 순지급을, 그리고 독일 자회사는 $1,000을 받고 $2,500을 지급해야 하므로 $1,500의 순지급을 해야 한다. 따라서 중앙결제센터는 이를 정리해 [그림 8-3]과 같이 각 자회사들에게 해당금액을 지급 및 수취하도록 통보를 하고, 이에 따라 결제가 이루어지면 총거래금액은 $3,500으로 줄어들게 된다.

네팅은 교환수수료 등 은행비용의 절감과 환노출금액을 줄임으로써 불필요한 환차손을 막을 수 있다는 장점이 있다. 또한 기업 내부의 결제기능을 강화할 수 있으며, 노출관리와 유동성관리 및 조세관리가 용이해진다는 이점도 있다. 그러나 네팅에 따른 결제가 일정한 주기마다 이루어지므로 그때까지 수입과 지출이 지체될 수 있다는 문제점이 있고, 또한 네팅에 따른 결제는 특정 통화로 이루어지므로 영업거래시의 통화와 네팅결제기준이 되는 통화가 달라질 수 있다는 문제점을 내포하고 있다.

3.1.3 매칭

매칭(matching)이란 외화자금의 흐름을 일정하게 일치시키는 전략을 말한다. 즉 외화자금의 유입과 지급을 통화별, 만기별로 일치시켜 외화자금흐름의 불일치에서 발생할 수 있는 환위험을 원천적으로 제거하는 전략이다. 네팅과 매칭은 흔히 서로 구분하지 않고 사용되기도 하지만, 보통 네팅은 동일한 그룹 내에 적용되며 매칭은 동일한 그룹 내뿐만 아니라 제3자 간의 거래에도 자주 적용된다. 매칭을 이용하는 경우 기업은 외화자산의 운용 또는 향후의 외화자금수취에 따른 환차손(환차익)을 외화차입에 대한 원리금의 지급 등으로 발생하는 환차익(환차손)과 상쇄시킴으로써 환율변동이 초래하는 현금수지의 불확실성을 제거할 수 있게 된다.

예를 들어 미국에 자동차를 수출하는 우리나라 기업이 수출물량의 증가를 예상해 생산시설을 확장하고자 자금을 조달하려 한다고 하자. 이 기업은 국내 혹은 국제금융시장을 이용해 자금을 조달할 수 있을 것이다. 이때 미국시장에서 달러로 차입하거나 유로시장에서 달러로 기채해 자금을 조달한다면, 차입자금의 이자지급으로 인한 달러현금유출과 수출물량 증대에 따른 달러현금유입이 서로 상쇄됨으로써 환노출이 상당히 감소될 수 있을 것이다.

선물환, 금융선물, 옵션 등과 같은 파생금융상품은 주로 1년 이하의 단기적인 환위험 헤징에 이용되는 반면, 매칭은 보다 장기적인 관점에서 외국통화의 수취 및 지급을 조절함으로써 환위험을 관리하는 방법이다. 매칭을 통해 장기적으로 환위험을 관리하면 선물환 등을 이용해 수시로 환위험을 관리할 필요성이 절감된다.

매칭방법에는 크게 자연매칭(natural matching)과 평행매칭(parallel matching) 두 가지 방법이 있다. 자연매칭은 동일한 통화로 현금유입과 현금유출을 매치시키는 방법으로서 환위험을 거의 대부분 헤징할 수 있는 가장 이상적인 형태이다. 평행매칭은 동일한 통화 대신 환율변화 방향이 유사한 통화들의 현금유출입을 매치시키는 방법이다. 만일 영국 파운드화가 미국 달러화와 유사한 방향으로 움직인다면, 위의 예에서 달러화로 차입하는 대신 파운드화로 차입하는 방법이다. 그러나 평행매칭을 사용하는 경우 환율이 예상한 방향과 다르게 움직인다면 외환의 유출 및 유입 양쪽에서 모두 환차손익이 발생할 수도 있다.

한편 동일한 통화별 현금유출입이 단기적으로 매치되지 않는 경우에는 단기예치운용 또는 일시차입 등으로 현금유출입 갭을 조정할 수 있다. 또한 최근에는 통화스왑이나 증권담보차입의 성격을 갖는 역RP(reverse RP)[3]거래를 이용해 직접 매치되지 않는 현금유출입을 보다 용이하게 조정할 수 있다. 그러나 이와 같은 일시차입이나 통화 간 스왑거래에 의한 현금흐름조정거래에서는 양국 간의 금리차에 해당하는 헤징비용 등을 고려해야 한다.

매칭을 이용할 때 현실적으로 중요한 문제 중의 하나는 외화의 수취와 지불이 예정된 때에 이루어지느냐 하는 발생시점의 문제이다. 예정된 때에 이루어지지 못하고 지연되는 경우 매칭에 차질이 생기고 결과적으로 수취와 지불을 모두 환위험에 노출시키게 된다. 예를 들어 외화지불은 예정된 날짜에 이루어졌는데 수취가 연기되었다고 하면, 그 기업은 지불일의 환율과 수취일의 환율이 달라짐에 따라 그 기간 동안 환위험에 노출되는 것이다.

3.1.4 자산 · 부채관리

자산 · 부채관리(ALM)는 기업이 보유하고 있는 자산 · 부채의 구성을 종합적으로 관리함으로써 장래에 발생가능한 금리, 환율 및 유동성 등 제반 위험을 최소화하

3. RP거래와 정반대로 일정기간 후 다시 팔기로 하고 매입하는 증권을 말한다.

거나 수익의 극대화를 도모하는 관리기법을 말한다. 이는 매우 포괄적인 의미의 관리기법이지만, 환위험 관리와 관련해서는 제2절에서 이미 설명한 것처럼, 보통 기업의 연결재무제표상에서 외화표시자산과 외화표시부채의 포지션을 조정해 환위험을 효율적으로 관리하고자 하는 방법이다. 자산·부채관리는 환산노출관리뿐만 아니라 거래노출을 관리하는 데도 이용된다.

자산·부채관리에도 환차익의 극대화를 도모하기 위한 적극적인 기법과 환차손을 극소화하기 위한 소극적인 기법이 있다. 적극적인 관리에 있어서는 강세가 예상되는 통화로 표시된 자산이나 현금유입을 확대하는 반면 강세통화표시 부채나 현금유출의 포지션은 축소시키고자 한다. 이와는 반대로 약세통화표시 자산 및 현금유출 포지션은 축소시키고 약세통화표시 부채 및 현금유출은 확대시켜야 한다.

소극적인 관리에 있어서는 강세통화 또는 약세통화의 구분없이 통화별로 환노출 자산의 금액과 환노출부채의 금액을 동등하게 만듦으로써, 즉 스퀘어 포지션(square position)을 유지함으로써 순노출액을 0으로 만드는 헤징전략을 취하게 된다. 한편, 자산·부채관리에서도, 평행매칭과 마찬가지로, 동일통화에 의거해 스퀘어 포지션을 이룰 수 없는 경우에는 환율변화 방향이 유사한 통화를 이용해 환위험을 회피할 수 있다. 이러한 헤징기법을 평행헤징(parallel hedging)이라고 부른다.

3.1.5 가격조정

가격조정(price adjustment)이란 거래상대방에 대해 환율변동으로 인해 예상되는 환차손만큼(혹은 환차손의 일부만큼) 상품판매가격을 인상하거나 원재료 또는 상품구입가격을 인하시키는 것이다. 물론 이때에는 상품의 시장경쟁력, 가격탄력성, 소비자의 저항, 정부의 가격통제 등 제반사항을 고려해야만 한다.

환위험을 분담하기 위한 가격조정을 설명하기 위해, 우리나라의 A회사가 미국 자회사에 상품을 수출한 대금 \$100만을 3개월 후에 받을 예정이라고 하자. 현재의 환율을 \$1 = 1,000원이라고 하면 환율이 변하지 않는 경우 A회사는 우리나라 원화로 10억원을 받을 것으로 기대할 것이다. 그런데 미래환율이 불확실하므로 환율변동을 고려해 A회사는 미국 자회사와 다음과 같은 계약을 맺었다. 환율이 현재수준에서 상하 2%를 벗어나지 않으면 원화로 10억원(원래의 수출대금에 기준환율을 적용한 금액)을 보장해준다. 하지만 일정한 한도 이상으로 크게 벗어나는 경우 한도이탈분의 1/2만큼만 고려한 환율을 원래수출대금에 적용한 원화금액을 보장해준다.

보다 구체적으로 숫자를 이용해 이 계약내용을 설명해보면, 환율이 \$1 = 980원부터 \$1 = 1,020원 사이에서 움직이는 경우에는 원화로 10억원을 보장하는 수출대금을 지불해야 한다. 따라서 예를 들어 환율이 \$1 = 990원으로 하락하면 수입업자는 약 \$101만($=\frac{10억원}{990원}$)을 수출업자에게 지불하게 되므로, 약 1만 달러의 추가비용을 부담해야 한다. 반면 수출업자의 경우에는 계약이 없었더라면 9억 9천만원(= \$100만 × 990원)을 받았을텐데, 이 계약으로 인해 10억원을 보장받으므로 1천만원의 환손실을 회피할 수 있게 된 것이다.

만일 환율이 그 범위를 훨씬 벗어나 \$1 = 940원이 되면 하한인 \$1 = 980원보다 40원이 더 이탈하게 된다. 따라서 이탈분의 1/2, 즉 20원만큼의 하락만 추가로 고려한 환율 \$1 = 960원을 원래수출대금에 적용했을 때의 원화금액인 9억 6천만원을 보장해야 한다. 외환시장에서 환율이 \$1 = 940원이므로, 수입업자가 이 원화금액을 보장하기 위해서는 외환시장에서 약 \$102만($=\frac{9억\ 6천만원}{940원}$)을 수출업자에게 지불해야 하기 때문에, 약 2만 달러의 추가비용이 발생한다. 이때 수출업자의 입장에서

그림 8-4 가격조정에 따른 환위험분담

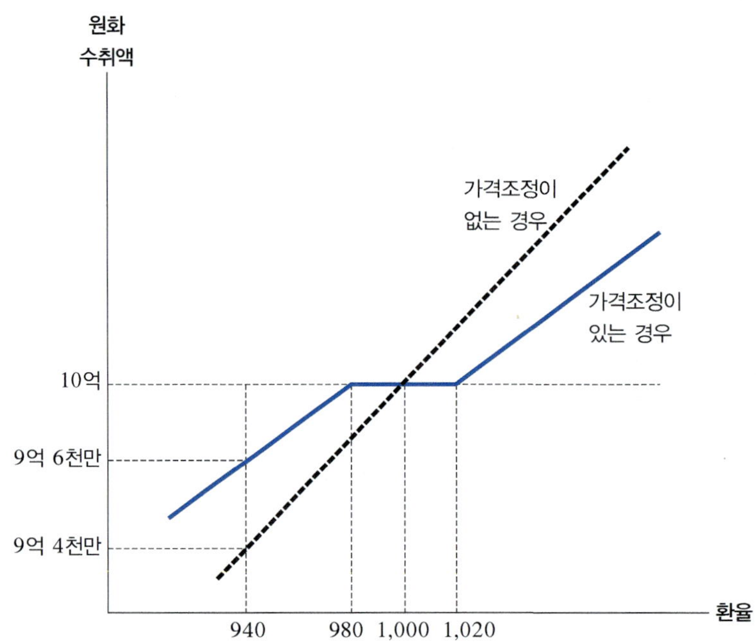

는 계약이 없는 경우 9억 4천만원(= $100만 × 940원)을 수취하는 데 반해 이 계약 덕분에 9억 6천만원을 받았으므로, 총환차손액 6천만원 중 2천만원을 감소시킬 수 있게 된 것이다.

지금까지와는 반대로 환율이 상승하는 경우에는 환차익을 A회사와 미국 자회사가 나누어 갖게 된다. 이와 같은 계약에 따라 A회사와 미국 자회사 간에 환위험을 분담하게 되는 체계는 [그림 8-4]와 같이 나타낼 수 있다.

3.1.6 결제통화선택

환위험 관리기법으로서의 결제통화선택(currency of invoicing)이란 수출입의 대금결제를 어떤 통화로 표시할 것인가를 결정하는 정책을 말한다. 적극적 전략면에서는 강세통화로 수출대금을 결제하고 약세통화로 수입대금을 결제하는 방법을 이용할 수 있으며, 소극적 전략 면에서는 수출 및 수입거래를 자국통화로 체결하는 방법을 이용할 수 있다.

결제통화의 선택은 직접적으로 환위험을 감소시킬 수도 있고 네팅이나 매칭을 할 수 있는 기회를 만들어 환위험을 감소시키기도 한다. 예를 들어 우리나라 A회사가 미국 자회사에게 달러화표시로 상품을 수출하고 유럽 자회사로부터는 유로화표시로 상품을 수입하고 있다고 하자. 이 기업이 유럽으로부터의 수입을 유로화 대신 달러화로 표시하는 결제통화선택을 하고 미국 자회사로부터의 달러화유입과 유럽 자회사에 대한 달러화유출을 네팅하게 되면 순현금흐름의 규모를 감소시킬 수 있게 된다.

그러나 결제통화선택의 전략을 수행할 때도 몇 가지 주의할 점이 있다. 우선 적극적인 전략 면에서 수행할 때, 환율에 대한 예상이 틀리면 그만큼 환위험이 더욱 커질 수도 있다는 점에서 공격적인 결제통화선택은 투기적 성격을 띠고 있다. 또한, 결제통화의 변동은 고객들 및 자회사의 경영자들까지도 설득을 시켜야 한다는 문제가 있다. 고객들은 결제통화 변경에 따른 가격변화를 좋아하지 않을 것이며, 자회사들은 약세통화로 결제하는 것이 마케팅활동에 유리하기 때문에 상황에 따라 반발할 수도 있다. 따라서 다국적기업의 경우에는 그룹 전체의 세후순이익을 극대화할 수 있는 방향으로 그룹 내 각 부문 간의 수출입 결제통화를 적절히 조절해야 할 것이다.

결제통화선택과 관련된 또 다른 문제는, 동일한 그룹 내의 거래가 아닌 경우에는 수출업자와 수입업자 간에 이해관계의 대립이 발생할 수 있다는 점이다. 이러한 문제를 해결하기 위해 50대50 방식을 도입하는데, 이는 수출업자와 수입업자가 거래규모의 절반씩을 자국통화표시 거래로 계약함으로써 환위험을 양자 간에 균등하게 배분하는 방식을 말한다.

이외에도 결제통화선택과 관련해 환위험을 감소시킬 수 있는 방법의 하나로 이용할 수 있는 것이 복합통화결제(mixed-currency invoicing or composite currency invoicing)이다. 복합통화의 대표적인 예로서 SDR(Special Drawing Rights : 특별인출권)과 과거에 유럽에서 사용되었던 ECU(European Currency Unit : 유럽통화단위) 등을 들 수 있다. 이러한 복합통화들은 여러 국가의 통화로 구성되어 있는데, 구성통화들의 가치가 서로 다르게 움직이는 경우 통화들 간의 환율이 서로 상쇄되기 때문에 복합통화의 환율은 단일통화의 환율에 비해 상대적으로 안정된다. 예를 들어 SDR을 구성하는 통화 중 일본 엔화가 달러화에 대해 강세인 반면 영국 파운드화는 약세인 경우 서로 상쇄되어 SDR환율은 변하지 않을 수도 있다. 따라서 이와 같은 복합통화로 결제하게 되면 특정한 단일통화로 결제하는 것에 비해 환율변동에 따른 위험이 감소될 것이다.

3.1.7 환차손준비금

장래의 환차손 발생에 대비해 영업이익의 일부를 환차손준비금(exchange loss reserve)으로 적립하고 실제 환차손이 발생하면 이 적립금을 환차손에 충당하는 전략을 환차손준비금 전략이라고 한다. 환차손준비금은 사전적인 환위험 관리방법이라기보다 환차손이 발생한 경우 사후적으로 이를 일정기간에 걸쳐 이연분산시킴으로써 특정기간의 이례적인 환차손익 발생에 의해 왜곡될 수 있는 경영성과를 평준화하는 회계제도이다.

3.2 외부적 관리기법

외부적 관리기법은 외환 · 금융시장의 상품들을 이용해 환위험을 관리하는 기법이기 때문에 수없이 다양한 방법이 가능하다. 특히 파생상품의 경우 상품의 종류가 무한하다고 볼 수 있을 정도이므로 이를 이용한 환위험 관리기법도 수없이 많다.

대표적인 외부적 기법으로 선물환거래, 단기금융거래, 옵션거래, 스왑거래 등을 이용한 방법이 있으며 그 외에도 할인, 팩토링, 환율변동보험이 있다.

여기서는 여러 외부적 기법에 대한 이해를 목적으로, 특정한 상황을 설정하고 그 상황에서 발생하는 환위험을 방지하기 위한 선물환시장헤징, 단기금융시장헤징 및 옵션시장헤징 등을 설명한 후 세 가지 방법을 비교하고자 한다.[4]

3.2.1 선물환시장헤징(forward market hedging)

예를 들어 우리나라의 수출업체가 미국에 자동차를 수출하고 수출대금 1백만 달러를 3개월 후에 받기로 했다고 하자. 외환시장에서 현물환율은 $1 = 1,200원, 3개월 만기 선물환율은 $1 = 1,250원인데 수출업자는 3개월 후 현물환율이 $1 = 1,260원까지 상승할 것으로 예상하고 있다. 현재 국내금리는 연 8%이고 미국금리는 연 4%이다.

수출업자가 아무런 헤징을 하지 않는 경우 확실하게 말할 수 있는 것은 이 수출업자가 미국 수입업자로부터 3개월 후에 1백만 달러를 받는다는 사실뿐이다. 우리나라의 수출업자가 3개월 후에 원화로 얼마를 수령하게 될지는 3개월 후의 환율에 달려 있다. 만일 수출업자의 예상이 정확하게 맞아 환율이 $1 = 1,260원이 된다면 12억 6천만원을 손에 넣게 되지만, 이는 확실하게 보장된 금액이 아니다. 수출업자의 예상과는 달리 우리나라 원화의 가치가 급상승해(환율이 하락해) $1 = 500원이 된다면 수출대금의 원화가치는 5억원이 되어 커다란 손해를 보게 된다. 반대로 달러화가치가 급상승해(환율이 상승해) $1 = 2,000원이 된다면 수출대금은 20억원의 원화가치를 갖게 되어 예상보다 훨씬 더 이익을 얻게 된다. 따라서 이 경우 비록 수출업자가 1백만 달러를 받는다는 것이 확실하더라도 그것이 원화로 얼마가 될지는 사전적으로 전혀 알 수 없다.

선물환거래를 이용한 헤징은 선물환계약을 통해 안정된 현금흐름을 지닐 수 있게 하는 전략이다. 이 예에서 수출업자는 미국 수입업자로부터 지불될 1백만 달러의 수출대금과 관련해 외환시장에서 달러선물환 매도를 할 수 있다. 외환시장에서 3개월 선물환율이 $1 = 1,250원이므로 이 경우 수출업자는 12억 5천만원을 확보할

4. 물론 이외에도 통화선물, 통화스왑 등 기타 파생금융상품을 이용한 다양한 환위험 관리기법이 있다.

수 있다.

여기서 제기될 수 있는 한 가지 문제는 3개월 후의 현물환율 예상이 선물환율과 다르다면, 선물환헤징을 하는 경우 헤징을 하지 않은 경우에 비해 손해를 본다고 느낄 수도 있다는 것이다. 예를 들어 수출업자는 3개월 후에 환율이 $1 = 1,260원이 될 것으로 예상하고 있으므로, 선물환계약을 하는 경우 예상보다 원화취득량이 1천만원 작아진다고 느낄 수도 있다. 이 경우 선물환계약을 맺을 것인가 아니면 예상에 따를 것인가는 환율예측의 정확성 및 예측오류로부터 발생하는 위험에 대한 태도 등을 고려해 결정된다. 만일 3개월 후의 환율에 대한 예상이 $1 = 1,250원 이하였다면 선물환계약을 맺는 것이 당연히 바람직하다. 왜냐하면 예상에 따른 최대의 결과가 선물환계약에 따른 결과와 동일하지만, 선물환계약의 경우는 전혀 위험이 없는 반면 예상에 따르는 경우는 위험이 내포되어 있기 때문이다. 또한 비록 예상환율이 $1 = 1,250원보다 높을지라도 미래에 확정적인 금액을 얻는 것이 목표라면, 예상에 따른 추가적인 이득의 가능성에 대해서 크게 고려하지 않고 선물환 계약을 체결하는 것이 바람직할 것이다.

3.2.2 단기금융시장헤징(money market hedging)[5]

단기금융거래를 이용한 헤징은 다음과 같은 과정을 거쳐 이루어진다. 현재시점에서 수출업자는 미국은행에서 3개월 후 원리금의 합계가 $1백만이 되도록 달러를 빌린 후 이 금액을 원화로 바꾸어 우리나라 단기금융상품에 투자한다. 미국이자율이 연 4%(3개월간 $1\% = 4\% \times \frac{3개월}{12개월}$)이므로 3개월 후 $1백만이 되도록 하기 위해서는 $990,099(= $\frac{1백만}{1.01}$)를 차입해야 하고 이는 현재의 환율 $1 = 1,200원에서 원화로 11억 8,812만원(= $990,099 × 1,200)이 된다.

3개월 후 수출업자는, 국내이자율이 연 8%(3개월간 2%)이므로, 국내단기금융상품에 대한 투자로부터 12억 1,188만원(= 11억 8,812만 × 1.02)을 확보하게 된다. 한편 3개월 후 미국 수입업자로부터 받은 $1백만을 가지고 그대로 미국은행에서 차입한 금액에 대해 원리금 $1백만(= $99만 99 × 1.01)을 상환하면 된다. 이상의 절차를 그림으로 나타내면 [그림 8－5]와 같다.

5. 단기금융시장은 자금시장이라고도 부른다.

그림 8-5 단기금융시장헤징

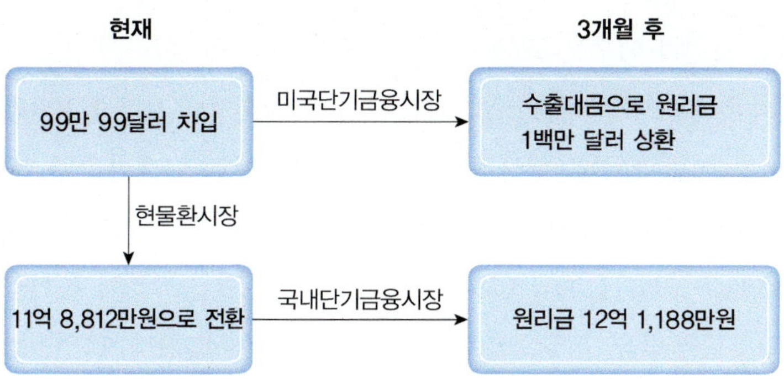

선물환시장헤징과 단기금융시장헤징은 서로 유사한 점이 많은데, 선물환시장헤징은 선물환율에 의해 결정되는 반면 화폐시장헤징은 이자율 차이에 의해 결정된다는 차이점이 있다. 따라서 이자율평가가 성립하는 경우 두 가지 헤징방법은 동등한(equivalent) 것이 되고 양자로부터 확보되는 금액은 같아진다. 위의 예에서는

$$8\% \times \frac{3}{12} - 4\% \times \frac{3}{12} < \frac{1,250 - 1,200}{1,200} \times 100\% \qquad (8-2)$$

이 되므로 이자율평가가 성립하지 않고 선물환시장을 이용하는 것이 유리하다. 즉, 선물환시장을 통해 헤징하는 경우의 수령액은 12억 5천만원인 데 반해 단기금융시장을 통해 헤징하는 경우는 12억 1,188만원에 불과하다. 따라서 모든 기업들이 선물환을 매도하고자 하므로 국내외 이자율이 주어져 있다면 균형선물환율이 $1 = 1,211.88원으로 하락할 것이고 결국에는 이자율평가가 성립해 어느 시장을 통해 헤징하든 동일한 금액을 수취하게 될 것이다.

3.2.3 옵션시장헤징(options market hedging)

선물환시장헤징과 단기금융시장헤징은 환위험을 완전하게 제거하지만, 이로 말미암아 환율이 유리하게 변동하는 경우 누릴 수 있는 이익의 기회까지 사라지게 만든다. 이러한 이익의 기회를 잃지 않으면서 환손실위험에 대해 헤징할 수 있는 방법으로, 수출업자는 옵션시장을 이용할 수 있다.

예를 들어 수출업자가 옵션시장에서 행사가격이 $1 = 1,200원이고 옵션 프리미엄이 달러당 10원인 달러화 풋옵션을 매입했다고 하자. 3개월 후 수출업자가 옵션을 행사할 것인가 여부는 3개월 후의 환율에 달려 있고 따라서 옵션의 경우에는 확실한 원화금액을 보장하지는 않는다. 3개월 후의 환율이 $1 = 1,200원보다 낮은 1,150원이 된 경우, 옵션을 행사하지 않으면 수출업자는 $1백만을 수취했을 때 외환시장에서 달러당 1,150원을 받고 달러를 팔아야 하므로 총 11억 4천만원[= 1백만 달러×(1,150원 – 프리미엄 지급 10원)]의 원화를 얻게 된다. 그러나 옵션을 행사하면 달러당 1,200원을 받을 수 있으므로 프리미엄을 지급하고 난 후 11억 9천만원의 원화를 얻게 된다. 따라서 환율이 $1 = 1,200원 이하인 경우에는 옵션을 행사하는 것이 유리하다. 이와는 반대로 환율이 $1 = 1,200원 이상인 경우에는 옵션을 행사하지 않고 수출대금으로 받은 달러화를 그대로 외환시장에서 파는 것이 유리하다. 예를 들어 3개월 후 환율이 $1 = 1,240원이 된 경우 옵션을 행사하면 11억 9천만원밖에 수령하지 못하지만, 옵션을 행사하지 않으면 $1백만을 달러당 1,240원에 팔아 프리미엄을 지급하고 난 후 12억 3천만원을 취득하게 된다. 이상의 설명에서 알 수 있듯이 수출업자는 옵션시장헤징을 통해 최소한 11억 9천만원을 확보할 수 있지만 최대금액이 얼마가 될지는 환율의 변화에 달려 있다.

옵션이 다른 방법보다 유리한가 아닌가는 옵션 프리미엄, 예상환율, 위험선호도 등 여러 가지 요소에 의해 좌우된다. 3개월 후의 예상환율이 $1 = 1,221.88원(= 균형선물환율 1,211.88원 + 옵션 프리미엄 10원)[6] 이하가 된다면 수출업자는 옵션시장헤징이 선물환시장헤징보다 불리하다고 판단하고 선물환시장헤징(또는 단기금융시장헤징)을 선택할 것이다. 그러나 3개월 후의 환율이 그 이상으로 상승한다고 예상하는 경우에는 옵션시장이 유리하다고 생각할 수 있다. 그러나 만일 예상이 틀려 환율이 그 이하로 떨어지면 불리해질 수도 있으므로 수출업자는 예상에 대한 확신도 및 위험선호도 등 기타 다른 요인들을 고려해 헤징방법을 선택해야 할 것이다.

지금까지 설명한 세 가지 환위험 관리전략, 즉 선물환시장헤징, 단기금융시장헤징, 옵션시장헤징을 비교하면 〈표 8–4〉와 같이 정리할 수 있다.

6. 여기서의 균형선물환율은 선물환시장헤징이 단기금융시장헤징과 동등해지도록 이자율평가가 성립했을 때의 선물환율을 말한다.

표 8-4 외부적 환위험 관리기법의 비교

관리기법	내용	효과
아무런 헤징을 하지 않는 경우	■ 3개월 후 수출대금 $1백만을 현물환시장에서 매각해 원화 수취 ■ 수출업자는 3개월 후 $1 = 1,260원이 될 것으로 예상	■ 3개월 후의 환율에 따라 원화수령액의 크기가 달라짐 ■ 단지 예상만 할 뿐 사전적으로 전혀 알 수 없음
선물환시장헤징주)	■ 3개월 달러선물환 매도	■ 3개월 후 원화로 수령할 금액이 12억 1,188만원으로 확정(선물환율이 $1 = 1,250원이라면 12억 5천만원으로 확정)
단기금융시장헤징	■ 미국금융시장에서 $99만 99 차입 : 3개월 후 원리금 $1백만을 수출대금으로 상환 ■ 달러차입금을 원화로 환전해 국내단기금융시장에 투자	■ 3개월 후 국내금융투자에 따른 수령액이 12억 1,188만원으로 확정
옵션시장헤징	■ 행사가격 $1 = 1,200원에 달러풋옵션 계약 ■ 달러당 10원 프리미엄 지급	■ 최소한 11억 9천만원 확보 ■ 최대금액은 3개월 후 환율에 따라 달라짐

주 : 선물환시장헤징의 경우 이자율평가가 성립해 단기금융시장헤징과 동등해진 상황을 기준으로 함. 즉, 선물환율이 $1 = 1,211.88원으로 조정되었다고 가정함.

3.2.4 기타 외부적 관리기법

이외에도 환위험을 관리하기 위한 외부적 기법으로 할인(discounting), 팩토링(factoring) 및 환율변동보험(exchange risk insurance) 등이 있다.

할인이란 수출대금이 환어음에 의해 결제되는 경우, 수출업자가 어음만기까지의 기간 동안 환율변화로 인해 발생할 수 있는 위험을 회피하기 위해 환어음을 은행에 매각해 수출대금을 조기에 회수하는 방법이다. 이처럼 환어음을 어음만기 이전에 매각하는 경우 할인료 등의 비용이 수반되기 때문에 수출업자는 이들 비용과 환율변화에 따른 예상환차손익 그리고 자금사정 등을 고려해 할인 이용 여부를 결정한다. 할인은 앞서 설명한 단기금융시장헤징 기법과 유사한 방법이다. 다만 단기금융시장에서는 차입을 통해 환위험 관리가 이루어지지만 어음할인시장에서는 환어음의 매각을 통해 이루어진다는 차이가 있을 뿐이다.

팩토링이란 공급업자(supplier)가 구매업자(debtor)에게 물품 등을 외상으로 판매한 후 발생되는 외상매출채권을 팩토링회사(factor)에게 일괄 양도하고 팩토링회사로부터 양도채권 금액범위 내에서의 금융지원, 구매업자에 관한 신용조사 및 신용위험인수, 채권의 관리 및 대금회수, 기타 사업처리대행 등의 서비스를 제공받는 금융기법을 말한다. 팩토링의 어원은 위탁매매인을 의미하는 팩토(factor)에서 유래했는데 오늘날의 팩토링은 14세기 후반 영국 모직물업계의 위탁매매인제도에서 발전한 것이다. 우리나라의 팩토링은 1979년 아세아종합금융에 의해 처음 도입되었다. 이후 종합금융회사와 은행이 각각 1981년, 1983년부터 서비스를 제공하기 시작했으며 1992년에는 팩토링 전문회사가 설립되는 등 빠른 속도로 발전해 왔다.

국제팩토링(international factoring)이란 무신용장방식의 신용조건부(open account credit terms) 무역거래와 관련해 팩토링 서비스를 제공받는 것을 말한다. 수출대금이 환어음으로 지급되는 대신 외상매출금계정에 남아 있는 경우, 수출업자들은 외상매출채권을 팩터에게 매각함으로써 외상수출로 인한 대금회수 불안 및 결제기간 동안의 환율변동위험을 제거하면서도 대금회수 전에 수출대금을 자금화할 수 있다는 장점이 있다. 물론 팩토링을 이용할 때도 비용이 수반되므로, 팩토링 비용과 환율변동에 따른 예상환차손익 등을 비교해 팩토링 이용 여부를 결정하게 된다.

환율변동보험은 결제기간이 대체로 1년 이상의 중장기 수출입과 관련해 초래되는 환율변동에 의한 환차손을 보상하기 위한 보험제도이다. 일반적으로 결제기간이 1년 미만의 단기 수출입거래에 수반된 환위험은 선물환거래를 이용해 쉽게 헤징할 수 있으나 중장기 수출거래에서는 환율예측의 불확실성이 증대됨으로써 단기선물환거래의 이용이 어렵게 된다. 이러한 문제점을 해결하기 위해, 1970년대 초 국제통화제도가 변동환율제도로 이행된 이후 독일, 프랑스, 벨기에, 스페인 등에서 결제기간이 1년 이상인 중장기 수출의 환위험을 헤징하기 위한 수단으로 환율변동보험이 이용되어 왔다. 일본의 경우에는 1974년부터 이 제도를 도입했는데 보험대상 수출품, 연지급수출기간 그리고 대상통화를 한정해 운용하고 있다.

앞에서 설명한 환차손준비금이 환차손이 발생할 것을 우려해 이익잉여금으로 준비금을 설정한 기업 내부적인 대비책인 반면, 환율변동보험은 보험료를 부담하다가 일정수준 이상의 환차손이 발생한 경우 이를 보전하기 위해 보험료를 청구하는 기업 외부적인 대비책이라고 할 수 있다.

Box 8-1 우리나라 종금사 및 리스사의 환위험 관리 실패사례

1995년 세계화의 기치하에 우리나라 대다수의 종합금융회사와 리스사가 해외지점(주로 홍콩)을 설치하고 영업을 시작했다. IMF 위기가 오기 직전 우리나라의 종금사와 리스사는 해외에서 리스 물품을 들여와 국내에서 최종 소비자에게 리스하고 리스료를 당시 환율로 적용해 원화를 받아 국내시장에서 운용하고, 해외부채는 만기에 외화를 시장에서 매입해 상환을 해왔다. 또한 해외지사에서는 대규모의 외화를 차입해 그 돈으로 인도네시아, 말레이시아, 심지어 러시아 국채(GKO) 등 국채이긴 하지만 다소 위험이 많은 자산, 즉 고수익 채권(high yield bonds = junk bonds)에 막대한 돈을 투자해 놓고 거기서 나오는 이윤(GKO 등의 국채 수익률 – 달러 차입비용)을 향유하고 있었다. 그 당시는 국내 달러/원 환율의 변동률이 거의 없어 환위험이 아주 작았으므로 이들 기관들은 국내외 자금시장에서의 막대한 금리차이에 따른 이익를 누리고 있었다(원화 콜금리는 12%인 데 반해 달러 콜금리는 5% 수준이어서 달러와 원화의 금리차이에서 약 7%의 이익을 봄). 즉, 만기 외화 상환시에 외환손실을 금리차(7%) 이내로 막으면 막대한 이익을 보는 포지션을 운용하고 있었다.

문제는 아시아 통화위기가 발생한 후 700원대에 있던 환율이 1,000원을 넘어 1,700원대까지 올라갔다. 또한 해외에서는 태국과 러시아 등이 지불정지를 선언하자 투자한 막대한 자금이 회수불능 상태로 전락하게 되었다. 당시 자본금규모가 200억~300억원 수준에 불과했던 리스사들이 2억 달러 이상 숏 포지션을 운용해 최소한 2,000억원 이상의 환차손을 보았다. 국내외에서 발생한 막대한 손실을 메꾸기 위해 국내 기업들에게 전액상환을 요구하고 보유한 어음을 시장에서 돌리기 시작하자 기업들의 연쇄부도가 나타났다. 이것이 도화선이 되어 경제에 큰 혼란이 오고 대외 신용등급이 내려가는 등 위기가 가중되어 종금사 및 리스사의 무모한 자금운영은 우리나라가 IMF통치에 들어가도록 만드는 데 결정적인 역할을 했다. 이에 대한 원인은 크게 나누어 세 가지로 볼 수 있다.

- **회사의 규모에 비해 너무 많은 위험부채**(open position) **보유**
- **위험을 고려하지 않고 현재 발생하는 수익에 현혹되어 무모한 투자로 잠재 손실에 대한 가능성 무시**
- **최고경영자의 위험관리에 대한 무관심 및 관리부재**

4. 경제적 노출의 관리

경제적 노출은 환율변동이 판매량, 판매가격, 원자재가격, 자금조달 및 운용 등 기업의 전반적인 경제활동에 영향을 미침에 따라 발생하게 된다. 따라서 거래노출과 환산노출은 재무적인 기법을 동원해 전략적인 관리가 가능했던 반면, 경제적 노출 관리를 위해서는 보다 장기적인 관점에서 구조적인 대응전략을 세워야만 할 것이다. 즉, 경제적 노출 관리는 기업의 장기전략과 함께 영업전략 및 재무전략 등이 효과적으로 연계되어야만 한다.

경제적 노출 관리전략도 위험에 대한 태도에 따라 적극적 전략과 소극적 전략으로 그 특성을 구분할 수 있다. 적극적 전략을 취하는 경우 환율변화를 보다 능동적으로 이용하기 위해 선택적인 전략이 이루어지기 때문에 관리기법이 다양한 형태로 나타날 수 있다. 반면 소극적 전략을 취하는 경우 기본적인 관리방법은 다변화(diversification)라는 형태로 나타나는 것이 일반적이다.

4.1 기업의 장기전략

환율변동은 기업의 모든 활동에 영향을 미칠 뿐만 아니라 향후 국제시장에서의 경쟁력에 결정적인 영향을 미친다. 따라서 기업의 새로운 전략적 투자 등 기업의 장기전략의 기본방향을 설정하는 데 반드시 고려해야 하는 요소가 되고 있다.

새로운 산업으로의 진출, 기존산업에서의 퇴출 등 기본적인 기업전략 차원에서 경제적 노출방안을 고려하기 위해서는 환율변동과 경쟁력 간의 관계에 대한 다음과 같은 특성을 염두에 두어야 한다.

첫째, 동일한 환율변화에 대해서도 기업들 간의 경쟁 포지션과 경쟁기업들의 전략에 따라 경제적 노출이 다르게 나타날 수 있다. 경쟁기업들 간에는 노동과 원자재를 조달하는 시장, 기술과 경영의 수준, 생산입지의 선정, 판매시장 등이 서로 다르기 때문에 동일한 환율변화에 대해서도 어떤 기업은 유리하게 느끼는 반면 다른 기업은 불리하게 느낄 수도 있다. 따라서 특정 원자재 공급시장 혹은 특정 판매시장만을 고려해 경제적 노출을 파악할 수는 없고 경쟁환경의 분석이 중요하다. 이런 점에서 볼 때 개별기업의 경제적 노출에 대한 관리는 기업의 경쟁 포지션과 경쟁기업들의 전략변화에 따라 수시로 달라지게 된다.

둘째, 이와 관련해 또 하나 지적할 것은, 동일한 산업에 속한 기업들이 모두 동일한 환위험 관리전략을 취하는 것은 아니라는 점이다. 위에서 설명한 것처럼 동일한 산업 내에서도 각 기업이 당면하고 있는 경쟁환경이 서로 다르고 기업들의 철학도 다를 수 있기 때문이다. 그러나 비록 각 기업에 적합한 환위험 관리전략이 차이가 날 수 있을지라도, 환위험 관리의 효율성 정도가 장기적인 경쟁력에 중요한 영향을 미친다는 점을 고려해, 각 기업은 경쟁기업들의 헤징전략을 관심있게 지켜보고 그보다 뛰어난 헤징전략을 마련할 수 있도록 해야 할 것이다.

셋째, 국제경쟁시장에서 최우량의 상품을 통해 산업을 선도하고 있는 세계적인 기업은 경제적 노출이 가장 작아진다. 이는 크게 두 가지 이유 때문이다. 하나는 독점적인 기술력을 바탕으로 한 상품은 상대적으로 가격탄력성이 작기 때문에 환율변화를 가격에 반영시켜 현금흐름유입에 큰 변화가 발생하지 않도록 할 수 있다. 이에 반해 기술력보다 가격경쟁을 하는 경우에는 시장에서의 가격탄력성이 크기 때문에 가격조정을 할 수 있는 여지가 거의 없고 따라서 환율이 변하는 경우 기업들은 커다란 경제적 노출에 직면하게 된다. 또 다른 이유는 세계적인 기업의 경우 영업활동 및 자본조달의 기반이 전세계에 걸쳐 있기 때문에 그만큼 위험이 잘 분산되어 있고 또한 위험을 관리하기 위해 선택할 수 있는 대안이 다양하고 신축적으로 된다. 이러한 사실은 기업의 장기전략 관점에서 경제적 노출을 관리하고자 하는 경우 가격경쟁력보다는 세계시장을 선도할 수 있는 제품개발로 기술경쟁력을 확보하는 것이 더욱 효과적이라는 것을 의미한다.

이처럼 기업의 장기전략은 환율변화추세에 의해 상당한 영향을 받고 있지만 단기적으로 조정될 수 없다는 제약성을 갖고 있다. 따라서 중장기적인 관점에서 경쟁

그림 8-6 경제적 노출 관리체계

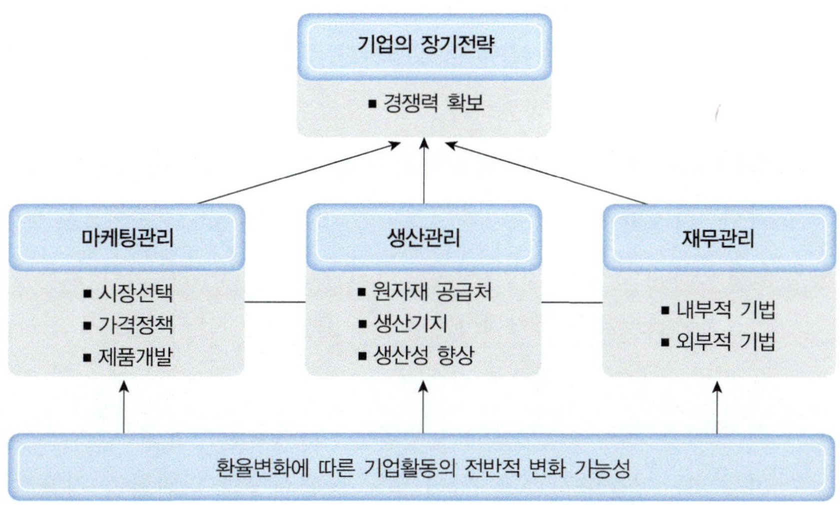

력을 확보하기 위해서는 기업의 기본전략을 전반적인 경영활동, 즉 마케팅관리, 생산관리 및 재무관리 등과 연계해 추진해야만 한다([그림 8-6]).

4.2 마케팅관리 전략

장기적인 관점에서 경제적 노출을 관리하기 위한 영업전략은 판매와 관련된 마케팅관리 전략과 생산과 관련된 생산관리 전략으로 나누어 살펴볼 수 있다. 그 중 마케팅관리 전략으로는 시장선택, 가격정책, 제품개발 등이 있다.

4.2.1 시장선택

시장선택(market selection)이란 환율변화와 관련해 판매시장을 어디로 할 것인가를 선택하는 것이다. 적극적인 전략에서 보면 환율변화로 인해 기업경쟁력이 강화될 수 있는 지역에 마케팅활동을 집중시켜 시장점유율을 높일 수 있도록 하는 것이다. 예를 들어 미국 달러화가 강세로 되면 미국기업들이 자국 내 시장 및 해외시장에서 외국기업에 비해 경쟁력이 약화될 것이므로, 미국기업들과 경쟁하는 외국기업들은 달러화강세를 적극적인 마케팅전략을 통해 판매를 확대할 수 있는 기회로 삼을 것이다.

이와 관련해 고려해야 할 것은 개별국가 내에서의 시장분할(market segmentation) 전략이다. 예를 들어 소품종 대량생산의 경우에는 상대적으로 가격변화에 민감하지만, 다품종 소량생산의 경우에는 상대적으로 가격에 덜 민감하게 반응한다. 따라서 자국통화가 장기적으로 강세가 될 것으로 예상되면 여유 있는 계층을 대상으로 한 차별화된 상품을 개발하는 것이 필요할 것이다. 반면 자국통화가 약세추이를 유지할 것이라고 예상되면 가격경쟁력을 십분 이용할 수 있는 대량생산품을 판매하기 위한 마케팅활동을 강화하는 것이 유리할 것이다.

한편 소극적인 전략에서는 특정시장에 대한 지나친 의존도를 줄이고 판매시장을 다변화시키는 전략을 취하게 된다. 이를 통해 환율변동에 따라 일부시장에서 입게 되는 손실을 다른 시장에서 발생하는 이익으로 상쇄시킴으로써 미래현금흐름의 변동성을 안정화시킬 수 있다. 즉, 판매시장의 다변화는 경제적 노출을 중화(neutralization)시키게 된다.

4.2.2 가격정책

경제적 노출을 관리하기 위한 가격정책과 관련해 기업들이 고려해야 할 사항은 가격정책의 주안점을 시장점유율과 이익 중 어디에 둘 것인가 하는 점이다.

환율이 변하게 되면 국제시장에서 각국 기업의 가격경쟁력이 영향을 받게 된다. 예를 들어 우리나라 원화가 달러화에 대해 강세를 나타내 환율이 \$1 = 1,000원에서 \$1 = 900원으로 하락했다고 하자. 환율이 상승하기 전에는 원가 100만원인 국내수출품의 달러화표시 가격이 \$1,000(원가기준)였었는데, 환율이 하락한 이후에는 약 \$1,111($=\frac{100만}{900}$)가 됨으로써 미국 및 기타 해외시장에서 가격상승 압력으로 작용하게 된다. 이와 같은 상황에서 기업은 가격상승 압력을 그대로 해외시장가격에 반영할 것인지, 아니면 가격을 인상하지 않고 이익의 감소를 감내할 것인지를 결정해야 한다. 만일 기업이 단위수출의 이익성제고에 주안점을 둔다면 환율변화를 최대한 가격에 반영시키려 할 것이지만, 시장점유율에 주안점을 둔다면 가급적 가격을 변화시키지 않고 이윤폭을 조정하려 할 것이다.

환율변화가 가격에 반영되는 정도를 환율의 가격전가(pass-through)라고 하는데, 이는 기업의 주안점, 상품의 가격탄력성, 소비자의 기호, 규모의 경제 등에 의해 영향을 받는다. 일반적으로 수출시장에서 수요의 가격탄력성이 크고 경쟁이 치열한 경우에는 조그마한 가격상승에도 판매가 급감할 수 있으므로 가격을 변화시키는 대신 이윤마진 조정을 통해 환율변화의 영향을 흡수하려 할 것이다. 또한 규모의 경제가 크고 이윤마진이 컸던 기업들은 이윤마진이 다소 감소하더라도 시장점유율을 유지하는 것이 바람직하므로 환율변화를 가격상승으로 전가시키려 하지 않을 것이다.

Box 8-2 환율변화의 가격전가 효과

환율의 가격전가(pass-through)란 환율변화로 인해 수입재의 국내통화 표시가격(혹은 수출재의 경우 외국통화 표시가격)이 변화하는 정도를 말한다. 예를 들어 환율전가율이 1이라면, 외국가격(P^*)이 고정되어 있는 경우 수입재의 국내가격은 환율과 외국가격의 곱한 형태, 즉 SP^*로 나타난다.

그러나 실제적으로 환율전가율이 1보다 작은 경우가 많다. 환율이 바뀔 때마다 이를 반영해 국내가격을 바꾸는 경우 시장점유율이 급변할 수 있는데, 시장점유율이 일단 감소되면 다시 회복하기가 상당히 어렵다. 따라서 기업들은 변화가 심한 환율 움직임에 따라 가격을 변화시키기보다 이윤폭을 조정해 시장점유율을 가급적 안정적으로 유지하려고 한다. 특히 시장에서 경쟁관계가 치열할수록 기업들은 더욱더 시장점유율을 유지하고자 환율변화가 가격에 전가되는 정도를 작게 만들고자 할 것이다. [그림 8-7]은 달러가치의 변화가 미국 수입재가격에 미치는 영향을 보여주고 있는데, 국제경제가 통합되면서 경쟁이 치열해짐에 따라 모든 산업 분야에서 환율전가의 크기가 감소하고 있고, 따라서 환율과 경상수지 간의 관계도 점점 더 미약해지고 있다.

그림 8-7 환율전가의 크기

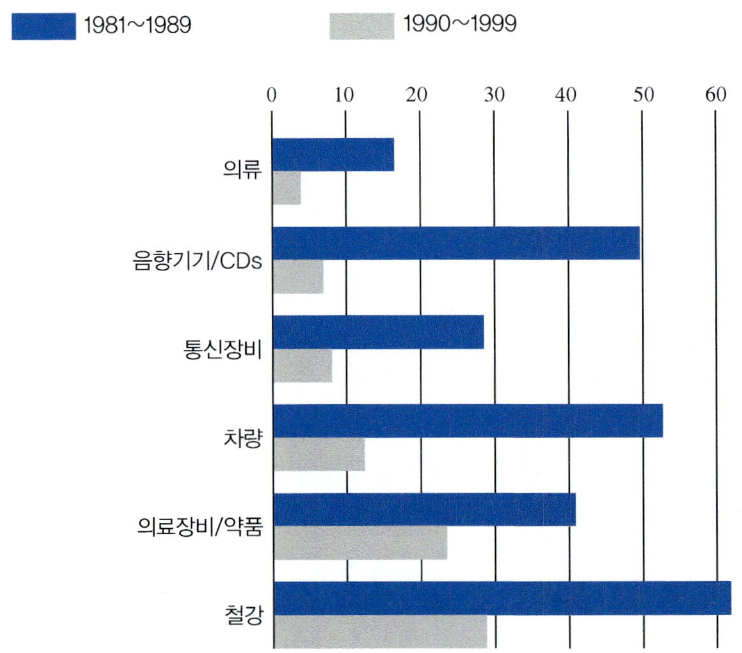

주 : 달러가치의 변화가 미국 수입재가격에 전가되는 정도(%).
자료 : *Economist*, 2003년 12월 4일, Currencies : A Faded Green.

4.2.3 제품개발

환율의 급격한 변화는 기업들이 제품개발 계획이나 판매촉진 전략 등에 변화를 가져오는 계기가 되기도 한다. 일반적으로 환율변화가 심한 시기에 기업들은 단기적으로 새로운 제품의 개발에 소극적인 입장을 취하게 되는데, 이는 신제품의 생산 및 판매에 수반되는 위험이 상대적으로 크기 때문이다. 그러나 장기적인 측면에서는 환율변화에 의한 이익감소를 극복하기 위해 부가가치가 보다 높은 고급제품으로 전환하거나 가격변화에 민감하지 않은 차별화된 제품 및 판매전략을 개발해야 할 것이다.

4.3 생산관리 전략

생산관리 측면에서 경제적 노출에 대처하는 적극적인 방법으로 원자재 공급처 이전, 생산기지 이전, 생산성 향상 등을 들 수 있으며, 소극적인 전략으로는 원자재 공급처 및 생산기지의 다변화 전략을 들 수 있다. 여기서는 적극적인 전략을 중심으로 설명하고자 한다.

4.3.1 원자재 공급처 이전

환율이 변화하게 되면 제품의 판매가격뿐만 아니라 부품과 원자재의 가격도 변화해 기업의 경쟁력이 영향을 받게 된다. 환율변화의 충격에 대해 상대적으로 단기적인 관점에서 탄력적으로 이용할 수 있는 방법은 원자재 공급처를 변경하는 것이다. 즉, 환율변화로 인해 부품 및 원자재의 상대가격이 변화할 때 비용이 저렴해지는 지역으로 공급처를 전환하는 것이다. 예를 들어 국내통화가치가 강세로 되면 국내에서 부품 및 원자재를 조달하는 것보다 해외에서 조달하는 것이 유리할 것이고, 외국통화들 간의 환율이 변화하면 지금까지의 조달원이던 외국보다 약세통화 지역에서 조달하는 것이 비용을 절감할 수 있을 것이다.

4.3.2 생산기지 이전

만일 환율변화가 일시적인 것이 아니고 구조적인 경우에는 보다 장기적인 관점에서 생산관리 전략을 마련해야 한다. 이와 관련해 가장 많이 사용되는 전략은 해외직접투자를 통해 생산기지를 해외로 분산시키거나 장기적으로 통화가치가 약세인 지역으로 생산기지를 이동하는 것이다. 생산기지의 이전은 두 가지 측면에서 환위험을 관리할 수 있다. 하나는 부품 및 원자재 생산기지를 약세통화 지역으로 옮겨 조달받게 되면 전체 비용에서 약세통화의 비중이 높아짐에 따라 결과적으로 현금유출이 작아져 순현금유입을 증대시키게 된다.

또 다른 측면은, 수출상품의 생산기지를 현지화하는 경우 비용구조와 수익구조를 동일한 통화로 구성함으로써 환율변화의 영향을 상쇄시킬 수 있을 것이다. 물론 수출상품의 생산기지 이전과 관련해, 비용이 보다 저렴한 제3국에서 생산해 수출시장에 우회적으로 접근할 수도 있을 것이다. 이러한 경우 현금흐름의 매칭효과는 사라지지만, 비용절감을 통한 순현금유입의 증대 가능성은 여전히 제고시킬 수 있을 것이다.

이미 세계 각처에 광범위한 생산시설을 가지고 있는 다국적기업의 경우에는 새로운 생산기지로 이전하는 것이 아니라 각국에 위치한 생산시설의 생산비중을 조절하는 전략을 탄력적으로 사용할 수 있다. 예를 들어 한국과 미국에 생산시설을 가지고 있는 기업의 경우, 원화가치가 커지면 미국에서의 생산비중을 늘리고 원화가치가 작아지면 한국에서의 생산비중을 늘리는 식으로 보다 유리해진 지역에서의 생산을 증가시키는 전략을 사용할 수 있다.

그러나 이와 같은 해외생산기지의 운용에 있어서는 현지 경제여건의 불리한 변동으로 인해 생산비용 절감효과가 사라질 수도 있다는 점을 고려해야 한다. 일반적으로 약세통화국에서는 상대적으로 높은 인플레이션이 진행되는 경우가 많은데, 이에 따라 현지에서의 생산비용이 현지통화가치 하락보다 더 빨리 상승하는 경우에는 오히려 생산여건이 불리해질 수도 있다. 또한 현지통화의 지나친 평가절하로 인해 해외 자회사의 수익이 모회사의 입장에서 봤을 때(자국통화로 표시했을 때) 오히려 감소하게 될 수도 있다.

4.3.3 생산성 향상

위에서 제시한 생산기지 이전전략은 기업의 부담과 위험이 크고 일단 이전하면 철수가 쉽지 않은 만큼, 생산기지의 입지적 우위가 얼마나 오래 유지될 수 있는가를 신중히 검토한 후 결정되어야 한다. 환율이 장기적인 추세를 갖는다고 하더라도 일정기간 후에는 장기적인 추세가 전환되는 경우도 자주 있으므로, 입지적 우위의 지속성이라는 측면에서 볼 때 환율변동만을 고려해 생산기지를 이전시킨다는 것은 오히려 기업에게 더 큰 위험을 초래할 수 있다. 더구나 지속적으로 통화가치가 하락하는 국가는 대체적으로 생산성이 낮은 지역인 경우가 많은데, 환율변화의 이점만을 노리고 약세통화국에 직접투자했을 때 생산성이 하락하게 되면 기업의 경쟁력은 더욱 악화될 수도 있다.

따라서 장기적인 관점에서 가장 바람직한 대처방안은 기업의 경쟁력을 환율변화에 따른 가격경쟁력 변화에 무관하도록 만드는 것이다. 즉, 원자재 공급처 변경, 생산기지 이전 등과 같이 가격경쟁에 대처하는 방안보다는, 경영혁신, 기술혁신 등을 통해 생산성을 향상시키고 새로운 제품개발을 통해 수요를 창출함으로써 기업의 경쟁력을 확보하는 것이 더 바람직하다.

4.4 재무관리 전략

재무적인 측면에서 경제적 노출을 방지하기 위해 제3절에서 설명한 다양한 내부적 기법 및 외부적 기법을 원용할 수 있을 것이다. 즉, 경제적 노출을 예측하고 그에 준해 최선의 헤징전략들을 마련할 수 있을 것이다. 그러나 경제적 노출은 아직까지 기업의 영업활동이 이루어지지 않은 상태에서 예측해야 하므로, 이미 거래가 끝난 환산노출 및 거래노출보다 훨씬 예측하기가 어렵다.

따라서 보다 장기적인 관점에서 경제적 노출을 감소시키기 위해 많이 이용되는 소극적인 재무관리 전략은 자본조달 및 자본운용을 다변화시키는 것이다. 예를 들어 자본조달을 분산시키면 차입통화의 구성과 영업활동으로 유입되는 통화의 구성을 매칭시킴으로써 통화불일치에 따른 채무불이행위험(default risk)을 방지할 수 있을 것이다. 또한 국내 경제상황과 해외 경제상황이 동일하게 움직이지 않는다면, 다양한 지역의 다양한 위험이 서로 상쇄됨으로써 국내 경제상황 변화에 따른 불확실성을 상당히 완화할 수도 있다. 즉, 개별국가의 입장에서 볼 때는 정치적 위험(거시정책변화, 기업몰수, 전쟁, 자본이동규제 등)에 따른 특정시장의 부침이 기업의 현금흐름에 큰 영향을 미치는데, 다변화를 통해 포트폴리오 분산효과를 유도해 냄으로써 이러한 위험을 어느 정도 중화시킬 수 있을 것이다.

그러나 이러한 다변화 전략은 이득을 취할 수 있는 기회를 포기해 버릴 뿐만 아니라 규모의 경제로부터 발생하는 이득을 감소시킨다는 결점이 있다. 따라서 적극적인 전략에서는 환율변화와 같은 미래의 불확실성을 차익거래 및 투기거래 등을 통해 이득을 획득할 수 있는 기회로 이용할 수 있다. 간단한 예로, 장래 환율이 상당히 변화할 것으로 예상하는 경우 이자율평가가 성립하지 않는다고 판단될 수도 있으므로, 기업들은 투자대상을 변화시킴으로써 이윤을 증가시키거나 자본비용을 감소시킬 수 있을 것이다.

요약

1. 환위험 관리는 다양한 종류의 환위험을 방지하기 위한 방안들을 말하는데, 기업 차원에서는 환위험의 두 가지 구성요인 중 환노출만을 통제할 수 있으므로 환위험 관리는 기본적으로 환노출 관리를 의미한다.

2. 환산노출을 관리하는 방법은 첫째, 다국적기업 내 자산 · 부채조정, 둘째, 각 회사 내 대차대조표 헤징, 셋째, 파생금융상품을 이용한 헤징 등이 있다. 이 중 처음 두 가지 방법은 기업 내에서 사용할 수 있는 내부적 기법이고 세 번째는 금융시장에서의 다양한 상품을 이용하는 외부적 기법이다.

3. 대부분의 환위험 관리방법은 거래노출에 대한 관리방법이다. 내부적 기법으로는 리딩과 래깅, 네팅, 매칭, 자산 · 부채관리, 가격조정, 결제통화선택, 포트폴리오 다양화, 환차손 준비금제도 등이 있다. 외부적 기법으로는 선물환시장헤징, 단기금융시장헤징, 옵션시장헤징, 할인, 팩토링, 환율변동보험 등이 있다.

4. 경제적 노출은 환율변동이 기업의 전반적 경제활동에 영향을 미쳐 발생하기 때문에, 경제적 노출 관리는 기업의 장기전략과 함께 영업전략 및 재무전략 등이 효과적으로 연계되어야 한다. 환위험 관리와 관련해 기업의 장기전략은 환율변동이 향후 국제시장에서의 경쟁력에 결정적인 영향을 미친다는 전제하에 설정되어야 한다. 경제적 노출을 관리하기 위한 영업전략은 시장선택, 가격정책, 제품개발 등과 관련된 마케팅관리 전략과 원자재공급처 선택, 생산기지 선택, 생산성 향상 등과 관련된 생산관리 전략으로 나눌 수 있다. 재무적인 측면에서 경제적 노출을 관리하기 위한 방법은 거래노출 관리의 다양한 내부적 기법과 외부적 기법을 원용할 수 있을 것이다.

부록 외환거래의 신용한도

대부분의 은행은 신용위험의 중요성 때문에 이를 관리하기 위해 심사위원회(credit committee)를 구성하고 본점으로부터 신용한도(credit limit, maximum outstanding limit)를 각 기업별 혹은 계열기업별(우리나라의 경우에 해당되며 삼성그룹과 같은 그룹을 의미한다)로 책정받는다. 각 은행의 심사부서에는 잠재고객 혹은 기존의 거래상대방 기업에 관해 신용분석(credit review process), 즉 파산가능성(creditworthiness or the likelihood of default)을 최소한 1년에 1번은 하게 된다. 심사위원회의 역할은 매우 중요한데 신용한도를 보수적으로 적게 할당하게 되면 영업부서에서 영업이 위축될 것을 각오해야 되며, 반대로 공격적으로 많은 한도를 할당하게 되면 많은 부실자산이 발생하게 되어 결국 그 은행은 도산하게 될 우려가 커진다. 따라서 항상 심사부서와 영업부서는 신용한도를 가지고 줄다리기를 하게 마련이다. 외환영업을 하는 딜링룸에서도 신용한도를 가능한 많이 받아 공격적 영업을 함으로써 많은 수익을 얻고자 한다. 그러나 신용한도 없이는 아무리 수익성이 좋은 거래일지라도 거래를 할 수 없게 되어 있다. 그러므로 대고객 신용한도가 많을수록 수익창출의 기회는 많아지지만, 반대로 상대방이 도산하게 되어 큰 손실을 입을 가능성도 많다. 즉, high risk high return의 법칙이 철저히 적용된다. 역사적으로 볼 때 대부분의 금융기관들이 도산하는 경우는 신용한도공여의 남용으로 볼 수 있다.

1. 신용한도의 종류

① daylight position limits(intraday position limits)

트레이더가 당일 중 영업시간 내에 소지할수 있는 포지션 한도를 말한다.

② overnight position limits

트레이더가 영업시간이 지나고 다음날까지 밤새 가져갈 수 있는 한도이다. daylight position limit보다는 적으며, 이것은 은행 혹은 딜링 책임자가 일종의 근거있는 정책적 포지션으로 가져가는 보다 중장기적 포지션일 때가 많다. 대부분의 스팟 트레이더에게는 이 포지션 한도가 주어지지 않는다.

③ forward FX mismatch limits(gapping)

선물환의 만기일에 따라 발생되는 차액에 대한 한도이다.

④ stop loss limits(loss limit)

트레이더가 시장에서 자기가 가지고 있는 포지션으로부터 발생되는 손해액이 일정액을 넘게 되면 더이상의 손실을 막기 위해 노출된 포지션을 무조건 다시 균형 포지션으로 돌려놓아야 할 경우(unwinding of open position)의 손실한도를 말한다. 각 트레이더들은 손절매매 포지션에 대해 주로 금액별로 일중한도와 월별한도를 책정해 놓고 있다.

2. 신용한도의 할당

본점 심사위원회에서는 주로 국가별(sovereign and country limit), 동일한 개인 또는 법인별, 동일계열기업군(주로 group별)으로 신용한도를 할당하게 되며, 또한 지점에서 그것을 운용할때는 동일 기업의 한도 내에서 각 상품별(예를 들면 loan, trade financing, FX, option, swaps)로 분할해 한도를 할당한다. 할당하는 방법은 group credit allocation 방법과 global credit allocation 방법이 있다.

① group credit allocation

예를 들어 본점에서 총 미화 1억 달러의 한도를 받았다고 하면 본점은 각 영업점별로 %를 정해 할당하되 각 영업점은 자기한테 할당된 한도를 초과할 수 없다. 따라서 총한도는 남아도는데 일정한도를 소진한 영업점은 더이상 거래를 할 수 없게 된다.

② global credit allocation

온라인 전산망(on-line credit system)으로 신용한도 관리가 잘 될 때 사용되며, 총한도는 일종의 풀(pool)로 여겨지며 먼저 사용하는 지점이 우선적으로 총한도 내에서 한도를 사용할 수 있다. 이 방법은 유리한 거액거래의 기회가 왔을 때에 효율적으로 거래를 성사시키기에 좋은 방법으로 신용한도를 확보하기 위해 시간을 낭비해 거래기회를 잃지 않기 위한 효율적인 방법이다. 보통 국제상업은행들은 온라인으로 신용한도 사용 상태를 한눈에 알아볼 수 있도록 되어 있다.[7]

7. 각 트레이더들은 모든 거래를 하기에 앞서 신용한도를 먼저 확인하고 거래를 하지 않으면 아무리 좋은 거래일지라도 경고나 심지어 해고까지 당할 수 있다. 따라서 신용한도는 곧 생명선이라고 할 수 있다.

연습문제

01. 제3절에서 설명한 선물환시장헤징과 단기금융시장헤징의 예에서 선물환율 및 미국이자율이 본문의 예와 같이 주어져 있다면 국내이자율은 얼마가 될 것인가?

02. 제3절에서 설명한 옵션시장헤징을 이용하는 경우 수출업자가 취득하게 되는 원화의 금액을 그림으로 나타내보아라.

03. 제7장의 [연습문제 02]에서 환위험을 방지하기 위해 대차대조표 헤징방법을 이용하고자 한다면 어떻게 해야 하는지 예를 각각 보여주어라.

04. 제7장의 [연습문제 05]에서 선물환시장헤징을 하는 경우 헤징한 자산의 달러가격의 분산은 얼마가 되는가?

05. 변동금리채의 장기차입조건이 LIBOR + 100bp라고 하자. 이 채권에 장기투자하려는 거래자가 금리하락 위험에 대한 노출을 없애기 위해 금리플로어 계약을 매입하고 수수료를 0.7% 지불하는 경우 실제적으로 취득하는 수익률은 어떻게 나타나는지 그림으로 보여라.

06. 대한주식회사가 일본 사쿠라금융으로부터 1억엔을 1년 만기로 차입했다. 현재 환율은 100엔 = 1,000원이지만 1년 동안 상당히 변할 것으로 기대되는데, 일본의 이자율은 연 1%이고 우리나라의 이자율은 연 6%이다. 통화옵션의 행사가격이 100엔 = 1,050원이고 수수료가 100엔당 10원이라면, 선물환시장헤징과 옵션시장헤징 중 어느 방법이 유리한가?

07. 2003년 6월 1일 일본 사무라이항공은 새로운 비행기를 구입하기 위해 미국 양키은행으로부터 1억 달러를 1년 만기로 차입했다. 현재 환율은 $1 = 100엔이고, 미국의 이자율은 연 5%, 일본의 이자율은 연 1% 이다. 미래환율의 불확실성 때문에 헤징을 하려고 하는데, 선물환시장에서 1년 만기 선물환율이 얼마이면 일본사무라이 항공은 선물환시장헤징보다 화폐시장헤징을 선택하겠는가? (범위를 표시해 줄 것)

08. 6개월 후 차입대금 1억 달러를 지불하기로 되어 있는 우리나라 기업이 미국은행과 다음과 같은 계약을 했다고 하자. 현재 환율이 \$1 = 1,000인데 5% 이내의 환율변동에 대해서는 환율을 그대로 적용하고 5%를 넘어서는 환율변동에 대해서는 이탈분에 따른 환위험을 2:1(채무자 2 : 채권자 1)로 분담하기로 했다. 6개월 후에 환율이 \$1 = 1,100이 되었다면 이자를 무시하는 경우 우리나라 기업이 지불하는 대금은 얼마인가?

III부 Part three 외환시장의 종류 및 실무

09장

Chapter nine

현물환 시장

1. 현물환거래의 개요

1.1 개요

현물환거래(spot trading)는 모든 외환거래의 기본이 되며, 외환거래 중에서 보통 대금결제가 2영업일 이내에 이루어지는 경우를 말한다. 제3장에서 설명한 것처럼, 현물환거래는 당일물, 익일물, 익익일물로 구분할 수 있다. 그러나 당일물 및 익일물은 정상 결제일 이전에 자금의 수도가 이루어져 선물환 거래시와 마찬가지로 두 통화 간의 이자율 차이가 반영된 환율이 적용되기 때문에 별도로 구분해 ante-spot FX라고 부른다.[1] 따라서 일반적으로 현물환거래는 익익일물(value spot) 거래를 지칭하는 것이다.

현물환 가격은 보통 USD를 기준으로 하지만 영연방 국가들의 경우는 미국 달러화 대신 자국 통화를 기준으로 가격이 제시되기도 한다.[2] 은행간 거래시에는 일정 거래 규모 이상을 거래 단위로 하고 있으며, 일반적으로 USD 또는 GBP 등 기준통화의 일정금액, 즉 1백만 또는 5백만 등과 같이 1백만을 기본 한 단위(round amount)로 하여 거래가 된다. 일반 고객들과의 거래시 또는 커버거래[3]시는 기타 통화를 기준으로 한 1백만 달러 이하의 소액[4] 거래도 빈번히 발생하게 된다.

외환 트레이더들이 bid-offer를 제시할 때 그 차이를 스프레드라고 한다. 즉 USD/JPY 환율이 83.50-60이면 83.50과 83.60의 차이, 즉 0.10엔이 스프레드이다. 이 스프레드가 좁을수록 시장참여자(고객)에게는 좋은 가격조건이라고 할 수 있

---

1. 당일물, 익일물은 현물환시장(spot market)에서는 거래되지 않고 주로 스왑거래를 통해 조정한다. 제10장 2.3 소절의 역선물환을 참조할 것.
2. 외환시장의 실무적인 내용을 다룰 때에는 통화표시를 USD, GBP, EUR, KRW 등과 같이 실무에서 직접 사용하는 표현을 쓰고자 한다.
3. 커버거래란 각종위험을 회피하기 위해 시장에서 취하는 모든 반대거래를 말한다.
4. 은행간 거래에서는 5백만 달러 이하의 거래를 small amount라고 하며 5백만 달러-1천만 달러 사이의 거래를 normal amount, 그 이상을 good amount라고 한다.

다. 보통 USD/KRW 시장에서는 10전(0.1원) 정도이며, USD/KRW 스왑시장에서는 5전 이하일 때도 있다. 국제외환시장에서 유동성이 큰 USD/JPY, EUR/USD 등은 스프레드가 좁은 편이지만 유동성이 작은 통화(예를 들어 싱가포르 달러)는 스프레드가 크게 벌어지는 편이다. 또한 트레이더가 커버거래를 통해서 소화해내기 어려운 거액의 금액일수록 스프레드는 커지게 된다.

외환시장에서 대부분의 외환거래는 USD를 거래 대상으로 하여 이루어진다. 그러나 때로는 USD가 개입되지 않고 기타 통화 간의 외환거래가 이루어지는데 이러한 종류의 외환거래를 이종통화거래(currency against currency 또는 cross currency dealing)라고 한다.

1.2 딜링룸(dealing room)과 조직

딜링룸은 보통 trading room, market group, capital market department, treasury department 등 여러 가지 명칭으로 불린다.

1.2.1 프론트 오피스와 트레이더

프론트 오피스(front office)란 딜링룸 그 자체를 말하고, 모든 외환거래에서의 수익이 프론트 오피스에서 만들어진다. 프론트 오피스에서 딜러들이 현물환, 선물환, 파생상품 등 은행간 거래 및 대고객 거래 등을 행하고 필수거래요소를 컴퓨터시스템에 입력하면 자동적으로 모든 정보가 백오피스(back office)로 넘어간다. 특히 스팟 데스크에서는 각종 통화별로 스팟 트레이더가 각자의 포지션을 관리하면서 거래를 한다. 예를 들어 상대은행에서 가격제시를 요청해오면 자기자신의 가격범위를 정해 bid-offer 가격을 제시하는데, 상대방이 그 가격을 선택(hit)하는 순간 거래가 성립된다. 이때 트레이더(spot trader)는 시장에서 즉시 반대거래(커버)를 하든지 아니면 위험을 감수하고 포지션을 들고 갈 것인지 결정한다. 트레이더의 포지션은 시장의 가격수준(level)을 수시로 반영해 (보통은 시스템에서 자동으로 갱신되어 손익이 계산됨) 거래결과가 재평가(revaluation)된다. 보통 당일 종가로 평가해 손익을 산출해서 홍콩이나 런던, 뉴욕에 있는 상품별 담당부서장(product line head)에 보고하고, 다음날 회계상의 손익과 대조한다.

트레이더들은 모든 개별 외환거래에 관한 정보를 시스템에 입력하거나 트레이더 티켓(trader ticket, deal ticket, deal slip)에 기록한다. 트레이더가 입력하는 자료(혹은 티켓)에는 트레이더를 위한 정보, 회계를 위한 정보, 그리고 업무부서(operations)를 위한 정보 등이 기록된다. 1980년대 중반까지만 하더라도 트레이더가 손으로 트레이더 티켓을 직접 써서(hand writing) 백오피스에 넘겼다. 그러나 지금은 트레이더가 시스템에 입력만 하면 되므로 수기로 인한 실수를 줄이고 일을 신속히 처리할 수 있게 되었으며, 이러한 외환딜링 시스템의 진화는 IT환경변화에 따라 지금도 계속 되고 있다.

트레이더의 거래기록에 포함되는 가장 중요한 정보들은 다음과 같다: 거래상대방의 이름(the name of counterparty), 거래일(the transaction or deal date), 만기일(the maturity date or value date), 거래금액과 기초통화의 이름(the name and amount of the base currency), 환율(all relevant exchange rates), 기초통화의 매매방향(buy or sell)과 상대통화의 이름과 금액(the other currency name and amount), 트레이더의 이름(the name of trader), 거래방법[5](the method of execution), 그리고 지급과 수취에 관한 지시[6](payment and receiving instructions, P&R) 등이다.

1.2.2 백오피스와 외환의 결제

세계외환시장에는 하루에도 수조 달러의 돈이 서로 손을 바꾸어 가며 움직인다. 수백개의 은행들이 외환의 지급업무를 하면서 만약 시간을 넘기거나 정확성이 없으면 많은 벌금을 물게 되고 은행의 신용에도 좋지 않다. 프론트 오피스의 트레이더로부터 거래기록을 넘겨받으면 백오피스(back office 또는 operation department)는 거래내용 확인, 결제확인 등을 한다. 이러한 작업이 모두 끝날 때까지 사실상 외환거래는 끝이 난 것이 아니다. 보통 백오피스는 내부 통제상 딜링룸과 서로 떨어져 있다. 최근에는 통신의 발달로 말미암아 비용이 적게 드는 다른 지역으로 아예 이전하는 경우도 있다.

5. 직접거래 혹은 브로커를 통한 거래인지를 기록한다. 직접거래인 경우는 통신수단을 기록하고, 브로커를 통한 경우에는 브로커의 이름(the name of the brokerage house)을 기록해주어서 백오피스가 브로커 커미션의 지급금액을 알 수 있도록 해야 한다.

6. 주로 해외에 있는 거래상대방에게 지급명령(payment order)을 줄 경우 필요하며 로이터 딜링에 내용이 있어야 한다.

백오피스는 당일 거래가 끝난 후 모든 거래에 관한 것을 점검하고 상대방과 최종적인 거래확인을 한다. 만약 거래가 로이터 딜링[7]을 통해 거래되었다면 로이터 딜링에 프린트된 내용을 일일이 확인해 트레이더 입력정보(티켓)와 일치하는지 점검한다. 만약 거래가 은행이나 브로커를 통해 이루어졌다면 트레이더는 반드시 로이터-딜링으로 인쇄된 것(Reuter dealing confirmation) 혹은 팩스 등을 받아서 전표와 함께 대조 확인한다. 만기 이전에 백오피스에서는 SWIFT 혹은 CHIPS를 통해 각 상대방에게 지급지시(payment instructions)가 자동적으로 나가게 되어있다. 또한 현재 남아 있는 거래들을 점검하고 잘못된 것(discrepancies)이 있으면 그에 관한 보고서를 작성해 사후관리를 한다. 또한 만기가 지나면 자신들이 다른 은행에 가지고 있는 각종 통화의 계좌에 돈이 제대로 들어 왔는지(credit) 그리고 상대방에게 제대로 지급(debit)이 되었는지 확인한다.

보통 국경을 넘어서는 은행간 외환거래는 만기(value date)에 계좌별로 실물교환이 이루어진다. 예를 들어 A은행이 B은행으로부터 1,000만 유로를 EUR/USD 환율 1.2895에 2010년 12월 23일 만기로 샀다고 하자. 만기일에 A은행은 B은행으로부터 프랑크푸르트에 있는 A은행의 노스트로 EUR 계좌에 1,000만 유로를 받고 반면 B은행은 A은행으로부터 뉴욕에 있는 B은행의 USD 계좌로 12,895,000달러를 받는다. 우리나라 원화의 결제는 한국은행에 개설되어 있는 각 은행의 원화 지준계정을 통해 이루어지고, 달러의 경우는 각 은행의 해외지점계정(nostro account)을 통해 이루어진다. 각 은행은 최소한 하루 전에 지급명령(payment order)을 전신(wire or SWIFT)으로 주고받는다.

외환의 결제계좌는 노스트로 계좌(nostro account, clearing account 혹은 due from account)로 불리며 모든 외국환은행은 각 통화가 속하는 국가에 외화를 수취 혹은 지급할 목적으로 이 계좌를 개설한다. 예를 들면 한국에 있는 은행이 일본 엔을 거래하기 위해서는 도쿄에 있는 일본은행이나 외국은행의 지점에다 노스트로 계좌를 설치하게 된다. 또한 미국 달러를 수수하기 위해서는 뉴욕에 있는 미국은행 혹은 뉴욕에 있는 외국은행 지점에다 노스트로 계좌를 개설하면 된다.

---

7. 로이터 딜링 3000, D2-D3 등으로도 불리나 보통 톰슨-로이터 딜링시스템으로 부른다. 최근 각 은행에서 내부 플랫폼(Platforms)을 통하거나 혹은 웹, 포털사이트, 메신저 등을 사용해 거래를 하고 텍스트파일을 백오피스에 넘겨서 거래를 확인하는 경우도 가끔 있다. 개인 마진트레이딩의 경우는 대부분 인터넷 플랫폼을 이용하며 스마트폰으로도 거래가 가능하다.

2. 현물환거래 방식

2.1 은행간 직접거래(interbank direct dealing)

은행간 거래는 은행간 직접거래 또는 브로커 경유 거래가 있으며,[8] 이런 거래들은 전화, 전자브로킹시스템(electronic broking system, EBS), 트레이딩 플랫폼(trading platforms) 혹은 톰슨-로이터딜링머신(Thomson Reuter Dealing Machine) 등의 수단을 이용해 이루어지게 된다. 이 중에서도 가장 많은 비중을 차지하는 것이 톰슨-로이터딜링을 사용한 은행간 직접거래이다.

은행간 직접거래는 거래단위당 평균금액이 약 4백만 달러 정도로서, 은행과 은행끼리 직접 거래를 하는 것을 말한다. 대형은행일수록 트레이더의 숫자도 많고 각 통화별로 전담하는 데스크가 따로 있으며 또한 전문 트레이더가 있기 때문에 많은 은행들이 톰슨-로이터 딜링시스템을 통해 거래(call)를 하게 된다. 이때 은행은 서비스 차원에서 빠르고 신속하게 정확한 가격제시(quotation)뿐만 아니라 여러 가지 시장정보도 제공해준다. 또한 마감후 시간 가격을 제시해주기도 하며 작은 금액도 불평하지 않고 받아주는 등 서로 좋은 관계를 가지려고 노력한다. 트레이더들 간의 관계는 아주 중요한데 서로 도움(정보)을 줄 수 있는 기회가 많기 때문이다. 특히 소형은행은 언제든지 도움을 받을 수 있는 몇몇의 대형은행과 좋은 관계를 설정할 필요가 있다. 보통 트레이더(calling bank)가 가격을 받으려고 할 때에는 톰슨-로이터 딜링 시스템을 통해 동시다발적으로 3～5군데를 들어가서 그 중에서 자기에게 가장 유리하게 제시하는 은행(quoting bank)의 가격을 신속히 선택한다.

은행간 직접거래는 거래 기법상 브로커를 경유하는 것보다 매우 신중함을 요한다. 예를 들어 어떤 대형은행이 거액(예를 들어, 3억 달러)의 외환을 신속히 팔아야 할 경우가 생겼다고 하자. 이럴 경우 톰슨-로이터 딜링시스템 여러 개를 사용해 동시에 수많은 은행들(은행당 3천만 달러씩 10개 은행)을 부른 후, 가격을 제시하는 은행들

8. 은행간 거래 외에도 대부분의 세계 대형 상업은행이나 투자은행들은 반드시 기업을 상대로 거래를 하는 sales desk 혹은 corporate desk가 있어서 여기서 은행간 거래와 대고객거래를 연결한다. 고객명단은 엄격한 신용분석하에서 신용라인이 확보된 기업들과만 거래를 하게 되는데 판매상품들은 대부분이 현물환거래이며, 선물환, 스왑, 옵션 등의 파생상품거래도 활발하다.

에게 목표가격 이내에서 계속적으로 상대은행들의 매입가격에 응하면 팔고자 하는 물량이 소화된다. 이러한 작업은 순식간에 아주 정확하게 이루어져야 하기 때문에 큰 위험과 실수가 있을 수 있다. 이때 트레이더는 금액이 큰 경우(보통 1억 달러 정도)에는 반드시 그것이 외환물량 전액(full amount)인지를 물어본다. 왜냐하면 전액이 아닌 경우에는 가격을 제시하는 은행이 시장에서 커버거래 하는데 크게 손해를 볼 가능성이 있기 때문이다. 따라서 각 은행은 시스템과 시장에 잘 숙달된 트레이더들을 보유하고 있는 것이다. 과거에는 은행간 거래 수단이 주로 전화였기 때문에 모든 딜링룸의 대화내용이 전부 녹음되었다. 녹음이 되더라도 딜링룸은 워낙 시끄럽고 또한 통신오류(communication error)가 많아서 잦은 딜링사고가 발생했었고, 사고가 발생하면 수습하기도 힘들었다. 그러나 1980년대 로이터 딜링시스템의 도입으로 이러한 문제가 해결되었다.

톰슨-로이터 딜링시스템은 1981년부터 로이터(Reuters)가 개발한 것으로서, 1대1로 전세계 딜링룸을 컴퓨터로 연결해 외환거래를 하는 시스템이다. 현재 100여 개국에서 18,000여명의 외환 트레이더 및 머니마켓 딜러들이 사용하고 있다. 이 시스템은 한꺼번에 24개의 상대방을 불러서 화면에 띄워 놓고 동시에 거래를 할 수 있으며 알파벳 4글자(예 : CLSH, DBHK 등)만 쓰고 엔터기를 누르면 세계 어느 은행이라도 곧바로 상대방이 나오기 때문에 전화보다 빠르다. 타이핑도 비교적 긴 문장은 미리 약어로 기억시켜 놓거나 단축키를 쓰기 때문에 불과 30초 이내에 수천만-수억 달러의 외환을 거래할 수 있다. 이 컴퓨터 시스템은 거래를 하는데 절대적으로 필요한 속도(speed), 신뢰성(reliability) 및 안정성(safety)에서 뛰어나다. 사용자들이 거래를 하는 동안 시스템의 인공지능이 통화, 거래량, 거래 종류, 환율, 거래일, 거래처 정보 등을 상세히 정리해 자동적으로 트레이더 티켓에 프린트되고 데이터베이스에 그대로 기억되므로, 언제든지 필요하면 다시 거래내용을 불러내서 검토할 수 있다.

Box 9-1 트레이딩 격언[9]

1. Buy the rumor, sell the fact.
   소문에 사고 사실이 확인되면 팔고 나오라.
2. Don't buy something because it is low priced.
   가격이 낮아 보인다는 이유만으로 사거나 가격이 높아 보인다는 이유만으로 팔지 마라. 내려가는 시장은 더 내려가기 쉽고 올라가는 시장은 더 올라갈 가능성이 많기 때문이다.
3. Never let a profit turn into a loss.
   이익이 난 거래를 방치하고 있다가 시장이 거꾸로 움직여서 손실이 난후에 손절매 하는 거래는 금물이다.
4. Trade with a trend = Trend is your friend
   추세에 편승해 거래하라.
5. If you don't know what's going on, don't do anything.
   시장에서 무슨 일이 일어났는지 모르거든 가만히 있어라. 근거없이 거래를 시작하지 마라.
6. Tips don't make you any money.
   다른 사람의 충고나 즉흥적인 추측으로 거래하지 마라.
7. Withdraw a portion of your profits.
   이익이 나면 챙겨라.
8. Don't average your losses.
   손실이 난 상황에서 평균단가를 낮추기 위해 다른 포지션을 추가로 매수하는 물타기를 하지 마라.
9. Markets are never wrong, opinions often are.
   시장은 절대로 잘못된 가격을 형성하지 않는다. 시장을 존중하되 자기의 생각은 항상 잘못될 수 있다는 것을 인정하라.
10. Don't predetermine your profits.
    거래를 시작할 때 미리 목표이익을 확정해 놓지 마라.
11. Become a buyer as soon as it makes new highs after a normal reaction.
    시장이 일반적인 범위를 벗어나서 상승할 때는 추가로 상승할 여지가 많으므로 정상범위를 넘자마자 매수하고 정상범위를 초과하여 하락할 때 매도하라.
12. Ban wishful thinking in the market.
    시장에 들어갈 때 객관적 사실을 가지고 들어가야지 단순한 희망이나 기대에 근거를 두고 들어가면 낭패를 보기 쉽다.

---

9. 동양선물(주), 『KOFEX 제도 및 상장상품 소개』 제6판 참고.

2.2 오더(order)에 의한 거래

2.2.1 개요 및 특징

많은 기업이나 은행들이 직접 시장에 참여하기 어려울 때는 오더(주문)를 놓게 된다. 비록 은행일지라도 특정통화에 대해 직접거래를 하는 것이 오더를 놓는 편보다 덜 효율적이거나 혹은 시장의 일과시간이 끝나고 다른 지역의 시장에 넘겨서 24시간 거래를 행하고자 할 때에는 오더거래(order play)를 한다. 예를 들어 어떤 은행은 유럽 통화만을 전문으로 거래를 하고 있는데 중동 통화나 아시안 통화를 거래해야 할 경우는 중동 혹은 아시안 데스크가 따로 있는 은행에다 오더를 주는 것이 확실하게 거래를 실행(execution)시키는데 있어서 더욱 효율적이다. 대형 상업은행의 경우는 지점망(network)을 통해 지역별(time zone)로 오더를 옮겨가면서(pass) 24시간 오더를 실행시킨다. 즉, 홍콩이나 싱가포르 시장에서 오더를 가지고 있다가 시장이 끝나면 다시 런던, 프랑크푸르트, 취리히 지점에 오더를 넘긴다. 런던지점에서 그 오더를 지켜보다가 거래가 되지 않으면 다시 뉴욕지점으로 넘기고, 그곳에서도 거래가 되지 않으면 다시 다음날 시드니, 도쿄, 홍콩, 싱가포르 시장으로 넘긴다. 시장의 거래량이 크지 않은 얕은 시장(shallow market)에서는 오더실행도 쉽지 않을 때가 많다. 외환시장에서는 여러 가지 오더의 종류가 있지만 대개 지정가 오더(limit order)와 손절매 오더(stop-loss order)를 사용한다.

외환 시장에서 고객과 은행 혹은 트레이더들 간에 가장 시비가 많은 것이 오더 실행이다. 트레이더들은 아침에 출근하자마자 간밤에 주고 간 오더가 제대로 공정하게 실행이 되었는지 체크를 하고 만약 잘못이 있으면 즉시 정정을 요구해 종결을 짓고 다음 일에 임해야 한다. 왜냐 하면 시장은 계속 움직이기 때문에 만약에 잘못된 경우 원인을 발견해 더 큰 시장위험을 방지하기 위해서이다.

은행이나 기업의 트레이더들은 오더가 시장에서 체결되었는지 아닌지를 어떻게 알 수 있을까? 가장 좋은 방법은 2개 이상의 브로커와 은행에게 전화를 해서 브로커를 통해 실제 거래된 전일의 고가와 저가(high & low), 즉 거래 레인지(range)를 알아보는 것이다. 만약 전일의 USD/JPY 환율의 레인지가 한 브로커에서는 85.10-87.00이었고 다른 브로커에서는 85.11-87.02였다면, 최저가(85.10)에 달러 매수오더를 내었거나 최고가(87.02)에 매도오더를 낸 경우는 일부분의 금액만

거래되거나 아예 하나도 실행(execution)이 안된 경우를 종종 보게 된다. 따라서 이러한 사태를 막기 위해서는 은행과 사전에 오더에 관한 협약을 맺어두는 것이 좋다. 어떤 은행들은 대고객 거래량을 늘리고 오더를 많이 받기 위해 시장에 거래되는 환율레인지 안에서는 거래가 되든 안되든 조건없이 모두 거래를 시켜주고 위험은 은행이 떠안게 하는 경우도 있다. 왜냐하면 극단적인 수준에 있는 오더보다 다른 수준에 넘겨진 오더 물량이 훨씬 많기 때문에 약간의 위험부담을 하고서라도 대고객거래는 말썽없이 만족을 시켜주고 그 대신 거래량을 늘리는 것이 더 수익성이 높기 때문이다.

2.2.2 오더의 종류

오더의 형태는 크게 1) 지정가 오더(limit order), 2) 시장가 오더(market order), 3) 스톱 오더(stop order) 등 세 가지로 분류된다.

① 지정가 오더

지정가 오더는 특정 환율을 정해 그 가격이나 더 유리한 가격에 사거나 팔아줄 것을 지시하는 것이다. 이 오더는 정확히 특정 환율 혹은 그보다 더좋은 가격에 거래가 되어야 한다. 엄밀히 말해 시장가 오더가 아니므로 거래가 되지 않을 수 있으나 선물시장과는 달리 OTC 외환시장에서 그런 예는 거의 없다. 매수 오더의 경우 신규로 포지션을 만들거나 기존의 매도 포지션을 정리할 경우 사용된다. 매도 오더의 경우는 반대로 신규 포지션을 만들거나 기존의 매수 포지션을 정리할 경우에 사용된다. 지정가 오더의 경우 유효기간은 GTC(good till cancelled)[10]라는 말이 명시되지 않으면 당일 뉴욕시장이 끝날 때 자동으로 취소되는 것이 관행이다.

② 시장가 오더

시장가 오더는 특정 환율을 정하지 않고 그냥 시장가에 사거나 팔아달라고 하는 경우로서 이때 환율수준은 "시장가격"(at market)이라고만 언급한다. 이런 주문이 트레이더에게 오면 시장가격이 어떤 수준에 있든지 거래를 체결시킨다. 선물시

10. 내가 취소할 때까지 유효하다는 것을 의미함.

장에서 시장가 오더를 냈는데 다른 유형의 오더와 동시에 접수되면 시장가 오더가 가장 먼저 체결되어야 하는 우선권이 있으므로 장내브로커(pit broker)는 고객으로부터 접수한 시점에서 가장 좋은 시세로 즉시 체결해준다. 따라서 이 오더는 원하는 체결가격과 약간의 차이가 날 수 있다.

③ 스톱 오더

스톱 오더는 지정한 수준에 환율이 도달하면 시장가 오더로 변환되어 지정한 환율과 가장 가까운 수준에서 거래가 된다. 스톱 오더에는 크게 손절매 오더(stop-loss order/stop-sell or stop-buy order)와 이익실현 오더(profit-taking order or stop-limit order) 두 가지가 있다.

▪ 손절매 오더

손절매 오더의 원래 목적은 시장이 반대방향으로 움직일 때 나쁜 포지션을 들고 있는 트레이더에게 그 포지션을 일정수준에서 손실을 보되 시장의 갑작스런 변동으로 말미암아 큰 손실을 입는 것을 방지해주기 위한 것이다. 외환시장에서는 주로 중요한 차트포인트에 오더를 주므로 대개 중요한 차트포인트에는 많은 규모의 오더가 쌓여 있다. 따라서 그 차트포인트가 깨지면 환율을 크게 움직이게 만든다. 최근 키코(Knock-in-Knock-out, KIKO) 등의 이색옵션(exotic options)의 영향으로 손절매 오더가 더욱 중요하게 인식되고 있다.

예를 들어 아시아 시장의 A트레이더는 EUR/USD 1.1530에 5백만 유로를 가지고 있는데(long EUR), 시장이 하루 종일 별로 움직이지 않아서 오후에 퇴근할 때 런던시장에다 2개의 오더를 OCO base[11]로 주고 간다고 하자. 즉, 1.1590에 유로화 매도 이익실현 오더를 두고 동시에 1.1500에 유로화 매도 손절매 오더를 주되,

---

11. OCO(one deal cancel the other) 오더는 스톱 오더와 지정가 오더를 함께 내 두었다가 시장가가 어느 한쪽 목표에 도달하면 자동체결됨과 동시에 남은 하나의 거래는 취소되는 것이다. 한편 if done order는 어떤 수준에서 거래가 체결되는 것을 조건으로 해서 거래가 체결되면 그 다음 조치로서 이익실현 오더와 손절매 오더를 줄 때 사용한다. 예를 들어 내가 USD/JPY 124.00에 달러를 사 두었는데 (long USD) 이익실현은 125.50에 두고 손절매는 123.50에 두려고 할 경우 "HI FRD, PLS ACCEPT MY ODER, PLS SELL MY DOLLAR XXX AT 125.50 FOR P/T OR SELL IT AT 123.50 FOR S/L OCO, GTC" 라고 오더한다. 만약 시장이 먼저 123.50을 치면 손실이 실현(50핍)됨과 동시에 위의 이익실현 오더는 자동취소되고, 만약 시장이 먼저 125.50을 치면 이익실현(150핍)이 됨과 동시에 손절매 오더는 자동취소된다. 그리고 이 오더는 '내가 취소할 때까지 유효하다(GTC, good till cancelled)' 로 해석한다.

만약 어느 쪽이든지 먼저 거래가 성립되면 다른 오더는 취소되는 조건이다. 이 오더를 줄 때 A트레이더는 만약 유로가 약세가 되어서 1.1500수준이 붕괴되더라도 30핍(pips)의 조그만 손실만 보고 그 이상의 손실은 보지 않겠다는 계산이며 그러나 시장이 움직이면 60핍(pips)의 이익실현 기회를 노려보겠다는 계산이다.

또한 손절매 오더는 다음과 같이 새로운 포지션을 만들 때도 사용될 수 있다. 예를 들어 USD/JPY 환율이 현재 86.00에서 거래되고 있는데, 지금은 달러가 상승추세에 있지만 만약에 85.70(차트상 중요한 지지선) 이하로 빠진다면 달러상승의 추세가 종지부를 찍고 하락 추세로 상황이 반전될 것으로 보인다고 하자. 즉, 85.70에 있던 강한 지지선이 강한 저항선으로 변해서 이 저항선 위로 뚫고 올라가기에는 오랜 시간이 걸릴 것으로 판단되는 반면, 아래로 뚫리면 하락추세는 84.00대까지 크게 내려갈 것으로 예측된다. 이런 상황에서 트레이더는 85.65 정도에 달러 손절매도(stop sell) 오더를 내어봄직하다. 만약 오더가 체결되면 새로운 숏 포지션을 만들어서 예상대로 환율이 많이 하락한 다음에 84.00 정도에 달러를 되사는 거래를 통해 큰 이익을 실현할 수 있을 것이다.

반대로 롱 포지션을 만들기 위해 손절매수(stop buy) 오더를 낼 수도 있다. 예를 들어, EUR/USD 환율이 현재 1.1460 수준에 머무르고 있는데, 만약 1.1500를 넘게 되면 기술적 분석상 예전에는 강한 저항선이었던 것이 강한 지지선으로 반전되어 1.1750까지 크게 상승할 가능성이 있는 것으로 보인다고 하자. 이와 같이 예측되는 경우에는 1.1515에다 손절매수 오더를 내어봄직하다. 만약 거래가 체결되면 새로운 롱 포지션으로 1.1750 약간 아래 수준에서 유로화를 팔아 큰 이익을 실현할 수 있다.

손절매 오더를 할 때 주의할 것은, 예를 들어 손절매도(stop buy) 오더는 미리 설정한 환율 또는 그 이하로(at or below) 매도가(offer price)가 하락한 경우에 거래가 시작되며, 이때에는 지정가격이 무시되고 시장상황에 따라서 매도하게 된다는 것이다. 또한 일반 이익실현 오더보다도 손절매 오더는 시장상황에 따라서, 즉 시장의 유동성에 따라서, 원하는 수준에서 오더가 실현될 수도 있고 안될 수 도 있다.

손절매수 오더의 경우도 마찬가지인데, 예를 들어 바로 앞의 예에서 고객이 환율 1.1460에 숏 포지션을 가지고 있는데 유로화 손절매수 오더를 1.1500에 냈다고 하자. 유로화가 급히 상승할 경우 중요한 저항선(1.1500)이 뚫리면 시장에서 이 수준을 건드려(touch) 거래가 된다 해도 1.1500에서 매도물량이 적거나 혹은 유로화를 팔려는 세력들이 바로 직전에 매도의사를 철회해 매도물량이 도망가는 경우가 있다. 이때에는 1.1500에서 아주 작은 금액만이 거래되고 (혹은 전혀 거래되지 않고) 바로 그 다음 체결가격(next best)은 20핍 상승한 1.1520이 될 수도 있다. 이때 오더를 받은 은행 입장에서는 1.1520 혹은 그 위에서라도 그 다음 최선의 체결가격으로 유로화를 사서 오더를 체결시켜주어야만 한다. 대부분의 은행들이 매수의 경우에는 2～3핍 정도 높게, 매도의 경우에는 2～3핍 정도 낮게 손절매 오더를 체결시키는 것을 볼 수 있다.

Box 9-2 손절매 오더의 조건 형태

손절매 오더의 구체적인 조건은 다음과 같이 여러 형태로 나타날 수 있다.

- **at the next best price** : 요청한 가격이 체결되고 난 다음 그 다음 최선의 가격(the next available price)으로 체결시키는 방법으로 요청한 가격(target price)과 체결가격(deal done price) 간의 차이는 전적으로 고객이 책임을 지게 된다. 즉 시장상황에 따라 요청한 가격과 체결가가 2핍에서 30핍까지도 차이가 날 수 있다. 이때에는 트레이더가 실제 체결가보다 나쁜 가격으로 고객에게 포지션을 넘길 수 있는 가능성이 있으므로 고객과 분쟁의 소지가 많다.
- **at the price** : 시장상황과는 관계없이 손절매 오더가 반드시 요청한 가격에 체결되어져야만 하는 경우로서 이때 브로커는 위험을 떠안으면서 포지션을 자기 것으로 할 수 없으므로 은행이나 트레이딩 회사만이 이러한 오더를 체결시킬 수 있다. 예를 들어 고객이 3백만 파운드를 환율 1.5000에 매도하는 at the price 손절매 오더를 주었다 하자. 북새통(hectic) 시장에서는 1.5000에서 bid 거래가 없이 바로 1.4900으로 바로 빠졌다고 하더라도 1.5000에 3백만 파운드를 파는 오더는 체결된 것으로 간주한다. 이때에는 모든 책임을 은행의 트레이더가 진다. 가끔 조용한 시장에서 at the price 오더를 받아주는 은행이 있으나 대개 소액거래에 해당되고 큰 금액의 거래는 잘 되지 않는다.
- **discretion for range to trader** : 오더를 줄 때 은행의 트레이더에게 특별주문을 하는 경우이다. 만약 5백만 파운드를 환율 1.5000에서 discretion for range to trader 매도 오더를 주려고 한다면 예를 들어 다음 두가지 중 하나를 택하면 된다. 1) 환율이 1.5000 아래로 깨어질 때 까지(given 될 때까지) 기다리다가 그 다음 5핍 이내에서 최선의 가격으로 체결시켜 달라고 주문하는 경우이다. 만일 시장에서 1.5000 수준에서 체결되면 손절매 오더는 자동으로 1.4995로 변경된다. 2) 트레이더에게 1.4995-1.5000 사이에서 자유로이 거래시켜 달라고 주문하는 경우이다. 그러나 이와 같은 상황은 매우 위험하다. 시장에서 중요한 환율수준에서는 엄청난 금액의 주문이 밀려 있을 수도 있는데, 이때 한번 중요한 차트포인트가 깨지면 트레이더가 5핍으로 막을 수 없기 때문이다. 실제로 이러한 오더는 작은 금액에 한해 받을 수 있으나

트레이더가 모든 책임을 지게 되므로 큰 금액을 받을 때는 조심해야 한다.

- at best : 손절매 오더 혹은 이익실현 오더를 막론하고 체결가격(pips)에 관계없이 최선의 가격에 체결시켜주는 방식이다. 특히 위의 예에서 시장이 빠르게 움직일 때는 1.5000을 잡을 수가 없다. 그러나 포지션을 반대방향으로 들고 있는 경우에 더 큰 손실을 제한하거나 내부 한도 문제에 걸릴 때에는 반드시 포지션을 꺾고 나와야 하므로 가격이 문제가 아니라 포지션을 꺾는데 주안점이 주어지게 된다.

- **이익실현 오더**(profit-taking order or stop-limit order)

반대로 트레이더가 이익실현을 하기 위해서 포지션을 들고 있는데 시장이 어느 수준 이상으로 가기 힘들 것으로 예상할 때 중요한 차트포인트에서 이익이 실현되도록 오더를 내는 것이다. 이익실현 오더는 다음 두 가지의 경우에 해당된다.

하나는 포지션 정산(closing position or profit taking)을 위한 오더로서, 현재 트레이더가 들고(hold) 있는 포지션을 반대 매매할 때(exit or closing), 즉 현재 수준에서는 불가능한 환율에서 이익을 보면서 포지션을 정리하고자 할 때를 말한다. 예를 들면 현재 환율 86.00에서 5백만 달러 롱 포지션을 가지고 있는 경우 이것을 오더를 통해서 87.50에 매도하려고 할 때 쓴다. 다른 하나는 새로운 포지션(new entry position)을 만들기 위한 오더로서, 현재 포지션이 없더라도 현재 수준보다는 이익이 나는 수준에서 포지션을 새로 만들 때(position entry)를 말한다. 예를 들어 트레이더가 생각하기를 환율이 현재 86.00이지만 만약 87.00을 뚫고 위쪽으로 가더라도 곧바로 아래로 떨어질 것이라는 확신이 있으면 87.00 수준이 바로 달러를 매도하기에 아주 좋은 수준으로 보이므로 이 수준에서 달러 매도 오더를 내는 경우를 말한다.

2.3 브로커 경유 거래

2.3.1 개요 및 특징

브로커는 원칙적으로 자기 계정으로 거래할 수 없으며 은행간 자금수도에는 관여하지 않는다. 브로커는 제3자에게 고객의 시장 활동에 관해 기밀을 누설해서는 안되며 정보비공개의 원칙(confidentiality)을 지켜야 하기 때문에, 매매계약이 체결될 때까지 매매 쌍방의 이름을 당사자에게 알려주지 않고 거래체결 후 양자의 이름을 알려준다(name pass broker). 따라서 매매당사자가 자기의 이름이 알려지는 것을 싫어할 때 혹은 거액의 거래를 신속히 해야 할 때 브로커를 많이 이용한다. 예를 들면 A은행이 거액의 엔화 포지션을 가지고 있어서 이것을 시장에 팔아야 하는데 이 사실이 상대방에게 알려지면 환율이 불리하게 움직일 것이므로 자기의 이름이 밝혀지는 것을 꺼리는 경우가 있다. 또 은행이 브로커를 이용하면 약간의 중개수수료를 부담하나 거래금액이 거액인 경우 거래가 매우 효율적으로 성립될 수 있다는 장점이 있다. 그러나 개인고객을 위주로 하는 소매브로커(retail broker)의 경우 소액거래에 대해서는 브로커가 시장조성자의 역할을 하기도 하고, 금융기관을 대상으로 하는 큰 금액에 대해서는 ECN(electronic communication networks)의 역할을 하기도 한다.

브로커의 전통적인 거래방식은 전화(voice broking)로 이루어졌다. 보통 브로커는 각 은행에다 직통전화와 보이스박스(voice boxes)를 설치해 놓고 환율을 각 통화별 보이스박스를 통해 계속 방송을 했다. 또한 트레이더가 전화를 들기만 하면 브로커와 즉시 연결이 되도록 해주는 전용통신(direct wire)을 설치하고 전화료도 브로커가 부담했다. 브로커는 은행들을 위해서 여러 가지 서비스를 제공하고 반면에 수수료를 사자와 팔자 쌍방으로부터 받는다.[12]

1992년 4월 이전까지 은행간 거래에서는 전화 혹은 보이스박스를 통한 전통적 브로커만 존재했었다. 그 이후 전자매칭시스템(automatic electronic matching systems, AMS)을 사용하는 전자브로커(Electronic Broker System, EBS)가 시장에 도입되어 처음에는 소액의 현물환 경우에만 이들을 통해 거래되기 시작했으나 시스템의 효율성으로 인해 거래량이 엄청나게 늘었다. EBS는 2006년 6월에 세계 최대 브로커회사(inter dealer broker) 중의 하나인 영국계 ICAP Plc.에 의해 흡수되었다. 2011년 현재 ICAP의 EBS를 이용해 약 50개국에서 2,800명의 트레이더에 의해 24시간 외환, 금, 은, 프래티늄 등의 거래가 제공된다.

최근 현물환시장에서는 각 금융기관(브로커 회사 포함)에서 자체개발한 시스템인 전자 트레이딩 플랫폼(electronic trading platforms)이 확산되고 있는 추세이다.

12. 1백만 달러당 8달러~10달러 정도 받는데, 거래량과 거래은행의 유대관계에 따라서 또한 회사마다 수수료체계가 다르고 또한 거래관계를 위해 할인도 되므로 트레이더들은 수수료에 관해서 크게 관심을 가지지 않는다.

2007년 4월 통계에 의하면 전자거래(electronic execution)를 통한 외환거래는 세계시장전체의 평균은 약 32%이지만, 스위스에서는 60%, 호주, 독일, 홍콩에서는 약 50%를 차지하고 있다.[13]

또한 딜링룸내의 시설이 아닌 녹음이 되지 않는 무선전화(mobile)를 이용한 외환거래는 여러 가지 위험이 많이 따르므로 은행권에서는 철저히 금지된다. 그러나 OTC 외환시장의 특성상 급변하는 시장의 환경을 고려해 이동통신을 이용한 거래(mobile commerce in the financial market)가 특수한 상황 또는 시간외거래(off market transactions)에서는 증가하는 추세에 있다. 이때에는 보다 더 정확한 규정과 관리가 이루어져야 사고를 방지할 수 있다.

그림 9-1 FX trader의 기본화면(sample)

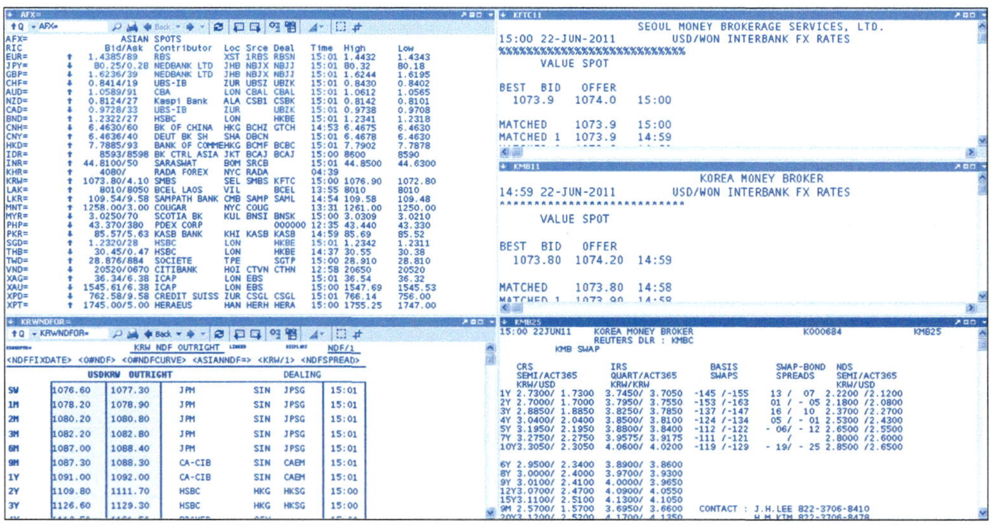

자료 : Thomson Reuters

이처럼 브로커를 통한 거래를 할 때 은행의 트레이더는 양쪽의 거래량과 상대방 은행의 이름이 누구인지 모르고 거래를 하고 체결 후에야 알게 되기 때문에 신용라인의 문제가 생길 수도 있다. 만일 신용라인이 없는 경우 브로커에게 요청해 상대

13. 요즘은 뉴욕시장을 비롯한 시장에서 신용라인을 사전에 입력해 자동적으로 통제해주는 로이터 매칭시스템(Reuters matching system)을 쓰고 있다. 이 매칭시스템은 상대의 이름을 모르고 시장을 상대로 거래를 하는데 신용라인(credit line)이 문제되지 않도록 자동통제 기능을 가지고 있다.

방을 바꾸기도 하지만, 브로커에게 미리 신용라인이 허용하는 상대방 은행의 명단을 준다든가 거래가 불가능한 블랙리스트를 줄 수도 있다. 또한 은행은 거래가 실행되기 이전에 위험관리와 법적인 의무충족 등 여러 가지 이유로 거래상대방을 파악할 의무(Kow Your Counterparty 조항)가 있기 때문에, 거래를 하기 이전에 "good name only"라는 단서를 달아주면 브로커는 신용이 양호한 상대방 은행과 연결해준다. 만약 신용라인이 문제가 생길 때에는 해당은행은 브로커에게 거래상대방을 변경할 시간적 여유를 주는 것이 좋으며, 브로커가 적당한 시간 내에 적합한 거래상대방을 발견하지 못할 때에는 거래 불성립으로 취급해도 된다. 통상 이런 문제를 해결하기 위해 신용라인을 충족시키는 제3자 은행을 가운데 끼워 넣어서 같은 가격으로 제3자 은행이 두 은행에게 사고팔아 줌으로써 신용라인의 문제를 해결하는 가공의 거래를 만들기도 한다.[14]

긴급한 시장상황에서는 예외적으로 브로커의 실수나 특수한 상황 때문에 브로커가 특정 은행에 대해 약간의 핍을 얻거나 빚지는 경우가 생기는데, 이에 대해 Fed(Federal Reserve)는 1990년 8월 트레이더와 브로커 간의 핍대출(pips loan)이나 핍차입(pips borrowing)을 못하도록 규정해 놓았다.

브로커 경유 거래는 특히 신용등급이 약간 낮은 소규모 은행에게 유리하다. 왜냐하면 은행간 직접거래는 상대방이 서로 어느 은행인지 알고 거래를 하기 때문에 톰슨-로이터 딜링으로 상대방을 호출할 때 소규모은행들을 기피할 수 있어 거래상대방을 빨리 찾아낼 수 없지만, 브로커 경유 거래는 이러한 문제를 해결해주기 때문이다. 그러나 브로커가 시장을 형성하려고 여러 가지 노력을 할지라도 시장의 변동성이 급증하면 큰 은행이나 거액거래자는 거액 물량을 브로커에게 줌으로써 발생되는 보안상 또는 작전상 여러 가지 위험을 지려고 하지 않는다. 이럴 경우 거액거래자는 직거래, 즉 two way quotation을 선호하고, 따라서 브로커가 소외되는 때가 자주 발생한다.

브로커를 통한 거래에서 만약에 중개회사의 실수로 인해 거래가 잘못 이루어지게 되는 스터핑(stuffing)이 발생하거나 예외적인 사태가 발생하면 브로커와 신속히 협의하고 결과를 문서로 받도록 해야 한다. 이 경우 금융시장 협의체이며 공인기관

14. 브로커 수수료가 제3자 은행에게 부담이 되겠지만 브로커가 수수료를 면제 해주기도 하고 아주 작은 수수료만 부과하기도 한다. 브로커는 은행과 거래관계를 잘 유지하기 때문에 작은 수수료 정도는 전혀 문제되지 않을 수도 있으며, 중요한 것은 상대방 은행이 도산하거나 신용라인 상의 문제가 생기는 경우이다. 따라서 요즘은 큰 금액의 거래로 인해 제3자 은행을 끼울 때 약간의 스프레드를 주기도 한다.

인 ACI(Association Cambiste Internationale)에서 제정한 금융시장에서의 국제적 기본관행 및 행동규범[15](The International Code of Conduct and Practice for the Financial Markets : Updated Electronic Version 07 April 2009)을 준용한다. 세계적인 브로커는 회사의 명성을 유지하기 위해 자체적으로 딜링에 관한 전문성을 유지하고 ACI규정에 준해 전 종업원에 적용되는 업무의 행동규칙과 윤리규칙(code of business conduct and ethics)을 엄격히 정해놓고 있다.

2.3.2 브로커를 통한 외환거래 사례

브로커를 통해 외환거래를 하는 방법에는 다음과 같이 여러 가지가 있다.

브로커 price USD/JPY : 87.12-17

① **take the offer at 87.17**(hit the bid at 87.12)

만약 브로커가 USD/JPY를 87.12-17로 제시한다면, 사자(bid)가 팔자 주문 87.17을 받아들이는(take) 상당히 공격적인 방법이다. 이 경우 87.17에 거래를 확실히 할 수 있으나, 매수자가 사고 싶은 물량 전체를 매도자가 제공 못 해주는 경우에는 일부만이 거래될 수도 있다. 매수자가 긴급한 상황이거나 시장이 상승추세에서 더 올라갈 것으로 확신할 때 이 방법을 쓴다.

만약 트레이더가 매도자인 경우 괄호 안의 반대상황(sell at 87.12)도 가능하다. 흔히 시장에서 기초적 변수도 약하고 기술적 분석상 뚜렷한 방향이 보이지 않고 혼조세를 보일 때, 트레이더는 시장을 시험하기 위해 작은 금액을 가지고 사자 주문에 응함으로써(hit the bid = USD sell) 매수자가 누구이며 어떠한 반응이 있는지를 본다. 이를 통해 만일 대량의 큰 세력(big buyer)이 사자(bid)에 대기하고 있다는 것이 확인되면 방향을 바꾸어서 다시 그 시점에서 매수자로 포지션 방향을 변경해 달러를 사들이는 방법을 쓴다.

---

15. http://www.aciforex.org/gb/model-code-66.cfm을 참조. ACI는 1955년 파리에 설립되었으며 세계 약 60개국에 13,000의 멤버를 가진 세계적 도매 금융기관(wholesale financial institutions)의 전문가를 위한 협의체이다. ACI는 외환거래를 비롯해 증권, 선물, 상품, 은행권, 이자율관련 금융상품, 귀금속, 파생상품 등의 제반 금융 시장발전을 도모하기 위해 시장의 관행과 표준을 규정하는 국제적 협의체이며 공인기관이다.

② **join the bid at 87.12**(join the offer at 87.17)

또 하나는 87.12에 bid 주문을 내놓고 기다리는 방법이다. 물론 이때에는 같은 가격이면 먼저 bid 주문를 내놓은 사람에게 우선권이 있으므로 그 사람보다 체결 순서는 늦어진다. 또한 상대방이 누구인지 물량이 얼마나 쌓여 있는지를 모르므로 거래가 87.12에 될지는 상당히 불확실한 보수적인 방법이다. 확실한 것은 bid 주문이 체결되면 5핍 스프레드는 벌고 들어가는 셈이다. 시장이 매우 안정적이고(dull market) 추세가 없을 때 사용된다.

③ **improve the bid**(improve the offer by lowering the offer)

기존의 bid 주문보다 더 좋은 가격으로 약간 올려(예 : 87.13) bid 주문을 냄으로써(best bid) 일단 우선권을 확보하는 방법이다. 이 방법 또한 보수적이지만 bid 주문에 물량을 얹는 방법보다는 불확실성이 제거된다. 시장은 안정적이지만 반드시 거래를 해야 할 필요성이 있을 때 사용한다. 파는 경우(USD sell)에는 87.16로 오퍼 가격을 낮춰서 우선권을 확보한다.

3. 현물환거래 전략

3.1 외환시장의 전문용어(jargon)

외환시장에서 트레이더들끼리 주고받는 대화는 비교적 짧고 정확해야 한다. 그러므로 외환시장에서 많이 쓰는 용어는 거의 표준화되어 있는 편이다. 아래의 예제를 중심으로 중요한 용어들을 소개하면 다음과 같다.

로이터 스팟딜링 예문

Credit Bank Seoul 지점의 한 트레이더는 대형투자은행이 EUR/USD를 대량매입한다는 소문을 듣고 2011년 4월 13일 다음과 같이 톰슨-로이터 딜링으로 BOA Singapore를 불렀다.

1) Credit Bank Seoul : "EUR 10 PLS"
2) BOA Singapore : "39-45"

3) Credit Bank Seoul : "MINE"
4) BOA Singapore : "TO CONFIRM I SELL EUR 10 MIO AG USD AT 0.9245,
VAL APR 15 MY USD BOA N.Y. PLS"
5) Credit Lyonnais Seoul : OK MY EUR CREDIT LYONNAIS PARIS PLS
6) BOA Singapore : AGREED TKS FOR THE DEAL BIFN

해설

1) 시장 참여자(calling bank = market user)가 시장조성자(quoting bank = market maker)에게 "현물환 유로/달러 1천만 달러에 대한 가격을 주십시오"라고 요청함.
(May I have a spot price in EUR/USD 10 million, please)
2) 시장조성자가 "현재 내가 거래할 수 있는 가격은 39-45입니다"라고 대답함. 환율의 끝 두 자리(small figure)만 말하고 위의 세 자리(big figure)는 딜러들이 알고 있으므로 생략한다. 이것은 firm quotation이다. "indication only"와 달리 평균거래규모 USD5MM-10MM까지는 market maker가 무조건 거래에 응해야 하는 환율이다. 만약 평균보다 금액이 크거나 작으면 "in large" 혹은 "in small" 이라고 말해야 한다.
(My price for the above amount is 0.9239-0.9245) : The big figure is rarely stated, as traders are presumed to know where the market is.
3) 시장 참여자가 "내가 산다"라고 간단히 선언함으로써 거래가 끝남. 이때 미리 정해둔 단축키(B)를 사용함.
(I buy EUR/USD 10,000,000 at 0.9245 value Apr.15.) : Use a preset Key for instance (B).
4) 시장조성자가 거래를 확인함. 즉 "내가 천만 유로를 팔고 0.9245에 미국 달러화를 샀다. 기준 날자는 4월 15일이고, 나의 미국 달러화는 BOA에 있는 내 구좌에 넣어 달라"는 내용을 확인함. 소프트웨어가 자동으로 확인을 해줌.
The software will automatically display on the screen in capital letters.
5) 시장참여자가 자기의 매입통화를 어느 구좌로 받을지, 즉 "나의 유로화는 크레딧 리요네 파리에 있는 내 구좌에 넣어 달라"고 말해줌. 미리 입력해둔 단축키(E)를 누름.
Use a preset Key for instance (E).
6) 시장조성자가 거래해주어서 고맙다는 말을 함. 단축키(T)를 누름
(Thanks for the deal, bye for now: Use a preset Key for instance (T)

■ **URS**(yours) : 상대방 또는 시장조성자가 가격제시를 할 때 bid 가격이 마음에 맞을 경우 내가 상대방의 매수주문을 받아들여(hit the bid) 특정 통화를 팔 때 쓰는 말이다. 시장조성자가 USD/JPY 환율을 83.55-60으로 고시했는데 5백만 달러를 매수가격(83.55)에 팔려고 한다고 하자. 이때 "I SELL 5 AT

55” 대신에 “5 YOURS” 혹은 “YOURS” 라고 하면 거래가 성립되고, 시장조성자는 (USD was) “GIVEN AT 55” 혹은 “55 GIVEN” 이라고 시장상황을 보고한다. 시장에서 “YOURS” 혹은 “GIVEN” 소리가 많이 들리면 주로 달러가 하락하는(bearish) 시장이다. 외환을 팔 때, 혹은 기초통화를 빌려줄 때 sell, offer, ask, give, YOURS 등이 동일한 의미로 사용된다.[16]

- **MINE** : 상대방의 매도 주문을 받아들여(take the offer) 내가 특정통화를 살 때 쓰는 말이다. 시장조성자가 USD/JPY 환율을 83.55-60으로 고시했는데 5백만 달러를 매도가격(83.60)에 사려고 한다고 하자. 이때 “I BUY 5 AT 60” 대신에 “5 MINE” 혹은 “MINE” 이라고 재빨리 타이핑하면 거래가 성립되고, 시장조성자는(USD was) “60 PAID” 혹은 “TAKEN AT 60” 라고 시장상황을 보고한다. 시장에서 “PAID” 혹은 “MINE” 소리가 많이 들리면 주로 달러가 상승하는(bullish) 시장이다. 외환을 살 때 혹은 기초통화를 빌려올 때 buy, bid, pay, take, mine 등이 동일한 의미로 사용된다.
- **MIO** : 숫자 1백만(million)을 의미하며 MM으로 쓰기도 한다.
- **BIO = YARD = YD** : 숫자 10억(billion)을 의미하며, YEN을 quote할 때 주로 yard라는 말을 많이 쓴다.
- **YOUR CHOICE** : 트레이더가 매입-매도가(bid-offer rate)를 통한 two way quotation을 하지 않고 대개 중간율(mid rate) 한 가지 숫자만 제시해 같은 가격(same rate)에 상대방이 사거나 팔거나 마음대로 하라는 말로, 주로 금액이 적은 경우 시장조성자가 선심을 쓸 때 사용한다. 예를 들어 83.95에 시장조성자가 사거나 팔거나 상관이 없을 경우에는 “5 CHOICE” 혹은 “YOURS CHOICE AT 95” 라고 말해준다. 때로는 신용라인 문제와 금액의 불일치 등의 이유로 bid-offer가 점차 같아질 수 있는데, 이때에는 “EITHER(WAY)” 를 사용한다.
- **THE FIGURE** : 환율의 끝 두자리가 00으로 고시될 때를 말한다. 예를 들어, USD/JPY 83.95-00이라고 하면 트레이더들은 “NINTY FIVE-THE FIGURE” 라고 외친다. 또한 83.00-10일 때는 “FIGURE-TEN” 이라고 말한다.

---

16. 여기서 주의할 것은 스왑시장에서는 sell이냐 혹은 buy냐의 기준을 선물환에다 두고 거래를 한다. 즉 스왑거래에서 상대방이 yours라고 했다면 현물환으로 buy하고 선물환으로 sell을 한다는 의미이다. 즉 상대방이 buy and sell 한다는 말이다.

- **PIPS OR POINTS** : 대개 국제외환시장에서 환율의 자릿수는 모두 다섯 자리이다. 예를 들면 USD/JPY 83.50-60, GBP/USD 1.6270-80, 혹은 EUR/USD 1.1035-45 등과 같이 표현된다. 여기서 앞 세 자리 수(big figure)는 생략하고 끝에서 두 자리 숫자만 트레이더들이 주고받는다. 이 끝 두 자리 수자를 pips 혹은 points라고 말한다.
- **THE BIG FIGURE** : 보통 환율을 표시할 때 앞의 세 자릿수를 말하는데, 트레이더들 사이에서는 big figure 부분은 고시를 하지 않는다. 예를 들어 USD/JPY 89.25-30이면 보통 시간절약을 위해 25-30만을 타이핑해준다. big figure(89)를 알고 싶거나 혹은 거래의 확인이 필요할 때 "BIG FIGURE PLEASE" 또는 "ON WHAT?" 이라고 문의하면 이를 알려준다. 시장이 급박하게 움직여서 big figure가 바뀔 때에는 반드시 확인하는 것이 좋다.
- **CHANGE** : 내가 만약 가격제시자라면, 시장이 북새통을 이루어 환율이 급변하는 상황에서는 상대방이 어느 호가를 택할지 모르므로 잘못하면 거래 즉시 커버거래도 하지 못하고 손실을 입을 수도 있다. 따라서 이런 상황에서 상대방이 머뭇거리면 반드시 "CHANGE" 라고 하고 가격제시를 다시 해주어야 한다. 톰슨-로이터 딜링을 사용하는 경우 "INTERRUPT" 키를 누르면 그전의 가격은 일단 무효화된다. 전화를 사용하는 경우에는 "CHANGE" 또는 "OFF" 라고 말하면 그전에 제시했던 가격은 무효화된다. 만약 상대방이 계속 가격제시를 원한다면 가격제시자에게 "HOW NOW", "NOW PLS" 또는 "HOW ARE YOU LEFT" 혹은 "WHERE ARE YOU NOW" 라고 물을 것이다. 보통 calling bank는 10초 이내 가격을 선택(hit)해야 한다.
- **YOUR(MY) RISK** : "YOUR RISK" 는 시장조성자가 가격고시를 할 때, 시장은 급히 움직이는데 상대방이 머뭇거리고 있는 경우 다시 가격을 조정해 고시할 수도 있다는 의미이다. 이때 상대방은 가격을 택하기 전에 "NOW PLS?" 라고 다시 한 번 가격을 문의해봐야 한다. 반면 내가 의사결정하는데 시간이 많이 걸리면 "MY RISK" 라고 미리 써주어야 한다. 내가 다시 거래를 희망하는 경우에는 "HOW NOW?" 등으로 다시 한 번 가격을 제시해주도록 요구하고 거래해야 한다.
- **TAKEN/GIVEN** : 시장에서 외환 트레이더들은 환율이 올라갈 때(달러가치가 상승하는 bullish market)는 달러가 "TAKEN" 혹은 "BID" 되었다고 말하

며, 반대로 달러가치가 하락할 때는 "GIVEN" 또는 "OFFERED" 되었다고 말한다.

- **Full**(amount) : 직접거래에서 제시금액이 거래를 희망하는 전액임을 지칭함.
- **Par, Even** : swap 거래에서 현물환율(spot leg rate)과 선물환율(forward leg rate)이 동일한 상태.
- **Premium** : swap 거래에서 현물환율보다 선물환율이 높은 상태.
- **Discount** : swap 거래에서 현물환율보다 선물환율이 낮은 상태.

3.2 시장 모니터링과 포지션 전략

스팟 트레이더는 시장에서 빠르게 움직이는 가격에 통화를 계속 사고파는 거래를 하게 된다. 이때 본인의 오픈 포지션에 대한 손익분기가격(break even price)을 즉시 알아야 그 포지션을 다시 정리(unwinding)할 시기와 가격을 정할 수 있을 것이다. 물론 시스템이 자동으로 계산해서 알려 주지만, 보통 트레이더는 거래 후 즉시 자기 오픈 포지션 금액과 평균거래가격을 계산해놓고 시장을 모니터링한다. 다음은 USD/YEN 트레이더가 어떻게 평균거래가격을 알아내는가를 계산해보자.

3.2.1 현물거래 예제 I

1월 25일 오전 10:00, A은행의 서울지점 스팟 트레이더는 5백만 달러를 B은행으로부터 USD/YEN 환율 116.81에 샀다고 하자. 1월 25일 오전 11:45, 고객과 점심약속이 있으므로 오더(lunch order)를 주려고 전략을 수립해보았다. 현재 환율은 117.33-36 정도에서 거래되고 있다. 다행히 달러가 강세가 되어 이익실현 목표치에 근접하고 또한 117.40 대에서 미국의 한 투자은행을 통해 대량의 USD 매도물량이 기다리고 있다는 정보를 접했으므로 USD/YEN 117.34에서 3백만 달러는 처분해 일단 이익을 챙기기로 했다. 그러나 시장분위기는 역시 달러강세 기조이므로, 차트분석 결과에 의하면 만약 시장이 117.40을 상향 돌파하는 경우 117.98까지 갈 것으로 예상된다. 따라서 2백만 달러에 대해서는 롱 포지션을 가져가되 시장에다 오더를 주고 확정 손익(손실 0, 이익 약 $32,000)을 정해 놓고 기다리기로 했다. 즉, 2백만 달러에 대해 A은행의 싱가포르 지점(여기서 편의상 B은행으로 표기함)에

GTC(good till canceled)로 매도오더를 주되, 이익실현 오더를 117.90에 놓고 동시에 손절매 오더를 116.02(BEP 환율 = 116.015)에 내놓았다.[17]

로이터 딜링 예문 : FX 현물 오더(spot order USD 2.0 MIO SELL)

1) A은행 : HI FRD, PLS WATCH MY O/N YEN ODER TO SELL USD 2MIO
AG JPY AT 117.90 OR 116.02 OCO, GTC. +
2) B은행(A은행의 싱가포르 지점) : TKS FOR THE ODA. WE WILL WATCH FOR U BIFN.

해설

1) 움직이는 시장에서 내(A은행)가 거래를 효율적으로 할 수 없으니 시장조성자인 너(B은행)에게 오더를 낸다. 2백만 달러를 엔에 대해서 달러/엔 환율이 117.90이 되면 팔아 달라. 그리고 만약 시장에서 환율이 117.90이 되지 않고 오히려 빠지면 116.02에서 팔아 달라. 그러나 둘 중에 먼저 거래된 것만 처리하고 나머지는 자동으로 취소된다. 그리고 이 주문은 별도의 취소 요청이 있을 때까지 계속 시장에 남겨 달라.
2) 오더에 대해 감사한다는 말을 함.

위의 현물거래에서의 순이익은 다음과 같다.

순이익 = $-(3{,}000{,}000 \times 116.81) + (3{,}000{,}000 \times 117.34) = 1{,}590{,}000$엔(환차익)

그리고 현재 남아 있는 2백만 달러의 롱 포지션에 대한 BEP 환율은 1,590,000엔의 이익을 감안해 계산하면 다음과 같이 된다.

$$116.81 - \frac{1,590,000}{2,000,000} = 116.015$$

따라서 시장이 급변해 달러가 116.015 이하로 내려가지 않으면 5백만 달러에 대한 손실은 보지 않는다.

한편 현물오더 거래에서의 순이익은 오더가 어떻게 실현되는가에 달려 있다. 예를 들어 1월 25일 오후 3:50, 로이터 딜링을 통해 비퍼(beeper)가 울리면서 싱가포르에서 "YEN ODER WAS FILLED" 라고 플래시(flash)가 떴다고 하자. 이익실현

17. BEP(break even point) 환율은 손익분기점 환율을 말한다.

오더가 117.90에 거래됨으로써 현물오더 2백만 달러에 대한 수익은

$$2,000,000 \times (117.90 - 116.81) = 2,180,000\text{엔(환차익)}$$

이 된다. 따라서 현물거래는 총 3,770,000엔(= 현물거래 순이익 1,590,000엔 + 현물오더 거래 순이익 2,180,000엔) 또는 $31,976.25(적용환율 : 117.90)의 이익을 얻고 포지션을 마감한다.

이때 도쿄에 개설되어 있는 A은행의 엔 노스트로 계좌에 1월 29일자로 3,770,000엔의 차액이 남게 된다. 즉, 3,770,000엔의 롱 포지션이 새롭게 생긴 것이다. 금액이 큰 경우에는 이 수익에 따른 포지션에 대한 환위험을 없애고 수익을 고정시키기 위해 보통 달러로 바꾸어 놓기도 한다. 시장이 많이 움직이면 환차익으로 벌어 놓은 포지션에서 또 다른 손실 혹은 이익이 날 수 있는 위험이 있고 다른 포지션관리에 집중하는데 방해가 되므로 그 당시 환차익을 확보하는 것도 중요하다. 그러나 트레이더의 위험선호도에 따라서 $500,000 이하는 거래를 잘 하지 않고 다른 거래가 있을 때 합쳐서 거래한다.

3.2.2 현물환거래 예제 II

A은행 달러/엔 스팟 트레이더의 기록을 보니 오후 중 다음과 같은 USD/JPY 거래를 했다. 오후 마감환율이 117.30으로 끝났다고 하면 다음과 같이 손익을 수작업으로 계산할 수 있다.

표 9-1 현물환거래의 예

Buy			Sell		
통화	금액	환율	통화	금액	환율
USD/JPY	10,000,000	117.34	USD/JPY	10,000,000	117.62
USD/JPY	5,000,000	117.14	USD/JPY	5,000,000	117.37
USD/JPY	7,000,000	117.12	USD/JPY	7,000,000	117.36

평균 매수환율 :

$$\frac{(10,000,000 \times 117.34 + 5,000,000 \times 117.14 + 7,000,000 \times 117.12)}{22,000,000}$$
$= 117.2245$

평균 매도환율 :

$$\frac{(10,000,000 \times 117.62 + 5,000,000 \times 117.37 + 7,000,000 \times 117.36)}{22,000,000}$$
$= 117.4805$

손익(P/L) **:**

$$\frac{(117.4805 - 117.2245) \times 22,000,000}{117.30} = 48,013.64$$ 달러(외환매매익)

만일 A은행 달러/엔 스팟 트레이더가 오전에 달러를 매수해 1,200만 달러의 롱 포지션을 116.80에 가지고 있었는데 다시 오후 중 위와 같은 USD/JPY 거래를 했다고 하면, 이는 달러/엔 환율이 계속 상승추세에 있으므로 A은행 트레이더가 1,200만 달러의 롱 포지션을 내일(overnight)까지 끌고 가기로 했음을 의미한다. 이 경우 당일 실현 손익과 당일 미실현 손익은 다음과 같이 계산할 수 있다.

평균 매수환율 :

$$\frac{(12,000,000 \times 116.80 + 10,000,000 \times 117.34 + 5,000,000 \times 117.14 + 7,000,000 \times 117.12)}{34,000,000}$$
$= 117.0747$

평균매도환율 :

$$\frac{(10,000,000 \times 117.62 + 5,000,000 \times 117.32 + 7,000,000 \times 117.36)}{22,000,000}$$
$= 117.4805$

실현 손익(realized P&L)

$$\frac{(117.4805 - 117.0747) \times 22,000,000}{117.30} = 76,109,12\text{달러(실현된 외환매매익)}$$

미실현 손익(unrealized P&L)

$$\frac{(117.30 - 117.0747) \times 12,000,000}{117.30} = 23,048,59\text{달러(미실현된 외환매매익)}$$

4. 이종통화 간 외환거래(cross currency dealing)

이종통화거래란 미국 달러가 개입되지 않고 서로 다른 통화끼리 거래되는 경우를 말한다. 이종통화거래는 유럽의 교역특성상 과거에는 기타 유럽국가 통화 간의 거래가 많은 비중을 차지했으며, 1980년대 초부터 갑자기 증가하기 시작했으나 유로화 탄생 이후 많이 줄어든 편이다. 현재 시장에서 이종통화거래는 유로/엔, 유로/파운드, 유로/스위스프랑 등 주로 유로화를 중심으로 많이 일어난다. 과거에는 주로 마르크/엔, 파운드/엔, 파운드/마르크, 마르크/스위스프랑 등의 거래가 많았으나 1999년 1월 유로화 탄생으로 유로 중심의 거래로 바뀌었다고 볼 수 있다. 이종통화거래는 여러 특수한 상황을 반영해 나타나는데, 예를 들어 달러/스위스프랑 트레이더에게는 달러/스위스프랑의 시장유동성이 제한적이고 독일과 스위스 경제가 높은 상관관계를 가지고 있기 때문에 비용절감을 위해 유로/스위스프랑 거래가 필수적이다. 이는 약간 시장상황은 틀리지만 우리나라가 엔/원 시장에 접근하는 것과 유사하다. 이종통화거래는 중앙은행의 시장개입 공포에 대한 우려가 적고 또한 기술적분석이 비교적 잘 맞는다는 점에서도 선호된다.[18]

---

18. 1999년 6월 유로화에 투자한 일본인들이 유로화 폭락으로 큰 손실을 입게 되자 일본은행이 유로를 사들이고 엔을 파는 시장개입을 한 적이 있다.

4.1 이종통화환율 계산방법

이종통화 간의 외환거래에 적용되는 환율인 교차환율은 두 대상통화와 미국 달러화의 시장 환율을 기준으로 하여 산출될 수 있다. 그런데 문제는 어떤 통화는 직접표시방법을 이용하고 어떤 통화는 간접표시방법을 이용하는 등 환율표시방법이 다양해 교차환율 계산이 복잡할 수 있으므로 크게 세 가지 상황을 소개하고자 한다.

4.1.1 직접표시방법을 이용하는 통화들의 경우 : 원화와 엔화의 경우

외환시장에서 직접표시방법을 이용하는 통화들에 대한 환율이 다음과 같이 고시되었다고 하자. 우리는 이러한 달러에 대한 각각의 환율을 이용해 교차환율인 JPY/KRW의 매입률(B)과 매도율(A)를 구해야 한다.

USD/KRW : 1,100.00–1,200.00
USD/JPY : 100.00–110.00
JPY/KRW : B(10.00)–A(12.00)

USD/KRW 1,100.00–1,200.00의 환율고시는 시장조성자인 은행의 입장에서 보면 원화를 이용해 달러를 매매하는 경우 달러를 살 때는 1,100원의 원화를 지불하고 사겠다(USD buy KRW sell at 1,100) 그리고 반대로 팔 때는 원화 1,200원을 받고 팔겠다(USD sell KRW buy at 1,200)는 의사표시이다. USD/JPY 100.00–110.00의 환율고시는 엔화를 이용해 달러를 매매할 때 달러를 살 때는 100엔을 지불하고(USD buy JPY sell at 100) 반대로 팔 때는 110엔을 받겠다(USD sell JPY buy at 110)는 의사표시이다. 따라서 시장참여자인 고객의 입장에서는 USD/KRW 1,100.00–1,200.00의 환율고시는 1달러를 은행으로부터 사려면 1,200원을 지불해야 하고(USD buy KRW sell at 1,200) 은행에 팔면 1,100원을 받을 수 있다(USD sell KRW buy at 1,100)는 것을 의미한다. 마찬가지로 USD/JPY 100.00–110.00의 환율고시는 1달러를 은행으로부터 살 때는 110엔을 지불해야 하고(USD buy JPY sell at 110) 팔 때는 100엔을 받을 수 있다(USD sell Yen buy at 100)는 것을 의미한다.

은행의 입장에서 교차환율(JPY/KRW)의 매입률 B는 엔화를 살 때 원화 B원을 지불하겠다(JPY buy KRW sell at B)는 의사표시이다. 이를 달러를 매개로 연결시켜 보면, 원화를 지불해 달러를 매입하는 거래(USD buy KRW sell)와 동시에 달러를 팔고 엔화를 매입하는 거래(USD sell JPY buy)를 합성한 것이 된다(USD buy KRW sell and USD sell JPY buy). 즉, 원화를 팔아서 달러를 확보한 후 그 달러를 이용해 엔화를 매입하는 것이다. 따라서 위에 주어진 환율고시에 따르면 은행의 입장에서는 원화를 이용해 1달러를 살 때는 1,100원을 지불하고($1 = 1,100원) 1달러를 팔아 엔화를 매입할 때는 110엔을 받고자 한다($1 = 110엔). 이를 동시에 고려하면 원화로 엔화를 살 때는 1엔당 10원($=\frac{1,100}{110}$)을 지불하고자 할 것이고 따라서 JPY/KRW 매입률은 10.00으로 고시된다.

은행의 입장에서 고시하는 매도율도 동일한 원리를 적용해서 구할 수 있다. 은행의 입장에서 교차환율(JPY/KRW)의 매도율 A는 엔화를 팔 때 원화 A원을 받겠다(JPY sell KRW buy at A)는 의사표시이다. 이를 달러를 매개로 연결시켜 보면, 원화를 받고 달러를 파는 거래(USD sell KRW buy)와 동시에 엔화를 팔고 달러를 매입하는 거래(USD buy JPY sell)를 합성한 것이 된다(USD sell KRW buy and USD buy JPY sell). 즉, 엔화를 팔아서 달러를 확보한 후 그 달러를 이용해 원화를 매입하는 것이다. 따라서 위에 주어진 환율고시에 따르면 은행의 입장에서 엔화를 팔아 달러를 살 때는 100엔을 지불하고자 하고($1 = 100엔) 1달러를 원화로 팔 때는 1,200원을 받고자 한다($1 = 1,200원). 이를 동시에 고려하면 원화를 받고 엔화를 팔 때는 1엔당 12원($=\frac{1,200}{110}$)을 요구하게 될 것이고 따라서 JPY/KRW 매도율은 12.00으로 고시된다.

이처럼 은행에서 교차 환율을 JPY/KRW : 10.00-12.00으로 고시하면, 고객 입장에서는 이를 이용해 원화와 엔화를 바꿀 수 있다. 예를 들어 고객이 일본 여행을 가기 위해서 엔을 은행으로부터 사려는 경우 이는 곧 은행의 입장에서 엔을 파는 것에 해당하므로(JPY sell KRW buy), 고시된 환율의 매도율인 12.00을 적용해야 된다. 반면 고객이 일본 여행에서 남은 엔화를 은행에 팔고 원화를 바꾸는 경우 이는 은행의 입장에서 엔을 사들이는 것이 되므로(JPY buy KRW sell), 고시된 환율의 매입률인 10.00이 적용된다. 즉 고객의 입장에서 엔화를 살 때는 12.00원을 주고 사야 하고, 반대로 엔을 팔 때는 10.00원밖에 받지 못한다. 이 차이가 스프레드이며 이 스프레드는 은행 환차익에 기여하게 된다.

4.1.2 간접표시방법을 이용하는 통화들의 경우 : 파운드화와 호주 달러화의 경우

외환시장에서 간접표시방법을 이용하는 통화들의 환율이 다음과 같이 고시되었다고 하자. 앞에서 설명한 것과 동일한 방식으로 교차환율인 GBP/AUD의 매입률(B)과 매도율(A)를 구할 수 있다.

GBP/USD : 1.5400−1.5405
AUD/USD : 0.7914−0.7919
GBP/AUD : B(1.9447)−A(1.9465)

이제 GBP/USD 1.5400−1.5405의 환율고시는 시장조성자인 은행의 입장에서 파운드화를 살 때는 1.5400달러를 지불하고 사겠다(GBP buy USD sell at 1.5400) 그리고 반대로 팔 때는 1.5405달러를 받고 팔겠다(GBP sell USD buy at 1.5405)는 의사표시이다. AUD/USD 0.7914−0.7919의 환율고시는 호주 달러를 살 때는 0.7914미국달러를 지불하고(AUD buy USD sell at 0.7914) 반대로 팔 때는 0.7919미국달러를 받겠다(AUD sell USD buy at 0.7919)는 의사표시이다.

은행의 입장에서 교차환율(GBP/AUD)의 매입률 B는 파운드화를 살 때 호주 달러 B를 지불하겠다(GBP buy AUD sell at B)는 의사표시이다. 이를 달러를 매개로 연결시켜 보면, 미국 달러를 팔고 파운드화를 매입하는 거래(USD sell GBP buy)와 동시에 호주 달러를 지불해 미국 달러를 매입하는 거래(USD buy AUD sell)를 합성한 것이 된다(USD sell GBP buy and USD buy AUD sell). 즉, 호주 달러를 팔아서 미국 달러를 확보한 후 그 미국 달러를 이용해 파운드화를 매입하는 것이다. 따라서 위에 주어진 환율고시에 따르면 은행의 입장에서는 호주 달러를 팔아 미국 달러를 살 때는 1호주달러당 0.7919의 미국 달러를 받고 싶어 하고(1호주달러 = 0.7919미국달러 또는 1미국달러 = $\frac{1}{0.7919}$호주달러) 파운드화를 살 때는 미국 달러 1.5400을 지불하고자 한다(1파운드 = 1.5400미국달러 또는 1미국달러 = $\frac{1}{1.5400}$파운드). 이를 동시에 고려하면 호주 달러로 파운드화를 살 때는 1파운드당 1.9447호주달러(= $\frac{1.5400}{0.7919}$)를 지불하고자 할 것이고 따라서 GBP/AUD 매입률은 1.9447로 고시된다.

마찬가지로 은행의 입장에서 교차환율(GBP/AUD)의 매도율 A는 파운드화를 팔 때 호주 달러 A를 받겠다(GBP sell AUD buy at A)는 의사표시이다. 이를 미국 달러를 매개로 연결시켜 보면, 호주 달러를 받고 미국 달러를 파는 거래(USD sell AUD buy)와 동시에 파운드화를 팔고 미국 달러를 매입하는 거래(USD buy GBP sell)를 합성한 것이 된다(USD sell AUD buy and USD buy GBP sell). 즉, 파운드화를 팔아서 미국 달러를 확보한 후 그 미국 달러를 이용해 호주 달러를 매입하는 것이다. 따라서 위에 주어진 환율고시에 따르면 은행의 입장에서 파운드화를 팔아 미국 달러를 살 때는 1.5405의 미국 달러를 받고자 하고(1파운드 = 1.5405미국달러 또는 1미국달러 = $\frac{1}{1.5405}$파운드) 호주 달러를 살 때는 미국 달러 0.7914를 지불하고자 한다(1호주달러 = 0.7914미국달러 또는 1미국달러 = $\frac{1}{0.7914}$호주달러). 이를 동시에 고려하면 호주 달러를 받고 파운드화를 팔 때는 1파운드당 1.9465호주달러(= $\frac{1.5405}{0.7914}$)를 요구하게 될 것이고 따라서 GBP/AUD 매도율은 1.9465로 고시된다.

4.1.3 직접표시방법과 간접표시방법이 혼합되어 있는 경우 : 파운드화와 스위스 프랑의 경우

세 번째로 외환시장에서 직접표시방법을 이용하는 통화와 간접표시방법을 이용하는 통화의 환율이 다음과 같이 고시되었다고 하자.

GBP/USD : 1.5400−1.5405
USD/CHF : 1.2650−1.2660
GBP/CHF : B(1.9481)−A(1.9503)

이미 앞에서 설명했듯이 GBP/USD 1.5400−1.5405의 환율고시는 은행의 입장에서 파운드화를 살 때는 1.5400달러를 지불하고 사겠다(GBP buy USD sell at 1.5400) 그리고 반대로 팔 때는 1.5405달러를 받고 팔겠다(GBP sell USD buy at 1.5405)는 의사표시이다. 한편 USD/CHF 1.2650−1.2660의 환율고시는 미국 달러를 살 때는 1.2650스위스프랑을 지불하고(AUD buy USD sell at 1.2650) 반대로 팔 때는 1.2660스위스프랑을 받겠다(AUD sell USD buy at 1.2660)는 의사표시이다.

은행의 입장에서 교차환율(GBP/CHF)의 매입률 B는 파운드화를 살 때 스위스프랑 B를 지불하겠다(GBP buy CHF sell at B)는 의사표시이다. 이를 달러를 매개로 연결시켜 보면, 스위스 프랑을 지불해 미국 달러를 매입하는 거래(USD buy CHF sell)와 동시에 미국 달러를 팔고 파운드화를 매입하는 거래(USD sell GBP buy)를 합성한 것이 된다(USD buy CHF sell and USD sell GBP buy). 즉, 스위스 프랑을 팔아서 미국 달러를 확보한 후 그 미국 달러를 이용해 파운드화를 매입하는 것이다. 따라서 위에 주어진 환율고시에 따르면 은행의 입장에서는 스위스 프랑을 팔아 미국 달러를 살 때는 1.2650의 스위스 프랑을 지불하려 하고(1미국달러 = 1.2650스위스프랑) 파운드화를 살 때는 미국 달러 1.5400을 지불하고자 한다(1파운드 = 1.5400미국달러). 이를 동시에 고려하면 스위스 프랑으로 파운드화를 살 때는 1파운드당 1.9481스위스프랑(= 1.5400 × 1.2650)을 지불하고자 할 것이고 따라서 GBP/CHF 매입률은 1.9481로 고시된다.

마찬가지로 은행의 입장에서 교차환율(GBP/CHF)의 매도율 A는 파운드화를 팔 때 스위스 프랑 A를 받겠다(GBP sell CHF buy at A)는 의사표시이다. 이를 미국 달러를 매개로 연결시켜 보면, 스위스 프랑을 받고 미국 달러를 파는 거래(USD sell CHF buy)와 동시에 파운드화를 팔고 미국 달러를 매입하는 거래(USD buy GBP sell)를 합성한 것이 된다(USD sell CHF buy and USD buy GBP sell). 즉, 파운드화를 팔아서 미국 달러를 확보한 후 그 미국 달러를 이용해 스위스 프랑을 매입하는 것이다. 따라서 위에 주어진 환율고시에 따르면 은행의 입장에서 파운드화를 팔아 미

그림 9-2a 유로-파운드(EUR/GBP) 환율

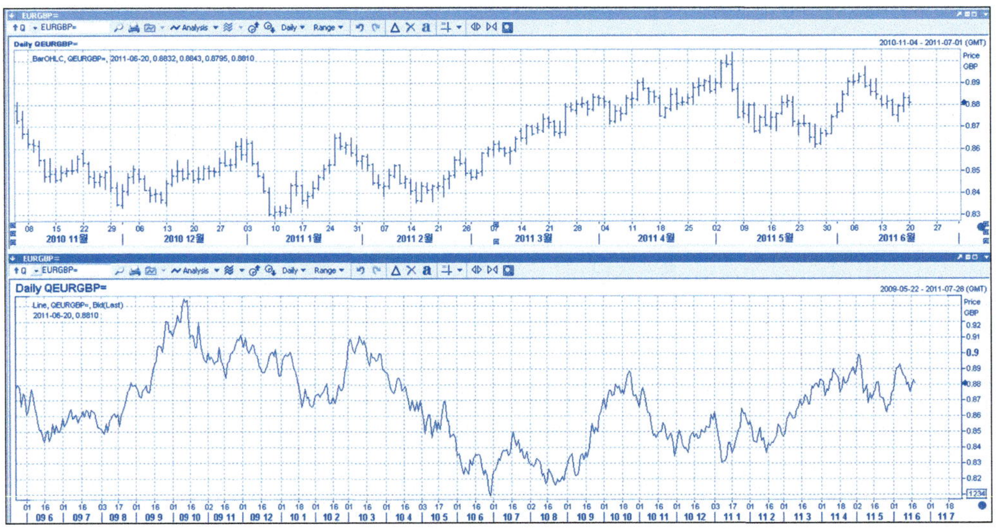

자료 : Thomson Reuters

그림 9-2b 파운드-스위스프랑(GBP/CHF) 환율

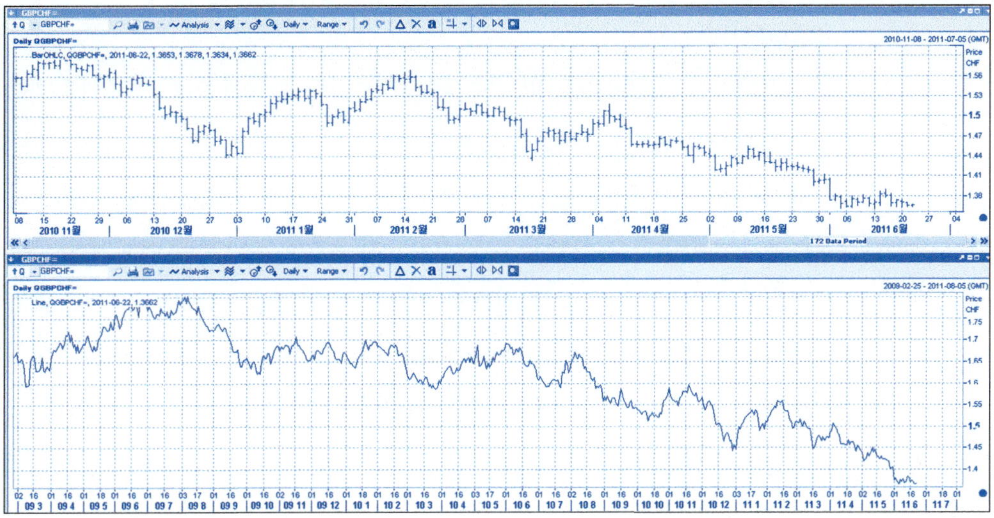

자료 : Thomson Reuters

그림 9-2c 유로-스위스프랑(EUR/CHF) 환율

자료 : Thomson Reuters

국 달러를 살 때는 1.5405의 미국 달러를 받고자 하고(1파운드=1.5405미국달러) 미국 달러를 팔 때는 1.2660스위스프랑을 받고자 한다(1미국달러=1.2660). 이를 동시에 고려하면 스위스 프랑을 받고 파운드화를 팔 때는 1파운드당 1.9503스위스프랑(= 1.5405 × 1.2660)을 요구하게 될 것이고 따라서 GBP/CHF 매도율은 1.9503으로 고시된다.

[그림 9-2]는 EUR/GBP 환율 및 GBP/CHF 환율과 이에 기초한 EUR/CHF 환율을 보여주고 있다. 교차환율의 매입-매도율 고시에서 한 가지 주의해야 할 것은, 시장에서의 환율고시는 소수점 둘째 자리 또는 넷째 자리까지 표시하는 것이 일반적인데 교차환율을 계산했을 때 그 이하 자릿수까지 나오면 어떻게 절상하느냐 절사하느냐 하는 것이다. 외환거래의 기본원칙은 "BUY LOW, SELL HIGH"이다. 이에 따르면 매입률은 가능한 낮은 가격, 매도율은 가능한 높은 가격이 되어야 하므로 매입률은 절사를 하고 매도율은 절상을 해야 할 것이다.

위에서 설명한 교차환율 구하는 공식은 다음과 같이 정리될 수 있다.

표 9-2 **교차환율 구하는 공식**

	직접표시 환율 간	간접표시 환율 간	간접표시 환율과 직접표시 환율 간
환율 1	USD/KRW 1,100–1,200	GBP/USD 1.5400–1.5405	GBP/USD 1.5400–1.5405
환율 2	USD/JPY 100.00–110.00	AUD/USD 0.7914–0.7919	USD/CHF 1.2650–1.2660
bid 계산	$\frac{100}{1.05010}$	$\frac{1.5400}{0.7919}$	1.5400×1.2650
offer 계산	$\frac{110.00}{1.5000}$	$\frac{1.5405}{0.7914}$	1.5405×1.2660
cross 환율	10.00–12.00	1.9447–1.9465	1.9481–1.9503

4.2 이종통화거래

4.2.1 이종통화환율(cross rate)의 해석방법

위의 예제에서 만약에 CHF/JPY 환율이 상승세로 나타난다고 하면 이는 CHF가 상대적으로 JPY에 비해서 더 강세로 간다는 의미이며, 하락세로 나타난다고 하면 CHF가 상대적으로 JPY에 비해 더 약세로 간다는 의미가 된다. 이는 GBP/CHF 또는 EUR/GBP의 경우에도 같은 해석을 할 수 있다. 따라서 정확한 환율표시는 항상 기준통화를 좌편에 표시하고 상대통화는 우편에 표시하게 되어 있다. 만약에 상대방은행이 나에게 CAD/JPY 10,000,000에 대한 가격을 제시해달라고 요청한다고 하자, 이것은 CAD 10,000,000달러를 말하는 것이지 10,000,000엔을 의미하지 않는다. 만약 CAD/JPY 환율이 81.58이라면 이때 JPY금액은 CAD 10,000,000 × 81.58 = 815,800,000엔이 되는 것이다.

표 9-3 강세시장 및 약세시장의 해석

CHF/JPY 강세 시장	GBP/CHF 약세 시장
1) CHF 매우 강함 / JPY 강함	1) GBP 강함 / CHF 매우 강함
2) CHF 강함 / JPY 변동 없음	2) GBP 변동 없음 / CHF 강함
3) CHF 변동 없음 / JPY 약함	3) GBP 약함 / CHF 변동 없음
4) CHF 약함 / JPY 매우 약함	4) GBP 매우 약함 / CHF 약함
5) CHF 강함 / JPY 약함	5) GBP 약함 / CHF 강함

4.2.2 이종통화거래의 손익계산

만약 스팟 트레이더가 CAD/JPY 10,000,000을 81.58에 매수해 81.68에 매도거래를 했다면 USD로 얼마의 이익이 나는지는 아래와 같이 두 단계를 거쳐서 쉽게 계산할 수 있다. (USD/JPY revaluation spot rate = 112.00이라고 가정)

(81.68 − 81.58) × CAD 10,000,000 = 1,000,000엔

1,000,00 엔/ 112.00 = USD 8,928.57

요약

1. 외환시장은 하루 약 4조 달러가 거래되는 세계에서 가장 큰 시장이다. 그 중에서 가장 핵심이 현물환시장이며 우리가 일컫는 24시간 글로벌시장이란 바로 이 현물환시장을 두고 하는 말이다. 또한 현물환거래 트레이딩 기법은 빠르게 효율적으로 발전해 왔으며, 1980년대 로이터 딜링시스템 개발 이후 IT산업의 발전과 더불어 엄청난 변화를 가져왔다. 이전에는 은행간 거래가 주를 이루었으나 이제는 비금융권과 개인들도 활발히 현물환거래를 하고 있다.

2. 현물환 트레이더(spot trader)는 가장 기초적이면서도 가장 위험부담이 많은 직업에 속한다. 스팟데스크에는 각 통화별로 전담 트레이더가 있으며, 기초적 분석(fundamental analysis)이나 기술

적 분석(technical analysis)을 철저히 하고 시장을 예측한 후에 적절한 시점에 수시로 위험 포지션을 만들고 시장상황에 따라 반대거래를 함으로써 이익을 창출한다. 이때 은행에서 주어진 각종 포지션 한도를 반드시 지켜야 하며, 트레이더로서 윤리규범을 준수해야 한다. 외환 트레이더는 자기네들만의 전문용어를 사용하고 로이터딜링 시스템을 이용해 신속하게 의사를 전달하고 거래를 한다. 브로커와는 달리 위험을 감수해 오픈 포지션을 보유하며 환차익기회를 노려서 은행, 회사 혹은 본인을 위해서 일하는 사람이다. 현물환거래는 로이터 딜링으로 상대방은행을 불러서 직접 거래를 하는 경우와 브로커를 연결해 거래하는 방법이 있다. 또한 많은 경우에 (트레이더가 자리를 뜰 경우에나 퇴근시에는) 이익실현 오더와 손절매 오더 등 오더거래를 활용한다.

3. 외환시장에서는 주로 USD를 기준통화로 거래를 많이 하지만 이종통화(예 : EUR/GBP, EUR/JPY, EUR/CHF, GBP/JPY, GBP/CHF 등) 거래도 많이 발생한다. 이때에는 환율의 표시방법(직접표시, 간접표시)에 따라 현물환율 계산방법이 약간 복잡하다. 이종통화 환율의 의미는 때로 해석이 쉽지 않을 수 있다. 예를 들어 CHF/JPY의 bid란 CHF를 매입하고 JPY를 매도하겠다는 것을 말한다. 따라서 CHF를 매입한다는 것은 USD를 매도하는 것이고, JPY를 매도하는 것은 USD를 매입하는 것이다. 또한 CHF/JPY의 offer란 CHF를 매도하고, JPY를 매입하겠다는 것을 말한다. 따라서 CHF를 매도하는 것은 USD를 매입 하는 것이고, JPY를 매입한다는 것은 USD를 매도한다는 의미이다. 이런 관계를 이용해 직접표시 환율 간, 간접표시 환율 간, 그리고 직접표시 환율과 간접표시 환율 간 교차환율의 매입률 및 매도율을 계산할 수 있다.

연습문제

01. 톰슨 로이터 홈페이지(http://www.thomsonreuters.com)를 방문해 어떤 외환딜링 시스템을 제공하고 있는지 파악하라.

02. 블룸버그(www.bloomberg.com)를 방문해 어떤 정보와 시스템을 제공하고 있는지 파악하라.

03. 브로커 페이지 ICAP(http://www.icap.com)를 열어서 얼마나 많은 종류의 금융상품의 중개거래를 하는지 알아보고 모의 트레이딩을 해보라.

04. 브로커 페이지(http://www.gftforex.com)에 들어가서 어떤 종류의 외환교육이 있는지 보고 동영상 혹은 웨비나(Webinars & seminars)를 통한 교육에 참여해본

후 모의 트레이딩(practice trading)을 해보라.

05. 다음 환율정보를 가지고 CHF/JPY 환율(cross rate)의 비드–오퍼(bid–offer)를 구하라.

USD/CHF = 0.9800–0.9810
USD/JPY = 85.60–85.70

06. 다음 환율정보를 가지고 GBP/JPY 환율(cross rate)의 비드–오퍼(bid–offer)를 구하라.

GBP/USD = 1.6350–1.6360
USD/JPY = 85.60–85.70

07. 다음 환율정보를 가지고 EUR/GBP 환율(cross rate)의 비드–오퍼(bid–offer)를 구하라.

EUR/USD = 1.4460–1.4465
GBP/USD = 1.6360–1.6370

08. 북미 지역에 자동차를 수출하는 H회사가 10,000,000달러를 외환시장에 팔려고 거래은행 딜링룸에 가격제시를 요청한바 1,080.30–1,080.50으로 통보받았다. 그리고 당일의 국내외환시장 예측은 강한 지지선이 1,080원, 강한 저항선이 1,090원이며 추세는 상승추세라고 한다. 당신이 만약 H회사의 트레이더라면 어떤 전략을 쓰겠는가? 지금 가격에 2,000,000달러를 매각한다면 어떤 가격에 팔아야 하는가?

09. A회사가 독일에 자동차 부품을 수출하고 원자재를 일본에서 수입한다면 외환시장의 불확실성을 헤지하기 위해 어떤 포지션을 만들어야 하는가?

10. 만약 A트레이더가 GBP/CHF 1,000,000파운드를 1.7410에 사서 1.7550에 팔았다면 환차손익은 어떻게 되는가 계산하라.

11. 만약 A트레이더가 EUR/GBP 1,000,000유로를 0.6700에 사서 0.6750에 팔았다면 환차손익은 어떻게 되는가 계산하라.

12. 만약 A트레이더가 EUR/CHF 1,000,000유로를 1.6350에 사서 1.6470에 팔았다면 환차손익은 어떻게 되는가 계산하라.

13. 지정가 오더와 시장가 오더의 차이점을 설명하라.

14. 손절매 오더(stop loss order)와 이익실현 오더(profit taking order)의 차이점을 설명하라.

10장
Chapter ten

선물환 및 외환스왑시장

1. 개요

1.1 선물환 시장

1.1.1 선물환 거래

선물환 거래는 미래에 결제될 외환거래에 대해 미리 환율, 금액, 결제일(value date) 등을 정하는 것을 말한다. 보통 선물환 기간은 1주일, 1, 2, 3, 6, 9개월과 1년 단위로 3년까지 정하지만 계약당사자의 사정에 따라 마음대로 정할 수 있다. 선물환거래는 자금시장(money market)과 연결해 두 통화에 대한 이자율 차이를 환율로 환산하는 계산과정을 거치게 된다.

선물환은 2010년 4월 기준으로 하루 평균거래량이 4,750억 달러로 총 외환시

그림 10-1 외환거래의 구성

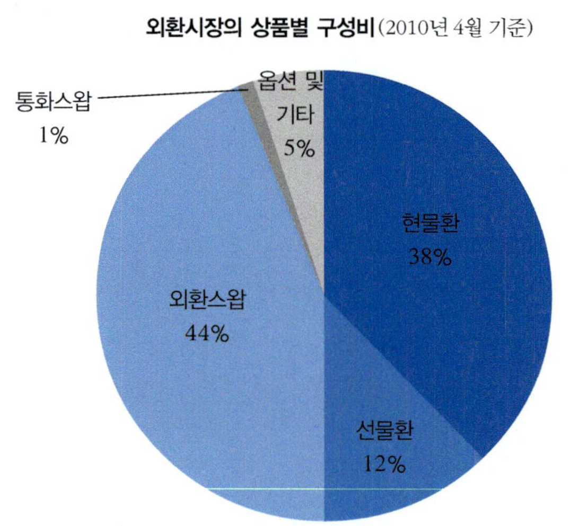

자료 : BIS

장거래량의 12% 정도이며, 외환스왑거래는 1조 7,650억 달러로 총 외환시장거래량의 44%를 차지한다.

선물환은 결제일의 확정여부에 따라 직접선물환(outright forward)과 옵션부선물환(option forward)으로 나눌 수 있다. 직접선물환이란 결제일이 확정되어 있는 경우를 말하고, 옵션부선물환이란 선물환거래시 만기일만 정해놓고 그 이전에 언제든지 고객의 요청이 있으면 조기에라도 수도가 가능하도록 한 것을 말한다. 또한 기간에 따라 거래일(spot date)로부터 1주일, 1개월, 2개월, 3개월, 6개월 등과 같이 정하는 표준일 선물환(even date forward, fixed date forward, straight forward, 또는 standard date forward)과 그 외 비정규적인 결제일을 정해 거래하는 비표준일 선물환(odd date forward 또는 broken date forward)으로 나눌 수 있다. 그러나 실무적으로 볼 때 선물환거래는 크게 직접선물환거래(outright forward deal)[1]와 외환스왑거래(FX swap deal)로 구분할 수 있다.

선물환거래의 주요 동기는 환위험의 회피와 외화자금 과부족의 조정(주로 스왑거래를 통함)이다. 선물환거래는 결제일까지 거래에 수반되는 별도의 유동자금이 필요없으므로 기업에서 미래에 발생할 수취 또는 지급할 환위험에 대해 헤지할 목적으로 많이 쓰인다. 또한 선물환율이 예상과 다를 때 이익을 취하기 위한 순수한 투기 목적으로도 흔히 사용되는 외환 파생상품이다.

선물환거래는 현물환보다 위험이 더 크다. 이는 무엇보다도 기간이 길기 때문인데, 기간이 길어지면 시장위험 또한 커지게 되고 상대방이 부도가 날 가능성도 더 많아지기 때문이다. 이러한 이유로 인해 시장에서는 선물환에 대한 위험을 현물환의 약 2배 정도로 평가한다.

선물환의 연장과 취소는 계약환율보다 시장환율이 고객 입장에서 유리하다면 제 비용을 감안한 차액 결제 방법으로 가능하며, 반대의 경우에는 고객이 차액을 지급하는 방법으로 가능하다. 그러나 연장 요청의 경우는 고객 손실의 실행을 지연하기 위해 고객이 계약환율로 기간만 연장하는(historical rate rollover) 경우가 대부분인데, 손실 누적은 사고 원인이 되므로 다른 주요시장과 마찬가지로 우리나라에서도 차액손실부분에 대한 정산이 없는 기간연장은 엄격히 금지하고 있다.

1. 선물시장(futures market)을 통한 선물계약(futures contracts)은 성격상 직접선물(outright forward)이긴 하지만 OTC(over the counter) 시장이 아닌 거래소시장(trading floor)을 통하여 거래되므로 다음 장에서 별도로 취급한다.

1.1.2 선물환 가격(forward price)

선물환 가격 산출의 기본원리는 제4장에서 설명한 무위험 이자차익거래(covered interest rate arbitrage)에서 나온다. 이에 따르면 선물환 가격은 다음과 같이 나타낼 수 있으며, 현물환율과 선물환 스프레드(forward spread)로 구성된다. 선물환 스프레드는 포워드 포인트(forward points) 또는 포워드 핍스(forward pips)로 부르기도 한다.

$$F = S \times \frac{1+r}{1+r^*} \text{ 또는 } F = S + S \times (r - r^*) \qquad (10-1)$$

그러나 선물환 가격 결정의 기본원리가 되는 이자차익거래는 다음과 같은 제약이 있기 때문에 실제로는 실행하기가 쉽지 않다. 첫 번째 제약으로서, 주요 통화의 경우에는 시장의 유동성이 풍부하고 효율성이 매우 높기 때문에 이러한 이자 차익거래가 생길만한 틈이 없다. 두 번째 제약은 재무제표상의 문제로서, 기업의 측면에서 볼 때 이자차익거래를 하려면 대차대조표상의 자산(예 : 외화표시 대출)과 부채(예 : 국내통화표시 예금) 수치가 많이 늘어나 통화불일치 문제가 커지게 된다. 그러나 이러한 제약에도 불구하고 기업들은 차익거래를 할 수도 있는데, 이를 가능하게 하는 것이 무위험 이자차익거래 원리를 이용한 외환스왑거래이다.

여기서 주의할 점은 외환시장의 움직임은 무엇보다도 현물환시장이 주도한다. 따라서 시장에서 실무적으로 선물환거래를 할 때는 먼저 현물환율부터 고정시키고 난 다음에 선물환 스프레드를 가감해 마지막 선물환율을 결정한다. 즉, 시장에서 현물환을 어느 점에서 잡느냐가 선물환거래의 최우선이 된다. 실제로 EUR/USD 시장의 경우 현물환율은 하루 트레이딩 시간 동안 약 18,000번 정도 변화가 있다고 한다. 따라서 이처럼 변동성이 큰 현물환을 고정시켜 놓고 크게 변동성이 없는 선물환 스프레드는 조금 나중에 정해 거래해도 늦지 않다. 예를 들어 USD/CHF 시장에서 선물환거래를 한다고 하자. 현물환율이 1.5055라고 하면 우선 이 현물환율에서 현물환거래를 한 다음, 1년짜리 선물환 스프레드 92를 더해 선물환율 1.5147(1.5055+0.0092)을 산출해 거래한다. 또는 스왑을 통해 현물환에다 스왑 스프레드를 가감해서 선물환을 거래한다.

그림 10-2 유로/달러, 달러/엔의 스왑포인트 가격 정보

EURF= EUR Deps & Fwds

RIC	Bid	Ask	Srce	Time	RIC	Bid	Ask	Srce	Time
EUR=	1.4396	1.4398	DBSK	15:17					
EUROND=	1.15	1.25	INGI	15:15	EURON=	-0.4100	-0.3900	DBFW	15:14
EURTND=	1.15	1.25	INGI	15:15	EURTN=	-0.4300	-0.3800	RBFW	15:16
EURSND=	1.15	1.25	INGI	15:15	EURSN=	-1.2000	-1.1700	DRE4	15:16
EURSWD=	1.18	1.28	INGI	15:15	EURSW=	-2.85	-2.70	RBFW	15:16
EUR2WD=	1.20	1.28	INGI	15:15	EUR2W=	-5.53	-5.23	RBFW	15:16
EUR3WD=	1.22	1.30	INGI	15:15	EUR3W=	-7.70	-7.50		15:16
EUR1MD=	1.24	1.34	BLAM	15:13	EUR1M=	-12.70	-12.30	BCIT	15:16
EUR2MD=	1.33	1.43	BLAM	15:13	EUR2M=	-25.78	-25.23	DBFW	15:17
EUR3MD=	1.46	1.56	BLAM	15:13	EUR3M=	-40.55	-39.95	DRE4	15:16
EUR4MD=	1.42	1.62		15:15	EUR4M=	-52.66	-51.85	DBFW	15:17
EUR5MD=	1.62	1.92		15:12	EUR5M=	-67.09	-65.81	DBFW	15:16
EUR6MD=	1.72	2.06		15:16	EUR6M=	-81.60	-80.90	SGSW	15:16
EUR7MD=	1.65	1.85		15:13	EUR7M=	-94.70	-92.20	BCFX	15:17
EUR8MD=	1.85	1.95	INGI	15:15	EUR8M=	-109.19	-107.31	DRE4	15:16
EUR9MD=	1.78	1.98		15:08	EUR9M=	-123.21	-121.71	SGSW	15:16
EUR10MD=	1.93	2.28		15:16	EUR10M=	-137.25	-134.25	DRE4	15:17
EUR11MD=	2.02	2.14	BLAM	15:16	EUR11M=	-150.10	-147.82	DBFW	15:16
EUR1YD=	2.00	2.16	SGOX	15:16	EUR1Y=	-165.45	-161.85	CBAX	15:16
EUR2YD=	1.52	1.77	CICZ	21:36	EUR15M=	-207.00	-201.00	DRE4	15:17
EUR3YD=	2.26	2.36	OBEG	15:01	EUR18M=	-244.73	-236.43	DBFW	15:17
EUR4YD=	3.73	3.78	RZBA	00:47	EUR21M=	-279.00	-268.50	CBFX	15:16
EUR5YD=	2.67	2.77	OBEG	15:01	EUR2Y=	-309.17	-294.17	FRTB	15:16
EUR7YD=	3.00	3.10	OBEG	15:01	EUR3Y=	-392.73	-372.73	FRTB	15:16
EUR10YD=	3.32	3.42	OBEG	15:01	EUR4Y=	-413.20	-395.20		15:16
					EUR5Y=	-383.92	-343.92	FRTB	15:16
					EUR6Y=	-335.00	-280.00	RBFW	15:16
					EUR7Y=	-212.30	-161.90		15:16
					EUR8Y=	-24.85	45.15	FRTB	15:16
					EUR9Y=	74.67	164.67	FRTB	15:16
					EUR10Y=	53.77	143.77	FRTB	15:16
					EUR12Y=	125.00	225.00	RBFW	15:16
					EUR15Y=	250.00	370.00	RBFW	15:16
					EUR20Y=	589.70	679.70		15:16

JPYF= JPY DEPS & FWDS

RIC	Bid	Ask	Srce	Time	RIC	Bid	Ask	Srce	Time
JPY=	80.30	80.34	SGAX	15:17					
JPYTND=	0.06	0.09	BRKR	10:45	JPYON=	-0.0500	0.0100	CBFX	15:0
JPYSND=	0.02	0.30		15:06	JPYTN=	-0.0600	0.0200	SGSW	15:1
JPYSWD=	0.05	0.30		15:06	JPYSN=	-0.1100	-0.0600	RBFW	15:1
JPY2WD=	0.05	0.30		15:06	JPYSW=	-0.28	-0.23		15:1
JPY3WD=	0.10	0.25		15:06	JPY2W=	-0.73	-0.23	RBFW	15:1
JPY1MD=	0.05	0.30		15:06	JPY3W=	-0.98	-0.48	RBFW	15:1
JPY2MD=	0.10	0.35		15:06	JPY1M=	-1.15	-1.00		15:1
JPY3MD=	0.19	0.29		15:15	JPY2M=	-2.55	-1.80	RBFW	15:1
JPY4MD=	0.20	0.32		15:13	JPY3M=	-4.00	-3.70	ZKBX	15:1
JPY5MD=	0.26	0.38		15:14	JPY4M=	-6.30	-4.80	RBFW	15:1
JPY6MD=	0.31	0.46	BRKR	14:10	JPY5M=	-8.10	-7.60	RTFX	15:1
JPY7MD=	0.35	0.47		15:13	JPY6M=	-11.25	-10.25	UBSZ	15:1
JPY8MD=	0.39	0.51		15:13	JPY7M=	-15.35	-12.85	RBFW	15:1
JPY9MD=	0.42	0.54		15:16	JPY8M=	-17.90	-16.90	RTFX	15:1
JPY10MD=	0.30	0.65		15:06	JPY9M=	-22.25	-19.75	RBFW	15:1
JPY11MD=	0.50	0.62		15:16	JPY10M=	-24.86	-24.31	DBFW	15:1
JPY1YD=	0.52	0.64		15:13	JPY11M=	-28.87	-28.25	DBFW	15:1
JPYONID=	-0.104	0.305	RTRS	15:03	JPY1Y=	-34.73	-31.73	RBFW	15:1
JPYTNID=	-0.149	0.350	RTRS	15:16	JPY15M=	-50.85	-45.35	RBFW	15:1
JPYSWID=	-0.059	0.113	RTRS	15:14	JPY18M=	-70.70	-62.70	RBFW	15:1
JPY1MID=	0.034	0.255	RTRS	15:16	JPY21M=	-94.11	-85.11		15:1
JPY2MID=	0.033	0.288	RTRS	15:16	JPY2Y=	-119.91	-114.60	DBFW	15:1
JPY3MID=	-0.011	0.203	RTRS	15:16	JPY3Y=	-282.00	-272.00		15:1
JPY6MID=	0.128	0.352	RTRS	15:16	JPY4Y=	-525.00	-490.00	RBFW	15:1
JPY9MID=	0.197	0.437	RTRS	15:16	JPY5Y=	-769.50	-739.50		15:1
JPY1YID=	0.293	0.529	RTRS	15:16	JPY6Y=	-1034.80	-995.80		15:1
					JPY7Y=	-1284.60	-1236.60		15:1
					JPY8Y=	-1511.00	-1454.00	CBFX	15:1
					JPY9Y=	-1723.00	-1659.00	CBFX	15:1
					JPY10Y=	-1920.00	-1846.00	CBFX	15:1
					JPY12Y=	-2300.00	-2150.00	RBFW	15:1
					JPY15Y=	-2738.10	-2569.40		15:1
					JPY20Y=	-3350.00	-3070.00	RBFW	15:1

주 : 여기서 ON은 overnight, TN은 tomorrow next, SN은 spot next, SW는 spot week, W는 weeks, M은 months, Y는 years를 의미한다.

자료 : Thomson Reuters

선물환거래에 적용되는 가격인 선물환율은 앞의 (10-1)식에서 설명한 바와 같이 현물환율을 기준으로 하여 두 거래통화 간의 이자율 차이를 적용해 산출된다. 두 통화의 이자율이 같다면 선물환율은 현물환율과 같을 것이나 현실적으로는 두 통화의 이자율이 서로 다른 경우가 대부분이다. 선물환거래는 현물환 결제일 이후 일정 기간이 경과한 후에 자금의 결제가 이루어지므로 이 기간 동안 높은 이자율의 통화는 낮은 이자율의 통화에 비해 높은 금리 수익을 얻게 된다. 따라서 현물환율과 동일한 조건의 거래가 되기 위해서는 두 통화의 선물환 계약 기간 동안의 이자금액을 상호 보상할 수 있는 환율을 적용시켜야만 한다. 결국 고금리 통화는 현물환율보다 불리한 선물환율이 적용되고 저금리 통화는 현물환율보다 유리한 환율을 적용받게 될 것이다. 여기서 저금리 통화의 선물환율이 현물환율보다 유리해지는 교환조건을 프리미엄이라 하고, 고금리 통화의 선물환율이 현물환율보다 불리해지는 교환조건을 디스카운트라고 한다.[2] 즉, 프리미엄과 디스카운트는 두 통화간의 이자율 차이에 의해 결정되며, 두 통화 중 한 통화가 프리미엄을 가지게 되면 다른 한 통화는 디스

2. 선물환프리미엄과 스왑프리미엄은 같은 의미로 사용된다.

카운트를 갖게 되는 것이다.

1.2 외환스왑 시장

1.2.1 외환스왑거래(FX swap dealing)

외환스왑거래란 필요한(남는) 외화를 자금시장에서 차입(대출)하는 대신 외환시장에서 일정기간 동안 상호 교환하는 효과를 갖는 거래이다. 즉 외환스왑거래는 외환거래의 형태를 취하고 있으나 그 내용은 자금거래(money market operations)인 것이다. 예를 들어 동일한 금액의 한 통화를 현물환으로 매입하고 동시에 선물환으로 매각한다는 것은 스왑기간 동안 해당통화를 차입한 것과 같으며 그 반대의 경우는 대출한 것과 같게 된다. 그리고 스왑기간 동안 두 거래 당사자 간의 대출과 차입 이자의 정산은 스왑포인트에 의해서 자동적으로 이루어진다.

그렇다면 이런 경우 선물환거래(outright forwards)와 스왑거래(FX swaps)의 차이점은 무엇인가? 선물환거래는 현물환 결제일을 초과하는 만기일(수도일)을 가진 거래를 모두 총칭하며 매입-매도 중 한쪽 거래만이 일어나는 경우이다. 반면에 스왑거래는 현물환거래와 선물환거래를 혼합해 동시에 일어나는 두 개의 거래(both deals 또는 both legs)를 하나의 거래로 통합한 것이다.

외환스왑거래는 현물환 대 선물환 스왑(spot against forward) 외에도 현물환 대 현물환 스왑(spot against spot), 선물환 대 선물환 스왑(forward against forward) 등이 있다. 외환시장에서의 스왑거래인 외환스왑은 자금시장에서의 스왑거래인 통화스왑(cross currency interest rate swap)과 구분해 다룬다.

스왑은 기업과 은행 모두가 사용할 수 있으며 일반적인 자금 거래보다 유리한 점이 많아 매우 다양한 목적으로 사용되고 있는데, 대표적인 예로 아래와 같은 것들이 있다.

① 선물환 포지션의 해소

은행은 고객들과의 선물환거래를 많이 하게 된다. 그러나 은행의 트레이더들은 이 선물환거래의 커버를 위해 동일한 선물환거래를 은행간 시장에서 하기가 번거로우므로 주로 현물환거래로 먼저 커버거래를 한 후 스왑거래를 함으로써 고객과의 거래에서 창출된 선물환 포지션을 해소시킨다.

② 포지션의 결제일 조정

당초의 포지션은 그대로 유지하면서 결제일을 앞당기거나 뒤로 미루기 위해 트레이더들은 외환스왑거래를 많이 이용한다. 보통 매일 매일의 현금흐름 조정을 목적으로 하기 때문에 스왑기간이 단 하루인 스왑(one day swap)이 많이 이용된다.

③ 다른 통화 표시의 자금 창출 및 운용

한 통화를 환위험 부담 없이 다른 통화로 전환해 조달하거나 운용하고자 하는 경우 스왑을 활용할 수 있다. 스왑포인트는 유로예금시장의 은행간 거래 이자율이 적용되므로 일반적인 차입이나 대출보다는 훨씬 금리면에서 유리하고 또한 이자에 부과되는 세금을 피할 수 있으므로 기업들이 단기간의 외화자금 조달이나 운용의 수단으로 많이 활용한다.

1.2.2 스왑포인트(swap point, forward differential)

스왑포인트는 선물환율을 결정하기 위해 현물환율에서 프리미엄 또는 디스카운트되는 숫자, 즉 두 통화의 이자율 차이를 환율로 표시한 것이다. 외환시장에서는 단순 선물환 가격은 제시되지 않으며 현물환율과 정형화된 날자(예 : 1주일, 1, 2, 3, 6, 9, 12개월)의 스왑포인트만 제시되고 있다. 스왑포인트는 환율의 0.01핍(pip 또는 point) 단위까지 표시된다. 예를 들어 USD/JPY의 스왑포인트가 33.25라면 이는 0.3325엔을 뜻하며, GBP/USD의 스왑포인트가 70.05이라면 0.007005달러를 말한다.

스왑거래도 다른 외환거래와 마찬가지로 거래 방향에 따라 가격이 달라지는 양방향가격(two-way price)이 적용된다. 스왑은 항상 매입과 매도가 동시에 일어나는 외환거래인데 매입 또는 매도 거래의 발생 순서에 따라 두 방향으로 구분된다. USD/CHF 스왑을 예로 들면, CHF을 대가로 USD를 현물환으로 매입하고 선물환으로 매각하는 스왑거래(buy and sell or swap-in)와 USD를 현물환으로 매도하고 선물환으로 매입하는 스왑거래(sell and buy or swap-out)의 두 경우가 있다.

스왑포인트는 양 통화 간의 금리차를 보상하는 것이므로 시장조성자 입장에서는 금리차를 보상받을 때와 보상할 때의 가격을 달리하게 될 것이다. 시장조성자 입장에서 볼 때 스왑아웃(sell and buy) 거래에서는 매입률(bid rate)이 적용되고 스왑인(buy and sell) 거래에서는 매도율(offer rate)이 적용된다. 시장참여자는 반대로 스왑아웃 거래인 경우에는 매도율을, 스왑인 거래인 경우에는 매입률을 적용받게 된다. 금리가 주어진 경우 매입률과 매도율의 구체적인 산출공식은 다음과 같다.

$$\text{스왑매입률} = \text{현물환율} \times \frac{1 + \text{상대통화의 대출금리} \times (\frac{\text{스왑기간}}{360})}{1 + \text{기준통화의 차입금리} \times (\frac{\text{스왑기간}}{360})} - \text{현물환율} \qquad (10-2)$$

$$\text{스왑매도율} = \text{현물환율} \times \frac{1 + \text{상대통화의 차입금리} \times (\frac{\text{스왑기간}}{360})}{1 + \text{기준통화의 대출금리} \times (\frac{\text{스왑기간}}{360})} - \text{현물환율} \qquad (10-3)$$

예를 들어 시장에서 금리 및 환율이 다음과 같이 주어졌다고 하자.

USD 금리 : 5–5.25%
CHF 금리 : 6.25–6.50%
스왑기간 : 62일간
현물환율 : USD/CHF 1.6000

이때 스왑기간 62일의 매입률 및 매도율은 위의 (10–2)식 및 (10–3)식에 따라 다음과 같이 나타난다.

$$\text{스왑매입률} = 1.6000 \times \frac{1 + 0.0625 \times (\frac{62}{360})}{1 + 0.0525 \times (\frac{62}{360})} - 1.6000 = 28\text{핍}$$

$$\text{스왑매도율} = 1.6000 \times \frac{1 + 0.0650 \times (\frac{62}{360})}{1 + 0.05 \times (\frac{62}{360})} - 1.6000 = 41\text{핍}$$

따라서 시장의 스왑포인트 매입률–매도율은 28–41이 되며, USD/CHF의 62일간 선물환에 대한 매입률–매도율은 다음과 같다.

선물환 매입률 = 1.6000 + 0.0028 = 1.6028

선물환 매도율 = 1.6000 + 0.0041 = 1.6041

트레이더들은 각 통화의 이자율에 대해서 익히 알고 있으므로 각 통화 간의 프리미엄과 디스카운트의 관계를 금방 알게 된다. 또 이자율을 모른다고 하더라도 외환거래의 일정한 규칙 두 가지를 가지고 쉽게 알 수 있다. 첫째, 현물환 가격이든 선물환 가격이든 bid는 언제나 offer보다 낮아야 한다(buy low, sell high). 둘째, 선물환율의 스프레드는 현물환율의 스프레드보다 커야 한다(선물환율의 bid-offer 간 스프레드 = 현물환율의 스프레드 + 스왑 스프레드). 스왑포인트를 계산할 때 기준통화가 디스카운트인 경우(차감하는 경우) bid 쪽의 스왑포인트가 offer 쪽의 스왑포인트보다 더 큰 숫자여야 하고, 프리미엄인 경우(더하는 경우)에는 bid 쪽이 offer 쪽보다 작은 숫자여만 선물환율의 bid-offer가 제대로 계산된다. 이것이 거꾸로 되면 선물환율의 bid가 offer 보다 커지게 되는 경우가 나올 수 있다. 은행의 트레이더들은 스왑마진을 "quoting tops and bottoms" 라고 하는 규칙에 따라 쉽게 구해 낸다. 이것은 원일(far date or far end)의 스왑포인트 중 큰 수치로부터 근일(near date or near end)의 스왑포인트 중 작은 수치를 빼고 원일의 스왑포인트 중 작은 수치에서 근일의 스왑포인트 중 큰 수치를 빼서 스프레드가 더 커지도록 만드는 것인데, 이렇게 하면 자연스럽게 "buy low, sell high" 의 원칙이 항상 지켜질 수 있게 된다.

예 : 디스카운트(-)의 경우

USD/JPY	SPOT	117.96-00	(4 pips spread)
	3M SWAP POINT	- 156.88-152.38	(4.5 pips spread)
	3M FORWARD	116.3912-116.4762	(8.5 pips spread)

예 : 프리미엄(+)의 경우

GBP/USD	SPOT	1.4525-35	(10 pips spread)
	3M SWAP POINT	+ 14.5-15.70	(1.2 pips spread)
	3M FORWARD	1.45395-1.45507	(11.2 pips spread)

2. 선물환거래의 형태

2.1 비표준일 선물환

모든 선물환의 만기일(maturity date or value date)은 현물환의 만기일에다 선물환율의 기간을 더한 날짜가 된다. 예를 들면 1개월 선물환의 만기일은 현물환만기일(2영업일)에서 1개월을 더한 날짜가 된다. 여기에는 O/N(over night), T/N(tomorrow next), S/N(spot next), 1, 3, 6, 9, 12개월 등 표준 선물환 만기일이 있는가 하면 날짜가 일정하지 않은 비표준 선물환 만기일도 있다.

실제로 은행과 고객 간에는 표준 선물환 계약 기간이 아닌 날짜의 선물환거래가 빈번하게 이루어진다. 따라서 은행의 트레이더들은 고객의 요구에 응하기 위해 시장에서 고시되는 표준 계약 기간의 스왑포인트를 이용해 비표준 계약 기간의 스왑포인트를 계산해서 고객과의 거래에 적용시켜야 한다. 비표준 계약 기간에 대한 스왑포인트의 산출은 가장 가까운 두 개의 표준 계약 기간의 스왑포인트 차이를 이용하는데 편의상 빨리 계산하기 위해 보간법(interpolation)을 사용한다.

구체적인 예를 들기 위해, A은행이 2011년 4월 25일(월요일)에 7월 21일(목요일) 날짜로 달러를 팔고 파운드를 선물환으로 매입하려 하는데, 시장에서 다음과 같은 조건이 주어졌다고 하자. 2011년 7월 21일 만기의 선물환율은 얼마인가?

GBP/USD **현물환율** : 1.5392−02
거래일 : 2011년 4월 25일
현물환 만기일 : 4월 27일(목)
선물환 만기일 : 7월 21일(금)
2개월(61일/6월 27일) **스왑포인트** : 24−21
3개월(92일/7월 27일) **스왑포인트** : 34−31
선물환 만기일 까지 기간(4/27∼7/21) : 85일

■ **단계 1**

A은행(고객입장)이 선물환으로 시장에 달러를 팔고 파운드를 선물환으로 사

려고 하므로 현물환율에서 고객 매입-매도 중 고객매입환율, 즉 시장조성자(quoting bank)의 매도환율 1.5402가 적용된다.

■ **단계 2**

2개월과 3개월 사이의 차이를 이용해 하루 간 스왑포인트를 계산한다.

(0.0031-0.0021)/(91일-61일) = 0.0010/31 = 0.000033

■ **단계 3**

2개월과 만기일 사이의 차이나는 날짜에다 하루 간 스왑포인트를 곱해 추가적인 24일(6월 27일-7월 21일)에 대한 스왑포인트로 환산한다.

0.000033×24일 = 0.000792

■ **단계 4**

위의 과정을 함께 고려해 디스카운트의 경우에 적용하면 1.5373이 나온다.

1.5402(GBP/USD SPOT) - 0.0021(2개월 스왑포인트) - 0.00079(추가 24일 스왑포인트) = 1.5371(7월 21일 선물환율)

2.2 결제일 선택 선물환(optional period forward)

무역업자나 기타 고객들이 결제 금액은 알고 있으나 정확한 결제일을 알지 못하고 일정 기간 내에 결제가 이루어질 것으로만 예상하는 경우, 은행이 고객에게 결제일 선택에 관한 옵션을 제공하기도 하는데 이를 임의 결제일 선택 선물환이라고 한다. 이때 은행은 가장 불리한 시점에 고객이 계약 실행을 요청해 오리라는 가정하에 선물환율을 정하게 된다.

USD/CHF	현물환율	1.4450-1.4460
	2개월 스왑포인트	155- 150
	3개월 스왑포인트	260- 250

위와 같이 가격이 주어졌을 때 2개월과 3개월 사이 어느 날에 결제가 가능한 선물환율을 계산해보기로 하자. 이때 은행은 가장 나쁜 경우를 가정하므로 매입-매도를 계산할 때 고객에게 가장 불리한 가격으로 가격제시를 한다. 여기서는 은행(quoting bank)이 달러를 사는 경우(bid)는 260포인트를 빼서 가장 싼 가격으로 달

러를 사고(1.4190), 반대로 달러를 팔(offer) 경우에는 150포인트만을 빼서 가장 비싼 가격(1.4310)으로 달러를 판다는 의미이다. 그러나 실무에서는 가격절충을 해서 중간 정도에서 거래를 체결할 수 있다.

USD/CHF	현물환율	1.4450 – 1.4460
	임의기간 내 스왑포인트	– 260 – 150
	임의기간 내 선물환율	1.4190 – 1.4310

2.3 역선물환(T/N swap or ante-spot FX dealing)

현금시장(cash market)에서 많이 쓰이는 스왑으로서 연장(rollover) 혹은 역선물환으로 불리는 T/N(tom/next) swap이 있다. 이러한 초 단기스왑은 이익실현의 목적보다는 당좌계정의 현금흐름을 조정하거나 현물환 트레이더의 포지션에 대한

그림 10-3 선물환율의 변화

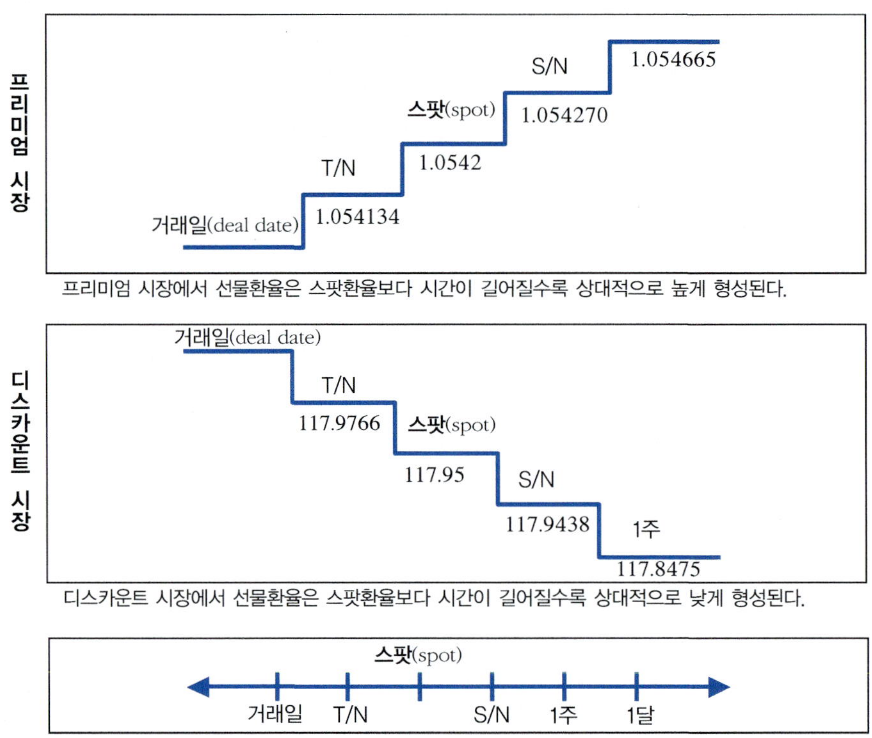

만기 날짜를 바꾸는데 많이 쓰인다.

역선물환 거래는 현물환 결제일 이전을 결제일로 하는 당일물 또는 익일물 거래로서 통상적인 현물환 거래에 포함된다. 그러나 선물환 거래에 선물환 기간 동안 두 통화의 이자율 차이를 보상하는 환율을 결정해 적용하듯이, 이 역선물환 거래에서도 정상 결제일 이전에 자금의 결제가 이루어지므로 이에 대한 금리차 보상이 이루어지는 스왑포인트가 계산되어 현물환율과 다른 환율이 사용된다.

역선물환에 적용되는 환율을 어떻게 계산하는가? 보통스왑거래(a plain vanilla swap)의 경우에는 근일(short leg)이 현물환 결제일이 되고 반면 원일(long leg)은 선물환 만기일이 된다. 그러나 역선물환은 근일이 내일자(tomorrow)가 되고 원일이 현물환 결제일(spot date)이 된다. 따라서 역선물환의 경우에는 현물환 결제일 시점에서 거꾸로 계약일에 더 가까운 수도일(short leg)의 환율을 구해야 하므로 선물환율 계산과는 반대의 경우가 된다. 그리고 스프레드를 선물환율과 같이 최대로 하기 위해서 고시되는 스왑포인트를 교차시켜 가감해야 한다.

구체적인 예를 보기 위해 아래와 같이 시장상황이 주어졌다고 하자. 선물환 스프레드의 매입률이 매도율보다 더 크므로 이 경우에는 위에서 배운대로 디스카운트가 된다. 그러나 역선물환율을 계산하기 위해서는 디스카운트인 경우 현물환율에다 스왑포인트를 거꾸로 교차시켜 더해주어야 한다.

USD/JPY	현물환율	106.90 − 95
	T/N SWAP	+ 3 − 1
	VALUE TOM FX RATE	106.91 − 106.98

여기서 한 가지 주의해야 할 것은 스왑포인트를 교차해 가감하는 것은 역선물환율을 산출할 때에만 적용되고, S/N과 같이 날짜를 뒤로 미루는 일일스왑(one-day swap)의 경우에는 보통의 스왑거래와 마찬가지로 스왑거래의 방향에 따라 스왑포인트가 적용된다는 점이다.

2.4 레인지 선물환(range forward)

레인지 선물환 거래는 전통적인 선물환 거래와 통화옵션을 결합한 것이다. 이는 선물환율의 일정한 범위(range)를 정하고 결제일의 시장환율에 따라서 실행환율이 결정되도록 만들어진 거래 기법으로서 통화옵션의 일부로 분류되고 있다.

예를 들어, USD/JPY의 레인지 선물환 거래를 106-107로 했다면 만기일의 환율이 107 이상일 경우 계약 실행 환율이 107이 되고 106 이하일 경우는 계약 실행 환율이 106이 되며 만기일의 현물환율이 106-107 이내에 있을 경우 현물환율에 의해 외환거래가 이루어지게 된다. 이 거래의 체결은 매입자가 자기에게 불리한 쪽의 한도를 정하고 이에 따라 매도자도 다른 쪽의 한도를 정해 이루어진다. 따라서 레인지의 상한을 높게 하면 하한도 낮아지게 되고 그 중간 가격은 시장의 선물환 가격 수준과 거의 같아지게 된다.

이 거래는 거래 형태가 단순하므로 사후 관리 등 업무가 간편하고 환손실을 제한시킨 상태에서 추가 이익을 얻을 기회를 갖게 되는 장점이 있어, 기업들이 실수요 거래의 환위험 관리 기법으로 많이 사용되고 있다.

2.5 선선 스왑(forward-forward swap)

결제일과 만기일이 모두 현물환 결제일 이후인 스왑거래를 선물-선물 스왑 또는 선선 스왑이라 한다. 예를 들어 현물환 결제일로부터 1개월 후가 결제일이고 그로부터 2개월 후(현물환 결제일로부터 3개월 후)가 만기일인 스왑거래를 한다면 이는 1M-3M 선선 스왑이 된다.

우리는 이미 스왑이 외환거래의 형태를 한 자금거래라는 것을 알고 있다. 그러므로 선선 스왑 거래는 미래 일정 기간 동안 두 통화를 서로 교환해 사용하기로 하는 계약이라는 것을 이해할 수 있다. 이 거래의 특징은 미래 시점에 두 통화의 이자율 변화에 따라 현재의 스왑포인트와 미래의 스왑포인트가 달라져서 손실이나 이익이 발생하게 된다는 것이다. 따라서 현재의 스왑포인트와 미래의 스왑포인트 차이의 변화에 대한 위험 헤지 또는 금리 차익을 목적으로 선선 스왑거래를 하는 것이다. 예를 들어 지금이 4월인데 수개월 이내에 USD 금리는 상승하고 JPY 금리는 하락할 것으로 예상된다고 가정하자. 이렇게 되면 양 통화 간의 금리폭 확대로 스왑포인트도 확대될 것이다. 이때 만기가 짧은 일자(short leg), 예컨대 3개월(July)의 USD 선물환을 매입하고 만기가 긴 일자(long leg), 예컨대 6개월(October)의 USD 선물환을 매각해 스왑 포지션(USD buy and sell)을 보유하다가 예상대로 1개월 후 5월

(May)에 USD/JPY 스왑포인트가 확대되면, 선물환 만기(July against October)에 맞춰서 동일한 날짜로 반대거래(USD sell and buy)를 해서 이익을 챙긴다. 이러한 스왑은 금리차가 좁아지는 경우에도 이용한다. 이때 각 결제일에 차액은 반드시 결제를 해야 한다. 원리는 제2절에서 설명한 USD/JPY 스왑 트레이딩과 같다.

선선 스왑 포지션을 만들기 위해서는 두 개의 선물환거래를 이용하는 방법과 두개의 스왑거래를 이용하는 방법이 있다. 예를 들어 두 개의 선물환거래를 이용한다면, USD/JPY의 거래를 1개월 선물환으로 USD를 매입하고 3개월 선물환으로 매도할 경우 1M–3M 선선 스왑의 스왑인(USD buy and sell) 포지션이 만들어지게 될 것이다. 만일 두 개의 스왑거래를 이용한다면 USD/JPY의 1개월 스왑아웃(USD sell and buy 1 month swap)과 3개월 스왑인(USD buy and sell 3 month swap)을 동시에 할 경우 역시 1M–3M 선선 스왑 포지션이 스왑인(USD buy and sell) 상태로 만들어지게 된다.

2.6 역사적 선물환 연장거래(historical rollover)

역사적 선물환 연장거래란 우리나라에서 1980년대 후반과 1990년대 대고객거래에 많이 사용되던 거래이다. 이는 주로 고객이 선물환 포지션을 가지고 있는데 시장상황이 변해 평가 손실(이익)이 나는 경우 만기에 원금교환을 하지 않고 또 다시 다른 기간 동안 연장을 원할 때 주로 사용되는 방식이다. 은행은 평가손실(이익) 만큼의 환차손(익)을 대출(예금)형식으로 처리해 이자를 받고(지급하고) 또한 연장에 대한 수수료를 고객으로부터 받게 된다. 그러나 이 거래는 대부분 국가에서 외환사고를 방지하기 위해 엄격히 금지되고 있으며, 우리나라의 경우에도 한국은행총재 허가사항이다.

거래내용을 설명하기 위해 예를 들어 아래와 같이 고객이 1개월 전에 1천만 달러를 USD/JPY 환율 124.30에 사두었으나(USD long position against JPY) 시장이 거꾸로 변동해 122.35로 만기일을 맞이하게 되었다고 하자. 만일 회사의 자금흐름상 다시 1개월간 더 포지션을 유지하기 위해 은행에 연장을 요청할 경우 1개월 후의 환율은 어떻게 계산되는가?

최초 거래 원금 : USD 10,000,000 against JPY(USD long position)
최초 거래 환율 : 124.30
연장시 시장 환율 : 122.35
연장시점 1개월 스왑포인트 : 30
USD 1개월 LIBOR : 5.5%

이 경우 엔화가 강세로 되어 환차손이 발생했으므로 은행은 환차손($\$159.378.83 = \frac{[JPY\ 1{,}243{,}000{,}000 - 1{,}223{,}500{,}000]}{122.35} = \frac{19{,}500{,}000}{122.35}$)을 대출형식으로 처리해 환차손에 대한 이자($730.49 = $159,378.83×5.5%/12) 및 수수료($500)를 받을 것이다. 1개월 연장 후 만기시점의 선물환율이 122.05(= 122.35 − 스왑포인트 30)이므로 최초의 엔화표시 거래원금(1,243,000,000엔)은 $10,184,350.68 ($= \frac{1{,}243{,}000{,}000}{122.05}$)에 상당한 금액이 되는데, 이 금액에서 환차손, 이자 및 수수료의 합 $160,609.32를 빼면 $10,023,741.36이 남게 된다. 따라서 1개월 연장 후 최초의 엔화 원금을 확보하기 위해서는 연장 1개월 후의 고객 선물환율은 124.0056 ($= \frac{1{,}243{,}000{,}000}{10{,}023{,}741.36}$)이 된다.

역사적 선물환 연장거래 산출내역의 예

Foreign Exchange Historical Rollover Worksheet

Customer Sale

Today's Date : 04/16/02 Trader : John Approved by : Frank

Customer Name : Dupon Currency : JPY (Extension)/Acceleration (Circle one)

Line Ref Description/Contract #

Foreign Currency	Amt	Rate	USD amount	Value Date
1. Original Deal #_____	JPY 1,243 Mio	124.30	USD 10 Mio	04/18/02
2. Current Market	JPY 1,243 Mio	122.35	USD 10,159,378.83	
3. Customer Gain/Loss	JPY______		−USD 159,378.83	
4. Interest on gain/loss				
Interest rate 5.5% # of days : 30			USD 730.49	
5. Margin ($ Amount)			USD 500.00	
6. Current Spot Rate		122.35		
+/− Swap Points		0.30		
Current Outright Rate		122.05		

Rollover Amount* = Current Amount/Current Outright Rate : USD 10,160,609.32

7. Plus total of line 3, 4 & 5 (customer gains) or

Less total of lines, 4 & 5 (customer losses)

Extensions = gain(loss) + interest + margin

Accelerations + gains(loss) − interest + margin −US$ 160,609.32

8. Adjusted outright $ amount US$ 10,023,741.36

9. Adj. outright rate = FCY/Adj. outright amount 124.0056

3. 역외선물환(Non-Deliverable Forward, NDF) 거래

3.1 개요

3.1.1 NDF의 개념

NDF는 통화발행 해당국을 제외환 역외에서 쌍방이 만기에 계약원금에 대한 상호교환(delivery)을 하지 않고 만기에 결정되는 환율과 선물환율(NDF환율)과의 차이를 기준통화(주로 USD)로 차액결제(netting)만 함으로써 거래를 종료하는 선물환 계약을 말한다.

NDF는 만기에 두 통화가 상호 결제되는 일반 선물환거래에 비해 거래의 편리성, 낮은 결제위험(settlement risk), 외환 관리규정 회피 등이 용이해서 역외시장뿐만 아니라 최근 역내시장에서도 환위험 헤지는 물론 환차익을 겨냥한 투기수단으로도 많이 이용된다.

① 차액거래의 편리성

NDF계약에 따른 정산을 미국 달러화로 차액결제만을 할 경우 자국통화의 실물교환이 개입되지 않기 때문에 역외에서도 계약이 자유로운 장점이 있다. 또한 NDF계약은 만기결제를 위한 원금(principal)을 별도로 준비할 필요가 없으며 외국인의 경우 달러 매도시에도 이익금의 환전 필요가 없어 투기적 거래에 크게 활용된다. 실제로 외환거래에 있어 80～90%가 환차익을 노린 투기적 거래이고 10% 정도가 환전이 필요한 실수요 거래인 점을 감안하면, 굳이 투기적 거래를 하면서 각 거래의 만기 시점마다 대규모 자금을 주고받을 필요가 없기 때문에 최근에는 역내거래자 사이에서도 거래의 편리성을 이유로 NDF 거래 비중이 높아지고 있다.

② 외환관리규정의 회피

동남아 통화와 같이 외환관리규정상 해외에서 실물인도가 불가능한(not fully convertible) 통화들에 대해서는 외국통화와 자국통화를 적법하게 교환할 방법이 없다. 또한 NDF 방식은 원금의 상호교환이 없고 차액만을 USD로 주고받기 때문에 포지션을 숨기기가 쉽고 거래내역에 대해서 금융당국이 추적하기 어려워 의도적으로 NDF 거래를 늘리는 금융기관도 있다.

③ 거래위험 회피

원금교환이 있는 선물환일 경우 만기가 길수록 거래 상대방의 신용도에 따라서 결제위험이 점점 높아지고 거래 상대방의 갑작스런 파산 등이 있는 최악의 경우 수취해야할 금액 전액에 대해 위험이 발생되는 경우도 있다.[3] 그러나 NDF는 차액결제를 하기 때문에 일반적인 선물환거래와는 달리 상대방의 파산(default risk)이나 신용도(credit risk)에 관련된 결제위험이 크게 줄어든다. 즉, NDF 거래에서는 환율 차이에 따른 정산대금을 받지 못하는 정도의 시장위험만 존재하기 때문에 점점 NDF 방식이 선호되는 실정이다.

3.1.2 NDF 시장의 탄생 배경과 규모

NDF 시장은 예를 들어 1997년 말레이시아 정부가 그랬던 것처럼 정부가 통화의 교환을 정지하거나 외국인에게 자본거래에 관한 통제를 할 경우에 외환위험을 헤지하기 위해서 자발적으로 발생된 시장이다. 즉, 특정국의 통화가 국제화되지 않고 또한 각종 외환규제가 존재할 경우 이러한 제약을 초월하면서도 원하는 목적을

3. 은행간 외환결제는 대규모 거래건수에다 금액도 큰 편이다. 통신이 아무리 발달한 최근에도 국제금융시장의 메카니즘상 모든 거래내용을 확인해 수취금액(receivable)이 확인된 다음에 지급금액(payable)을 지급하기란 기술적으로 불가능하다. 따라서 지급금액을 지불하고도 수취금액을 못 받는 경우가 발생할 수 있다. 이는 시차로 인해 노스트로계좌(예를 들어 New York의 Bank of America에 개설되어 있는 신한은행의 당좌예금계좌)의 수취금액의 확인은 대부분 빨라야 다음날 아침에 할 수 있기 때문이다.

달성하는 수단이 필요했기 때문이다. 따라서 NDF 거래는 특정 중앙정부의 의지와는 상관없이 역외에서 자율적으로 탄생했으며, 중앙정부의 시장개입의 통제권에서 벗어나는 시장이다. 우리나라의 경우는 과거 외환관리 규정상 역외세력이 실질적으로 국내에서 원화를 차입할 수 없는 상태였다. 즉, 달러를 사고 원화를 팔면 매도하는 원화를 지급해야 하는데, 이전에 달러를 매도해서 보유하고 있는 원화가 없다면 원화차입 규제 때문에 국내 외환시장에서 달러를 매수할 수 있는 길이 없게 되고 또한 원화의 환율위험을 효율적으로 헤지할 수가 없었다. 따라서 싱가포르와 홍콩, 런던, 뉴욕 등지에서 1995년 이후 NDF시장이 자발적으로 탄생하게 되었다.[4]

그러나 1999년 4월 1차 외환자유화 조치가 시행되기 전까지만 해도 NDF는 역외에서 역외 세력 간에만 거래가 이뤄졌으며 역외 거래자가 직접 역내 거래자에게 주문을 내지 못했다.[5] 그러한 이유로 IMF 위기에 빠진 1997년 10월경부터 NDF 환율이 국내시장보다 수개월간 100원 이상 높게 거래되었고, 그 후 현물환율이 급등해 달러/원의 환율이 2,000을 기록하고 난 후 NDF가 100원 정도 낮게 거래 된 적이 있었다. 이때 역내시장과 역외시장 간 거래가 차단된 상태에서 차익거래를 위해 역외와 역내 사이에 불법적 거래를 일부은행에서 하기도 했다. 그 후 1999년 4월 1차 외환자유화로 인해 선물환거래에 대한 실수요증빙이 폐지되면서 역외시장과 역내(국내)시장 간의 연결이 가능해졌으며, 유동성이 없는 역외거래에서 갈증을 느끼던 역외세력이 보다 큰 규모로 거래되는 국내외환시장에 본격적으로 들어오게 되었다.

국내 외국환은행과 비거주자의 NDF 거래량은 2005년 일평균 26.1억 달러에서 2008년 94.3억 달러까지 증가했다가 글로벌 금융위기 여파 등으로 감소해 2010년 2/4분기에는 57.4억 달러를 기록했다. 2010년 NDF 거래량은 중개회사를 통한 은행간 현물환거래의 약 67%에 달하는 수준이다. NDF 거래의 최소 거래단위에 대

4. NDF 시장의 참가자들은 Citibank, JP Morgan, HSBC, Deutsche bank, CMB, Standard Chartered Bank, Goldman Sachs, Merrill Lynch 등의 국제 상업은행들과 투자은행들이다.

5. iForex Systems(주)의 iForex academy 『외환강좌』, 2001.5.29에서 요약함(www.ifrex.co.kr). 역외와 역내 거래자의 구분은 외환거래를 하는 기관이나 사람이 국내에 들어와 있느냐 아니냐, 즉 거주자냐 비거주자냐에 따라 결정된다. 금융기관을 예를 들면 골드만삭스 홍콩이나 씨티은행 싱가폴은 역외이며 씨티은행 서울지점은 역내 거래자이다. 따라서 역내 거래자라고 해서 국내은행만을 지칭하는 것은 결코 아니다. 금융기관 중 역내 거래자는 서울외국환중개나 한국자금중개 등 서울외환시장 브로커에 직접 거래주문을 낼 수 있는 반면 역외 거래자는 역내 거래자에게 전화나 딜링머신으로 주문을 낼 뿐 서울외환시장 브로커와 직접 접촉할 수 없다. 역내 거래자 중에서 서울외환시장 브로커에 직접 주문을 낼 수 있는 금융기관은 '외환시장 운영협의회 회원'에 국한된다. 기업체의 경우 국내기업이나 외국기업의 한국 현지법인은 역내이며 국내에 들어오지 않은 외국기업은 역외가 된다.

한 일정기준은 없지만 보통 100만~500만 달러로 국내 선물환 시장의 50만 달러보다 크다. 최근에는 국내시장과 역외시장의 환율차이로 인한 차익거래와 국내 주식 및 자산시장에 투자한 외국인들의 헤지를 목적으로 활발히 활용되고 있다. 예를 들어 국내 주식 · 채권 등 원화 자산에 투자하는 외국인투자자들은 환율 상승에 대비해 NDF 매입을 함으로써 환위험을 헤지할 수 있다. 그러나 NDF가 차액거래만을 하는 편리성을 이용한 높은 레버리지를 사용하기 때문에 국내외환시장을 교란시키는 위험이 있다.[6]

Box 10-1 1개월 선물환을 선호하는 이유

NDF 거래에서 1개월물이 주로 이용되는 것은 유동성이 가장 많기 때문이다. 외환시장에서는 만기일이 길수록 환율변동 위험이 커지고 상대방의 신용도에 대한 시간적 위험이 커지기 때문에 장기물은 단기물보다 거래한도(dealing limit)가 크게 줄어든다. 모든 선물거래가 근월물 위주로 거래되는 것과 마찬가지 이치라고 보면 된다. NDF 관련 만기가 자주 도래한다는 것은 거래하는 선물환의 만기가 짧기 때문이다. 모든 거래를 1년으로 한다면 NDF 거래가 활성화되는 시점부터 1년까지는 NDF 만기가 없을 것이기 때문에 정산 또한 없을 것이고 NDF 만기에 따른 포지션이나 수급요인 변화도 없을 것이다. 현재 NDF 거래에서 기간을 달리 정하지 않고 딜러끼리 말하는 것은 통상적으로 1개월 물을 말하는 것이다. 선물환 거래에 대한 실수요 증빙이 폐지된 1차 외환자유화 직후에는 NDF 거래에서 1일물(1 day)이 많았다. 당일물(Today), 익일물(Tom), 익일일물(스팟물, Spot)까지 현물환이기 때문에 현물환을 바로 넘어서는 1d(오늘부터 3일 후 결제)가 거래되기 시작했으나 워낙 만기가 빨리 도래함에 따라 1개월물이 보편화되게 되었다.

3.2 NDF 거래

3.2.1 지정환율(fixing rate)과 절차[7]

지정환율이란 NDF 거래를 만기에 정산하기 위해 사용되는 환율을 말한다. 예

6. 우리나라 국내 외환시장(USD/KRW 및 NDF 등 외환상품 거래)의 주요참여자는 국내외 주요은행(citibank, BOA, Deutche Bank 등과 국내상업은행)들과 국내에 진출한 세계 주요 외환중개회사인 ICAP(2004.10), Tullett Prebon(2005.5), BGC(2007.5), Tradition(2007.4), GFI(2007.3)을 포함해 서울외국환중개(2000.8), 한국자금중개(1998.11), Nittan Capital Korea(2007.3)등이다(괄호 안은 정부 인가시점).
7. http://www.iforex.co.kr/index_academy.html에서 요약함.

를 들어 4월 1일 역내 A은행이 NDF 1개월물 1억 달러를 만기일을 5월 1일로 정해 역외 B은행에 매도했다고 하면, 만기일의 2영업일 전 4월 29일이 정산일(fixing date)이 되며 이날(4월 29일)의 시장에서 형성되는 평균환율(market weighted moving average rate, MAR)이 지정환율로 적용된다. NDF의 만기정산 거래는 만기시점(5월 1일)에 당초 계약했던 선물환율과 만기시점에서의 MAR와의 차이를 달러로 정산(cash settlement)한다. 구체적인 정산손익은 다음과 같이 계산한다.[8]

$$\text{정산손익} = N \times \frac{S - F}{S} \qquad (10-4)$$

S : 결제일 1영업일 전의 시장기준환율(*fixing rate = MAR*)
F : 계약시의 *NDF*환율(*outright forward rate*)
N : 계약금액(*notional amount*)

예를 들어 4월 1일 역내(국내외국환은행) A은행이 역외(비거주자) B은행에다 1억 달러를 NDF 1개월물(5월 1일 만기)로 1,100원에 매도했다고 하자.

1) 1개월 후 환율이 상승해 4월 29일 외환시장의 스팟(spot)의 가중평균환율(fixing rate = MAR)이 1,200원이 되었다면 국내 A은행은 5월 1일에 계약환율과 지정환율의 차이에 해당하는 $833,333.33를 비거주자 B은행에 송금한다.

$$(1{,}100 - 1{,}200) \times 10{,}000{,}000 \div 1{,}200 = -\$833{,}333.33$$

2) 반대로 1개월 후 환율이 하락해 지정환율이 1,000원이 되었다면 국내 A은행은 계약환율과 지정환율의 차이에 해당하는 $1,000,000를 B은행으로부터 수취한다.

$$(1{,}100 - 1{,}000) \times 10{,}000{,}000 \div 1{,}000 = \$1{,}000{,}000$$

8. NDF거래의 지정환율은 2영업일 전의 시장평균환율(외국환중개회사의 중개로 거래된 현물환거래 환율을 거래량으로 가중평균해 산출)에 의해 결정되므로 NDF 거래의 차액은 만기일 2영업일 전에 정해지고 그 다음날 고시된다. 따라서 현물환거래의 자금결제가 2영업일 후에 이루어지는 것과 같이 NDF거래 당사자들은 실제 자금결제가 만기일에 이루어지더라도 장부상에는 만기일 2영업일 전에 차액을 정산한 것으로 처리한다.

3.2.2 현물환율과 NDF환율과의 관계

NDF 시장의 환율변동은 주로 해외에서 발생하지만 국내 현물환시장의 환율변동과 아주 밀접한 관계에 있다. 그것은 대부분의 해외 NDF 거래의 경우, 위험을 안고 하는 투기적 거래를 제외하고는 시간대가 다르긴 하지만 대부분 국내 현물환시장에서 커버거래를 하기 때문이다. 또한 뉴욕시장의 NDF 달러/원 환율 종가(New York closing)에는 우리나라 국내외 경제요소들을 감안한 환율 전망치가 모두 포함되어 있다고 보기 때문에, 국내 외환 트레이더들이 현물환시장 개장초에 거래주문을 낼 때 전일의 뉴욕시장에서 형성된 NDF 달러/원 종가를 참고해 국내 외환시장의 거래를 시작한다. 따라서 국내현물환율 변동과 NDF환율의 변동 방향과는 상관관계가 아주 높다. 또 한가지 중요한 점은 NDF 거래는 선물환과는 달리 포지션정리의 특성상 처음 거래가 발생할 때처럼 NDF 만기시점에 다시 한번 시장 수급요인(selling fixing, buying fixing = NDF fixing 관련 정산)이 발생하게 된다.

예를 들어 비거주자가 NDF를 매입한 경우 국내 외국환은행은 NDF를 매도하는 것이므로 숏 포지션 상태가 되어 환위험에 노출된다. 이를 헤지하기 위해 국내 외국환은행은 외환시장에서 현물환을 매입함으로써 종합 포지션을 스퀘어(square) 상태로 만들며 이 과정에서 현물환에 대한 매입수요가 증가하므로 환율이 상승압력을 받게 된다. 반면, NDF 거래 만기시에 차액을 정산하면 NDF 거래금액 만큼의 국내 외국환은행 선물환 포지션이 소멸되므로 이에 따른 현물환 롱 포지션을 해소하기 위해 현물환을 매도(fixing으로 통칭)하게 된다. 따라서 NDF거래 계약시와는 반대로 외환시장에 공급요인이 발생해 환율의 하락압력으로 작용한다.[9] 반면에 일반 선물환거래의 경우 NDF거래와 달리 만기일에 현물환의 인수도가 일어나므로 현물환 포지션이 선물환 포지션을 대체함으로써 포지션상의 이동(선물환 포지션 → 현물환 포지션)만 발생하게 된다. 이때 종합 포지션에 변화를 일으키지 않으므로 정산(fixing)거래가 발생하지 않는다. 따라서 국내 시장에서는 만기가 돌아오는 역외 NDF 포지션의 연장(rollover) 여부와 역내 정산이 매입 또는 매도 중 어느 쪽으로 이뤄지냐에 따라 환율방향에 큰 영향을 준다. 때로는 NDF 만기도래 물량이 5억 달러에 육박하기도 하기 때문에 NDF 거래에 관심을 두지 않으면 원/달러 외환시장

9. 한국은행, 『우리나라의 외환제도와 외환시장』, 2010년 12월 30일.

상황을 제대로 읽지 못하게 된다.

3.2.3 정산거래와 포지션의 처리

다시 한번 위의 예를 적용해 역내(onshore) A은행이 4월 1일 NDF 1개월물로 1억 달러를 역외(offshore) B은행에 매도했다고 가정하자. 거래가 성립됨과 동시에 A은행은 NDF 1개월물 숏 포지션을 보유하게 되며 이 역외 선물환 숏 포지션을 커버하기 위해 국내 외환시장에서 현물환으로 1억 달러를 매수해서 시장 위험이 없는 스퀘어 포지션으로 만든다—물론, NDF 1개월물과 날짜를 맞추기 위해 시장에서는 대개 sell & buy 스왑거래를 하게 된다. 여기서 문제가 되는 것은 NDF의 경우 만기일에 가면 포지션이 사라지기 때문에 NDF 포지션을 커버하기 위해 매수했던 선물환 매수분이 만기가 같이 도래해 롱 포지션으로 남게 된다는 것이다. 따라서 A은행은 NDF 만기시점에서 1억 달러를 현물환으로 매도해야 하는 일이 생긴다.

그림 10-4 외국인의 국내 증권투자 및 NDF 거래 흐름도

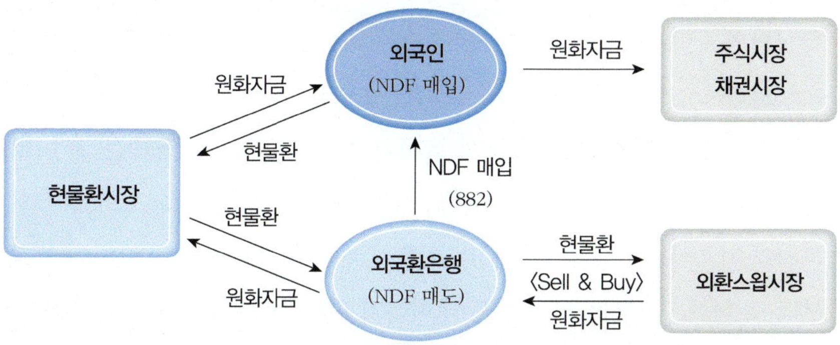

주 : ( )에는 2008년 중 외국환은행의 비거주자에 대한 NDF 순매도 거래실적(억 달러)

자료 : 최근외국환은행의 외환파생상품거래동향과평가, 한국은행 국제외환조사팀 2009-2

만기 현물환 포지션 발생의 예

1. 역내 거래자 기준으로 현시점에서 NDF로 달러를 매도할 경우
(Onshore NDF Selling Fixing)

계약일	만기일
1) NDF 매도(sell) 발생 2) 현물환 포지션 매입(buy) 3) 스왑 sell & buy 통해 만기를 맞춤	1) NDF 차액 정산됨 2) 현물환시장에서 포지션 매도(sell) 발생

2. 역내 거래자 기준으로 현시점에서 NDF로 달러를 매입할 경우
(Onshore NDF Buying Fixing)

계약일	만기일
1) NDF 매입(buy) 발생 2) 현물환 포지션 매도 3) 스왑 buy & sell 통해 만기를 맞춤	1) NDF 차액 정산됨 2) 현물환시장에서 포지션 매입(buy) 발생

3.3 합성외환계약

합성외환계약(Synthetic Agreements for Foreign Exchange, SAFE)이란 Foreign Exchange Agreement(FXA) 혹은 Exchange Rate Agreement(ERA)라고도 하는데, 이는 우리나라의 NDF와 유사한 점이 많다. 또한 금리상품 중 미래에 또 다른 미래의 금리를 고정시키는 선도금리계약(forward rate agreement) 개념과 비슷하지만 기초상품이 금리가 아니라 외환이라는 점이 다르다. 즉, 미래 일정시점으로부터 또 다른 미래시점의 위험을 헤지하기 위해 사용한다. 상대방 통화에 대한 원금은 만기에 교환되지 않고 기초통화(base currency) 중심으로 차액결제가 현금으로 상대통화의 만기일(fixing date of secondary currency)에 이루어진다. 결제일에는 계약선물환과 시장의 현물환이 서로 반대로 거래되는 방식과 마찬가지이다. BBA(British Bankers Association)에 의해 1988년 7월 “SAFEBBA Master Terms”가 만들어짐에 따라 시장 상품화되기 시작했다.

SAFE의 거래동기는 스왑포인트의 움직임에 대한 위험헤지와 특정국가의 외환관리규정에 의해 상대방 통화가 태환성이 없을 때 주로 사용되는 방법이다. 은행과 기업은 외환시장의 스왑포인트의 상승에 대비해 헤지 목적으로 SAFE를 사고 또는

스왑포인트의 하락에 대한 헤지 목적으로 SAFE를 판다.

예를 들어 스위스은행이 CHF 10,000,000에 해당하는 달러를 미 재정증권(US Treasury securities)에 투자했다고 하자. 이 은행은 처음 3개월간은 환율변화를 헤지하기 위해 3개월 스왑(USD buy and sell)을 체결했다. 그러나 나머지 3개월은 어떻게 헤지를 할 것인가? 여기에는 다음과 같은 여러 가지 방법이 있을 수 있다.

1) 3개월 후에 다시 3개월짜리 FX swap 거래를 한다. 이때 첫 3개월은 위험을 헤지할 수 있으나, 나머지 3개월간은 위험에 노출될 수밖에 없다.
2) 현시점에서 3M−6M 선선 스왑계약(USD buy and sell)을 한다(3개월 후에 USD를 사고 6개월 후에 USD를 파는 스왑).
3) 현시점에서 3개월짜리 스왑계약(USD buy and sell)을 하고 스왑포인트가 불리하게 움직이는 것을 막기 위해 3M−6M ERA를 계약한다.

만약 은행이 3)을 선택했다면 ERA 결제금액은 3개월 현물환스왑의 만기일, 즉 현재로부터 3개월 후에 결제되며 이때 6개월 만기일까지 기간을 3개월이 지난 시점에서 현재가치로 계산해 자금을 수수하게 된다. 이때 구체적인 결제금액은 다음과 같이 계산한다.

$$\text{결제금액} = \frac{(\text{시장의 스왑포인트} - \text{계약스왑포인트})}{1 + LIBOR \times (\frac{\text{스왑기간}}{360 \text{ or } 365})} \times \text{계약금액} \qquad (10-5)$$

그림 10−5 ERA 거래 흐름

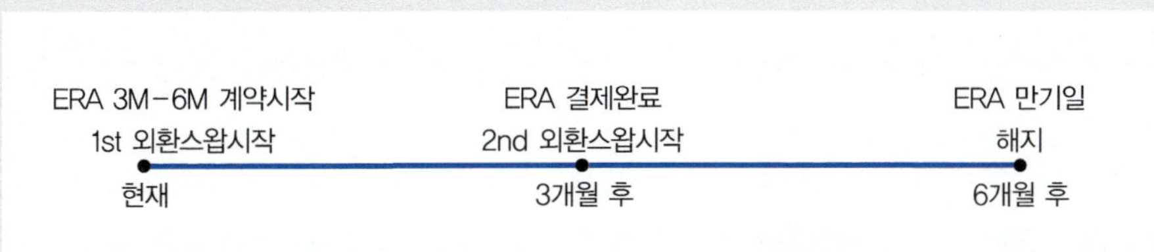

4. 선물환 및 스왑거래 실무(FX swap dealing)

4.1 외환스왑거래와 손익계산[10]

스왑 트레이더가 시장에서 어떻게 다양한 거래를 반복함으로써 수익을 창출할 수 있는지 살펴보자.

4.1.1 프리미엄 스프레드(premium spread)인 경우

USD/CHF의 현물환율과 6개월 선물환 스프레드가 다음과 같다고 하자.

USD/CHF	SPOT	1.5060-65
	6M FORWARD SPREAD	78-82(premium)

이 예는 2011년 4월 5일 은행 A은행(calling bank)이 B은행(quoting bank)을 로이터로 불러서 USD/CHF 10,000,000에 대한 6개월 스왑가격을 요청했더니, B은행이 78-82로 가격제시를 한 상황이다. 이때 A은행은 스왑아웃(USD sell & buy)를 하기 위해 82를 선택하고, 따라서 B은행은 다음과 같이 거래성립을 확인한다. "WE BUY AND SELL(B/S) USD 10,000,000 AGAINST CHF AT 1.5060 AGAINST 1.5142 (1.5060 + 0.0082 = 1.5142) VALUE APRIL 7 AGAINST OCTOBER 7."

B은행은 위험 포지션을 원치 않으며 반대거래로 이익을 얻기 위해 시장에 USD 10,000,000을 CHF 상대로 스왑포인트 82보다 낮게 스왑아웃(sell & buy) 거래를 해야 한다. 몇 분 시장을 탐색한 후 B은행(calling bank)은 C은행(quoting bank)을 불러서 USD/CHF 6개월짜리 스왑가격을 요청한다. C은행이 다행히도 75-80으로 가격제시를 하기 때문에 주저 없이 B은행은 80을 재빨리 선택해 거래를 성사시킨다. 만약 현물환율이 동일하다면 (시장이 아주 크게 움직이지 않으면 스팟은 그다지 중요하지 않다) 스왑환율은 1.5060과 1.5140이 되며 날짜(4/7 vs. 10/7)는 동일하다.

---

10. Luca(2001), pp.199~202를 참조해 정리.

표 10-1　외환스왑 트레이딩 과정과 손익 : 프리미엄 스프레드의 경우

거래일	거래방향	금액	적용환율	외화금액	결제일&만기일
Apr. 05	buy(spot)	$10,000,000	1.5060	CHF 15,060,000	Apr. 07
	sell(forward)	$10,000,000	1.5142	CHF 15,142,000	Oct. 07
합계		**$0**	**0.0082**	**+CHF 82,000**	
Apr. 05	sell(spot)	$10,000,000	1.5060	CHF 15,060,000	Apr. 07
	buy(forward)	$10,000,000	1.5140	CHF 15,140,000	Oct. 07
합계		**$0**	**0.0080**	**−CHF 80,000**	
10/7일자 기준 총손익(P/L) = CHF 15,412,000 − CHF 15,140,000 = CHF 2,000					

결과적으로 B은행은 스왑 스프레드를 82(첫 번째 거래)에 팔고 80(두 번째 거래)에 반대거래를 통해 사서 (82 sell and 80 buy) 2핍(pips)만큼 수익을 남겼다. 결국 B은행은 CHF 2,000을 수익으로 챙긴 셈이다. 그러나 그 수익은 6개월 후인 10월 7일에 가서 두 개의 거래에 대한 결제가 이루어진 다음에 실현될 것이므로 아래와 같이 현재가치로 계산해 현재의 환차익으로 계산한다.

$$\text{현재가치} = \frac{\text{CHF}2{,}000}{1 + 0.04625 \times (\frac{180}{360})} = \text{CHF}\,1{,}954.80\,(=\$1{,}303.20)$$

스왑거래의 로이터 딜링의 예시

(A) Richbank : HIHI, 6M CHF SWAPS OVER SPOT PLS?

(B) Goodbank : MOM PLS
78/82

(A) Richbank : I S/B 10MIO AT 82

(B) Goodbank : OK AGREED
TO CONFIRM WE BUY AND SELL USD 10 MIO AG CHF AT 82,
07 APR 11/07 OCT 11, 1.5060/1.5142,
USD TO OUR ACCT WITH BOA NEW YORK AND CHF OUR ACCT WITH SWISS NATIONAL BANK AT ZURICH. WHERE FOR U?

(A) Richbank : OK AGREED. MY CHF OUR ACCT WITH SNB AT ZURICH AND USD TO OUR ACCT WITH CITIBANK NY PLS.

(B) Goodbank : TKS FOR THE DEAL N BIFN+

해설

Richbank(A은행)의 트레이더는 Goodbank(B은행)에게 USD 10,000,000에 대해 6개월간 스왑에 대한 가격제시 해줄 것을 로이터 딜링으로 요청한다. 이때 Goodbank가 78-82라고 가격제시(quotation)를 한다고 하자. Rich Bank는 82에 있는 매도(offer)를 "S/B(I sell and buy 10 at 82)"를 하든지 혹은 "I take 10 Mio" 하여 선물환(forward leg)을 산다. 그러면 스왑거래가 성립되었으므로 Goodbank는 "WE B/S(buy and sell) USD 10 MIO AG CHF AT 82, 1.5060 AGAINST 1.5142(1.5060 + 0.0082) 2/5-8/5"라고 답해준다. Goodbank는 Richbank에게 B/S을 했으므로 선물환 포지션이 숏 상태이다. 따라서 이것을 커버하기 위해서 S/B를 해야 하는데, 즉시 다른 은행을 로이터 딜링이나 브로커를 통해서 불러서 82보다 낮은 스왑 스프레드를 찾는다. 몇 분 후에 Bestbank가 75-80을 제시하면 80에 USD 10,000,000을 CHF로 산다(Goodbank Sell and Buy USD 10 Mio against CHF at 80) 그리고 환율은 각각 1.5060 against 1.5142(1.5060 + 0.0080)으로 받는다. 이러한 두 번의 거래로 Goodbank는 CHF 2,000의 환차익을 얻었는데 이 금액은 6개월 후에 실현될 것이므로 아래와 같이 현가로 계산해 현재의 환차이익으로 계산한다.

4.1.2 디스카운트 스프레드(discount spread)인 경우

한편 USD/JPY 시장상황은 다음과 같다고 하자.

USD/JPY	SPOT	104.38–41
	6M FORWARD SPREAD	21.5–20.5(discount)

이 예는 2011년 4월 5일 P은행(calling bank)은 S은행(quoting bank)을 로이터로 불러서 USD/JPY 10,000,000에 대한 6개월 스왑가격을 요청했더니 S은행이 21.5–20.5로 가격제시를 한 상황이다. P은행은 스왑아웃(USD sell & buy = JPY buy & sell) 거래를 하기 위해 20.5를 선택하고, 따라서 S은행은 다음과 같이 거래를 확인한다. "WE BUY AND SELL (B/S) USD 10,000,000 AGAINST JPY AT 104.38 AGAINST 104.175(104.38 – 20.5 = 104.175) VALUE APRIL 7 AGAINST OCTOBER 7."

S은행은 위험 포지션을 원치 않으며 반대거래로 이익을 얻기 위해 시장에 $ 10,000,000을 JPY 상대로 스왑포인트 20.5보다 높은 가격에 스왑아웃(sell & buy) 거래를 해야 한다. 몇 분 시장을 탐색한 후 S은행(calling bank)은 T은행(quoting bank)을 불러서 USD/CHF 6개월짜리 스왑가격을 요청한다. T은행은 다행히도 23-21로 가격제시를 해서 주저없이 S은행은 21을 재빨리 선택해 거래를 성사시킨다. 만약 현물환율이 동일하다면 스왑환율은 104.38과 104.17이 되며 날짜(4/7 vs. 10/7)는 동일하다. 앞의 예에서와 같이 결과적으로 S은행은 JPY 50,000을 수익으로 벌었다. 이 금액은 6개월 후에 실현될 것이므로 아래와 같이 현가로 계산해 현재의 환차이익으로 계산한다.

$$\text{현가} = \frac{\text{JPY } 50{,}000}{[1 + (0.3125 \times \frac{180}{360})]} = \text{JPY } 49{,}230.77$$

표 10-2 외환스왑 트레이딩 과정과 손익 : 디스카운트 스프레드의 경우

거래일	거래방향	금액	적용환율	외화금액	결제일&만기일
Apr. 05	buy(spot)	$10,000,000	104.38	JPY 1,043,800,000	Apr. 07
	sell(forward)	$10,000,000	104.175	JPY 1,041,750,000	Oct. 07
합계		**$0**	**0.2050**	**−JPY 2,050,000**	
Apr. 05	sell(spot)	$10,000,000	104.38	JPY 1,043,800,000	Apr. 07
	buy(forward)	$10,000,000	104.17	JPY 1,041,700,000	Oct. 07
합계		**$0**	**0.2100**	**+JPY 2,100,000**	
10/7일자 기준 총손익(P/L) = JPY 1,041,750,000 − JPY 1,041,700,000 = JPY 50,000					

4.2 트레이더들이 사용하는 선물환율 계산법

시장에서 스왑포인트를 표기할 때 왜 USD/JPY의 경우 1.5688-1.5238 대신에 156.88-152.38로 표현하며, GBP/USD(케이블/달러)의 경우 0.00145-0.00157이라고 표기하지 않고 14.5-15.7로 표기할까? 소수점의 자릿수가 맞지 않으므로 우리에게는 상당히 혼란스럽고 계산하기가 어려운 부분이다. 실제 시장에서 뛰는 트레이더들에게는 외환거래시 실질적인 숫자만 필요하므로 소수점 따위는 무시해도 무방하다. 그러므로 이것은 단지 트레이들의 일종의 시장관행이라고 보면 된다. 일반적으로 보통 환율은 소수점 4자리까지 표기하지만 일본 엔(JPY), 우리나라 원화(KRW) 등은 소수점 2자리까지 표기한다. 선물환율을 정확히 계산하고 계산상 혼란을 피하기 위해 트레이더들은 약간의 편법으로 현물환율의 소수점을 모두 다 떼어버리고 스왑포인트의 소수점을 가감해서 선물환율을 만든 후 선물환율에다 다시 소수점을 붙이는 아래와 같은 방법을 쓴다.

예제 1) USD/JPY : 11796 − 156.88 = 11639.12 → 116.3912

예제 2) GBP/USD : 14525 + 14.50 = 14539.50 → 1.45395

위와 같이 스왑프리미엄과 디스카운트를 가감하는 원리를 요약해 트레이더들은 “high bid to lower offer DISCOUNT, lower bid to high offer PREMIUM”이라고 한다. 로이터나 블룸버그 화면에는 디스카운트의 경우에는 반드시 −부호가 스왑포인트 앞에 붙여져 있어서 쉽게 프리미엄과 디스카운트를 구별할 수 있다. 여기서 주의할 것은 디스카운트와 프리미엄은 언제나 기초통화(base currency)를 기준으로 한 것이므로 위의 예제 1)에서는 USD를 예제 2)에서는 GBP를 기준으로 한 것임을 유의해야 한다.

한편 실무에서는 다음과 같은 방법으로 스왑포인트를 계산한다.

스왑포인트 계산

S : USD/X의 SPOT RATE

T : 선물환 계약 기간

SP : SWAP POINTS(USD가 PREMIUM 이면 ‘+’, DISCOUNT 이면 ‘−’)

r : USD 이자율

ID : 양 통화의 금리차(X통화 이자율 − USD 이자율)

T일간 선물환율 $= S + SP$

X통화의 원금 $= 1 \times S = S$

X통화의 이자율 $= r + ID$

T일간 USD 발생이자 $= 1 \times r \times \frac{T}{360} = r \times \frac{T}{360}$

T일간 X통화의 발생이자 $= S \times (r + ID) \times \frac{T}{360} = S \times (r + ID) \times \frac{T}{360}$

T일 후의 USD 원리금 $= 1 + r \times \frac{T}{360}$

T일 후의 X통화의 원리금 $= S + S \times (r + ID) \times \frac{T}{360}$

$$(1 + r \times \frac{T}{360}) \times (S + SP) = S + S(r + ID) \times \frac{T}{360}$$

따라서

$$SP = S \times \frac{ID \times \frac{T}{360}}{1 + r \times \frac{T}{360}} \tag{10-6}$$

그러나 실제 거래를 할 때 트레이더들은 위와 같은 공식을 사용하지 않고 다음의 약식 계산을 많이 쓴다.

$$SP = S \times ID \times \frac{T}{360} \tag{10-7}$$

위의 두 가지 공식 (10-6) 및 (10-7)을 사용해 실제 계산을 해보기 위해 시장 상황이 다음과 같다고 하자.

USD/CHF　SPOT　1.5055

CHF 1개월 Euro LIBOR　4 5/8 - 4 3/4

USD 1개월 Euro LIBOR　3 1/16 - 3 3/16

■ **매입스왑포인트**(bid side swap points)

$$매입스왑포인트 = \frac{1.5055 \times (0.046252 - 0.031875) \times \frac{33}{360}}{1 + 0.031875 \times \frac{33}{360}} = 0.001978 \qquad (10-6)'$$

$$매입스왑포인트 = 1.5055 \times (0.046252 - 0.031875) \times \frac{33}{360} = 0.001984 \qquad (10-7)'$$

■ **매도스왑포인트**(offer side swap points)

$$매도스왑포인트 = \frac{1.5055 \times (0.0475 - 0.030625) \times \frac{33}{360}}{1 + 0.030625 \times \frac{33}{360}} = 0.002322 \qquad (10-6)''$$

$$매도스왑포인트 = 1.5055 \times (0.0475 - 0.030625) \times \frac{33}{360} = 0.002329 \qquad (10-7)''$$

(10－7)식과 같이 약식으로 계산해 구한 스왑포인트도 (10－6)식으로 계산한 스왑포인트와 거의 차이가 나지 않는다. 따라서 트레이더들은 약식 계산법을 주로 이용한다.

스왑거래에서 주의할 점은 선물환 트레이더는 스왑인(buy-sell)이든 스왑아웃(sell-buy)이든 간에 원금전체를 시장에서 운영해(money market operation) 차입-대출해서는 안되며 원칙상 반드시 현가로 환산된 이자부분은 빼고 차입-대출을 해야 한다. 그 대신 현가로 환산된 이자부분은 스팟데스크(spot desk)에 넘겨서 이자부분에 대한 환위험을 없애야 한다. 왜냐하면 이자지급 부분은 만기일까지 외환시장의 움직임에 따라 시장위험을 그대로 안고 있는 부분이기 때문이다. 그리고 스왑거래에서는 현물환율의 매입률을 사용하든 매도율을 사용하든 또는 중간율(middle rate)을 사용하든 그다지 중요하지 않다. 왜냐하면 스왑거래는 스왑포인트 자체가 중요하지, 아주 큰 거액의 금액이거나 기간이 장기인 경우 외에는 현물환은 그다지 크게 중요하지 않기 때문이다. 또한 선물환은 통화선물거래와 달리 신용위험에 노출되어 있으므로 만기일이 길면 길수록 상대방에 대한 파산위험(default risk)과 국가위험(country risk)이 더 크다고 볼 수 있다.

요약

1. 선물환 거래는 미래에 결제될 외환거래에 대해 미리 환율, 금액, 결제일 등을 정하는 것을 말한다. 보통 선물환 기간은 1주일, 1, 2, 3, 6, 9개월과 1년 단위로 3년까지 정하지만 계약당사자의 사정에 따라 마음대로 정할 수 있다. 실무적으로 볼 때 선물환거래는 직접선물환거래(outright forward deal)와 외환스왑거래(FX swap deal)로 크게 구분할 수 있으나, 기준에 따라 다양하게 분류된다. 선물환거래에 적용되는 가격인 선물환율은 현물환율을 기준으로 하여 두 거래통화 간의 이자율 차이를 적용해 산출된다.

2. 외환스왑거래란 필요한(남는) 외화 자금을 자금시장에서 차입(대출)하는 대신 외환시장에서 일정 기간 동안 외화를 상호 교환하는 효과를 갖는 거래이다. 스왑기간 동안 두 거래 당사자 간의 대출과 차입 이자의 정산은 스왑포인트에 의해서 자동적으로 이루어지게 된다. 외환스왑거래는 현물환 대 현물환 스왑(spot against spot), 현물환 대 선물환 스왑(spot against forward), 선물환 대 선물환 스왑(forward against forward) 등이 있다.

3. 모든 선물환은 현물환의 만기일에다 선물환율의 기간을 더한 날짜가 실제로 자금을 주고받는 만기일(maturity date or value date)이 된다. 여기에는 O/N(over night), T/N(tomorrow next), S/N(spot next), 1, 3, 6, 9, 12개월 등 표준선물환 만기일이 있는가 하면 날짜가 일정하지 않은 비표준선물환 만기일도 있다. 또한 무역업자나 기타 고객들이 결제 금액은 알고 있으나 정확한 결제일을 알지 못하고 일정 기간 내에 결제가 이루어질 것으로만 예상하는 경우, 은행이 고객에게 결제일 선택에 관한 옵션을 제공하는 임의 기간내 선물환도 있다. 이 외에도 역선물환, 레인지 선물환, 선-선 스왑, 역사적 선물환 연장거래 등 다양한 형태의 선물환거래가 있다.

4. 선물환거래의 한 가지 형태인 NDF는 쌍방이 만기에 계약원금에 대한 상호교환을 하지 않고 지정환율과 선물환율과의 차이를 기준통화(주로 US$)로 차액결제만 함으로써 거래를 종료하는 선물환 계약을 말한다. NDF는 만기에 두 통화가 상호 결제되는 일반 선물환거래에 비해 거래의 편리성, 낮은 결제위험, 외환 관리규정 회피 등이 용이해서 역외시장뿐만 아니라 최근 역내시장에서도 환위험 헤지는 물론 환차익을 겨냥한 투기수단으로도 많이 이용된다.

연습문제

01. 시장상황이 다음과 같다고 할 때 CHF/DKK 선물환 교차환율의 매입률 및 매도율을 계산하라. (직접표시 통화 간 교차환율)

USD/CHF	spot	1.3539–1.3545
	6개월 스왑포인트	155–150
USD/DKK	spot	5.3535–5.3550
	6개월 스왑포인트	100–150

02. 시장상황이 다음과 같다고 할 때 GBP/AUD 선물환 교차환율의 매입률 및 매도율을 계산하라. (간접표시 통화 간 교차환율)

GBP/USD	spot	1.5075–1.5083
	1개월 스왑포인트	12–10
AUD/USD	spot	0.7397–0.7402
	1개월 스왑포인트	20–15

03. 시장상황이 다음과 같다고 할 때 GBP/CHF 선물환 교차환율의 매입률 및 매도율을 계산하라. (직접표시 통화와 간접표시 통화 간 교차환율)

GBP/USD	spot	1.5075–1.5083
	3개월 스왑포인트	33–31
USD/CHF	spot	1.2090–1.2100
	3개월 스왑포인트	111–106

04. 시장상황이 다음과 같을 때 교차환율의 스왑포인트를 계산하라. (참고 : 교차환율의 스왑포인트는 현물환율의 중간율을 구한 다음 계산하는 것이 편리하다.)

USD/CHF	spot	1.4865–1.4875
	1개월 스왑포인트	55–50
USD/NKR	spot	6.3230–6.3240
	1개월 스왑포인트	40–30

05. 시장상황이 다음과 같을 때 교차환율의 스왑포인트를 계산하라.

AUD/USD	spot	0.7386–0.7391
	1개월 스왑포인트	60–50
GBP/USD	spot	1.5108–1.5118
	1개월 스왑포인트	40–35

06. 시장상황이 다음과 같을 때 교차환율의 스왑포인트를 계산하라.

USD/CHF	spot	1.4865–1.4875
	1개월 스왑포인트	55–50
GBP/USD	spot	1.5108–1.5118
	1개월 스왑포인트	40–35

07. 시장에서 1개월과 2개월의 스왑포인트 가격제시를 다음과 같이 받았으나 우리회사의 선물환은 1개월과 2개월 사이에 있다. 다음 데이터를 이용해 스왑포인트의 매입률(bid)을 구하라.

현물환 만기일	3월 7일
선물환 만기일	4월 25일
1개월(4월 7일) **스왑포인트**	101–104
2개월(5월 9일) **스왑포인트**	203–206

08. 다음과 같이 시장의 이자율과 현물환율이 주어질 때 스왑포인트와 선물환율을 구

하라.

CHF	30일 이자율	3.5%
USD	30일 이자율	5.5%
USD/CHF	현물환율	1.4900

09. A은행이 1,200원의 6개월 NDF 선물환율로 S기업으로부터 $10,000,000을 매입하는 NDF를 체결했을 때 만기환율고정이 1,220원일 경우와 1,180원일 경우로 나누어서 차액계산을 하라.

11장

Chapter eleven

통화선물시장

1. 통화선물시장의 개요

1.1 선물거래의 기초

1.1.1 선물거래의 의의

선물거래란 표준화된 특정상품을 공인된 선물거래소에서 현재 합의된 가격으로 미래일정 시점에 인수도 할 것을 약속하는 법적구속력을 갖는 계약을 의미한다. 즉, 일정한 품질의 물품이나 금융상품에 대한 가격 등 매매조건에 의한 계약을 현재 체결하고, 해당 자산을 미래 시점에 미리 정한 계약조건에 따라 인수, 인도하는 거래를 말한다. 선물계약의 만기일에 가서 인도되는 상품 또는 자산을 기초상품 또는 기초자산이라고 한다. 선물가격은 기초자산 가격에 연동되어 변한다.

선물거래의 목적은 미래의 가격변동에 대한 위험을 회피하고자 하는 데 있다. 선물거래의 상장대상이 되는 상품은 특별한 제한은 없으나 1) 표준화 및 규격화가 가능하고 2) 대상자산의 가격 변동성, 즉 위험관리에 대한 수요가 존재하고 3) 현물시장의 규모 및 거래량이 크고, 4) 현물시장에서 독과점이 없어야 하며, 5) 정부의 규제대상이 아닌 상품 중에서 시장참여자의 요구가 있는 상품은 무엇이든 가능하다.

1.1.2 선물거래의 종류

선물거래는 거래의 대상이 되는 상품의 종류에 따라 크게 상품선물, 금융선물 및 기타선물로 구분된다.

그림 11-1 선물거래의 종류

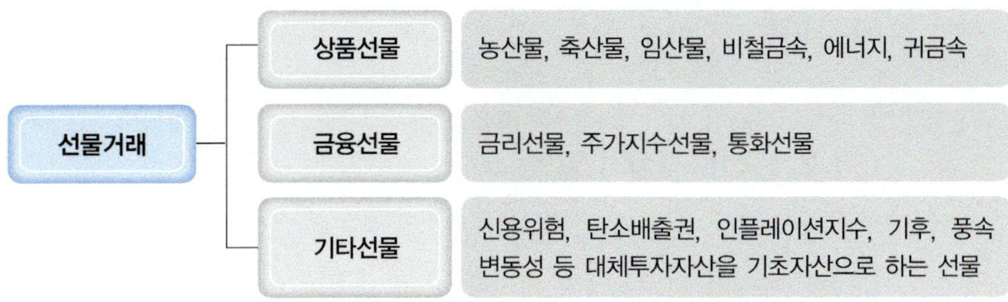

① **상품선물**(commodity futures)

농산물, 축산물, 임산물, 광산물, 비철금속, 귀금속, 에너지와 같은 상품을 거래대상으로 하는 선물거래로 가장 먼저 탄생한 선물상품이다.

② **금융선물**(financial futures)

거래대상이 되는 물품이 금융자산으로 크게 금리선물, 통화선물, 주가지수선물로 구분된다.

- 채권/금리선물 : 시장금리 변동에 따라 가치가 변동되는 채권(국채, T-bond, Euro-bond 등) 및 금융상품(Euro 예금 및 대출 등)을 대상으로 하는 거래
- 주가지수선물 : 종합주가지수나 특정 회사 주식을 대상으로 하는 거래
- 통화선물 : 미국 달러화, 영국 파운드화, 스위스 프랑화, 일본 엔화, 캐나다 달러화, 호주 달러화 등 외환을 대상으로 하는 거래

③ **기타선물**

가장 최근에 등장한 것으로서, 신용위험, 탄소배출권, 인플레이션지수, 기후, 풍속변동성, 부동산 등 대체투자자산(alternative investment assets)[1]을 기초자산으

---

1. 대체투자란 아직 정의가 구체적인 것은 아니나 보통 주식이나 채권, 현금, 부동산 등 전통적인 투자형태를 제외한 다른 자산에 투자하는 것을 말한다. 즉, 미술품이나, 와인, 골동품, 주화, 우표 등을 포함한 고가의 유형자산(property)뿐만 아니라 에너지 등 상품(commodities), 사모주식(private equity), 헤지펀드(hedge funds), 벤처캐피탈(venture capital), 기타파생상품(financial derivatives) 등을 포함하기도 한다. 또한 대체투자를 전통적인 자산의 투자방식과 차별되는 대안적인 투자를 의미하기도 한다. 대체투자자산은 전통적 금융상품과의 상관관계가 낮고, 시장의 유동성이 부족하나 고수익을 추구하며,

로 하는 선물을 말한다.

1.2 선물시장

1.2.1 선물시장의 발전

선물거래의 시초는 17C경 일본의 도쿠카와 막부 시대의 오사카 근방 도지마 쌀 거래소로 추측되나 거래소형태를 갖춘 최초의 선물거래소는 1848년 미국의 시카고 상품거래소(CBOT)라고 볼 수 있다. 통화선물이 발생한 이유는 변동환율제도로의 이행 때문이다. 1944년 출범한 브레튼우즈(Bretton Woods) 체제가 1971년까지 존속되었으나, 미국 정부가 1971년 8월 15일 일방적으로 금태환을 중지시키자 혼란을 수습하기 위해 1971년 12월 18일 스미소니언협정(Smithsonian Agreement)이 체결되었다. 그 결과 고정환율제에서 변동환율제로 전환하기 시작했으며 이와 같은 변화는 통화선물이라는 신종 금융거래가 태동하게 된 여건이 되었다. 통화선물거래는 1970년대 후반 금리 및 환율변동의 불안정성이 더욱 증대되면서 기관 투자자들뿐만 아니라 개인, 일반기업들에 의해 헤징 및 투자수단으로 활용되기 시작했다.

현재 전세계에서 가장 유명한 선물거래소는 시카고 상업거래소 그룹(Chicago Mercantile Exchange, CME 그룹)이다.[2] CME 그룹은 선물과 옵션 등 파생상품을 거래하는 세계 최대의 거래소이자 가장 다양한 자산상품(주가지수, 금리, 외환, 에너지, 농산물, 금속 등)과 부동산과 기후 등과 같은 대체투자 상품을 거래하는 거래소이다. CME는 1898년에 설립된 버터와 계란거래소(Butter and Egg Board)를 이어받아 1919년에 설립되었는데, 2006년 10월 17일 시카고상업거래소(Chicago Board of Trade, CBOT)를 $80억에 인수합병하고, 2008년에 원유와 천연가스중심의 뉴욕상업거래소(NYMEX)까지 $89억에 인수해 세계 최고, 최대의 선물거래소 위치를 굳건히 했다. 2008년도 CME 그룹의 총 거래량은 금액으로는 $1,200조, 건수로는 30억건 이상이며 총 거래의 4분의 3은 CME Globex 등의 전자거래로 이루어진다.

미국 외에도 유럽지역의 유럽선물거래소(EUREX), 런던국제금융선물거래소

위험과 수익률에 대한 과거 데이터를 구하기가 어렵고 거래비용이 상당히 높다. 또한 많은 조사분석 비용이 소요되고 장기투자가 필요하다는 특징을 가진 자산들이다. 우리나라 금융기관들은 부동산관련 투자업무를 대체투자 부서에서 한다.

2. CME 그룹은 CME, CBOT, NYMEX, COMEX 등을 포함한다.

(LIFFE), 아시아지역의 홍콩선물거래소(HKFE), 싱가포르거래소(SGX) 등에서 선물 거래가 활발하게 이루어지고 있다.

외환거래의 일부인 통화선물거래는 1972년 5월 16일부터 CME의 한 부서인 IMM(International Monetary Market Division of Chicago Mercantile Exchange)에서 기존의 상품선물과 분리해 7개 국가의 통화에 대한 선물거래에서 처음으로 시작되었다.[3] 그 후 IMM을 통해 1984년에 독일 마르크 옵션, 1985년에 영국 파운드와 스위스 프랑 옵션, 1986년에 일본 엔, 캐나다 달러, ECU에 대한 옵션이 도입되었고, 1992년에 독일 마르크/일본 엔에 대한 이종통화옵션 거래가 시작되었다. 현재는 세계 주요 통화 및 우리나라 원화를 비롯해 신흥시장 통화를 포함한 20여 개국 통화에 대한 선물 계약과 옵션 계약을 거래하고 있다. 일평균 거래량은 1,000억 달러 이상이다.[4]

그림 11-2 전세계의 주요 거래소

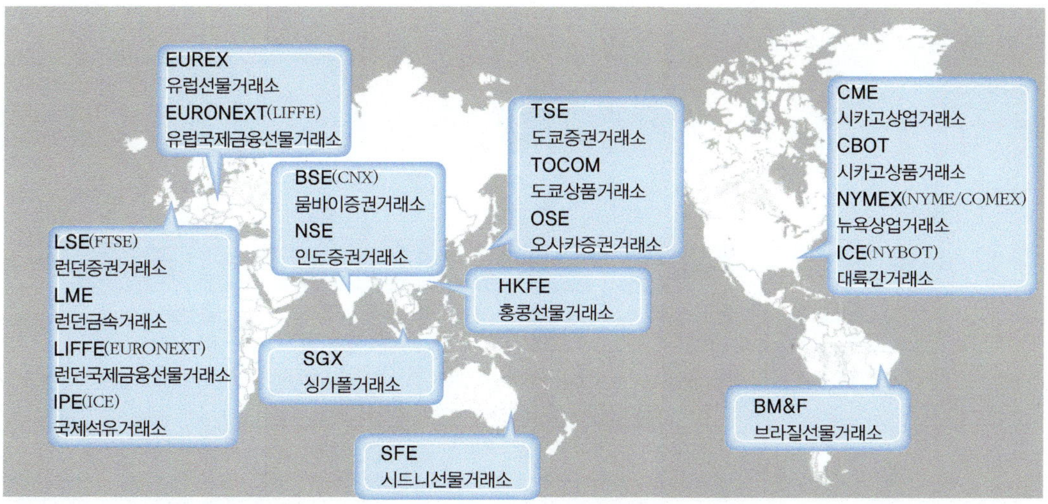

3. CME는 3개의 시장으로 분류되는데 농산물을 거래하는 시카고 사업거래소(CME)가 있고 1972년에 설립된 이래 통화선물과 금 선물 그리고 금리선물을 거래하는 국제금융시장(International Monetary Market, IMM)이 있으며, 1982년에 주가지수선물과 옵션을 거래하기 위해 설립된 지수 및 옵션시장(Index and Option Market, IOM)이 있다.

4. 보다 자세한 사항은 www.cmegroup.com을 참조.

1.2.2 우리나라의 선물시장

우리나라 한국거래소(KRX)의 태동은 1956년 2월 금융단, 보험단, 증권단이 공동출자해 회원제 단체로 시작한 대한증권거래소인데, 그해 3월 증권시장 개장과 함께 본격적인 활동을 시작했다.

선물거래는 1999년 4월부터 선물거래소가 생기면서 시작되었는데,[5] 2009년 2월 현재 코스피200 선물/옵션[6]을 비롯해 개별 주식선물/옵션, 금, 돈육, 국채선물(3, 5, 10년), 통안증권금리선물, 통화선물(미국 달러, 엔, 유로)[7] 및 미국달러 옵션 등 총 15개 상품이 상장되어 거래되고 있다. 또한 석유선물, 탄소배출권 선물, 해외유명거래소 지수선물, 중국위안화 선물 등 신상품을 준비 중이다. 2005년에 한국증권거래소와 한국선물거래소가 통합되어 한국증권선물거래소로 바뀌었고, 2009년 2월 자본시장통합법의 시행과 함께 한국거래소로 출범하게 되었다. 2009년도 한국거래소의 주식 1일 평균거래량은 7.9조원인데 비해 KOSPI200선물의 일평균 거래

그림 11−3 한국거래소의 주요 상품

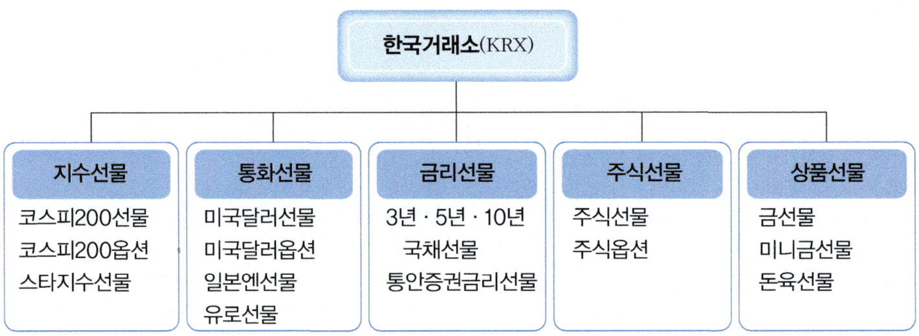

자료 : 삼성선물 웹사이트

5. 우리나라에 선물거래를 가장 먼저 도입한 기관은 조달청이다. 1974년 대통령령으로 주요물자 해외선물거래 규정이 공포되어 조달청이 메릴린치를 중개사로 선정해 8개 농산물 원자재를 대상으로 처음으로 선물거래를 했다.
6. KOSPI200옵션은 1999년부터 거래량 세계 1위이다.
7. 엔과 유로 선물은 2006년 5월 상장되었다. 금 선물은 1999년, 돈육선물은 2008년 7월 21일 상장되었으며, 개별 주식옵션은 2002년 1월에 7개, 2005년 11월에 23개 옵션이 추가 상장되어 30개의 개별주식옵션이 거래되고 있다. 개별 주식선물은 2008년 5월 6일 15개 기업의 주식을 대상으로 상장되었는데(삼성전자, 포스코 등) 현재 계속 늘어나고 있다.

대금은 30.2조원으로 주식 거래대금의 약 4배에 달할 정도로 거래가 활발하다.[8]

우리나라 통화선물은 1999년부터 달러대 원화 통화선물거래로 시작되었는데, 현재 연속 6개월물과 3, 6, 9, 12월물이 상장되어 있다. 유동성을 증가시키기 위해 통화선물의 거래단위가 2009년 4월 27일부터 미국 달러(USD)는 5만 달러에서 1만 달러로, 엔(YEN)은 5백만 엔에서 1백만 엔으로, 유로는 5만 유로(EUR)에서 1만 유로로 바뀌었다. 현재 한국거래소에는 달러선물, 엔선물, 유로선물 세 종류의 통화선물상품이 상장되어 있으며, 각 상품별 거래단위, 증거금률 등이 정해져 있다.

1.2.3 선물시장의 특징

선물시장이란 간단히 말해 상거래 위험을 회피하고자 하는 헤저와 투기업자가 한곳에 모여 일반상품이나 금융상품의 미래가격을 발견하고 상거래에 따르는 위험을 전가하며 거래하는 곳이다. 선물시장은 신용도가 비교적 낮은 개인 등 모든 시장 참여자가 참여할 수 있는 개방된 시장이며, 점두시장(OTC market)인 현금시장(cash market)과 달리 한지붕 아래에서 플로어(floor)를 통해 거래되는 집중된 시장이다. 또한 청산소가 계약이행을 보증하기 때문에 결제 및 청산위험이 없다.

① 가격의 발견

가격의 발견은 생산자나 소비자 모두에게 유익한 것이다. 내일 거래될 상품의 가격을 내일까지 기다렸다가 아는 것보다 선물시장을 통해 최종적으로 시장에 출하될 미래의 가격을 오늘 알 수 있게 해준다. 때로는 현물환시장의 유동성이 없을 때 선물가격이 현물환가격의 기초가 되기도 한다.

② 금융위험관리

선물시장은 금융위험을 관리하는 데 유연성을 제공한다. 예를 들어 CME같은 선물시장에서는 헤저와 투기자들에게 선물을 팔거나 반대 매매할 수 있는 투기(speculation), 헤징(hedging), 차익(arbitrage) 등 제반 기회를 제공한다.

8. 한국거래소 조사연구팀, 『알기 쉬운 증권』, 2010년 10월 29일.

③ 계약의 표준화

계약의 표준화는 선물시장 이용자에게 상거래 위험을 회피할 수 있는 헤징을 가능하게 할 뿐만 아니라 연금기금운영회사나, 기업, 보험회사, 농가, 식료품가공업자 등에게 그들이 목표로 하는 정상적인 기업운영과 적정이윤 유지를 가능하게 해준다. 그 반면 투기자는 위험을 회피하지 않는다. 그들은 오히려 이윤을 목표로 장내에 몰려오는 실고객들의 주문을 최소가격변동폭 내에서 체결될 수 있도록 거래유동성을 제공해 줌으로써 거래창출의 주요원천이 된다.

④ 거래유동성과 위험회피

만약 거래유동성이 없다면 선물시장은 위험회피라는 주요 기능을 수행할 수 없을지도 모른다. 왜냐하면 위험성 자본이 많다는 것은 투기자가 많다는 것을 나타내주며 이는 거래 유동성이 높음을 뜻하기 때문이다. 거래 유동성이 높을수록 시장참여자가 폭넓게 시장에 참여할 수 있는 기회가 주어진다. 그러므로 거래유동성은 계약의 표준화와 함께 선물계약이 공개시장에서 공정한 가격에 매매될 수 있도록 하는 주요 요인이 된다.

1.3 통화선물거래와 선물환거래

통화선물거래는 금융선물 중의 한 상품이고, 거래 메커니즘은 일반선물거래와 같은 개념이지만 외국통화를 거래대상으로 하는 선물거래이다. 즉, 선물거래소의 정해진 규정에 따라 외국환을 대상으로 환율 변동에 따른 환위험의 헤지나 환차익을 얻기 위해 외국통화를 미리 정해 놓은 가격으로 향후 매수 또는 매도하기로 하는 거래를 말한다. 선물환거래와 거래 속성은 동일하나, 거래소의 규정에 따라 장내거래로 이루어진다는 점에서 거래 장소/방법 등이 다르다.

이와는 달리 선물환거래는 장외거래에 속한다. 선물환거래를 포함한 선도계약(forward contract)은 일정가격에 매매 쌍방 간에 일정 물품을 일정 시기에 인수도하는 계약으로 주로 개인협상으로 이루어지며 계약내용이 표준화 되어 있지 않다. 또한 선도계약은 거래상대방이 계약조건을 이행하지 않든가 충분한 신용자본이 없을 경우 계약이 파기될 위험성이 존재한다. 반면 선물계약(futures contract)은 표준화된 계약으로 수량, 품질, 인도 장소 등이 사전에 결정되어 있어서 매 거래마다 제반 조건을 협상해야 할 필요가 없다. 단지 거래가격과 매매당사자만 계약 체결시에 결정하면 된다.

장내선물거래와 장외선도거래 간의 주요 차이는 〈표 11-1〉과 같다.

표 11-1 장내선물거래와 장외선도거래

구분	장내선물거래(futures)-Listed Market	장외선도거래(forward)-OTC Market
거래 형태	거래소는 특정장소에서 매입 또는 매도하고자 하는 가격을 전자중개 혹은 중개인들이 공개호가(Open Outcry)해 경쟁입찰방식으로 거래가 이루어진다.	일정한 장소가 없이 당사자간에 전화나, 톰슨로이터딜링, 인터넷을 통한 플랫폼(platforms), 메신저(messenger) 등 각종 통신수단을 통해 직접적으로 거래가 이루어진다.
거래 상대방	장내중개인을 통해 거래하기 때문에 시장 참가자는 거래 상대방을 알 수 없다. 상대방은 거래소이다.	각 거래자는 거래 전(딜링시스템), 후(브로커시장)거래 상대방을 알 수 있다.
거래 참여자	상업은행(commercial banks), 투자은행(investment banks), 기업, 기타금융기관, 개인 등	대부분 상업은행(CB), 투자은행(IB), 대기업 ; 개인과 중소기업은 제한적인 참여(참여자의 높은 신용도가 필수사항)
가격 형성	거래가격은 거래소내의 거래를 통해 매일 매순간마다 끊임없이 변하며, 계약체결 즉시 거래소 내의 전광판에 공시되고 각종 통신매체를 통해 전세계에 알려진다.	사적인 당사자 간의 거래이기 때문에 거래 가격이 제삼자에게 알려지지 않는다.
거래 스타일	시장조성자 한쪽방향만 가격제시한다. USD를 대가로 외국 통화 를 사고 판다(차액은 달러). American terms로 표시	시장조성자 양방향 가격제시(quotation)한다. 주로 외화를 대가로 달러를 사고 판다(cross currency 등 제외). European terms & American terms로 표시
거래 단위	고정된 금액(최소계약1단위)이 정해져 있다. 거래방법, 계약단위 및 만기일 등은 모두 표준화되어 있다.	어떤 통화도 가능하고 금액 제한 없다(odd amount). 계약단위, 만기일 등에 제한이 없으므로 거래쌍방의 합의에 의해 결정된다. 보통 거래 사이즈 USD1백만-USD10백만
신용 위험	거래소가 각 거래에 대해 반대편의 입장에 서서 계약이행을 보증해주므로 신용상의 위험(Credit Risk)은 전혀 없다.	계약이행의 신용도는 전적으로 매매쌍방에 의존하므로 각 거래자는 거래상대방의 신용도를 확인해야 한다.
증거금	증거금은 모든 거래의 참가자에게 요구되는데 증거금에는 위탁증거금(Initial Margin)과 유지증거금(Maintenance Margin)이 있다. 모든 거래자에게 수수료 동일(표준화 예 : 4.5%)	은행간 거래에서는 기본적으로 증거금이 필요없으나, 은행이 아닌 고객들에게는 일정한 증거금이 요구되기도 한다. 신용도에 따라 증거금 차별이 있을수 있다.
가격 정산	가격정산은 거래소를 통해 매일 이루어지며 각 Position Value에 대한 이익은 인출이 가능하다. 유지증거금 수준 이하로 손실이 발생할 때는 다음날 거래소 개장 이전에 개시증거금 수준과 차액만큼의 추가증거금을 납부해야 한다.	거래의 손익에 대해서는 계약 종료일에 결제된다. 종료일 전까지 신용위험, 시장위험 등이 존재한다.
인수도	총 계약고 중에서 대부분의 계약은 만기일 이전에 반대매매에 의한 차액정산으로 계약이 종료되고 일부만(약 1% 정도) 이 거래소가 정한 인수도일에 실물 인수도가 이루어진다.	거래의 대부분이 실제로 실물 인수도가 이루어진다.
결제일	모든 계약들은 거래소가 규정한 장래의 특정일에만 결제가 가능하다.	거래 쌍방 간에 합의된 날짜를 결제일로 한다.
증거금 수수료	1계약당(Round Turn) 고객과 중개인 간에 합의된 소정의 수수료가 부과된다.	은행 상호 간이나 은행과 고객 간의 직접적인 거래의 경우에는 수수료(Commission)가 없고 오퍼-비드 간의 스프레드가 수익이 될 수 있다. 그러나 중개인을 통해 거래가 성립된 경우에는 거래쌍방 모두에게 수수료가 부과된다.

2. 통화선물시장의 구조

2.1 선물시장의 참가자

선물시장을 구성하는 주요 참가자들로는 선물거래소, 투자자, 선물중개회사 등이 있다. 선물거래소(futures exchange)는 정형화된 거래규칙과 표준화된 선물상품을 개발해 조직화된 거래를 할 수 있도록 거래장소를 제공하는 역할을 담당한다. 선물거래소에서는 회원들만이 거래를 할 수 있다. 투자자들은 헤징, 투기, 차익 등을 목적으로 선물거래를 하고자 선물시장에 참가한다. 선물중개회사는 투자자와 거래소회원들 사이에서 브로커 역할을 담당한다. 투자자의 대리인으로서 거래주문을 넣어주고 증거금계좌를 관리하며, 이에 대한 대가로 일정한 수수료(commission)를 받는다. 대부분의 경우 선물중개회사는 거래소회원권을 보유한다.

2.2 청산소와 거래소의 역할

2.2.1 청산소(clearing house)

선물거래는 불특정 다수가 참여하기 때문에 거래상대방의 신용을 알지 못한다. 거래참여자가 안심하고 매매하기 위해서는 모든 거래의 계약이행을 보증할 제3자가 필요한데 이 역할을 하는 기관이 청산소이다. 각 거래소에서 청산소의 역할을 동시에 하는 경우와 별도 청산소를 두는 경우가 있다.[9]

2.2.2 거래소

거래소는 모든 선물거래에 있어 선물매입자에게는 선물매도자가 되어 주고 선물매도자에게는 선물매입자가 되어 준다. 거래소가 없는 선도거래는 매입자와 매도

9. 우리나라 KRX는 거래소에서 청산소의 역할도 겸하고 있다.

자가 거래의 직접적인 당사자가 되기 때문에 거래당사자들이 직접 선도거래의 여러 조건을 결정해야 하고 거래의 이행 역시 당사자들의 신용에 의존하게 된다. 그러나 선물거래의 경우 거래소의 역할로 인해 모든 선물거래자는 거래 상대방을 직접 알아야 하는 수고를 피할 수 있으며, 선물거래의 시장성이 높아지고 선물가격이 균형수준에서 보다 쉽게 결정될 수 있다. 거래소는 일일정산제도와 증거금계좌를 통해 선물거래의 이행을 보증하는 역할을 담당한다.

2.3 일일정산과 증거금

2.3.1 일일정산(marking to market)

청산소는 일일정산기능을 통해 계약당사자들로부터 일정수준의 증거금을 항상 유지하도록 해 계약불이행 위험을 방지한다. 청산소는 당일 장이 끝난 후 종가를 기준으로 하여 정산가격을 발표한다. 이 가격을 기준으로 거래참여자들의 미청산계약 혹은 미결제약정(open interest)[10]에 대한 잠정이익과 손실을 계산하고 매일 정산한다. 선도거래에서 이러한 손익이 만기일이 되어서야 실현되는 것과는 달리 선물거래에서는 일일정산제도(marking to market or daily settlement)에 의해 매일 손익이 정산된다.[11] 일일정산제도로 인해 선물거래자들은 만기시점뿐 아니라 만기전 언제라도 반대매매를 통해 손익을 실현함으로써 쉽게 거래를 청산할 수 있다. 일일정산을 원활하게 하고 선물거래의 이행을 보증하기 위해 선물거래에 참여하는 경우 모든 거래자는 일정 규모의 현금 또는 현금등가물(유가증권 등)을 증거금(margin)으로 거래소에 예치해야 한다. 정산결과 증거금 계정의 잔고수준이 유지증거금 아래로 떨어지면 추가증거금을 납부해서 위탁증거금(개시증거금) 수준까지 높여야 한다. 반대로 기본증거금을 초과하는 이익에 대해서는 현금인출이 가능하다.

---

10. 미결제약정이란 선물 거래 후 반대 매매 혹은 최종결제가 이루어지지 않은 약정으로 외환시장의 open position과 같은 개념이다.

11. CME에서는 시장의 변동성 위험과 투자의 안전을 위해 1일 2회 정산을 한다.

2.3.2 증거금과 계약이행보증 장치

① 증거금 제도

선물거래는 거래시점에서 거래대상물의 가격을 지불하지 않는 대신 미래특정 시점에 계약을 이행하겠다는 약속이다. 따라서 만기시점에 가서 계약의 성실한 결제가 필수적이고 이에 대한 보증이 필요하다. 증거금은 이러한 계약불이행의 위험을 막기 위해 거래소가 매매 당사자로부터 계약과 동시에 의무적으로 납부하도록 하는 일정비율의 보증금이다. 증거금은 거래소가 해당상품의 변동성을 고려해 책정하고, 투자자의 결제 불이행 위험을 방지하고 결제이행을 보증하는 목적으로 사용한다.[12] 이외에도 선물시장의 과열이나 침체가 나타날 때 증거금 수준을 조절해 수요를 창출하거나 억제할 수도 있다.

② 위탁증거금, 유지증거금, 마진콜

선물거래를 처음 시작할 때 예치하는 증거금을 위탁증거금(initial margin)이라 한다.[13] 선물가격이 상승 또는 하락함에 따라 이 증거금계좌(margin account)를 통해 매일 자금이 고객과 결제회사 사이에, 그리고 청산회원사와 거래소 사이에 수수된다. 그리고 일일정산과정에서 증거금 잔고가 유지증거금(maintenance margin) 이하로 떨어지면 거래소는 증거금의 추가예치를 요구하며 투자자는 개시증거금 수준까지 추가로 증거금을 예치해야 한다. 이때의 추가증거금 요구를 마진콜(margin call)이라고 부른다. 만일 거래자가 마진콜에 응하지 않게 되면, 거래소가 포지션의 일부 또는 전부를 반대매매 함으로써 그 거래자의 선물계약을 청산한다. 증거금제도에 의해 모든 시장참가자는 자신의 선물 포지션에 대한 재무적 의무를 충실히 이행하겠다는 것을 최종적으로 보장하기 때문에 증거금제도를 통한 순조로운 자금의 흐름은 선물시장의 신용위험 하락을 통한 건전성에 매우 중요한 영향을 미친다.

③ 기타 계약이행 보증을 위한 장치

계약이행을 보증하기 위해 증거금 이외에 거래소는 투자자의 결제(채무)불이행

12. 우리나라에서는 보통 일일 평균 가격 변동성을 유지증거금으로 하고, 거기에 1.5배를 위탁증거금으로 책정한다.

13. 자세한 사항은 www.krx.co.kr 참조 바람.

에 따른 손실보전 및 거래 위험방지를 위해 선물거래회원 중 결제회원(증권사와 선물사 등)이 낸 손해배상공동기금을 적립하고 있으며, 은행과 차입약정 등을 맺어 다양한 방법을 통해 결제불이행에 대한 손실보전을 위해 2중, 3중의 거래안전장치를 두고 있다.[14] 따라서 거래소를 통한 선물, 옵션 등의 거래는 상대방의 신용위험(counter party risk)에 장애받지 않고 안전하게 이루어진다.

2.4 최종결제제도

최종결제일(만기일)까지 청산되지 않은 선물 포지션을 결제하는 방식으로 실물인수도(physical delivery) 방식과 현금정산(cash settlement) 방식이 있다. 실물인수도 방식은 대부분의 선물계약에 적용되는 만기정산 방법으로 거래소가 지정한 창고를 통해 매도자와 매수자가 실물을 인수도한다. 현금정산 방식은 대상자산이 지수(index)로 되어 있는 것과 같이 실물인도가 불가능한 품목에 대해 채택하고 있는 최종결제 방법이다. 계약을 체결한 당시의 가격과 최종 결제일(만기일)의 정산가격의 차액만큼을 수수함으로써 결제가 이루어진다.

2.5 통화선물시장의 가격(환율)표시 방법

통화선물시장에서의 환율표시방법은 우리가 지금까지 본 일반외환시장(cash market)의 환율표시방법과 다르다.[15] 일반외환시장에서는 주로 외화를 대가로 USD를 사고 팔지만 IMM(CME) 등의 통화선물시장에서는 USD를 대가로 외화를 사고파는 형식이다. 환율표기방법은 제3장에서 언급한대로 일반외환시장에서는 주로 유럽식 표시법(European terms)을 쓰고, 영국 파운드(GBP), 유로화(EUR), 호주 달러(AUD), 남아프리카 공화국 랜드(ZAR) 등 주로 영연방국가의 통화만 미국식 표시법(American terms)을 쓴다.

그러나 IMM을 비롯한 주요 통화 선물시장에서는 모든 통화를 미국식으로 표시

---

14. 한국거래소에는 2008년 12월 현재 결제회원이 낸 손해배상공동기금으로 1000억원이 적립되어있다. 따라서 선물거래는 counter-party risk가 거의 없다고 해도 과언이 아니다.

15. 통화명칭과 관련해서는 대부분 ISO 4217 표준의 통화코드를 외환시장에서도 사용하는데 주로 인터넷 국가코드 2자리 + 통화를 나타내는 1자리 알파벳을 사용한다. 예를 들면 캐나다 달러인 경우 인터넷국가코드 CA와 달러를 나타내는 D를 합친 CAD를 사용한다.

한다. 즉 유럽식 환율의 역수를 사용한다. 환율표기도 현물환 시장의 표기방법인 USD/JPY, USD/CHF 대신 JPY/USD, CHF/USD로 표기한다. 예를 들면 USD/CHF인 경우 현물환이 1.5100이라면 1/1.5100 = 0.6623으로 표시된다. 만약 CHF 환율이 현물환시장에서 1.5100에서 1.2500로 내렸다면(CHF강세, USD 약세), 현물환시장 방식(유럽식표기법)을 따르는 경우 환율이 높은 곳(예 : USD/CHF = 1.5100)에서 CHF를 사서 환율이 낮은 곳(예 : USD/CHF = 1.2500)에서 CHF을 팔아야만 이익이 생긴다. 그러나 선물시장에서 사용하는 미국식으로 생각하면 0.6623에 사서 0.8000에 팔면 이익이다.[16] 즉, 선물시장에서는 숫자가 낮은 것을 사서 높게 팔면 무조건 이익이 나는 간단한 구조로 되어있다.

3. 통화선물 가격결정

3.1 일반 선물의 이론가격

이론적 선물가격은 현물가격에 최종 결제일(만기)까지의 이자, 보관료(창고료), 보험료, 운송료 등의 보유비용(cost of carry)을 합한 것과 동일하다. 따라서 일반적인 경우 선물가격이 현물가격보다 높다. 그리고 최종 결제일(만기)이 멀수록 보유비용이 늘어날 것이므로 근월물보다 원월물의 가격이 높다. 그러나 보유비용에 따라 현물가격이 비정상적으로 선물가격보다 높은 경우도 발생할 수 있다.

$$\text{이론적 선물가격} = \text{현물가격} + \text{보유비용} \quad (11-1)$$
$$= \text{현물가격} + (\text{현물가격} \times \text{차입금리이자율}) + \text{보관비용}$$

보유비용은 현물구입자금에 대한 기회비용인 이자비용과 창고료, 보험료 등과 같은 보관비용에 의해 영향을 받는다. 그러나 통화, 금리, 주식 등 금융상품의 경우

16. CHF125,000/1.51 = $82,781.46에 사서 CHF125,000/1.25 = $100,000에 팔면 차익은 $17,218.54가 된다. 또한 IMM 선물방식으로 하면 1,377ticks × $12.5 = $17,212.50이 되어 일치한다. 한편 금리선물인 경우는 (100 − 실제금리%) = 선물가격(예 : 100 − 6.5% = 93.5)으로 나타낸다. 따라서 마찬가지로 낮은 숫자에서 사서 높은 숫자에 팔면 이익이다.

에는 물리적인 보관비용이 거의 0에 가까우므로 보유비용이 주로 이자비용에 의해 영향을 받게 된다. 보유비용은 양(+)이 될 수도 있고 음(−)이 될 수도 있다. 예를 들어 금선물거래에 따른 보유비용은 현물구입자금에 대한 기회비용과 만기까지 현물을 보유하는 데 따른 물리적 비용이 될 것이므로 보유비용은 양이 될 것이다. 따라서 현물과 비교할 때, 선물은 최초시점에는 계약만 하고 상품의 인도와 대금의 지불은 만기에 이루어지므로 만기시점까지는 해당 현물을 보유하는 데 드는 비용만큼 유리하다. 이와는 달리 채권과 같은 금융상품의 경우에는 상품보유에 따라 표면이자를 지급받게 되므로 때로는 보유비용이 음이 될 수도 있다. 즉, 물리적 보관비용이 0인 상태에서 지급받는 이자가 채권구입자금에 대한 이자비용보다 크다면 채권의 현물보유비용은 오히려 음이 될 것이다.

그림 11-4 CME 통화선물거래화면(CHF/USD)

FX Product Slate

CME Globex | CME ClearPort

Featured

Product Name	Code	Contract		Charts		Last		Change	Open	High	Low	Globex Volume
AUD/USD	6AU1	Sep 11	OPT		V	1.0448		+0.0029	1.0426	1.0453	1.0389	8540
BRL/USD	6LU1	Sep 11	OPT		V	-		-	-	-	-	-
CAD/USD	6CU1	Sep 11	OPT		V	1.0176		+0.0011	1.0171	1.0179	1.0154	2790
CHF/USD	6SU1	Sep 11	OPT		V	1.2502		-0.0113	1.2561	1.2629	1.2494	4273
EUR/USD	6EU1	Sep 11	OPT		V	1.4405		+0.0016	1.4394	1.4412	1.4346	17124
E-micro EUR/USD	M6EU1	Sep 11			V	1.4406	a	+0.0017	1.4397	1.4413	1.4346	437
GBP/USD	6BU1	Sep 11	OPT		V	1.6430		-0.0021	1.6446	1.6452	1.6407	5095
JPY/USD	6JU1	Sep 11	OPT		V	0.013044		+0.000010	0.013021	0.013049	0.013021	4425
MXN/USD	6MU1	Sep 11	OPT		V	0.081525		+0.000225	0.081300	0.081525	0.081225	206
NZD/USD	6NU1	Sep 11	OPT		V	0.8332	b	-0.0004	0.8333	0.8335	0.8296	238
RUB/USD	6RU1	Sep 11	OPT		V	-		-	-	-	-	-
Dow Jones CME FX INDEX	FXDU1	Sep 11			V	-		-	-	-	-	-

자료 : CME 홈페이지 FX Products(www.cmegroup.com)

동일상품의 선물가격과 현물가격과의 차이를 베이시스라고 한다. 선물시장은 베이시스의 값에 따라 정상시장과 역조시장으로 구분된다. 정상시장(normal market)이란 선물가격이 현물가격에 비해 높게 형성되어 있을 경우를 말하고 콘탱고시장(Contango market)이라고 한다. 반면 역조시장(inverted market)은 현물가격이 선물가격보다도 더 비싼 경우를 말하며 백워데이션시장(Backwardation market)이라고 한다.

그림 11-5 백워데이션과 콘탱고

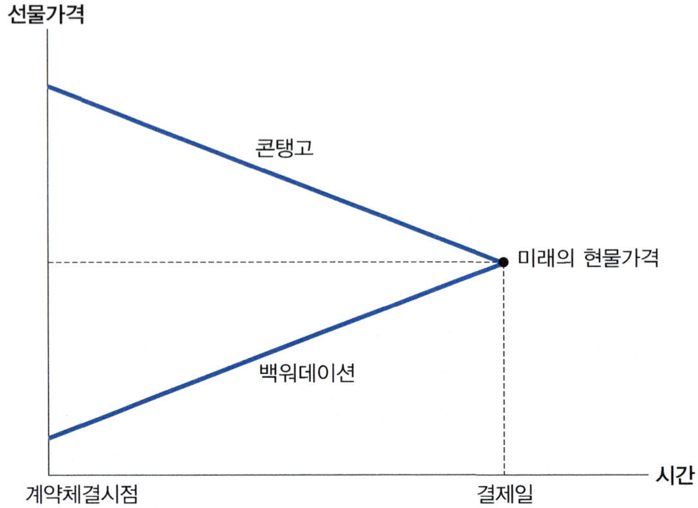

$$\text{베이시스} = \text{선물가격} - \text{현물가격} \qquad (11-2)$$

일반적으로 선물가격은 현시점에서 형성된 미래의 현물가격이며, 해당 선물거래의 최종일에 형성될 기대가격을 나타낸다고 할 수 있다. 선물가격은 만기가 가까울수록 현물가격에 근접하게 되며 결국 만기에는 현물가격과 일치하게 된다(베이시

그림 11-6 선물가격의 수렴현상

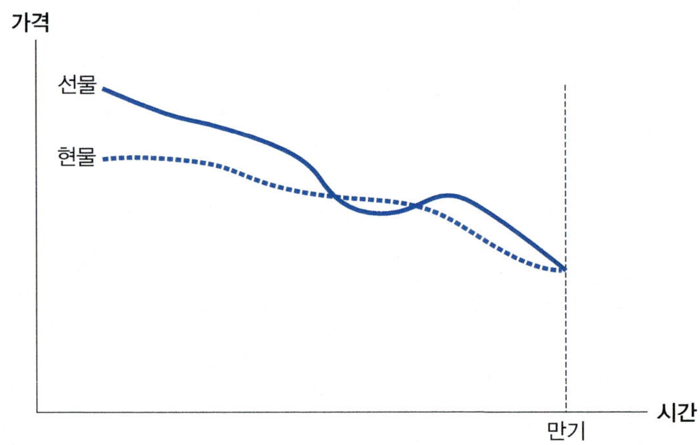

스 = 0). 원칙적으로 만기일에는 정확하게 일치해야 하지만, 만약 만기가 가까워졌음에도 불구하고 현물과 선물의 가격차가 크다면 차익거래를 통해 결국은 그 차가 좁혀질 것이다.

3.2 통화선물의 이론가격

통화선물의 이론가격은 선물환 차익거래를 이용한 보유비용으로 설명할 수 있다. 즉, 선물환율은 선물환율 및 단기금융시장금리들 간의 관계가 이자율평가로부터 이탈하면 곧바로 금리차익거래를 하려는 시장참여자에 의해 조정될 것이다. 따라서 차익이 0이라고 한다면 다음과 같은 식이 성립된다.

$$F = S \times \frac{1 + r \times \left(\frac{T}{365}\right)}{1 + r^{*} \times \left(\frac{T}{365}\right)} \qquad (11-3)$$

이때, 선물가격(F) = 현물가격(S) + 보유비용(cost of carry)이므로 위의 (11-3)식을 일부 변형해 보유비용을 포함한 형태로 나타낼 수 있다.

$$F = S \times \frac{1 + r \times \left(\frac{T}{365}\right) + r^{*} \times \left(\frac{T}{365}\right) - r^{*} \times \left(\frac{T}{365}\right)}{1 + r^{*} \times \left(\frac{T}{365}\right)} \qquad (11-4)$$

$$= S + S \times \frac{(r - r^{*}) \times \left(\frac{T}{365}\right)}{1 + r^{*} \times \left(\frac{T}{365}\right)}$$

따라서 보유비용(CC)은

$$CC = S \times \frac{(r - r^{*}) \times \left(\frac{T}{365}\right)}{1 + r^{*} \times \left(\frac{T}{365}\right)} \qquad (11-5)$$

이 된다.[17]

위의 식을 베이시스의 개념으로 살펴보면, 통화선물의 경우 현물환가격과 통화선물가격의 차이인 베이시스는 보유비용이 되며 이종통화 간의 금리차를 반영한다

17. 여기서 금액단위로 표시된 보유비용 CC를 자본비용의 관점에서 r%로 표시하면 다음과 같이 표현할 수도 있다. $F_t = S_0 \times (1 + r)^t$ 또는 연속 복리 가정시 $F_t = S_0 \times e^{rt}$.

고 할 수 있다. 이론적인 베이시스는 (11−5)와 같이 나타나나, $1 + r^* \times \left(\frac{T}{365}\right)$는 거의 1에 수렴하므로 계산의 편의를 위해 무시하고 1로 보기도 한다.

이와 같은 공식을 이용할 때 주의해야 할 것은 위 공식은 선물환율(forward rate)과 통화선물가격(currency future price)을 표시할 때 서로 역으로 나타난다는 것이다. 선물환율의 경우 대개 유럽방식(European term)을 사용하기 때문에, 환율(S)는 미국 달러 1단위당 다른 통화의 단위가 되고, r은 다른 통화의 금리, 그리고 r^*는 미국 달러의 금리가 된다. 반면에 IMM 통화선물의 이론가격 산정시에는 미국방식(American term)을 사용하므로, 앞에서와는 반대로 환율은 다른 통화 1단위당 미국 달러의 단위, r은 미국 달러의 금리, 그리고 r^*는 다른 통화의 금리가 된다. 따라서 미국 달러, 타국통화로 공식을 표기하기보다는 다음과 같이 이해하는 것이 선물환이나 통화선물에 전부 이용할 수 있다.

$$F = S + S \times \frac{(r_a - r_b^*) \times \left(\frac{T}{365}\right)}{1 + r_b^* \times \left(\frac{T}{365}\right)} \qquad (11-6)$$

$S = \frac{\text{A국 통화 단위}}{\text{B국 통화 1단위}}$

r = A국 통화의 금리

r^* = B국 통화의 금리

통화선물가격 및 선물환율 계산의 예

100엔당 USD의 현물환율 0.9345, 3개월 유로달러 5.5%, 3개월 유로엔 0.625%, 만기까지의 잔존기간이 35일일 때 이론적 선물가격은 얼마인가? (11−5)식의 약식(분모를 1로 간주)을 이용해 보유비용을 표시하면 통화선물가격은

$$\textbf{이론선물가격} = \left(\frac{0.9345}{100\text{엔}}\right) \times \left[1 + (0.055 - 0.00625) \times \left(\frac{35}{365}\right)\right] = \frac{\$0.9389}{100\text{엔}}$$

이 된다. 반면에 선물환율 계산시에는 이와는 역으로 A국과 B국의 위치가 바뀌어 US달러당 엔의 현물환율이 이용되므로,

$$\textbf{선물환율} = 107 \times \left[1 + (0.00625 - 0.055) \times \left(\frac{35}{365}\right)\right] = 106.50\text{엔/\$}$$

이 된다.

통화선물가격은 보다 간단하게 선물환 스프레드를 이용해 계산할 수도 있다.

예를 들어 USD/CAD 현물환율이 1.5000, 2개월 USD 이자율이 5.20%, 그리고 2개월 CAD 이자율이 4.60%라고 하면 2개월 USD/CAD 선물가격은 다음과 같이 계산된다.

$$\text{선물환 스프레드} = 1.5000 \times (0.046 - 0.052) \times (\frac{60}{360}) = -0.0015$$

$$\text{선물환율(USD/CAD)} = 1.5000 - 0.0015 = 1.4985\text{(유럽식 표기방법)}$$

$$\text{선물가격(CAD/USD)} = \frac{1}{1.4985} = 0.6673$$

이러한 선물거래에 따른 IMM 방식의 손익계산을 보기 위해, 예를 들어 A트레이더가 CME에서 9월 유로선물 10계약을 오전시간에 1.2713에 샀다고 하자. 만약 오후에 동일한 9월 만기 유로선물가격이 1.2784로 상승해 포지션을 청산했다고 하면, A트레이더의 수익은 \$8,875(= [1.2784 − 1.2713 = 0.0071] × €125,000 × 10 = \$8,875)가 된다. 일반적으로 최소가격변동단위(minimum commodity tick size) 1단위(= \$0.0001/€)당 움직이는 손익은 \$12.50이 된다.

4. 통화선물을 이용한 거래

선물거래는 거래목적에 따라, 헤지거래, 투기거래, 차익거래로 나눌 수 있다.

4.1 헤지거래

선물헤지란 가격변동 위험을 회피하기 위해 현물 포지션과 반대방향의 포지션을 선물시장에서 동시에 취해 현물, 선물 간의 손익을 서로 상쇄시키는 거래를 말한다. 많은 기업이나 개인 혹은 기관들이 오늘날과 같이 국제적으로 개방된 사회에서 그들의 생활을 영위해 나가자면 수많은 환위험에 노출된다. 따라서 수출입을 수행하는 기업이나 해외여행을 하는 개인들 그리고 해외에 자회사를 경영하는 다국적기업들은 항상 그들이 노출되어 있는 환위험을 통화선물을 이용해 적절히 회피할 수 있다. 즉, 현물의 가격변동과 반대되는 손익구조를 지닌 선물 포지션을 취함으로써 현물에서의 손실을 선물시장에서 상쇄시키는 효과를 노린다.

4.1.1 헤지거래의 원리

① 불확실성의 제거

헤지를 통한 미래 가격변동위험의 제거는 기업으로 하여금 안정적인 이익을 보장해주며, 기업활동에 있어서 계획성 및 안정성을 제공해준다. 따라서 기업에서는 헤징을 하는 순간부터 환율변동에 따른 위험은 거의 없어지며, 기업본연의 활동인 영업활동에 매진할 수 있는 환경이 제공되는 것이다.

② 가격변동위험을 베이시스 위험으로 전환

현실적으로 완전 헤지를 한다는 것은 어려우며, 헤징은 가격변동위험을 상대적으로 훨씬 작은 위험인 베이시스 위험으로 대체시키는 것이다.

- **매입헤징** : 수입업자의 경우, 현물시장에서 숏 포지션을 취하고 있어 선물시장에서 롱 포지션을 취함으로써 가격 상승시에 발생되는 손실을 제거하기 위한 헤징전략이다.

그림 11-7 선물헤지의 모형

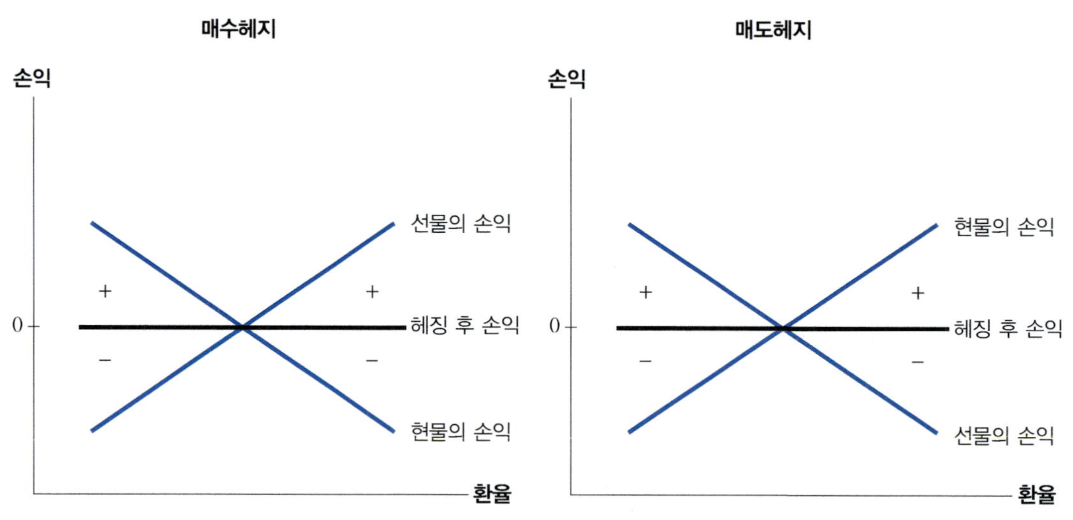

- **매도헤징** : 수출업자의 경우 현물시장에서 롱 포지션을 취하고 있어, 선물시장에서 숏 포지션을 취함으로써 가격 하락시에 발생되는 손실을 제거하기 위한 헤징전략이다.

4.1.2 헤지거래의 사례

① 달러/원 매입 헤징 사례(KRX : USD/KRW의 경우)

2010년 8월 16일 A상사는 60만 달러의 물품을 수입하고 그 대금을 11월17일 결제하기로 한다. 현재의 USD/KRW 현물환율은 1,040원이며 3월물 달러선물 가격은 1,044.20원이다. 환율이 상승할 것으로 예상하고 선물시장을 통해 매입헤징으로 상승에 대한 손실을 커버하려고 8월 16일 현재 USD선물 3월물을 계약당 1,044.20원에 60계약을 매입(총 $60만 = $1만×60계약)했다.

- **환율이 상승한 경우**
  - 11월 15일에 가서 결제일(spot date)이 11월 17일인 현물환을 매입(1,060.00)해 수입대금을 결제하고, 동시에 선물에서 매입(1,044.20)한 선물 포지션을 청산(1,061.00에 선물 매도)[18]

표 11-2 달러/원 매입헤지 거래의 손익(환율이 상승한 경우)

	현물시장	선물시장
8월 16일	11월에 수입대금으로 $60만 필요 USD/KRW : 1,040.00, 계약액 $60만	헤지거래 11월물 60계약을 1,044.20에 매입
11월 15일	환율이 올라 수입대금 $60만 송금하기 위해 636백만원을 지급함. USD/KRW : 1,060.00 × 계약액 $60만	청산거래 11월물 60계약을 1,061.00에 매도
손익	(1,040.00 − 1,060.00) × $60만 = −12,000,000원	(1,061.00 − 1,044.20) × $60만 = 10,080,000원
순손익	−12,000,000원 + 10,080,000원 = −1,920,000원(손실)	

〈표 11-2〉는 헤지거래에서의 손익을 보여주고 있다. 우선 현물거래에서는 현물환율이 1040.00원에서 1060.00원으로 상승했으므로 12,000,000원의 손실이

18. 8월 16일에는 현물환율 = 1,040.00원, 통화선물가격 = 1,044.20원으로 선물가격이 4.20원 더 비싸고 또한 11월 15일에도 현물환율 = 1,060원, 통화선물가격 = 1,061원으로 선물가격이 1.00원 더 비싸므로, 이 경우 선물시장은 콘탱고이다.

발생했다. 한편 선물거래에서는 8월 16일 미리 사놓은 계약(1,044.20)을 11월 15일 선물시장에서 매도(1,061.00)하므로 10,080,000원의 이익을 얻었다. 따라서 A상사의 예상대로 결제시기에 환율이 올랐음에도 USD선물을 매입해 헤징한 결과 1,920,000원의 순손실이 발생되었다. 이 경우 완전헤징은 되지 않고 베이시스 위험은 남게 된다. 1,920,000원의 손실은 헤지 기간 동안 발생하는 현물시장과 선물시장 가격(콘탱고)의 차이(4.2원 − 1원 = 3.2원)에 해당한다(1,920,000 = 3.2 × $60만). 이 금액은 A상사가 8월 16일 현물환을 매입해 11월 15일까지 보유했을 경우 발생하는 비용을 의미하므로 당시 환율수준에서 헤징을 위한 불가피한 비용이라고 할 수 있다.

■ **환율이 하락한 경우**

– 11월 15일에 가서 결제일(spot date)이 11월 17일인 현물환을 매입(1,020.00)해 수입대금을 결제하고, 동시에 선물에서 매입(1,044.20)한 선물 포지션을 청산(1,021.00에 선물 매도)

표 11-3 **달러/원 매입헤지 거래의 손익**(환율이 하락한 경우)

	현물시장	선물시장
8월 16일	11월에 수입대금으로 $60만 필요 USD/KRW : 1,040.00, 계약액 $60만	헤지거래 11월물 60계약을 1,044.20에 매입
11월 15일	환율이 하락해 수입대금 $60만를 송금하기 위해 612백만원을 지급함. USD/KRW : 1,020.00 × 계약액 $60만	청산거래 11월물 60계약을 1,021.00에 매도
손익	(1,040.00 − 1,020.00) × $60만 = 12,000,000원	(1,021.00 − 1,044.20) × $60만 = −13,920,000원
순손익	12,000,000원 − 13,920,000원 = −1,920,000원(손실)	

A상사의 예상과는 달리 결제시기에 환율이 하락해 현물환 매입시 12,000,000원의 환차익이 날 수 있었으나 8월 16일 매입한 USD선물의 청산과정에서 13,920,000원의 손실이 발생해 총 1,920,000원의 손실이 발생했다. 흔히 이 경우 헤징을 하지 않았다면 예상밖의 큰 환차익을 얻을 수 있었다고 판단할 수 있다. 그러나 기업의 안정적인 수익구조를 확보하기 위해서는 헤징을 통해 환위험을 줄임으로 적은 비용으로 외환시장에 대한 정보와 환위험 관리를 동시에 할 수 있는 장점이 있다. 이 예에서도 1,920,000원의 손실은 위에서와 마찬가지로 8월 16일 현물환

을 매입해 11월 15일까지 보유했을 경우 발생하는 기회비용을 의미한다고 볼 수 있다.

② 달러/엔 매도 헤징 사례(IMM : USD/JPY 경우)

일본의 A사가 9월 1일 수입계약 $1,000,000을 체결했는데 12월 15일 선적 후 수입대금을 즉시 송금키로 했다. 현재 현물환율은 USD/JPY가 108.00(IMM 기준 0.9259)이나 향후 115.00(IMM 기준 0.8696)대로 엔화가 약세(달러 강세)가 될 것으로 전망되어 매도헤징을 하기로 결정해 현재 0.9360에 거래되는 JPY 12월물을 매도했다. 그 후 12월 15일 현물환율이 114.50(0.8734)이 되어 수입대금을 송금하고 IMM의 선물 포지션을 반대 매매했다. 이때의 손익은 얼마가 되겠는가?

표 11-4 **달러/엔 매도 헤지거래의 손익**[19]

	현물시장	선물시장
9월 1일	12월에 수입대금으로 108백만 엔이 필요 USD/JPY : 108(0.9259), 계약액 $1백만	헤지거래 12월물 8계약을 0.9360에 매도
12월 15일	환율이 올라 수입대금 $1백만 송금하기 위해 114.5백만 엔을 지급함. USD/JPY : 114.50(0.8734) × 계약액 $1백만	청산거래 12월물 8계약을 0.8734에 매입
손익	108백만 엔 – 114.5백만 엔 = –6.5백만 엔 – 6,500,000엔/114.50 = –$56,769	(0.009360 – 0.008734) × 8계약 × 12,500,000 = $62,600
순손익	–$56,769 + $62,600 = $5,831(이익)	

위의 거래에서 보듯이 A사는 엔화가 약세(달러 강세)가 됨에도 불구하고, 헤징을 하지 않았더라면 114.5백만 엔을 지급하게 되어 환율변동으로 현물시장에서 6,500,000엔(= $56,769)엔의 손실을 봤어야 하나 IMM JPY선물거래를 통해 $62,600(= 7,167,700엔)의 이익을 실현했다. 따라서 최종적으로 108,000,000엔 – (114.50 × $5,831) = 107,332,351엔 만을 지불하게 되어 $5,831의 이익을 실현하게 된다.

③ 달러/엔 매입 헤징사례(IMM : USD/JPY 경우)

일본의 수출업체 A사가 9월 1일 수출계약 $1,000,000을 체결했는데 12월

19. JPY 환율은 미국 달러 대비 100엔당으로 표시되므로 0.9360 대신 0.009360으로 계산된다.

15일 선적 후 수출대금을 즉시 받기로 했다. 현재 USD/JPY 현물환율은 108(IMM 기준 0.9259)이나 향후 100(IMM 기준 1.0000)대로 엔화가 강세(달러 약세)가 될 것으로 전망되어 매입헤징을 하기로 결정하고 현재 0.9360(106.50)에 거래되는 JPY 12월물을 매입했다. 그 후 12월 15일 현물환율이 101.50(0.9852)이 되어 수출대금을 받고 IMM의 선물 포지션을 반대 매매했다. 이때의 손익은 얼마가 되겠는가?

표 11-5 달러/엔 매입 헤징거래의 손익

	현물시장	선물시장
9월 1일	12월에 수출대금으로 108백만 엔을 받을 예정 USD/JPY : 108(0.9259), 계약액 $1백만	12월물 8계약을 0.9360에 매입 108백만 엔 ÷ 12.5백만 엔 = 8.64계약
12월 15일	수출대금 101.5백만 엔을 받음 USD/JPY : 101.50(0.9852), 계약액 $1백만	12월물 8계약을 0.9852에 매도
손익	101.5백만 엔(수령액) − 108백만 엔(예정액) = −6,500,000엔/101.50 = −$64,039	(0.009852 − 0.009360) × 8계약 × 12,500,000 = $49,200
순손익	−$64,039 + $49,200 = −$14,839(손실)	

아무런 헤징이 없었다면 A사는 현물시장에서 $64,039(= 6,500,000엔)의 손실을 보았을 것이다. 그러나 선물계약을 통해 엔화가 강세가 됨에도 불구하고 선물헤징을 통해 106.5백만 엔을 수출대금으로 받음으로써 5백만 엔($49,200)의 이익을 얻음으로써 최종적으로 손실을 $14,839로 줄일 수 있었다.

4.2 투기거래

투기거래는 위험을 무릅쓰고 높은 수익을 얻으려는 거래로서, 투기거래자는 선물시장의 가격 움직임을 예측해 시세차익만을 얻기 위해 선물시장을 이용한다. 특히 선물거래의 특징인 낮은 증거금으로 높은 수익을 창출하는 이른바 레버리지(leverage effect)를 활용한다. 통화선물을 이용해 매매차익을 목적으로 하는 투기거래는 첫째, 일반적인 투기거래인 단순거래와, 둘째, 동일한 선물시장이나 또는 관련된 선물시장에서 서로 다른 선물계약을 동시에 매입과 매도를 함으로써 두 선물계약 간의 가격차이의 변화에 따른 이익을 목적으로 하는 스프레드(spread) 거래로 나눌 수 있다. 투기거래는 보다 전문적인 예측으로 헤지 수요를 흡수해 위험을 떠안고 선물시장의 유동성을 증가시키는 역할을 한다.

4.2.1 단순거래

통화선물을 이용한 투기적 단순거래는 거래하고자 하는 통화의 향후 예상전망에 따라 강세가 예상되면 먼저 매입한 후 가격 상승시 매도해 그 차이를 얻고 반면에 약세가 예상되면 선 매도 후 가격 하락시 매입해 그 차액을 얻는 것을 말한다.

예를 들어 향후 영국파운드(GBP)의 상승을 예상하고 CME에서 9월물 GBP선물 5계약을 파운드당 \$1.5600에 매입하는 계약을 맺었는데, 향후 가격이 상승해 9월물 GBP 선물을 파운드당 \$1.5750에 매도했다고 하자. 이러한 거래를 통해 투기자는 $(1.5750-1.5600)\times 62{,}500\times$ 5계약= \$4,687.5만큼의 이익을 얻게 된다.[20]

4.2.2 스프레드 거래

스프레드 거래란 동일한 대상물 중 결제월이 다른 종목 간에 또는 대상물은 다르지만 가격움직임이 유사한 선물계약 간에, 가격차이가 확대되거나 축소될 것을 예상할 때 선물계약을 동시에 매매해 이익을 얻으려 하는 투자전략이다. 따라서 스프레드 거래는 개별선물가격의 상승 또는 하락보다 2개의 선물가격 차이에 대한 투자행위이다. 여기에는 대상지수가 같고 결제월이 다른 종목을 대상으로 하는 결제만기 간 스프레드(inter-calendar spread)와 상이한 거래소에 상장된 동일한 통화선물의 가격변화를 이용해 거래차익을 얻으려는 거래소 간 스프레드(inter-market spread), 유사한 지수를 대상으로 하는 상품 간 스프레드(inter-commodity spread) 등이 있다.

이 중에서 결제월 간(inter-month) 스프레드 거래의 예를 들어 보자. 통화선물에서 결제월 간(또는 만기 간) 스프레드 거래는 한 거래소 내에서 서로 다른 만기 간의 가격차이가 좁아지거나 넓어지는 것을 예상하고 한 만기의 선물을 사는 동시에 다른 만기의 선물을 파는 거래를 말한다. 예를 들어 IMM의 JPY선물의 경우 현재 9월물이 0.9276에 거래되고 12월물이 0.9640에 거래되어 스프레드가 364틱인데,

20. 여기서 지불하기로 약정된 계약당 수수료를 감안해서 공제해주어야 한다.

향후 그 스프레드가 좁아질 것으로 예상되어 9월물 10계약을 사고 동시에 12월물 10계약을 팔았다. 그 후 예상대로 스프레드가 210틱으로 좁아져 반대 매매를 했다. 이러한 거래를 통해 표에 나와 있는 것처럼 $19,250의 이익을 얻을 수 있다. 이 경우 JPY의 약세 또는 강세는 의미가 없고 단지 스프레드의 차이만이 중요하다.

표 11-6 결제월 간 스프레드 거래의 손익[21]

	JY 9월물 선물	JY 12월물 선물	SPREAD 차
8월 10일	$0.009276에 10계약 매입	$0.009640에 10계약 매도	364 TICK
8월 29일	$0.009150에 10계약 매도	$0.009360에 10계약 매입	210 TICK
손익	(0.009150 − 0.009276) × 10 × 12.5백만 엔 = −$15,750	(0.009640 − 0.009360) × 10 × 12.5백만 엔 = $35,000	
순이익	−$15,750 + $35,000 = $19,250(이익)		

이와 같은 만기 간의 스프레드(spread)거래시 근월물(nearby) 통화선물가격이 원월물(forward) 통화선물가격에 비해 상대적으로 가격이 더 상승할 것으로 예상되어(스프레드가 좁아질 것) 근월물을 사고 동시에 원월물을 파는 경우(nearby 매입/forward 매도)를 불 스프레드(bull spread)라고 한다. 이와는 반대로 근월물 통화선물가격이 원월물 통화선물가격에 비해 상대적으로 가격이 더 하락할 것으로 예상되어(스프레드가 넓어질 것) 근월물을 매도하고 원월물을 사는 경우(nearby 매도/forward 매입)를 베어 스프레드(bear spread)라고 한다. 일반적으로 강세시장에서는 근월물이 원월물에 비해 더 상승하는 경향이 있고, 약세시장에서는 근월물이 원월물에 비해 더 하락하는 경향이 있다.

4.3 차익거래

4.3.1 차익거래의 개념

선물거래와 현물거래는 매매대상물이 같고 선물계약은 최종결제일에 최종현물지수로 결제되므로 선물가격은 현물가격과 밀접한 관련성을 가지고 있다. 그러나 선물시장의 그때 그때의 수급상황에 따라 일시적으로 선물가격이 현물가격과의 정

21. 앞의 2.5소절에서 지적한 것처럼 JPY의 경우 0.XXXX의 표기는 $0.XXXX/100엔의 의미임.

상적인 관계에서 벗어나 괴리가 나타나는 경우도 발생한다. 이때 선물과 현물 중 상대적으로 가격이 높은 것을 매도하고 동시에 가격이 낮은 것을 매수한 후 양 가격이 정상적인관계에 되돌아 왔을 때 이들을 반대매매하는 거래를 통해 위험부담없이 이익을 얻는 거래를 차익거래라고 한다. 다시 말해 현물가격에 비해서 선물가격이 과도하게 낮게 형성되거나 높게 형성될 때 현물매입/선물매도 또는 현물매도/선물매입 거래를 통해 무위험 이익을 얻을 수 있는데, 이와 같이 무위험 이익을 창출하기 위해 행하는 거래를 차익거래(arbitrage)라고 한다. 통화선물에서도 이와 같은 차익거래를 할 수 있는데, 통화선물거래가격을 현물환율을 이용한 이론통화선물가격과 비교해 그 괴리가 제반비용을 감안한 것보다 더 클 때 차익기회가 발생한다.

4.3.2 차익거래의 사례

① 달러/원 (KRX) **차익거래**

현재 시장상황에서 선물가격이 이론가[22]보다 과도하게 낮게 형성되어 있다면 현물매도/선물매입하는 매도차익거래를 행할 수 있다. 예를 들어 2010년 9월 15일 시장상황이 다음과 같다고 하자.

현물환율 : 1,130.0원
원화금리(연리) : 7%
달러금리(연리) : 5%
달러선물 12월물 : 1,131.0원
달러선물 12월물의 이론가 : 1,135.58원

이 경우 선물가격이 이론가보다 4원 58전이 싸므로, 선물을 사고 현물시장에서 매도하는 차익거래를 한다. 즉, \$987,654($= \dfrac{\$1,000,000}{1+\dfrac{5\%}{4}}$)를 차입해 현물시장에서 매도하고 동시에 선물시장에서 100계약(\$1,000,000)을 매입하는 계약을 행한다. 이러한 과정을 거쳐 12월 15일(12월물 만기)에 USD선물(1,131.00)을 인수해서 달러차입금을 상환하면 무위험으로 4,579,878원(= 1,135,579,878 − 1,131,000,000)[23]의 이익을

22. 이론가 계산은 앞의 (11－3)식을 참조할 것.
23. 여기서 이해의 편의상 자금차입 비용 및 선물거래시 수수료 등의 기회비용은 감안하지 않았는데, 실제

확보할 수 있다. 이러한 무위험 차익거래의 기회가 없어질 때까지 차익거래가 행해져 결국은 선물가격이 적정가격에 도달하게 된다.

표 11-7 달러/원 차익거래의 이익

	현물환시장/자금시장	선물시장/원화시장
9월 15일	\$987,654(= $\frac{\$1,000,000}{1+0.05/4}$)를 1,130원에 매도하고 1,116,049,020원 수취함	12월물 USD 선물 \$1,000,000를 1,131원에 매입
12월 15일	3개월 원화 운용수익금 1,135,579,878원 (= 1,116,049,020 × (1+0.07/4)을 수취함	USD 선물 매입했던 것을 원화로 1,131,000,000원 결제
순손익	1,135,579,878원 − 1,131,000,000원 = 4,579,878원	

② 달러/엔 (IMM) 차익거래

예를 들어 9월 4일 현재 JPY의 현물환율(9월 6일 수도)이 \$0.9254/100엔이고, IMM의 9월 만기(만기 9월 20일) JPY선물이 \$0.9255/100엔이며, 1개월 유러달러 금리가 5.5%, 1개월 유로엔금리가 0.5%, 스왑율(9월 6일~9월 20일 : 14일간)이 \$0.0018/100엔이라고 하자. 이러한 시장상황에서 이론통화선물가격은 다음과 같으며, 따라서 IMM JPY 9월물이 이론가격에 비해 할인되어 있다는 것을 알 수 있다.

$$\text{이론가격} = 0.9254 + 0.9254 \times \frac{(0.055-0.005)\times\left(\frac{14}{365}\right)}{1+0.005\times\left(\frac{14}{365}\right)} = 0.9272$$

또는

$$\text{이론가격} = 0.9254 + 0.0018(\text{스왑율}) = 0.9272$$

이러한 상황을 이용해 9월 4일 IMM JPY 9월물을 0.9255에 80계약 매입하면서 동시에 현물환시장에서 10억 엔을 9월 20일 수도하는 조건으로 0.9272에 매도해 \$9,272,000을 수취했다. 이후 9월 11일 JPY의 현물환율(9월 13일 수도)이 \$0.9193/100엔이고, IMM의 9월 만기(만기 9월 20일) JPY선물이 \$0.9202/100엔

거래시에는 이러한 비용을 감안해야 할 것이다. 현재 달러선물의 차익거래는 자금차입 및 운용 등이 자유로운 일부 금융기관에서는 행해지고 있으나, 일반기업체나 개인들은 상당한 제약이 따른다. 또한, 달러조달 등에 실제 LIBOR로 적용하는 것은 현실성이 떨어지며 원화자금 시장의 미성숙은 이러한 차익거래를 제약하는 요인이 될 수 있다.

이며, 스왑율(9월 13일~20일)이 0.0009가 되어, 주어진 금리에서 이론선물가격과 IMM의 9월 만기(만기 9월 20일) JPY선물이 일치하게 되었다. 따라서 현물 및 선물 포지션을 전부 청산했다면 아래의 표와 같이 $17,000의 이익을 얻게 된다.

표 11-8 달러/엔 차익거래의 이익

	현물환시장	선물시장
9월 4일	10억 엔을 FX시장에서 $0.9272/100엔에 매도하고 $9,272,000을 수취함	9월물 JPY선물 $0.9255/100엔에 매입 1,000,000,000/12,500,000 = 80계약
9월 11일	10억 엔을 FX시장에서 $0.9202/100엔에 매입하고 $9,202,000을 지불함	9월물 JPY선물 $0.9202/100엔에 매입
이익	$9,272,000 − $9,202,000 = $70,000	(0.9202 − 0.9255) × 12,500,000/100엔 × 80 = −$53,000
순이익	$70,000 − $53,000 = $17,000(이익)	

5. 통화선물의 신종상품

최근 들어 선물시장의 거래량을 늘리고 편리성을 더하기 위해, 선물시장의 정형화 및 표준화된 거래조건을 완화하고 장외거래의 대표적 상품인 선물환거래(forward FX)의 유연성을 통화선물시장에 추가한 EFP와 FLEX와 같은 상품들이 등장하고 있다. 통화선물은 만기일이 정해져 있는 정형화 된 장내 파생상품이기 때문에 사용자 입장에서는 만기일과 외화대금 지급 및 수취일이 일치하지 않아 정확한 헤지에 어려움이 있다. 이에 따라 CME에서는 2009년 이후로 장내 파생상품의 단점을 보완하고자, 장외 파생상품의 유동적인 성격을 장내 파생상품에 반영한 EFP, FLEX 등의 거래 제도를 도입해 기업들이 더욱 편리하게 환 헤지거래를 할 수 있도록 지원하고 있다.[24]

24. www.cmegroup.com 참조.

5.1 EFP(Exchange of Futures for Physicals) 거래

5.1.1 개요

EFP는 기초자산 조기인수도부 거래(현/선물 동시거래)라고 불리며, 선물 포지션과 이에 상응하는 현물 포지션을 동시에 맞교환하는 협의매매 방식의 거래제도이다. 즉, 일방이 선물 포지션을 매수하고 현물 포지션을 매도하며, 상대방은 선물 포지션을 매도하고 현물 포지션을 매수하는 방식이다.

그림 11-8 EFP 거래

이때 보유중인 포지션의 선물만기 이전에 실물 인수도가 필요할 때에는 선물계약을 조기 청산(반대매매)하면서 보유중인 실물을 인수도할 수 있다. 즉, 선물거래의 만기일 이전에 선물 포지션과 실물자산을 교환(exchange of futures for physicals)할 수 있는 제도로, 선물거래의 인수도 결제시점에 대한 선택권을 부여하는 거래이다. 이 거래는 수출입업체의 외화 결제일과 통화선물시장의 결제일을 맞추어 편리성을 더함으로써 선물환거래의 수요를 장내 통화선물거래로 흡수하도록 하기 위한 상품이다.

우리나라도 이러한 제도를 2009년 8월 처음 도입한 이래 11월에 첫 거래가 시작되었다. 기존 USD선물 거래의 경우 업체들이 헤지 포지션을 청산할 때 만기일까지 기다려야 했지만, EFP의 경우 선물의 만기일에 관계없이 선물환거래처럼 원하는 시점에 USD를 결제할 수 있어 자유롭게 최종거래일을 정할 수 있다는 장점(실물 인수도 가능시점에서 선물 포지션도 해소)이 있다. 또한 담보제공이 불가능하거나 신용도가 낮아 은행과 신용거래가 불가능한 중소수출입 업체가 환위험을 헤지할 경우, 헤지 수단으로서의 거래 편의성을 제고해준다. 또 현물인수를 선물 포지션 청산 시 동시에 할 수 있는데다, 은행 마진율이 없는 매매기준율로 환전할 수 있고 선물거래 1회의 수수료만 부담하므로 거래비용이 저렴하다.[25]

5.1.2 EFP 거래 절차(USD선물)

USD선물의 매수 포지션과 매도 포지션을 지닌 당사자 간에 선물 만기 이전에 USD와 거래대금을 수수하기로 거래당사자 간에 협의한 후(가격, 수량, 결제일) 해당 내용을 거래소에 신고해 선물거래를 종료한다. 이때 선물거래의 만기일 이전에 매수/매도자 간에 최종결제를 수행해야 하며, 만기일 이전에 당사자 간에 합의된 날짜에 매수자는 원화 대금을 매도자에게 지급하고 매도자는 USD를 매수자에게 지급하므로 선물거래를 종결한다. 청산시 정산금은 *현물환율과 EFP선물가격의 차이 × 거래수량 × 10,000*으로 계산한다.[26]

그림 11-9 EFP 거래에서의 실물인수도 흐름

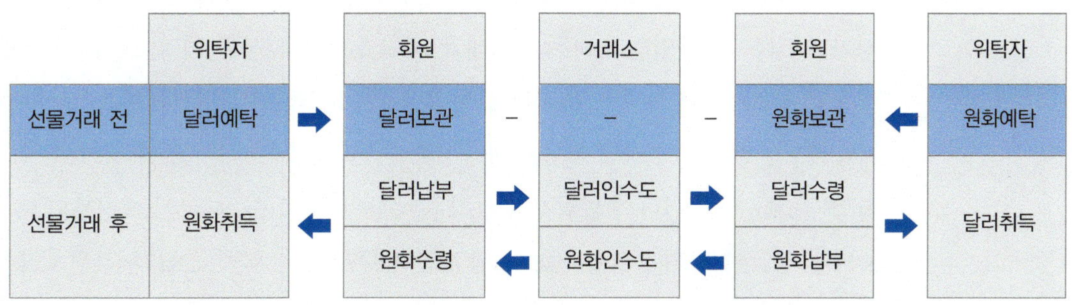

25. http://riskdoctor.krx.co.kr/ 참조.
26. 한국거래소, 『파생상품 환위험 헤지 지원을 위한 통화선물 新거래제도 안내-FLEX, EFP제도』 참고.

표 11-9 미국달러선물 EFP거래 조건

구분	EFP 조건
거래대상 (선물 포지션)	미국달러선물 (매수자와 매도자 모두 미국달러선물의 동일 결제월종목에 대한 포지션 보유)
거래시간	09:10~14:55(최종거래일 09:10~11:10)
거래수량	1계약~15,000계약(1만 달러~1억 5천만 달러)
가격범위	선물가격 범위 : 기준종목 시세반영가격 대비 ± 0.5% 현물가격 범위 : 협의완료시각 직전 현물환시장에서 형성된 환율
체결가격	선물 : 협의완료시점에 달러선물의 직전 약정가격 ± 0.5% 이내 달러 : 협의완료시점에 서울외국환중개㈜의 직전 현물환율
실물인수도	■ 위탁자는 거래신청 전에 회원에게 실물 및 인수도 대금 위탁 ■ 회원사는 EFP거래를 거래소에 신청하고 거래가 체결되면 지체없이 실물인수도 이행 ■ 회원사는 거래소와 실물인수도 이행후 위탁자에게 해당 통화와 대금을 지급
거래절차	① 한국거래소의 회원사(증권회사/선물회사)에 계좌 개설 ② 원하는 종목, 수량을 지정해 거래신청(회원사) ③ 거래상대방 탐색 후 거래실행(회원사가 대행) ■ EFP 협의 완료 시각으로부터 10분 이내에 회원이 KRX 전산시스템에 해당 내용을 입력

5.1.3 EFP 거래 이용 사례

2011년 3월 4일 현재, 수출업자 X는 두달 후 수출대금 10만 달러를 수취할 예정이며, 같은 날 수입업자 M은 수입대금 10만 달러를 지불할 예정이라고 가정한다. 수출업자 X는 환율하락을 우려해 선물시장에서 매도헤지를 했다(910원/$, 5월물 2계약 매도). 반면에 수입업자 M은 환율상승을 염려해 매수헤지를 했다(910원/$, 5월물 2계약 매수). 그러나 수출업자 X의 경우 예상치 않게 수출대금이 예정보다 빠른 4월 4일 입금이 되어(수입업자 M도 4월 4일 지급사유 발생가정), 2011년 4월 4일 X와 M은 오전 11시 EFP거래를 하기로 하고(960원/$), 이를 거래소 회원사에 통보했다. 당일 현물환시장(spot market) USD/KRW 현물환율이 950원이다. 결과적으로 수출업자 X는 900원에 달러를 매도한 결과가 되었고, 수입업자 M은 900원에 달러를 매수한 결과가 되었다. EFP 거래제도가 없는 경우 수출업자 X는 4월 4일 장내에서 선물 포지션을 해소하고 장외에서 별도거래를 통해 달러를 매도하면 된다. 그러나 EFP 거래제도 활용시에는 수출업자 X는 장내시장에서 선물 포지션 해소와 수취한 수출대금을 EFP 거래상대방과 인수도함으로써 시간과 비용을 절감할 수 있다.

표 11-10 EFP 거래결과

날짜	수출업자(X)		수입업자(M)	
3.04	■ 선물 2계약 매도(5월물)	910원	■ 선물 2계약 매수(5월물)	910원
4.04 (EFP)	■ 10만 달러 현금인도(현물가격)	950원	■ 10만 달러 현금인수(현물가격)	950원
	■ 선물 2계약 매수(5월물)	960원	■ 선물 2계약 매도(5월물)	960원
결과	■ 950원/$ 수취 - 50원/$(선물거래 손실) ■ 결과 : 900원에 달러 매도		■ 950원/$ 지불 - 50원/$(선물거래 이익) ■ 결과 : 900원에 달러 매수	

5.2 FLEX(Flexible Exchange) 거래

5.2.1 개요

FLEX는 최종거래일 및 최종결제방법이 표준화된 USD선물거래와 달리 거래당사자가 최종거래일 및 최종결제방법을 협의해 정할 수 있는 거래제도이다. 이는 중소기업 등이 은행과 행하고 있는 USD 선물환거래와 유사한 성격의 거래를 장내 통화선물시장에서 낮은 거래비용으로 보다 안전하고 편리하게 이용할 수 있도록 도입한 새로운 거래제도이다. 기존 장내 통화선물시장의 선물거래는 만기가 특정일(매월 셋째 월요일)로 지정되어 있고, 최종결제방식도 실물인수도 결제만 허용했으나 FLEX의 경우 거래당사자가 협의해 만기를 원하는 날짜로 자유롭게 정할 수 있고, 최종결제방식도 USD 실물을 인수도하는 방식과 차액만을 현금으로 결제하는 방식을 선택할 수 있다.

FLEX 거래는 은행의 장외 선물환 거래와 거래소의 장내 선물거래의 장점을 모두 누릴 수 있는 거래방식이다. 우선 거래자가 만기를 자유롭게 선택함으로써 원하는 시기에 정확하게 맞추어 환위험 헤지가 가능하다(은행 선물환거래의 장점). 또한 거래소(KRX)가 거래상대방으로서 결제이행을 보증함으로써 장외거래의 단점인 신용위험을 제거해 거래의 안정성을 향상시킨다. 한편 회원사에 계좌만 개설하면, 거래시에는 특별한 서류 작업이나 심사절차 없이 일반 장내 선물거래처럼 절차가 간편하고 신속하게 거래를 할 수 있다. 또한 장외거래에 비해 거래수수료가 저렴하며, 만기 이전이라도 중간에 자유롭게 반대매매를 통해 기존 포지션의 청산이 가능하다.

5.2.2 FLEX 거래 절차

현재 우리나라는 USD선물 거래에만 FLEX 거래를 활용하고 있다. 거래 절차는 한국거래소의 회원사(선물회사)에 계좌를 개설한 다음, 회원사를 통해 거래소가 제공하는 거래상대방 탐색시스템을 활용해 원하는 만기와 최종결제방식을 지정해 거래상대방(다른 회원사, 은행, 기업 등)을 탐색하고 FLEX 거래를 실행한다.

표 11-11 FLEX 거래조건(USD선물)

구분	Flex 거래조건
선택가능만기일 (최종거래일)	대략 6개월 이내에서 일단위로 자유롭게 선택 ■ 미국달러선물 표준물의 여섯 번째 연속결제월물 만기 이내에서 선택가능 하되, 표준물 만기일(매월 셋째 월요일) 및 전후 1거래일은 제외
최종결제방법	실물인수도 또는 차액 현금결제
최종결제가격	만기일에 서울외국환중개㈜의 30분 동안 체결된 거래의 거래량 가중평균환율 (14:25~14:55)
거래 신청시간	09:10~14:55
거래수량	10계약~5,000계약(10만 달러~5천만 달러)
거래신청가격	상 · 하한가(+/− 4.5%)내에서, 그리고 기준종목(미국달러선물 표준물 중 가장 거래가 많은 종목)시세의 ±1.0% 이내에서 매매를 체결해야 함
거래방법 (거래신청방법)	① 고객(중소기업 등)이 회원사에 거래의사 전달 ② 회원사가 거래상대방 탐색시스템(거래소 제공) 등 활용 ③ 양 거래상대방(회원사)이 협의 완료후 10분 이내에 거래소 시스템에 거래 입력(신청)
증거금률	위탁증거금률 5.25%, 유지증거금률 3.5%

5.2.3 이용 사례

A기업은 2011년 5월 25일에 수출대금 10만 달러를 받을 예정인데, 오늘(2011년 3월 28일)부터 입금일(2011년 5월 25일) 사이에 환율하락이 우려되는 상황이라고 하자. FLEX 제도가 없는 경우에는 높은 수수료를 지불하고 장외시장에서 5월 25일 만기의 선물환 매도 거래를 체결하거나, 거래소시장에서 5월 16일(셋째 월요일) 만기의 선물을 매도하고 만기 도래시 다음달 만기의 선물거래로 연장해 환위험을 헤지할 수 있다. 그러나 FLEX 제도를 활용할 경우 거래소 장내시장에서 직접 5월 25일 만기의 FLEX 거래를 체결함으로써 저렴한 비용으로 간편하게 정밀한 환위험 헤

지를 할 수 있다. 이때 만약 A기업이 실물인수도 없이 5/25일 입금될 달러를 그대로 보유하고 기간(2/28~5/25) 중의 환율변동위험만 제거하고 싶은 경우에는 FLEX 거래시에 최종결제방식을 실물인도가 아닌 차액 현금정산 방식으로 거래하면 된다.

표 11-12 FLEX 거래, EFP 거래 및 협의대량 거래의 비교

	협의대량거래	EFP거래	FLEX거래
경쟁 여부	비경쟁거래	비경쟁거래	비경쟁거래
현물거래와 연계	연계 없음	연계	연계 없음
거래목적	특정 단일가격에 의한 대량물량 거래체결	조기인수도	유연한 거래조건을 통해 정교한 헤지수요 충족
협의가능시간	거래시간 중	거래시간 중	거래시간 중
거래수량	1,000계약 이상	1계약 이상	10계약 이상
선물가격 범위	최근월물 시세반영가격 대비 ±0.5%	최근월물 시세반영가격 대비 ±0.5%	최근월물 시세반영가격대비 ±1%
결제방식	실물결제	실물결제	현금결제/실물결제
거래대상	표준물 결제월물	표준물 결제월물	별도의 만기일 종목

요약

1. 선물거래란 표준화된 특정상품을 공인된 선물거래소에서 현재 합의된 가격으로 미래일정 시점에 인수도할 것을 약속하는 법적구속력을 갖는 계약을 의미한다. 선물거래의 목적은 미래의 가격변동에 대한 위험을 회피하고자 하는데 있다. 선물거래의 대상이 되는 상품의 종류에 따라 크게 상품선물, 금융선물 및 기타선물로 구분된다. 현재 전세계에서 가장 유명한 선물거래소는 시카고상업거래소 그룹(CME 그룹)이다. 외환거래의 일부인 통화선물거래는 1972년 5월 16일부터 CME의 한 부서인 IMM에서 기존의 상품선물과 분리해 7개 국가의 통화에 대한 거래에서 처음으로 시작되었다.

2. 선물시장을 구성하는 주요 참가자들로는 선물거래소, 투자자, 선물중개회사 등이 있다. 선물거래소는 정형화된 거래규칙과 표준화된 선물상품을 개발해 조직화된 거래를 할 수 있도록 거래장소를 제공하는 역할을 담당한다. 거래소에서는 회원들만이 선물거래를 할 수 있다. 투자자들은 헤징, 투기, 차익 등을 목적으로 선물거래를 하고자 선물시장에 참가한다. 선물중개회사는 투자자와 거래소회원들 사이에서 브로커 역할을 담당한다. 투자자의 대리인으로서 거래주문을 넣어주고 증

거금계좌를 관리하며, 이에 대한 대가로 일정한 수수료를 받는다. 대부분의 경우 선물중개회사는 거래소회원권을 보유한다. 선물시장의 장점으로는 신용도가 비교적 낮은 개인 등 모든 시장참여자가 참여할 수 있는 개방된 시장이며, 점두시장인 현금시장과 달리 선물시장은 한지붕 아래에서 거래소를 통해 거래되는 집중된 시장이다. 또한 청산소가 일일정산제도, 증거금제도 등을 통해 계약이행을 보증하기 때문에 결제 및 청산위험이 없다.

3. 이론적 선물가격은 현물가격에 최종 결제일(만기)까지의 이자, 창고료, 보험료, 운송료 등의 보유비용(cost of carry)을 합한 것과 동일하다. 따라서 일반적인 경우 선물가격이 현물가격보다 높다. 베이시스란 동일상품의 선물가격과 현물가격과의 차이를 말한다. 통화선물의 경우 현물환가격과 통화선물가격의 차이인 베이시스는 보유비용이 되며 이종통화 간의 금리차를 반영한다. IMM을 비롯한 주요 통화 선물시장에서는 모든 통화선물가격을 미국식(American terms)으로 표시한다. 즉 유럽식 환율의 역수를 사용한다.

4. 통화선물을 이용한 거래는 거래목적에 따라, 헤지거래, 투기거래, 차익거래로 나눌 수 있다. 선물헤징이란 가격변동 위험을 회피하기 위해 현물 포지션과 반대방향의 포지션을 선물시장에서 동시에 취해 현물, 선물 간의 손익을 서로 상쇄시키는 거래를 말한다. 투기거래는 위험을 무릅쓰고 높은 수익을 얻으려는 거래로서, 투기거래자는 선물시장의 가격 움직임을 예측해 시세차익만을 얻기 위해 선물시장을 이용한다. 특히 선물거래의 특징인 낮은 증거금으로 높은 수익을 창출하는 이른바 레버리지를 활용한다. 현물가격에 비해서 선물가격이 과도하게 낮게 형성되거나 높게 형성될 때 현물매입/선물매도 또는 현물매도/선물매입 거래를 통해 무위험 이익을 얻을 수 있는데, 이와 같이 무위험 이익을 창출하기 위해서 행하는 거래를 차익거래라고 한다.

5. 통화선물은 만기일이 정해져 있는 정형화 된 장내 파생상품이기 때문에 사용자 입장에서는 만기일과 외화대금 지급 및 수취일이 일치하지 않아 정확한 헤지에 어려움이 있다. 이에 따라 최근 들어 장내파생상품의 단점을 보완해 선물시장의 거래량을 늘리고 편리성을 더하고자, 선물시장의 정형화 및 표준화된 거래조건을 완화한 상품들이 등장하고 있다. 통화선물시장에서도 장외거래의 대표적 상품인 선물환거래의 유연성을 통화선물에 추가한 EFP와 FLEX와 같은 상품들이 도입되었다.

부록 1 우리나라 선물거래소 통화선물거래의 개요

구분	미국달러선물	엔선물	유로선물
기초자산	미국 달러	일본 엔	유로
기초자산 기준가격	서울외국환중개를 통해 이루어진 미국 달러 현물환거래에서 형성된 최종 환율	미국 달러의 기초자산기준가격을 로이터가 공표하는 1달러당 엔화의 환율로 나누어 산출한 수치에 100을 곱해 산출한 100엔당 원화의 환율	미국 달러의 기초자산기준가격에 미국 달러의 현물환거래의 종료시점에 로이터가 공표하는 1유로당 미국 달러화의 환율을 곱해 산출한 1유로당 원화의 환율
가격의 표시	1달러당 원화	100엔당 원화	1유로당 원화
1계약의 크기	1만 달러	100만 엔	1만 유로
거래승수	10,000	10,000	10,000
호가가격단위	0.1원	0.1원	0.1원
거래시간	09시~15시 15분 (최종거래일은 09시~11시 30분)	09시~15시 15분 (최종거래일은 09시~11시 30분)	09시~15시 15분 (최종거래일은 09시~11시 30분)
결제월	분기월 4개와 그 밖의 월 4개	분기월 4개와 그 밖의 월 4개	분기월 4개와 그 밖의 월 4개
최종거래일	결제월의 세 번째 월요일	결제월의 세 번째 월요일	결제월의 세 번째 월요일
최종결제방식	실물인수도방식	실물인수도방식	실물인수도방식
위탁증거금률	4.5%	5.25%	5.25%
유지증거금률	3.0%	3.25%	3.25%

위탁증거금 및 손익산출 예시

미국달러선물 1계약을 1,170.00원에 매도해 1,150.00원에 청산한 경우

- 위탁증거금 = 약정가격 × 거래승수 × 계약수 × 위탁증거금률 = 1,170.00 × 10,000 × 1계약 × 4.5% = 526,500원
- 매매손익 = (매도가격 − 청산가격) × 거래승수 × 계약수 = (1,170.00 − 1,150.00) × 10,000 × 1계약 = 200,000원

자료 : 한국거래소 웹사이트(www.krx.co.kr)

부록 2 선물회사, 은행 및 수출보험공사를 통한 환위험 헤지의 비교

거래회사	선물회사	은행	수출보험공사
거래형태	한국거래소 상장 (장내 거래)	은행과 계약 (장외 거래)	수출보험공사와 계약 (장외 거래)
수수료	거래 수수료	환율 스프레드	보험료 + 환율 스프레드
가격적용	모든 거래자 동일(경쟁매매)	은행별, 거래자별 상이	거래자별 상이
거래환율	실시간 시장환율	은행 제시환율	수보 제시환율(익일결정)
증거금	거래금액의 약 4.5%(표준화)	신용도에 따라 차이	증거금 없음(신용조사)
결제방법	차액결제, 실물인수도, 연기	실물인수도	차액결제
종합	거래비용이 가장 저렴하고 거래절차가 간단하며 전문적 정보와 자문을 받을 수 있어 중소기업 유리	거래규모에 따라 환율 등 거래조건이 결정되므로 상대적으로 볼륨이 크고 협상력 좋은 대기업 유리	거래한도 범위 내에서 증거금 없이 거래 가능하므로 증거금 부담되는 기업 유리

자료 : 한국거래소 웹사이트(www.krx.co.kr)

부록 3 세계의 선물거래소 특징과 주요 상품[27]

	ICE EU(대륙간거래소) : 런던, www.theice.com
특징	■ 농산물과 에너지시장의 거래비중이 큰 대표적인 선물거래소 ■ 2000년 영국에 근거를 두고 설립된 거래소 ■ 전산장이 활성화되어 있으며 2007년 NYBOT를 인수 ■ 전세계의 약 50%정도의 Crude Oil및 정재유의 선물거래 담당
주요상품	■ 에너지 : 북해산브렌트유, WTI 원유, 경유(Gasoil), 탄소배출권(EUA), 탄소배출권(CER)
	LIFFE(런던국제금융선물거래소) : 런던, www.euronext.com
특징	■ NYSE Euronext 그룹 계열 ■ 1982년 미국의 금융선물 성공에 자극받아 설립된 영국의 금융선물거래소 ■ 현재 유럽의 5개국 시장에서 거래 중이며 일당 약 2조 유로의 거래량이 일어남
주요상품	■ 주가지수 : 영국 FTSE100 지수 ■ 금리 : 영국 Long Gilt
	LME(런던금속거래소) : 런던, www.lme.com
특징	■ 전세계에서 유일하게 공개호가방식을 고수하는 130년 역사의 금속거래소 ■ 실물 비철금속시장 가격의 벤치마크 가격을 제공하며, 전세계 실물업자들의 상품가격변동 위험 관리를 위한 헤지수단으로서 이용되고 있음.

27. http://www.etrade.co.kr/ 참조

주요상품	■ 비철금속 : 전기동(구리), 알루미늄, 아연, 납, 니켈, 주석, 등. ■ 플라스틱 : 폴리프로필렌, 폴리에틸렌 ■ 철강 : Steel Billet(극동지역, 지중해지역) ■ 희소금속 : 코발트, 몰리브덴
EUREX(유럽거래소) **: 프랑크프루트, www.eurexchange.com**	
주요상품	■ 유럽 최대의 선물거래소 ■ 특히 Dow Jones Euro Stoxx 50 지수선물은 미국의 S&P500 지수선물 다음으로 큰 유동성과 변동성을 자랑하며, 독일 국채 역시 최근 들어 미국 국채 이상으로 큰 유동성을 보여줌
특징	■ 주가지수 : DJ Euro Stoxx 50, 독일 DAX, Swiss Market Index 등 ■ 금리 : 독일 장기채(Euro Bund), 독일 중기채(Euro Bobl), 독일 단기채(Euro Schatz)
CME(시카고상업거래소) **: 시카고, www.cmegroup.com**	
특징	■ 세계 최대 선물거래소인 CME Group 계열 ■ 2007년 CME와 CBOT 그리고 NYMEX의 인수합병을 거쳐 탄생 ■ 거래규모 : 약 3,000여명의 회원 구성, 연간 15억 달러의 거래량 ■ SIMEX(싱가폴국제금융거래소)와 상호 청산 시스템 운영, Globex로 거래 기회 부여
주요상품	■ 주가지수 : S&P500, NASDAQ100, S&P Midcap400, Nikkei225(￥), Nikkei225($) 등 ■ 금리 : 유로달러(Eurodollar) ■ 통화 : 유로, 엔, 파운드, 스위스 프랑, 캐나다 달러, 호주 달러, 뉴질랜드 달러, Euro/YenCrossRate ■ 농축산 : 돈육, 생우, 비육우, 냉동삼겹살
CBOT(시카고상품거래소) **: 시카고, www.cmegroup.com**	
특징	■ 세계 최대 선물거래소인 CME Group 계열 ■ 미국에서 가장 오래된 대표적 이며 거래량이 많은 선물거래소임 ■ 핵심 취급 품목 : 농축산물, 곡물 선물거래량의 약 90%, 전 세계 거래량의 80% 담당 ■ 거래규모: 약 3,600여 회원사들에 의해 거래, 연간 25억 달러의 거래 규모
주요상품	■ 주가지수 : 다우존스산업 ■ 금리 : 미 30년 국채, 미 10년 국채, 미 5년 국채, 미2년 국채 ■ 농축산 : 옥수수, 소맥, 대두, 대두유, 대두박, 귀리, 쌀
NYMEX(뉴욕상업거래소) **: 뉴욕, www.cmegroup.com**	
특징	■ 세계 최대 선물거래소인 CME Group 계열 ■ 세계 최대의 원유 및 원유 제품 선물 거래소 ■ 핵심 취급 품목 : 원유(Crude Oil)선물 – 모든 에너지 선물의 시세 결정 기준 ■ 거래규모 : 현재 3,000여 회원사 거래, 총 22억 달러 정도의 거래량
주요상품	■ 에너지 : 서부텍사스산중질유(WTI), 난방유, RBOB가솔린, 천연가스, 등 ■ 비철금속 : 구리 ■ 귀금속 : 금, 은, 백금, 팔라디움
ICE US(대륙간거래소) **: 뉴욕, www.theice.com**	
특징	■ 2007년 NYBOT를 인수하며 ICE US로 바뀜 ■ 미국 뉴욕에 위치하고 있으며 특히 전 세계적인 농축산 선물/옵션 거래가 이루어짐
주요상품	■ 주가지수 : Russel2000 ■ 통화 : 미국 달러인덱스 ■ 농축산 : 원당(Sugar #11), 원면(Cotton), 코코아, 커피, 냉동오렌지쥬스
HKEX(홍콩거래소) **: 홍콩, www.hkex.com**	
특징	■ SGX와 함께 아시아의 대표적이 거래소로써 중화권 지수선물의 거래비중 높음 ■ 1976년 홍콩에 설립된 선물거래소로서 2000년에 HKSE와 합병해 HKEX로 되었음
주요상품	■ 주가지수 : Hang Seng(홍콩 항생지수), H-Share(항생 중국기업지수)
SGEX(싱가포르거래소) **: 싱가포르, www.sgx.com**	
특징	■ 금리선물과 지수선물의 비중이 높은 아시아의 대표적인 거래소 ■ 1976년 SEX와 SIMEX를 합병해 탄생한 거래소 ■ 대만, 홍콩, 싱가폴, 일본 등 아시아 주요국의 주가지수선물 및 에너지선물 등 거래
주요상품	■ 주가지수 : Nikkei225(￥), MSCI 대만($), MSCI 싱가포르(S$), CNX Nifty($)

연습문제

01. KRX 웹사이트 환리스크관리교육센터(http://riskdoctor.krx.co.kr), 혹은 우리나라 선물회사의 웹사이트를 방문해 모의거래를 시도해보라.

02. 우리나라 선물시장에서 USD/KRW 선물을 통한 헤지거래를 할 경우 상대방위험(counterpart risk)은 누가 지게 되는가?

03. 대체투자란 무엇을 의미 하는가?

04. 공매도(short sale)란 무엇이며 어떤 상황에서 발생하는 것인가?

05. 왜 개인이나 중소기업이 환위험을 헤지하기 위해 선물환(선도환)시장을 사용하지 못하고 선물시장을 선호하는지 이유를 설명하라.

06. 콘탱고(contango)와 백워데이션(backwardation)이 발생되는 배경을 설명하라.

07. 선물시장에서 거래상품의 표준화가 왜 필수적이라고 생각하는가?

08. 2008 글로벌 금융위기와 같이 시장의 변동성이 급변할 때 거래소는 어떻게 위험을 관리하는가? 그들이 사용하고 있는 위험관리시스템은 어떻게 위험을 관리하는가?

09. 만약 특정 거래소의 자본금이 그 거래소에서 거래되는 거래량과 위험에 비해 너무 작다면 어떤 문제가 발생될 소지가 있는가?

10. 선물시장에서 buy low and sell high의 의미는 무엇인가? 현물환시장(FX cash market)에서 이 원리가 적용되는가? 항상 이 원칙이 적용되는가? 어떤 경우에 예외적으로 적용되는가?

11. 베이시스(basis) 위험을 설명하고 트레이더 입장에서 시장상황을 설정하고 전략을 세워보라. 현물가격과 선물가격의 수렴현상과 어떤 관계가 있는가?

12. 2011년 4월 NYSE 유로넥스트는 도이체뵈르제와 합병계획을 재확인했다. 왜 거래소들은 지역을 초월해 합병을 하는가?

13. 선물시장에서 채택하고 있는 연속 6개월 물의 의미는 무엇인가?

14. 만약 선물시장의 수도일이 헤지목적의 결제일과 차이가 생긴다면 이를 어떻게 해결 하는가? FLEX(Flexible Exchange) 거래를 이용할 때 단점은 무엇인가?

15. CME에서는 EUR/USD 1개월–3개월 volatility contract 거래를 하고 있다. 이러한 거래 참여자는 어떤 목적으로 거래를 하는가? 옵션 트레이더는 이를 어떻게 이용할 수 있는가?

16. 현재 로이터 spot 화면에 USD/JPY 84.05로 가격제시가 된다면 이를 IMM 선물가격으로 표시하면 어떻게 되는가?

17. 2011년 4월 27 FOMC 정례 정책회의 후에 FRB 벤 버냉키 의장은 국채매입을 통한 2차 양적완화(QE2)를 6월까지 총 6,000억 달러 규모 그대로 모두 시행키로 했다고 밝혔다. 2011년 4월 18일 신용평가사인 S&P는 최근 미국의 재정적자 누적으로 미국 국가신용등급(AAA)전망을 안정적(stable)에서 부정적(negative)으로 변경했다. 시장의 이러한 펀더멘탈(fundamental)을 고려할 때 전반적으로 달러약세가 예상되어 어떤 트레이더가 선물시장을 통해 트레이딩을 하려고 한다. 현재 5월 25일의 현물환율은 USD/KRW = 1,085원이다. 선물시장에서 USD 3개월 선물이 1,103원에 거래된다.

a. 만기 현물환율이 1,115원으로 상승할 경우와 1,055원으로 하락할 때를 가정해 트레이딩 전략을 수립하라.

b. 만약 600,000달러를 가지고 트레이딩을 하려고 한다. 만약 7월 27일 현물환율 1,050원, 8월 선물만기 선물가격이 1,060원으로 형성될 때 포지션을 청산하면 7월의 손익과 전략을 설명하라

c. 만약 600,000달러를 가지고 트레이딩을 하려고 한다. 만약 7월 27일 현물환율 1,150원, 8월 선물만기 선물가격이 1,160원으로 형성될 때 포지션을 청산하면 7월의 손익과 전략을 설명하라.

18. 2011년 4월 27일 A트레이더는 CME(IMM)에서 실제 거래되고 있는 GBP 6월물

100계약을 1.44650에 사서 2일 후 1.45310에 팔았다. A트레이더의 손익은 얼마인가? (1계약 size GBP125,000)

19. 2011년 4월 27일 B트레이더는 CME(IMM)에서 실제 거래되고 있는 JPY/USD 6월물 100계약을 1.22020에 사서 3일후 1.19720에 팔았다. B트레이더의 손익은 얼마인가? (1계약 size JPY125,000,000)

20. CME에서 USD/KRW이 어떤 조건과 방식으로 거래되는지 살펴보라.

21. CME의 E-micros 상품을 웹사이트에서 검색해보고 그런 상품을 거래하는 이유가 무엇인지 설명하라.

12장

Chapter twelve

통화스왑 및 관련 스왑시장

1. 스왑의 기초

1.1 개요

1.1.1 스왑의 기본개념

스왑이란 장래 특정일 또는 특정기간 동안 일정한 금융자산 또는 부채를 상대방의 금융자산 또는 부채와 교환하는 계약을 말한다. 스왑거래는 기초자산의 종류, 거래목적, 이용자의 특성에 따라 다양한 형태로 나타나고 있다. 스왑은 각각의 기초자산을 교환하는 데 따른 대가를 비교해 스왑비율과 보상을 책정하고, 수요자의 선호에 따라 기간을 조절하거나 특별조항을 삽입해 다양한 변형이 가능하다. ISDA(International Swaps and Derivatives Association Inc.)[1] 자료에 의하면 대표적 스왑상품인 금리스왑과 통화스왑 거래량은 현재 약 426.7조 달러에 달한다고 한다.

선물환에서 설명한 단기적인 외환스왑거래(FX or forex swaps)는 외환시장에서 이종통화 간의 현물환거래와 선물환거래가 동시에 이루어지는 스왑거래로서 환위험을 회피하거나 또는 통화 간에 일시적인 자금수지불균형을 해소하기 위한 수단으로 널리 이용되어 왔다. 반면에 금리스왑이나 통화스왑 등 스왑금융은 명목금액이 아주 크고 기간이 장기인 경우 많이 이용되며, 거래소 밖에서 이루어지는 OTC (over the counter) 상품이 주를 이룬다.

1. http://www2.isda.org/about- isda. ISDA는 1985년 설립되어 OTC 시장의 스왑과 파생상품시장에서 거래가 효율적이고 안전하게 이루어지도록 파생상품의 위험관리 규정제정, 서류, 회계, 세금, 기술적 문제 등 제반 문제를 다루며 홍보하고 교육하는 단체이다.

1.1.2 스왑금융의 발생 이유

스왑금융이 발생하는 이유는 특정한 기업이나 금융기관이 각기 다른 금융시장(외환, 단기금융 그리고 장기금융 시장 등)에서 차입비용 차이 혹은 투자수익 차이 등으로 인해 차입조건에서 상대적 비교우위(relative strength)가 발생하기 때문이다. 금융시장에서 동일한 차입자에 대해 지역 간, 시장 간에 차입 비용이 달라지는 현상을 시장 비효율성(market inefficiency)이라 하는데, 바로 이 시장 비효율성으로 말미암아 비교우위가 창출되고 스왑거래가 발생하게 되는 것이다.

스왑은 이러한 비교우위를 활용해 차입비용을 절감할 수 있다는 점에서, 선물이나 옵션에 비해 장기간의 위험헤지가 가능하다는 점에서, 그리고 국가 간 외환·조세·금융 규제상의 차이를 적극적으로 활용할 수 있다는 점에서 그 효용가치가 크다. 실제로 개별 기업이나 금융기관의 자금흐름은 각기 다르게 마련이므로 그들의 위험은 객관적으로 측정하기 힘들고 채권·채무의 가치를 단일한 국제적 기준으로 표준화하기도 어렵다. 또한 외환·조세·금융상의 규제가 국가 간에 다르기 때문에 외형상 동일한 채권·채무라 하더라도 그 가치가 동일하지 않다. 그리고 개별 자본시장은 독특한 정보 전달체계와 평가방식을 가지고 있으므로 정보에 대한 평가 또한 상이하다. 이렇듯 국제금융시장이 통합되어 감에도 불구하고 각 시장의 차별성은 언제나 존재하고 차입 및 투자수익상의 비교우위가 발생하므로 스왑시장이 필요하다.

1.1.3 스왑금융과 다른 상품과의 비교

스왑금융은 다른 금융거래와 몇 가지 차이점이 있다. 우선 스왑금융과 대출의 차이점을 보면, 스왑거래 특히 금리스왑의 경우 원금의 교환은 거의 이루어지지 않으므로 단지 이자 지급에 대한 위험만 있다. 또한 스왑의 경우 신용위험에 노출되는 순현금흐름의 크기가 양자 간의 금리 차이에 불과하므로 대출에 비해 매우 작다. 아울러 스왑거래는 어느 정도 안정된 금융기관이나 대기업 간에 이루어진다.

한편 스왑금융과 선물거래 및 선도환거래 간에도 차이점이 있다. 스왑금융은 다른 상품과 손익의 방향은 동일하지만 만기까지 여러 번의 결제일이 존재하므로 신용위험(credit risk)이 분산되는 이점을 가지고 있다. 따라서 스왑거래의 신용위험은 선물시장보다는 크지만 대출이나 선도환계약보다는 작다고 볼 수 있다.

1.2 스왑금융시장의 거래 메커니즘

스왑금융의 초창기에는 은행들이 어느 한쪽의 스왑을 그와 동일한 반대방향의 스왑과 연결시켜주지만 스왑거래에 따른 위험은 부담하지 않는 브로커 역할을 하는 데 그쳤었다. 그러나 개별거래마다 반대 방향의 조건을 갖춘 거래자들을 매번 찾아내는 것은 매우 어렵거나 불가능하므로 은행들은 이를 해결하기 위한 방법을 모색하게 되었다. 그 결과 오늘날 대부분의 은행들은 스왑풀(swap pool or warehouse)을 만들어 브로커로서 뿐만 아니라 딜러 혹은 시장조성자로서의 역할을 적극적으로 하고 있다. 딜러로서의 은행은 거래 당사자의 요구조건이 정확히 일치하지 않는 경우에도 양쪽 거래자들을 연결시켜 주고 양쪽의 조건 불일치로 인해 발생하는 위험을 헤징하고자 노력한다. 거래 당사자의 요구조건을 만족하는 상대방을 찾을 수 없는 경우 적절한 상대방이 나타날 때까지 은행이 직접 거래상대방이 되어준다. 은행은 그 대신 스왑거래의 스프레드를 서비스에 대한 보상으로 요구한다.

스왑금융시장은 대부분 은행간 시장이다. 금융기관들 중에서 투자은행 및 보험회사도 활발히 스왑거래를 하고 있으나, 거래상대방에 대한 신용위험을 분석할 필요성 및 스왑에 따른 위험을 감당할 만한 자본금 능력이 요구되기 때문에 대부분의 스왑거래는 상업은행들에 의해 행해지고 있다. 스왑 포지션을 확대하거나 축소하고자 하는 은행들은 유리한 가격을 알아보기 위해 톰슨 로이터(Thomson Reuters), 블룸버그(Bloomberg) 등에서 제공하는 스왑가격을 참고한다. 보다 나은 정보를 얻기 위해 직접 전문거래기관에 전화를 걸거나 스왑 트레이더들 간의 청산소 역할을 하는 외환 및 단기금융시장의 브로커와 접촉해볼 수도 있다.

오늘날 주요 은행들이 행하는 스왑금융거래 중 자금조달과 직접적인 연관이 있는 것은 극히 일부분이다. 이보다는 고객과의 스왑거래로 인해 발생한 포지션을 없애기 위해 은행들 간 서로 스왑거래를 활발하게 하고 있다. 뿐만 아니라 자산과 부채 간 불일치로 인해 발생하는 포지션을 관리할 목적으로 또는 이자율 및 환율예상에 따른 이득을 취하고 스왑시장에서 일시적으로 발생한 차익기회를 취득할 목적으로 스왑거래를 하기도 한다. 스왑시장은 스왑풀의 시장조성자들에 의해 지배되고 있는데, 이들은 여러 가지 종류의 스왑포트폴리오(swap portfolio)를 관리하고 있다. 통화스왑 포트폴리오는 이자율뿐만 아니라 환위험도 관리해야 하므로 일반적으로 금리스왑 포트폴리오에 비해 관리하기가 더욱 어렵다.

스왑시장에서의 거래는 스왑해약을 통해 신축적으로 운용될 수 있다. 스왑해약(swap unwinds)은 만기가 되기 전에 해당 스왑거래를 종료하는 것을 의미하는데, 이를 통해 스왑은 기업들이 차입비용을 절감하고 이자율 및 환위험을 관리하는 데 신축적인 수단으로 이용될 수 있다.

2. 금리스왑

2.1 금리스왑의 정의

금리스왑(interest rate swap, IRS) 또는 이자율스왑은 거래쌍방이 일정기간 동안 동일한 명목금액(동일통화)에 대해 서로 상이한 금리인덱스(index)를 사용해 계산한 이자를 교환하기로 한 계약이다. 즉, ① 두 거래 당사자가(two counterparties) ② 일정한 기간 동안(over on agreed period) ③ 원금(notional principal)의 교환 없이 ④ 각각 다르게 정해진 이자 계산 방식에 따라 ⑤ 이자만을 교환하기로 한 계약을 말한다.

여기서 변동금리의 기준인덱스(reference index)는 LIBOR, CP, US T-bill, FED fund 등 다양하다. 주로 변동금리는 LIBOR를 사용하고, 특정일자의 이자율을 특정기간 동안 적용하는 것이 일반적이다(예 : 6 month LIBOR). 그러나 일정기간 동안의 평균값을 적용하는 경우도 있고, 지연리보스왑(delayed LIBOR swap)과 같이 해당기간이 끝날 때 이자율이 결정되는 경우도 있다. 반면 고정금리 스왑가격은 재무성 단기채권 수익률(benchmark)에 스왑 스프레드(가산금리)를 더해 표기한다. 스왑딜러가 지불하고자 하는 스왑가격(swap rate)을 지급률(pay rate 혹은 bid rate)이라 하고 받고자 하는 스왑가격을 수취율(receive rate 혹은 offer rate)이라고 한다. 스왑가격은 거래상대자의 신용도 등 여러 가지 요인에 따라 달라진다.

스왑의 매입자(buyer)와 매도자(seller) 구분은 스왑시장에서 고정금리를 지불하는 쪽을 기준으로 삼아 상대방을 지칭한다. 예를 들면, 스왑 매입자(buyer)는 고정금리를 지불하는 자(payer)이며(변동금리를 받는 자), 반대로 스왑 매도자(seller)는 고정금리를 수취하는 자(receiver)를 말한다. 스왑 기간 중 이자교환 횟수(payment frequency)나 지급일(payment dates)은 서로 다를 수 있지만 실무에서는 편의상 같은 날짜로 만들고 또한 결제위험을 줄이기 위해 총액결제가 아닌 차액결제(netting)로 정산을 한다.

명목금액(notional principal)은 일정한 경우가 대부분이지만 스왑의 성격에 따라 증가, 감소 또는 증감이 동시에 일어날 수 있는데 대표적으로는 항공기, 선박 등의 리스계약 관련 스왑거래에서 명목금액은 시간경과에 따라서 감소하는 경우를 볼 수 있다(armotizing IRS).

스왑의 이자기간이 적용되는 날짜(effective date)는 보통 2영업일 후부터 시작되지만(spot 거래), 지연스왑(deferred swap) 혹은 일정기간 후에 시작되는 포워드 스왑(forward start swap)과 같이 1주일 혹은 몇 개월 후에 시작되는 스왑도 있다. 스왑거래의 날짜 계산은 주로 $\frac{\text{스왑기간}}{360}$으로 한다.

그림 12-1 LIBOR(BBA) 고시화면

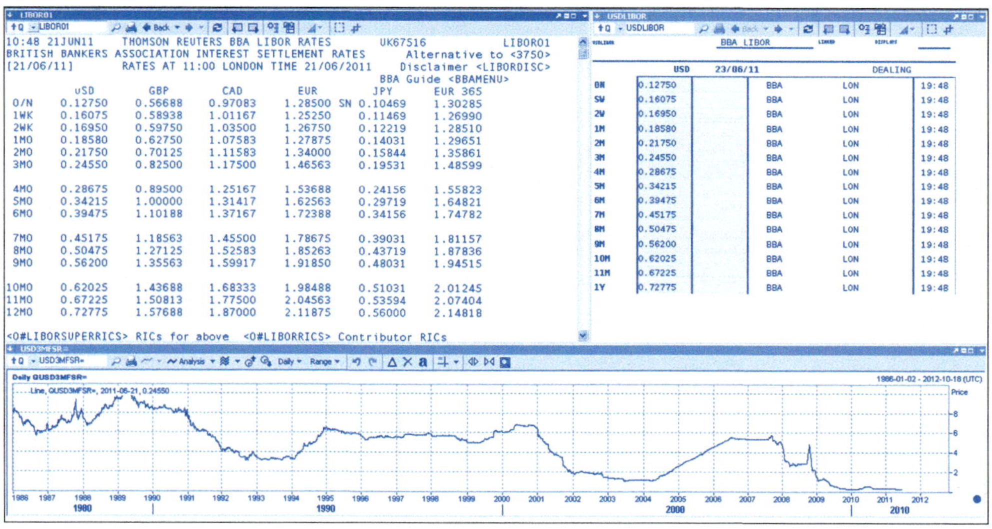

자료 : Thomson Reuters

2.2 금리스왑시장 생성의 이론적 배경

금리스왑의 역사는 오래되지 않았다. 실제로 1980년대 초반에만 하더라도 거래가 존재하지 않았으나 지금은 가장 단순하면서 활용도가 많은 파생상품으로 널리 거래되고 있다. 스왑발생 초기에는 금융시장에서의 차익거래방법으로서 혹은 금융기관들이 차입한 변동부채에 대한 정부 규제틀에서 벗어나기 위한 수단으로 등장했다. 1981년에 세계은행와 IBM 간의 USD/CHF 통화스왑이 처음 공개된 이후 이 개념을 이용한 금리스왑거래가 점차 확산되었다.

금리스왑의 거래 동기는 다음과 같다. 첫째, 비교우위론(comparative advantage theory)에 따르면, 거래 당사자 간 자금시장에서의 비교우위를 이용하기 위해 스왑을 이용한다. 즉, 거래당사자들 간 단기 및 장기자금시장에서 형성되는 두 개의 신용 스프레드(credit spread)에 차이가 있을 때 한 쪽이 상대방에 비해서 단기 또는 장기자금시장에서 비교우위를 갖게 되는데, 이러한 비교우위를 금리 교환시에 이용하는 것이다. 초기 스왑시장의 성공적인 발전은 서로 다른 신용시장에서 각 시장참여자들이 비교우위를 이용해 자금비용을 절감할 수 있었기 때문이다.

둘째, 만기구조조정이론(maturity structure adjustment theory)에 따르면, 금융기관들이 자산과 부채의 만기구조가 다를 경우 이 차이를 조정하기 위해 스왑을 이용한다. 즉, 자기가 상대적으로 저렴하게 차입할 수 있는 강점이 있는 시장에서 자금을 조달해 상대적으로 불리한 시장에서 자금을 운용할 때 발생되는 만기의 불일치를 스왑으로 조정한다는 것이다.

셋째, 부채관리이론(debt management theory)은 시장참여자들이 장기 및 단기로 구성된 부채구조를 조정하는 데 금리스왑을 사용한다고 설명하고 있다.

넷째, 조세규정 및 차익거래이론(tax and regulatory arbitrage theory)에 따르면, 조세 및 기타 시장규제 등으로 시장 간에 가격차이가 발생할 때 이것을 이용하기 위해 스왑거래를 한다. 가령 미국 국내에서 자금을 조달할 수 있으나 이자율이 낮은 유러달러시장에서는 자금차입이 어려운 경우 미국 국내에서 자금을 차입한 후에 유로시장에 참여하는 다른 차입자와 스왑을 맺는다.

다섯째, 정보의 비대칭이론(information asymmetry theory)에 따르면, 장기자금시장은 일반적으로 기업의 장기신용도를 실제보다 항상 낮게 평가하고 또한 해당기업 역시 이러한 현상을 충분히 시장에 설명해 시정하지 못한다는 것을 가정하고 이에 따라 기업이 주로 단기시장에서 자금을 차입해 장기로 스왑한다는 것이다.

위의 여러 가지 상황들이 스왑거래의 동기를 부여하지만 최근 시장의 동향은 차익거래 혹은 헤지거래보다는 하나의 투기목적으로 스왑이 자주 사용된다.

2.3 전형적인 금리스왑의 예

고정금리와 변동금리 간의 금리스왑에 대한 전형적인 예를 통해, 금리스왑이 어떠한 상황에서 발생하며 그 이득이 무엇인지를 살펴보자. A기업은 신용평가등급이 AAA로서 변동금리로 자금을 조달하기를 원하며, B기업은 신용평가등급이 BBB로서 고정금리로 자금을 조달하기를 원한다. 이때 A기업의 변동금리 차입조건은 LIBOR, 5년 고정금리 차입조건은 11%이다. 그리고 B기업의 변동금리 차입조건은 LIBOR + 0.9%, 5년 고정금리 차입조건은 13%라고 가정한다. 이를 정리하면 다음의 〈표 12 - 1〉과 같다.

표 12-1 두 기업의 신용등급과 차입금리조건

	고정금리	변동금리
A기업	11%	LIBOR
B기업	13%	LIBOR + 0.9%
금리차	2%	0.9%

이상과 같은 상황일 때, A기업은 자금조달 비용 측면에서 B기업보다 절대우위를 가지고 있으나, 비교우위라는 관점에서 고정금리로 자금을 조달하는 것이 더 유리하다. 따라서 A기업은 고정금리로 자금을 차입해, 이를 B기업의 변동금리채무와 스왑함으로써 경제적 이득을 얻을 수 있다.

가령, [그림 12 - 2]에서와 같이 A기업이 B기업에게 LIBOR - 0.5%의 변동금리를 지불하고, B기업은 A기업에게 11%의 고정금리를 지불하는 금리스왑계약을 체결한다고 하자.[2] 그 결과 A기업은 LIBOR - 0.5%[= (LIBOR - 0.5%) + 11% - 11%]의 변동금리로 자금을 조달하고, B기업은 12.4%[= 11% + (LIBOR + 0.9%) - (LIBOR - 0.5%)]의 고정금리로 자금을 조달한 셈이 된다. 이 경우 A기업은 단독으로 변동금리로 차입을 하는 경우보다 0.5% 더 낮은 금리로 차입하는 이득을 얻으며, B기업은 단독으로 고정금리로 차입을 하는 경우보다 0.6% 더 낮은 금리로 차입하는 이득을 얻는다. 따라서 두 기업은 원채무의 아무런 변동 없이 금리스왑을 이용함으로써 목적하는 바의 변동금리, 고정금리 차입을 보다 유리한 조건에서 달성할 수 있는 것이다. 여기서 스왑의 총이득은 1.1%[= 고정금리격차 - 변동금리격차 = 2%

2. 편의상 스왑은행의 중개를 무시한다. 만일 스왑은행 수수료가 0.1%라면 각각의 이득에서 이를 제하면 된다.

– 0.9%]인데 A기업이 0.5%를, B기업이 0.6%를 차지하고 있다. 이러한 금리스왑이 발생함에 따라, 고정금리시장과 변동금리시장 사이의 차익거래가 가능해지고 두 시장은 상호 연결되는 효과가 발생한다.

그림 12-2 고정금리와 변동금리 간의 금리스왑

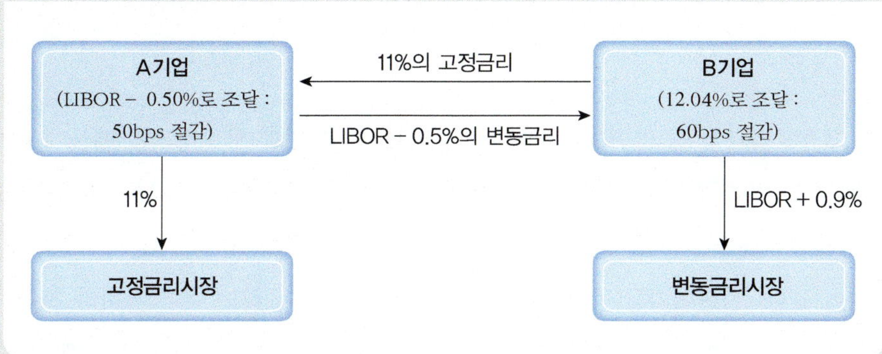

2.4 금리스왑가격 결정 메커니즘(valuation of swaps)

금리스왑가격(swap pricing)은 스왑계약 체결 후 미래에 교환되는 모든 현금흐름에 대한 순현재가치(net present value, NPV)에 의해 결정된다. 즉, 고정금리와 변동금리 간의 스왑에 있어서 고정금리 현금흐름의 현재가치와 변동금리 현금흐름의 현재가치가 같아지도록 하는 고정금리가 스왑가격이 된다. 만일 양자 간에 차이가 발생하면, 즉 스왑가치가 0이 아니라면, 스왑매입자 또는 스왑매도자가 이득을 보게 되기 때문에 스왑가격이 조정된다.

$$NPV(\text{고정금리 현금흐름}) = NPV(\text{변동금리 현금흐름}) \quad (12-1)$$

여기서 고정금리의 경우 매 기간 금리가 일정하기 때문에 이자 또한 동일한 금액이므로 매 기간 일정금액의 현재가치는 다음과 같은 연금계산(annuity) 공식으로 계산이 가능하다. 고정금리에 대한 총현금흐름(원금 제외)의 현재가치는 이 식을 스왑기간에 대해 합한 것으로 나타난다.

$$\text{고정금리 쿠폰금액의 현재가치}(PV) = C \times \left[\frac{1 - \left(1 + \frac{r}{m \times 100}\right)^{-n}}{\frac{r}{m \times 100}} \right] \qquad (12-2)$$

여기서, C = 고정금리금액

r = 할인율, 스왑기간 동안의 채권수익률

m = 연간이자지급횟수

n = 스왑기간 중 이자지급연도

고정금리와는 달리 변동금리에 대한 현금흐름은 미래에 확정되기 때문에 다소 복잡하다. 변동금리에 대한 현금흐름의 현재가치를 구하는 방식은 선선이자율(forward- forward interest rate)을 이용한 방식과 매칭쿠폰(matching coupon)스왑 방식이 있다. 선선이자율 방식은 이자현금흐름을 직접 구하는 것이 아니라 특정 이자흐름을 갖는 데 필요한 명목원금(notional principal amounts, NPA)을 계산하는 방식이다. 즉, 이자지급 기간 초에 일정한 명목원금을 차입해 이자지급 기간 말에 상환하는 과정이 계속되는 경우 각 시점에 상당하는 차입액의 현재가치와 상환금액의 현재가치를 구하는 방법이다. 매칭쿠폰스왑 방식을 통해 순현재가치를 구하는 방식은 계약 초기시점에서 표준형 스왑가치가 제로(0)라는 사실을 이용하는 것이다. 즉, 계약시점에서 통화스왑의 고정이자 현금흐름의 순현재가치와 변동이자 현금흐름의 순현재가치가 항상 일치하는 것을 이용해 변동금리 현금흐름의 순현재가치를 구할 수 있다.[3]

아래의 〈표 12- 2〉는 구체적인 예를 통해 금리스왑에 따른 현금흐름 및 금리스왑가격이 결정되는 과정을 보여주고 있다. (1)열은 만기를 보여주고 (2)열은 1994년 6월 27일 CME에서 거래된 금리선물가격인데, (1)열에 해당하는 만기의 예상이자율을 나타낸다고 가정한다. (3)열은 사후적으로 결정될 고정금리채의 스왑가격(금리)인데, 편의상 전 과정을 거쳐 결정된 균형가격을 미리 제시했다. (4)열은 원금 100만 달러의 변동금리채로부터 유입되는 현금흐름의 크기로서, (2)열의 선물금리를 이용해 100만 × (1 + 3개월유로달러금리/400)으로 계산된다. (5)열은 고정금리채로부터 유입되는(스왑상대방과 거래한다고 하면 지불되는) 현금흐름의 크기

3. 일반적으로 스왑거래시 현금흐름의 현재가치를 간편하게 계산할 때 현금흐름의 발생시점에 해당하는 만기의 제로쿠폰금리를 이용한다. 또한 선물환율은 각 통화별 제로쿠폰채의 가격 간 비율을 이용해 계산되어진다. 이처럼 채권, 선물환 및 스왑에 있어 제로쿠폰법을 사용함으로써 이들 세 시장은 서로 균형을 이루게 되며 따라서 차익거래의 기회도 줄어들게 된다.

로서, (3)열의 금리를 이용해 100만×(1 + 고정금리/400)으로 계산된다. (6)열은 순현금흐름으로서 (4)열 − (5)열로 계산되며, (−)는 순지불을 나타내고 (+)는 순수취를 나타낸다. (7)열은 현금흐름의 현재가치를 계산하기 위한 할인율(제로쿠폰금리)이고 (8)열은 이를 이용해 계산된 순현금흐름의 현재가치이다. (8)열의 아래쪽에 보면 이 스왑에 따른 순현금흐름의 총합이 거의 0으로 나타나 있는데, 따라서 (3)열에 나타난 고정금리가 균형가격임을 알 수 있고, 이 금리가 스왑딜러들에 의해 스왑가격으로 고시되는 것이다.

표 12−2 금리스왑에서의 현금흐름 및 가격결정

만기 (1)	3개월유로 달러금리(%) (2)	고정금리 (%) (3)	변동금리로 부터의 수취 (4)	고정금리에 대한 지불 (5)	순현금흐름 (6)	현재가치 할인율 (7)	순현금흐름의 현재가치 (8)
Sep. 94	5.22	6.709745	13,050.00	−16,774.36	−3,724.3600	0.983896	−3,664.3800
Dec. 94	5.92	6.709745	14,800.00	−16,774.36	−1,974.3600	0.968050	−1,911.2800
Mar. 95	6.19	6.709745	15,475.00	−16,774.36	−1,299.3600	0.952460	−1,237.5900
Jun. 95	6.48	6.709745	16,200.00	−16,774.36	−574.3620	0.937122	−538.2470
Sep. 95	6.71	6.709745	16,775.00	−16,774.36	0.6375	0.922030	0.5880
Dec. 95	6.95	6.709745	17,375.00	−16,774.36	600.6375	0.907181	544.8868
Mar. 96	7.00	6.709745	17,500.00	−16,774.36	725.6375	0.892571	647.6831
Jun. 96	7.10	6.709745	17,750.00	−16,774.36	975.6375	0.878197	856.8017
Sep. 96	7.19	6.709745	17,975.00	−16,774.36	1,200.6380	0.864054	1,037.4150
Dec. 96	7.35	6.709745	18,375.00	−16,774.36	1,600.6380	0.850139	1,360.7640
Mar. 97	7.36	6.709745	18,400.00	−16,774.36	1,625.6380	0.836448	1,359.7610
Jun. 97	7.46	6.709745	18,650.00	−16,774.36	1,875.6380	0.822977	1,543.6070
					합계 = 1,032.6500		합계 = 0.0015

자료 : Levich(2001), p.511.

2.5 원화 금리스왑시장

2.5.1 원화 금리스왑시장 현황

우리나라에서 원화 금리스왑이란 주로 OTC에서 변동금리채권과 고정금리채권(국채)의 이자를 교환하는 거래를 말한다. 거래기간은 보통 1년에서 10년 이내이지만 주로 5년 이내의 거래가 활발하다. 은행간 거래금액은 최소 100억원 이상이

다. 변동금리 기준은 주로 91일물(3개월) CD금리에 일정 스프레드를 더해 책정하고(Quarterly Act/365 base) 고정금리 기준은 정부채(국채) 수익률을 이용한다. 스왑시장의 참가자는 주로 외국계은행과 국내 주요 상업은행들이다. 스왑 스프레드는 유동성과 수요 · 공급 상황에 따라 변동되며 스왑률에서 국채금리를 차감한 것이다.[4]

표 12-3 **원화금리스왑**(KRW IRS)

Maturity	KRW IRS(Q A/365)			
	Offer	Chg	Bid	Chg
1 Year	3.780	▽ 0.010	3.742	▽ 0.013
2 Year	3.960	▽ 0.005	3.920	▽ 0.010
3 Year	4.045	–	4.000	▽ 0.010
4 Year	4.090	–	4.055	▽ 0.010
5 Year	4.135	▽ 0.005	4.100	–
7 Year	4.220	▽ 0.005	4.192	△ 0.002
10 Year	4.330	–	4.285	▽ 0.005
12 Year	4.380	–	4.345	▽ 0.005
15 Year	4.430	–	4.390	–
20 Year	4.470	–	4.420	–

2.5.2 금리변동에 따른 스왑을 통한 헤지 전략

시장금리가 상승할 것으로 예상될 때에는 고정금리를 지불하고 변동금리를 수취하는 금리스왑(pay fixed swap)을 통해 보유하고 있는 고정금리발생 자산(국채 등)의 가치하락을 막을 수 있다. 반면 변동금리 부채를 보유하고 있는 경우에는 변동금리 부채를 고정금리 부채로 전환해 금리상승에 따른 조달비용 상승 위험을 헤지한다. 금리가 상승하면 국채가격이 하락하므로 이러한 스왑거래는 선물시장에서 국채선물을 매도한 효과와 같다.

반대로 금리가 하락할 것으로 예상되는 시장에서는 고정금리를 수취하고 변동금리를 지불하는 스왑(receive fixed swap)을 통해 보유한 변동금리 자산의 가치하락에 따른 손실을 헤지하거나 또는 고정금리 부채를 변동금리부채로 전환해 금리하락에 따른 비용을 절감시킬 수 있다.

4. 은행간 거래의 스프레드는 1 – 3bps 정도에서 상대방 은행의 신용도에 따라서 결정한다.

표 12-4 금리변동에 따른 헤지전략

	금리 상승 예상	금리 하락 예상
고정금리지급 (pay fixed swap)	지급 고정이자 가치상승 (스왑가치 상승)	지급 고정이자 가치하락 (스왑가치 하락)
고정금리수취 (receive fixed swap)	수취 고정이자 가치하락 (스왑가치 하락)	수취 고정이자 가치상승 (스왑가치 상승)

① CD금리 연동차입금(= 변동금리 부채) 보유자의 헤지

예를 들어, 어떤 기업이 CD금리에 연동된 3년 만기 차입금을 보유하고 있는데 향후 CD금리가 상승할 것으로 예상한다고 하자. 이 기업은 은행으로부터 CD금리 상승에 따른 부채비용 증가를 헤지하기 위해 스왑은행에 고정금리를 지불하고 변동금리를 수취하는 3년 만기 스왑계약을 맺음으로써 변동금리부채를 고정금리부채로 바꾸면 된다. 물론 예상과 달리 CD금리가 내려가면 오히려 손실이 발생할 수도 있다.

② 회사채 발행기업의 헤지

어떤 기업이 3년 만기 회사채를 표면금리 5%에 발행했는데 만약 향후 시장금리가 지속적으로 하향할 것이라고 예상하는 경우 금리스왑을 이용해 고정금리부채를 3개월 CD금리에 연동된 변동금리로 구조 변경을 할 수 있다. 즉, 고정금리회사채를 변동금리로 변경해 시장금리의 지속적 하락에 따른 기회손실을 헤지할 수 있다. 이때 장단기 금리 차이가 클 경우에는 금리를 절감하는 효과가 있다.

Box 12-1 원화 금리스왑 시장의 주요 거래조건의 예

거래상대방(Counterparty) : AAA 주식회사

고정금리 지급자(Fixed Payer) : AAA 주식회사

변동금리 지급자(Floating Payer) : K 은행

명목 금액(Notional Amount) : 100억원

스왑 레이트(Swap Rate) : 4.82% p.a.(Act/365 Fixed)

거래일(Trade Date) : 2011. 5. 25

거래 유효일(Effective Date) : 2011. 5. 26

거래 개시일(Settlement Date) : 2011. 5. 26

거래 만기일(Maturtiy Date) : 2014. 5. 26

고정금리 지급기간 기준(Fixed Payment Frequency) : 3개월 마다(Quarterly)
변동금리 지급기간 기준(Floating Payment Frequency) : 3개월 마다(Quarterly)
변동금리지표(Floating Rate Index) : KRW 91 Day CD Rate(Act/365 Fixed)
변동금리 스프레드(Floating Rate Spread) : 10 bps p.a.
영업일자 조정(Business Day Adjustment) : 휴일이 있는 경우 익일영업일(Modified Following Business Day)

2.5.3 CMTS 및 CMS 스왑

수익률곡선 기울기 예상에 근거한 적극적 스왑 트레이딩 전략으로 CMTS(constant maturity treasury swap)와 CMS(constant maturity swap)를 들 수 있다. 원화 금리스왑의 경우 금리지표가 국고채(treasury bond)인 경우를 CMTS라고 하고 금리지표가 IRS 금리인 경우를 CMS라고 한다. 이러한 스왑은 수익률곡선에 내재된 선도금리의 전망에 대해서 투기거래를 하는 투자자들에게 적합하다. 이때 수익률곡선이 완만한가 아니면 가파른가(steep)에 따라(즉 장 · 단기 금리차이에 따라) 손익이 달라진다. 예를 들어, 장기금리를 상대로 변동금리를 지급하는 쪽은 즉, 3개월 CD금리를 지급하고 3년 국고채금리를 수취하는 CMTS인 경우, 수익률곡선이 가파를수록 수취금액이 증가해 유리하다. 즉, 단기이자율을 지급하고 장기이자율을 받는 개념이다. CMS의 경우에는 이자 지급일에 CD금리와 특정 만기의 IRS금리를 교환하거나, 단기물 IRS 금리와 장기물 IRS 금리를 교환하게 되는데, 마찬가지로 수익률곡선의 기울기를 예상해 거래한다. 기울기가 가파를수록 위험부담 없이 장단기 금리차익을 얻을 수 있지만 변동성이 매우 큰 상품이다.

Box 12-2 금리스왑의 사례 : 외화차입금의 금리 상승 헤지전략

M상사는 10,000,000달러의 3년 만기 외화대출을 받아서 사용하고 있다. 적용금리는 LIBOR + 1%이며 만기 일시상환 조건이다. 향후 금리상승에 대한 위험을 헤지하기 위해 금리스왑을 고려하고 있다. 현재 은행에서 고시하고 있는 스왑가격은 3년 스왑률이 6.30–6.35이다.

1) 이때 M상사가 외화대출금에 대한 이자를 헤지하기 위해 적용되는 스왑률(고정금리)은 6.35%이다.
2) 그러면 스왑거래를 위해 M상사가 6개월마다 지급해야 하는 스왑률(고정금리)은 얼마인가?

$r_s = [(1 + 0.0635)^{\frac{1}{2}} - 1] \times 200 = 6.2523\%$이다. 그러므로 M상사는 대출은행에 매 6개월마다 LIBOR + 1%를 지급하기로 되어 있지만 결과적으로 금리스왑을 통해, 스왑 상대방은행으로부터 LIBOR를 받고 대신 고정금리 6.2523%를 스왑상대은행에 지급하면 된다.

3) 결과적으로 M상사 입장에서 보면 외화대출 차입거래내용에는 변동이 없이 3년간 변동금리 채무(LIBOR + 1%)를 고정금리(7.2523% = 6.2523% + 1%)로 전환시키는 효과가 있다. 따라서 금리가 상승해도 외화변동부채를 7.2523% 고정금리로 3년간 안정적으로 사용할 수 있게 된다.

3. 통화스왑(currency interest rate swaps, CIRS)

3.1 통화스왑의 개요

3.1.1 통화스왑의 정의

통화스왑은 두 개 또는 그 이상의 거래기관이 사전에 정해진 만기와 환율에 의해 다른 통화로 차입한 자금의 원리금 상환(자산 또는 부채 등)을 상호 교환하는 것을 말한다. 환위험 헤지 및 필요 통화의 자금을 조달하는 수단으로 주로 이용되며, 금리변동에 대한 헤지 및 특정시장에서의 외환규제나 조세차별 등을 피하기 위한 수단으로 활용되기도 한다. 다시 말해, 서로 다른 상대방이(two counterparties) 일정기간에 걸쳐(an agreed period) 서로 다른 통화의 명목원금(notional principal)에 대해 원리금과 이자(principal and interest)를 각각 정한 이자계산 방식(different basis of interest payment)에 의해 상호 교환하는 거래를 말한다. 이때 이자 교환조건은 1) 고정금리와 변동금리를 교환하는 조건(fixed- floating)과 2) 고정금리끼리 교환하는 조건(fixed- fixed), 3) 변동금리끼리 교환하는 조건(floating- floating)의 세 가지 경우가 있다.

통화스왑은 금리스왑과는 달리 두 개의 서로 다른 통화가 교환되기 때문에 환율 문제가 필연적으로 개입된다.[5] 이때 서로 다른 통화의 이자에 대한 현금흐름과

5. 통화스왑은 장부외거래(off- balance) 상품이긴 하지만 채권가격(기초상품)의 움직임에 의해 영향을 받

아울러 만기에 교환되는 서로 다른 통화의 원금부분을 고려해야 하는데, 현실에서는 최초의 원금 교환(현물환 거래)은 생략되는 경우도 많다.[6]

3.1.2 통화스왑의 기능

통화스왑거래를 동기별로 구분해보면 1) 중장기적 환율 변동 위험 및 이자율 위험의 잠재적 손실을 헤지하기 위한 거래, 2) 환율 및 이자율변화를 예측해 수익을 창출하려는 투기적 거래, 3) 동일한 자산에 대해 상이한 가격 혹은 시장이 존재할 경우 낮은 가격에 동일 자산을 매입하고 높은 가격에 동일자산을 매도함으로써 차익을 실현하기 위한 차익거래, 4) 각자 비교우위가 있는 시장에서 차입을 한 다음에 그 이자지급 흐름을 상호 교환해 쌍방에 유리한 차입구조를 만들어서 조달비용을 줄이고 신용도 문제로 채권발행이 어려운 경우에 스왑거래를 통해 채권시장에 접근을 가능하게 하는 조달비용 절감형(cost saving) 거래 등으로 구분할 수 있다. 아울러 통화스왑은 장부외거래(off- balance transaction)의 성격을 갖고 있어 금융기관의 경우 자본, 부채비율의 제한을 받지 않고 이들 거래를 이용할 수 있는 장점도 있었다.[7] 또한 통화스왑은 자본시장의 불완전성, 외환규제 및 조세와 회계기준의 차이에서 오는 각종 문제점을 해결할 수 있는 방법이 되기도 한다.

3.1.3 통화스왑의 발전

시기적으로 통화스왑은 1970년대 후반에, 금리스왑은 1980년대 초에 유로시장에서 처음 발생되었고 1980년대 중반에 급속히 발전했다. 유로시장에서 발행되는 신규 유로본드의 대부분은 스왑거래와 연계되어 있다. 스왑거래는 유로시장에서 생성되었지만 근래에 와서는 다른 파생상품과 연계되어 각국의 국내자본시장에서 거래가 확산되고 있다. 통화스왑은 당초 통화담보부대출(currency collateralized

---

지 않기 때문에 엄밀히 말해 파생상품(derivatives)이 아니라고도 말한다.

6. 이미 기채가 완료되어 차입통화로 남아 있지 않은 경우 또는 투기 목적 등의 이유로 장기 선물환 포지션만을 취하고자 하는 경우에는 일반적인 선물환 거래의 경우처럼 선물환 포지션만 있으면 되기 때문에 최초 원금 교환이 반드시 필요하지는 않게 된다.

7. 회계처리기준이 공정가치 혹은 시장가치로 자산/부채를 평가하는 IFRS로 변경됨에 따라 이러한 이점은 점차 사라지고 있다.

loans)이나 상호대출(parrel loan or back-to-back loan)의 형태로 출발했으며 거래가 활성화되면서 고정금리채무 간의 통화스왑(fixed to fixed swaps)으로 발전했다. 이 밖에도 고정금리채무와 변동금리채무 간 스왑(fixed to floating swaps), 변동금리채무 간 스왑(floating to floating swaps) 등 거래목적에 따라 다양한 방법이 개발, 이용되고 있다.

3.1.4 통화스왑의 구조

통화스왑은 외환스왑과 달리 통화의 교환뿐만 아니라 금리의 교환도 수반한다. 선물환 혹은 외환스왑은 만기에 현금흐름이 한번 고정된 환율로 발생되지만, 통화스왑은 매 일정기간마다 서로 다른 통화에 대한 이자가 교환되고 매번 환율이 다를 수 있다. 일반적으로 통화 스왑은 3단계를 거치게 된다. 1) 최초 원금 교환단계(initial exchange)에서는 서로 다른 통화끼리 원금교환을 한다. 그러나 반드시 원금교환을 할 필요는 없다. 2) 중도 이자교환 단계(interim exchange)에서는 스왑기간(보통 3~20년) 중에 주기적으로 서로 다른 통화에 대해 이자교환을 한다. 3) 만기 원금 교환단계(final exchange)에서 초기 원금교환과 반대방향으로 원금을 주고받

그림 12-3 통화스왑의 현금흐름

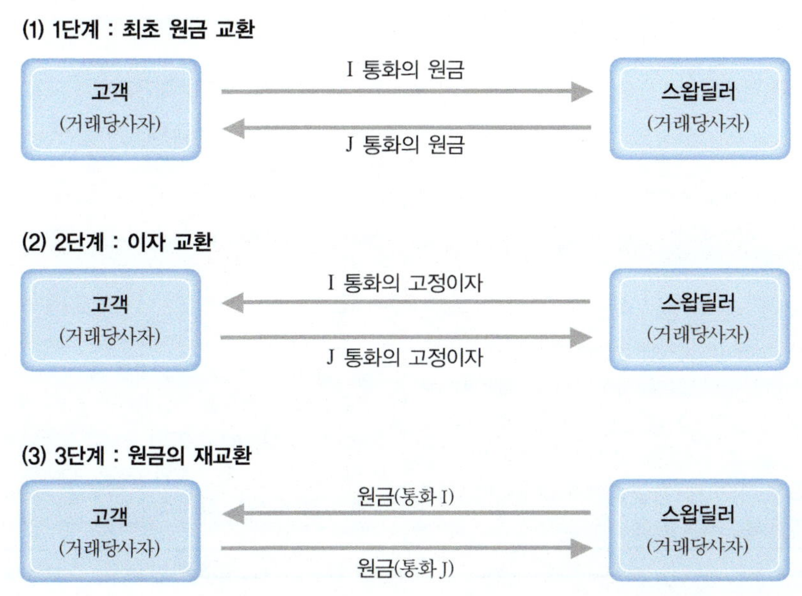

Box 12-3 통화스왑 vs. 외환스왑

통화스왑과 외환스왑(foreign exchange swap, FX swap)은 여러 가지로 다른 상품이지만 혼돈하기 쉽다. 외환스왑이란 현물환거래와 선물환거래가 반대방향으로 동시에 일어나는 거래를 말한다. 이때 일반적으로 현물환율과 선물환율이 다르므로, 그 차이는 양통화의 이자율에 의해 보상된다. 즉, 필요한 외화자금을 자금시장에서 차입하는 대신 외환시장에서 현물환거래와 선물환거래를 동시에 행함으로써 보유하고 있는 외화자금을 필요한 기간 동안 교환하는 거래이다. 외환스왑거래는 외환거래의 형태를 취하고 있으나 그 내용은 자금거래와 동일하기 때문에 딜링룸의 자금데스크(money market desk)에서 취급하는 경우가 많다. 즉, 동일한 금액의 동일 통화를 현물환으로 매입하고 선물환으로 매각(spot buy & forward sell)한다는 것은 스왑기간 동안 해당통화를 차입한 것과 같으며 그 반대의 경우(sell & buy)는 대출한 것과 같다. 스왑기간 동안 두 거래 당사자 간의 대출과 차입 이자의 정산은 스왑포인트에 의해 자동적으로 이루어진다.[8] 외환스왑거래는 현물환 대 현물환, 현물환 대 선물환, 선물환 대 선물환 간의 거래가 있으며 보통 1년 이내의 거래가 많다.

외환스왑의 동기는 여러 가지가 있다. 첫째 동기는 자금 포지션의 조정으로서, 은행이 대고객거래나 은행간 거래에서 원화나 외화자금의 과부족이 발생하는 경우 외환 포지션은 변동시키지 않고 스왑거래를 통해 자금 과부족을 조정할 수 있다. 둘째 동기는 타 통화 표시 자금 창출 및 운용으로서, 한 통화를 환위험 없이 다른 통화로 조달·운용할 수 있으며 일반적인 차입이나 대출보다 유리한 금리를 적용받을 수 있어 은행이나 기업들이 단기간 외화자금 조달 수단으로 많이 이용한다. 이 외에도 선물환 계약기간의 연장 또는 단축을 목적으로 외환스왑거래를 하기도 한다.

외환스왑과 통화스왑의 차이점은 다음과 같다.

통화스왑(currency swap)	**외환스왑**(foreign exchange swap)
원금과 이자를 서로 주고받는다.	원금만 주고받고 이자는 교환이 없다
원금교환이 있는 경우 주로 스왑 개시일에 교환하고 만기에 동일한 금액을 반대방향으로 교환한다. 이때 거래시점과 만기일의 환율은 동일하다.	거래 개시시점(spot date)의 현물환율(spot rate)은 현물환시장의 시장가격(spot market rate)에 의해 결정되고 만기에 교환되는 선물환율 또한 거래개시 시점에서 양국 간 이자율 차이를 반영해 결정된다. 따라서 현물환율과 선물환율은 서로 다르다.
예를 들어, 통화스왑 약정환율이 GBP/USD 1.7000인 경우, 달러 USD 17M과 GBP 10M은 거래개시일과 만기일에 동일한 환율로 서로 다른 방향으로 교환된다. 아울러서 일정 스왑기간 동안(예 : 3년) 매 기간(예 : 6개월)마다 해당통화의 이자를 상호 교환한다.	예를 들어, GBP/USD 현물환율(spot rate)이 1.7000이고 선물환율은 1.5671인 경우, 개시시점에서는 USD 17M과 GBP 10M이 교환되지만, 만기에는 USD 15,671M과 GBP 10M에 대한 교환이 일어난다. 이때 이자 교환은 없다.

8. 보다 자세한 내용은 제10장을 참조할 것.

으면 스왑은 종결된다. 즉, 서로 다른 통화를 상대방에게 빌려주고 빌려준 통화에 해당하는 이자를 수취하고 빌려온 통화에 해당하는 이자는 스왑계약 기간 동안 지불한 다음에 마지막으로 빌려준 통화는 원금을 되돌려 받고 차입한 통화원금은 만기에 돌려주는 구조이다.

3.2 통화스왑 가격결정 메커니즘(valuation of swaps)

시장에서 통화스왑의 가격을 표시할 때 혼란을 피하기 위해 여러 가지를 구체적으로 표시해야 한다. 예를 들면, USD FIXED PAY VS. JPY 6 MONTH LIBOR RECEIVE 등으로 표시한다. 변동금리는 다른 언급이 없으면 주로 6개월 LIBOR 금리를 사용하며 USD 이외의 통화에 마진을 붙여 표시한다(예 : USD LIBOR flat vs. JPY LIBOR + 10bps). 고정금리의 경우는 절대적 연이자율의 %로 나타내는데(all-in prices per annum), 예를 들어, 3.86~3.96%는 시장조성자(price maker)가 연 3.86%에 고정금리를 지급(paying)하고 연 3.96%에 고정금리를 받겠다(receiving)는 의미이다.

통화스왑은 금리스왑과 달리 서로 다른 두개의 통화가 사용되고 만기에 원금이 교환되므로, 스왑조건을 알기 위해서는 환율을 고려해 이자와 원금을 만기의 할인계수(discount factor)로 조정한 현재가치를 구해야 한다. 통화스왑의 가치는 아래의 (12-3)식과 같이 정의되는데, 이론적인 통화스왑가격은 이 식을 0으로 만드는 달러고정금리라고 생각하면 된다.[9] 예를 들어, 미국 달러화(USD)와 원화(KRW) 스왑의 경우 다음과 같이 스왑가격을 구할 수 있다. 첫째, 달러화 현금흐름은 달러화 할인계수를 적용해 현재가치를 구하고 원화 현금흐름은 원화 할인계수를 적용해 현재가치를 구한다. 둘째, 달러화 현금흐름에 대한 현재가치에서 원화 현금흐름에 대한 현재가치를 달러/원 현물환율로 나눈 달러화 환산금액을 뺀 숫자가 제로(0)가 되는 달러고정금리를 구한다.

$$\text{통화스왑의 가치} = NPV_{\text{통화 }A\text{의 현금흐름}} - \frac{NPV_{\text{통화 }B\text{의 현금흐름}}}{\text{환율}_{A/B}} \qquad (12-3)$$

9. 실무적으로는 스왑당사자의 신용등급 등이 스왑 가격결정에 큰 영향을 미친다. 왜냐하면 통화스왑은 금리 스왑 위험에다 환율위험까지 감안해야 하므로 거래수수료가 금리스왑보다 크다.

여기서 간단히 USD/CHF 고정 금리간(fixed against fixed) 스왑가격결정이 어떻게 이루어지는지 사례를 들어보자.

■ 스왑계약서상의 금리 및 환율조건

스왑계약 기간 : 3년

USD에 적용된 고정금리스왑 이자율 : 4%pa(채권의 coupon과 같은 개념)

CHF에 적용된 고정금리스왑 이자율 : 10%pa(채권의 coupon과 같은 개념)

USD 명목금액 : USD 100,000,000

CHF 명목금액 : CHF 150,000,000

USD/CHF현물환율 : 1.5000

■ 현재 시장의 금리 및 환율

시장의 3년 만기 USD 고정금리 : 5%pa

시장의 3년 만기 CHF 고정금리 : 9%pa

시장의 현재 USD/CHF현물환율 : 1.4500

■ 스왑가치 산출

1) CHF 고정금리 현금흐름에 대한 순현가(*NPV*)계산

$$NPV = \frac{15}{(1+0.09)} + \frac{15}{(1+0.09)^2} + \frac{15+150}{(1+0.09)^3} = 153.796942$$

2) USD 고정금리 현금흐름에 대한 순현가(*NPV*)계산

$$NPV = \frac{4}{(1+0.05)} + \frac{4}{(1+0.05)^2} + \frac{4+100}{(1+0.05)^3} = 97.276752$$

3) 스왑가치의 계산

결과적으로 스왑가치는 USD의 현금흐름과 CHF의 현금흐름(USD 표시)의 차액이 된다. 두 통화의 현금흐름의 차액을 산출하기 위해 CHF를 USD로 환산하면 된다. 현재 환율이 USD/CHF = 1.4500이므로 CHF153,796,942/1.4500 =

$106,066,857이 된다. 따라서 스왑의 가치는 $106,066,857 − $97,276,752 = $8,790,105가 된다. CHF의 순현재가치가 USD의 순현재가치보다 크기 때문에 USD 이자지불(payer of USD)/CHF 이자수취(receiver of CHF)를 하는 쪽이 스왑가치($8,790,105)만큼의 기대이익이 생긴다는 의미이다. 따라서 달러화에 대한 고정금리 스왑률은 상승하고 스위스 프랑화에 대한 스왑률은 하락하게 된다. 달러 이자율과 스위스 프랑 이자율이 충분이 조정되어 두 자산의 현재가치가 같아지면 균형 스왑가격이 결정된다.

표 12-5 통화스왑 가격고시의 예

	0000 PREBON YAMANE ASIA HK03118 PNDS TEL : SING 536-5077(ANTHONY) DEALER CODE PYSI ASEAN NON-DELIVERABLE CROSS CURRENCY SWAPS *INDICATION ONLY*				
	SEMI/A365 TWD/USD	SEMI/A365 KRW/USD	SEMI/A365 PHP/USD	SEMI/A365 INR/USD	SEMI/A365 CNY/USD
1Y	6.85−6.65	5.60−5.45	14.25−13.00	11.50−10.50	6.90−6.50
2Y	6.25−6.05	5.85−5.70	14.50−13.25	11.50−10.75	7.00−6.60
3Y	5.90−5.70	5.95−5.80	14.50−13.25	12.50−11.50	7.20−6.80
4Y	5.70−5.50	6.10−5.90	14.75−13.50	13.30−12.30	7.40−7.00
5Y	5.60−5.40	6.20−6.00	14.75−13.50	13.30−12.30	7.50−7.10
7Y	5.55−5.40	6.35−6.15	15.25−13.75	13.45−12.45	7.60−7.20
10	5.50−5.40	6.50−6.30	15.50−13.75	13.55−12.55	7.60−7.20
	TOLL FREE : TOK 00531-65-3908 HK 800-90-3119 TAIWAN 0800-65-1373				

자료 : 프레본야마니 아시아의 통화스왑 가격정보—로이터

3.3 우리나라 통화스왑 시장

3.3.1 주요 특징

우리나라에서는 외화 특히 달러에 대한 수요가 꾸준하고 또한 비용이 낮아 달러/원 통화스왑을 통해 달러 변동금리와 원화 고정금리를 교환하는 거래가 제일 많다.[10] 즉, 달러와 원화를 교환하는 통화스왑거래를 통해 달러를 수취하는 당사자(예

10. 원화 금리스왑은 변동금리(CD 3개월) 대 고정금리(예 : 3년 만기 국채 수익률) 간에 이루어지는데, 3개월 단위(frequency)로 이자교환을 하며 최소 100억원 단위로 1년부터 10년 만기까지 거래가 된다. 시장에서 유동성이 많은 경우 (주로 만기 5년 이하) 은행간 거래의 비드- 오퍼 스프레드(bid- offer spread)도 3 bps 정도로 아주 작아진다.

: 국내은행)는 달러 수취에 대한 이자로 외국계은행 혹은 외국투자자에게 변동금리인 USD LIBOR(주로 3개월 또는 6개월)를 지불하고 반면에 국내은행은 외국계 기업에게 원화를 공급(지급)해주는 대가로 원화 고정금리를 받게 된다(floating- fixed). 통화스왑의 금리는 이 고정금리(fixed rate)를 지칭한다.[11] 따라서 통화스왑 금리의 하락은 스왑시장에서 외국인들이 달러를 공급하고 원화를 수취해 국내 시장에 원화로 투자(채권 구매 혹은 주식투자, 직접투자 등)하려는 수요가 부족한 상황이며 이것은 외국인에 의한 달러 공급, 즉, 외화 유동성이 줄어든다는 것을 의미한다.

또한 국가 간 금리차이 및 환차익을 목적으로 국내에 투자하는 외국인들이 주로 사용하는 차익거래의 경우, 해외에서 LIBOR 금리로 자금을 조달한 외국인 투자자는 국내 스왑시장에서 원화로 바꾸어 국내 채권에 투자하게 된다. 따라서 외국인의 국내 채권 매매와 통화스왑 가격은 밀접하게 관련되어 있다고 볼 수 있다. 이때 스왑시장에서 외국인은 통화스왑 금리(고정금리)를 원화차입 대가로 지불하고 달러에 대한 금리로 변동금리인 LIBOR를 수취하게 된다. 따라서 다른 요인이 변하지 않는 한, 국내 채권 수익률이 통화스왑 금리보다 높은 경우 외국인은 안정적인 투자수익을 누릴 수 있기 때문에 국내 채권 투자가 증가하게 된다.[12]

USD/KRW 스왑 중 베이시스 스왑은 통화스왑 금리에서 금리스왑 금리를 차감한 스왑베이시스(swap basis)를 이용해 거래한다. 베이시스를 이용한 스왑거래는 한국에서 달러를 얼마나 쉽게 구할 수 있느냐를 보여주는 지표가 된다. 예를 들어, 통화스왑 금리가 높고(즉, 달러공급이 많아서 달러를 조달하기가 쉽고) 금리스왑 금리가 낮다면(즉, 국내의 이자율이 낮다면), 스왑베이시스는 플러스가 되고, 이 경우 해외에서 자금을 조달하는 것보다 국내에서 채권을 발행(예 : 아리랑본드 발행)해 자금을 조달하는 게 비용이 적게 든다는 뜻이다. 반대로 통화스왑 금리가 낮고(즉, 달러를

11. 원화금리를 수취하고 달러금리를 지불하는 '리시브'가 원화자금을 주는 대신 달러자금을 받겠다는 것을 의미한다. 왜야 하면 초기 원금교환은 금리의 이동방향과 반대로 일어나기 때문이다. 스왑시장에서 달러자금을 받겠다는 통화스왑 리시브가 쌓이게 되면 달러/원 통화 스왑 금리가 폭락하게 된다.

12. 2008년 우리나라 중공업체의 선물환 과다매도와 글로벌 신용경색 우려에 따른 외화차입의 어려움으로 국내에 달러자금의 부족현상이 나타나 통화스왑(CRS) 금리가 폭락한 적이 있다. 주로 글로벌 경제위기 등 신용경색으로 해외로부터 외화차입이 어렵고 조달금리가 상승할 경우 원화금리 수취/달러금리 지불의 통화스왑, 즉, 스왑 '리시브'를 통해 간접적으로 달러자금을 차입하는 수요가 증가하는 것이 시장 추세였다. 2008년 글로벌 신용경색에 따른 달러 유동성 부족으로 10월 이후 통화스왑금리(1년물)는 하락세를 지속하면서 11월 4일 마이너스 수준으로 떨어졌다. 통화스왑금리는 2009년 들어서도 한동안 마이너스 수준을 지속하다가 4월 초 들어서 0.1% 내외의 플러스 수준으로 상승했는데, 이는 한・미간 통화스왑 등을 비롯한 다양한 외화 유동성 공급에도 불구하고, 국내 외화자금 시장에서 달러 유동성 사정이 충분히 개선되지 못하고 있었음을 의미하는 것으로 해석될 수 있다.

구하기가 어렵고) 금리스왑 금리가 높다면(즉, 국내의 이자율이 높다면) 스왑베이시스는 마이너스가 된다.

표 12-6 원달러 통화스왑(KRW/USD CCIRS)

Maturity	KRW/USD CCIRS(SA A/365)			
	Offer	Chg	Bid	Chg
1 Year	2.750	–	2.150	–
2 Year	2.770	–	2.170	–
3 Year	2.960	–	2.360	–
4 Year	3.120	–	2.510	–
5 Year	3.260	–	2.660	–
7 Year	3.330	–	2.730	–
10 Year	3.370	–	2.770	–
12 Year	3.450	–	2.850	–
15 Year	3.490	–	2.890	–
20 Year	3.500	–	2.890	–

3.3.2 원화 통화스왑 전략

① 변동금리 외화차입금(LIBOR기준)을 원화로 전환하는 전략

장기 외화 부채의 경우 선물환거래(forward FX)만으로 헤지가 불가능하다. 왜냐하면 선물환의 경우 기간이 1년 이상이면 시장의 유동성 부족으로 가격이 비경쟁적이고, 연장거래(roll- over)시에 금리변동 위험을 부담해야 한다. 그러나 통화스왑을 이용할 경우 장기간의 외화부채에 따른 현금흐름을 원화부채로 전환할 수 있다. 이때 주의해야 할 사항은 통화스왑은 금리스왑에 비해 신용위험 비율이 아주 높기 때문에(1.5배~2배)[13] 거래에 따른 수수료가 금리스왑에 비해 크다는 점을 고려해 그 이상의 수익을 예상할 때 사용해야 한다는 것이다.

② 엔/원 통화스왑을 활용해 일본의 저금리를 향유하는 전략

한국의 고금리 원화차입을 엔/원 통화스왑을 이용하면 일본 엔화의 저금리로 차입하는 효과를 누릴 수 있다. 즉, 원화 부채의 현금흐름 전체가 엔화부채의 현금

13. 3년짜리 이자율스왑의 신용위험수수료가 10%라면 통화스왑은 15%~20%이며, 기간과 상대방 신용위험도에 따라 변동한다.

흐름으로 전환된다. 이때 주의할 점은 엔/원 통화스왑 거래를 하면 이자율은 절감이 가능하지만 환율 변동에 따른 위험은 그대로 노출되어 있어서 환위험관리를 하지 않으면 금리에서 얻은 이익보다 환차손이 더 크게 될 수도 있다는 것이다. 따라서 엔화로 현금흐름이 들어오는 기업에게 유리한 전략이 될 수 있다.

③ 엔/원 통화스왑을 활용한 엔화강세에 따른 환위험 헤지전략

위와는 반대로 어떤 기업이 일본은행으로부터 5년 장기 저리(2%)로 엔화 시설자금을 차입했다고 하자. 그러나 엔화차입의 이자율은 저렴하더라도 지속되는 엔고현상으로 엔/원 환율이 계속 상승하는 추세에 있고 앞으로도 당분간 지속된다고 예상이 되면, 저금리로 인한 이득보다 추세적인 엔고에 따른 환위험이 더 커질 수도 있다. 이때 엔/원 통화스왑을 이용해 장기적인 환위험을 제거할 수는 있으나 그 대신 처음에 의도했던 장기저리차입이라는 이득은 사라지게 된다.

3.4 통화스왑 이용 사례

3.4.1 고정금리 통화스왑 사례

고정금리 통화스왑(fixed to fixed swap)은 상호대출(parrel loan)에서 발전된 형태인데, 서로 다른 통화로 표시된 고정금리 채무를 갖고 있는 두 차입자가 서로 원리금상환을 교환하는 거래를 말한다.

예를 들어, 우리나라 A기업이 5년간 원화자금을 조달하기 위해 원화표시채권을 발행하려 한다고 가정하자. A기업은 이미 발행한 원화표시채권 발행규모가 상당해 국내에서 추가 발행시에는 금리부담이 높아진다고 한다. 한편 미국의 B은행도 A기업과 마찬가지로 자국내에서 달러화표시채권 발행규모가 상당해 추가발행시에 높은 금리를 부담해야 하지만 우리나라 시장에서는 좋은 조건으로 원화표시채권을 발행할 수 있다고 하자. 이 경우 A기업은 신용도가 상대적으로 높은 시장, 예를 들어, 미국시장에서 달러화표시채권을 유리한 조건으로 발행하도록 하고, 미국의 B은행은 우리나라 시장에서 유리한 조건으로 원화표시채권을 발행한 후 스왑을 하면 서로 이득을 얻을 수 있다.

구체적으로 A기업은 원화 차입비용이 11.25%이고 미국 달러화 차입비용이

5.50%, B은행은 원화 차입비용이 11.00%이고 미국 달러화 차입비용이 5.75%라고 하자. A기업과 B은행이 10억원과 100만 달러의 원금에 대해 아래의 표와 같은 채권발행 기회를 갖고 있으며 현물환율은 USD/KRW = 1,000이라고 하자. A기업은 연 5.50% 금리에 100만 달러를 차입하고 B은행은 연 11.00% 금리에 10억원을 차입해 양자간에 스왑을 했다. 거래비용을 무시한다면 이러한 통화스왑을 통해 A기업은 5년간 원하는 원화를 11.25%보다 0.25%포인트만큼 낮은 11.00%로 차입할 수 있게 되고, B은행은 원하는 달러화를 5.75%보다 0.25%포인트 낮은 5.5%로 차입하는 효과를 누릴 수 있게 된다.

표 12-7 A기업과 B은행의 자금조달조건

	국내 A기업	미국 B은행
목적	10억원 차입	100만 달러 차입
만기	5년	5년
원화 차입비용	11.25%	11.00%
달러화 차입비용	5.50%	5.75%

따라서 고정금리 통화스왑을 통해서 각각의 거래상대방은 원하는 통화표시의 자금을 조달하면서 차입비용까지 절약할 수 있게 된 것이다. 이러한 고정금리 통화스왑은 원금의 교환, 계약기간 중 이자지불, 만기시 원금교환의 세 가지 단계를 거쳐서 일어난다.

① **초기단계** : 스왑을 개시할 때 양 당사자는 합의된 환율로 10억원과 100만 달러의 원금을 교환하게 된다(A는 B에게 100만 달러 지급, B는 A에게 10억원 지급). 이때 환율은 주로 현물환율을 기초로 결정되나 스왑개시일 전에 결정된 선물환율이 이용될 수도 있다.

② **이자교환 단계** : 원금액이 확정되면 거래 당사자들은 거래 개시 전에 합의된 고정이자를 서로 지불하게 된다. A기업은 매년 원금 10억원의 11%인 1억 1천만원의 이자를 B은행에 지급하고, B은행은 원금 100만 달러의 5.5%인 5만 5천 달러를 A기업에 지불함으로써 각자의 차입이자를 충당하도록 한다.

③ **만기 원금상환 단계** : 만기일에 당사자들은 최초에 교환한 원금을 재교환한다(A는 B에게 10억원 지급, B는 A에게 100만 달러 지급). 만기에는 정반대의 자금교환이 발생하므로 자금차입 당사자들은 이 과정을 통해 환위험을 제거할 수 있게 된다.

이러한 3단계의 과정은 통화스왑시장에서 표준화된 관행이며 이를 통해 한 통화로 조달된 부채가 다른 통화표시의 완전 헤지된 고정금리 부채로 전환되는 결과를 낳는다. 이와 같은 고정금리 통화스왑 구조는 전통적인 장기선물환거래와 유사하다.

그림 12-4 고정금리 통화스왑

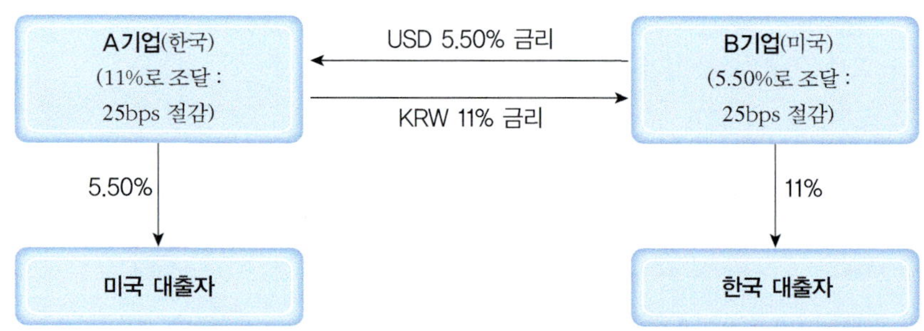

3.4.2 변동금리 통화스왑 사례

변동금리 통화스왑이란 금리스왑과 통화스왑을 결합한 것으로서 이종통화표시 변동금리채무 간 스왑(floating to floating swap), 고정금리채무와 변동금리채무 간 스왑(fixed to floating swap) 등으로 구분할 수 있다. 각각의 특징은 그 이름만으로도 쉽게 알 수 있으므로 여기에서는 이종통화표시 고정금리채무와 변동금리채무 간 스왑에 대한 사례만을 가지고 설명한다.

고정금리채무와 변동금리채무 간 스왑은 고정금리채무를 변동금리채무로 전환한다는 점에서는 일반적인 금리스왑과 유사하다. 하지만 거래대상이 되는 통화가 서로 다르기 때문에 만기가 되었을 때 원금도 상환해야 한다는 점에서 커다란 차이를 보인다. 이러한 형태의 변동금리 통화스왑 거래가 크게 발전하게 된 배경에는 나름대로 이유가 있다. 금리스왑 거래가 크게 보편화되면서 미국 달러화 이외의 통화를 중심으로 영업하는 은행들은 변동금리 달러화표시 대출자금을 어떻게 달러화 부채로 조달해 매치시켜야 할 것인가 하는 문제에 직면하게 되었다. 이러한 문제를 해결하는 방법으로 은행들이 자국내에서 유리한 조건으로 고정금리자금을 차입한 후 이를 적당한 상대방과의 스왑을 통해 변동금리 달러채무로 전환시키는 새로운 금융

기법이 나타난 것이다.[14]

예를 들어, 국내 A기업은 미국투자를 위해 100만 달러 규모의 자금이 필요하고, 미국계 B은행은 한국 진출을 위해 10억원 상당의 안정적인 자금이 필요하다고 하자. 따라서 이러한 문제를 해결하기 위해 한국의 A기업과 미국의 B은행은 상대적으로 유리한 금융시장에서 차입을 한 후에 통화스왑을 시도했다. A기업은 10억원을 5년 만기 연율 5.75%의 고정 금리조건으로 차입을 하고, B은행은 100만 달러를 5년 만기 LIBOR로 차입했다. 이때 현물환율은 1,000원이었다고 가정한다.

표 12-8 A기업과 B은행의 자금조달 조건

	국내 A기업	미국 B은행	차이(조달금리와 비교한 손익)
목적	100만 달러 차입	10억원 차입	
만기	5년	5년	
달러화 차입비용	LIBOR + 1%	LIBOR flat	B은행 상대적 이익 = +1.00%
원화 차입비용	5.75%	5.25%	A기업 상대적 손실 = −0.50%

A기업은 자신이 보유하고 있는 원화표시 고정금리채무를 달러화표시 변동금리채무로 전환하기를 원하고 있으므로 B은행과 변동금리 통화스왑계약을 체결했다. 미국의 B은행은 원화와 달러화 차입 두 가지 조건 모두 국내 A기업보다 저렴한 조건으로 조달이 가능하지만 상대적으로 달러화 변동금리 차입이 상대적으로 유리하다. 또한 A기업은 두 가지 차입방법이 모두 B은행에 비해 불리하지만 달러화 차입보다 원화차입이 상대적으로 유리하다. 따라서 각자 비교우위에 있는 시장에서 각자 차입을 한 다음 그 이자 흐름을 상호 교환한다면 둘다 유리한 차입조건을 달성할 수 있다. 즉, A기업은 원화를 차입하고 B은행은 달러화를 차입한 다음 통화스왑거래를 할 수 있다. 결과적으로 통화스왑을 통해 A기업은 LIBOR + 0.75% 금리조건으로 100만 달러를 차입할 수 있었으며 B은행은 5.00% 고정금리조건으로 10억원의 자금을 조달해, 비용을 각각 0.25%씩 줄일 수 있었다.[15]

① **최초 원금교환 단계** : 최초 계약 환율 USD/KRW 1,000원에 원금을 교환한다. 즉, A기업은 1백만 달러를 B은행으로부터 수취하고 반대로 10억원을 B은행에

14. 변동금리 스왑거개의 경우 우리나라 원화에 대해서는 국제통화가 아니므로 LIBOR로 발행되기는 불가능하며 CD금리나 회사채수익률을 변동금리로 활용하는 경우는 가끔씩 존재한다.

15. 단계별 현금흐름구조는 [그림 12-3]과 유사함.

지급한다.

② **이자교환 단계** : 계약기간 중 이자를 다음 조건으로 교환한다. A기업은 B은행에 USD LIBOR + 0.25%를 매 6개월마다 지급하고, B은행으로부터 5.25%에 해당하는 원화금리를 수취한다.

③ **만기 원금상환 단계** : 스왑만기일에 A기업은 1백만 달러를 지급하고 반면에 B은행으로부터 원화 10억원을 수취한다.

표 12-9 **변동금리 대 고정금리 통화스왑의 결과**

	한국 A기업	미국 B은행
a. 비교우위 시장차입금리(−) b. 스왑지급금리(−) c. 스왑수취금리(+)	5.75% USD LIBOR + 0.25% KRW 5.25%	LIBOR KRW 5.25% USD LIBOR + 0.25%
① 스왑 후 실제 부담금리(= a + b + c)	LIBOR + 0.75%	5.25% − 0.25% = 5.00%
② 스왑 없는 차입금리	LBOR + 1.00%	5.25%
스왑 후 금리 절감 부분(= ② − ①)	+0.25%(= +25bps)	+0.25%(= +25bps)

Box 12-4 스왑거래의 주의사항

스왑거래를 하기 앞서 몇 가지 중요한 사항들을 주의깊게 살펴보아야 한다.

1) 상대방의 신용상태 및 법적인 문제(status of counterpart) : 거래 상대방의 법적인 상호(legal name)는 어떻게 표기되어 있는지, 신용위험측면에서 거래상대자로서 합당(acceptable)한지, 그리고 담당 신용분석팀(credit manager)에게 의뢰해서 상대방의 신용한도[16]와 적격업체인지 여부를 확인한다. 거래는 직접거래를 할 것인지 혹은 브로커를 통한 간접거래를 할 것인지를 정하고, 브로커를 통한 거래를 할 경우 상대방의 신용위험에 하자가 없다는 것을 미리 확인한 후에 거래를 해야 한다. 만약 상대방이 지사이거나 지점(subsidiary or branch)인 경우 모회사(parent company)로부터 완전한 지급보증(fully and unconditionally guaranteed)이 있어야 한다.
2) 금리스왑인가 혹은 통화스왑인가, 어떤 통화가 개입이 되는가, 주요 통화가 아닌 경우 국제금융시장에서 효율적인 커버거래가 가능한가를 점검한다.

16. 자금부서(capital market)의 신용한도는 주로 상품별로 주어진다. 즉, spot, forward, currency swap, IRS, FX options에 따라서 각기 한도가 다르게 책정되며 또한 거래기한(1년~5년)에 따라서 다르게 책정된다. 이때 스왑 스프레드는 상대방의 신용도에 의해 영향을 받는데, 신용상태가 양호할수록 작은 스프레드가 적용된다.

3) 고정금리스왑인 경우 : 지급기준일(value date)과 만기일(maturity date)이 영업일인지 비영업일인지 확인하고, 원금(principal amount), 고정금리 지급자가 누구인가(who pay fixed rate?), 스왑금리기준은 무엇인가(bond basis or money market basis), 이자율 지급날짜가 공휴일일 경우 그 전날(preceding) 지급을 하는가 아니면 다음날(succeeding) 지급하는가, 거래장소(business places) 등을 확인해야 한다. 만약에 일시 지급하는 스왑구조가 아닌 경우 혹은 통화스왑인 경우에는 모든 현금흐름의 날짜를 확인해야 한다.
4) 변동금리 이자지급인 경우 : 변동금리 기준(LIBOR, Bank bills rate, etc.)이 무엇인가, 변동금리 지급자는 누구인가, 지급기준일과 만기일은 영업일인가, 원금은 얼마인가(principal amount), 이자지급일들의 영업일 여부, 비영업일 경우 이자지급방법(succeeding or preceding), 이자지급의 계산방법(e.g. actual/365 or actual/360),[17] 이자율 픽싱의 근거(Bloomberg BBAM page or Reuter LIBOR page), 거래장소(Business places) 등을 확인해야 한다.
5) 만기에 원금교환이 있는가 없는가, 이때 환율과 원금은 명시되어 있는가, 역사적 환율로 인해 시장환율과 차이가 날 때(off- the- market FX rate) 문제 여부를 확인한다.
6) 거래확인서(confirmation) : 스왑거래가 체결되면 당사자들은 즉시 24시간 이내에 필수 거래조건들을 나열한 약식 거래확인서를 자금부장(treasury manager) 혹은 담당부서의 책임자급 명의로 SWIFT 혹은 팩스로 교환한다(인터뱅크의 경우에는 담당 딜러가 교환하기도 한다).
7) 법적 서류(legal documentation)의 교환 : 스왑은 기간이 비교적 중 · 장기이기 때문에 법적 서류(ISDA)를 1개월 전후해서 서로 교환한다. ISDA는 변호사의 legal opinion을 받아서 하자없이 준비해두는 것이 장래에 우발적으로 발생될 수 있는 사고에 책임을 회피하는 길이다.

17. 이자금액을 계산할 때 적용되는 일수계산 방법은 여러 가지가 있다. 1) 30/360 (Equal amount) : 1달을 30일로 1년을 360일로 간주해 이자금액을 동일하게 산정하는 방식. 2) Actual/360 : 이자계산기간의 실제 일수를 360으로 나누어 이자금액을 산정하는 방식. 3) KRW Semi- Annual Act/365 : 이자계산기간의 실제일수를 365로 나누어 계산하는 방식. 30/360은 USD 고정금리 이자계산, Actual/360은 USD 변동금리 이자계산, Actual/365는 KRW 고정금리/변동금리 이자금액을 계산할 때 주로 적용된다.

4. 신용파생상품과 신용부도스왑

4.1 신용파생상품 개요

4.1.1 개념

신용파생상품(credit derivatives)은 차주의 신용도 변화에 따라 가치가 변동하는 대출금, 회사채 등과 같은 기초자산으로부터 신용위험만을 분리해 매매하는 금융거래 계약으로서, 기초자산의 손실위험에 대해 보험에 가입하는 것과 유사한 금융거래이다. 실제로 상업은행과 같이 고객에 대한 여신을 주요 영업으로 하는 금융기관의 경우 투자은행이나 증권회사 등과는 달리 시장가격 변동에 따른 시장위험에 대한 노출보다는 거래상대방에 의한 신용위험 노출 규모가 더욱 크다고 할 수 있다. 선진 금융기관들은 일찍부터 이러한 금융기관의 신용위험을 관리하기 위해 대출매각, 자산유동화 등 다양한 방법을 시도해왔다.

잘 알려진 신용파생상품에는 스왑형태로 신용부도스왑(credit default swap, CDS), 총수익스왑(total return swap, TRS)이 있으며, 채권형태로 신용연계증권(credit linked notes, CLN), 부채담보증권(synthetic collateralized debt obligations, CDO) 등이 있다. 금융 선진국에서는 1990년대 이후 다양한 형태의 신용파생상품을 이용한 신용위험 관리 기법이 시도되어 왔으나, 국내에선 1997년에 SK증권과 JP모건의 총수익스왑 계약과 관련한 소송으로 널리 알려졌다.

4.2 채권형태의 신용파생상품

4.2.1 부채담보부증권

부채담보부증권(CDO)은 금융기관이 보유중인 회사채, 주택담보부증권(mortgage backed securities, MBS), 대출채권, 신용파생상품 등 여러 종류의 준거자산(reference asset : 회사채 등 기업입장에서는 부채)을 대상으로 신용도별로 포트폴리오를 재구성해 발행하는 증권으로, 자산담보부증권(asset back securities, ABS)의 일종이다. CDO는 주로 주택담보대출(mortgage loan)을 준거자산으로 발행되었으며 미국의 부동산 호황에 힘입어 2006년에만 1조 달러 정도 발행된 적이 있는 인기 상품이었다. 그러나 이후 서브프라임 모기지 연체율이 급증하면서 관련 MBS를 기초로 하는 CDO가 부실화되었고, 또 해당 CDO를 대상으로 하는 CDS[18] 판매기관(protection seller)의 부실이 연쇄적으로 확대되는 등 금융위기의 확산을 야기한 주요 원인으로 지목되기도 했다.

미국의 상업은행이 고객에게 주택담보대출을 해주고 해당 대출채권을 특수목적회사(special purpose vehicle, SPV)에 양도하면 이 회사는 대출채권을 기초자산으로 CDO를 발행한다. CDO는 신용등급에 따라 AAA 등급의 선순위(senior tranche), AA~BB 등급의 메짜닌(Mezzanine tranche), 그리고 위험이 가장 큰 주식등급(equity tranche)으로 발행된다.

CDO에 손실이 발생하면 신용등급이 낮은 순으로(Equity → Mezzanine → Senior) 손실이 적용되기 때문에, 신용등급이 낮을수록 위험이 크며 따라서 금리도 높다. 직접 서브프라임 모기지 대출을 판매하지도 않은 메릴린치와 리먼브라더스, AIG 등의 금융기관들이 파산하거나 부실화된 이유도 MBS를 기초로 한 CDO에의 투자손실, 해당 CDO를 대상으로 하는 CDS의 대량 판매에 따른 손실 확대, 이러한 손실에 따른 유동성위기 등에 기인한다. 우리나라에서는 일부 대형 금융기관이 CDO 및 CDS 투자로 1조 6,000억원의 손실을 냈으며, 이로 인해 정부의 자본확충펀드를 통해 지원받기도 했다.

4.2.2 신용연계증권

신용연계채권(credit linked note, CLN)은 일반 채권에 CDS를 결합한 신용파생상품의 일종으로 CDS를 증권화한 것이다. 즉, 기업에 대한 신용위험을 채권형태로 만들어서 전가시키는 상품이다. 기업의 대출채권이나 회사채 등과 같은 위험자산을 보유중인 보장매입자(protection buyer)는 준거자산의 신용위험을 전가하기 위해 CLN을 보장매도자에게 매각하고 약정이자를 지급하며, 반면 보장매도자는 신용사

18. CDS에 대해서는 이 장의 소절 4.3을 참조할 것.

건(credit event)이 발생하는 경우에 CLN을 상환하는 대신 약정조건에 따라 상계하거나 준거자산과 교환 회수하거나 일정금액을 지급하는 계약이다. 한편 투자자가 부담하는 신용위험은 발행자의 신용위험과 CDS 준거자산의 신용위험이 되므로, CLN 이자율은 발행자의 조달금리와 준거자산 CDS 스프레드의 합이 된다. 따라서 CLN 이자율은 준거자산에 대한 CDS 프리미엄이 가산되어 있기 때문에 위험에 대한 대가로 일반채권보다 높은 수익률을 보장받는다.

CLN의 투자자는 신용사건이 발생되지 않으면 정상적으로 원리금을 지급받지만 파산, 합병, 채무불이행, 신용등급하락, 지급불능, 구조조정 등의 신용사건이 발생되면 원리금 지급이 중단되고 정산절차에 따라 손실을 부담하게 된다. 일반적 신용파생상품 거래는 현금의 이동이 없기 때문에 보장매도자의 신용도에 크게 영향을 받는 반면, CLN은 현금거래를 수반하는 증권발행의 형식을 취하기 때문에 보장매도자의 신용도에 영향을 받지 않는다. 따라서 거래의 안정성을 보장하기 위해 조달된 자금이 거래의 이행을 위한 담보역할을 하기 때문에 담보자산의 수탁 및 관리, 결제 등에 대한 절차가 필요하다. CLN을 발행하는 기관은 제한이 없으나 보통 투자자와 발행자 사이에 거래효율성을 높이기 위해 페이퍼컴퍼니(paper company)인 특수목적회사를 만들어 발행한다.[19]

CLN은 자산담보부 기업어음(asset- backed commercial paper, ABCP)[20]으로도 유동화된다. CDS와 다른 점은 CDS는 원금 교환이 일어나지 않으며 단지 계약 내용에 의한 수수료(swap rate) 교환만 일어나지만, CLN은 채권으로서 최초 투자자가 원금을 지불(funded credit derivative)한다는 점이다.

---

19. 우리나라에서 CLN의 손실 사례로 서브프라임 당시 보장매입자인 리만브러더스(CLN발행자)가 갑자기 파산을 하면서 보장매도자(CLN투자자)인 한국투자증권(주)이 리만브러더스로부터 원리금 지급을 받지 못한 사건이 있다. 이 사건은 준거회사인 금호그룹의 약속불이행에 따른 신용사건 때문이 아니라, 한국보다 신용도가 높은 리만브러더스에 100% CLN 신용보강을 의존했으나 리만브러더스가 파산하는 최악의 사태를 대비하지 못해 발생한 사건이었다.

20. ABCP는 ABS의 구조와 CP의 구조를 결합시킨 상품으로 유동화자산을 양도받은 특별목적회사가 유동화자산의 현금흐름에 기초해 단기금융상품인 CP를 발행하는 방식의 유동화 구조이다. 즉 ABCP는 단일 혹은 다수의 자산보유자로부터 수집한 자산 풀(pool)을 바탕으로 CP를 발행하는 일련의 프로그램으로 볼 수 있다.

그림 12-5 신용연계채권(CLN)의 구조

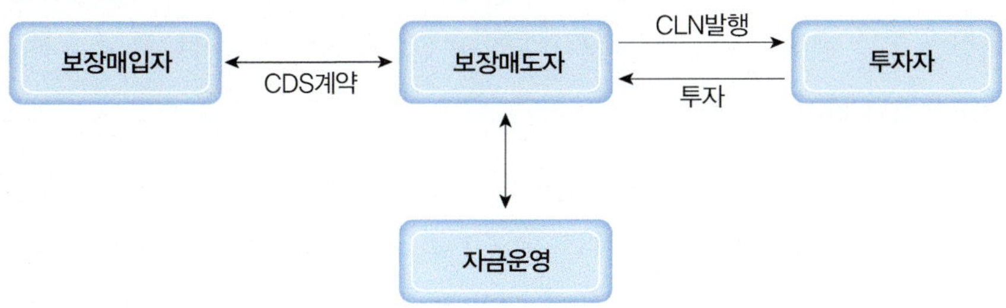

4.3 신용부도스왑

4.3.1 개요

1995년 JP모건에 의해 처음 도입된 신용부도스왑(credit default swap, CDS)은 신용파생상품 중 가장 기본적인 형태로서 그 경제적인 효과는 지급보증과 같으며 부도 발생시 보증인이 대위 변제를 하는 것과 동일한 구조다. 즉, 채권이나 대출금 등 기초자산의 신용위험을 투자자에게 전가하는 것이다. 예를 들어, A은행이 C기업에게 대출해줄 때 A은행은 C기업에게 제공한 대출이 채무불이행 등 특정한 신용상태가 되었을 때를 대비해서 B금융기관과 CDS 계약을 맺고 B기관에게 수수료를 지급한다. B기관은 일정기간 동안(보통 대출기간 동안) 주기적으로 계속해 일정금액의 수수료를 지급받게 되고, 만약 채무불이행 등 계약이 정한 특정한 일이 발생되었을 경우 A은행에게 정해진 계약금액을 지불하고 자산을 인계받거나 실제 자산의 가치를 뺀 나머지 금액을 지불하게 된다. A은행 입장에서는 채무불이행에 따른 위험을 헤지할 수 있는 장점이 있고, B기관의 입장에서는 C기업이 파산하지 않는 경우 지속적으로 A은행으로부터 수수료를 받을 수 있다.

다시 말해 CDS는 CDS 매도자(보장매도자, protection seller)가 CDS 매입자(보장매입자)로부터 일정수수료(프리미엄)를 받는 대신에 매입자가 보유한 기초자산이 채무불이행(이자나 원금을 지급하지 못할 경우) 등의 신용사건에 처할 경우, 신용위험을 떠안은 CDS 매도자가 그 손실액 또는 일정금액을 CDS 매입자에게 보전해주는 상품이다. 만일 어떤 회사가 다른 회사의 채권을 보유하고 있을 때 그 채권에 대한

CDS를 매입한다면 마치 채권손실에 대한 보험을 드는 것과 같다. 그러나 CDS를 매입할 때 반드시 해당채권을 보유하고 있을 필요는 없다. 즉, 채권으로부터 신용(부도)위험만 따로 떼어서 거래하는 것이다.[21] 이것이 실물자산을 반드시 보유해야 하는 일반보험과 다른 점이다.

이런 CDS가 활성화되면 채권 발행자(채무자)는 시장에서 채권을 발행해 돈을 빌리기가 쉬워지고, 채권에 투자하는 채권자 또한 CDS를 사고 보험료에 해당하는 프리미엄만 지급하면 채권 부도위험에 대한 노출을 없앨 수 있기 때문에 채권매입을 마음 놓고 할 수 있으므로 채권시장이 활성화 된다. 또한 채권을 보유하지 않은 투자자에게는 신용위험에 대한 투자라는 새로운 기회를 제공한다. 해당채권의 부도확률이 낮을 때는 마치 로또에 투자하는 것과 비슷하게 고수익을 올리게 된다. 또한 은행의 경우 CDS를 살 경우 보유채권에 대한 BIS 위험가중치가 CDS매도기관의 위험가충치로 변경되었기 때문에 BIS하락을 방지하는 묘책으로 인기가 높았다.

4.3.2 CDS 거래 메커니즘

CDS 거래는 역외시장에서 주요 글로벌 IB, 헤지펀드 간에 1:1로 이루어지고 있으며, 절차는 1) 시장조성자(주로 IB)는 각종 준거자산(국채, 회사채 등)의 CDS 프리미엄 매수/매도 호가를 잠재 거래상대방에게 블룸버그 메신저나 메일로 제시(통상 2회/일)한다.[22] 2) 거래를 원하는 금융기관은 제시받은 호가를 선별해 조건에 부합하는 건에 대해 CDS 매수/매도 계약을 체결한다.[23] 이때 거래당사자는 계약 체결시 상대방이 제시한 호가를 반드시 수용할 의무는 없으며 유동성, 신용도 급변 등의 이벤트 발생시 일정 부분을 조정해 이를 반영하기도 한다. 3) 기존 포지션 정리시에는 포지션 종결(termination)이 아닌 반대 포지션을 취하는 방식을 이용한다. 이러한

21. CDS는 CDO(다수의 MBS를 묶은 종합 채권)를 발행할 때, CDO의 위험 부문을 따로 떼어 내서 상품화한 형태로 많이 나타났다. 부연하면 A투자은행(골드만 삭스 등)이 CDO를 B투자자(주로 기관투자가, 헤지펀드)에게 판매할 때, CDO가 잘못 되었을 경우를 대비해 CDO 평가액의 일정 부분을 보증료(프리미엄이라고 표현)로 책정해, 이것을 주로 AIG와 같은 보험회사에 판매한다. AIG는 CDS를 매수하면서 골드만삭스로부터 보증료를 받고, 만약에 CDO에 부실이 발생하면 부실이 발생하는 만큼 B 투자자에게 손실액을 갚아 주게 된다.

22. CDS는 기본적으로 글로벌 시장참여자들의 상호신뢰 및 기관인지도/평판 등을 바탕으로 이루어지므로 신규참여자에 대한 진입장벽이 높다.

23. 계약당 명목금액은 보통 500만~1,000만 달러.

거래구조는 CDS 총계약잔액을 증가시키는 주요 요인 중 하나로 작용하기도 한다.

4.3.3 CDS 활용

CDS는 1995년부터 국제금융시장에서 은행, 헤지펀드 및 보험사에 이르기까지 금융거래의 채무 불이행 위험을 커버하기 위해 널리 이용되어 왔다. CDS는 원래 은행들이 고유업무인 대출로부터 발생되는 신용위험의 분산이나 위험자산 축소를 통한 자기자본비율의 효율적 관리를 위해 사용하기 시작했다. CDS를 이용하면 은행 대출자산 등을 실제로 매각하지 않고서도 보장매입을 통해 신용위험을 상대방에게 전가할 수 있는 편리성이 있었고 프리미엄 수취를 통한 고수익을 실현할 수 있었기 때문이다.

CDS 약정시 보장매입자가 신용위험을 이전한 대가로 지급하는 수수료를 CDS 프리미엄이라고 하는데, 일반적으로 CDS 프리미엄은 기초자산의 신용위험이 커질수록 상승한다. 즉, 기초자산의 채무불이행 가능성이 높아질수록 이를 커버하기 위해서 더 많은 비용을 지불해야 하는 것이다. 따라서 CDS 프리미엄은 기초자산 발행주체의 신용도를 나타내는 지표로 해석할 수 있다. 어떤 채권의 CDS프리미엄이 높다는 것은 그 채권을 발행한 기관 혹은 국가의 부도 가능성이 높다고 해석한다. 이러한 이유로 국제금융시장에서는 각국의 정부가 발행한 외화표시 채권에 대한 CDS 프리미엄을 해당 국가의 신용등급이 반영된 지표로 활용하고 있다.[24] 또한 CDS는 신용위험을 헤지하기 위한 수단을 넘어서 신용 스프레드에 베팅하려는 투기적 거래에도 활발히 이용된다. 2007년 말 서브프라임 위기 당시 미국회사채 발행 잔액이 4조 달러에 불과했으나 CDS 거래잔액은 약 60조 달러에 달했으며 그 당시 대형 금융회사들의 파생상품 수익 중 약 90%가 CDS 거래로 인한 수입이었다.

---

24. 준거자산이 국가에서 발행한 국채일 때 이를 국가CDS라고 부른다. 우리나라 국가CDS 거래의 경우는 준거자산이 외평채이다. 2008년 10월 27일 언론에 발표된 한국 정부의 5년 만기 외국환평형기금채권의 CDS 프리미엄은 699bp인데 이것은 100만 달러 채권에 대해 CDS 계약을 하기 위해서는 매분기 69,900달러(6.98%)를 지급해야 한다는 의미이다. 즉, 단순계산으로 1년에 27.96%에 해당하는 프리미엄을 부담해야 하는 수준이라는 것이다.

4.3.4 CDS의 문제점과 최근 이슈

최근 들어 CDS 프리미엄이 국가나 기업 또는 은행의 부도 확률을 정확하게 반영하는 지표인가에 대한 의문이 제기되고 있다. 우리나라 외평채 CDS 프리미엄의 경우 실제로 우리나라의 부도 위험이 갑자기 높아져서라기보다는 단기외채 논란, 환율 급등 등으로 불안감이 고조되자 이를 헤지하기 위한 수요가 확대되었기 때문에 변동성이 급격히 증가하는 경향이 있다. 종종 CDS 프리미엄의 움직임은 부도 위험을 정확하게 반영하지 못할 수 있으며, 또한 한정된 거래량 등으로 인해 작은 충격에 민감하게 반응하는 경우도 있다.[25] 이처럼 CDS 거래시장의 불투명성에 대한 비판이 제기되면서 미국 증권예탁결제원(DTCC)은 CDS 계약 내용을 일반에 공개하도록 했으며, 유럽중앙은행(ECB)도 CDS 시장의 투명성을 높이는 방안을 마련하는 등 CDS 거래 여건을 개선하기 위한 노력들이 진행되고 있다.

한편 2010년 초 그리스 재정위기 등을 계기로 주요국 채권의 CDS 프리미엄이 급등하는 현상이 나타나면서, 투기적인 목적의 CDS 거래를 규제하려는 움직임이 있다. 유럽에서는 재정위기 우려가 제기된 그리스 등의 CDS 프리미엄 급등이 투기적인 거래에 기인한 것이라는 인식 하에 naked CDS 거래[26]를 규제하고자 하는 입장이 힘을 얻고 있다. 그러나 다른 한편으로는 전체 CDS 거래 중에서 naked CDS 거래만을 구별해 규제하는 것의 현실적인 곤란, 그리고 naked CDS 거래가 시장에 유동성을 공급하는 시장조성자의 역할을 한다는 등 긍정론도 있어 논란이 진행 중이다.

4.3.5 CDS와 세계금융위기(서브 프라임 위기)

미국 서브프라임 위기 당시 CDS 상품은 130개국에 진출해 7천 4백만 명의 고객을 가지고 있었으며 11만 6천 명의 직원을 두고 있던 세계최대 보험회사인 AIG를 몰락하게 한 직접원인을 제공했다. 실제로 CDS 시장의 큰 부분을 차지했던 AIG의 경우 CDS를 발행해 매도(sell)만 했으며 매입은 하지 않았다. 서브프라임 위기로 인해 AIG가 큰 타격을 입는 것은 당연했다. CDS시장은 2004년도 연말만 해도 6조 달

25. 『국제금융이슈』, 제19권 12호(2010년 3월) 및 농협경제연구소 『NHERI 금융경제정보』(2010년 6월)를 이용해 정리.

26. 실제로 채권을 보유하지 않은 채 투자수익을 얻기 위해 위험성, 즉 채권가격의 방향성만을 예측해 투기적인 CDS 거래를 하는 사례.

러 남짓하던 것이 2007년도 말에는 약 60조 달러에 달하는 규모로 급성장했다. 또한 CDS는 증권이 아니기 때문에 미국증권거래위원회(SEC)의 권한밖에 있었고, 보험과 유사한 성격을 갖고 있지만 일반적인 보험의 형태가 아니기 때문에 보험업에 적용되는 규제도 받지 않았다. 결국 규제의 사각지대에 놓여있었고 CDS 거래를 일일이 정부에 보고할 의무도 없었기 때문에 통계도 제대로 잡히지 않아서 매우 불투명하고 위험한 시장이 되었다.[27] 2008년 11월 전세계 CDS 규모는 전 세계 GDP 규모와 비슷하며 동시에 전 세계 금융자산의 1/3 정도 되는 것으로 추정되었다.

2008년 9월 8일부터 9월 12일까지 리만브라더스의 주가가 77% 폭락하면서 서브프라임 위기가 현실화된다. 9월 15일 리만브라더스가 파산신청(chapter 11)을 하고, 대표적 투자은행(investment banking, IB)인 메릴린치가 BOA에 합병되었으며, 연방은행은 AIG에 850억 달러 규모의 구제금융을 지원(나중 378억 달러 추가 지원)하고, 9월 28일 미국정부는 금융기관 구제를 위해 7,000억 달러를 투입하기로 발표(Troubled Asset Relief Program, TARP)했다. 이러한 사태는 신용등급이 sub-prime급인 주택구입자들이 대출은행에 이자와 원리금을 상환하지 못하는 사태가 발생하자 주택저당권을 기초자산으로 하여 증권화한 MBS가 부실화된 데 기인했다. 채무불이행 사태가 확산되면서 다수의 MBS를 합성해 만든 CDO에 대한 위험이 점차 증가하게 되자 이 위험을 헤지하기 위해 CDS거래가 활발해졌다. 그런데, 미국 주택가격의 하락으로 CDO에 포함되어 있는 MBS가 부실화되면서 CDO 역시 부실화되고, 결국 CDS의 값어치가 크게 하락하면서 이들 CDS와 CDO를 보유한 금융기관은 2007년 4분기부터 1년 넘게 엄청난 규모의 적자를 기록하고 리만브러더스와 같은 세계적인 투자은행이 몰락하게 된 것이다.

미국의 연방은행 FRB는 서브프라임 위기 이후 장외파생상품 거래 투명성 제고 등을 목적으로 미국 27개 주요 금융회사로 하여금 2008년 10월 31일 이후 거래된 모든 장외파생상품 정보를 등록토록 하고 있으며, CDS 거래규모 정보는 뉴욕소재의 세계 최대 CDS 거래정보저장소인 TIW(Trade Information Warehouse)에서 거래 데이터(총계약잔액, 순계약잔액)를 일주일 간격으로 홈페이지를 통해 공개하고 있다.[28] 2010년 한국 국가CDS 총계약잔액(gross notional amount)은 654.4억 달러이며, 순계약잔액(net notional amount)은 36.4억 달러이다. 이는 한국 정부, 금융기

---

27. 최혁, 『현대인을 위한 금융특강 : 2008 글로벌 금융위기』, K- books, p.194 참조.
28. http://www.dtcc.com/products/derivserv/data/index.php 참조.

관, 기업들이 외화표시로 발행한 국제채권 규모 1,305억 달러의 2.8% 정도에 달한다. 국내에서는 우리은행이 2004~2007년에 15억 8천만 달러를 CDO 및 CDS에서 투자해서 2009년 1조 8,000억원의 손실을 기록해 파장을 일으킨 적이 있다.[29]

Box 12-5 CDS와 회사채 보증

IMF 이전 국내 업체가 회사채를 발행하게 되면, 회사채를 발행한 회사가 채권 원리금을 지급하지 못하는 사태를 대비해서 금융기관(은행, 증권회사, 보험회사)이 보증료(원금의 0.5% 내외)를 받고 보증을 해주었다. IMF 구제금융 당시 다수 금융기관이 부실화된 원인 중의 하나가 바로 이 보증 때문이었고, 현재까지 회사채는 거의 무보증으로 발행되고 있다. 그래서 회사채 발행이 어려운 국내 기업들은 주로 3개월 만기의 기업어음(CP)을 발행하고 있다.

이러한 회사채 발행과 보증료는 1회사 1보증료 개념이지만, CDS는 다수의 회사를 묶어 놓은 종합세트에 대한 보증료와 같다. 이것이 만들어지게 된 이론적 배경은 "포트폴리오 이론"으로서, 다수의 회사를 묶어 놓으면 이론적으로 부실 위험이 1%, 5%, 10% 등으로 계산된 수치로 나오고 이것만큼 CDS 금리가 정해지게 된다는 것이다. 그리고 이 CDS 자체도 보험회사가 매수하는 것에 그치지 않고 지속적으로 금융회사 간에 거래가 되면서 CDS의 유동성이 높아지고 가격이 올라가면서 2007년까지 CDO와 CDS를 매입한 금융기관은 막대한 평가이익을 거두었고 경영진 및 직원들은 엄청난 보너스 잔치를 벌였다. 그런데, 서브프라임 위기가 터지면서 위험을 분산시키는 포트폴리오 효과보다는 위험이 연쇄적으로 파장되는 증폭효과가 더 크게 나타나 미국의 세계적인 금융기관들이 대거 몰락하게 된 것이다.

4.4 총수익스왑

4.4.1 총수익스왑의 개요

총수익스왑(total return swap, TRS)은 준거자산으로부터 발생하는 일반적인 현금흐름뿐만 아니라 향후 예상되는 채무불이행시의 모든 현금흐름도 포함한 전체 현금흐름(경제적 총수익)과 고정(혹은 변동)적인 현금흐름을 서로 교환하는 신용파생상품이다. 수익을 수취하는 쪽(TRS receiver)은 실제로 자산을 매입하지 않고도 그 자산으로부터 발생하는 수익을 모두 향유할 수 있고, 수익을 지급하는 쪽(TRS payer)은 자신이 지니고 있는 기준자산의 신용위험을 회피할 수 있다.[30]

29. Joins news 2010.2.1 http://article.joins.com/article/article.asp?ctg=11&Total_ID=3993484 참고.

그림 12-6 총수익스왑의 구조

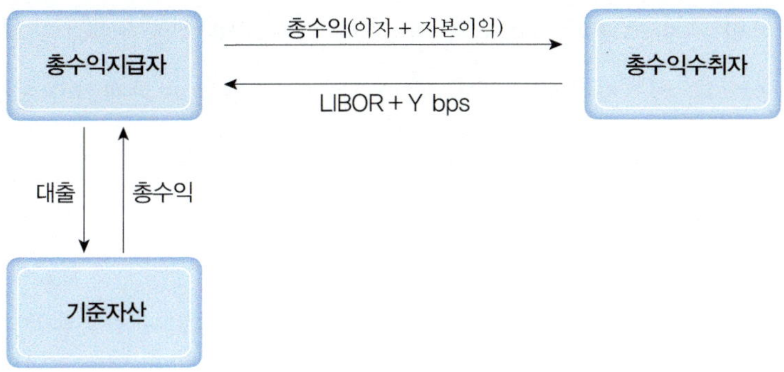

예를 들어, 한 은행이 5억 달러의 대출포트폴리오에 대한 총수익을 지불하고 LIBOR + 1%를 받는 TRS를 보험회사와 체결했다고 하자. 이 TRS는 은행으로 하여금 대출자산을 팔지 않고도 대출자산에 노출되어 있는 신용위험을 피할 수 있도록 하고 반대로 보험회사는 대출을 발생시키고 유지/관리하는 데 들어가는 비용이 없이도 신용위험에 노출시킴으로써 수익률을 높일 수 있다. 이러한 TRS를 통해서 은행은 장부상에 자산을 그대로 유지한 채로 필요한 만큼의 신용위험수준을 정할 수 있다. 다시 말해 은행은 이러한 스왑거래를 통해서 고객과의 유대관계는 그대로 유지하면서 대출자산에 대한 신용위험을 통제하고 조절할 수 있게 된다. 반대로 위 예의 보험회사와 같은 투자자는 대출자산을 만들기 위해 필요한 복잡한 서류작성이나 정기적인 이자율의 조정 그리고 행정적인 업무의 부담이 없이도 대출자산을 합성해 낼 수도 있게 한다. 이에 따라 총수익 수취자는 기준자산(예 : 채권)의 발생이자 및 가격변동에 따른 손익을 취하게 되는 반면, 총수익 지급자는 신용위험과 시장위험을 일정기간 제거할 수 있게 된다. 이러한 TRS 거래는 파생금융상품에서도 적용하고 있다. 즉, 금융기관이 계약상대방에게 스왑대상 자산과 관련한 모든 위험(신용위험, 시장위험) 및 수익을 인도하는 반면, 계약 상대방은 계약조건에 따라 일정 형태의 금리 및 시장가격 하락분을 지불하는 계약을 체결할 수가 있다. 따라서 직접적인 부도가 없더라도 신용하락 등에 의한 자산가치의 하락을 보장받을 수 있다.

30. http://www.antclub.com/bbs/board.php?bo_table=21&wr_id=32&sca=OTC 참고해 정리. 『국제금융외환용어사전』 참조. 웹사이트 www.keb.co.kr/b2b/minor/.../C020.htm.

4.4.2 CDS와의 차이 및 합성상품

CDS와의 가장 큰 차이는 CDS에서는 신용사건이 발생한 경우에만 손실보전을 위한 지불이 이루어지지만 TRS에서는 신용사건의 발생과는 관계없이 정상적인 시장상황하에서도 기준자산의 시장가치가 반영되어 지불이 이루어진다는 점이다. 그러므로 TRS를 이용하면 신용위험뿐만이 아니라 시장위험도 투자자에게 전가시킬 수 있게 된다. TRS의 중요한 특징중의 하나는 TRS와 채권매각을 결합하면 REPO를 복제해 낼 수 있다는 것이다. 콜옵션과 풋옵션을 이용해서 선물을 합성해낼 수 있고 그렇게 만들어진 선물을 합성선물이라고 하듯이, TRS와 채권매각을 통해서 복제된 REPO를 합성REPO라고 부른다.

실제로 REPO 거래자들은 이와 같은 관계에 근거해 TRS를 많이 이용하고 있다. REPO 거래자들이 TRS를 많이 이용하는 이유는 자금조달비용을 줄일 수가 있고 스왑기간동안 채권을 대차대조표에서 제거할 수 있기 때문이다. 즉, 은행의 경우에는 대차대조표상의 위험자산을 줄일 수 있어서 BIS 비율이 향상되는 효과를 얻을 수 있기 때문이다. REPO를 통해 채권을 매각한 경우에는(자금조달자) 채권을 환매하겠다는 약속이 전제되어 있으므로 REPO 매각자의 입장에서는 채권을 대차대조표에서 제거할 수가 없게 된다.

4.4.3 TRS의 장점

첫째, TRS 계약을 통해서 TRS 지급자는 기준자산을 매각하지 않고도 그 자산에 대한 위험노출을 제거할 수 있다. 특히 은행 같은 경우 신용위험을 회피하기 위해서 기준자산을 제3자에게 매각한다는 것은 고객과의 관계유지에 치명적일 수 있기 때문에 쉬운 일이 아니다. 하지만 TRS 계약을 이용하면 고객과의 관계는 유지하면서 그와 관련된 신용위험은 회피할 수 있게 된다. TRS 계약이 체결되면 일반적으로 기준자산으로부터 발생하는 현금흐름과 이에 따른 위험은 TRS 수취자에게 이전되지만 투표권 등의 경영권은 이전되지 않는다.

둘째, TRS 수취자는 자산매입을 위한 현금지출 없이 자산매입을 통해 향유할 수 있는 모든 수익을 얻을 수 있다.

셋째, 여러 가지 제약으로 인해서 직접 대출채권에 투자하기 힘든 투자자들에게 대출채권 자산유형(loan asset class)에 투자할 수 있는 기회를 제공한다. 최근 미국이나 유럽의 경우를 보면 보험회사나 펀드매니저들이 대출채권시장에 투자하기 위해서 TRS를 많이 이용하고 있다.

넷째, 자금조달비용이 높은 금융기관으로 하여금 부외거래를 통해서 다양한 투자대상에의 투자와 분산투자를 가능하게 한다. 자금조달비용이 낮은 우량한 금융기관의 입장에서는 신용위험을 제거함과 동시에 높은 수익을 얻을 수 있다. 이러한 경우에도 모든 위험이 제거되는 것은 아니고 여전히 거래상대방위험은 남는다. 그러나 기준자산과 거래상대방이 동시에 채무불이행 상태에 빠진 경우에만 TRS 지급자 또는 보장매입자에게 손실이 발생하므로 기준자산과 거래상대방 간의 상관관계가 매우 높지 않은 이상 큰 문제가 되지 않는다.

4.4.4 SK증권(다이아몬드 펀드)의 TRS 거래 사례

① 거래내역

1997년 2월 외환위기가 일어나기 전 SK증권은 자사가 200억원을 출자하고 한남투자신탁의 50억원 및 LG금속의 50억원을 출자받아 총 300억원의 자금으로 3,440만 달러를 조성한 후 말레이시아 Labuan 조세회피지역에 다이아몬드 펀드라는 역외펀드를 설립했다. 출자한 3,440만 달러와 JP모건과의 TRS(일명 ProMax deals) 계약을 통해 차입한 5,300만 달러를 합해 8,740만 달러를 인도네시아 루피아 연계채권(기대수익률 20.15%)에 투자했다. 만기에 루피아 표시의 모든 투자수익(원금 + 이자금액)을 수취하고, 그 대신 다이아몬드 펀드는 투자원금의 97%인 5,141만 달러와 바트화 환율과 엔화 환율에 연계된 변동이율을 투자원금에 곱한 금액을 JP모건측에 지급하는 형태의 TRS 계약을 체결했다. 이때 다이아몬드 펀드가 투자원금의 97%를 지급하는 이유는 JP모건측으로부터 5,300만 달러를 차입할 당시 LIBOR보다 3% 낮은 금리로 차입할 수 있어 달러를 − 3%에 차입하는 효과를 기대했기 때문이다.[31]

다이아몬드 펀드가 위와 같은 계약을 체결한 이유는 당시 태국의 환율제도가 달러화가 80% 이상을 차지하고 있는 바스켓제도이므로 향후 바트화의 가치가 크게

31. 보다 자세한 내용은 오규택 · 신성환(1998), 고봉찬(2007), 김형태 · 이현진(2003) 및 아래의 웹사이트를 참조할 것. http://gene.postech.ac.kr/

하락할 우려가 없다고 생각해 바트화 하락으로 인한 손실위험이 낮은 것으로 판단했기 때문이다. 그리고 달러/바트 환율과 달러/엔 환율은 같은 방향으로 움직였고, 달러/엔 환율의 변화율은 달러/바트 환율의 변화율에 5배가 되는 관계를 가지고 있었기 때문에 달러/바트 환율이 상승하는 경우 다이아몬드 펀드는 손실이 발생하지만 달러/엔 환율의 상승으로 이익이 발생하므로 손익은 서로 상쇄되어, 만기에 양측이 지급 및 수취해야 할 금액은 거의 '0' 에 가까울 것으로 예상했다.

그림 12-7 다이아몬드 펀드의 거래 구조

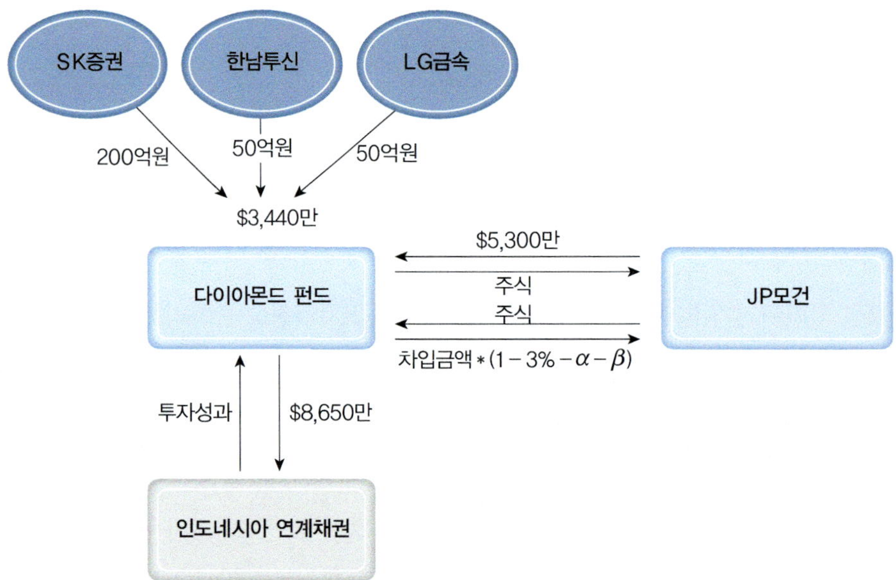

② 거래결과

1997년 7월 이후 아시아 외환위기가 발생함으로써 과거에 안정적이었던 환율구조가 붕괴되었다. 엔/달러 환율은 큰 변화가 없었던 반면 바트/달러 환율은 2배 가까이 급상승해, 차입부분에서 11,024만 달러 및 투자부문에서 7,590만 달러 등 총 18,614만 달러의 손실[32]을 초래해 초기 출자액 3,440만 달러의 5.41배에 달하는 손해를 보게 되었다. 결과적으로 국내 금융기관의 역외펀드들이 루피아화 및 바트

32. 원화로 손실을 계산하면 당시 환율 1,400원 기준 약 2,600억원 이상이었으며 이는 투자원금의 8배에 달했다.

화의 안정을 전제로 단지 금리차익만을 목적으로 투자했다가 막대한 손실을 입은 셈이다. 그토록 큰 손실을 가져온 거래의 핵심 내용은 JP모건 차입자금의 만기상환 조건에 숨어 있었다. TRS를 다시 분석해본 결과 계약부터 SK증권이 천만 달러 이상의 손실을 보게 되는 불평등한 구조로 된 계약이었다. 게다가 때를 맞춰 닥친 1997년 아시아 외환위기로 인해 태국의 바트화는 가치가 폭락해 태국 중앙은행은 통화바스킷 방식을 포기하고 변동환율제로 전환하자 다이아몬드 펀드로서는 최악의 시나리오가 현실로 나타났다.

③ 법정소송결과

SK증권은 JP모건을 상대로 파생금융상품에 대한 위험공시(risk disclosure)를 충분히 알리지 않음으로써 신의성실이나 권리남용금지를 위반한 사기계약이라고 소송을 제기했는데, 1999년 9월 29일 "JP모건과의 모든 소송을 타결짓고 SK증권이 JP모건에 지불해야 할 채무를 출자로 전환하기로 합의했다" 고 발표했다. 양측은 합의문에서 JP모건이 3,500만 달러를 투자해 SK증권 증자에 참여하고 이어 추가로 5,000만 달러 상당의 SK증권 주식을 취득하기로 했다. SK증권은 증자를 통해 모두 2억 달러의 자금을 확보한 뒤 일정 금액을 화해금으로 JP모건에 지불했다. 결국 JP모건이 SK증권에 실제 투자하는 현금은 한 푼도 없이 현금과 주식을 합쳐 약 3억 달러를 받아가는 셈이었다.[33] 그로부터 3년 후, 검찰은 JP모건의 SK증권에 대한 증자참여에는 이면계약이 있다는 비밀 정보를 입수하고 수사에 들어갔다. 그 이면 계약은 굴욕스럽게도 JP모건이 2년 뒤에 보유주식을 SK그룹의 계열사인 SK글로벌에 비싼 값에 되팔 수 있는 권리를 갖는다는 내용이었다. 실제로 2002년에 10월 SK글로벌은 JP모건으로부터 SK증권을 비싸게 사들였고 이면계약이 있었던 것이 수사 결과 밝혀지면서 SK그룹의 주가가 2003년 3월 14일 5,000원대까지 추락한 적이 있다. 따라서 파생상품을 거래할 때는 상품구조 및 계약에 대한 명확한 이해와 분석이 전제되어야 하고 수익이 높은 만큼 위험도 크다는 사실을 명심해야 한다.[34]

---

33. 매일경제 99/09/30(1,3) 인용.

34. 참고 웹사이트 ironboy.tistory.com/51, plaza.snu.ac.kr/~bkho/note11_case- SKvsJPMorgan.doc, www.npricing.co.kr/nicefn/vba/.../1%20DiamondFundCase.pdf.

그림 12-8 다이아몬드펀드 사건의 소송 과정

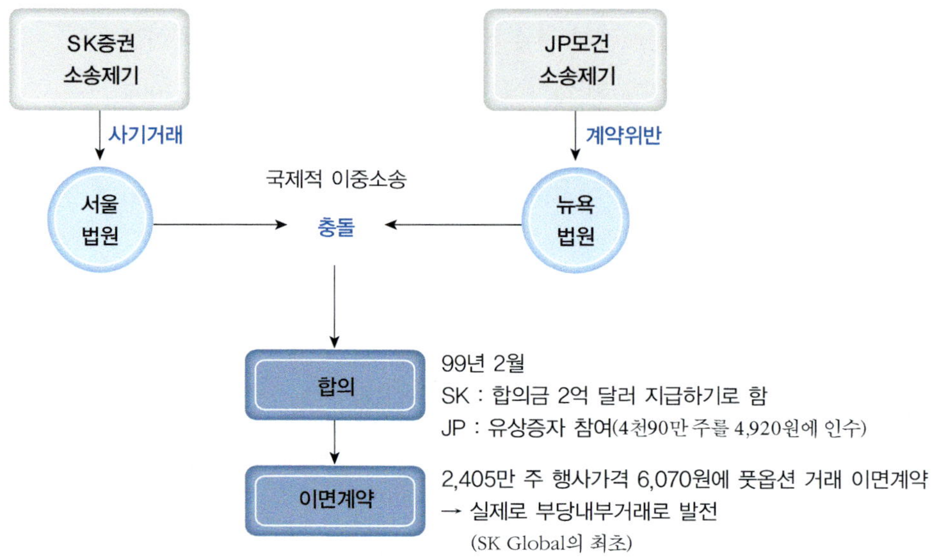

5. 기타 여러 가지 형태의 스왑

5.1 국가 간 통화스왑

5.1.1 개념

자국통화를 상대국 통화와 맞교환하는 것으로 두 나라의 중앙은행 간에 체결되며 환위험 헤지나 차입비용 절감을 위한 것이 아니라 한 나라에서 외화유동성이 부족하면 자국통화를 상대국에 맡기고 외화를 차입하는 계약이다.[35]

우리나라는 미국과 2008년 10월 30일 300억 달러 규모로 첫 통화스왑 협정을 체결했다. 미국 FRB와 한국은행이 통화스왑계약(Temporary Reciprocal Currency Arrangement)을 체결한 방식으로서, 한국은행이 FRB에 원화를 제공하고 달러를 받

35. 2010년 유로존의 금융위기를 초래한 그리스 정부는 유로존(유로화 사용국가들)에 편입된 직후인 2001년 골드만삭스와 통화스와프 거래를 통해 10억 달러 등을 조달해 부채를 숨긴 적이 있다.

게 되며 계약 만기시 반대로 달러를 주고 원화를 돌려받는 것이었다. 한미 통화스왑은 당초 2009년 4월 30일 만료 예정이었지만 계약기간이 6개월 연장돼 10월 30일로 미뤄졌다. 우리나라는 미국 300억 달러, 일본 300억 달러, 중국 300억 달러, 아세안(ASEAN) 65억 달러 등 총 965억 달러 규모의 통화 스와프 협정을 맺었다.[36]

그림 12-9 한국은행-FRB 간 통화스왑 체계

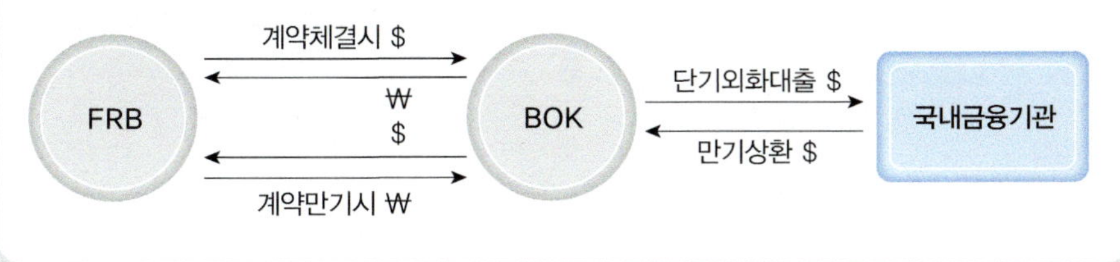

5.1.2 국가 간 통화스왑의 기대효과

통화스왑 협정 체결은 무엇보다 만일의 위기에 대비한 외화유동성 안전망을 확보한 것에 의미를 찾을 수 있다. 이는 외화유동성과 관련한 시장의 우려를 불식시킴으로써 우리 실물경제에 미치는 악영향을 줄이는 데 도움이 된다. 외환시장이 안정되면서 시장참가자들의 투자심리가 회복되면 소비 등 실물 경제에도 긍정적인 영향을 미칠 수 있기 때문이다.

또 미국이 신흥국 가운데 최초로 한국을 달러 스왑 대상국에 포함시킨 것은 글로벌 경제에서 차지하는 한국의 비중을 높게 평가했다는 것을 의미한다. 이는 한국의 대외신인도를 평가하는 국가 신용등급의 안정적 유지에도 기여할 수 있다.

5.2 스왑션

5.2.1 개념

스왑션(swaption)은 고정금리와 변동금리를 바꾸는 스왑(swap)과 일정기간 후 권리를 행사할 수 있는 옵션(option)을 합친 것이다. 즉, 미래시점에 발생여부가 불

36. ASEAN과는 치앙마이 이니셔티브(Chiang Mai Initiative, CMI)의 일환으로 양자스왑금액을 체결했다.

확실한 금리노출(exposure)를 헤징할 때 또는 금리방향에 대한 예측을 전제로 한 선택적 헤지수단으로 사용할 수 있다. 예를 들어, 금리하락에 대한 차입비용의 절감을 기대하고 있으나 예상외의 금리상승에 대한 위험은 피하고 싶은 경우 스왑션을 체결해 상대방에게 미리 프리미엄을 지급하고, 만기에 스왑레이트가 미리 정한 행사가격(예 : 6%)를 상회하면 스왑계약을 6%에 체결하여 더이상 금리상승 요인을 없앨 수 있다. 만약 만기의 스왑레이트가 6%보다 낮으면 스왑션 행사를 포기하면 금리하락으로 인한 차입비용을 절감하게 된다. 즉, 스왑션이란 일정기간 후 금리조건을 교환할 수 있는 권리를 사고파는 기법이다.[37]

5.2.2 스왑션 거래의 예

예를 들어, 1억 달러를 변동금리로 차입한 기업이 연 5%의 고정금리로 바꿀 수 있는 스왑션을 매입했는데, 현재 시장금리가 연 4%라고 하자. 만일 시장금리가 연 5% 이상으로 높아지면 스왑션을 행사한다. 이에 따라 기업은 시장금리가 아무리 오르더라도 연 5%의 이자만 내면 그만이므로 금리상승에 따른 이자부담 증가를 피할 수 있게 되는 셈이다. 계약 당시 연 4%였던 시장금리가 오름세를 타더라도 연 5% 밑을 유지하거나 예상과 달리 연 4% 이하로 떨어질 경우에는 스왑션을 행사할 필요가 없고 시장금리(변동금리)대로 이자를 내면 된다. 금리상승 부담을 피하면서 하락에 따른 기회이익을 얻을 수 있는 게 바로 스왑션의 장점이다. 그러나 한번 행사한 스왑션을 원상태로 바꾸려면 적지 않은 과태료를 물어야 한다.

5.3 선도금리 계약

5.3.1 의의

선도금리계약(forward rate agreement, FRA)은 미래 일정일(예 : 3개월 후) 이후로부터 일정기간(예 : 6개월간)의 금리를 헤지하기 위해 쓰이는 금리 헤지상품이다. 금리선물거래와 기능이 비슷하지만 거래소를 이용하지 않기 때문에 당사자끼리 거

37. 스왑 및 옵션은 1차 파생상품이고, 스왑션은 2차 파생상품(1차 파생상품에서 또 파생됨)이라고 할 수 있다.

래조건을 자유롭게 정할 수 있는 편리점이 있다. 자금시장(money market)에서 FRA계약으로 미래 기간의 금리를 확정한 후, 일정 기간이 지난 미래의 자금시장에서 이자율이 계약시의 FRA 이자율과 비교해 상승 또는 하락했을 때 생기는 금리차이를 서로 보상해주는 상품이다. 이때 FRA를 사는 측이 FRA 약정 금리를 지불하게 되고, FRA를 파는 측이 FRA 약정 금리를 수취하게 된다. 따라서 이자율이 상승할 것으로 예상되면 FRA를 사야 하고 이자율이 하락할 것으로 예상되면 FRA를 팔아야 한다.

5.3.2 가격구조 및 정산방식

FRA는 1개월 후부터 3개월, 6개월, 9개월, 12개월 등으로 거래된다. 예를 들어, 1개월 후 3개월은 1 × 4 ; 4.54−4.56%로 나타내고, 2개월 후 3개월은 2 × 5 ; 4.55%− 4.57%, 5개월 후 6개월짜리는 5 × 11 ; 4.86−4.88%, 12개월 후 12개월짜리는 12 × 24 ; 5.04−5.06%로 표시된다. 이때 이자 정산을 할 때에는 특정 기간이 지난 후(예 : 1개월 후) 만기(예 : 3개월)까지 해당기간(3, 6, 9, 12개월 등)에 상당하는 이자차이를 계산하고 그 이자차액을 남은 기간 동안 시장이자율로 할인해 손해를 본 상대방이 이익을 본 상대방에게 보상해주어 미래의 금리변동위험을 헤지하는 구조이다.

$$\text{정산금액} = \text{명목금액} \times \frac{(\text{결정금리} - FRA\text{금리}) \times \dfrac{\text{날자}}{basis(365, 360)} \times 100}{1 + (\text{결정금리}) \times \dfrac{\text{날자}}{basis(365, 360)} \times 100} \quad (12-4)$$

그림 12-10 선도금리계약의 구조

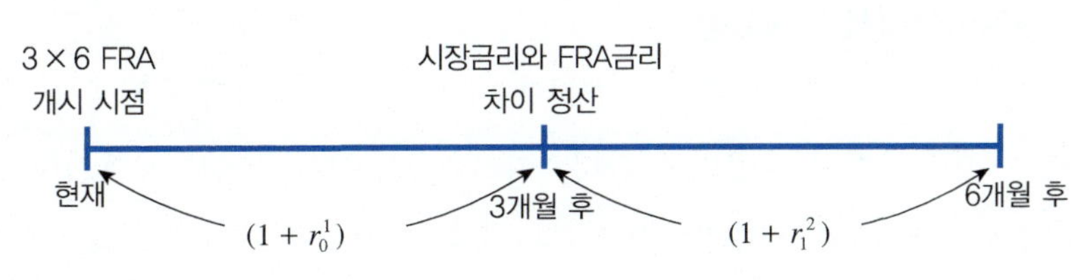

그림 12-11 금리선도계약의 가격표시의 예

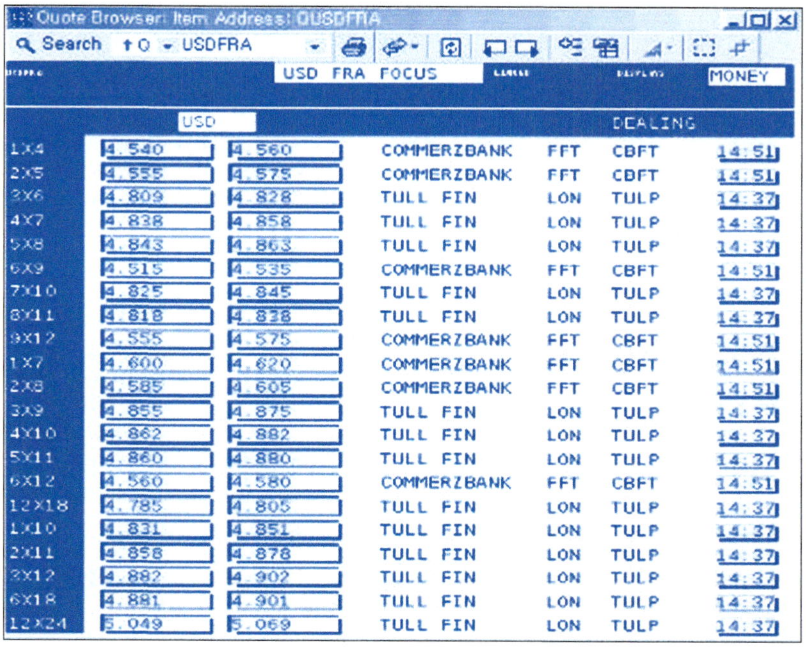

1X4	4.540	4.560	COMMERZBANK	FFT	CBFT	14:51
2X5	4.555	4.575	COMMERZBANK	FFT	CBFT	14:51
3X6	4.809	4.828	TULL FIN	LON	TULP	14:37
4X7	4.838	4.858	TULL FIN	LON	TULP	14:37
5X8	4.843	4.863	TULL FIN	LON	TULP	14:37
6X9	4.515	4.535	COMMERZBANK	FFT	CBFT	14:51
7X10	4.825	4.845	TULL FIN	LON	TULP	14:37
8X11	4.818	4.838	TULL FIN	LON	TULP	14:37
9X12	4.555	4.575	COMMERZBANK	FFT	CBFT	14:51
1X7	4.600	4.620	COMMERZBANK	FFT	CBFT	14:51
2X8	4.585	4.605	COMMERZBANK	FFT	CBFT	14:51
3X9	4.855	4.875	TULL FIN	LON	TULP	14:37
4X10	4.862	4.882	TULL FIN	LON	TULP	14:37
5X11	4.860	4.880	TULL FIN	LON	TULP	14:37
6X12	4.560	4.580	COMMERZBANK	FFT	CBFT	14:51
12X18	4.785	4.805	TULL FIN	LON	TULP	14:37
1X10	4.831	4.851	TULL FIN	LON	TULP	14:37
2X11	4.858	4.878	TULL FIN	LON	TULP	14:37
3X12	4.882	4.902	TULL FIN	LON	TULP	14:37
6X18	4.881	4.901	TULL FIN	LON	TULP	14:37
12X24	5.049	5.069	TULL FIN	LON	TULP	14:37

5.3.3 거래 사례

예를 들어, A회사의 펀드매니저는 미국의 FRB가 인플레이션을 방어하기 위해 USD의 이자율을 점진적으로 올릴 것으로 예상하고 있어, 3개월 후 리스계약으로 체결된 외화부채를 연장(roll- over)하기 위한 대책으로 FRA를 사서 금리헤징을 하기로 결정했다.

① 실행시점에서 거래상황

A회사의 CFO가 거래은행 B에 전화해 FRA 가격을 문의하자 현재 3×9 FRA가 4.51-54에 거래되고 있다고 한다. 따라서 A회사는 4.54%에 1천만 달러의 FRA를 사기로 했다. 즉, 향후 3개월 후부터 6개월간 1천만 달러를 4.54%에 조달했다는 의미이다. 이때 A회사는 명목원금 1천만 달러에 대한 현금교환은 없고 다만 계약상에만 명목원금이 나타난다. B은행은 A회사에 거래확인서를 보내서 거래사실을 명문화한다.

② 일정기간 경과 후 시장상황과 위험 대처방안

■ **A회사가 포지션을 3개월 후까지 끌고 갈 경우 :**

3개월 후에 현금시장에서 6개월간의 차입금리(LIBOR)가 5%로 인상되었다고 하자. B은행은 3개월째 되는 날의 2영업일 전에 LIBOR 금리가 결정되는대로 A회사에 이를 통보하고, 3개월째 되는 날에는 LIBOR와 FRA 차이를 정산한다. 이때 이자금액의 지급은 만기일에 해야 하지만 FRA 거래에서는 이를 할인해 3개월째 되는 날 미리 할인 정산한다. 본 거래에서 A회사는 5%와 4.54%의 차액에 대한 정산금액 $22,560.65를 현금(cash)으로 받는다.

$$\text{정산금액} = \frac{(5.0 - 4.54) \times \frac{181}{(360 \times 100)}}{1 + 5 \times \frac{181}{(360 \times 100)}} \times \text{USD } 10Mio = \$22{,}560.65 \quad (12-5)$$

■ **계약 1개월 후에 예상대로 이자율이 상승한 경우 :**

1개월이 경과한 후 예상대로 시장이자율이 상승해 FRA 가격이 3 × 9 ; 4.81–84이 되었다. 이때 CFO는 더이상 이자율이 오르지 않을 것으로 예상하고 기존의 FRA 포지션을 반대거래(reverse)하기 위해 2 × 8 ; 4.71–74 FRA를 선택해 1천만 달러를 4.71%의 가격으로 시장에 매도한다. 따라서 A회사는 이 거래일로부터 미래의 6개월을 4.54%에 빌려서 4.71%에 대출을 한 결과가 되었다. 위의 공식에 따라 할인된 이익은 최초거래일로부터 3개월 후에 받게 된다. 이자율이 하락할 것으로 예상되면 반대로 FRA를 팔아야 한다. 결과적으로 A회사의 펀드매니저는 $8,349.28의 수익을 얻게 되었으며 이 금액은 B은행으로부터 받게 된다.

$$\text{정산금액} = \frac{(4.71 - 4.54) \times \frac{181}{360 \times 100}}{1 + \frac{(4.71 \times 181)}{(360 \times 100)}} \times \text{USD } 10Mio = \$\,8{,}349.28 \quad (12-6)$$

요약

1. 스왑이란 장래 특정일 또는 특정기간 동안 일정한 금융자산 또는 부채를 상대방의 금융자산 또는 부채와 교환하는 계약을 말한다. 스왑거래는 기초자산의 종류, 거래목적, 이용자의 특성에 따라 다양한 형태로 나타나고 있다. 외환스왑거래는 외환시장에서 이종통화 간의 현물환거래와 선물환거래가 동시에 이루어지는 스왑거래로서 환위험을 회피하거나 또는 통화 간에 일시적인 자금수

지 불균형을 해소하기 위한 수단으로 널리 이용되어 왔다. 반면에 금리스왑이나 통화스왑 등 스왑금융은 명목금액이 아주 크고 기간이 장기인 경우 많이 이용되며, 거래소 밖에서 이루어지는 OTC 상품이 주를 이룬다.

2. 스왑금융이 발생하는 이유는 특정한 기업이나 금융기관이 각기 다른 금융시장(외환, 단기금융, 장기금융 시장 등)에서 차입비용 차이 혹은 투자수익 차이 등으로 인해 차입조건에서 비교우위가 발생하기 때문이다. 스왑금융시장은 대부분 은행간 시장이다. 금융기관들 중에서 투자은행 및 보험회사도 활발히 스왑거래를 하고 있으나, 거래상대방에 대한 신용위험을 분석할 필요성 및 스왑에 따른 위험을 감당할 만한 자본금 능력이 요구되기 때문에 대부분의 스왑거래는 상업은행들에 의해 행해지고 있다.

3. 금리스왑 또는 이자율스왑은 거래쌍방이 일정기간 동안 동일한 명목금액(동일통화)에 대해 서로 상이한 금리를 교환하기로 한 계약이다. 즉, 두 거래 당사자가(two counterparties) 일정한 기간 동안(over on agreed period) 원금(notional principal)의 교환 없이 각각 다르게 정해진 이자 계산 방식에 따라 이자만을 교환하기로 한 계약을 말한다. 금리스왑가격은 고정금리 현금흐름의 현재가치와 변동금리 현금흐름의 현재가치의 차이가 0으로 되도록 하는 수준에서 결정된다. 우리나라에서 원화 금리스왑이란 OTC에서 금리를 교환하는 거래로서 주로 변동금리채권과 고정금리채권의 이자를 교환한다. 거래기간은 보통 1년에서 10년 이내인데 주로 5년 이내에서 거래가 활발하다.

4. 통화스왑은 두개 또는 그 이상의 거래기관이 사전에 정해진 만기와 환율에 의해 다른 통화로 차입한 자금의 원리금 상환(자산 또는 부채 등)을 상호 교환하는 것을 말한다. 환위험 헤지 및 필요통화의 자금을 조달하는 수단으로 주로 이용되고 있으며, 금리변동에 대한 헤지 및 특정시장에서의 외환규제나 조세차별 등을 피하기 위한 수단으로 활용되기도 한다. 통화스왑과 금리스왑의 차이는 통화스왑의 경우 두 개의 서로 다른 통화가 개입되어 교환되기 때문에 환율 문제가 필연적으로 개입된다는 것이다. 한편 통화스왑과 외환스왑의 주요 차이점은 통화스왑의 경우 원금과 이자를 교환하지만 외환스왑의 경우 원금만 교환하고 이자교환은 없다는 것이다. 통화스왑은 서로 다른 두개의 통화가 사용되고 만기에 원금이 반드시 교환되기 때문에, 통화스왑가격은 두 스왑자금에 대해 환율을 고려한 이자와 원금의 현재가치의 차이가 0이 되는 수준에서 결정된다.

5. 신용파생상품은 차주의 신용도 변화에 따라 가치가 변동하는 대출금, 회사채 등과 같은 기초자산으로부터 신용위험만을 분리해 매매하는 금융거래 계약으로서, 기초자산의 손실위험에 대해 보험에 가입하는 것과 유사한 금융거래이다. 실제로 상업은행과 같이 고객에 대한 여신을 주요 영업으로 하는 금융기관의 경우 투자은행이나 증권회사 등과는 달리 시장가격 변동에 따른 시장위험에 대한 노출보다는 거래상대방에 의한 신용위험 노출 규모가 더욱 크기 때문에 이러한 파생상

품을 필요로 한다. 대표적인 신용파생상품에는 스왑형태로 신용부도스왑(CDS), 총수익스왑(TRS)이 있으며, 채권형태로는 신용연계증권(CLN), 부채담보증권(CDO) 등이 있다. 그 외에도 국가간 통화스왑, 스왑션, 선도금리계약 등 여러 가지 형태의 스왑이 있다.

부록 순현재가치

1. 순현재가치

순현재가치(net present value, NPV)란 미래의 현금 흐름을 현재 시장수익률로 할인했을 때의 현재가치에서 초기투자금액을 뺀 차액 금액을 말한다.

$$\text{순현재가치}(NPV) = \sum_{t=0}^{n} \frac{\text{미래현금흐름}}{(1+\text{연간할인율})^{\text{연수}}} - \text{최초투자액} \qquad \text{(A12-1)}$$

예를 들어, 최초투자액이 \$1,000이고 향후 4년간 현금흐름이 \$500, \$400, \$300, \$100이고 할인율이 연 10%라고 할 때 순현재가치는 다음과 같다.

$$NPV = -\frac{1,000}{(1+0.10)^0} + \frac{500}{(1+0.10)^1} + \frac{400}{(1+0.10)^2} + \frac{300}{(1+0.10)^3} + \frac{100}{(1+0.10)^4}$$
$$= -\$1,000 + \$454.55 + \$330.58 + \$225.39 + \$68.30 = -\$78.82$$

2. 미래가치와 현재가치

2.1 미래가치(future value)

현금이 시간가치(time value)를 가진다는 것은 모든 금융분야에서 가장 기초적인 개념이다. 이것은 일정수익율로 투자가 가능하기 때문이다. 가령 오늘 1,000원을 연율 10%로 은행에 예금한다면 1년 후에는 이자가 발생해 원금과 이자합계는 1,100원이 된다. 이를 인출하지 않고 다시 전액을 1년간 더 예치하면 다시 1년 후에는 1,210원이 될 것이다. 이를 상황에 따라서 보다 자세히 설명하면 다음과 같이 나누어 볼 수 있다.

① 동일한 수익률로 재투자하는 경우

이를 다시 5년간 예치한다고 할 때, 이자율이 매년 10%로 동일한 수평수익률 곡선(flat yield curve)을 전제한다면 다음과 같은 계산이 나온다.

최초원금 : 1,000원

1차년도 말 (1,000 × 1.1) = 1,100

2차년도 말 (1,100 × 1.1) = 1,210

3차년도 말 (1,210 × 1.1) = 1,331

4차년도 말 (1,331 × 1.1) = 1,464.10

5차년도 말 (1,464 × 1.1) = 1,610.51

즉, 최초투자 원금 1,000원에 5년간 발생이자 610.51의 합계가 된다. 그런데 총이자 610.51은 최초원금에 대한 이자 500원(1,000 × 10% × 5년)과 이자에 대한 이자, 즉 재투자 수익금 110.51(= 610.51−500)원으로 구성된다. 위의 계산을 다시 쓰면 1,000 × (1.10) × (1.10) × (1.10) × (1.10) × (1.10) = 1,610.51, 즉 1,000 × $(1.10)^5$ = 1,610.51이 된다. 이를 일반화하면 다음과 같다.

$$FV = PV \times (1 + r)^n$$

여기서 FV는 미래가치, PV는 최초원금(principal) 혹은 현재가치(present value), r은 이자율(연율), 그리고 n은 연도수를 의미한다.

② 재투자 기간이 1년 미만일 경우

여기서 재투자 기간의 일부가 1년 미만일 경우에는 다음과 같은 계산이 가능하다. 예를 들어, 다른 조건은 동일하고 기간이 4년 3개월일 경우에는 n = 4.25(= 4년 + $\frac{3개월}{12개월}$)로 환산해 계산하면 $FV = 1,000 \times (1.10)^{4.25} = 1,449.40$이 된다.

③ 1년에 1번 이상으로 복리계산하는 경우

1년에 1번 이상 짧은 기간(몇 개월 단위)을 정해 재투자를 반복해서 투자하는 경우에도 간단하게 계산할 수 있다. 예를 들어, 다른 조건이 위와 동일하고, 6개월 단위로 연 2회 복리로 투자하는 경우에는 이자율 10%를 기간에 맞게 할당해 $r = \frac{10\%}{2} = 5\%$로 변형해 계산하면 된다. 즉, 투자기간이 1년일 경우에는 $1{,}000 \times (1 + 0.05) \times (1 + 0.05)$로 표시할 수 있고, 5 년인 경우에는 재투자되는 횟수는 5년 × 2회 = 10회가 되므로 $FV = 1{,}000 \times (1 + 0.05)^{10} = 1{,}628.89$이 된다. 이를 일반화하면 다음과 같다. 여기서 m은 연간 복리지급회수를 말한다.

$$FV = PV \times \left(1 + \frac{r}{m}\right)^{n \times m}$$

④ 연속 복리계산하는 경우

이 경우 미래가치는

$$FV = PV \times e^{r \times t}$$

로 표시할 수 있다. 여기서 t는 총 투자기간(n과 동일)을 나타내고 $e = exp$을 의미한다.

앞의 예에서 이자가 1년 동안 연속적으로 원금에 산입될 경우, 즉 m이 무한대가 되는 극한의 경우에는 자산가치가 엄청나게 늘어나게 된다. 이해를 돕기 위해 원금을 1달러로 잡고 이자율을 100%로 높게 가정해보면 m이 무한대로 될 경우 1년 후에는

$$\lim_{m \to \infty} F(m) = \lim_{m \to \infty}\left(1 + \frac{1}{m}\right) = e \text{ (달러)}$$

로 표시할 수 있다. 즉, $e = 2.71828$은 연간 100%의 이자율이 연속적으로 원금에 산입될 때, 1달러의 원금이 연속복리로 불어나게 되는 연말의 자산가치로 볼 수 있다. 따라서 2년 후에는 $e \times e = e^2$달러가 될 것이고 3년 후에는 e^3가 될 것이며 t년 후에는 e^t가 될 것이다. 다음에는 원금이 1달러에서 불특정금액 A달러로 변화되었다고 한다면 당연히 t년 후의 가치는 Ae^t달러로 증가하게 될 것이다. 또 한 가지 요소

를 변경시켜 보자. 금리를 100%가 아닌 $r = 5\%$로 변화시키면 어떻게 될 것인가? 이는 Ae^t를 Ae^{rt}로 변경시키면 된다. 따라서 일반화된 연속복리과정에 있어서 미래 자산가치는 $FV = Ae^{rt}$ 또는 $FV = PVe^{rt}$로 표시할 수 있다.[38]

예를 들어, 1년간 6%로 매 6개월마다 예치하는 경우와 이것을 연속복리로 예치하는 경우 양자가 동일한 효과를 가져오게 하는 연속복리 이자율은 다음과 같이 계산할 수 있다.

$$(1 + 0.03)^2 = e^{r \times 1} = e^r$$

양변에 자연로그를 취하면, $r = 2 \times \ln 1.03 = 0.059$, 즉 5.9%가 된다.

2.2 현재가치(현가, present value)

현재가치란 간단히 말해 미래 현금흐름을 수취 또는 지불하기 위해 현재 지불 또는 수취하는 금액이며, 미래의 현금흐름을 현재의 현금흐름과 일치시키는 비율이 할인율(discount rate)이 된다. 현가계산은 앞의 미래가치(FV)의 역으로 계산하면 된다. 즉,

$$PV = FV \times \frac{1}{\left(1 + \frac{r}{m}\right)^{n \times m}}$$

여기서 $r =$ 연간 이자율, $m =$ 연간 복리회수, $n =$ 투자기간이다. 이를 연속복리로 표시하면

$$PV = FV \times e^{-rt}$$

이 된다.

38. A.C. Chiang, 정기준 · 이성순 공역, 『경제수학입문』, 비봉출판사, pp.327-337을 참조함.

연습문제

01. 고정금리 통화스왑은 두 개의 통화– 금리스왑을 이용해 만들어 낼 수 있다. 고정금리 원화부채와 고정금리 엔화부채를 스왑하는 경우를 가정하고 설명해보아라.

02. 현재 스왑가격이 아래의 표와 같이 고시되어 있다고 하자. 양키주식회사의 유로CP 발행금리가 LIBOR – 37.5bp 수준이라고 할 때, 이 회사가 유로CP 발행을 통해 조달한 자금을 2년간 스위스프랑표시 고정금리채로 스왑을 할 경우 총비용은 얼마인가?

Maturity	Treasury yield	US Swap Spreads(bp) (Semi– annual)	SFr/$ Swaps (Annual)
2	9.20	55–59	6.70–6.76
5	9.45	57–62	7.05–7.09

03. A회사가 3년 전에 유로(100만 유로)를 지불하고 달러(250만 달러)를 받는 5년 만기의 스왑계약을 맺었다. 스왑이자율 지불은 1년에 한 번 이루어지는데 계약 당시 유로이자율은 연 8%, 달러이자율은 연 4%였다. 3년이 지난 현재 현물환율은 1유로= 2달러, 유로이자율은 연 10%, 그리고 달러이자율은 연 6%이다.

a. 3년이 지난 지금 스왑계약에 따라 지불/수취를 할 때 A회사는 달러를 지불하는가 아니면 받는가?

b. 만기일에 현물환율이 1유로= 1.5달러라고 한다면 A회사는 달러를 지불하는가 아니면 받는가?

04. 스왑 트레이더가 다음과 같이 USD/CHF 스왑가격을 고시했다고 하자. 이 수치들은 미국 재무성증권 금리에 대한 스위스 프랑 고정금리 스왑조건을 나타낸다. A회사가 프랑을 지불하고 달러를 수취하는 5년 만기 스왑을 원하는데 현재 5년 만기 재무성 증권금리가 연 7.33%라면, A회사는 어떤 조건으로 스왑거래를 하겠는가?

05. A은행의 대차대조표가 아래와 같다고 하자. 이 은행은 달러가 장기적으로 원화에 비해 가치가 하락하는데 달러금리는 안정적일 것이라고 예상하고 있다. A은행은

어떤 스왑계약을 체결해야 하는가?

자산	부채
5년 만기 대출 (500만 달러 : 연 LIBOR + 0.5%)	5년 만기 대출 (100만 달러 : 연 9%)

06. 어떤 한국 투자자가 미국달러금리의 하락을 예상하고 LIBOR + 0.25%로 100만 달러를 차입해 장기 유로달러채권에 투자했다. 그런데 얼마후 투자자는 인플레이션 압력 때문에 미국달러금리가 바닥을 치고 앞으로 상승할 것이라는 우려를 하게 되었다. 이 투자자가 유로달러채권을 계속 보유하고 싶어한다면, 이러한 우려에 대비해 어떤 스왑을 체결하면 좋겠는가?

07. 두 회사가 100만 파운드와 200만 달러를 교환하는 통화스왑을 체결했는데, 현재 현물환율은 1파운드 = 2달러, 파운드금리는 연 10%, 달러금리는 연 7%이다. 1년 후 현물환율이 1파운드 = 1.9달러, 파운드금리가 연 8%, 달러금리가 연 6%로 하락했다.

a. 통화스왑시장에서 스왑가격은 얼마가 되겠는가?
b. 파운드금리가 고정되어 있는 대신 LIBOR + 0%라고 하면, 이때 통화– 금리스왑 가격은 얼마가 되겠는가?

13장

Chapter thirteen

통화옵션의 기초

1. 통화옵션의 개요 | 2. 옵션의 가격결정 요인 | 3. 옵션의 가격결정 이론 | 4. 옵션거래의 위험 | 요약 | 연습문제

1. 통화옵션의 개요

옵션의 거래 대상상품(기초자산)은 통화, 주식, 채권과 같은 금융상품, 금, 은, 농산물 등과 같은 일반상품 등 매우 다양하다. 그중 통화옵션(foreign exchange or currency option)이란 옵션 매도자가 프리미엄을 받는 대가로 옵션 매수자에게 특정 통화의 특정금액을 미리 정한 환율로 특정 만기일 혹은 그 이전에 사거나(call) 팔(put) 수 있는 권리를 주는 계약이다. 즉 옵션 매수자는 수익의 권리는 유지하면서 손실의 위험은 매도자에게 프리미엄을 주는 대가로 전가시키는 것이다.

통화옵션은 1970년대와 1980년대에 시카고, 필라델피아, 런던 등의 장내 선물 시장에서 옵션상품이 거래되면서 시작되었다. 그동안 주요통화에 국한해서 비교적 적은 양이 거래되어왔다. 그러나 1990년대에 들어와 상업은행의 딜링룸에서 은행간 옵션거래를 시작하면서부터 거래소시장에서 OTC시장으로 거래량이 이전하는 구조적 변화를 가져왔고 거래량도 폭발적으로 늘어났다. 또한 1990년대 중반부터 이색옵션(exotic currency option)이 등장함으로써 더욱 빠른 속도로 시장규모가 늘어났다.

1.1 옵션의 기초개념

1.1.1 옵션 매입자와 매도자

옵션의 매입자(option buyer or holder)는 특정 통화를 일정환율에 매입 또는 매도할 수 있는 권리(right)를 가지며 의무는 없다. 이 권리를 받는 대가로 옵션매입에 따른 프리미엄(premium, 해당 옵션의 매입가격)을 지불한다. 옵션 매도자(option seller or writer)는 옵션의 매입자가 권리를 행사해 올 경우, 즉 옵션의 실행을 요구할 경우, 이를 이행해야 할 의무(obligation)를 지게 된다. 이 의무를 지는 대가로 옵션 매입자로부터 프리미엄을 수취하게 된다.

1.1.2 프리미엄

프리미엄은 옵션의 권리를 갖게 되는 대가로서 옵션의 매입자가 매도자에게 지불하는 비용이며 이것이 곧 옵션의 가격이다. 매입자에게는 옵션거래의 최대 손실 가능 금액이며, 매도자로서는 거래의 최대 이익 가능 금액이다. 일반적으로 프리미엄은 거래 체결일로부터 2영업일 후(spot date)에 지불되지만 옵션 만기일에 지급하는 것도 가능하다. 프리미엄은 OTC시장에서는 보통 포인트(points)로 계산되거나 혹은 USD에 대한 %로 표시된다. 그러나 거래소시장의 경우에는 각각 다른 표준이 있으므로 그 기준에 따르면 된다.

① USD의 %(percentage)로 표시하는 경우

■ BUY A JUNE 5 SWISS FRANC CALL STRUCK AT CHF 1.50 FOR 4 PERCENT.

이 경우 만약 금액이 CHF 3,000,000이라면 이는 CHF 3,000,000/1.50 = \$2,000,000이므로 프리미엄은 \$2,000,000 × 4% = \$80,000이 된다.

② OTC 시장에서 달러당 외국통화로 표시(European terms)된 경우

■ BUY A JUNE 5 SWISS FRANC CALL STRUCK AT CHF 1.50 FOR \$0.027.

이 경우 만약 금액이 CHF 3,000,000라면 프리미엄은 CHF 3,000,000 × \$0.027 = \$81,000이 된다.

③ 선물시장에서 외화당 미국 달러로 표시(American terms)된 경우

주로 선물시장에서 0.88이라고 표기된 경우 1 CHF에 대해 \$0.0088이라는 의미이다. 따라서 필라델피아 거래소(Philadelphia Stock Exchange, PHLX)[1]에서는 1계약당 \$550(= CHF 62,500 × 0.0088)이 된다.

1. http://www.nasdaqtrader.com/homepage.aspx

④ 외국통화끼리 표기된 경우

필라델피아 거래소에서 CHF/JPY 0.60이라고 표시된 경우에는 1 CHF에 0.60 엔이라는 의미이다. 따라서 프리미엄은 CHF 1계약당 37,500엔(= JPY 0.6 × CHF 62,500)이 된다.

1.1.3 콜옵션과 풋옵션

콜옵션(call option)이란 특정통화를 매입할 수 있는 권리이며, 풋옵션(put option)이란 특정통화를 매도할 수 있는 권리이다. 통화옵션은 전통적 외환거래와 마찬가지로 두 통화 간에 정해진 가격으로 한 통화를 사고 다른 통화를 파는 거래이므로 한 통화의 콜 옵션은 다른 통화의 풋옵션과 동일하다. 예를 들면, USD와 JPY 간의 옵션거래에서는 옵션 매입자가 USD와 JPY의 교환거래(foreign exchange)를 할 수 있는 권리를 가지므로 옵션 매입자가 USD의 콜 옵션을 행사한다는 것은 JPY을 매도자에게 지불하고 USD를 매입하는 것을 의미한다. 따라서 이는 동일한 가격에 JPY을 매도(JPY PUT)할 수 있는 권리를 갖는 것과 같은 것이다. 그러므로 USD CALL = JPY PUT, USD PUT = JPY CALL 이란 등식이 성립된다. 일반적으로 통화옵션 거래에서는 이러한 혼동을 피하기 위해 'USD CALL AGAINST JPY' 과 같이 표현한다. 이러한 표현이 'USD CALL AND JPY PUT' 과 같은 표현보다 더 명확한 의사전달이 가능하기 때문이다.

1.1.4 행사 혹은 실행

옵션의 매입자는 항상 정해진 환율에 따라 두 통화의 교환을 요구하거나 포기할 수 있는 선택적 권리를 갖고 있다. 그러므로 만약 옵션의 매입자가 두 통화의 교환, 즉 FX 거래를 원할 경우 그는 즉시 매도자에게 그의 권리 행사를 통보해야 한다. 이러한 통보가 옵션의 행사(또는 실행 : exercise or trigger)이다. 따라서 옵션을 행사한다는 것은 옵션의 해약과 동시에 옵션거래 시에 정해진 환율로 두 거래 당사자 간에 현물환 거래를 하는 것이다.

그러므로 옵션의 매입자는 환율이 자신에게 유리할 경우에만 옵션을 행사하게 될 것이다. 즉 옵션으로 얻어진 포지션을 현재의 외환시장에서 반대거래를 통해 이익을 볼 수 있을 경우에만 옵션을 행사하고 그렇지 않을 경우에는 옵션의 권리를 결코 행사하지 않을 것이다. 그리고 이러한 권리는 옵션의 매입자가 옵션 행사기간의 만기까지 행사하지 않으면 자동적으로 소멸(expire)하게 된다.

1.1.5 옵션의 스타일

기본적인 옵션의 스타일(option style)로는 아메리칸 옵션(American style option)과 유러피안 옵션(European style option)의 두 종류가 있다. 아메리칸 옵션은 옵션기간 내에 어느 때나 옵션 매입자가 권리를 행사할 수 있는 옵션이며, 유러피안 옵션은 옵션의 만기일에만 행사 가능한 옵션이다. 자금의 교환은 장외옵션(OTC option)의 경우 실행일로부터 제2영업일 후에 이루어지며, 장내옵션(Exchange-listed option)의 경우 시장 규정에 따라 정해진 날짜에 이루어지게 된다. 일반적으로 유러피안 옵션이 훨씬 광범위하게 거래되며, 필라델피아 거래소에서는 유러피안 옵션과 아메리칸 옵션이 모두 거래되고 있다. 최근 들어 버뮤다 옵션(Burmuda option)이 거래되는데 이것은 유럽형과 미국형의 혼합형으로 일정 기간 동안에는 행사가 안되나 일정 기간 이후에는 행사가 가능한 형태의 옵션을 말한다. 한편, 반드시 그런 것은 아니지만 일반적으로 아메리칸 옵션은 장내시장에서 많이 쓰이고 유러피안 옵션은 장외시장에서 많이 쓰인다.

표 13-1 아메리칸 옵션과 유러피안 옵션

	아메리칸 옵션	유러피안 옵션
권리 행사	만기 전 언제라도 가능	거래최종일만 가능
프리미엄	비교적 높음	비교적 낮음
권리 행사 가능성	높음	낮음

1.1.6 행사가격

매입자나 매도자 간에 옵션 행사시에 적용하기로 미리 정한 환율을 행사가격(strike price or exercise price)이라고 한다. 일반적으로 옵션거래 시에는 두 통화의 현재 시장가격이 행사가격으로 사용된다. 아메리칸 옵션일 경우 현물환 가격이 행사가격(옵션 매입자가 옵션 기간 중에는 언제든지 권리행사를 할 수 있기 때문)으로 적용되고, 유러피안 옵션의 경우 옵션 만기일과 동일한 날짜의 선물환 가격이 적용된다. 그러나 행사가격은 거래 당사자 간의 합의에 따라 결정되므로 현재의 시장환율보다 높거나 낮은 환율로도 정할 수 있다. 이런 경우 행사 환율과 시장 환율의 차이를 내재가치(intrinsic value)라고 한다.

옵션은 그 특징상 행사를 할 것인가 아니면 행사를 하지 않을 것인가의 결정을 해야 한다. 따라서 옵션행사가 경제적인가 또는 비경제적인가를 가름하는 용어가 생겨났다. 이때 판단의 기준은 관계 기초자산의 시세와 옵션계약의 행사가격을 비교해 그 경우에 따라 다음과 같이 구분한다.

① **ATM**(at the money)

옵션거래계약상의 행사가격과 시장에서 형성되는 기초자산(기준물)의 현시세가 근사해 옵션행사로 인한 이득이 거의 없는 옵션을 말한다.

② **ITM**(in the money)

옵션거래의 행사가격이 실제 기준물의 가격에 비해 행사시 유리한 상태인 옵션을 말한다.

③ **OTM**(out of the money)

ITM과 반대로 옵션거래의 행사가격이 실제기준물의 가격에 비해 행사시 불리한 상태인 옵션을 말한다.

표 13-2 ATM, ITM, OTM

	CALL	PUT
ITM	기준물가격 > 행사가격	기준물가격 < 행사가격
ATM	기준물가격 = 행사가격	기준물가격 = 행사가격
OTM	기준물가격 < 행사가격	기준물가격 > 행사가격

1.2 옵션의 사용 목적

오늘날 통화옵션은 외환시장에서 각자가 가지고 있는 위험을 포괄적이면서도 정교하게 피할 수 있도록 해주고 또한 안정성과 확실한 손절매(stop- loss)가 가능하고 경영자에게 최악의 경우 최대손실을 알려주므로 헤지와 투기목적을 위해 실무에서 많이 쓰인다. 최대 가능 손실을 미리 안다는 것은 경영자에게 매우 중요하다. 이것은 실제비용이며 결코 기대치가 아니기 때문이다. 다음의 여러 상황은 왜 옵션거래가 많이 사용되는지 이유를 말해준다.

1.2.1 많이 움직이는 시장에서 도박보다는 전략이 필요하다

외환시장에서 가장 긴장되는 순간들은 중요한 차트포인트(significant chart point)가 깨지기 전후, 중요한 경제지표가 발표되기 전후, 혹은 아주 중요한 뉴스가 발표될 때일 것이다. 모든 트레이더나 시장참여자들은 이러한 기회를 이용해 수익을 얻고 싶어할 것이다. 이때 시장은 매우 변동성이 높고 많이 움직인다. 그러나 그러한 정보를 정확히 분석하고 난 다음 그 정보를 이용해 시장에 들어가려하면 빠르고 다이내믹(dynamic)하게 움직이는 시장에서 이미 때는 늦었을 것이다. 현금시장에서 이러한 시장에 들어간다는 것은 아마도 50 : 50의 확률을 가진 도박과 다를 바가 없을 것이다. 이러한 트레이딩 딜레마에 빠졌을 때 답을 줄 수 있는 것이 바로 옵션이다. 현금시장과는 달리 옵션의 한 형태인 스트래들(straddle)[2]을 이용해 콜과 풋을 동시에 사면 시장이 올라가든 내려가든 상관없이 변동성만 많이 있다면 수익을 실현할 수 있는 것이다.

1.2.2 조용한 시장에서도 거래를 해야 한다

트레이더들이 가장 싫어하는 시장이 있다면 움직이지 않는 시장(flat market), 조용한 시장일 것이다. 갑자기 많이 움직이는 시장이 있는가 하면 반드시 조용한 시장도 오게 된다. 이때에는 손을 놓고 있어야 할 것인가? 이때에도 돈을 벌 수 있는 방법이 있다. 즉, 스트래들을 팔면 된다.

---

2. 제14장 참조.

1.2.3 옵션은 보험인가?

많은 기업이나 헤저들이 옵션을 선택하는 이유는 옵션의 기본적 특성이 보험적 성격에 있다는 점이다. 즉, 작은 프리미엄으로 큰 위험을 무한정 혹은 유한정으로 커버할 수 있다는 점에서 옵션과 보험이 유사하다. 그러나 보험은 매수자에게 이익창출의 기회가 없지만 옵션은 시장상황에 따라서 혹은 시장에 대응한 다양한 옵션전략을 구사함으로써 얼마든지 이익창출이 가능하다. 또한 보험은 만기전에 되팔수 없지만 옵션은 프리미엄을 주고 사서 더 많은 프리미엄을 받고 기간 내에 다시 되팔 수도 있다. 또한 보험은 보험회사로부터 보험을 반드시 사야 하고 매도할 수가 없지만 옵션은 누구나 처음부터 매도가 가능하다.

1.2.4 선물환 및 선물시장과 다른 점

옵션은 옵션의 실행여부에 관한 권리를 전적으로 매수자에게 부여하므로 매수자에게 이익이 올 때에만 실행이 된다는 점에서 선물환 및 선물계약과 큰 차이점이 있다. 또한 옵션거래는 선물거래에 비해 시장 상황에 따라 보다 더 다양한 전략을 구사할 수 있다는 장점을 가지고 있다.그러나 생각보다 비싼 옵션프리미엄을 사전에 지급하고 거래를 해야 하는 단점이 있다.

① 옵션의 임의성

선물환계약은 만기에 쌍방이 무조건 계약을 이행해야 하고 선물계약은 만기에 실제 수도를 하든지 혹은 그 이전에 반대거래로 반드시 포지션을 청산해야 하는 것과는 달리 옵션은 매수자에게 유리할 때에만 옵션의 행사가 가능하다. 따라서 옵션을 이용하면 옵션의 매입, 매도를 통해 발생 가능한 가격변동위험을 커버할 수 있으므로 선물환이나 선물시장에서 불가능한 자금관리가 가능하다.

② 거래기법의 다양성

옵션은 여러 가지 조합을 이용해 시장상황에 따라서 다양한 전략을 구사할 수 있다. 선물환과 선물계약은 환율이 올라갈지 혹은 내려갈지 방향이 맞아야 이익을 창출할 수 있지만 옵션은 환율움직임의 방향과는 관계없이 변동성(volatility) 그 자체만으로도 돈을 벌 수 있다. 또한 선물에서는 만기만이 선택대상으로 고려되지만 옵션에서는 행사가격 차이까지 선택의 대상이 될 수 있으며 보유자산(옵션)을 기준물로 하는 옵션을 매도해 현물자산 보유기간 동안 프리미엄 수입도 올릴 수 있다.

③ 레버리지 효과

옵션은 위험과 비용에 비해 레버리지 효과가 선물환시장보다 큰 편이다.

1.2.5 변동성(volatility)과 위험

흔히 금융시계열(financial time series) 데이터에서 표준편차(또는 분산)는 위험으로 인식된다. 옵션의 거래가 가능하기 위해서는 거래 대상 상품의 가격변동성이 필수적이다. 만약 가격이 변하지 않는 어떤 상품이 있다면, 이 상품은 가격 변화의 위험이 전혀 없는 것이고, 이 상품에 대한 옵션거래의 필요성도 없을 것이다. 즉, 옵션을 매수한 사람은 옵션 기간 중 환율이 많이 움직여야 돈을 벌 수 있는 기회가 많아진다. 반면에 옵션을 매도한 사람은 매도한 시점부터 옵션기간 중 시장이 조용하게 끝나서 프리미엄이 자기의 수익으로 남기를 기다리든지 아니면 매도한 포지션과 동일한 포지션을 보다 싼 프리미엄으로 다시 되사서 위험을 덜어버리고 프리미엄 차익을 남기기를 원할 것이다. 전통적으로 외환시장은 가격 변화가 매우 심하다. 그래서 통화옵션은 환율변동에 따른 위험을 방지하거나 환율의 변화를 이용해 이익을 얻기 위한 투기거래의 수단으로 사용되는 파생금융상품의 한 종류로 급속히 발전되었다.

1.3 옵션시장의 종류

옵션시장의 종류는 거래상대방이 누가 되느냐 즉 거래 이행보증을 누가 서는가에 따라 장내시장(exchange listed market) 및 장외시장(over- the- counter market, OTC market)으로 구분할 수 있다. 현금시장(cash market) 혹은 OTC시장에서는 고객입장에서 거래상대방이 금융기관 또는 혹은 기업이 되며, 반면 거래소시장 혹은 선물시장에서는 거래상대방이 해당거래소가 된다.

1.3.1 장외시장(또는 OTC시장)

OTC시장이란 두 당사자 간에 직접거래로 이루어지는 시장을 말하며 은행과 은행 간, 은행과 고객 간에 거래가 이루어진다. 즉, 특정한 지역과 거래 장소가 있는 것이 아니고, 전화, 로이터 딜링(Reuter dealing) 등의 통신수단과 장외시장 브로커를 통해 전세계가 하나로 통합되어 24시간 움직이고 있는 시장이다. 통화옵션의 대부분은 스왑과 같이 장외시장에서 거래된다.

또한 OTC시장은 거래금액, 통화의 종류, 만기일, 거래시간 등에서 거의 제약이 없이 융통성을 가지고 거래할 수 있는 이점이 있다. 따라서 희귀통화, 이종통화 간의 옵션거래도 가능하고 옵션기간도 몇 시간부터 몇 년에 이르기까지 가능하며, 문자 그대로 시장이 문을 닫지 않으므로 언제든지 거래가 가능한 시장이다. 그러나 위와 같은 편리한 점이 있는 반면 국가위험과 신용도는 OTC시장에서 아주 중요하므로 신용도가 낮은 기업이나 개인은 접근하기가 어려운 점이 있다. 따라서 외환시장과 마찬가지로 대부분 은행이 중개자가 되며, 또한 시장참가자들은 거래 관행과 용어, 기법 등에 익숙한 전문가들이다.

1.3.2 장내시장(또는 거래소시장)

장내거래는 거래소를 통한 매매로서 거래 상대방의 신용위험을 거래소에서 보증하는 거래를 말한다. 주로 선물거래소에서 거래되며 거래양식이 표준화되어 있다. 통화옵션은 세계 여러 곳의 거래소에서 금융상품으로 거래되고 있다. 그 중 가장 대표적인 곳이 시카고 상품 거래소 CME와 PHLX이며 그 외의 거래소들은 이 두 곳에 비해 거래 규모가 작고, 상품 또한 자국 통화 위주로 운영되고 있다. 장외시장과 달리 거래소를 통한 매매가 이루어지므로 거래 상대방의 신용위험과 같은 문제는 발생하지 않는다. 달리 말하자면 개인 투기자들이 거래 증거금과 일정한 마진을 가지고 투기적 거래를 할 수 있는 기회를 준다는 의미이다.

표 13-3 OTC시장과 거래소시장의 비교

구분	OTC시장	거래소시장
금액	■ 당사자 간의 합의에 따라 정해짐	■ 통화별 거래단위와 그 배수로 정해짐
만기	■ 1일물부터 제한없음(통상 5년까지)	■ 보통 1개월 단위로 (대부분) 2년까지
행사가격	■ 당사자 간의 합의에 따라 정해짐	■ 상장된 가격만 허용됨
거래통화	■ 당사자 간의 합의에 따라 어떤 통화들 간의 거래도 가능함	■ 상장된 통화
증거금	■ 없음 : 신용(credit line)이 필요함	■ 있음
수수료	■ bid-ask 차이	■ 있음
STYLE	■ American style과 European style	■ 주로 American style (최근 European style도 거래함)

1.4 옵션 포지션의 종결

일단 거래가 성립된 옵션계약은 권리자의 선택에 따라 다음 세 가지 방식 중의 하나로 처리되어 거래가 종결된다.

1.4.1 반대거래(liquidation)

가장 일반적인 옵션 처리 형태로 보유하고 있는 옵션계약과 동일한 종류, 동일한 행사가격의 옵션을 보유 옵션 포지션과 반대 형태로 취득해 상쇄시키는 것을 말한다. 이 경우 옵션만기일 전에 반대매매가 가능하며 반대 포지션을 취한 시점이 상이하더라도 옵션의 가격인 프리미엄의 손익만 정산하면 된다.

1.4.2 옵션의 행사(exercise)

옵션거래의 행사는 만기 또는 만기 전에 권리자가 계약대로 이행하도록 요구하는 것으로 기초자산을 행사가격에 매입 또는 매도한 포지션을 거래 당사자가 획득함으로써 옵션거래가 이행되는 것을 말한다.[3]

3. 옵션보유자가 옵션을 행사할 때 옵션판매자는 행사에 응해야 하는데 이를 assignment라고 한다.

1.4.3 포기(abandon)

옵션거래 매입자인 권리자가 만기까지 권리를 행사하지 않아 자동 무효화되는 것으로 매입자의 경우에는 매입에 따른 프리미엄만큼 손해가 발생하고 매도자의 경우에는 수취한 프리미엄만큼 이익이 발생한다.

표 13-4 옵션에 따른 손익

	CALL		PUT	
	BUY	SELL	BUY	SELL
권리	있음	없음	있음	없음
의무	없음	있음	없음	있음
행사	할 수 있음	당할 수 있음	할 수 있음	당할 수 있음
행사의 대가	PREMIUM 지불	PREMIUM 수취	PREMIUM 지불	PREMIUM 수취
행사 이후	LONG POSITION	SHORT POSITION	SHORT POSITION	LONG POSITION
행사 이후 손익	이익	손해	이익	손해
행사 이후 처리	LONG LIQUIDATION	SHORT COVER	SHORT COVER	LONG LIQUIDATION
가격 상승시	이익	손해	손해	이익
가격 하락시	손해	이익	이익	손해

2. 옵션의 가격결정 요인(option pricing)

2.1 옵션 프리미엄의 성격 및 구성

2.1.1 옵션 프리미엄의 성격

선물거래에서 기준이 되는 것은 선물가격이듯 옵션거래의 기준은 옵션가격, 즉 프리미엄이 된다. 따라서 프리미엄은 모든 상황의 현 가치를 반영하고 있다. 즉, 선물가격이 단순히 장래 실물가격을 반영하는 것에 비해 옵션의 프리미엄은 만기까지의 잔존기간(expiration date), 기준이 되는 기초자산의 가격(underlying price), 옵션 행사가격(exercise price), 기초자산가격의 변동성(volatility), 이자율(interest rate) 등을 고려한 가격이라고 할 수 있다.

옵션거래시 옵션거래자는 항상 서로 상반된 입장을 취한다. 콜옵션의 경우 매입자(권리행사자)는 가능한 한 낮은 행사가격과 잔존기간이 길며 변동성이 큰 상태에서 상대적으로 낮은 프리미엄을 지불하고 구입하는 것이 유리한 반면, 매도자의 경우는 높은 행사가격과 잔존기간이 짧으며 변동성이 낮은 옵션을 상대적으로 높은 프리미엄을 받고 매도하는 것이 유리하다. 이와는 반대로 풋옵션의 경우 매입자는 가능한 한 높은 행사가격과 잔존기간이 길며 변동성이 큰 상태에서 상대적으로 낮은 프리미엄을 지불하고 구입하는 것이 유리한 반면, 매도자의 경우는 낮은 행사가격과 잔존기간이 짧으며 변동성이 낮은 옵션을 상대적으로 높은 프리미엄을 받고 매도하는 것이 유리하다.

이같이 계약 당사자들 간 서로 상반된 입장에서 옵션시장을 통해 경쟁적으로 형성되는 것이 옵션의 가치인 프리미엄이다.

2.1.2 프리미엄의 구성요소

옵션 프리미엄은 크게 내재가치(intrinsic value)와 외재가치(extrinsic value)로

그림 13-1 콜옵션 가격

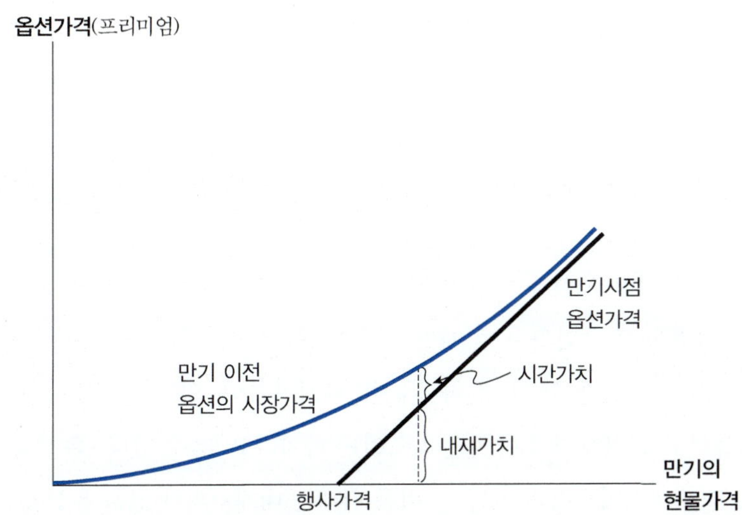

대별할 수 있다. 내재가치는 마이너스 값을 갖지 않으며, 내재가치와 외재가치를 합한 것이 옵션의 가격, 즉 프리미엄을 결정하는 두 요소이다. 옵션의 가격에서 내재가치와 외재가치가 차지하는 범위를 그림으로 그리면 [그림 13 – 1]과 같이 나타난다.

① 내재가치

내재가치란 기초자산의 시장가격(current market price)과 행사가격의 차이를 말하며 옵션을 행사함으로써 당장 얻을 수 있는 환율차익이다. 즉, 아메리칸 옵션의 경우는 행사환율과 현물환율과의 차이이며, 유러피안 옵션의 경우는 행사환율과 선물환율과의 차이이다.

이 내재가치는 쉽게 산출이 되는 부분이지만, 옵션가격을 산출할 때는 옵션의 상태에 따라 영향을 받게 된다. 즉, 콜옵션의 경우 "행사가격 < 기초자산 현재가격"일 때 ITM 상태이므로 내재가치가 있게 된다. 반면에 풋옵션의 경우 "행사가격 > 기초자산 현재가격"일 때 ITM 상태이므로 내재가치가 있게 된다. 또한 내재가치가 아주 큰(Deep ITM) 옵션의 경우는 프리미엄 금액의 조달 비용이 가격에 영향을 미치게 된다.

예를 들어, 파운드 콜(GBP CALL = USD PUT) 유러피안 옵션을 행사가격 1.40(USD per GBP)에 매입했을 경우, 만약 외환시장에서의 GBP/USD 선물환 가격이 1.50이라면 옵션의 내재가치는 $0.10(= 1.50 – 1.40)이며, 이런 경우 옵션의 매입자는 이 옵션을 무조건 행사하게 될 것이다. 반대로 선물환 가격이 1.35일 경우 이 옵션의 내재가치는 없는 것이다. 만약 옵션을 행사한다면 옵션 매입자는 GBP를 $1.40에 매입해 $1.35에 매도함으로써 $0.05의 손실을 보게 되므로, 옵션의 매입자는 이 옵션을 행사하지 않고 포기하게 될 것이다.

② 외재가치

내재가치가 당장 옵션을 행사했을 때 얻을 수 있는 실현가치라면, 외재가치는 옵션거래만의 특징으로 만기가 될 때까지 잠재하는 실현 가능성으로 표현되는 시간가치(time value)라고 할 수 있다. 즉, 옵션거래자가 향후 얻을 수 있는 기대가치로 기꺼이 지불하고 반면에 최소한 보장받으려는 가치라고 할 수 있다. 옵션의 프리미엄은 항상 그 내재가치보다는 비싸다. 비록 현재는 내재가치가 없는 옵션(OTM 또는 ATM)이라 할지라도 옵션 기간 중에 기초자산의 가격변동(통화 옵션의 경우 환율변동)

으로 인해 그 옵션이 실행될 가능성, 즉 ITM으로 바뀔 가능성이 있기 때문에 그 가능성에 대한 가치도 옵션의 가격에 포함될 것이다. 통화옵션 거래는 일반 외환거래(spot or forward FX)보다 추가 비용 부담이 있다. 이 추가 비용 부담이 시간가치에 해당하는 부분으로 볼 수 있다.

외재가치는 만기까지의 잔존기간, 시장의 예상 변동성, 행사가격과 기초자산의 가격과의 관계(ITM, ATM, OTM), 두 통화의 이자율 등 여러 요인들에 의해 영향을 받는다. 그리고 주식옵션 등 현물옵션의 경우에는 배당이나 쿠폰 지급액 등의 현금흐름에 의해서도 영향을 받는다.

2.2 통화옵션가격의 주요 결정 요인들

우리는 이미 통화옵션이 ① 두 거래 당사자 간의 합의(chosen)에 의해 ② 두 통화의 교환을 ③ 환율의 변화에 따라 실행되거나 실행되지 않는 거래라는 것을 알고 있다. 따라서 옵션가격은 위의 세 부분에 의해 결정된다는 것도 쉽게 알 수 있을 것이다. 각각의 부분을 다시 세분해보면 통화옵션가격에 영향을 미치는 요인들은 아래와 같이 정리될 수 있다. 이 중 중요 요인들에 대해 상세히 살펴보자.

표 13-5 **통화옵션가격의 결정 요인들**

	주요 요인
거래당사자 간의 합의(chosen)**로 결정되는 부분**	■ 콜 혹은 풋(call or put) ■ 거래 통화(currency pair) ■ 행사가격(strike rate) ■ 금액(amount) ■ 옵션의 스타일(American or European) ■ 옵션의 기간(expiration date and time)
시장에서 이미 가격이 결정(given)**되어 있는 부분**	■ 현물환율(spot FX rate) ■ 양국 간의 이자율(interest rates for each country) ■ FX 선물환율 혹은 스왑레이트(양국 간의 이자율과 현물환율로 자동 계산됨)
알 수 없는 부분 (unanticipated or unknown)	■ 변동성(volatility)

2.2.1 잔존기간(time remaining until expiration)

잔존기간은 옵션의 외재가치에 크게 영향을 미치는 요인이다. 특히 미국식 옵션의 경우 옵션 만기까지의 기간이 길면 길수록 옵션매입자는 유리한 기회를 가질 수 있는 가능성이 크고 매도자는 그만큼 불리한 상태를 감수해야 하므로 잔존기간이 길수록 옵션의 외재가치는 클 수밖에 없다.

일반적으로 잔존기간과 프리미엄의 관계는 정비례하며 감소하지 않고 만기가 가까울수록 가치가 급격히 하락한다. 시간가치는 $\sqrt[2]{\text{시간}}$으로 감소하며, ITM 혹은 OTM일 경우가 ATM에 비해 소멸속도가 더 완만하고 선형적이며 만기 전에 0이 된다.[4] 옵션의 시간가치가 만기가 다가옴에 따라 점차 줄어드는 것을 시간소멸(time decay)이라고 한다. 예를 들어, 다른 조건(변동성, 행사가격, 현물가격 등)이 동일하고 만기일만 틀린다고 가정할 경우 4개월짜리의 옵션의 가치가 120이라면, 3개월의 옵션가치는 $120 \times \left(\sqrt{\frac{3}{4}}\right) = 103.92$가 되고 1개월의 옵션가치는 $120 \times \left(\sqrt{\frac{1}{4}}\right) = 60$이 된다.

그림 13-2 시간소멸곡선(time decay curve)

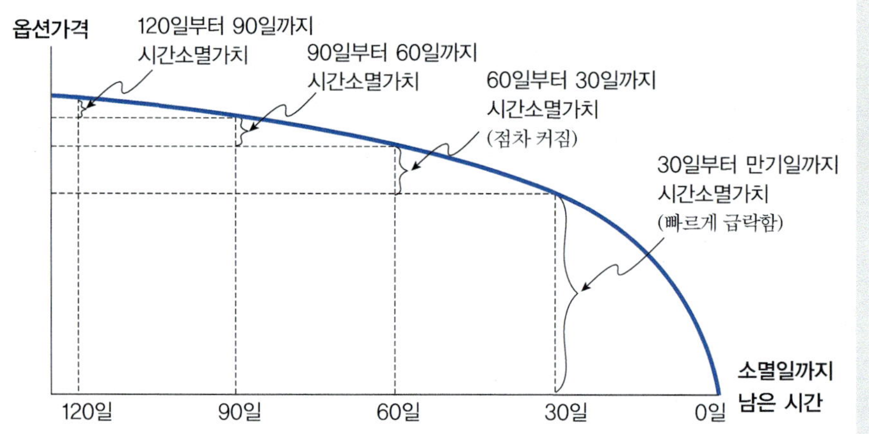

4. 시간가치 소멸에 관해서는 이 장의 소절 4.4(쎄타)를 참고하기 바람.

2.2.2 변동성(volatility)

위의 가격 구성 요소 중 알 수 없는 단 한 가지 요소는 환율의 변동성이다. 이 변동성이란 한마디로 가격(환율)의 변동률로 표현할 수 있으며, 옵션의 가격의 결정요소 중에서 핵심이 된다. 그리고 이 변동성은 예측에 근거할 수밖에 없으며 매입자와 매도자의 변동성에 대한 상반된 예측이 옵션의 거래를 성립시키는 중요한 요인이 된다.

① 변동성(volatility)과 옵션거래

옵션에서 가격변동성이란 기초자산 가격 변동의 표준편차를 연율화(annualized percentage)한 것으로 정의된다. 즉 가격 변화의 속도를 백분율로 표시한 것이라고 할 수 있다.

일반적 외환거래에서는 환율의 방향과 변화의 폭이 손익을 결정한다. 그러나 통화옵션에서는 변동성, 즉 환율 변화의 속도도 손익에 영향을 미치게 되므로, 이 환율 변화의 속도에 대한 베팅(betting)이 옵션거래의 핵심이다. 그래서 은행간 시장에서 통화옵션 거래는 통상적으로 변동성 가격의 제시만으로 이루어지고 또 변동성 거래(volatility trading)라고 불리고 있다. 장외시장에서는 가격제시자(market maker)가 자신들의 예상에 따라 매입가(bid)와 매도가(offer)를 제시하게 되며 가격추종자(market user)는 제시된 가격에 따라 거래를 어떻게 할지 의사결정을 내리면 된다. 자유변동환율 체제 하에서 특정통화가 미국 달러화에 고정(pegging)되어 있는 경우를 제외하고 대부분의 통화는 미국 달러화에 대해 변동성을 갖게 된다. USD/JPY, USD/CHF, GBP/USD 등의 환율은 그 움직임의 폭과 속도가 매우 급격하지만 USD/CAD와 EUR/GBP 등의 환율은 상대적으로 안정적으로 움직인다. 따라서 어떤 통화들 간의 거래냐에 따라 변동성이 크게 달라진다.

② 변동성의 종류

변동성은 그 측정방법에 따라 역사적 변동성(historical volatility), 내재 변동성(implied volatility), 시장 변동성(market volatility)이 있다.[5] 역사적 변동성은 실제

5. 이외에도 변동성의 종류로 미래변동성(future volatility)과 예측변동성(forecast volatility)이 있다. 미래변동성은 모든 거래자들이 알고 싶어하는 변동성으로 미래의 일정기간 동안의 가격변동성을 말한다.

과거의 환율변동의 표준편차로부터 산출된다. 이 변동성은 뉴욕 외환시장, 도쿄 외환시장 등 특정 외환시장 또는 전세계 외환시장 24시간의 최고치와 최저치를 대상으로 산출할 수 있다. 역사적 변동성은 옵션거래시 하나의 참고사항으로서 매우 중요하다.

내재변동성은 현재 옵션시장에서 거래되는 옵션가격에 반영된 변동성이라고 볼 수 있다. 시카고나 필라델피아 거래소의 옵션거래에서는 실제 금액의 프리미엄으로 옵션거래값이 제시되고 있다. 이 프리미엄을 블랙- 숄즈 모형에 만기까지의 잔존기간, 행사가격, 기초자산 가격, 이자율 등의 변수와 함께 넣고 그 기준이 되는 변동성을 역으로 계산한 것이 내재변동성이다. 내재변동성이 미래변동성보다 낮을 경우 현재의 프리미엄이 저평가되었다고 할 수 있으므로 매입기회로 이용할 수 있으며 미래변동성보다 높을 경우 현재의 프리미엄이 고평가되었다고 판단하고 매도기회로 이용할 수 있다. 즉, 이것은 미래에 옵션시장에서 거래될 옵션가격을 결정할 변동성에 대한 현재시점에서의 예측치라고 볼 수 있다. 내재변동성은 옵션가격 결정 요소 중에서 가장 핵심요소가 된다. 앞에서 언급한대로 OTC 은행간 시장의 옵션 트레이더들은 달러로 표시된 프리미엄을 상대로 거래를 하는 것이 아니라 옵션가격모형의 틀(frame) 안에서 바로 이 내재변동성을 가지고 가격제시(quotation)를 하고 변동성 자체를 사고파는 거래를 한다. 즉, 변동성 거래를 한다(주로 Vols trading이라고 한다). 이것은 트레이들이 옵션의 가격을 비교하고 시장을 예측하는데 있어서 미리 주어지는 옵션가격결정요소들은 제외하고 옵션시장에서 주어지는 요소인 변동성 만을 사용하는 것이 더욱 간편하고 시간을 단축하기 때문이다. 이것은 마치 선물환 트레이더가 선물환율(outright forwards)을 가지고 거래를 하는 것이 아니라 스왑포인트 만을 가지고 스왑거래를 하고 나중에 스팟에다 스왑포인트를 가감해 선물환율을 도출해내는 것과 유사하다고 볼 수 있다.

시장변동성은 보다 광범위한 개념이다. 은행간 시장에서의 OTC 옵션거래는 변동성 자체를 기준으로 대부분의 거래가 이루어진다. 이는 다른 모든 종속변수는 시장내에서 이미 동일하게 알 수 있는 반면 변동성 만은 서로가 확정적으로 정해지지 않았기 때문에 변동성 자체를 거래한다. 즉, 장내옵션의 경우 프리미엄을 사고파

만약 미래의 변동성을 안다면 자신 있게 옵션의 가치를 평가하고 거래할 수 있겠지만 아무도 알 수 없기 때문에 그 자체가 거래자의 가치판단을 의미한다. 예측변동성은 미래변동성에 대한 누군가의 추정치로 기관투자가, 중개회사, 데이터 판매자(data vendor)들이 제공하는 것이다. 이 수치에 대한 신뢰가 있을 경우 거래자는 이 변동성을 이용할 것이다. 대체로 참고자료로 이용된다.

는 반면에 OTC옵션의 경우 변동성을 사고파는 거래를 통해 변동성이 확정되면 프리미엄이 자동적으로 결정되기 때문이다. 이때 시장에서 거래되는 변동성은 시장내의 모든 상황과 옵션의 개별 요소의 각각의 가치를 모두 포함한 상태의 개념으로 볼 수 있다. 예를 들어, 시장조성자가 USD/CHF 3개월 옵션의 변동성을 9.45-9.65%로 제시한다고 하면 이는 시장조성자가 연율 9.45%에 풋이나 콜을 사고 9.65%에 팔겠다는 의미이다. 여기서 유의할 것은 이 변동성의 가격은 언제나 ATM 선물환옵션일 때를 중심으로 산출된 가격을 의미한다는 것이다.

이 시장변동성은 어디까지나 미래의 환율변동에 대한 시장참가자의 주관적 예상에 따라 움직이게 되며, 시장의 수급에 따라 결정된다. 물론 이 예상은 시장의 현재환율 변동의 정도에 따라 크게 영향을 받게 되고 옵션기간의 길고 짧음에 따라서도 달라지게 되는데 일반적으로 다음과 같이 정리된다.

표 13-6 시장변동성의 변화

요인	시장변동성의 변화
환율의 변화	▪ 외환시세가 최근의 최고치 또는 최저치를 갱신하는 추세로 움직이는 과정에서는 변동성이 상승한다. 반대로 추세의 반대방향으로 외환시세가 움직이는 경우는 변동성이 낮아진다. ▪ 외환시세가 최근의 최고치와 최저치의 사이에서 박스권을 형성해 그 사이에서 움직일 경우 그 박스권의 상한선 혹은 하한선에 시세가 접근하는 국면에서는 변동성이 상승하고 박스권을 중심으로 되돌아가는 국면에서는 변동성이 낮아진다.
행사가격	▪ 환율이 최고치 최저치를 갱신해 가는 추세일 때는 현재의 환율수준으로부터 그 추세 쪽으로 설정된 행사가격의 변동성은 ATM의 경우에 비해 상대적으로 높아진다. ▪ 환율이 박스권 내에서 움직이고 있을 경우, 이 박스권 밖의 행사가격의 변동성은 ATM에 비교해 상대적으로 높아진다.
옵션기간	▪ 기간이 짧은 옵션의 변동성은 긴 기간의 옵션에 비해 변동이 심하고 스프레드도 상대적으로 크게 된다. ▪ 환율변동이 침체해 고착상태가 계속되는 국면에서는 단기옵션의 변동성이 장기옵션의 변동성보다 낮아지는 경향이 있고, 상대적으로 환율변동이 큰 불안정한 국면에서는 그 반대가 되는 경향이 있다.

2.2.3 행사가격과 기초자산 가격과의 관계

옵션은 향후 ITM 상태가 되어 행사시 이득을 획득할 가능성이 높을 때 그 외재가치가 커진다. 따라서 현재 기초자산 가격과 비교해 Deep- OTM 상태라면 비록 잔존기간이 길더라도 가치가 적을 수밖에 없다. 반면에 이미 ITM 상태인 옵션은 거의 전부 내재가치를 포함하기 때문에 역시 외재가치의 비율이 낮을 수밖에 없다.

표 13-7 옵션의 상태와 외재가치

옵션의 상태	내재가치	외재가치
Deep OTM	없음	환율 변동폭이 매우 커야 만 실행 가능성이 있으므로 시간가치도 아주 적음
OTM	없음	환율 변동으로 인해 실행 가능성이 크므로 시간가치가 매우 큼
ATM	없음	조그마한 환율의 변동으로도 실행 가능성이 있으므로 시간가치가 최대
ITM	있음	당장의 실행 이익뿐만 아니라 환율의 변동으로 이익의 폭이 더 많아질 가능성이 있으므로 시간가치가 매우 큼
DEEP ITM	있음	환율 변동폭이 크더라도 실행이익이 보장되어 있으므로 시간가치는 무시할 수준임

2.2.4 이자율

이자율은 다른 요인들과 달리 옵션가치에 미치는 영향이 일정하지 않으며 옵션의 기초자산의 종류에 따라 다르게 나타난다.

① 현물옵션의 경우

통화현물옵션을 제외한 현물옵션의 경우 콜옵션 매입시 매입자는 현재 시점에서 기초자산을 매입하는 대신에 미래에 매입할 수 있는 권리를 확보하는 것이다. 이때 이자율변화를 제외한 다른 요인이 일정하다면 현물을 보유하고자 하는 자는 현재 기초자산의 대금을 지불할 것인가 아니면 미래에 지불할 것인가의 선택이 남는다.

만약에 이자율이 향후 상승한다면 미래에 매입대금을 지불하는 것이 유리할 것이다(현재부터 미래지급시까지의 이자수입이 증가하기 때문). 따라서 이자율이 상승한다면 기초자산의 대금 지불을 미래로 연기시킬 수 있는 옵션의 이용이 유리해지기 때문에 콜옵션 프리미엄이 상대적으로 상승할 것이고 풋옵션 프리미엄은 하락할 것이다. 이자율이 하락한다면 반대로 콜옵션 프리미엄은 하락할 것이고 풋옵션 프리미엄은 상승할 것이다.

② 통화현물옵션

통화현물옵션의 경우는 양국(기준국과 비교국)의 이자율이 작용하기 때문에 그 영향이 서로 다르게 나타난다. 즉, 기준국의 금리는 타국의 외화를 사거나 파는 데 따른 기준국 통화의 흐름이 적용되기 때문에 앞에 언급한 현물옵션과 같으나 비교국의 금리는 이와 반대로 효과가 나타난다.

③ 선물옵션

선물옵션의 경우 무위험 단기이자율이라는 용어를 사용하는데 이것은 기회비용을 대표하는 용어로서 옵션매매 후 옵션구매자가 판매자에게 즉시 지불하는 프리미엄에 대한 이자비용으로 나타난다. 예를 들어, 이자율이 높은 경우에는 옵션구매자가 지불하는 옵션 프리미엄에 대한 이자인 기회비용이 상대적으로 높게 된다. 그러므로 이자율이 높은 경우에는 옵션구매자는 기회비용만큼 프리미엄을 적게 지불하려 하고 옵션판매자는 프리미엄을 적게 받더라도 높은 이자율을 프리미엄으로 받고 적립할 수 있기 때문에 그만큼 이익을 더 낼 수 있다.

2.2.5 기초자산에서 발생하는 수입

주식옵션의 경우 기초자산인 주식은 배당수입이 있기 때문에 기초자산에서 수입이 발생하면 이는 그 결정 시점에서 기초자산의 가격을 그만큼 하락시키게 되어 이에 기초한 옵션의 가치도 영향을 받는다. 따라서 콜옵션의 경우는 예상되는 기초자산의 수입은 옵션의 프리미엄에 부정적인 영향을 미치며 풋옵션의 경우는 긍정적인 영향을 미친다.

기초자산의 요인변화에 따른 옵션의 이론가치 변화를 정리하면 다음과 같다.

표 13-8 기초자산 요인변화와 옵션가격

요인 변화	콜옵션가격	풋옵션가격
기초자산가격 상승	상승	하락
기초자산가격 하락	하락	상승
변동성 큼	상승	상승
변동성 작음	하락	하락
시간이 지나감	하락	하락
금리 상승	약간 하락	약간 하락
금리 하락	약간 상승	약간 상승

3. 옵션가격 결정 이론

일반적인 옵션의 가격결정 이론으로는 1973년 블랙(Fisher Black)과 숄즈(Myron Scholes)가 발표한 블랙- 숄즈 모형(Black- Scholes model)이 있으며, 통화옵션의 대표적 가격 결정 이론으로는 저먼- 콜하겐 모형(German- Kohlhagen model)이 잘 알려져 있다. 그리고 아메리칸 옵션의 가격 결정 모델로는 1979년에 발표된 콕스- 로스- 루빈스타인 모형(Cox- Ross- Rubinstein model)이 있다.[6] 일반적으로 옵션에서 변동성은 만기시의 가격이 로그정규분포를 형성한다는 블랙- 숄즈 모형의 기본가정을 전제로 논의되고 있다.[7]

3.1 기대수익과 이론적 가치

옵션의 기대수익(expected return)과 이론적 가치(theoretical value)를 쉽게 접근하기 위한 방법으로 흔히 주변에서 볼 수 있는 주사위게임과 룰렛게임의 기대수익과 이론적인 가치를 살펴보자.

만약 주사위를 던져서 숫자가 나오는 대로 그 숫자에 해당하는 돈을 받는다고 가정한다면, 그때의 기대수익과 이론적인 참가비는 얼마가 적당할 것인가? 즉, 주사위를 던져서 나온 숫자당 1,000을 곱한 금액을 받는다고 한다면 이 게임을 무수히 많은 횟수로 반복할 때 평균 수익은 얼마나 될 것인가?

1에서 6까지 숫자가 나올 확률이 동일하다는 전제하에 1에서 6까지 더한 숫자인 21에 1,000원을 곱한 숫자를 6으로 나누면 그 결과치는 3,500원이 된다. 따라서 무한히 많은 횟수로 반복 시행할 경우 기대수익은 3,500원이 된다. 이때 이것이 내

6. 옵션의 가격 결정 이론들은 복잡한 수학 공식을 사용해 이론 가격을 산출해낸다. 이러한 공식들을 대부분의 사람들이 이해할 수도 없고, 또 옵션을 거래하는 전문 트레이더들도 이런 고등 수학을 풀지는 못한다. 이런 난해한 수학 방정식들은 컴퓨터에 돌릴 수 있겠지만 옵션 가격 결정에 입력되는 요소들에 대한 이해를 충분히 해야 옵션을 잘 이용할 수 있다.

7. 일반적인 정규분포는 음의 값이 포함되지만 실제 가격에서는 음의 값이 존재하지 않기 때문에 우리가 시장에서 변동성을 구할 때 log를 씌워서 수익률 형태, 즉 $R_t = \ln\left(\frac{P_t}{P_{t-1}}\right)$로 계산한다. 즉 로그정규분포(log normal distribution)를 사용한다. 이 정규분포는 평균과 표준편차에 의해 설명된다.

포하고 있는 의미를 살펴보면 만약 참가자가 참가비로 3,000원을 받고 이 게임을 할 경우 그는 기대수익보다 적은 돈을 투자한 셈이 되기 때문에 장기적으로 유리한 게임이다. 반대로 4,000원을 참가비로 지불하고 참가할 경우에는 기대수익보다 많은 돈을 투자했기 때문에 장기적으로 손해가 된다. 따라서 3,500원을 지불하고 게임을 참석할 때 모두에게 공정한 게임이 될 수 있다.

룰렛게임(roulette game)을 예로 들어 룰렛에 38개의 슬럿(slot)이 있으며 각각의 숫자가 나올 확률이 같다고 가정하자. 게임에 참석한 사람이 시작 전에 숫자를 고르고 그 숫자가 나올 때 38,000원을 받지만 만약 그 숫자가 나오지 않으면 전혀 받지 못한다고 하자. 이때 기대수익은 그리고 참가비는 얼마가 적당하겠는가? 이 게임은 38,000원을 받을 수 있는 확률은 $\frac{1}{38}$이므로, 1,000원(= $\frac{38,000원}{38}$)이 기대수익이 되며 적당한 참가비가 된다. 만약 1,000원보다 적은 돈을 지불하고 이 게임에 참가한다면 참가자에게 장기적으로 유리한 반면에, 1,000원보다 많은 돈을 지불하고 이 게임에 참가하면 장기적으로 불리한 게임이 된다. 물론 카지노는 1,000원 이상의 돈을 요구할 것이다.

투자의 이론적 가치는 기대수익과 유사한데, 특별한 결과가 나올 확률이 없을 경우 이론적 가치는 기대수익과 동일하다. 그러나 때로는 보유비용을 고려해야 하며 주식의 경우 배당금도 고려해야 한다.

옵션거래 역시 일종의 투자이므로 옵션가격 평가를 위해서 모든 관련 요인들을 반영한 이론적 모형을 이용해 옵션의 이론적 가치와 실제 거래되고 있는 가격을 고려해야 한다. 만약 이론적 가치에 비해 저평가되어 거래되고 있다면 그 옵션을 매입해서 이익을 볼 수 있으며, 고평가되어 있다면 그 옵션을 매도해 이익을 취할 수 있다. 이 경우 이익을 볼 수 있는 확률이 높다는 것이지 반드시 이익을 본다는 것은 아니다.

예를 들어, 어떤 상품선물이 현재 200.00에 거래되고 있는데, 그 가격이 180, 190, 200, 210, 220으로 미래의 어느 시점에 움직일 수 있다고 하자. 각각의 가격으로 움직일 확률이 20%로 동일하다면 그 상품에 대해 매입, 매도 포지션을 취했을 때 기대수익은 얼마가 되는가? 만약 선물을 200에 매입한다면 기대수익은

$$-\frac{20}{5}-\frac{10}{5}+\frac{0}{5}+\frac{10}{5}+\frac{20}{5}=0 \qquad (13-1)$$

이 된다. 만약 선물을 200에 매도한다면 마찬가지로

$$\frac{20}{5}+\frac{10}{5}+\frac{0}{5}-\frac{10}{5}-\frac{20}{5}=0 \qquad (13-2)$$

이 된다. 만약 위의 확률 속에 CALL200을 매입할 경우 기대수익은 얼마일까? 가격이 200보다 낮아질 경우 옵션행사를 하지 않을 것이므로 기대수익은

$$0+0+0+\frac{10}{5}+\frac{20}{5}=6 \qquad (13-3)$$

이 된다.

이제 각 가격의 확률을 다음과 같이 달리하면 기대수익률이 어떻게 변하는가? 선물200 매입 또는 매도시 기대수익은 0이 된다.

가격	180	190	200	210	220
확률	15%	20%	30%	20%	15%

반면 CALL200 매입시 기대수익은

$$0+0+0+10\times0.2+20\times0.15=5 \qquad (13-4)$$

가 된다. 이때 옵션이 2개월 만기 주식정산식 옵션이며 이자율이 연 12%라고 한다면 이 옵션에 수반되는 보유비용(carry cost)은 얼마이며, 보유비용을 고려할 때 옵션의 적정가치는 얼마인가? 우선 보유비용은 옵션보유에 따른 기회비용이므로

$$\text{보유비용}=5\times0.12\times\frac{2}{12}=0.1$$

이 된다. 따라서 보유비용 고려시 옵션의 적정가치는 5 − 0.1 = 4.9가 될 것이다.

3.2 이항모형

대표적인 옵션가격결정 모형인 블랙- 숄즈 모형과 콕스- 로스- 루빈스타인 모형은 모두 이론적으로 옵션의 적정가격은 만기일까지의 기초자산 가격의 확률분포에 의해 결정된다는 가정에서 출발한다. 그러나 옵션 만기일에 기초자산의 가격이 어떠한 확률 분포를 따르는가 하는 기본적인 가정에서 차이점이 있다. 콕스- 로스- 루빈스타인 모형은 가격이 2항 분포(binomial distribution)를 갖는다는 가정에서 출발한데 비해 블랙- 숄즈 모형은 로그정규분포(log- normal distribution)를 갖는다고 가정한다.

위의 모형들이 어떻게 도출되는가에 대해서는 다소 이해하기 어려운 측면이 있을 뿐만 아니라 실제 이 공식에 입각해 계산하는 일은 옵션 소프트웨어의 발달로 불필요하므로 모형을 이해하고 이용하는 방법을 중점적으로 살펴볼 것이다.

이항모형은 옵션의 기초자산의 가격이 이산적으로 오르거나 내리는 이항분포에 따른다는 가정하에 옵션의 이론적 가치를 산정하는 가격결정모형이다. 이 모형은 만기전에 행사할 수 있는 아메리칸 옵션의 가격결정 과정을 설명하는 데 유용하다. 이 모형은 구체적으로 다음과 같은 기본가정을 전제로 한다.

- 시장은 완전하고 경쟁적이기 때문에 조세, 거래비용, 증거금이 없다.
- 무위험이자율이 일정기간 고정되어 있으며 bid- offer가 존재하지 않는다.
- 옵션의 만기전에 배당이 없다.

이 모형을 쉽게 설명하기 위해 주식옵션을 예로 들어 한 기간의 콜옵션 가격이 어떻게 결정되는가를 살펴보자. 기초시점의 주가를 S, 이항분포에 따라 상대적으로 높은 쪽으로 변할 때의 수익률을 u(이때의 확률을 q), 낮을 때의 수익률을 d(이때의 확률을 $1-q$), 콜옵션의 가격을 C, 행사가격을 K라 하면 1기 후의 시가는 다음과 같다.

주식		옵션	
오늘의 시가	1기 후의 시가	오늘의 시가	1기 후의 시가
S	상승시 : $(1+u)S$	C	상승시 : $C_u = \max[0, (1+u)S - K]$
	하락시 : $(1+d)S$		하락시 : $C_d = \max[0, (1+d)S - K]$

예를 들어, 현재의 주가가 100인데 많이 오르는 폭이 10%이고 적게 오르는 폭이 5%라고 하면 $u=0.1$, $d=0.05$가 되며, 행사가격이 100인 콜옵션의 가격과 주가의 변화는 다음과 같이 나타난다.

주식		옵션	
오늘의 시가	1기 후의 시가	오늘의 시가	1기 후의 시가
100	$(1+0.1)\times 100=110$	C	$\max[0, 110-100]=10$
	$(1+0.05)\times 100=105$		$\max[0, 105-100]=5$

이때 콜옵션의 가격을 결정하기 위해 주식가격의 등락과 상관없이 항상 일정한 수익률을 내는 포트폴리오를 주식과 무위험자산을 결합해 구성해보자. 이때 구성된 포트폴리오의 가치와 콜옵션의 가치가 같아야 하는데, 만약 같지 않다면 차익거래를 통해 같게 조정될 것이다. 만약 주식 수량을 N주, 무위험자산을 B, 무위험자산의 이자율을 r이라 한다면 주식가격의 등락에 따라 이 포트폴리오 가치는 다음과 같이 변하게 된다.

오늘의 시가	1기 후의 시가
$N\times S+B$	확률 q : $N\times(1+u)\times S+(1+r)\times B$
	확률 $1-q$: $N\times(1+d)\times S+(1+r)\times B$

따라서

$$C=N\times S+B \qquad (13-5)$$

$$C_u=N\times(1+u)\times S+(1+r)\times B \qquad (13-6)$$

$$C_d=N\times(1+d)\times S+(1+r)\times B \qquad (13-7)$$

이때 우리가 구하고자 하는 것은 C의 값이므로 (13-6)과 (13-7)의 연립방정식으로 우선 N과 B를 구하고 이것을 (13-5)에 넣고 정리하면

$$N = \frac{C_u - C_d}{(u-d) \times S}$$

$$B = \frac{(1+u) \times C_d - (1+d) \times C_u}{(u-d) \times (1+r)}$$

$$C = \frac{\frac{(r-d)}{(u-d)} \times C_u - \frac{(u-r)}{(u-d)} \times C_d}{(1+r)}$$

을 얻는다. 여기서 $p = \frac{(r-d)}{(u-d)}$, $(1-p) = \frac{(u-r)}{(u-d)}$라고 하면 다음과 같은 C를 얻을 수 있다.

$$C = \frac{p \times C_u + (1-p) \times C_d}{1+r} \qquad (13-8)$$

위에서 살펴본 것은 이항옵션모형을 쉽게 이해하기 위해 옵션의 만료기간 동안 기초자산 가격이 단 한 번 변한다는 가정에서 출발했다. 기초자산 가격이 두 번 움직인다는 가정을 도입하면 S와 C의 변화과정은 [그림 13-3]과 [그림 13-4]와 같다.

이때 C의 값은 다음과 같이 나타난다.

$$C_u = \frac{p \times C_{uu} + (1-p) \times C_{ud}}{1+r}$$

그림 13-3 2단계 이항분포에서의 주가 변화과정

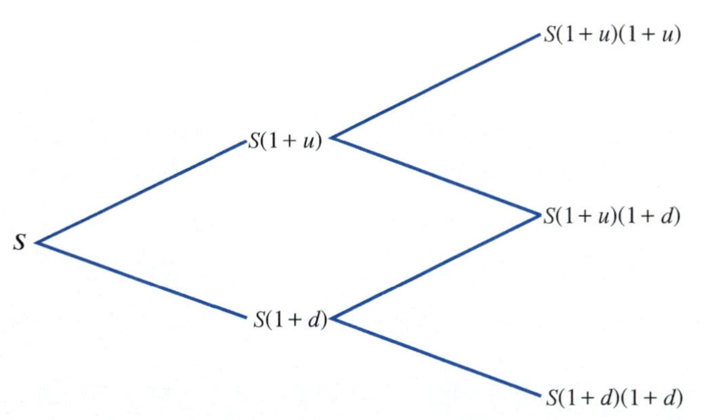

그림 13-4 2단계 이항분포에서의 옵션가치 변화과정

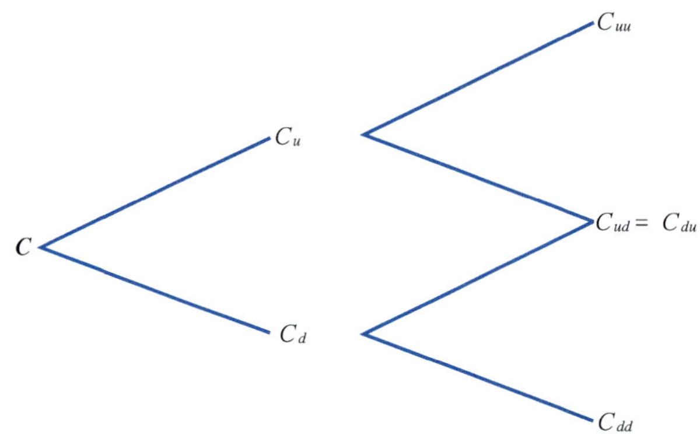

$$C_d = \frac{p \times C_{ud} + (1-p) \times C_{dd}}{1+r}$$

$$C = \frac{p^2 \times C_{uu} + 2p(1-p) \times C_{ud} + (1-p)^2 \times C_{dd}}{(1+r)^2}$$

이러한 변화과정을 연장하면 기초자산의 가격이 n번 변할 때의 콜옵션 가치는 다음과 같이 됨을 알 수 있다.

$$C = \frac{1}{(1+r)^n} \times \sum_{j=0}^{n} {}_nC_j \, p^j (1-p)^{n-j} \times \max[0, (1+u)^j (1+d)^{n-j} S - K] \quad (13-9)$$

3.3 블랙-숄즈 모형

블랙과 숄즈는 1973년 물리학의 열확산속도를 계산하는 공식을 응용해 옵션가격 결정이론을 개발했다. 이 모형은 기초자산의 가격변동이 무작위행보(random walk)를 한다는 전제하에 다음과 같은 7가지 기본가정을 하고 있다.

- 첫째, 기초자산의 가치가 연속적으로 이루어지므로 항상 가격이 변동한다.
- 둘째, 기초자산의 가격이 일정한 비율로 등락하는 것이 아니라 등락폭 내에 있는 어떤 값이라도 가질 수 있다.

- 셋째, 가격 변동률은 옵션의 잔존기간 동안 고정되어 있다.
- 넷째, 옵션의 잔존기간 동안 무위험 단기 이자율이 변동하지 않는다.
- 다섯째, 기초자산의 1일 가격변동이 로그정규분포를 따른다는 가정하에서 현시가와 행사가격에 정규분포의 확률을 가중치로 둔다.
- 여섯째, 만기일에만 행사 가능한 유럽식 옵션을 가정한다.
- 일곱째, 옵션의 잔존기간 동안 주식배당금이나 쿠폰지불금 같은 배당금의 지불이 없다.

이들이 도출한 모형의 수식은 다음과 같다.

$$C = S \times N(d1) - K \times e^{-rT} \times N(d2) \qquad (13-10)$$

$$P = K \times e^{-rT} \times N(-d2) - S \times N(-d1) \qquad (13-11)$$

여기서 C는 콜옵션 가격, P는 풋옵션 가격, S는 기초자산의 가격, $N(\cdot)$은 누적 표준 정규 분포, K는 옵션의 행사가격, $d1 = \dfrac{\ln\left(\frac{S}{K}\right) + \left(r + \frac{\sigma^2}{2}\right)T}{\sigma\sqrt{T}}$, $d2 = d1 - \sigma\sqrt{T}$, r은 무위험금리, T는 옵션의 잔존기간, σ는 기초자산 수익률의 표준편차(변동성)를 나타낸다.

그러나 위의 블랙-숄즈 모형은 원래 무배당 주식을 기초자산으로 한 유럽형 옵션을 대상으로 만든 옵션가격 결정모형이므로 배당이 있거나, 금리, 통화, 상품 및 선물이 기초자산일 경우에 조정이 필요하다. 이러한 경우를 포함하는 조정된 모형은 다음과 같다.

$$C = e^{-rT}[S \times e^{hT} \times N(d1) - K \times N(d2)] \qquad (13-12)$$

$$P = e^{-rT}[S \times e^{hT} \times (N(d1) - 1) - K \times (N(d2) - 1] \qquad (13-13)$$

이 식은 기존의 블랙-숄즈 모형의 옵션의 기초자산에 보유비용 요소(h)의 개념을 포함시켜 도출한 것이다. 여기서 $d1 = \dfrac{\ln\left(\frac{S \times e^{hT}}{K}\right)}{\sigma\sqrt{T}} + 0.5\sigma\sqrt{T}$이다. 만일 기초자산이 주

식이라면 $h = r - y$(배당률), 채권이라면 $h = r - y$(쿠폰금리), 외환이라면 $h = r - r$(외국의 단기무위험금리), 상품이라면 $h = r + m$(보관비 + 보험비 − CY)[8]이 되며 선물의 경우에는 $h = 0$이 된다.

블랙-숄즈 모형은 기초자산가격, 행사가격, 만기까지의 잔존기간, 이자율, 가격변동성 등의 함수로 볼 수 있는데, 이 중 σ(변동성)를 제외한 다른 변수는 이미 확정되어 있으므로 변동성의 예측에 따라 옵션의 가격이 달라질 수 있다. 따라서 이 모형을 이용해 이론적 가치를 측정하거나 내재변동성을 도출해낼 수 있다.

실제 모형을 이용해 옵션의 가치를 평가할 때 우리가 구해낸 옵션의 가치를 이론적 가치라 하며 거래된 실제의 옵션의 가격을 프리미엄이라고 한다. 또한 선물옵션의 경우 현 시점에서 거래된 프리미엄도 알 수 있으므로 이를 통해 내재변동성을 구한 후 이를 변동성으로 이용해 이론적 가치를 구할 수도 있다. 그러나 이런 모형은 독립변수를 변화시켜 향후 어떤 상황일 때 얼마의 이론적 가치를 가질 수 있는가를 검토하는 데 이용된다. 즉, 현재의 선물가격이 향후 얼마일 때, 잔존기간이 얼마 남아 있을 때, 변동성이 얼마로 변화할 때 이론적 가치가 얼마가 되는지를 구하는 데 유용하다.

4. 옵션거래의 위험

헤징의 수단이든 투기적 거래를 목적으로 하든 옵션거래는 그 거래로 인한 손익이 발생하는 위험이 따른다. 앞에서 배운 옵션거래 전략들은 옵션이 만기가 되었을 경우의 수익구조를 예로 들어 설명했다. 그러나 실제 시장에서의 옵션거래는 외환시장과 마찬가지로 투기적 거래가 대부분이다. 만기까지 위험에 대한 노출을 끌고 가지 않고 옵션 기간 중에 반대 매매를 통해 거래 손익을 실현시키는 것이다. 그러므로 자기가 가진 옵션의 가격 변화를 항상 파악하고 있어야만 한다. 마치 외환시장에서 환율의 변화에 따라 포지션 보유자가 자신의 위험과 손익을 계산하듯이 옵션 포지션 보유자도 자신의 위험을 인식하고 그에 대한 헤징의 방법을 모색해야만

8. CY(convenience yield)는 상품보유시 발생이익을 나타낸다.

한다.

외환 포지션의 위험은 환율에 국한되지만, 옵션 포지션의 경우에는 옵션의 특성상 몇 가지 중요한 개념들이 필요하게 된다.

4.1 델타(delta, Δ)

4.1.1 개요

델타는 기초자산(현물환율 혹은 선물환율)의 가격변화에 대한 옵션가격의 변화율을 말한다. 즉, 기초자산의 가격(S)이 1만큼 움직일 때 옵션의 프리미엄(P)이 얼마나 움직이는가를 말한다. 다른 말로 표현하면 델타는 해당 기초자산가격에서의 변화에 따른 옵션의 가치가 얼마나 빠르게 변동하는가에 대한 척도로서 아래와 같이 나타난다.

$$\text{델타} = \frac{\text{프리미엄 변화율}}{\text{기초자산(현물환율 혹은 선물환율) 변화율}} \qquad (13-14)$$

$$\delta = \lim_{\Delta \to 0} \frac{\Delta P}{\Delta S} = \frac{\partial P}{\partial S}$$

RANGE : $0 \leq$ CALL DELTA ≤ 100 or $0 \leq$ CALL DELTA ≤ 1

RANGE : $-100 \leq$ PUT DELTA ≤ 0 or $-1 \leq$ PUT DELTA ≤ 0

기초자산가격이 변화함에 따라 옵션 프리미엄이 반응을 하게 되는데, ITM일 때는 보다 많이 변하고 OTM 상태일 때는 거의 변하지 않을 것이며 ATM 상태일 때는 이들의 중간 정도로 반응할 것이다. 따라서 델타에 대한 해석은 다음과 같이 여러 가지로 나타난다.

첫째, 환율의 변화에 대한 옵션가치의 변화율이 델타이다. 즉 델타가 50%라는 말은 환율이 100 변할 때 옵션 프리미엄은 50 움직인다는 말이다. 이 델타는 0~1 또는 0%~100%의 숫자로 표시된다.

둘째, 또한 이 델타는 옵션이 만기일에 실행될 가능성(possibility of execution)의 정도를 백분율(percentage)로 표현한 것이기도 하다. 만약 델타가 1 이라면 이 옵션은 만기에 ITM으로 끝날 확률이 100%라는 것이고 델타가 0.5라면 만기에 ITM으로 끝날 확률이 반반 이라는 것이다.[9] 바꾸어 말하면 옵션이 만기에 가까워지면서 행사될 확률이 높을수록, 즉, ITM일수록 1에 가깝게 델타값이 증가하고,[10] 행사될 확률이 적은 OTM으로 시장이 움직일수록 델타값이 감소한다.

셋째, 또한 델타는 위험중립적인 헤지 포지션을 갖기 위해 요구되는 옵션의 헤지비율(hedge ratio)로서 이용된다. 즉, 콜옵션을 매입한 사람이 50% 델타에 있다면 자기가 가지고 있는 옵션 포지션의 50%를 현재시장가격으로 팔아야 한다. 소위 다이내믹헤지(dynamic hedge)를 할 때의 지표가 바로 델타가 된다. 다이내믹 델타헤지를 하지 않으면 자기가 가지고 있는 옵션 포지션에서 시장위험은 그대로 상존하고 있다고 보면 된다. 시장의 변동성이 트레이더의 예상을 넘어 아주 큰 경우에는 델타헤지에 대한 비용도 아주 크다. 또한 극도로 불안정한 시장(예 : 아시아 통화위기, 서브프라임 위기)이나 변동성이 아주 높은 시장에서는 시장의 환율움직임이 갭(gap)을 만들어서 갑자기 폭등하거나 폭락하므로 사실상 델타헤지가 포괄적으로 위험을 방어해줄 수 있는 수단은 아니다. 실제로 이러한 시장에서는 헤지비용이 너무 많이 들게 되므로 델타헤지를 하기가 어렵다.

4.1.2 델타의 특징

① 내재가격과의 관계

델타는 내재가격의 변화에 따라 영향을 받는다. OTM의 경우는 내재가치가 없으므로 환율의 변화에 영향을 적게 받아 그 값이 50% 이하에서 0%까지 움직이고 ITM의 경우는 내재가치의 크기에 따라 50% 이상에서 100%까지 움직이게 된다([그림 13-5]). 콜옵션의 델타는 통화의 가격에 비례하고 풋옵션의 경우는 그 반대가 되어서 아래와 같이 콜 옵션과 풋옵션의 델타 합은 100%가 된다.

콜델타(call delta) **+ 풋델타**(put delta) **= 100%**

---

9. 이 경우를 시장에서는 ATM(at-the-money)이라 부르며 델타는 0.5에 가깝게 된다.
10. 이런 경우를 deep ITM(in-the-money)의 경우라고 한다.

그림 13-5 내재가격과 델타

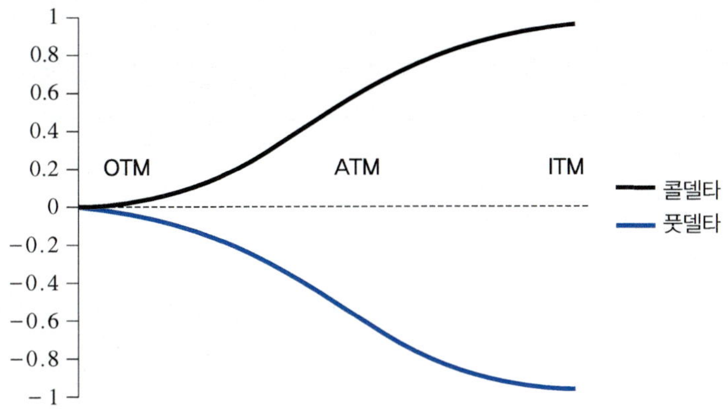

② 시간과의 관계

콜옵션의 델타는 0과 1 사이에 있으면서, 만기일까지 시간이 짧아지면 OTM인 경우 0에 접근하며 ITM인 경우 1에 접근한다. 반면에 풋옵션의 델타는 -1과 0사이에 있으면서, 만기일까지 시간이 짧아지면 OTM인 경우 0에 접근하며, ITM인 경우 -1에 접근한다.

③ 가격변동성과의 관계

가격변동성이 작아지면 ITM인 경우 1에 근접하고 OTM인 경우 0에 근접한다. 즉, 만기가 가까워질수록 또한 변동성(volatility)이 감소할수록, 그 옵션이 OTM일 경우 델타는 0에, ATM 옵션은 0.5에, 그리고 ITM 옵션인 경우에는 1에 가깝게 접근한다.

④ 델타부호와 기초자산의 포지션 방향

델타부호는 기초자산의 포지션 방향에 따라서 변화된다. 콜옵션의 델타는 X축을 환율로 Y축을 옵션프리미엄으로 놓고 궤적을 만들 때 그 곡선상의 주어진 한 점에서 잡은 접선의 기울기에 해당한다. 즉, 옵션곡선상에 접선을 그어서 접선의 방향이 우상향이면 +델타, 우하향이면 - 델타를 갖는다. 즉, call buy는 +델타를 call sell은 - 델타를, put buy는 - 델타를, put sell은 +델타를 갖는다.

표 13-9 델타 부호

매입	부호	매도	부호
FORWARD BOUGHT	+	FORWARD SOLD	−
CALL BUY	+	CALL SELL	−
PUT BUY	−	PUT SELL	+

4.1.3 다이내믹 델타헤징(dynamic delta hedging)

위에서 설명한대로 델타는 옵션가격의 산출뿐만 아니라 옵션거래의 헤징을 위해서도 매우 중요한 의미를 지닌다. 투기적 옵션거래를 했는데 환율의 변동이 자신의 옵션 포지션에 불리하게 움직이는 경우, 손실을 줄일 수 있는 헤징의 수단을 모색하지 않으면 안된다. 이 경우 선택은 두 가지 밖에 없다.

- 첫째, 반대 매매를 통해 옵션 포지션을 없애는 것.
- 둘째, FX 거래를 통해 일정액의 외환 포지션을 만드는 것.

첫 번째 선택은 손실을 보고 거래를 중단하는 것이다. 그러나 환율이 다시 자신에게 유리한 방향으로 움직일 것이라는 예상을 하고 있는 경우라면 두 번째 방법을 선택해 옵션 포지션과 반대로 보유한 FX 포지션으로 손실을 줄이는 방법이다.

그러면 반대 방향의 실물 포지션의 비율을 얼마로 해야 옵션 포지션을 헤지할 수 있는가? 이것을 결정해주는 것이 바로 델타이다. 이 비율에 따라 옵션 포지션과 반대의 실물 포지션을 보유해 위험을 헤지하는 것을 델타 중립 헤지 또는 델타 헤지라고 하며 시장의 움직임에 따라서 헤지를 계속해서 해주는 것을 다이내믹 델타헤지라고 한다.

예를 들어, A은행의 옵션 트레이더가 USD 10 Mio against JPY의 콜옵션을 행사가격 114.00, 3개월 만기로 델타 50%에 샀다고 가정하자. 이것은 기초자산가격(환율)이 1달러 상승함에 따라 옵션프리미엄은 0.5달러 상승하게 된다는 의미이다. 따라서 이는 옵션거래를 함과 동시에 기초자산으로 $5,000,000(= $10,000,000 × 0.5)의 포지션을 가지고 있는 것과 같기 때문에 이 경우 헤지를 위해서는 옵션 $10,000,000을 사는 것과 동시에 현물환 또는 선물환으로 $5,000,000을 팔아야

위험중립이 된다는 의미이다. 따라서 A은행은 환율의 움직임으로 인해 발생하는 위험을 줄이기 위해 다음과 같이 시장이 변동함에 따라 포지션을 델타중립화(delta neutral)시키는 델타헤지를 한다.[11]

■ **단계 1** 달러 콜 ATM 옵션 포지션을 처음으로 개설(open)했다.

스팟 : 114.00

델타 : 50%

위에 언급한 달러 콜 $10,000,000의 옵션 포지션을 개설함으로써 현재 델타 포지션으로 $5,000,000 롱 포지션이 생긴 것과 마찬가지이므로, 델타헤지를 위해 $5,000,000을 시장에다 팔아서(sell) 델타중립(delta neutral) 포지션을 만든다. 현재 현금 포지션은 $5,000,000 숏 포지션이다.

■ **단계 2** 시장이 움직여서 USD/JPY 스팟이 119.00으로 움직였다. 새로운 델타는 64%이다.

스팟 : 119.00

델타 : 64%

현재 델타 포지션으로 $6,400,000 롱 포지션을 들고 있는 것과 마찬가지이므로, 델타헤지를 위해 달러를 시장에다 추가적으로 $1,400,000을 더 팔아서(sell) 총 현금 포지션(cash position)이 – $6,400,000이 되도록 한다. 따라서 순포지션(net position)은 0이다. 즉 델타중립이 되었다.

■ **단계 3** USD/JPY 스팟이 124.00으로 움직였다. 새로운 델타는 74%이다.

스팟 : 124.00

델타 : 74%

11. 여기서 유의할 점은 완전한 델타헤지를 위해서는 옵션 만기일에 맞는 선물환으로 헤지하는 것이 원칙이지만 옵션의 만기일이 다양하므로 편의상 스팟으로 델타헤지를 한 후에 필요한 경우 선물환으로 전환하는 것이 일반적이다. 만약에 선물환으로 헤지하면 아래 설명하는 로(rho)– 위험이 다시 생긴다.

현재 델타 포지션으로 $7,400,000의 롱 포지션을 들고 있는 것과 마찬가지이므로, 델타헤지를 위해 달러를 시장에다 $1,000,000을 추가적으로 더 팔아서(sell) 총 현금 포지션이 – $7,400,000이 되도록 만든다.

- **단계 4** 다시 USD/JPY 스팟이 109.00로 내려왔다. 새로운 델타는 31%로 감소했다.

  스팟 : 109.00

  델타 : 31%

현재 델타 포지션이 $3,100,000의 롱 포지션을 가지고 있는 데 비해, 실제로 현금 포지션은 $7,400,000의 숏 포지션이 만들어져 있으므로 $4,300,000을 시장에서 다시 되사서(buy) 현금 포지션이 $3,100,000 숏 포지션이 되도록 만든다.

이러한 절차를 반복하는 것을 다이내믹 델타헤지라고 한다. 그러나 스팟(spot)이 움직일 때마다 할 수는 없고 시장종료(market closing) 시간에 하루에 1번 정도 하는 것이 관례이다. 만약 효율적으로 다이내믹 헤지를 했다면 델타헤지로 말미암아 생기는 환차손익은 이론적으로 프리미엄과 같다고 봐야 한다.

Box 13-1 미국형 옵션의 조기행사의 기준사례

미국형 옵션의 조기행사는 옵션의 보유비용과 행사 후 얻게 되는 기초자산의 보유비용의 차이를 보고 결정하게 된다. 이때, 주식옵션의 경우 배당금, 통화 옵션의 경우 국내통화와 외국통화 간의 이자율 차이, 선물옵션의 경우는 주식정산식 옵션인가 선물정산식 옵션인가를 고려해야 한다. 이론적으로 선물정산식 옵션의 경우 이자율을 0%로 계산하기 때문에 옵션을 보유하든 선물을 보유하든 보유비용의 차이는 없다. 따라서 이러한 옵션의 경우 조기행사 할 이유가 없다. 반면에 주식정산식 옵션의 경우는 조기행사를 고려해야 한다.

예를 들어, 엔화 선물이 현재 102.00에 거래되고 있는데 잔존만기가 2개월 남은 94 CALL OPTION을 보유하고 있고 그 옵션의 델타가 100이라고 가정하자. 만약 거래자가 동일한 델타 포지션을 가지려 하면 다음 세 가지 선택이 가능하다.

① 옵션의 계속 보유(HOLD THE CALL)

② 옵션의 행사(EXERCISE THE CALL)

③ 옵션의 매도(SELL THE CALL AND BUY A FUTURES)

위의 전략 중 어느 것이 가장 합리적인가? 우선 콜옵션을 계속 보유한다면(①의 경우) 포지션의 변화는 일어나지 않는다. 만약 행사한다면(②의 경우) 선물시장에서 94.00에 매입하는 것과 같은데, 이 선물계약이 102.00에 마감된다면 (102 − 94) × 1,250 = $10,000 만큼의 이익을 얻을 수 있다.[12] 이때 이자율이 9%라고 한다면 추가로 9% × 2/12 × (102 − 94) × 1,250 = $150의 이자수입을 얻을 수 있다. 따라서 조기행사(②의 경우)가 옵션을 계속 보유한 것보다(①의 경우) 더 합리적이다. 옵션을 청산하고 선물을 매입할 경우(③의 경우) 102 − 94 = 8의 가격에 옵션을 청산한다면 옵션을 행사하는 것과 차이가 없다. 이 경우 ②의 경우와 마찬가지로 $10,000 + $150의 이익을 볼 수 있다. 그러나 옵션이 외재가치가 있어 8.10에 청산될 수 있다면 추가적으로 $125의 이익을 볼 수 있다. 이 경우 ③의 경우가 더 유리하다.

위에서 살펴본 바와 같이 일반적으로 조기행사를 위해서는 첫째, 그 옵션은 델타가 100에 근접해야 하고 둘째, 옵션이 등가(parity)에 거래되어야 한다. 그런데 첫째 조건은 매우 모호하다. 델타가 95일 경우 100에 근접하지만 만기에 옵션이 ITM이 될 확률이 95%이므로 5%의 확률이 여전히 OTM으로 끝날 수도 있다는 가능성이 있기 때문에 거래자가 판단을 해야 할 것이다. 또한 옵션의 델타는 변동성 및 잔존기간에도 영향을 받기 때문에 변동성이 증가할 경우, 잔존만기가 많이 남아 있다면 조기행사할 근거가 약해진다. 또한 이자율 역시 고려해야 한다.

일반적으로 블랙-숄즈 모형은 유러피안 옵션을 대상으로 한 것으로서 조기행사에 있어 정확한 판단 기준이 되기 어렵기 때문에, 아메리칸 옵션을 평가하기 위해 콕스-로스-루빈스타인 모형과 웰리(Whaley) 모형이 개발되었다. 이들 모형은 미국형 옵션의 가치를 평가해주고 가장 적절한 조기행사(델타가 100이 되는 시기) 시기를 계산해준다.

4.2 감마(gamma, γ)

4.2.1 개요

델타가 기초자산과 관련된 위험을 나타내는 지표라면, 감마는 옵션과 관련된 위험을 나타내는 지표라고 할 수 있으며 아래와 같이 측정된다. 따라서 옵션거래자는 감마를 항상 주시해야 한다.

12. CME에서 JPY/USD 거래의 경우 1계약 단위는 12,500,000엔이며, 최저가격변동폭(= tick)은 0.000001 = $12.50이다. 따라서 이 예는 $12.50 × 800points가 움직인 경우이다.

$$감마 = \frac{델타의\ 변동분}{현물환율의\ 변동분} \tag{13-15}$$

$$\gamma = \lim_{\Delta \to 0} \frac{\Delta\delta}{\Delta S} = \frac{\partial \delta}{\partial S}$$

감마에 대한 해석도 여러 가지로 나타난다. 첫째, 감마는 환율의 변화에 대한 델타값의 변화율을 나타내는데, 옵션의 기울기의 정도를 측정하는 데 쓰인다. 이는 델타를 다시 미분한 값을 말하며, 델타곡선의 기울기값(convexity)이 곧 감마이다. 델타가 속도를 말한다면 감마는 가속도를 의미한다고 볼 수 있다. 예를 들어, 0.35의 델타를 가지고 있는 옵션의 감마가 0.05라면 기초자산(환율)의 가격이 1만큼 변화하면 옵션의 델타는 0.05만큼 변화해 40이 된다.

둘째, 또한 감마는 델타의 안정성을 말한다고 볼 수 있다. 즉, 델타가 1이거나 0일 경우에는 양쪽 다 Deep-ITM 혹은 Deep-OTM 상태이므로 델타는 매우 안정적이다. 그러나 ATM, 즉 델타가 0.5인 경우에는 매우 불안정하다고 볼 수 있다. 이때 감마가 최대가 된다. 즉, 감마값은 ATM 상태에 가까워질수록 또 옵션기간이 짧을수록 높게 나타난다. 그러므로 만기가 아주 짧은 ATM일 때 감마값이 최대이다. 그리고 시장의 변동성이 클수록 높아진다.

셋째, 또한 감마는 흔히 옵션의 공격성 정도를 말해주는데 감마값이 클수록 공격적이며, 작을수록 보수적이 된다. 따라서 옵션의 매입자는 높은 감마값을 선호한다. 감마값이 높으면 옵션 가격 상승시 델타값의 상승이 더욱 커지므로 옵션가격의 상승이 레버레지 효과로 더욱 가속화되기 때문이다. 그 만큼 옵션 보유자의 수익은 가속화되고 반면 옵션 발행자의 손실도 가속된다. 반대로 옵션가격 하락 시에는 델타값의 하락이 가속화되면서 그 만큼 옵션 매입자의 손실액 증가속도는 감소하고 옵션 매도자의 수익 증가속도도 둔화된다. 따라서 옵션 매도자에게는 높은 감마가 불리하다.

4.2.2 감마의 특징

① 기초자산의 감마는 0이다.

② 옵션 포지션에 대한 위험정도를 나타내며, 감마가 커질수록 위험이 커진다.

③ 콜, 풋 모두 다 (+)감마값이지만, 옵션 buyer는 (+)감마 포지션을, 옵션

seller는 (－)감마 포지션을 갖는다.

④ 만기가 줄어들거나 기초자산의 변동성이 감소할 때 ATM의 감마값은 급등하지만 OTM과 ITM의 감마값은 0에 접근한다.

4.2.3 기초자산가격과 감마

아래의 그림은 세 개의 다른 실행 가격(90, 100, 110)에 대한 옵션의 감마와 기초자산가격(환율)의 관계를 보여준다. 옵션 감마는 ITM에서 ATM으로 갈 때 점차 증가해 ATM에서 고점을 찍은 후 다시 OTM으로 가면서 감소한다.

그림 13－6 기초자산가격과 감마

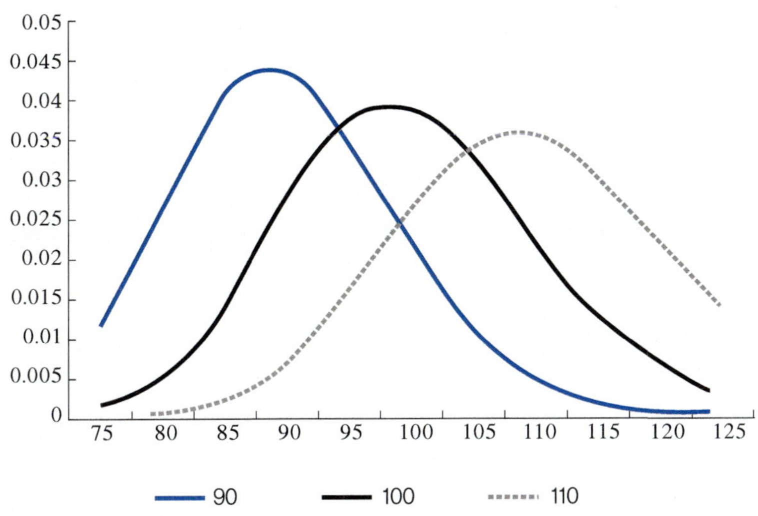

4.3 베가(vega)

4.3.1 개요

베가(그리스 문자가 아님)는 람다(lambda, λ), 시그마(sigma, σ) 혹은 카파(kappa, κ)라고도 불린다. 이는 환율변동성의 변화에 따라 옵션 가격이 변화하는 비율을 말하는데, 아래와 같이 측정된다.

$$베가 = \frac{프리미엄의\ 변동분}{변동성의\ 변동분} \tag{13-16}$$

$$\nu = \lim_{\Delta vol \to 0} \frac{\Delta P}{\Delta vol} = \frac{\partial P}{\partial vol}$$

모든 옵션은 변동성이 상승함에 따라 가치가 상승하므로 베가는 항상 양수로 나타나며, 변동성이 클수록 베가는 커지고 ATM에서 가장 높은 값을 가진다. 시간과의 관계에 있어서는 만기가 많이 남아 있을수록 베가가 커지며 만기가 가까와질수록 0에 가까와진다. 실무적으로는 변동성이 1% 상승하면 옵션 포지션의 평가 손익이 어느 정도 변하는가를 산출하는 값으로 간주해 위험관리에 사용한다. 예를 들어, $1,000,000의 옵션을 가지고 있는데 변동성이 10%에서 11%로 상승했을 때 프리미엄이 $2,500씩 상승한다면, 이때 베가는 0.25%(= $\frac{2,500}{1,000,000} \times 100$)라고 할 수 있다.

4.3.2 베가의 특징

① 기초자산의 가격변동성이 높아지면 풋, 콜의 가치가 상승하므로 베가는 항상 0보다 크다.

② ATM에서 베가가 가장 크며, OTM 과 ITM이 될수록 0에 접근한다.

4.3.3 기초자산가격과 베가

[그림 13-7]은 세 개의 다른 실행 가격(90, 100, 110)에 대한 옵션의 베가와 환율의 관계를 보여준다. 옵션베가는 감마와 마찬가지로 옵션이 ITM에서 ATM으로 갈 때 증가해 고점을 찍은후 다시 OTM으로 가면서 감소한다. 감마와 마찬가지로 베가는 콜과 풋에 대해 같은 값을 가진다.

그림 13-7 기초자산가격과 베가

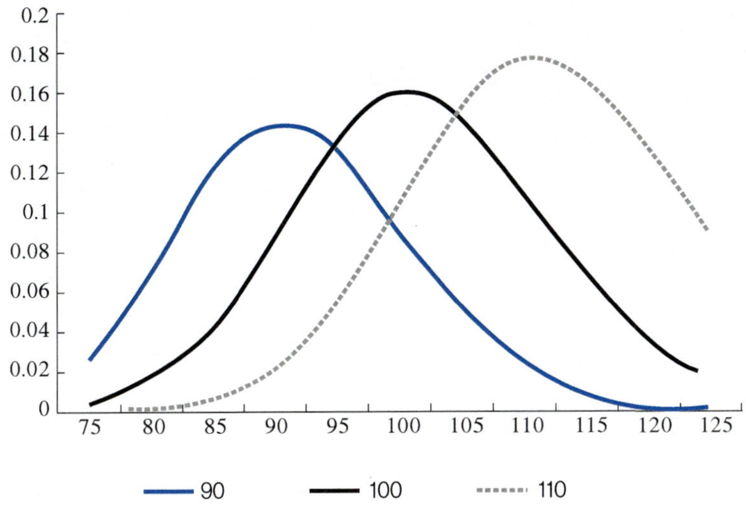

4.4 쎄타(theta, θ)

4.4.1 개요

쎄타는 단위시간의 경과에 대한 옵션가치의 변화율을 말한다. 즉, 시간이 지남에 따른 옵션가치의 하락 비율을 말하며, 단순히 시간소멸(time decay 또는 carry)이라고도 한다. 구체적으로는 하루의 시간 경과에 따른 옵션의 시간가치 변화값을 말하며 다음과 같이 측정된다.

$$\text{쎄타} = \frac{\text{프리미엄의 변화분}}{\text{시간의 변화분} } \qquad (13-17)$$

$$\theta = \frac{\partial p}{\partial t}$$

예를 들어, 프리미엄이 2.5센트인 어떤 옵션의 쎄타가 현재 0.25센트라면 그 다음 날에 이 옵션의 가격은 2.25센트(= 2.5 - 0.25)가 된다는 것이다. 옵션의 시간가치는 만기일까지 기간이 짧을수록 감소하므로, 세타값은 옵션이 ATM일 때 가장 높고 만기일이 가까우면 감소한다. ITM과 OTM시에는 시간이 경과함에 따라 일정

시점에서 쎄타가 급격히 하락하게 되는데 이는 그 시점부터 옵션의 가치가 시간경과에 거의 영향을 받지 않고 내재가치에 영향 받음을 의미한다.[13] 당연히 만기일에는 쎄타가 0이 된다. 또한 쎄타는 감마와 밀접한 관계를 가지고 있으며 부호는 반대이나 감마와 정비례해 움직인다. 즉, (+)감마 = (−)쎄타, (−)감마 = (+)쎄타의 관계를 이룬다.

4.4.2 쎄타의 특징

① 옵션매입자는 (−)쎄타를, 옵션 매도자는 (+)쎄타를 갖는다.
② 감마 포지션과 밀접한 관계를 가지며, (+)감마 포지션은 (−)쎄타 포지션을, (−)감마 포지션은 (+)쎄타 포지션을 갖는다.
③ ATM에서 쎄타는 가장 크고, OTM과 ITM이 될 수록 0에 접근한다.
④ 만기일에 가까울수록 시간가치의 감소가 급격해지며, ATM의 쎄타는 증가하고 OTM과 ITM의 쎄타는 0에 접근한다.

4.5 로(rho, ρ)

4.5.1 개요

로(rho)는 이자율 변화에 따른 옵션 프리미엄의 변화를 나타내는 것으로 모든 옵션은 음의 로값을 갖는다. 즉, 이자율의 상승은 음의 보유비용을 증가시킴으로써 옵션가치를 하락시키게 할 것이다. 그러나 이자율변동에 대한 이러한 효과는 옵션가격결정모형에서 볼 때 가격에 미치는 영향이 다른 구성요소의 변화에 비해 상대적으로 미미해 큰 중요성은 없다.

$$\text{로} = \frac{\text{프리미엄의 변동분}}{\text{금리변동분}} \tag{13-18}$$

$$\rho = \lim_{\Delta \to 0} \frac{\Delta P}{\Delta i} = \frac{\partial P}{\partial i}$$

13. 만기가 가까운 Deep-OTM과 Deep-ITM일 경우 쎄타는 0에 접근하게 된다.

4.5.2 행사가격과 로

아래의 그림은 세 개의 다른 만기를 가진 콜옵션과 풋옵션의 로가 행사가격의 레인지가 변함에 따라 어떻게 변하는지를 보여준다. 다른 지표와 달리 로는 ITM일 때 크고 OTM으로 갈수록 값이 적어진다. 로는 또한 기간이 장기일수록 그 값이 더 커진다. 이 두 가지 요인은 이자율이 옵션의 보유비용을 증가시킨다는 것을 말해준다. ITM일수록 그리고 만기가 많이 남을수록 높은 프리미엄을 가지고 있으므로 이러한 옵션을 만기까지 보유하려면 더 많은 자금이 필요하다는 것이다.

그림 13-8 행사가격과 로

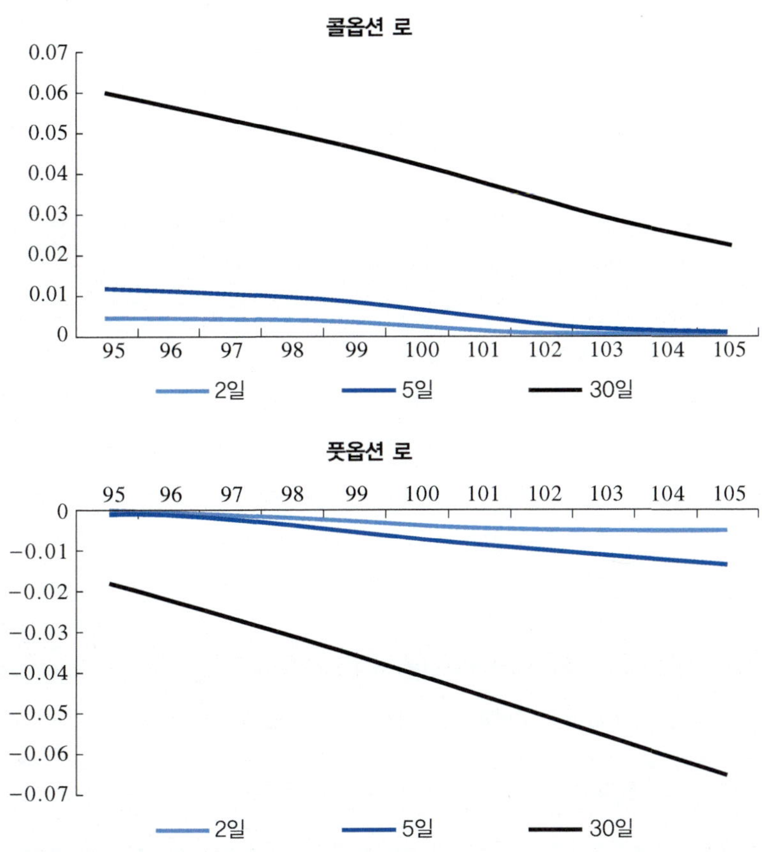

요약

1. 통화옵션이란 옵션 매도자가 프리미엄을 받는 대가로 옵션 매수자에게 특정통화의 특정금액을 상대통화를 대가로 미리 정한 환율로 특정 만기일 혹은 그 이전에 사거나 팔 수 있는 권리를 주는 계약이다. 즉, 옵션 매수자는 수익의 권리는 유지하면서 손실의 위험은 매도자에게 프리미엄을 주는 대가로 전가시키는 것이다. 기본적인 옵션의 스타일로는 어느 때나 옵션 매입자가 권리를 행사할 수 있는 아메리칸 옵션과 만기일에만 행사 가능한 유러피안 옵션의 두 종류가 있다. 기초자산의 시세와 옵션계약의 행사가격을 비교해봤을 때 양자가 근사해 옵션행사로 인한 이득이 거의 없는 상태를 ATM(at the money), 행사가격이 실제 기준물의 가격에 비해 유리한 상태를 ITM(in the money), 그리고 행사가격이 실제기준물의 가격에 비해 불리한 상태를 OTM(out of the money)이라고 한다.

2. 옵션의 가치인 프리미엄은 크게 내재가치와 외재가치로 대별할 수 있다. 내재가치란 기초자산의 시장가격과 행사가격의 차이를 말하며 옵션을 행사함으로써 당장 얻을 수 있는 환율차익이다. 외재가치는 옵션거래만의 특징으로, 만기가 될 때까지 잠재하는 실현 가능성으로 표현되는 시간가치라고 할 수 있다. 옵션가격은 만기까지의 잔존기간, 기준이 되는 기초자산의 가격과 옵션 행사가격, 기초자산가격의 변동성, 이자율 등 여러 요인에 의해 영향을 받는다.

3. 대표적인 옵션가격결정 모형으로는 블랙–숄즈 모형과 콕스–로스–루빈스타인 모형을 들 수 있다. 두 모형은 이론적으로 옵션의 적정가격은 만기일까지의 기초자산 가격의 확률분포에 의해 결정된다는 가정에서 출발하나 옵션 만기일에 기초자산의 가격이 어떠한 확률 분포를 따르는가 하는 기본적인 가정에서 차이점이 발생한다. 콕스–로스–루빈스타인 모형은 가격이 2항 분포를 갖는다는 가정에서 출발한 데 비해 블랙–숄즈 모형은 로그정규분포를 갖는다고 가정한다. 통화 옵션의 대표적 가격 결정 이론으로는 저먼–콜하겐 모형이 잘 알려져 있다.

4. 옵션거래자는 자기가 가진 옵션의 가격 변화를 항상 파악함으로써 옵션 포지션에 대한 위험을 인식하고 그에 대한 헤지 방법을 모색해야만 한다. 옵션 포지션의 위험을 파악하기 위한 개념들로 델타, 감마, 베가, 쎄타, 로 등이 있다. 델타는 기초자산(현물환율 혹은 선물환율)의 가격변화에 대한 옵션가격의 변화율을 말하는데, 해당 기초자산가격에서의 변화에 따라 옵션의 가치가 얼마나 빠르게 변동하는가에 대한 척도로 사용된다. 감마는 환율의 변화에 대한 델타값의 변화율을 나타내는데, 델타가 기초자산의 위험을 나타내는 지표라면 감마는 옵션과 관련된 위험을 나타낸다. 베가는 람다, 시그마 혹은 카파라고도 불리는데, 환율변동성의 변화에 따라 옵션 가격이 변화하는 비율을 나타낸다. 쎄타는 시간이 지남에 따른 옵션의 가치의 하락 비율을 말한다. 로는 이자율 변화에 따른 옵션 가치의 변화를 나타낸다.

연습문제

01. 델타가 높으면 왜 감마도 높은가?

02. 델타가 높으면 높을수록 옵션이 행사될 가능성이 높다고 한다. 왜 그런가?

03. 옵션의 매수자는 왜 높은 감마를 선호하는가?

04. 감마는 왜 ATM일 때 가장 큰가? 그리고 감마는 왜 항상 +인가?

05. 쎄타는 왜 ATM일 때 가장 큰가?

06. 장기옵션에서 쎄타, 델타, 감마는 낮지만 베가는 높은 반면 단기옵션에서는 베가가 낮다. 왜 그런지 설명하라.

07. 옵션과 보험의 차이점은 무엇인가?

08. CME 웹사이트를 방문해, 만약에 거래소의 시스템(systemic risk)위험 혹은 상대방이 도산(counterparty credit risk)하는 등의 사태가 발생해 선물/옵션거래가 결제되지 않을 경우(default)를 대비해 CME에서는 어떠한 재무적 지급보증 안전장치(financial safeguards)를 마련해 두었는지 확인하라.

09. CME 웹사이트를 방문해 역사적 변동성거래(FX Realized Volatility Indexes-historical volatility indexes)가 어떤 형태로 거래되고 있는지를 파악하라.

10. CME의 웹사이트를 방문해 우리나라 원화에 대한 선물/옵션이 어떻게 거래되고 있는지를 파악하라.

14장

Chapter fourteen

여러 가지 통화옵션

1. 옵션거래의 종류

옵션거래는 이용자의 의도에 따라 선물과 마찬가지로 차익(arbitrage)거래, 투기(speculate)거래 및 헤지(hedge)거래로 구분할 수 있다.

1.1 옵션 차익거래

1.1.1 풋-콜 등가

옵션의 기본 포지션은 거래에 따라 다음의 4가지로 요약된다.

- **롱 콜**(long call) : **콜옵션 매입**(call option buy)
- **롱 풋**(long put) : **풋옵션 매입**(put option buy)
- **숏 콜**(short call) : **콜옵션 매도**(call option write)
- **숏 풋**(short put) : **풋옵션 매도**(put option write)

통화옵션(FX options)[1]의 콜옵션과 풋옵션 간의 관계는 기초자산인 외환 포지션과 직접적인 관계가 있다. 즉, 행사가격(strikes), 금액(amounts), 만기(maturity dates)가 동일하다면 1단위의 콜을 사고(long call), 1단위의 풋을 파는 것(short put)은 1단위 선물환 롱 포지션(forward long position)을 갖는 것과 같은 수익구조를 갖게 된다. 즉, +Call − Put = FX가 되는데, 이것을 풋·콜 등가(put-call parity)라고 한다. 또한 포지션의 방향을 뒤집으면(reverse conversion) −Call + Put = −FX라는 등식이 성립해 콜매도와 풋매입의 결합은 선물환 숏 포지션과 같아짐을 알 수 있다.

1. 통상 OTC market의 경우 외환옵션(FX options)이라고 하며 거래소시장의 경우는 통화옵션(currency options)이라는 말을 사용한다. 이 책에서는 구별하지 않고 동일하게 사용한다.

$$+\text{Call} - \text{Put} - \text{FX} = 0 \ \text{또는} \ -\text{Call} + \text{Put} + \text{FX} = 0 \qquad (14-1)$$

이러한 시나리오는 트레이더가 옵션시장과 외환시장 간의 무위험포지션(square or risk free positions)을 만들 때 혹은 차익거래를 할 때 사용되는 개념이다. 이 관계를 그래프로 합성해 그려보면 프리미엄 수취와 지급이 서로 상쇄되기 때문에 직선이 된다.

실제적으로 두 개의 수익구조가 같아지는지를 검증해보자. 앞에서 배운 옵션의 수익구조를 통해 콜 매입과 풋 매도를 합성한 수익구조를 도출해낼 수 있다. 예를 들어, 시장에서의 상황이 다음과 같다고 하자.

LONG GBP CALL, STRIKE 1.50, PREMIUM 0.02 USD
SHORT GBP PUT, STRIKE 1.50, PREMIUM 0.02 USD
FX RATE 1.50

이 두 옵션은 ATM이므로 내재가치는 없으며, 현재의 시장가격에서 환율이 상승할 가능성과 하락할 가능성이 반반이므로 콜과 풋의 환율변동 기대값, 즉 시간가

그림 14-1 풋-콜 등가

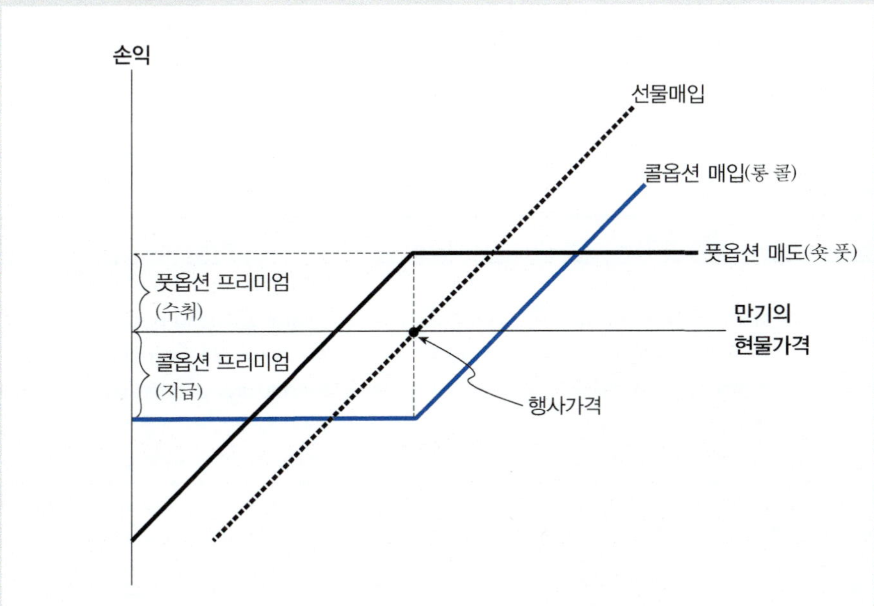

치는 동일하다. 그러므로 옵션가격(= 프리미엄)도 동일하다. 결국 두 옵션을 합칠 때 옵션 프리미엄의 수취 및 지불금액은 0이 되고 외환의 롱 포지션과 동일한 수익구조가 나타난다. 즉, 두 옵션의 합은 GBP 롱 포지션을 발생시키므로 환율이 1.50 이상일 경우 수익이 발생하게 되고, 환율이 1.50 이하일 경우 손실이 발생하게 되므로 이것은 GBP를 1.50에 매입한 FX 포지션과 동일한 수익구조를 갖게 되는 것이다.

이러한 풋과 콜의 관계와 외환 포지션을 결합해 〈표 14-1〉과 같은 다양한 합성 포지션(synthetic position)을 만들어낼 수가 있다. 그리고 프리미엄, 환율 및 행사가격 사이에도 이 풋 · 콜 등가의 원칙이 적용되어

$$\text{콜 프리미엄} - \text{풋 프리미엄} = \text{환율} - \text{행사가격} \quad (14-2)$$

이라는 등식이 도출된다. 실무에서 사용하는 현재가치(present value) 계산식을 이용해 풋–콜 등가공식(put–call parity equation)을 다음과 같은 식으로도 표현할 수 있다.

$$C + \frac{X}{(1+r)^t} = S + P \quad (14-3)$$

여기서, C = 콜 프리미엄, r = 이자율, P = 풋 프리미엄, X = 행사가격, S = 환율, t = 기간을 말한다.

표 14-1 **합성 포지션의 종류**(synthetics)

합성 포지션	결합
synthetic long futures	long call + short put
synthetic short futures	short call + long put
synthetic long call	long futures + long put
synthetic short call	short futures + short put
synthetic long put	short futures + long call
synthetic short put	long futures + short call

1.1.2 차익거래의 예

옵션의 실제 프리미엄과 이론적 가치 간에는 어느 정도 차이가 나타나게 되는데, 이때 차이가 거래비용 이상으로 클 때 차익거래가 발생하게 된다. 또한 앞에서 배운 풋–콜 등가를 이용한 차익거래도 일어난다. 예를 들어 시장상황이 아래와 같다고 하자. 이때 두 옵션의 결합에 따른 프리미엄 격차는 2.04(=5.02 – 2.98)인데, 통화선물 프리미엄은 2.00(=102 – 100)이 되어 (14–2)식이 성립하지 않게 된다. 따라서 통화선물 대신에 합성 포지션을 취하게 되면 0.04만큼의 순이윤이 발생하게 된다.

SELL 1 JUL 100 CALLS AT 5.02
BUY 1 JUL 100 PUTS AT 2.98
BUY 1 JUL FUTURES AT 102.00

1.2 옵션 투기거래

투기적 목적으로 거래를 하는 경우 옵션거래의 수익구조는 옵션 포지션에 따라 결정된다.

1.2.1 롱 콜옵션

콜옵션의 매입은 기초자산의 가격이 향후 상당히 상승할 것이라고 예견되지만 향후 하락할 위험도 적지 않게 있을 때를 대비한 전략이다. 가격하락시 최대 손실은 지불된 프리미엄에 한정되는 반면에 가격상승시 최대이익은 기초자산의 가격상승폭에 비례한다. 예를 들어 시장상황이 아래와 같을 때 롱 콜옵션 포지션을 취하면, 손실은 지불한 프리미엄 2센트에 국한되며 이익은 손익분기점 1.5200(= STRIKE 1.50 + PREMIUM 0.02) 이상으로 올라갈 때 무한대가 될 수도 있다.

BUY GBP CALL(USD PUT), STRIKE 1.50, PREMIUM 0.02 USD

그림 14-2 롱 콜옵션의 손익

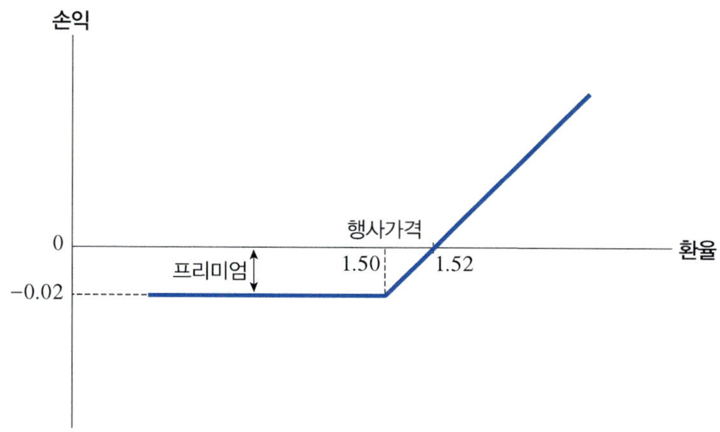

1.2.2 롱 풋옵션

기초자산의 가격이 향후 하락할 것으로 예상되지만 향후 예상치 않게 상승할 것에 대비해 사용하는 전략이다. 가격상승시는 지불한 프리미엄이 최대 손실폭이 되는 반면 가격하락시에는 기초자산의 하락폭에 비례해 이익이 늘어난다. 아래의 예에서 손실은 지불한 프리미엄 2센트에 국한되며, 이익은 GBP/USD 환율이

그림 14-3 롱 풋옵션의 손익

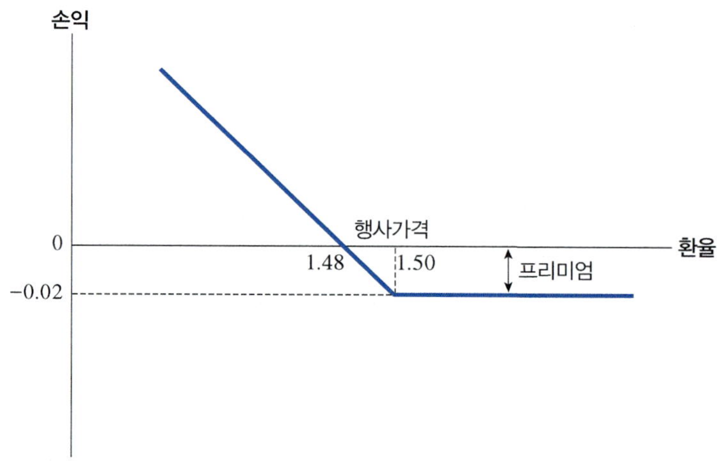

1.48(=STRIKE 1.50 - PREMIUM 0.02) 이하일 경우 무한대가 될 수도 있다.

BUY GBP PUT(/USD CALL), STRIKE 1.50, PREMIUM 0.02 USD

1.2.3 숏 콜옵션

콜옵션의 매도는 기초자산의 가격이 별 변화가 없거나 다소 하락할 것으로 예상될 때 사용하는 전략으로 최대 이익은 프리미엄이 되는 반면에 최대 손실은 기초자산의 상승에 비례하게 된다. 콜옵션 매도는 옵션 매입자에게 해당 통화의 가격하락에 따른 위험에 대한 보험을 판매하고 프리미엄을 받는 것이다. 이 옵션이 행사될 경우 콜옵션 매도자는 해당 통화의 숏 포지션을 갖게 된다. 아래의 예에서 이익은 수취한 프리미엄 2센트에 국한되며, 손실은 GBP/USD 환율이 1.52(=STRIKE 1.50 +PREMIUM 0.02) 이상일 경우의 모든 범위가 된다.

SOLD GBP CALL(USD PUT), STRIKE 1.50, PREMIUM 0.02 USD

그림 14-4 숏 콜옵션의 손익

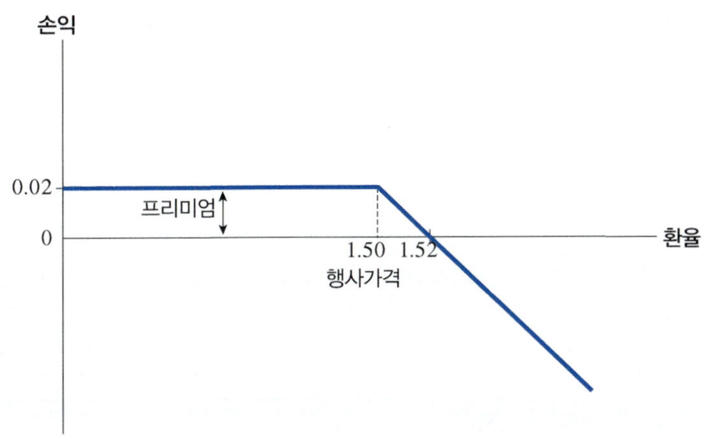

1.2.4 숏 풋옵션

풋옵션 매도는 기초자산의 가격이 별 변화가 없거나 다소 상승할 것으로 예상될 때 사용하는 전략으로 최대 이익은 상대방으로부터 받은 일정한 프리미엄이 되는 반면에 최대 손실은 기초자산의 하락에 비례하게 된다. 즉, 풋옵션 매도는 풋옵션 매입자에게 해당 통화의 가격상승에 따른 위험에 대한 보험을 판매하고 프리미엄을 받는 것이다. 이 옵션이 행사될 경우에는 풋옵션 매도자는 해당 통화의 롱 포지션을 갖게 된다. 아래의 예에서 이익은 수취한 프리미엄 2센트에 국한되며, 손실은 GBP/USD 환율이 1.48(= STRIKE 1.50 – PREMIUM 0.02) 이하일 경우의 모든 범위가 된다.

SOLD GBP PUT(USD CALL), STRIKE 1.50, PREMIUM 0.02 USD

그림 14-5 숏 풋옵션의 손익

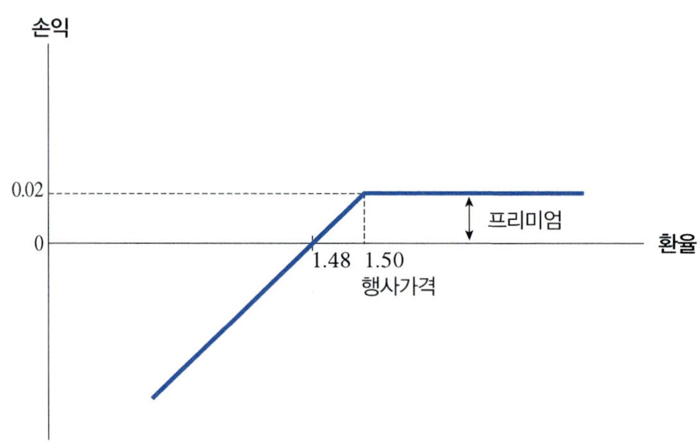

Box 14-1 테러범 정말 선물투기 했나

미국의 테러 참사 직전에, 테러범들이 불안한 금융시장을 이용해 수백만~수천만 달러를 챙길 수 있는 선물거래를 했다는 소문이 국제금융시장에 나돌고 있다. 특히 이번 사태로 큰 피해를 입은 항공사, 보험사, 증권사 주식의 풋옵션(put option) 거래량이 테러 직전에 급증한 것으로 드러나 의혹이 증폭되고 있다.

미국 뉴욕타임스와 블룸버그 통신은 18일 "미국과 독일, 일본, 홍콩의 증권당국이 소문의 진위를 확인하느라 각각 조사에 착수했다"고 보도했다. '풋옵션'이란 만기일에, 미리 약속한 가격으로 주식을 팔 수 있는 권리를 말한다. 가령 한 달 후 주식을 1만원에 팔 수 있는 권리(풋옵션)를 사두었는데 주가가 8,000원으로 떨어진다면 2,000원의 차익을 챙길 수 있는 기회가 생긴다. 따라서 금융시장이 불안해져 주가가 많이 떨어질수록 풋옵션 가격(프리미엄)은 높아진다.

블룸버그는 "이번 테러 사태 당시 비행기가 납치된 유나이티드 항공과 아메리칸 항공의 옵션 거래가 테러 직전에 급증했다"고 밝혔다.

테러 발생 하루 전인 10일, 아메리칸 항공의 풋옵션 거래(10월 20일 만기일 이전에 주가가 30달러 밑으로 떨어지면 차익이 생기는 조건)는 1,535계약으로, 평상시보다 5배 늘었다. 17일 재개장한 미국 뉴욕 증시에서 아메리칸 항공의 주가는 1주일 전보다 11.70달러 급락한 18달러를 기록했다. 주가가 떨어지자 풋옵션 프리미엄은 2.20달러에서 10.5달러까지 치솟았다. 블룸버그는 "17일 종가를 기준으로, 풋옵션 가치가 160만 달러(약 20억 8,000만원)어치"라고 밝혔다.

유나이티드 항공의 10월물 풋옵션도 테러 3일 전에 2,000계약이나 손바뀜이 일어났다. 17일 종가는 1주일 전보다 13.32달러 떨어진 17.50달러. 주가가 떨어질수록, 풋옵션 가격은 높아져 90센트이던 것이 12달러까지 올랐다. 테러 직전 거래된 풋옵션의 총 프리미엄이 240만 달러(약 31억 2,000만원)에 이른다는 계산이다.

무너진 무역센터 건물의 22개층을 빌려 쓰고 있던 모건스탠리, 참사 현장 근처에 본부를 둔 메릴린치의 풋옵션 거래도 테러 직전 12~25배씩 증가했다. 뉴욕타임스는 유럽의 대형 보험사나 미국 S&P 500 주가지수에 대한 풋옵션 거래 등에서도 이 같은 의혹을 살 만한 거래가 있었다고 지적했다.

프랑크푸르트 증시에서도 지난 6~7일에 뮌헨 재보험사의 주식 거래량이 평소보다 2배 가량 늘었다. 프랑크푸르트 증권거래소의 프랑스 하르트만 대변인은 "11일 이전의 거래 내역을 조사 중이지만, 아직 구체적인 단서를 발견하지는 못했다"고 밝혔다.

자료 : 2001년 9월 18일자 미주 중앙일보에서 인용함.

1.3 옵션 헤지거래 : 합성 포지션(synthetic position) 거래

옵션 헤지거래란 옵션을 기초자산이나 다른 옵션과 합성해 기존의 특정포지션의 손익을 상쇄하는 거래를 말한다.

1.3.1 방어 풋

방어 풋(protective put, floor) 전략은 현재 또는 미래에 보유할 기초자산이 롱 포지션 상태인 경우 시장이 아래로 내려갈 가능성이 짙어 보일 때 풋옵션을 매입하는 것으로서 수익구조가 단순 콜옵션을 보유하고 있는 형태로 나타난다. 이 전략은 프리미엄을 지불하고서라도 반드시 시장이 현재 보유하고 있는 기초자산에 대해 거꾸로 하락하는 것을 방어하기 위한 것으로, 향후 생산할 예정이거나 재고가치의 보전을 도모할 때도 사용한다. 즉, 가격의 하락에 대비해 보험을 든 것과 같은 효과를 나타내며 포트폴리오 보험(portfolio insurance)의 개념으로 널리 이용된다.

LONG UNDERLYING + BUY PUT = PROTECTIVE PUT(LONG CALL)

1.3.2 방어 콜

방어 콜(protective call, cap)은 현재 또는 미래에 보유할 기초자산이 숏 포지션 상태인 경우, 시장의 가격상승(환율상승)의 가능성이 짙어 보일 때 더이상의 손실을 막기 위해 프리미엄을 지급하고 콜옵션을 매입하는 전략을 말한다. 이때의 수익구조는 단순 풋옵션을 매입한 것과 같은 구조를 나타낸다.

SHORT UNDERLYING + BUY CALL = PROTECTIVE CALL(LONG PUT)

1.3.3 커버 풋

커버 풋(covered put)은 현재 또는 미래에 보유할 기초자산이 숏 포지션 상태인 경우, 시장의 환율이 내려갈 확률은 거의 없어 보이고 올라갈 확률이 많을 때 원래 가지고 있는 기초자산의 손익분기점을 조금이라도 개선시키고자 풋옵션을 매도하는 전략이다. 이 경우는 기초자산의 가격에서 풋옵션을 매도하면서 받은 프리미엄만큼 가격을 상승시키는 효과가 있다. 이 경우의 수익구조는 콜옵션을 매도한 것과 같은 구조를 나타낸다.

SHORT UNDERLYING + SELL PUT = COVERED PUT(SHORT CALL)

1.3.4 커버 콜

커버 콜(covered call)은 현재 또는 미래의 기초자산을 롱 포지션으로 보유하고 있는 상태에서 시장이 내려갈(환율하락) 위험이 아주 큰 경우 콜옵션을 매도하는 전략이다. 콜옵션을 매도하고 대가로 받은 프리미엄만큼 기초자산의 보유가격을 낮출 수 있게 되며, 이 경우의 수익 구조는 풋옵션을 매도한 것과 같은 구조를 나타낸다.

LONG UNDERLYING + SELL CALL = COVERED CALL(SHORT PUT)

2. 통화 스프레드 거래

환율은 변화가 매우 심할 뿐만 아니라 그 변동의 속도가 일정치 않다. 환율의 변화만을 목적으로 거래를 한다면 현물환이나 선물환 또는 통화선물을 이용해도 충분하다. 그러나 이러한 일반적인 외환거래로는 환율변화와 동시에 환율의 변동성에 대한 거래는 불가능하다.

통화옵션은 환율의 방향과 변동성에 대해 동시에 거래를 가능하게 한다. 따라서 옵션은 변동성을 이해하고 있는 사람들을 위한 것이며 옵션의 가격에 내재되어 있는 시장의 변동성에 대한 나름대로의 견해를 가진 사람들이 헤징 또는 투기를 목적으로 사용한다.

이러한 목적을 위해 옵션의 4가지 기본 거래, 즉 롱 콜, 롱 풋, 숏 콜, 숏 풋을 이용해 만기일, 행사가격, 계약금액 등을 달리한 여러 가지 조합을 만들어서 옵션의 거래기법으로 이용하게 된다. 옵션을 조합해 상품을 만들 때는 프리미엄을 줄이는데 주로 초점을 두게 된다. 또한 각 은행마다 동일한 옵션상품이지만 제각기 다른 이름을 붙이기 때문에 이름 자체보다는 옵션의 기능이 중요시된다.

외환시장에서 스팟 트레이더가 봉착하는 두 가지 문제는 시장이 너무 조용해서 거래를 해도 수익이 남지 않는 경우와 시장이 움직일 것 같은데 방향을 예측하지 못하는 경우인데, 이럴 때 통화 스프레드를 이용하는 전략을 구사할 수 있다. 스프레드란 동일한 통화옵션을 하나는 사고 하나는 파는 경우로서, 이때 사는 옵션과 파는 옵션의 비율을 같이 할 수도 있고 가중치를 주어 달리 할 수도 있다. 여기에는 스트래들, 스트랭글, 버티컬, 칼린더, 박스, 버터플라이, 콘도, 컴비네이션 등이 있다.

2.1 스트래들

스트래들(straddle)은 변동성 거래를 하는 트레이더가 많이 사용하는 투기적인 상품이다. 예를 들어 외환시장에서는 중앙은행이 할인율을 변경하는 등 중요한 경제 데이터가 자주 발표된다. 또한 많은 경우에 중요한 차트포인트가 붕괴될 때 트레이더들은 시장이 큰 에너지를 가지고 움직일 것이라는 것은 예측하지만 방향이 어느 곳인지를 잡기 힘들 때가 있다. 이때 스트래들 전략을 구사한다. 옵션의 조합을 동일한 행사가격(ATM)으로 콜과 풋을 구성하기 때문에 아래에 설명할 스트랭글보다는 프리미엄이 약간 비싸다는 단점이 있다.

2.1.1 롱 스트래들(long straddle) : 스트래들의 매입

롱 스트래들은 동일한 만기와 동일한 행사가격을 갖는 풋옵션과 콜옵션을 매입하는 것으로 큰 가격변동이 있을 것으로 예상될 때 사용하며, 감마(gamma)가 정의 부호 값을 갖게 된다. 즉, 가격의 방향보다는 가격의 움직임의 크기에 촛점을 맞춘 전략이다. 경우에 따라서는 콜과 풋의 양을 동일하지 않은 비율로 거래할 수도 있다. 즉, 스트래들은 환율의 많은 변화는 예상되나 그 방향이 불확실할 경우, 이 변화를 이용한 투기적 거래를 할 때 사용한다. 환율이 행사가격에서 크게 벗어날 것이라고 예상되는 경우에 유리한 전략이며, 만기까지 시장가격에 큰 변동이 없으면 큰 손실을 보는 반면 시장이 큰 폭으로 상승 또는 하락하면 상당한 이익을 기대할 수 있다. 따라서 롱 스트래들은 시장가치의 잠식효과가 커서 단기적인 기법으로만 사용된다.

LONG GBP CALL + LONG GBP PUT = LONG STRADDLE

예를 들어 GBP 콜과 풋의 행사가격은 각각 현물환율 1.5000(ATM)으로 하고 프리미엄은 콜옵션은 $0.02, 풋옵션은 $0.03을 지불한다고 하자. 이 경우 손실은 지불한 프리미엄 5센트(= 0.02 + 0.03)로 제한되고, 환율의 변동이 1.45 또는 1.55의 범위를 벗어날 경우 이익이 발생하게 된다.

그림 14-6 롱 스트래들의 손익

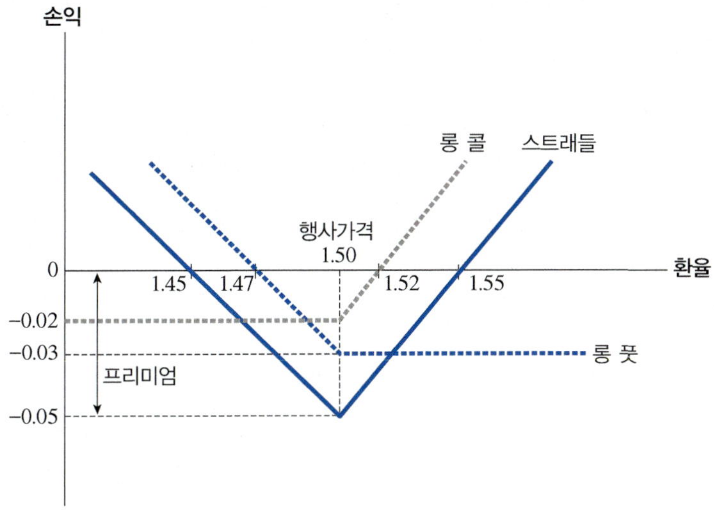

2.1.2 숏 스트래들(short straddle) : 스트래들의 매도

스트래들의 매도는 스트래들 매입과 정반대로 동일한 만기와 동일한 행사가격을 갖는 콜옵션과 풋옵션을 함께 매도하는 것으로, 환율이 행사가격에서 크게 벗어나지 않으리라고 예상되는 경우에 사용하는 전략이다. 가격 변동폭이 작으면 작을수록 이익이 극대화되는데, 이익의 폭은 제한되어 있지만 시장가격이 급변하는 경우 손실을 무제한 볼 수 있다. 스트래들 매도의 델타(delta)는 중립적이고 감마는 음의 부호를 갖는다. 숏 스트래들 거래는 장외 옵션시장에서 변동성 거래라고 불리는 투기적 옵션거래로 많이 사용되고 있다.[2]

SHORT GBP CALL + SHORT GBP PUT = SHORT STRADDLE

2. 영국계 베이링스 은행의 파산계기가 된 옵션이 바로 숏 스트래들이다. 닉 리슨(Nick Leeson)은 처음에는 니케이225 선물에 투자했다. 고베지진으로 일본의 주식시장이 엄청난 폭으로 하락하자 리슨은 수백만 달러의 손실을 보았는데, 이 손실을 만회하고자 위험이 더 크지만 더 많은 수익을 실현할 수 있는 숏 스트래들을 샀다. 그는 니케이지수가 19,000선에서 안정을 찾을 것으로 기대했으나, 그의 예상은 빗나갔고 베이링스는 결국 파산했다.

2.1.3 스트립 및 스트랩

스트립(strip)은 스트래들의 변형으로 만기가 같고 행사가격이 같은 풋 두 단위와 콜 한 단위를 결합한 것이고, 스트랩(strap)은 만기가 같고 행사가격이 같은 콜 두 단위와 풋 한 단위를 결합한 형태를 말한다.

그림 14-7 스트립 및 스트랩의 손익

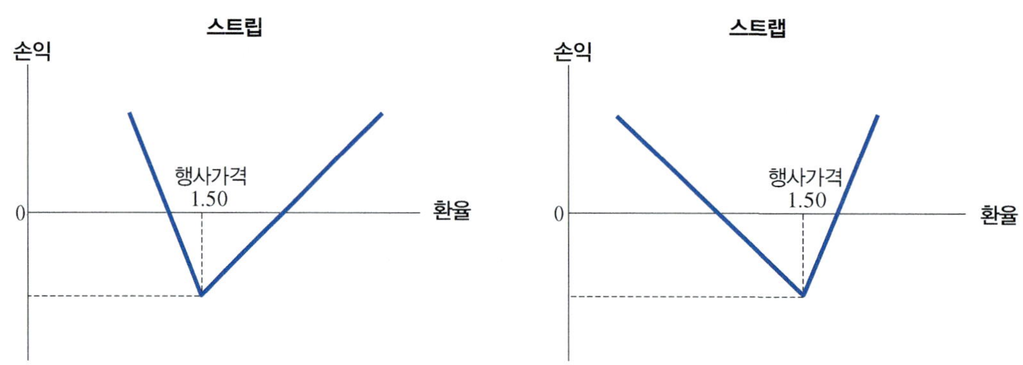

2.2 스트랭글

스트랭글(strangle)은 스트래들과 마찬가지로 환율의 심한 변동은 예상되나 움직임의 방향이 불확실할 경우, 환율 변화를 이용한 투기적 거래를 할 때 사용한다. 그러나 스트래들은 ATM 상태의 동일한 행사가격의 콜과 풋의 조합인 데 반해, 스트랭글은 두 개의 다른 OTM 행사가격을 이용한 콜과 풋의 조합으로 만든다. 스트랭글의 두 행사가격은 모두 OTM이기 때문에 스트랭글 포지션 매입시 지불하는 프리미엄은 스트래들보다 작다.

2.2.1 롱 스트랭글(long strangle) : 스트랭글 매입

롱 스트랭글의 기본적인 구조는 스트래들 거래와 동일한 만기지만 행사가격이 다른 OTM 콜과 OTM 풋옵션을 매입하는 것으로, 델타는 중립적이지만 감마는 정의 부호를 갖는다. 롱 스트래들보다는 프리미엄 지급액이 다소 작다는 이점이 있는 반면 가격이 더 크게 움직여야 이익을 취할 수 있다는 점에서 다소 불리하다. 즉, [그림 14-8]에서 보면 프리미엄 지급을 적게 지급한 대가로 꼭지점을 떼어낸 반면 그 프리미엄 절감에 대한 이점을 가격폭 움직임이 더 커야만 이익이 나도록 위험에다 전가한 형태로 구성되어 있다.

LONG GBP CALL 1.52, LONG GBP PUT 1.48

LONG STRANGLE PREMIUM 0.015 USD FOR EACH OPTION, TOTAL 0.03 USD

FX RATE 1.50

위의 예에서 환율이 1.48-1.52의 이내에 있을 경우 손실은 3센트로 최대가 되며 환율이 1.45(= STRIKE PRICE 1.48 - PREMIUM 0.03)와 1.55(= STRIKE PRICE 1.52 + PREMIUM 0.03)의 범위를 벗어났을 경우에 이익이 발생하게 된다.

그림 14-8 롱 스트랭글의 손익

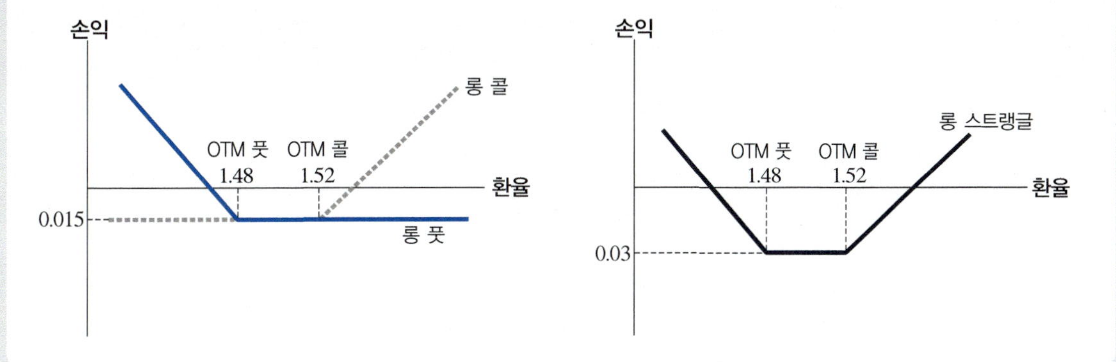

2.2.2 숏 스트랭글(short strangle) : 스트랭글 매도

숏 스트랭글은 동일한 만기지만 행사가격이 다른 콜과 풋옵션을 매도하는 것으로, 델타는 중립적이고 감마는 음의 부호를 갖는다. 숏 스트랭글은 환율이 두 OTM 행사가격 사이에서 형성될 때 이익을 보게 되는데, 숏 스트래들보다는 이익을 취할 수 있는 구간이 더 넓다는 이점이 있지만 최대이익의 크기는 스트래들 매입보다 작다. 즉, 그림에서 보면 프리미엄을 적게 받은 대가로 꼭지점을 떼어낸 반면, 그 프리미엄 감소에 대한 불리한 점을 이익이 보장되는 가격폭을 더 넓게 만들어서 위험을 줄인 형태로 구성되어 있다. 스트래들보다 이익은 적으나 큰 가격 움직임이 없으면 안전한 전략이다.

2.3 스프레드 거래

2.3.1 불 스프레드

불 스프레드(bull spread)는 환율이 올라갈 것으로 예상이 되지만 특정수준 이상으로는 올라가지 못할 것으로 기대될 때 사용하는 보수적 거래전략이다. 높은 행사가격(higher strike)에 콜옵션을 매도하고 낮은 행사가격(lower strike)에 콜옵션을 매입해 프리미엄 비용을 줄인다. 아래는 불-콜 스프레드(bull-call spread)의 예를 보여준다.

BULL CALL SPREAD
LONG GBP CALL 1.50, PREMIUM 0.02 USD
SHORT GBP CALL 1.54, PREMIUM 0.006 USD
FX RATE 1.50

그림 14-9 불 콜 스프레드

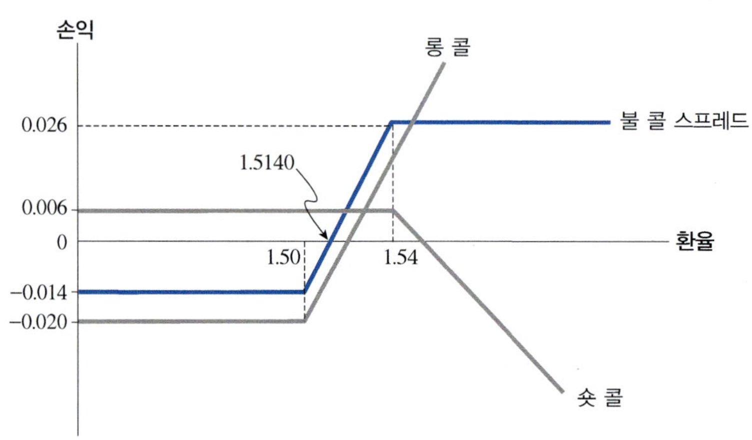

이 예에서 환율이 1.54 이상일 경우 최대이익 2.6센트를 얻을 수 있으며 환율이 1.50 이하일 경우 최대손실 1.4센트를 보게 된다. 그리고 환율이 1.514(= STRIKE PRICE 1.50 + PREMIUM 0.014)일 경우 손익분기점이 된다.

풋옵션을 이용해도 동일한 결과를 얻을 수 있으며 이를 불-풋 스프레드(bull put spread)라고 한다. 위의 예와 같은 수익구조를 만들기 위해 풋옵션을 이용할 경우

LONG GBP PUT 1.50, PREMIUM 0.02 USD
SHORT GBP PUT 1.54, PREMIUM 0.046 USD

가 된다. ATM 상태인 1.50의 풋 가격은 1.50의 콜 가격과 동일하다. 그러나 1.54의 풋 가격은 4센트의 ITM 상태이므로 내재가치 4센트와 시간가치 0.6센트(put-call 등가의 원칙에 의해 시간가치 0.6센트로 동일함)를 합한 4.6센트가 된다. 이 두 옵션의 합성으로 2.6센트의 프리미엄을 받게 된다. 환율이 1.54 이상일 경우, 프리미엄으로 받은 2.6센트가 모두 수익이 되며, 환율이 1.50 이하가 될 경우 1.54의 환율에서 상대방의 풋옵션 행사로 인해 4센트의 손해를 보게 되나 1.50에 매입한 풋옵션을 행사함으로써 최악의 환손실은 4센트로 고정시킬 수 있다. 따라서 환율이 1.50 이하일 경우의 최대손실은 환손실 4센트에서 프리미엄 수취금액 2.6센트를 제외한 1.4센트가 된다.

그림 14-10 불 풋 스프레드

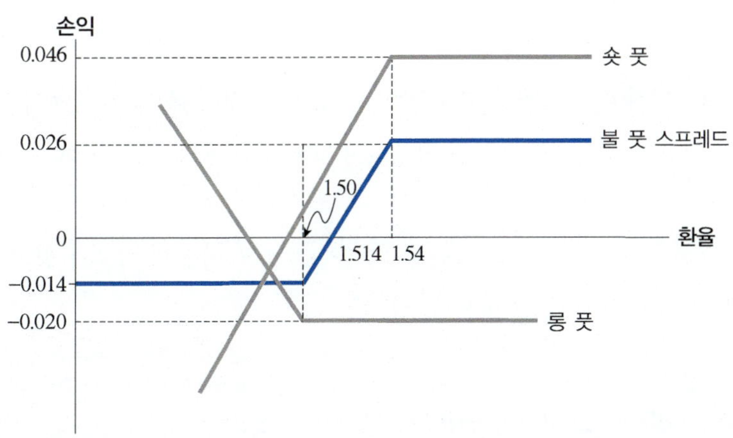

콜을 이용하든 풋을 이용하든, 불 스프레드 옵션전략은 동일한 수익구조를 갖는다. 그러나 콜 스프레드의 경우 프리미엄을 지불하게 되고 풋 스프레드의 경우는 프리미엄을 수취하게 되므로 실제 거래에서는 콜 스프레드가 풋 스프레드보다 가격면에서 조금 유리하다(프리미엄 금액의 이자가 옵션가격에 반영되기 때문).

2.3.2 베어 스프레드

베어 스프레드(bear spread) 전략은 불 스프레드의 반대 형태로서, 기초자산의 가격하락이 스프레드의 이론적 가치 증가를 가져오는 스프레드를 말한다. 즉, 통화의 가격이 일정한 범위 내에서 올라갈 가능성보다는 내려갈 가능성이 많을 때 이용하는 전략으로 옵션의 기초자산 및 만기일이 같은 두 옵션 중 상대적으로 행사가격이 낮은 옵션을 매도하고 행사가격이 높은 옵션을 매입하는 것이다. 베어 스프레드는 베어-콜 스프레드와 베어-풋 스프레드가 있다. 베어 스프레드의 경우 기초자산 가격이 저행사가격에 가까이 있으면 시간의 흐름이 이익을 높여주지만 기초자산 가격이 고행사가격에 가까이 있으면 시간의 흐름이 손익을 늘려주게 된다.

예를 들어, 상황이 다음과 같다고 하자.

BEAR PUT SPREAD
LONG GBP PUT 1.50, PREMIUM 0.02 USD
SHORT GBP PUT 1.46, PREMIUM 0.006 USD
NET PREMIUM 0.014 USD

이 경우 1.46 이하의 환율에서 최대수익 2.6센트, 1.50 이상의 환율에서 최대손실 1.4센트로 제한되고 손익분기점은 환율 1.4860(= STRIKE PRICE 1.50 – PREMIUM 0.014)이 된다.

불 스프레드와 마찬가지로 베어 스프레드도 콜을 이용해 다음과 같이 풋을 이용한 것과 동일한 수익구조를 만들 수 있다.

LONG GBP CALL 1.50, PREMIUM 0.02 USD
SHORT GBP CALL 1.46, PREMIUM 0.046 USD ITM(0.04)

2.4 버터플라이(butterfly) 거래

2.4.1 롱 버터플라이

이 거래는 콜이든 풋이든 관계없이 동일한 타입, 동일한 만기, 동일한 행사가격의 옵션을 2단위 매도하고 더 높은 행사가격과 더 낮은 행사가격의 옵션을 1단위 매입하는 것이다. 거래비용이 많다는 단점이 있으며 가격이 많이 움직이지 않을 것을 예상하고 쓰는 전략으로 가격의 변화가 심하더라도 손실이 제한된다. 감마는 음의 부호를 갖는다.

그림 14-11 롱 버터플라이의 손익

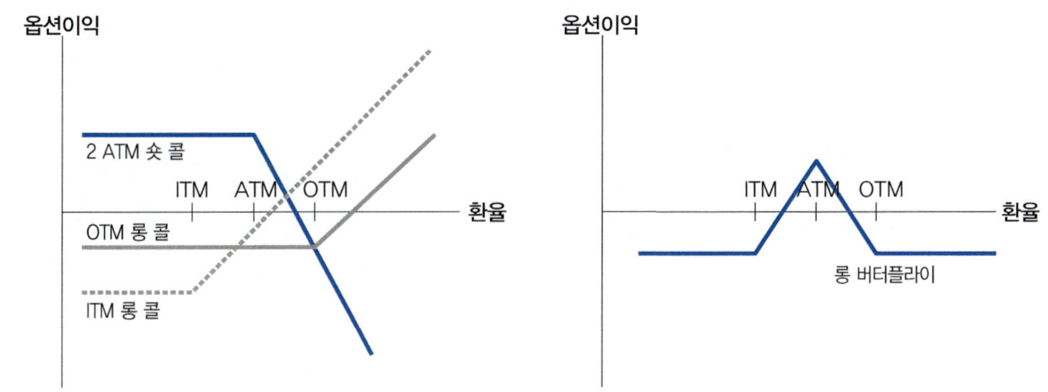

2.4.2 숏 버터플라이

이는 동일한 타입, 동일한 만기, 동일한 행사가격의 옵션을 2단위 매입하고 더 낮은 행사가격의 옵션과 높은 행사가격의 옵션을 1단위 매도하는 것이다. 이 전략은 기초자산의 가격변동이 클 것으로 예상할 때 사용된다.

2.5 콘도(condor) 거래

2.5.1 롱-콘도 스프레드

롱 콘도 스프레드(long condor spread)는 아래와 같이 네 가지 옵션을 가지고 구성하는 전략으로 버터플라이 스프레드와 유사하다. 롱-콘도 스프레드는 가격의 변동성이 심하지 않을 것으로 예상될 때 사용하는 전략으로 가격이 일정범위 내에서 움직이면 이익이 극대화되고 그 범위를 벗어나면 손실을 보나 그 폭이 제한된다.

2.5.2 숏-콘도 스프레드

숏-콘도 스프레드 또한 네 가지 옵션으로 구성하는 전략으로 롱-콘도 스프레드와 반대의 전략이다. 가격의 변동성이 심할 것으로 예상될 때 사용하는 전략으로 가격이 일정범위를 벗어나면 이익이 극대화되고 그 범위 안에 있으면 손실을 보나 그 폭이 제한된다.

2.6 시간 스프레드(time spread, horizontal spread or calendar spread)

앞에서 배운 모든 옵션거래 전략들은 옵션만기시의 환율에 따라서 정확한 손익을 측정할 수 있는 직선으로 그려진다. 이는 행사가격, 금액, 풋과 콜, 매입 또는 매도 등을 서로 달리해 시나리오를 구성하더라도 옵션의 만기는 동일하게 정해져 있기 때문이다. 옵션가치의 두 구성요소 중 하나인 시간가치는 만기까지의 시간이 짧아질수록 줄어든다. 그러나 그 속도는 균일하지 않고 만기 시점에 가까워질수록 급격하게 줄어든다([그림 14-12]). 이 체감속도의 차이를 이용해 이익을 얻고자 서로 다른 만기를 이용하는 투기적 거래전략을 시간 스프레드라고 한다. 위에서 설명한 스프레드 거래가 만기가 같으면서 행사가격이 다른 옵션을 합성한 것에 반해, 시간 스프레드는 만기가 다르면서 행사가격이 같은 옵션을 합성하는 것을 말한다.

롱 시간 스프레드는 동일한 타입, 동일한 행사가격을 갖는 옵션으로 만기가 긴 옵션을 매입하고 만기가 짧은 옵션을 매도해 가격변동이 작을 때 이익을 확보하는 전략을 말한다. 숏 시간 스프레드는 동일한 타입, 동일한 행사가격을 갖는 옵션으로

그림 14-12 캘린더 스프레드(롱 스프레드)의 예

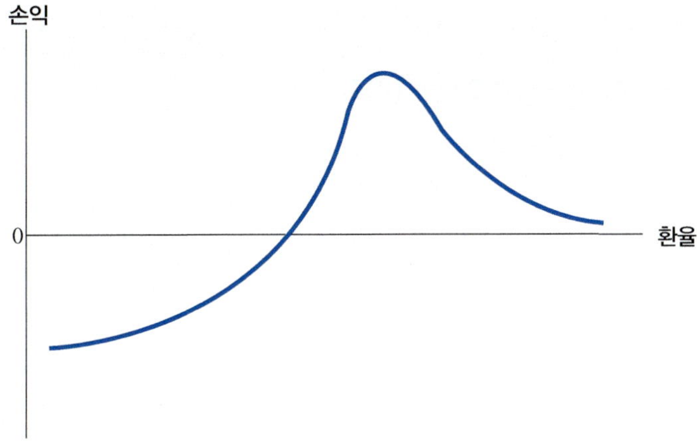

주 : 60일 풋옵션 매입, 30일 풋옵션 매도의 경우 시간 스프레드

만기가 긴 옵션을 매도하고 만기가 짧은 옵션을 매입해 가격변동이 클 때 이익을 확보하는 전략을 말한다.

2.7 레이쇼 스프레드(ratio spread) 거래

2.7.1 레이쇼-콜 스프레드

레이쇼-콜 스프레드(ratio-call spread) 전략은 앞에서 배운 불-콜 스프레드(bull-call spread)에서 높은 행사가격(higher strike)의 옵션매도 금액을 낮은 행사가격(lower strike)의 옵션매입 금액보다 크게(매입 1 : 매도 2) 하는 것이다. 이는 프리미엄 수취금액을 늘려 옵션거래 비용을 줄이면서 매입통화의 가격 하락에 따른 손실은 제한하고 가격상승시에 수익을 기대하는 거래전략이다. 그러나 매입통화가 일정수준을 넘어서까지 강세가 될 경우는 옵션매도로 인해 무한대의 손실위험을 갖게 된다.

예를 들어, 상황이 다음과 같다고 하자.

RATIO CALL SPREAD

LONG GBP CALL 1.50, PREMIUM 0.02 USD

SHORT(TWICE THE AMOUNT) GBP CALL 1.54, PREMIUM 0.012 USD(0.006 × 2)

NET PREMIUM PAID 0.008 USD

이 경우 환율이 1.54가 되었을 경우 행사가격 1.50에 매입한 콜옵션을 행사해 최대수익이 3.2센트(= 1.54 − 1.50 − 0.008)가 되며, 1.54 이상일 경우 행사가격 1.54에 매도한 두 개의 옵션이 행사되므로 1.54에서 하나의 GBP 숏 포지션을 갖게 된다. 그러므로 환율이 1.5720 이상의 모든 범위에서 환손실을 보게 된다. 손익분기점은 1.5080(= LOWER STRIKE 1.50 + PREMIUM PAID 0.08)과 1.5720(= HIGHER STRIKE 1.54 + MAXIMUM PROFIT 0.032)이 된다.

이 전략은 통화의 가격이 바닥권에 근접해 있다고 예상되나, 매우 큰 상승폭을 기대하지는 못할 경우 사용할 수 있는, 재미있지만 매우 위험한 거래기법이다. 가격 하락에 따른 손실은 최소화할 수 있으나 상승폭이 예상을 뛰어넘을 경우 큰 손실을 입게 되는 위험을 내포하고 있다.

그림 14-13 레이쇼-콜 스프레드

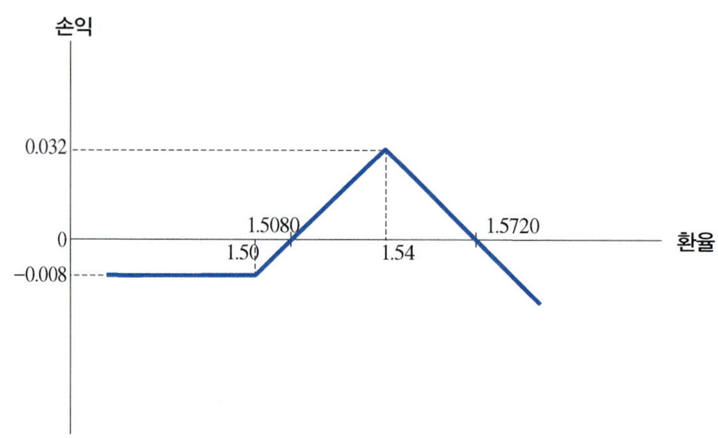

레이쇼 스프레드(ratio spread)는 그 명칭이 보여주는 것과 같이 스프레드를 구성하는 매입과 매도의 비율을 달리해 손익구조를 비대칭으로 변화시킨 것이다.

시장 움직임에 대한 예측과 투자성향에 따라 보다 독특한 손익구조를 만들기 위해 1:2와 같은 단순 구성비율에서부터 2:5 등 다양한 비율을 선택할 수 있다. 여기서 중요한 것은 레이쇼 스프레드 거래는 일반적으로 델타 중립 헤지(delta neutral hedge)의 개념을 통해 옵션금액의 비율을 달리하게 된다. 제13장의 옵션거래의 위험에서 설명한 대로 예를 들어 델타가 0.5인 콜옵션물은 기초자산의 가격이 1단위 변화하는 데 대해 옵션가격이 0.5만큼 비례적으로 변할 것이 기대된다. [그림 14-13]에서 행사가격 1.50인 옵션은 50%의 델타를 갖는다. 옵션의 행사가격이 기초자산의 가격과 동일한 ATM 상태이기 때문에 이 옵션이 만기에 행사될 가능성은 50:50인 것이다. 즉, 가격이 현재보다 상승하거나 하락할 가능성이 반반이라는 의미이다. 그리고 행사가격 1.54인 콜옵션의 델타는 25%이다(OTM 상태의 옵션이므로 행사될 가능성이 낮다). 그러므로 델타 중립 헤지를 만들기 위해 델타가 50인 옵션을 하나 매입하고 델타가 25인 옵션을 둘 매도, 즉 1:2의 비율을 구성해야만 한다. 만약 1.54보다 높은 환율의 행사가격, 즉 델타가 20인 콜옵션을 선택했을 경우라면 이 레이쇼 스프레드의 구성은 1:2가 아닌 1:2.5가 되어야만 한다.

2.7.2 레이쇼-풋 스프레드

레이쇼-풋 스프레드(ratio-put spread)는 아래와 같이 레이쇼-콜 스프레드와 반대되는 합성 포지션이다.

RATIO PUT SPREAD
LONG GBP PUT 1.50, PREMIUM 0.02 USD
SHORT(TWICE THE AMOUNT) GBP PUT 1.46, PREMIUM 0.012 USD(0.006 × 2)
NET PREMIUM PAID 0.008 USD

이 경우는 환율이 1.46일 경우 1.50에 매입한 풋옵션을 행사해 환차익 4센트를 얻음으로써 프리미엄 지불비용 0.8센트를 뺀 3.2센트의 최대수익을 얻을 수 있다. 환율이 1.50 이상일 경우는 손실이 지불한 프리미엄 0.8센트로 제한되나 환율이 1.4280 이하일 경우는 그 이하의 모든 범위에서 환손실이 발생하게 된다.

그림 14-14 레이쇼-풋 스프레드

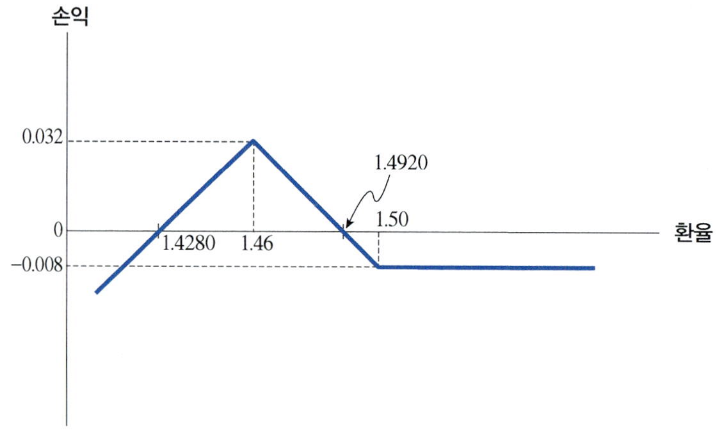

2.7.3 콜-레이쇼-백 스프레드(call-ratio-back spread)

이것은 롱 스트래들에서 낮은 행사가격 이하의 상태에서 얻게 되는 수익구조를 포기함으로써 저렴한 비용으로 구성할 수 있는 옵션조합이다. 동시에 숏 버터플라이에서 높은 행사가격 이상의 상태에서 얻게 되는 무한대의 수익구조를 갖게 되므로 숏 버터플라이보다 비싼 프리미엄을 지불하게 되는 조합이기도 하다.

RATIO BACK SPREAD

SHORT GBP CALL 1.46, PREMIUM 0.046 USD(INTRINSIC VALUE 0.04 + TIME VALUE 0.006)

CALL LONG(TWICE THE AMOUNT) GBP CALL 1.51, PREMIUM 0.03 USD(0.015 × 2)

NET PREMIUM RECEIVED 0.016 USD

이 전략에서의 수익은 환율이 1.46 이하일 경우 1.6센트이며(모든 옵션이 행사되지 않음), 최대손실은 환율이 1.51일 경우 3.4센트(= 1.51 - 1.46 - 0.016)가 된다. 손익분기점은 1.4760(= LOWER STRIKE 1.46 + NET RECEIVED PREMIUM 0.016) 또는 1.5440(= HIGHER STRIKE 1.51 + MAXIMUM LOSS 0.034)이 된다. 1.5440 이상의 환율에서는 하나의 GBP 롱 포지션 상태이므로 환차익을 얻게 된다. 이 전략은 스트래들과 마찬가지로 환율의 급격한 움직임이 예상될 때 이용한다.

그림 14-15 콜-레이쇼-백 스프레드

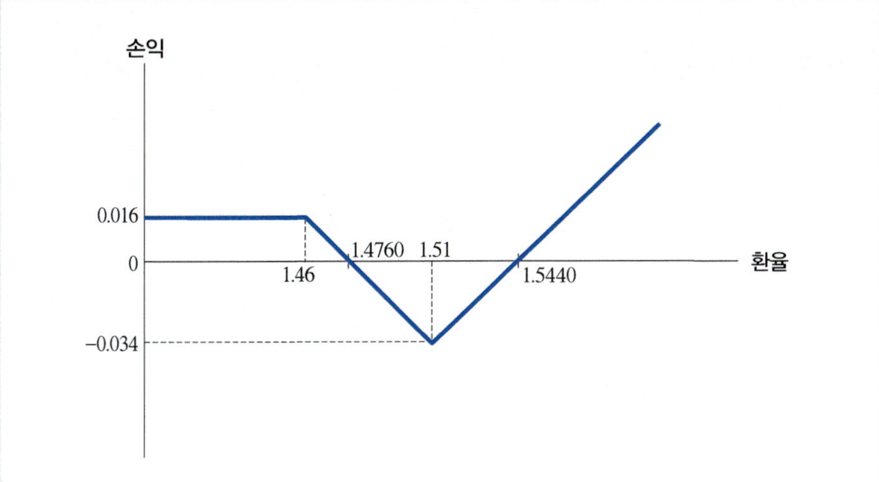

레이쇼 스프레드와 마찬가지로 백 스프레드도 일반적으로 델타 등가(delta neutral)를 이용해 구성된다. [그림 14-15]에서 1.51의 GBP 콜은 델타가 40%(환율이 1.50이므로 1센트 OTM 옵션)이다. 반면 1.46의 GBP 콜은 4센트 ITM이므로 델타가 80%이다. 따라서 행사가격 1.51인 콜옵션의 매입금액을 행사가격 1.46인 콜옵션 매도금액의 두 배로 해야 한다. 또 위의 예에서 행사가격 1.51의 GBP 콜옵션의 프리미엄이 1.5센트가 된 것은 ATM일 경우(FX RATE 1.50 = STRIKE PRICE)의 델타가 50%이므로 환율이 1.50에서 1.51로 변할 때 프리미엄이 0.5센트(= 0.01 × 50%) 만큼 하락하고, 따라서 행사가격 1.50인 콜옵션의 프리미엄 2센트보다 0.5센트 싸지게 되기 때문이다.

2.7.4 풋-레이쇼-백 스프레드(put-ratio-back spread)

이것은 콜-레이쇼-백 스프레드와 비슷한 특성을 가진 옵션의 조합이나, 가격의 하락을 통해 수익을 얻고자 하는 전략이라는 점에서 다르다.

RATIO BACK SPREAD

SHORT GBP PUT 1.54, PREMIUM 0.046 USD

PUT LONG(TWICE THE AMOUNT) GBP PUT 1.49, PREMIUM 0.03 USD(0.015 × 2)

NET PREMIUM RECEIVED 0.016 USD

위의 예에서 환율이 1.54 이상일 경우 모든 옵션이 소멸되므로 1.6센트가 수익으로 확보된다. 그리고 최대손실은 환율이 1.49일 경우 3.4센트(= HIGHER STRIKE 1.54 – FX 1.49 – RECEIVED PREMIUM 0.016)이며, 손익분기점은 1.5240(= HIGHER STRIKE 1.54 – RECEIVED PREMIUM 0.016) 또는 1.4560(= LOWER STRIKE 1.49 – MAXIMUM LOSS 0.034)이다. 이 전략은 스트래들과 마찬가지로 환율의 급격한 변동이 예상될 때 사용된다. 그러나 가격의 상승보다는 하락 가능성이 더 클 때 가격 상승으로 얻을 수 있는 수익의 기회를 포기해 포지션 구성비용을 낮추고자 하는 것이다.

그림 14-16 풋-레이쇼-백 스프레드

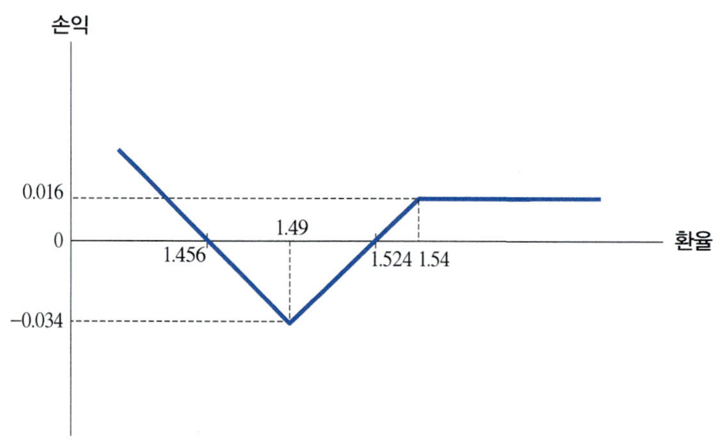

2.8 레인지 선물환

레인지 선물환(range forward, collar, cylinder or risk reversal)은 서로 다른 행사가격에 콜옵션 매입과 풋옵션 매도를 결합(또는 그 반대의 결합)해 옵션매입 프리미엄 지불비용을 프리미엄 수취로 상쇄시켜 무비용(zero cost)으로 옵션 포지션을 구성한 것이다.

우리는 이미 앞에서 동일한 행사가격에 콜매입과 풋매도 또는 콜매도와 풋매입을 할 경우 합성선물환 포지션(synthetic FX-position)이 된다는 것을 배웠다. 그러면 콜옵션과 풋옵션의 행사가격을 달리할 경우 또 다른 특성을 가진 옵션의 조합을 합성해낼 수 있을 것이다. 즉, 두 행사가격의 폭(range) 내에서는 외환 포지션이 발생하지 않고(두 옵션 모두 행사되지 않을 것이므로) 두 행사가격 범위 밖에서는 두 옵션 중 한 쪽이 행사됨으로써 외환 포지션이 발생하게 되는 옵션의 조합을 만들 수 있는 것이다. 이러한 옵션의 조합이 레인지-선물환으로서, 칼러(collar), 실린더(cylinder), 위험 반전(risk reversal) 등으로도 불리며 장외시장에서 많이 거래되는 상품이다.

RANGE FORWARD
6 MONTH FORWARD FX RATE 1.45
LONG GBP CALL 1.50(OTM) PREMIUM 0.03 USD IN 6 MONTH
SHORT GBP PUT 1.40(OTM) PREMIUM 0.03 USD IN 6 MONTH
NET PREMIUM ZERO

위의 예에서 시장환율이 1.45일 경우 콜 1.50과 풋 1.40은 둘 다 OTM이므로 내재가치(intrinsic value)는 없으며 시간가치(time value)만 있다. 행사가격이 1.45일 경우도 역시 내재가치는 없으며 시간가치만이 프리미엄을 결정한다. 그러므로 만기가 같은 GBP 롱-콜 1.50과 GBP 숏-풋 1.40의 프리미엄은 동일하게 된다. 이 경우 만기시 환율이 1.40과 1.50 사이일 때는 두 옵션 모두 자동적으로 소멸하게 되나, 1.50 이상일 때는 GBP 콜옵션을 행사해 1.50 이상의 모든 범위에서 환차익을 얻고 1.40 이하에서는 매도한 풋옵션이 행사되어 환차손이 발생하게 된다. 만일 GBP의 실물 외환 포지션을 소유한 사람이 레인지 선물환 거래를 헤징의 수단으로 이용한다면 그가 소유한 외환 포지션의 위험을 1.40과 1.50의 범위 내에서 제한시킬 수 있다.

예를 들어, A회사가 6개월 후 GBP 1,000,000의 수입대금을 결제해야 한다고 하자. 현재의 GBP 환율은 1.50이며 6개월 선물환 가격은 1.45이다. A회사는 파운드화의 가격이 향후 하락할 것으로 예상하고 환율하락에 따른 거래이익과 더불어 현재 시장가격 이상의 위험을 없앨 수 있는 방법으로 선물환 거래 대신 레인지 선물환 거래를 선택했다. A회사는 6개월 후 환율이 1.40과 1.50 사이에 있을 경우 두

그림 14-17 레인지 선물환

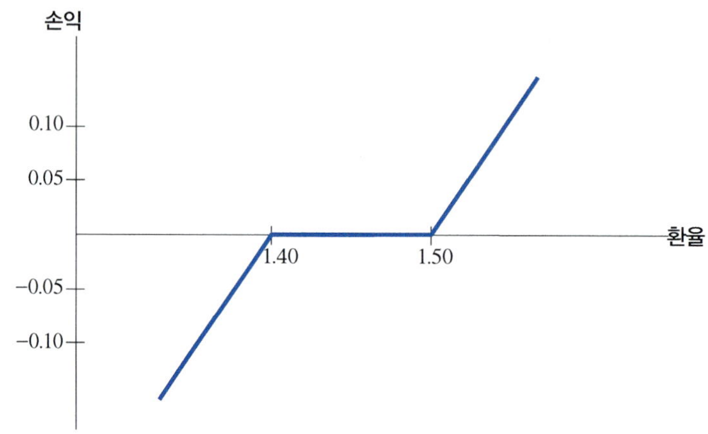

옵션이 모두 행사되지 않고 소멸되므로 시장환율로 GBP를 매입해 수입대금을 결제하게 된다. 1.50 이상의 경우는 콜옵션을 행사해 GBP 매입을 1.50에 하며, 1.40 이하의 경우는 풋옵션이 행사되어 오므로 GBP 매입환율이 1.40으로 정해진다. 따라서 A회사가 레인지 선물환 거래를 함으로써 단순 선물환 거래보다 이익을 볼 수 있는 환율의 범위는 1.45-1.40까지이며 1.45-1.50까지의 환율범위에서는 선물환 거래보다 손해를 보게 된다.

2.9 합성대출(synthetic loans)

지금까지 콜과 풋, 행사가격, 금액, 만기 그리고 실물 외환 포지션 등을 결합해 다양한 옵션의 조합을 만들고 또 거래기법으로 사용하는 것을 배웠다. 자금을 창출해내는 합성대출(synthetic loans)은 통화옵션을 이용한 또 하나의 색다른 옵션기법 중의 하나이다. 합성대출은 풋·콜 등가의 원칙에 따라 만들어낼 수 있는 합성옵션이다. 콜매입과 풋매도로 외환 포지션을 만드는 것처럼 옵션의 조합을 현물환이나 선물환 거래와 결합해 이자율 포지션(즉, 자금)을 만들어내는 것이다.[3]

예를 들어, 시장상황이 다음과 같을 때 아래와 같은 세 가지 거래를 했다고 하자.

3. Hicks(1994), pp 35-36에서 참고.

시장상황 :

외환시장(현물환율) : USD/CHF 0.8000

자금시장 미국금리 : 3개월 USD LIBOR : 6%

스위스금리 : 3개월 CHF LIBOR : 4%

선물환시장(스왑레이트) : USD/CHF 3개월 스왑포인트 0.0040

거래내용 :

① 풋옵션 매도(sell) : USD 풋/CHF 콜, 행사가격 0.9000, USD 10,000,000, 3개월 만기
프리미엄 수취(premium received) CHF 1,040,000

② 콜옵션 매입(buy) : USD 콜/CHF 풋, 행사가격 0.0900, USD 10,000,000, 3개월 만기
프리미엄 지급(premium paid) CHF 10,000

③ 선물환 매도(sell) : 3개월 만기, USD 10,000,000 against CHF
선물환율 0.7960(= 10.0800 − 0.0040)

위의 옵션 포지션은 달러 풋옵션 매도(sell USD put)와 달러 콜옵션 매입(buy USD call)을 동일한 행사가격(0.0900)에 한 것이므로 합성된 외환 포지션은 달러 매입 포지션과 동일하다. 따라서 선물환 매도 포지션과 합할 경우

$$+\text{콜옵션(call option buy)} - \text{풋옵션(put option sell)} - \text{FX(sell)} = 0 \qquad (14-4)$$

이므로 스퀘어 포지션 상태가 되고 다음과 같은 현금흐름(cash flow)만 발생시킨다.

현재시점(spot)**의 프리미엄의 현금흐름 :**

■ 프리리엄 수취(premium received) :	+CHF 1,040,000
■ 프리미엄 지급(premium paid) :	−CHF 10,000
■ 순 프리미엄 수취(net premium received) :	+CHF 1,030,000

3개월 후의 현금흐름 :

■ 콜옵션 행사 :

USD 콜옵션 행사 (at 0.0900) + USD 10,000,000 − CHF 9,000,000

■ 선물환 만기실행 :

USD매도 (at 1.4925) − USD 10,000,000 + CHF 7,960,000

■ 순현금 현금흐름 합계 : − CHF 1,040,000

이 결과는 연리 3.88%[= (1,040,000 − 1,030,000) ÷ 1,030,000 × 4]의 비용으로 자금을 조달한 차입거래와 동일한 것이다. 이 전략은 외환시장의 가격은 미리 정해져 있으므로 Deep-ITM으로 옵션을 팔아 프리미엄을 받고 Deep-OTM의 옵션을 매입해 최소한의 프리미엄만 지불함으로써 그 차액만큼을 이자로 지급한 일종의 대출거래와 같은 효과를 누린다.

위에서 살펴본 바와 같이 옵션은 프리미엄이 비싸다는 큰 단점을 가지고 있으므로 기업체에서는 프리미엄 비용을 줄이고 다른 외환 포지션에다 이것을 이전해 흡수하려는 전략을 많이 구사한다. 또한 이러한 전략적 거래는 차입에 대한 규제가 강한 반면 외환거래가 자유로운 국가, 각 상품 간의 회계기준(accrual vs. mark-to-market)이 다른 국가, 또는 국내외 금리차이가 너무 큰 국가 등에서 규제를 피하기 위한 대출의 한 종류로 효과적으로 이용할 수 있다.

Box 14-2 우리나라에서의 합성대출 거래

실제로 국내외 금리차이가 너무 큰 우리나라에서도 1989년 초 이러한 형태의 거래를 변칙적인 자금거래로 이용했었다. 구체적으로 예를 들어 보면, 당시 달러/엔 현물환율이 130엔대였는데, 콜옵션의 행사가격을 100엔 정도(Deep-ITM)에다 놓고 만기 1년짜리 5천만 달러의 달러/엔 옵션을 미국식-보스턴 스타일(American-Boston style)[4]로 구입한다. 그리고 나서 그 즉시 시장에서 옵션을 조기실행(early exercise)해 5천만 달러를 행사가격(strike price) 100엔에 사고(USD buy at 100) 동시에 옵션으로 산 5천만 달러를 시장가(market price) 현물환율 130엔에다 팔면(USD sell at 130) 15억엔(약 1조원)에 해당하는 원화를 LIBOR + 수수료로 조달하는 것과 같아지게 된다. 즉, Deep-ITM의 USD/JPY 미국식 콜옵션을 사되 프리미엄을 즉시 지급하지 않고 만기에 지급하는 보스턴 형식으로 옵션을 계약하고 나서, 달러/엔 시장에서 Deep-ITM 옵션

4. Boston style option(deferred premium)이란 프리미엄을 옵션구입 즉시 지급하지 않고 만기(가능한 길게, 보통 9개월에서 1년으로 만기를 정함)에 지급하는 거래이다.

을 곧바로 실행해 달러를 매입하고 반대매매로 현물환시장에서 달러를 매각해 막대한 환차익을 챙긴 후 우리나라 원화로 시장에 팔아서 원화자금을 조달했다.

당시 우리나라 재벌기업들은 은행과의 신용한도(credit line)를 있는 대로 끌어들여 주로 외국은행과 거액의 옵션거래(145엔-110엔의 환차익)를 만들어서 비밀리에 원화자금을 조달했다. 이는 국내원화 금리를 법정금리상한인 25%까지 주어도 자금을 못 구하는 기업이 있었던 때라 LIBOR 금리에 자금을 조달하면 은행수수료를 주고도 엄청난 금리차익을 챙길 수 있었기 때문이다. 그 당시는 우리나라가 88올림픽을 전후해 1986년부터 소위 국제시장의 3저(달러환율, 유가, 달러이자율)에 힘입어 고도성장을 구가하고 민간기업에서는 엄청난 시설투자를 과감히 할 때였다. 따라서 국내 자금시장에서는 소위 3불문이라고 하여 기간, 금액, 금리 불문으로 엄청난 자금수요가 있었으나 공급(원화대출 및 외화대출을 포함한 모든 여신)은 인플레이션을 우려하는 통화당국에 의해 철저히 통제되던 시기였다. 그해 통화당국은 통화량이 엄청나게 늘어난 원인을 조사했는데, 조사 결과 변칙 외환옵션거래를 통한 자금공급이 시장에 발생되었음을 알고 즉시 외환관리규정을 고쳐서 고객이 프리미엄을 수취하는 옵션거래를 금지하고 시장환율에서만 옵션거래를 하도록 했다.

3. 기타 이색옵션

지금까지의 옵션거래 기법들은 형태가 매우 표준화되어 있다. 그러나 최근에는 이런 옵션들이 지닐 수 없는 수익구조를 만들어내는 매우 다양한 형태의 신종 옵션들이 개발되고 있다. 말하자면 옵션이라는 파생금융상품에서 다시 파생된 상품들이다. 여기 소개하는 이색옵션(exotic options)들은 Fenics 프로그램[5]을 사용하면 간단히 가격과 위험 등을 알 수 있다. 이러한 상품들은 대부분 금융기관에 의해 개발되어 고객과의 거래에 주로 사용되고 있으며, 은행간 시장에서의 거래는 그리 활발하지 않다. 그 중 대표적인 몇 가지를 소개하기로 한다.

5. www.gfigroup.com/gfifenics.aspx 참조.

3.1 평균율 옵션

3.1.1 개요

평균율 옵션(average rate options, AVROs)은 일명 아시안 옵션(Asian options)이라고도 하며 진정한 헤지수단으로 사용될 수 있다.[6] 일반 옵션과의 차이점은, 평균율 옵션의 경우 만기일에 있어 내재가치는 행사가격과 현물가격의 차이가 아니라 평균환율과 행사가격과의 차이가 된다는 것이다. 특정기간의 평균환율 결정은 사전에 정해진 기간의 기초자산가격에 따라서 계산되며, 따라서 평균율 옵션의 변동성은 일반 현물환율보다 훨씬 작아지게 되므로 프리미엄 또한 작다. 이러한 이유로 평균율 옵션이 인기가 있다.

기업에서 일정기간 중에 주기적 현금흐름이 발생할 때 또는 현금흐름이 불규칙하고 금액이 일정치 않을 때에도 사용 가능하며, 특히 기업에서 예산이나 연간결산을 평균환율로 할 때 유용하다. 프리미엄이 유럽식 옵션보다 저렴하고 한 개의 옵션으로 여러 개의 현금흐름에 대한 환율위험을 헤지하기 위해 사용할 수 있으므로 비용측면에서 효율적이다.

평균환율을 구하기 위한 방법으로는 산술평균, 기하평균, 조화평균의 방법이 있다. 환율결정(rate fixing)은 주로 일별(daily), 주별(weekly), 혹은 월별(monthly)로 계산되며, 일정기간 동안의 주기는 지속적으로 동일해야 한다.

평균율 옵션의 특징은 만기에 가서 옵션의 매도자가 매입자에게 내재가치를 지불함으로써 결제된다는 것이다. 이것은 만기에 행사를 통해 내재가치를 얻는 일반적 옵션과 다르다. 즉, 일반 옵션은 행사가격에 거래를 하기 위해 옵션을 행사하고 이것을 현물시장에서 반대거래를 함으로써 이익을 챙기는 반면, 평균율 옵션은 현물시장에서의 역사적 평균환율을 계산해 거래하는 시장이 없기 때문에 행사하기가 불가능하므로 이런 결제방식을 택한다.

평균율 옵션은 환위험을 관리하는 기업들에게 효과적인 대안이 될 수 있다는

6. 평균율 옵션은 옵션기간 동안의 평균환율(예를 들어, 매일 11:00 AM LONDON 등)을 기초자산의 가격으로 인식하고, 행사가격과의 차이를 손익으로 하는 것을 말한다. 이와는 달리 평균값을 행사값(strike price)으로 대체하는 형태를 평균행사가 옵션(average strike options)이라고 한다. 이 옵션은 옵션거래 시 행사가격이 미리 정해지지 않고 옵션기간 중에 평균환율이 행사가격으로 결정되어 만기의 환율과의 관계에 따라 옵션의 손익이 결정된다. 이 옵션은 헤지수단이라기보다는 투기적 목적으로 이용된다.

장점이 있다. 평균율 옵션의 구조상 유연성과 개별요소를 감안할 수 있는 맞춤형(taylor made)이 가능하다는 특성은 매우 매력적이다. 예를 들어, 회사의 예산책정의 환율을 평균율 옵션으로 할 때에는 평균 현물환율이 움직임에 따라 얻을 수 있는 이점을 충분히 활용할 수 있다. 만기에 차액을 현금결제로 얻기 때문에 매입자에게는 유럽식 옵션보다 프리미엄이 싸고 또 한 개의 옵션으로 여러 개의 현금흐름을 커버함으로 비용을 줄일 수 있으며, 매도자에게는 신용위험이 거의 0(zero)에 가깝다. 또한 옵션기간 동안 환율 움직임의 궤적을 알 수 있고, 일반 옵션의 경우 만기 단 한 번의 환율결정으로 옵션의 성패가 좌우되는 것보다 안정적이다.

3.1.2 평균율 옵션 거래의 예

스위스의 수출업자에게 향후 1년간 매달 15일에 $1,000,000의 상품대금에 대한 현금유입이 있다. 당해 연도의 평가환율은 현시점의 현물환율 1.4000을 사용한다. 이 수출업자는 환율이 1.4000 이하로 내려가는 데 따른 환차손을 원치 않을 때, 이 포지션을 헤지하기 위해 다음과 같은 거래를 할 수 있다.[7]

① **바닐라 옵션**(vanilla options) : $1,000,000에 대해 달러풋(USD put/CHF call) 옵션을 12개월 동안 실행가격 USD/CHF 1.4000에 살 때 프리미엄 $360,000이 소요된다.

② **평균율 옵션**(average options) : $12,000,000에 대해 1년짜리 평균율 스위스 프랑 콜옵션(CHF call/USD put)을 행사가격 1.4000에 살 때 프리미엄은 $240,000이 소요된다.

바닐라 옵션(①)을 선택할 때 이 기업은 만약 USD/CHF 환율이 1.4000 이하로 내려가면 옵션을 행사해 행사가격 1.4000에 달러를 매각하고, 환율이 1.4000 이상으로 올라가면 옵션을 행사하지 않고 시장가격에다 달러를 매각하게 된다. 그러나 프리미엄이 평균율 옵션(②)의 경우보다 USD 120,000 비싸므로 결국은 평균율 옵션의 경우보다 손해이다.

7. Hicks(1994), pp.133–134 인용.

만약 평균율 옵션(②)을 선택했다면 환율이 어떻게 움직이든 간에 매월 15일 시장환율(prevailing spot rate)에다 매월 $1,000,000, 총합계 $12,000,000을 매각했을 것이다. 만약 1년 후에 매각한 시장의 평균환율(average rate)이 USD/CHF 1.3500으로 나왔다면 실행환율 1.4000보다 낮으므로 옵션을 행사해 $12,000,000 × (1.4000 − 1.3500) = CHF 600,000을 옵션 매도자로부터 지불받게 되므로 결국은 1.4000에 달러를 처분한 결과가 생긴다. 만약 매각 당시 시장의 평균환율이 1.4000 이상이었다면 바닐라 옵션(①)의 경우와 동일하게 물론 옵션을 행사하지 않고 1.4000 이상의 평균환율에 달러를 처분했을 것이다.

따라서 이 회사의 거래는 다음과 같이 정리할 수 있다.

① **바닐라옵션**(vanilla options) :

- 시장평균 환율이 USD/CHF 1.3500일 때 : CHF 360,000 손실
  프리미엄 지급 CHF 360,000 = CHF 360,000 손실
- 시장평균 환율이 USD/CHF 1.4500일 때 : CHF 240,000이익
  $12,000,000 × (1.4500 − 1.4000) − 프리미엄 지급 CHF 360,000
  = CHF 240,000이익

② **평균율 옵션**(average options) :

- 시장평균 환율이 USD/CHF 1.3500일 때 : CHF 240,000이익
  정산액 CHF 600,000 − 프리미엄 지급 CHF 360,000 = CHF 240,000이익
- 시장평균 환율이 USD/CHF 1.4500일 때 : CHF 360,000이익
  $12,000,000 × (1.4500 − 1.4000) − 프리미엄 지급 CHF 240,000
  = CHF 360,000이익

3.2 배리어 옵션

배리어 옵션(barrier options)은 유럽식 스타일의 바닐라 옵션과 매우 유사하나 일정한도의 트리거 환율(triger rate = a second strike rate)이라고 하는 행사환율이 한 개 더 있는 셈이다. 이 옵션은 옵션계약 후 시장의 움직임에 따라서 옵션의 기능이 상실 또는 생성된다. 즉, 시장이 배리어(barrier) 혹은 트리거(trigger point)라는 한도에 도달하게 되면 해당 옵션이 자동적으로 효력이 소멸(knockout options)되거

나 다시 효력이 발생(knockin options)되는 옵션이다. 배리어 옵션은 트리거 옵션(triger options), 컷오프 옵션(cutoff options), 컷아웃 옵션(cutout options), 스톱 옵션(stop options), 다운업 앤드 아웃인(down/up-and-outs/ins), 낙업(knockups) 등 여러 가지 명칭으로 불린다.

배리어(barrier)는 현물환율의 아래/위로 정할 수 있으며, 낙아웃 옵션에서는 up-and-out과 down-and-out 그리고 낙인 옵션은 up-and-in과 down-and-in으로 나눌 수 있다. 이러한 형태의 배리어 옵션은 일반적인 유럽식 옵션보다 프리미엄이 싸기 때문에 실무적으로 프리미엄 지급을 꺼리는 옵션 구매자에게 인기가 있는 상품들이다. 여기서 트리거(trigger = barrier)가 되느냐 안되느냐에 대한 시장 환율의 기준은 주로 현물환율(spot style)로 정하지만 가끔 선물환율(forward style)로 정할 때도 있다.

3.2.1 낙아웃 옵션

낙아웃(knockout) 옵션은 시장이 트리거 환율 이상으로 올라가거나 이하로 내려가게 되면 바닐라옵션(vanilla options)이 자동 소멸된다. 기업체 입장에서 헤징 목적으로 배리어 옵션을 고려한다면 낙아웃 옵션이 가장 보편적으로 사용된다. 왜냐하면 기업체에서는 기초자산을 시장위험에서 방어하려고 옵션을 사는데, 낙아웃 옵션이 트리거된다는 의미는 이미 기초자산에 유리하게 환율이 움직여 주기 때문에 더이상 바닐라 옵션의 필요성이 없어지므로 해당 옵션이 낙아웃이 되어도 아무 염려가 없기 때문이다. 만일 트리거되지 않으면 옵션의 이익과 기초자산에서 발생하는 손실이 서로 상쇄되어 헤징의 기능을 제대로 발휘하게 되니 또한 염려가 없게 된다.

바닐라 옵션과 비교해 낙아웃 옵션의 델타값은 환율이 움직임에 따라 더욱 민감해지기 때문에 매우 크다. 또한 보통 낙아웃 옵션은 낙인 옵션보다 프리미엄이 비싸다. 왜냐하면 낙인 옵션은 트리거 되기 전까지는 옵션이 죽어 있는 상태이기 때문에 그냥 소멸될 가능성이 매우 높기 때문이다.

① 업-앤드-아웃(up-and-out)

현물환율이 미리 정한 상한까지 올라가면 효력이 없어지는 옵션이다. 예를 들어, 미국의 어떤 수출업체가 영국에 상품을 선적하고 3개월 후에 수취할 파운드화 롱 포지션을 가지고 있다고 하자. 현재 환율은 GBP/USD 1.5500이다. 환율이 1.5000까지는 내려가도 견딜 수 있지만 만약 1.5000 이하로 내려가면 실제 손실이 예상되므로 재무담당자가 행사환율(strike price)을 1.5000에, 그리고 배리어(barrier) 환율을 1.6000에다 두는 낙아웃-풋옵션(up-and-out)을 샀다고 하자. 만약 파운드가 만기 전에 1.6000 이상으로 올라가면 수출업체는 시장에서 파운드를 1.6000 이상에서 팔아버리면 되므로 더이상 옵션이 필요없다. 반면에 시장이 1.5000 이하로 내려가면 풋옵션을 행사해 1.5000에 파운드화를 팔면 원하는 수준에서 손절매(stop loss)가 된다. 또한 이 경우에는 바닐라 옵션보다도 프리미엄이 더 싸다. 즉, 현재 시장환율과 배리어 환율 사이의 폭에 의해 프리미엄의 이점이 계산되는데, 폭이 작으면 작을수록 곧 옵션이 트리거되어서 소멸될 확률이 높으므로 옵션비용이 싸게 된다. 반면 배리어 수준이 현재의 현물환율에서 멀어질수록 트리거될 가능성이 작아지므로 옵션가격은 비싸진다. 즉, 엄청나게 멀리 떨어진 배리어 환율은 바닐라 옵션과 차이가 없기 때문이다.

실무에서 낙아웃-풋옵션은 현재의 현물환율에 비해 배리어 포인트를 주로 OTM에다 두고 구성한다. 만약 ITM에 배리어를 두면 리버스-낙아웃이 되며 옵션가치는 내재가치가 점차 증가하다가 배리어를 치는 순간 없어져 버리게 된다.

② 다운-앤드-아웃(down-and-out)

이 옵션은 만약 현물환율이 떨어져서 미리 정한 배리어 수준 이하로 내겨가면 바닐라 옵션의 효력이 소멸되는 옵션이다. 예를 들어, 영국 런던에 소재하고 있는 미국계 은행에서 현지 비용은 파운드로 나가지만 수입(income)과 회계는 달러로 한다고 할 때 파운드가 올라가고 달러가 내려가면 환위험에 노출된다. 이것을 방어하기 위해 은행은 GBP CALL(USD PUT)을 행사가격 1.50에 두고 배리어를 1.40에 두는 옵션을 샀다고 하자(이때 현물환율은 1.50이며 옵션은 ATM이다).

이 경우 은행은 환율이 1.50 이상으로 올라가면 옵션을 행사해 1.50에 파운드를 살 수 있으므로 완전히 위험방어가 되나 만약 1.40 이하로 내려가면 옵션은 소멸한다. 그러나 1.40 이하에서는 은행은 더 낮은 가격에 파운드를 살 수 있으므로 1.50에서 콜옵션이 무효화되는 것을 신경쓸 필요가 없다. 그러나 파운드가 1.40의 배리어를 치고 1.50 이상으로 올라가면 프리미엄만 손해를 보게 되므로 문제가 생긴다. 이 경우는 주로 현물환율(1.50)에 비해 OTM(1.40)으로 배리어를 두는 것이 보통이다.

3.2.2 낙인 옵션

낙인(knockin) 옵션은 현재에는 옵션이 죽어 있는 상태이나 시장환율이 배리어를 칠 때에만 옵션의 기능이 살아나는 경우이다. 따라서 보편적으로 프리미엄이 낙아웃 옵션보다 싸다.

① **업-앤드-인**(up-and-in)

이 옵션은 위쪽 배리어를 치고 난 다음에야 비로소 옵션의 효력이 발휘되는 것이다. 예를 들어, 어떤 투기자가 영국 총선에서 집권당이 승리하면 현재 GBP/USD 환율(1.50)이 상승할 것으로 기대하고 있으나, 그 상승은 단기에 그치고 달러가 저평가되어 있으므로 다시 궁극적으로 1.50 이하로 떨어질 것으로 예측하고 있을 때, 다음과 같은 조건으로 업-앤드-인 배리어 옵션을 샀다고 하자.

UP-AND-IN BARRIER AT 1.60, 6-month maturity
GBP PUT(USD CALL), STRIKE AT 1.50(ATM, SPOT)
PREMIUM 0.42 US Cents/per GBP

이 경우 현물환율이 1.60 이상으로 가지 않으면 옵션의 효력은 발생하지 않는다. 이 옵션은 6개월 내 트리거 환율 1.60에 도달해야만 효력이 발생하는데, 1.60을 치고 나서 GBP/USD가 1.50 이하로 내려가야 이득을 얻을 수 있다. 옵션 프리미엄은 0.42센트로 일반 GBP 풋옵션 1.50의 프리미엄 7.20센트에 비해 아주 싸다. 왜냐하면 한 번은 꼭 위를 치고 행사가격 이하로 내려와야 하기 때문에 기회가 오기가 매우 어렵다. 또한 트리거 환율이 현물환율에 가까울수록 환율이 배리어를 칠 가능성이 커지므로(매입자에게 유리) 프리미엄은 커진다. 배리어가 현물환율에서 멀면 멀수록 옵션 프리미엄은 싸진다.

② **다운-앤드-인**(down-and-in)

이 옵션은 현물환율이 아래쪽 배리어를 치고 다시 올라갈 가능성이 많을 때 투기자가 주로 사용하는 옵션이다. 예를 들어, 한 투기자가 GBP/USD 환율이 예상치 않은 갑작스런 GBP 이자율 인하 발표에 따라 특정수준까지 빠졌다가 해외투자자들에 의한 자본유입으로 주식시장과 채권시장이 상승세로 돌아서고 환율도 서서히 상승해 특정수준을 넘어설 것으로 기대하고 있을 때, 다음과 같은 조건으로 옵션을 샀다고 하자.

DOWN-AND-IN BARRIER AT 1.40, 6-month maturity
GBP CALL(USD PUT), STRIKE AT 1.50(USD PER GBP),
PREMIUM 0.22 US Cents/per GBP

이 옵션은 6개월 만기 전까지 반드시 1.40을 쳐야 효력이 발생하고 다시 1.50 이상으로 반드시 상승해야만 옵션에서 이득을 얻을 수가 있다. 그래서 옵션 프리미엄은 일반 유럽식 옵션의 3.07센트에 비하면 엄청나게 싸다. 이와 같은 작은 프리미엄이 의미하는 바는 이러한 경우가 일어날 확률이 아주 작다는 것이다. 그럼에도 불구하고 외환시장에서 이러한 '반전' (reversal)은 자주 일어나기 때문에, 옵션 매입자가 배리어 또는 행사가격을 어느 수준에 두느냐 또는 옵션기간을 어느 정도 길게 하느냐에 따라 성패가 좌우된다. 다운-앤드-인 배리어 옵션은 트리거 수준을 현물환율보다 OTM에 두는 것이 보통이다.

Box 14-3 배리어 옵션의 특징

배리어 옵션은 다음 등식이 성립한다. 예를 들어, 업-앤드-아웃과 업-앤드-인 두 개의 옵션을 동일한 행사가격과 배리어, 동일한 금액과 기간에 샀을 경우, 현물환율이 한 개의 트리거 환율에 도달할 때 하나는 옵션의 효력이 소멸되고 다른 하나는 옵션이 살아나므로 결국은 일반 유럽식 옵션을 산 것과 동일하게 된다. 아래 등식에서 시장 환율이 어느 쪽으로 움직이든 바닐라 옵션만 남게 되기 때문이다.

$$\text{Knockout} + \text{Knockin} = \text{European Vanilla}$$

이 논리는 프리미엄 계산에도 적용된다. 즉, 일반 유럽식 GBP PUT(USD CALL) 옵션의 프리미엄이 1.20센트일 때 만약 업-앤드-아웃 옵션 프리미엄이 0.78센트라면 업-앤드-인 옵션 프리미엄은 0.42센트가 된다. 동일하게 GBP CALL(USD PUT) 유럽식 옵션인 경우 기준통화가 어느 것이냐에 따라 반대로 될 것이다.

3.2.3 기타 배리어 옵션

① 리베이트 옵션

때때로 배리어 옵션은 리베이트(rebate)와 연결해 구성되기도 한다. 즉, 아래와 같은 경우에 특정 리베이트를 옵션 매입자에게 지불한다.

- **낙아웃인 경우** : 트리거 환율을 칠 경우 옵션은 소멸되지만 옵션 매입자는 만기에 특정부분만큼 리베이트를 받는다.
- **낙인인 경우** : 옵션기간 중 트리거 환율을 못 치고 옵션이 소멸할 경우 옵션 매입자에게 만기에 리베이트를 준다. 그러나 이 옵션은 리베이트의 가능성이 있는 만큼 리베이트가 없는 것보다 프리미엄이 비싸다.

② 변형형태의 배리어 옵션

낙인 또는 낙아웃 옵션은 여러 가지 형태가 있을 수 있다. 즉, 어떤 특정날짜, 특정주간, 특정월만을 낙인 혹은 낙아웃으로 정할 수 있으며, 배리어 환율을 현물환율에 비해 주로 OTM으로 구성하는 것이 보통이다. 또한 배리어 환율을 현물환율이 아닌 선물환율로 할 수도 있다. 이 경우 선물환 낙아웃, 선물환 낙인, 혹은 선물환 배리어라고 한다.

③ 리버스-낙인과 리버스-낙아웃

낙아웃 혹은 낙인 옵션은 해당 옵션이 트리거 되는 순간 그전보다 옵션의 내재가치가 줄어드는 경우이거나 더욱더 OTM 상태로 되는 반면, 리버스-낙인(reverse knockins)과 리버스-낙아웃(reverse knockouts)은 옵션효력이 ITM상태에서 발생하는 경우를 말한다. 이를 ITM 낙아웃(in-the-money knockouts) 혹은 ITM 낙인(in-the-money knockins)으로 부르기도 한다.

3.3 룩백 옵션

룩백 옵션(lookback options)은 시장의 움직임에 따르는 또 다른 옵션형태로서, 거래체결 때 행사가격을 정하지 않고 만기일에 가서 행사가격을 정하는 형태의 옵션이다. 즉, 옵션 매입자에게 해당 옵션기간 중에서 콜옵션의 경우에는 가장 낮은 현물환율에 살 수 있는 권리를, 풋옵션의 경우에는 가장 높은 환율에 팔 수 있게 행사가격을 정하는 방식이다. 과거를 되돌아보아(look-back) 행사가격을 정할 수 있으므로 이 옵션의 매입자는 가장 유리한 환율에 거래를 할 수 있고 완벽한 헤징의 수단으로 사용할 수 있는 듯이 보인다. 그러나 문제는 비용이다. 이 옵션의 프리미엄은 일반적인 유럽식 옵션보다 100% 이상 비싸므로 프리미엄을 커버할 정도 이상으로 시장의 변동성이 매우 클 것으로 확신할 때만 사용된다. 이 옵션은 외관상 완벽한 헤징상품 같아서 많은 문의와 호기심을 갖게 되나 실제로는 비싼 프리미엄 때문에 극히 적은 건수의 거래만 일어난다.

룩백-스트래들(lookback straddle)은 옵션 매입자에게 가장 낮은 환율에 사고 가장 높은 환율에 팔 수 있는 권리를 주는 것이므로 일명 하이-로(high-low) 옵션이라고도 하는데 이때 수익률은 두 행사가격의 차이가 될 것이다. 이 하이-로 옵션의 매입자는 미래의 시장변동성이 룩백-스트래들 옵션에 내재된 변동률(implied volatility)보다 높을 것으로 보일 때 베팅을 하는 것이다.

3.4 선택 옵션

선택 옵션(chooser options)은 일명 "as you like it options" 혹은 "you choose option"으로 불리며, 옵션의 매입자가 일정기간이 지난 후 콜옵션을 택할지 혹은 풋옵션을 택할지를 임의대로 선택할 수 있는 옵션이다. 예를 들면

9 MONTH CHOOSER OPTION STRUCK AT 1.5500 (USD PER GBP) WITH 3 MONTH CHOICE DATE

인 경우에는 옵션 매입자에게 3개월 후에 가서, 6개월짜리, 행사가격이 1.5500인 콜옵션을 살 것인지 풋옵션을 살 것인지 양자 중에 택할 수 있는 권리를 부여한다.

이 선택 옵션은 만기 이전에 어느 한 쪽을 선택해야 하는 것을 빼고는 일반 스트래들 옵션과 성격이 비슷하다. 그러므로 선택옵션은 환율 움직임이 클 것으로 예상되지만 어느 방향인지 분명치 않을 때 스트래들과 유사하게 사용할 수 있으나 스트래들보다 프리미엄이 싸다.[8]

3.5 이중 옵션

이중 옵션(compound options)은 옵션에다 옵션을 씌운 형태로 옵션에 대한 옵션(options on options)라고 하는데, 미래 어떤 특정시점에 특정옵션을 매입 또는 매도할 수 있는 옵션을 말한다. 일반적인 통화옵션의 기초자산은 환율이지만 이 옵션의 기초자산은 통화옵션이다. 이중 옵션 콜 매입자는 미리 정해진 어떤 옵션(기초자산 옵션, underlying options)을 매입할 권리를 갖게 되고, 이중 옵션 풋 매입자는 기초자산 옵션을 매도할 권리를 갖게 된다. 여기에는 콜–콜 옵션, 콜–풋 옵션, 풋–콜 옵션, 풋–풋 옵션의 네 가지 종류가 가능하다. 이중 옵션은 기초자산의 가격도 두 가지가 되고 행사가격도 두 가지가 되며 또한 만기일도 두 가지가 된다. 보통 만기일이나 행사일은 일반적으로 기초자산 옵션의 경우가 더 길다. 이중 옵션에 있어서 프리미엄은 두 가지가 존재하는데 하나는 이중 옵션 그 자체를 사는 데 지불되는 프리미엄이고, 다른 하나는 최초에 설정된 기초옵션에 대한 프리미엄이다.

예를 들어 시장상황이 다음과 같다고 하자.

기초 옵션—JPY CALL CHF PUT, STRIKE 78.50(JPY per CHF)
6 MONTHS EXPIRY, CHF 10 MIO, PREMIUM JPY 2.75 per CHF

1개월짜리 이중 옵션의 매입자는 1개월 후 다시 2.75엔의 프리미엄을 주고 상기 기초 옵션을 살 수 있다. 1개월 후 옵션 매입자는 행사가격 78.50의 JPY 콜옵션이 2.75엔의 프리미엄보다 더 가치가 크다고 생각되면 옵션을 행사해 기초 옵션을 사고 그때 다시 프리미엄 2.75엔을 지불한다. 이후 옵션 매입자는 옵션을 다시 팔 수도 있고 만기까지 보유할 수도 있다.

8. Hicks(1994), p.133에서 인용함.

이 옵션은 미래의 외화흐름 자체가 불투명한 경우 유용하게 사용된다. 따라서 입찰계약에 참여하는 건설업체 또는 도급업체가 이중 옵션의 주 사용자이다. 예를 들면 건설업체 A가 해외 건설공사 입찰시 3개월 후에 낙찰 여부가 결정되고 당락결정 3개월 후 공사가 시작되는데, 당락 결정시 선수금을 달러로 받고 이의 일부를 일본에서의 자재 수입비용에 대해 엔화로 지불해야 한다고 하자. 이때 A건설의 최선의 환위험 헤지방법은 이중 옵션이 된다. A건설은 3개월 후 3개월 만기의 이중 옵션을 행사가격 89.50에 달러 콜(엔 풋) 옵션을 프리미엄 3.00엔에 매입하면, 3개월 후 입찰에 성공했을 경우 옵션의 매입으로 환위험이 헤지되었고 다시 3개월 후 공사 시작 전에 자재 수입시 현물환율에 따라 행사 여부를 결정하면 된다.

만일 3개월 후 입찰에 실패했을 경우 남은 3개월간의 옵션을 매도한다. 이때 현물환율이 84.50으로 엔화 강세이면 이 옵션은 내재가치와 시간가치를 가지고 있어 선물환거래보다 유리하게 반대거래를 할 수 있고, 94.50으로 엔화 약세일 경우에도 시간가치를 가지고 있어 환손실을 줄일 수 있다.

3.6 컨틴전트 옵션

컨틴전트 옵션(contingent option)은 사후지급 옵션(pay later option)이라고도 하며 이 옵션은 만기에 가서 환율이 ITM으로 갈 경우 옵션을 행사할 때에만 프리미엄을 지불한다. 다시 말해 최초의 프리미엄 지급은 없고 만약 만기에 옵션이 OTM이 되면 프리미엄은 지불하지 않아도 된다(행사는 물론 하지 않음).

겉으로는 정말 좋아 보이는 옵션이다. 그러나 큰 맹점이자 단점은, 만기에 옵션이 ITM이 되면 지급할 프리미엄을 커버할 내재가치가 충분하든 않든 간에 무조건 옵션을 행사할 의무를 가진다는 점이다.

이 옵션의 프리미엄 지불은 비록 나중에 하지만 옵션을 행사할 경우에 지불해야 할 프리미엄 금액은 계약시에 미리 알려진다. 통상 컨틴전트 옵션은 만기와 변동성에 따라 다르긴 하지만 일반 유럽식 옵션보다 두배 가량 비싸다. 왜냐하면 옵션 매입자에게 유리하도록 시장환율이 한 방향으로 많이 움직이면 옵션 매입자는 비용 걱정 없이(OTM일 경우 행사 안 하면 그만이고 프리미엄 지불의무가 없으므로) 굉장한 이득을 볼 수 있기 때문이다.

그러나 문제는 OTM으로 환율이 움직여주면 차라리 괜찮은데 어설픈 환율에서

ITM으로 끝이 나면 더 많은 프리미엄을 나중에 지급해야 한다는 것이다. 이 옵션은 헤저(hedger)보다는 투기자에게 더 많이 사용된다.

3.7 디지털 옵션

3.7.1 개요

디지털 옵션(digital option)은 이항 옵션(binary option)이라고도 불리며, 일정한 조건이 충족되면 합의된 금액을 주거나 전혀 지불하지 않는 고정된 지급체계를 가지고 있어 보통 그냥 cash-or-nothing 또는 all-or-nothing 옵션이라고 부르기도 한다. 일반 유럽식 옵션은 환율이 상승하거나 하락할 경우 옵션 매입자에게 손실은 프리미엄 지급액만큼으로 제한되는 반면, 환율이 유리하게 움직일 때에는 이익이 무제한으로 된다. 다른 말로 최대손실은 알려진 반면 최대이익은 무제한으로 볼 수 있다. 그러나 디지털 옵션은 최대이익도 미리 정해진 금액으로 한정되어 있다. 그래서 만약 옵션이 만기에 ITM이면 고정된 이익을 실제의 내재가치와 상관없이 옵션 판매자에게서 받는다. 물론 OTM이 되면 아무것도 없이 그냥 프리미엄만 날리게 된다. 이처럼 만기에 ITM이 되면 정해진 이익을 받고 아니면 아무것도 받지 않기 때문에, 일반 유럽식 옵션보다 프리미엄이 싸다.

이 옵션은 특히 옵션 매도자에게 매력적이다. 왜냐하면 이 옵션은 옵션이 행사될 경우라도 손실금액을 미리 알 수 있기 때문이다. 마찬가지로 옵션 매입자에게도 디지털 옵션의 주요 장점은 받을 금액을 미리 알 수 있다는 점이다.

3.7.2 디지털 옵션의 종류

디지털 옵션의 종류에는 여러 가지가 있다.

- **All-or-Nothing 디지털** : 미리 정해진 금액을 지급하는 대신 기초자산에 해당하는 가치를 지급하는 옵션
- **Digital-Gap** : (기초자산가격 – 일정가격)으로 정의된 금액을 지급하는 옵션
- **Path-Dependent 디지털** : 배리어 선택권을 혼합한 옵션 낙인 형식. 옵션

기간 중 기초자산가격이 지정된 배리어를 치자마자 지급하거나 혹은 만기일에 지급하는 형식

- **낙아웃 형식** : 배리어를 건드리지 않는 한 합의된 금액을 지급하는 형식
- **혼합형식** : 낙인과 낙아웃을 혼합한 형식
- One-Touch-or-Nothing : 옵션기간 동안 자산가격이 아니라 옵션가치가 올라가거나 내려갈 때 미리 정해진 금액을 지급하는 옵션
- Super-Shares : 만기일에 자산가격이 실행가격일 때에만 정해진 금액을 지급하는 옵션

디지털 옵션은 종종 여러 증권이나 다른 관습적인 파생상품과 결합되며 다른 이색옵션을 위한 기초가 된다.

3.7.3 컨틴전트 옵션과 디지털 옵션의 차이점

디지털 옵션은 ITM일 때 정해진 이익을 나중에 지급한다는 면에서 앞서 설명한 컨틴전트 옵션과 유사하나 두 가지 차이점이 있다.

첫째, 컨틴전트 옵션은 일반 유럽식 옵션과 마찬가지로 행사가격에 통화를 사고팔고 하지만 디지털 옵션은 그렇지 않다. 둘째, 디지털 옵션은 일반 유럽식 옵션과 마찬가지로 처음에 프리미엄을 수수하나 컨틴전트 옵션은 최초 계약시에는 프리미엄을 지불·수취하지 않는다.

예를 들어, 다음과 같이 두 옵션을 샀다고 하자.

① CONTINGENT OPTION USD CALL(CHF PUT), STRIKE 1.60(CHF per USD) : 6개월 만기 USD 콜 컨틴전트 옵션을 만약 만기에 환율이 1.60 이상이면 프리미엄 $600,000를 지급하기로 하고 샀다.

② DIGITAL OPTION USD CALL(CHF PUT), STRIKE 1.60(CHF per USD) : 6개월 만기 USD 콜 디지털 옵션을 만약 만기에 환율이 1.60 이상이면 $600,000을 받기로 하고 프리미엄 $250,000를 주고 샀다.

■ **만기에 현물환율이 1.60 이하일 경우**

① contingent option : 행사 안 함. 프리미엄 지불 없음. COST = ZERO

② digital option : 이익 없음. 프리미엄 지불 있음. COST = $250,000

■ **만기에 현물환율이 1.60 이상일 경우**

① contingent option : 옵션 행사함. 통화 교환함. 프리미엄 $600,000 지급

② digital option : 고정금액 $600,000 받음. 통화교환 없음. 프리미엄 $250,000 지불했음

결과적으로 만약 현물환율이 1.60 이하이면 디지털 옵션은 일반 유럽식 옵션을 프리미엄 $250,000를 주고 USD 콜(CHF 풋)을 산 것과 동일하다. 그러므로 디지털 옵션 중 all-or-nothing 형태와 컨틴전트 옵션 사이에는 다음과 같은 등식이 성립한다.

PAY LATER OPTION + ALL OR NOTHING OPTION = ORDINARY OPTION

다른 형태의 디지털 옵션 중 위의 등식을 만족시키지 않는 것도 있다. 원터치(one touch) 옵션이 그것인데 이것은 현물환율이 옵션기간 중 언제라도 행사가격을 치기만 하면 미리 정해진 금액을 주는 방식이다.[9]

3.8 바스켓 옵션

다국적 기업의 외환 포트폴리오는 여러 국가 통화로 구성되어 있으며, 이러한 여러 통화의 환위험을 제거하려면 개별통화에 대한 옵션을 사거나 또는 전체 통화 바스켓을 커버하는 단 하나의 옵션을 살 수도 있다. 바스켓 옵션(basket options, 복합통화 옵션)은 매입자가 특정통화에 대한 각각의 환율을 가중평균한 환율로 행사가

9. 이는 디지털 배리어(digital barriers) 옵션으로서, 원터치 옵션의 행사가격은 때때로 배리어와 같은 의미로 사용한다. 단지 배리어 옵션에 있어서는 옵션의 효력이 발생되는 반면 디지털 배리어 옵션에서는 미리 정해진 금액을 지불한다는 점이 다르다. 옵션의 효력발생이 없다면 행사가격이 필요 없으니 원터치 옵션은 낙인 배리어와 같다. 콜은 디지털 업-앤드-인(digital up and in) 옵션이고 풋은 디지털 다운-앤드-인(digital down and in) 옵션이다.

격을 정한다는 것 외에는 일반 유럽식 옵션과 동일하다.

주요 이점은 바스켓 옵션을 하면 각 개별 통화들보다는 바스켓 통화의 변동성이 낮아진다는 것인데, 따라서 당연히 프리미엄이 낮다. 물론 바스켓을 구성하는 개별 통화끼리의 상관관계에 따라 프리미엄을 줄일 수 있는 폭이 달라지겠지만 보통 일반 옵션보다는 25~35% 정도가 저렴하다. 물론 바스켓 옵션이 항상 개별 옵션보다 좋은 결과를 가져다주는 것은 아니다. 예를 들어 10개 통화의 개별옵션들을 사서 만기에 그 중 6개 통화는 OTM이 되었고 4개 통화는 ITM이 되었고 10개 통화의 바스켓 옵션은 만기에 OTM이 되었다면, 첫 번째 경우는 4개 통화는 옵션을 행사해 이익을 얻을 것이지만 바스켓 옵션은 이익이 없을 것이다. 다만 개별통화에 대해 일일이 옵션을 샀을 때 지불했던 프리미엄은 바스켓 옵션보다는 많을 것이므로 여기서 바스켓 옵션의 유리한 점이 있다.

가중평균환율을 구하는 방식은 평균율 옵션과 비슷하다. 다만 평균율 옵션의 경우 일일, 주간 또는 월간의 가격 움직임이 가중평균되므로 변동성이 낮아지게 되며 바스켓 옵션에서는 각 통화를 합쳐서 가중평균하게 되어 변동성이 낮아진다.

이 바스켓 옵션은 다국적 기업이나 펀드매니저가 여러 통화에 투자하면서도 총결산은 한 가지 통화로 관리할 경우에 효율적인 방안이다. 이 옵션은 미래에 상당히 인기가 있을 것으로 기대된다.

3.9 지연 옵션

지연 옵션(forwad start options, delayed start or defensed start)은 특정시간이 지난 후에야 옵션 효력이 발생하는 것이다. 옵션의 매입자는 거래날짜가 아닌 일정기간이 지난 후 옵션의 효력이 발생하는 날 확정되는 환율로 ATM 행사가격을 사게 된다.

예를 들어, 회사는 6개월 CHF 콜(USD 풋)을 3개월 후에 시작하는 옵션으로 산 경우, 프리미엄은 즉시 지불되지만 3개월이 지난 후 매입자는 매도자에게서 그 당시 환율이 어떻게 가든지 그 당시 ATM 행사가격으로 6개월짜리 옵션을 사게 되는 것이다. 통상 ATM 옵션을 거래하지만 경우에 따라서 ITM 혹은 OTM으로 행사가격을 잡을 수도 있다.

3.10 이중요인 옵션

이중요인 옵션(dual factor options)은 이중자산(dual asset) 또는 이색 무지개(two colour rainbow) 옵션이라고도 하는데, 한 가지 통화에 대해 상대통화를 두 가지로 놓고 그 중 유리한 것을 골라서 옵션을 행사하는 것이다. 예를 들어, 투기자가 달러가 약세로 갈 것으로 예상하고 있으나 그에 대해 CHF가 강세일지 GBP가 강세일지 모를 때, 만기에 두 가지 통화(CHF, GBP) 중에서 더 많이 상승한 것을 선택한다. 이 옵션은 두 가지 일반 옵션을 사는 것보다는 프리미엄이 싸나 한 가지를 사는 것보다는 비싸다.

요약

1. 옵션거래는 이용자의 의도에 따라 차익거래, 투기거래 및 헤지거래로 구분할 수 있다. 옵션의 실제 프리미엄과 이론적 가치 간에는 어느 정도 차이가 나타나게 되는데, 이때 차이가 거래비용 이상으로 클 때 차익거래가 발생하게 되며, 또한 풋-콜 등가를 이용한 차익거래도 일어난다. 투기거래는 옵션에 대해 롱 포지션 또는 숏 포지션을 취해 놓고 이득을 취하고자 하는 거래이다. 헤지거래란 옵션을 기초자산이나 다른 옵션과 합성해 기존의 특정포지션의 손익을 상쇄하는 거래를 말한다.

2. 통화옵션은 환율의 방향과 변동성에 대해 동시에 거래를 가능하게 하는데, 옵션의 네 가지 기본거래, 즉, 롱-콜, 롱-풋, 숏-콜, 숏-풋을 이용해 만기일, 행사가격, 계약금액 등을 달리한 여러 가지 조합을 만들어서 거래를 한다. 옵션을 조합해 상품을 만들 때는 프리미엄을 줄이는데 주로 초점을 두게 된다. 외환시장에서 스팟 트레이더가 봉착하는 두 가지 문제는 시장이 너무 조용해서 거래를 해도 수익이 남지 않는 경우와 시장이 움직일 것 같은데 방향을 예측하지 못하는 경우인데, 이럴 때 통화 스프레드를 이용하는 전략을 구사할 수 있다. 스프레드란 동일한 통화옵션을 하나는 사고 하나는 파는 경우로서, 이때 사는 옵션과 파는 옵션의 비율을 같이 할 수도 있고 또한 가중치를 주어 달리 할 수도 있다. 여기에는 스트래들, 스트랭글, 버터플라이, 콘도, 시간 스프레드, 레이쇼 스프레드, 레인지 선물환, 이익공유 선물환 등이 있다.

3. 최근에는 기존의 옵션들이 지닐 수 없는 수익구조를 만들어내는 매우 다양한 형태의 신종 옵션들이 개발되고 있다. 말하자면, 옵션이라는 파생금융상품에서 다시 파생된 상품들이다. 이러한 이색

옵션(exotic options)들은 대부분 금융기관에 의해 개발되어 고객과의 거래에 주로 사용되고 있으며, 은행간 시장에서의 거래는 그리 활발하지 않다. 그 중 대표적인 것으로, 평균율 옵션, 배리어 옵션, 룩백 옵션, 선택 옵션, 이중 옵션, 컨틴전트 옵션, 디지털 옵션, 바스켓 옵션, 지연 옵션, 이중요인 옵션 등이 있다.

부록 키코의 이해

1. 개요

1.1 키코(KIKO)의 의미

키코란 Knock In & Knock Out 옵션의 머리글자를 딴 이색 옵션(exotic options)의 일종이다. 낙인(knock in, KI)이란 특정 환율수준에 도달하면 비로소 옵션의 효력이 발생하는 것을 말하며, 낙아웃(knock out, KO)이란 환율이 일정수준에 도달하면 옵션의 효력이 없어지는 것을 말한다. 즉, 권투시합에서 KO와 같은 개념이다. 키코 상품은 KO 풋옵션 매수 1계약과 KI 콜옵션 매도 2～3계약을 동시에 하는 것이다. 미국의 투자은행에서 개발된 금융상품으로 국내은행들이 판매수수료를 받고 기업들에게 판 상품이다. 2006년부터 우리나라 수출 중소기업들이 환위험을 헤지하기 위해 널리 사용했으며 2008년 환율이 상승하기 시작하자 엄청난 파생상품손실(약 2조 가량)을[10] 기록함으로써 일반 대중에게 널리 알려지게 되었다.

10. 태산엘시디, 한창제지, 금강밸브 등 건실한 중소기업체들이 KIKO손실로 워크아웃절차에 들어갔다. 이후 태산엘시디는 회생을 했다.

표 A14-1 통화옵션거래로 손실을 본 기업들

기업	2분기 실적		8월 이후 주가등락률(%)
	영업이익(원)	파생상품평가순손실(원)*	
에스에이엠티	33억	641억 5,400만	−4.3
성진지오텍	167억 3,200만	522억 7,600만	−30.2
포스코강판	260억 2,800만	502억 8,800만	−19.5
심텍	55억 5,900만	477억 1,300만	−48.7
태산엘시디	104억 3,800만	450억 1,900만	거래 정지
디에스엘시디	85억 3,200만	310억 9,300만	−28.7
제이브이엠	46억 2,300만	229억 4,100만	−45.8
엠텍비전	29억 1,400만	106억 9,500만	−36.5
화인케미칼	167억 700만	97억 2,500만	−9.3
대덕GDS	57억 7,800만	70억 5,500만	−10.5
씨모텍	36억 3,800만	57억 6,800만	−44.5
신화인터텍	39억 1,600만	54억 2,300만	−24.2
삼보	23억 6,200만	50억 4,800만	−53.6
에스디	30억 8,600만	27억 9,300만	−29.1
서흥캅셀	46억 7,600만	25억 4,300만	−6

*2분기 보고서 중 손익계산서 반영 기준. 태산엘시디는 16일 회생절차 개시 신청하면서 17일부터 거래 정지. 8월 이후 16일까지의 주가는 48.4% 하락

자료 : 솔로몬투자증권

1.2 키코 상품의 장점

우리나라 업체들이 수출할 경우 수출대금을 미국 달러(USD)로 받아서 원화(KRW)로 환전을 하게 되는데 이때 환율이 내려가면 그만큼 손해를 입게 된다. 따라서 기업들은 환율하락의 불확실성을 헤지하고 반면에 시장환율보다 높은 환율에 달러를 팔 수 있는 권리를 확보하기 위해 옵션상품을 활용하고 싶어했는데, 거기에 따른 프리미엄이 너무 비쌌다. 또한 은행들이 달러화 헤지가 필요한 중소기업들에 대해서는 신용(credit line) 문제로 선물환거래를 받아 주질 않거나, 받아주더라도 거기에 따른 증거금 등 수수료를 많이 요구했다. 그런데 키코는 수수료가 높지 않았기 때문에 중소기업들은 수수료 절약의 수단으로 이를 선호했다. 대기업들은 중소기업과 달리 선물환 및 달러/원 옵션 등을 거래은행과 자유롭게 할 수 있는 위치에 있었

고 또한 키코 상품의 치명적인 약점을 알고 있었기 때문에 이를 선호하지 않았다.

2. 키코의 구조

2.1 시장상황

그 당시 시장상황은 달러/원(USD/KRW) 환율이 900원대 중반에서 명백히 완만한 하향 추세에 있지만 그렇다고 900원 이하로 내려 갈 가능성이 크지는 않다고 예상되었다. 또한 환율이 1,000원을 초과해 상승하기는 어렵다고 예상되었다.

2.2 상품설계

예를 들어, 현재 시장환율이 950원대에 머무르고 있고 최상단 환율을 1,000원, 최하단 환율을 900원이라고 강력히 예상할 때 기업은 배리어를 1,010원, 890원으로 정하고 행사환율을 ATM 수준(950원)에 놓는다.[11] 배리어를 정할 때는 일정기간(예 : 1개월, 3개월 등)에 거의 도달할 수 없다고 확신이 드는 수준에 가장 가깝게 놓아야 한다. 왜냐하면 이 배리어는 만약 한 번이라도 도달하면 어느 쪽에 도달하더라도 기업에게 손해이기 때문이다. 그러나 배리어를 너무 넓게 두면 기업이 부담해야 하는 지급 프리미엄이 많아지거나 혹은 책임이 더 늘어나게 된다. 이런 점을 고려해 배리어를 기술적 분석의 강한 저항선 혹은 지지선, 심리적 저항선 혹은 지지선으로 책정하게 된다.

기업은 낙아웃-풋옵션 1개를 은행으로부터 사고 프리미엄을 지불한다. 옵션이 살아 있으면 이득을 얻을 수 있지만, 만약 낙아웃이 되면 옵션이 소멸되므로 프리미엄만 날리게 된다. 반면에 기업은 낙인-콜옵션 2개를 프리미엄을 받고 은행에 판다. 낙인 옵션은 아직 옵션이 살아 있는 상태가 아니지만, 낙인 배리어에 한 번이라도 도달하게 되면 옵션이 살아나게 된다. 이때 기업은 프리미엄을 받은 대가로 2배의 미국 달러를 약정에 따라 낮은 행사가격에 팔아 주어야 한다.[12] 계약기간은 6개

---

11. 실제로 당시 현물환율보다 5～10원 높게 책정했다. 이는 배리어 수준, 풋, 콜 수준 등을 고려해 비대칭성을 약간 고객의 입장에서 매력적으로 보이게 설계했다. 그리고 행사환율을 중심으로 상하 5% 수준으로 배리어를 두는 경우 시장에서 반대 거래가 쉽게 되었다.

월 혹은 1년으로 한다.[13] 이러한 키코 거래구조는 아래와 같이 정리될 수 있다.

기업측 포지션 구조

KO Put opion Buy 1계약 + KI Call option Sell 2계약

은행측 포지션 구조

KO Put option Sell 1계약 + KI Call option Buy 2계약

그림 A14-1 낙인-낙아웃 배리어

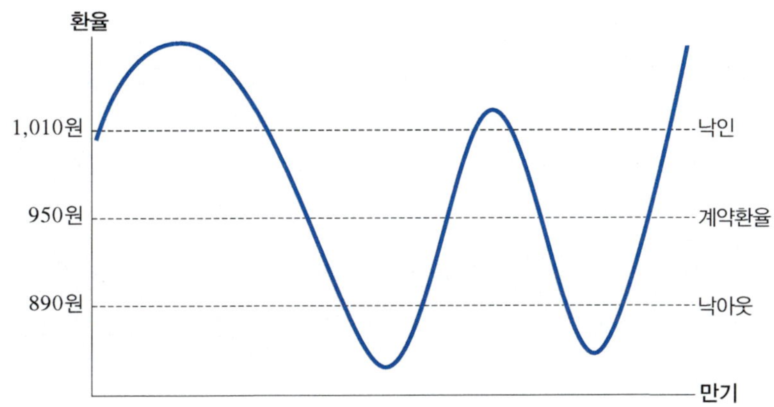

2.3 키코거래의 손익

① 환율이 하락하는 경우

기업의 예상대로 환율이 900원으로 하락했을 경우, 풋옵션을 행사해 수출대금

12. 은행 입장에서는 달러 콜옵션을 산 경우이므로 은행에 유리하게 환율이 상승하면 낮은 행사가격에 달러를 기업으로부터 살 수 있는 권리가 생긴다. 그런데 이 옵션은 시장상황이 OTM 상태, 즉 현재 환율이 950원대에 있는데 미래에 1,010원에 달러를 은행이 기업으로부터 사는 옵션이니 현재 내재가치는 없지만 미래에 시장변동성이 엄청나게 커져서 환율이 1,010원 이상으로 올라갈 경우에만 내재가치가 생긴다. 이 가능성은 상당히 작으므로 시간가치만을 고려해 기업이 은행으로부터 받는 프리미엄은 아주 낮아진다. 따라서 키코 설계를 할때 약정금액을 두 배 혹은 세 배로 해야 낙인-콜옵션 매도에서 받는 총 프리미엄이 낙아웃-풋옵션 매입을 위해 지불하는 프리미엄을 상쇄해 제로 프리미엄을 만들 수 있다.

13. 실제로 대기업들은 초보적인 합성옵션 상품인 키코의 약점을 잘 알기 때문에 계약을 하지 않았고 중소기업은 그런 지식이 없었기 때문에 기간을 무려 2~3년으로 장기계약을 한 경우도 있었다. 외환상품은 주로 1년 이내의 단기헤지 목적 상품인데 2~3년을 계약했다는 것은 참으로 무모하고 위험한 일이었다.

을 950원에 은행에게 달러를 매각한다. 이때 유의할 점은 만약 환율이 과다하게 내려가서 배리어 890원에 한 번이라도 도달하면 더이상 옵션은 효력이 없어진다. 이 경우 수출업자는 시장환율(예 : 880원)에 달러를 매각해야 한다. 만약의 경우 환율이 890원을 아래로 치고 다시 올라가더라도 옵션 효력이 890원을 치는 순간 없어져 버렸기 때문에 약정한 행사환율(950원)에 달러를 은행에 매각할 수가 없고, 시장환율에 달러를 매각해야 한다. 따라서 수출업자 입장에서는 아래쪽으로는 890원에 도저히 내려갈 수 없다고 믿을 때 이 수준을 배리어로 놓아야 한다. 그러나 환율이 배리어 수준 이하로 하락하게 되면 기업이 예상치 못한 달러환율 하락으로 인한 환차손을 헤지할 방법이 없다.

② 환율이 상승하는 경우

만약에 환율이 낙인 배리어(1,010원) 미만에서(예를 들어 1,009원 아래) 움직일 경우는 옵션이 죽어 있는 상태이기 때문에 기업에겐 아무런 의무가 없다. 그러나 낙인 배리어를 한 번이라도 도달하면 옵션이 살아나서 이때부터 기업은 미국 달러를 행사가격 950원에 두 배 혹은 세 배를 팔아야 하는 큰 손실을 보게 되며 환율이 올라갈수록 기업의 손실액은 커지게 된다. 미국의 서브프라임 사태로 환율이 급상승해 2009년 3월 6일 1,597원까지 높아졌었다. 만일 수출기업이 키코 약정을 하지 않았더라면 달러를 1,597원에 팔 수 있었으나, 불행히도 키코 약정에 따라 950원에 2배의 달러를 은행에 의무적으로 팔아주어야 하니, 중소기업으로서는 감당할 수 없는 손실을 감수해야 했다. 예를 들어, 중소기업이 수출대금 1억 달러에 대해 위와 같은 구조의 키코 약정을 체결했다면, 손실액은 무려 1,294억원[= 1억 × (1,597 − 950) × 2]이나 된다.

환율구간별 손익

- 890원 이하 : 권리 없어진다.
- 891원–950원 : 기업이 풋옵션 행사해 헤지 이익을 누리는 구간이다.
- 950–1,009원 : 기업은 외환시장에 수출대금 미국 달러를 시장환율에 팔면 된다(옵션 행사 없음).
- 1,010원 이상 : 기업은 환율이 1,010원이 한 번이라도 도달하게 되면 2배의 달러를 950원(행사환율)에 손실을 보고 은행에 팔아야 한다(두 배의 헤지손실

을 보게 된다).

그림 A14-2 키코거래의 손익구조

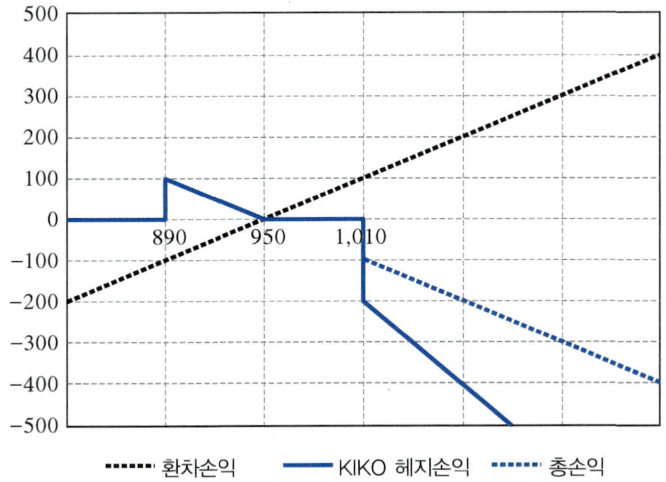

2.4 키코의 문제점

무엇보다도 가장 큰 문제점은 키코상품에 내재된 위험을 제대로 알지 못했다는 것이다. 국내은행들이 키코 프리미엄을 계산하기 위해 블랙-숄즈 모형(환율이 정규분포를 따른다는 가정하에 옵션의 가치를 계산한 모형)을 사용한 그 자체가 잘못이었다. 키코와 같은 형태의 통화옵션은 블랙-숄즈 모형 대신에 헤스톤 모형(Heston model)[14]을 사용하는 것이 통례이다.[15] 이에 따라 은행들이 매도한 풋옵션의 가치는 과대평가되었고 반면 기업들이 매도한 콜옵션의 가치는 과소평가되어서, 기업들은 프리미엄을 더 적게 받은 반면 은행들에게 2~3배의 더 많은 프리미엄을 주었다. 이처럼 키코의 복잡한 구조에 따른 문제점으로 인해 파생상품의 위험구조를 제대로 이해하

14. Steven L. Heston, "A Closed-Form Solution for Options with Stochastic Volatility with Applications to Bond and Currency Options", *Review of Financial Studies*, Volume 6, Number 2, 1993, pp.327-343.

15. 2009년 12월 국내에서 200건이 넘는 수조 원의 키코 소송에 노벨경제학상 수상자인 앵글(Robert F. Engle) 교수—기업측 대변—와 MIT 재무관리 교수인 로스(Stephen Ross) 교수—은행측 대변—가 서로 다른 입장의 의견을 내놓았다.

지 못한 중소기업들이 집중적으로 피해를 입게 되었다.

연습문제

01. 본문에서 소개한 키코 상품의 구조에서 낙인 배리어가 1,000원, 낙아웃 배리어가 1,200원, 행사환율이 1,080원이라고 하자.

a. 본문에서와 마찬가지로 낙인 상황에서 2배의 달러를 은행에 매도해주어야 하는데, 만일 환율이 1,500원으로 상승한다면 1억 달러의 키코 계약을 맺은 기업의 환손익은 얼마가 되겠는가?

b. 환율이 1,050원이라면 환손익은 얼마가 되겠는가?

c. 다른 조건은 a.와 동일한데, 만일 3배의 달러를 은행에 매도해야 한다면, 환손익은 얼마가 되겠는가?

02. 유럽의 투자자가 유로화 가치가 하락할 것으로 예상하고 미국 달러화 유럽식 콜옵션을 행사가격 0.45유로(달러당)에 매입했다. 총거래금액은 62,500유로이고 옵션 프리미엄은 달러당 0.01유로이다.

a. 만기에 옵션을 행사하게 되는 환율 구간을 구하라.

b. 옵션매입 비용을 고려할 때 투자자가 이득을 얻게 되는 구간을 구하라.

c. 다른 조건은 동일한데 투자자가 풋옵션을 매입했다면 위의 질문들에 대한 답은 어떻게 변하겠는가?

03. 어떤 은행이 행사가격 1,000원, 프리미엄 달러당 10원인 콜옵션을 매입하고 동일한 행사가격에 프리미엄 달러당 20원인 풋옵션을 매각한 경우, 이 은행의 손익구조를 그림으로 나타내라.

04. 현재환율이 1,000원인데, 만기가 동일하게 3개월이고 행사가격이 동일하게 1,050원인 콜옵션 프리미엄은 달러당 20원, 풋옵션 프리미엄은 달러당 10원이다. 만일 3개월 선물환율이 1,050원이라면 합성선물과 선물매도 중 어느 것을 택하겠는지 설명하라.

05. 우리나라의 A회사가 일본의 B금융으로부터 1억 엔을 1년 만기로 차입했다. 현재

환율은 100엔 = 1,000원이지만 1년 동안 상당히 변할 것으로 예상되는데, 일본의 이자율은 연 1%이고 우리나라의 이자율은 연 6%이다. 통화옵션의 행사가격이 100엔 = 1,050원이고 수수료가 100엔당 10원이라면, 선물환시장헤징과 옵션시장헤징 중 어느 방법이 유리한가?

06. A회사가 6월 말에 수출대금 1천만 달러를 지불받을 예정인데, 이 금액을 3개월간 유로달러 시장에 투자하려고 한다. 현재 3개월 유로달러 금리는 연 6%인데, A회사는 금리가 하락할 것을 우려하고 있어, 여러 헤지수단을 물색하고 있다. 아래는 금융시장의 상황을 나타낸다.

유로달러 LIBOR 선물(6월물) : 가격 = 94%
유로달러 콜옵션(6월물, 행사가격 = 94%) : 프리미엄 = 0.4%
유로달러 풋옵션(6월물, 행사가격 – 94%) : 프리미엄 = 0.4%

a. 금리위험을 커버하기 위해 선물을 매입해야 하는가 아니면 매도해야 하는가?
b. 최소한의 수익률을 확보하기 위해 콜옵션(또는 풋옵션)을 매입해야 하는가 아니면 매도해야 하는가?
c. 6월에 3개월 유로달러 금리가 4%로 하락하면 위의 두 가지 전략은 어떻게 바뀌어야 하는가?
d. 6월에 3개월 유로달러 금리가 8%로 상승하면 위의 두 가지 전략은 어떻게 바뀌어야 하는가?

07. 어떤 은행이 행사가격 1,200원, 프리미엄 달러당 10원인 콜옵션을 매입하고 행사가격 1,100원, 프리미엄 달러당 20원인 풋옵션을 매각한 경우, 이 은행의 손익구조를 그림으로 나타내라.

08. 시간의 흐름에 따른 환율변동이 여러 통화 간의 환율변동보다 크게 나타난다면 평균율 옵션과 바스켓 옵션 중 어떤 것의 프리미엄이 비싸지겠는가?

09. 롱 스트랭글의 손익구조가 [그림 14–8]과 같이 나타나는데, 이를 도출해보라.

10. 롱 버터플라이의 손익구조가 [그림 14–11]과 같이 나타나는데, 이를 도출해보라.

Ⅳ부 Part four 국제통화제도와 외환 · 금융위기

15장 국제통화제도와 지역 통화협력

16장 외환 · 금융위기

15장

Chapter fifteen

국제통화제도와 지역 통화협력

1. 환율제도의 분류

1.1 IMF의 분류

환율제도는 외환시장운영 메커니즘 및 환율결정과정에 따라 크게 고정환율제도(pegged exchange rate system)와 변동환율제도(floating exchange rate system)로 구분된다. 고정환율제도는 통화당국이 외환시장에 개입해 환율을 일정수준으로 유지하려는 제도이다. 각국 통화와 금의 교환비율을 기준으로 환율을 유지하려고 하는 경우 이를 금본위제도라고 부르며, 일정한 외환(예를 들어, 달러 또는 유로)에 대해 환율을 유지하려고 하는 경우를 금환본위제도라고 부른다. 반면 순수한 변동환율제도는 통화당국이 외환시장에서 아무런 개입을 하지 않음으로써 환율이 외환의 수요와 공급에 의해서 자유롭게 결정되는 제도이다.

이론적으로 얘기할 때 변동환율제도에서는 외환시장에서 수요와 공급 간에 불일치가 발생하면 환율이 즉각적으로 조정되어 균형을 회복하므로 국제수지가 항상 균형을 이루게 된다. 따라서 변동환율제도에서는 국제수지 불균형에 따른 통화량 변화가 발생하지 않는다. 반면 고정환율제도에서는 외환시장의 수요 · 공급 변화에 따라 환율이 변할 수 없으므로 국제수지 불균형이 발생할 수 있으며 이에 따라 국내통화량이 영향을 받을 수도 있다. 국제수지가 흑자로 되는 경우 국내통화량이 증가하게 되며 적자인 경우에는 국내통화량이 감소하게 된다.

그러나 현실적으로 각국의 환율제도를 보면 이 두 가지를 절충한 환율제도를 사용하는 경우가 많다. 즉, 기본적으로 고정환율을 유지하더라도 경제에 심각한 구조적인 문제가 발생할 경우 환율의 조정을 인정하거나, 또는 기본적으로 변동환율제도를 도입해 환율이 외환시장에서 자유로이 결정되도록 하되 필요에 따라서 정부가 개입하는 것을 허용하고 있다. 그 외에도 자국의 사정에 따라 다양한 형태로 고정환율제도와 변동환율제도를 혼합한 환율제도를 도입하고 있다.

[그림 15-1]은 IMF에서 분류하고 있는 환율제도 체계를 보여주고 있다. 각국의 환율체계는 크게 '경성고정환율제도' (hard pegs), '연성고정환율제도' (soft pegs), '변동환율제도' (floating arrangements)로 나눌 수 있다.[1]

큰 범주의 경성고정환율제도는 개별국 법적통화가 없는 제도(no separate legal tender)와 통화위원회제도(currency board)로 보다 세분화된다. 연성고정환율제도는 전통적 고정환율제도(conventional peg), 목표환율대제도(pegged within horizontal band), 크롤링고정환율제도(crawling peg), 크롤링환율대제도(crawling band)로 나눌 수 있다. 변동환율제도는 운영방식에 따라 구체적으로 관리변동환율제도(managed floating)와 독자적 변동환율제도(independently floating)로 분류된다.

그림 15-1 각국의 환율체계 분류

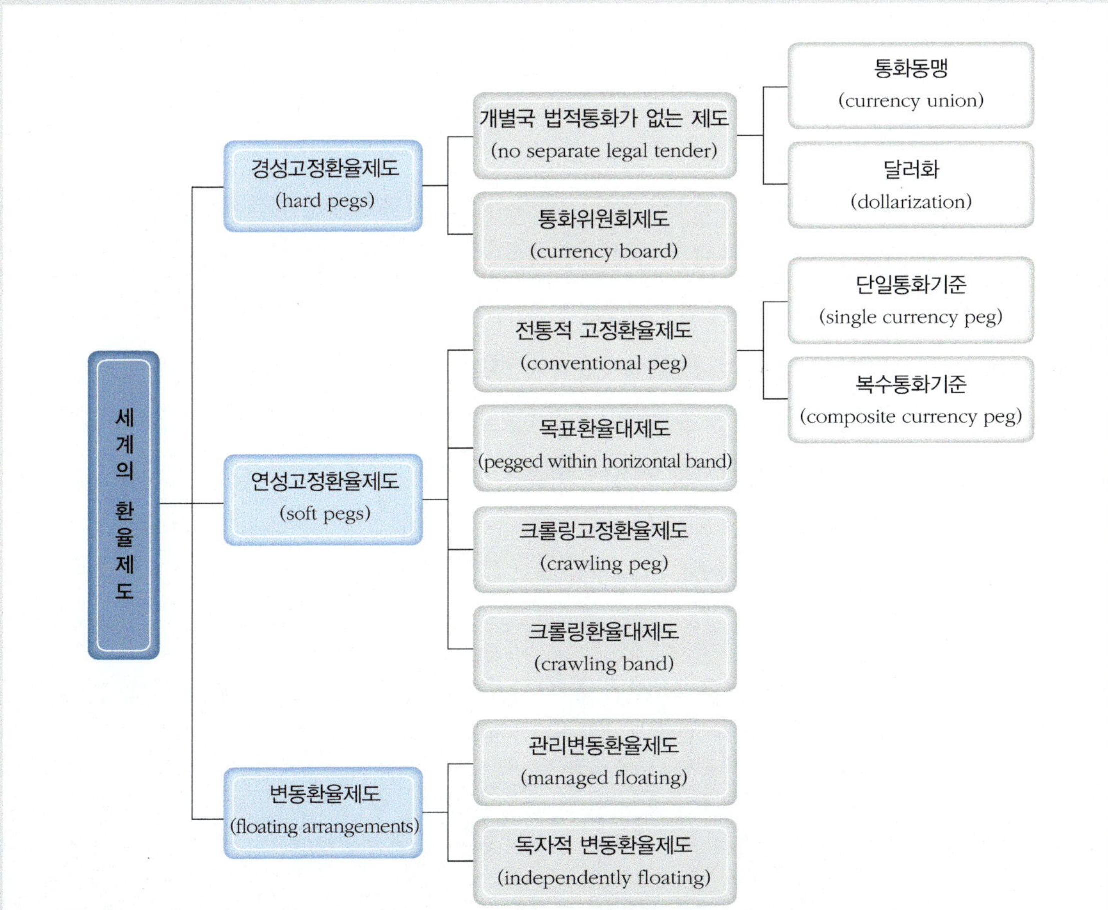

1. IMF는 수시로 환율제도의 분류체계를 변경해오고 있다. 현재의 분류체계는 1998년 이후 사용되고 있다.

개별국 법적통화가 없는 제도란 한 국가 내에 통용되는 법적통화가 자국통화가 아니라는 것을 의미한다. 이러한 제도는 유로지역(Euro area)처럼 새로운 단일통화를 만들어 사용하는 통화동맹, 혹은 달러와 같은 외국통화를 법적통화로 도입하는 달러화(dollarization) 형태로 나타난다. 통화위원회제도는 자국통화와 외국통화의 비율을 고정시켜 놓고 외국통화의 유출입에 맞추어 자동적으로 자국통화가 비례적으로 변하도록 하는 제도이다.

전통적 고정환율제도는 자국통화의 환율을 특정단일통화에 대해 고정시키거나(single currency peg) 혹은 통화바스켓에 대해 고정시키는(composite currency peg) 제도를 말한다. 목표환율대제도는 기준환율을 정해 놓고 그 주변 일정한 한도 내에서만 환율이 변동하도록 하며 한도를 벗어날 때는 개입을 하는 제도를 말한다.[2] 크롤링고정환율제도란 고정된 기준환율이 인플레이션 격차 등을 고려해 간헐적으로 조금씩 조정되도록 하는 제도이다. 크롤링환율대제도는 목표환율대제도와 크롤링고정환율제도의 혼합형태인데, 목표환율대가 간헐적으로 조금씩 조정될 수 있는 제도이다.

한편 관리변동환율제도는 환율이 국제외환시장에서 자유롭게 변동하되 필요시 중앙은행이 시장에 개입해 환율의 안정을 꾀하면서 점진적인 변동을 유도하는 제도이다. 독자적 변동환율제도란 중앙은행의 개입 없이 외환시장에서의 수요와 공급이 일치되는 점에서 환율이 자유롭게 결정되는 제도를 의미한다. 현재 완전한 의미의 자유변동환율제도를 택하는 국가는 없다고 하겠으나, 미국 · 영국 · 일본 등 주요 선진국의 환율제도가 여기에 가깝다.

1.2 각국의 현행 환율제도

〈표 15-1〉은 2010년 현재 각국이 도입하고 있는 환율제도를 보여주고 있다. 브레튼우즈 체제가 붕괴한 1970년대 이후 중요한 특징 중의 하나는 많은 국가들이 고정환율제도에서 변동환율제도 등 점차적으로 신축성이 있는 환율제도로 이행하는 경향을 보인다는 것이다. 그 결과 현재 선진국의 경우 유로지역을 제외하고는 대부분 변동환율제도를 택하고 있다. 그렇지만 개발도상국의 경우에는 아직도 고정환

2. 목표환율대제도는 target zone system이라고 부르기도 한다.

율제도 등 다양한 형태의 환율제도를 택하고 있다. 이는 국제금융시장의 발전추이를 고려해 환율의 신축성이 필요하다는 것을 인식하면서도 많은 개발도상국의 경우 아직도 경제발전, 거시경제 안정 등 대내적인 정책목표를 달성하기 위해 환율이 중요한 정책수단이라는 것을 나타내준다.

표 15-1 **각국의 환율제도**(2010년 현재)

환율제도	채택국가
개별국 법적통화가 없는 제도 (no separate legal tender)	에콰도르, 파나마, 티모르, 몬테네그로 등 10개국
통화위원회제도 (currency board)	홍콩, 도미니카, 지부티, 보스니아, 브루나이 등 13개국
전통적 고정환율제도 (conventional peg)	앙골라, 레바논, 몽고, 사우디아라비아, 베트남, 쿠웨이트, 아르헨티나 등 68개국
목표환율대제도 (pegged within horizontal band)	슬로바키아, 시리아, 통가
크롤링고정환율제도 (crawling peg)	중국, 볼리비아, 이디오피아, 이라크, 니카라구아, 우즈베키스탄, 보츠와나, 이란
크롤링환율대제도 (crawling band)	코스타리카, 아제르바이젠
관리변동환율제도 (managed floating)	캄보디아, 미얀마, 싱가포르, 아프가니스탄, 인도네시아, 인도, 말레이시아 등 44개국
독자적 변동환율제도 (independent floating)	대한민국, 미국, 일본, 영국, 스위스, 호주, 브라질, 멕시코, 유로국들 등 40개국
합계	총 188개국

자료 : IMF, De Facto Classification of Exchange Rate Arrangements and Monetary Policy Frameworks

2. 국제통화제도의 변천

국제통화제도란 주요 국제통화들 간의 환율제도를 의미한다. 국제통화제도는 제1차 세계대전 이전의 금본위제도, 제1차 및 제2차 세계대전 간의 급격한 환율의 변동, 제2차 세계대전 후 IMF를 중심으로 한 금환본위제도 등을 거쳐 최근에는 변동환율제도를 중심으로 한 국제통화제도로 다양하게 변모해왔다. 국제통화제도의 변천은 기존의 제도가 새로운 환경에 부합하지 않기 때문에 변화를 모색하는 과정에서 이루어져 왔으므로, 변천과정을 특히 대내외적인 여건변화와 국제통화제도 간의 상호작용을 중심으로 살펴보고자 한다.

2.1 금본위제도

금본위제도(gold standard system)란, 통화단위를 순금의 일정한 중량으로 정해 놓고 금화의 자유주조를 허용하며 지폐나 예금통화 등은 항상 아무런 제한 없이 금화와 교환할 수 있게 하는 제도를 말한다. 이 제도에서 각국 통화는 금의 중량을 기준으로 그 가치가 정해져 있었으므로 각국 통화 간의 교환비율은 금을 통해 고정되어 있다. 따라서 금본위제도는 전형적인 고정환율제도이다. 이러한 금본위제도가 나름대로의 성숙한 모습을 나타낸 것은 1870년대경이다. 영국의 주도하에 성립된 이 제도는 그 후 제1차 세계대전 직전인 1914년까지 국제금융 및 국제경제의 발전에 공헌해왔다.

금본위제도에서 대외불균형은 이론적으로 볼 때 흄(D. Hume)의 가격정화흐름 메커니즘(price-specie-flow mechanism)에 따라 자동적으로 조정이 되도록 되어 있다. 예를 들어, 경상수지 적자국은 통화량이 감소해 물가가 하락하고, 따라서 가격경쟁력이 회복되어 적자가 점차적으로 회복된다. 반대로 흑자국의 경우에는 흑자에 따른 금의 유입으로 통화량이 증대해 물가가 상승하고 따라서 자국의 수출가격 상승으로 인한 가격경쟁력 약화로 경상수지 흑자가 조정된다. 그러나 현실적으로 이러한 메커니즘이 제대로 작동하지 않더라도 금에 대해 고정된 환율을 자의적으로 바꾸지 못하도록 감시하는 중심국가의 역할이 중요했으며, 당시 영국이 기축통화국으로서 이러한 역할을 담당했다.

금본위제도는 상당 기간 안정적으로 잘 작동해왔다. 그러나 20세기 들어와 조금씩 문제를 나타내기 시작하면서 붕괴과정을 겪게 되었다. 금본위제도의 붕괴원인은 여러 가지가 있으나 크게 제도 자체의 본질적 결함과 주요국들의 협조 부재를 들 수 있다. 첫째, 제도 자체의 결함이란 금본위제도가 속성상 세계경제활동을 뒷받침할 수 없다는 것이다. 세계경제가 성장해감에 따라 통화량도 경제활동을 뒷받침할 수 있는 규모로 증대되어야 하지만, 금 생산의 증가속도는 경제성장속도를 따라 오지 못해 금본위제도에서는 구조적으로 통화량 부족현상이 발생할 수밖에 없다. 둘째, 또한 경기변동에 따라 국내경제가 침체될 때 각국은 자국통화가치를 하락시켜 경기침체를 극복하고자 하는 유인이 강해진다. 영국이 충분한 경제력을 바탕으로 기축통화국으로서의 역할을 할 수 있었을 때는 이러한 유인을 불식시키고 국제통화제도 유지를 위한 협조를 끌어낼 수 있었다. 그러나 제1차 세계대전을 치르면서 사태는 일변했다. 영국의 경제력 약화와 함께 점차 감시자 역할이 어려워졌는데, 제1차 세계대전이 발발하자 전비를 조달하기 위해 각국 정부가 통화를 급격히 증발시키면서 더이상 자국통화를 금에 연계시키는 고정환율제도를 유지하는 것이 불가능해졌다.

2.2 양차대전 사이 혼란기

1914년 이전의 금본위제도 시기가 국제통화질서의 건전성을 대표하는 고전적인 모범이라고 한다면, 제1차 및 제2차 세계대전 사이의 경험은 다시 되풀이하고 싶지 않은 악몽이었다고 할 수 있다. 이 시기에는 환율과 국제수지가 비정상적으로 변화했는데, 특히 1919～1923년 간의 국제경제의 혼돈과 1930년대의 대공황은 이 시기의 난맥상을 잘 나타내주고 있다.

제1차 세계대전 이후 각국은 그동안 과다했던 전비지출의 유산인 인플레이션과 정치적 불안정 등 많은 문제에 직면하고 있었다. 이 상태에서 영국은 경제문제를 해결하기 위한 일환으로 파운드화의 가치를 현실과는 동떨어진 전쟁 전의 금평가로 되돌리는 결정을 했다. 그러나 이와 같은 파운드화의 과대평가정책은 막대한 실업과 교역재산업의 경기침체를 가져오게 되었다.

한편 대륙의 여러 나라들은 인플레이션에 시달리고 있었는데, 독일의 경우에는 특히 심해 극심한 '초인플레이션'(hyperinflation)의 양상을 보이고 있었다. 제1차 세계대전을 종식시키는 베르사이유 조약에 따라 패전국인 독일은 연합국들에게 배상금을 지불해야만 했다. 전쟁에 패한 독일정부로서는 조세증대가 불가능했기 때문에 통화를 증발할 수밖에 없었고 따라서 독일에서 초인플레이션이 극심하게 발생한 것이다.

이러한 초인플레이션은 1923년 절정에 달했다. 당시 프랑스는 독일이 베르사이유 조약을 충실히 이행하지 않는다는 이유로 루르 지방에 군대를 파견했다. 이에 독일노동자들이 프랑스 점령에 반대해 파업을 했고 독일정부는 이들 노동자들을 지원하기 위해 보다 많은 통화를 발행해 임금을 지속적으로 지불했다. 그 결과 1919년 1월부터 1923년 12월까지 약 5년 만에 물가가 자그마치 4,815억배나 올라 독일 통화는 휴지조각이 되어버렸고, 실제적으로 차 1대분의 지폐를 가지고도 1주일분의 채소를 구입하기 어려운 지경에까지 이르렀다. 독일의 초인플레이션은 연합국들이 전쟁배상금을 경감해주고 독일정부도 화폐개혁을 단행해 균형예산을 달성하기 위한 노력을 기울이면서 사라지게 되었다.

그리고 이어 발생한 1930년대의 대공황은 국제통화질서에 회복하기 어려운 결정타를 가했다. 미국 월가(Wall Street)의 붕괴는 급속히 전세계로 파급되어 오스트리아와 독일의 연쇄적인 파산을 불러일으켰고 독일에 막대한 자금을 대부해주었던 영국은 1931년 급기야 금본위제도를 포기하고 파운드화의 평가절하를 단행했다. 그 후 미국마저 달러화의 평가절하를 단행해 주요 선진제국은 일시적인 변동환율제도를 채택하게 되었고, 국제적인 금본위제도는 결국 붕괴하고 말았다.

이 시기의 쓰라린 경험은 훗날 IMF의 창설에 지대한 영향을 미쳤다. 환율의 극심한 변동이 경제불안의 원인이라고 생각한 주요 선진국들은 전후 새로운 통화제도를 구상함에 있어 환율고정에 중점을 둔 통화제도를 지지하게 되었고, 고정환율제도를 근간으로 하는 IMF체제는 이러한 맥락에서 출범하게 된 것이다.[3]

Box 15-1 독일의 초인플레이션

제1차 세계대전 이전까지만 해도 경제적으로 번영을 구가한 독일의 마르크는 영국, 프랑스, 이탈리아 등 다른 유럽국들의 통화들과 안정적인 수준에서 가치를 유지하고 있었다. 제1차 세계대전이 끝난 후 독일은 매월 1,000%를 웃도는 인플레이션이 계속되었고, 마르크의 가치도 급속히 하락했다. 1919년 1월 달러/마르크 환율이 8.90이었으나 1922년 1월에는 191.80으로, 6월에는 350.00으로, 10월에는 4,500.00으로, 그리고 급기야 1923년 11월에는 1달러당 1조 마르크라는 환율을 기록했다.

이러한 상황은 환율이나 돈의 가치가 더이상 의미가 없음을 나타낸다. 1조 마르크짜리 지폐를 사용하고 거스름돈을 받는다는 것은 돈의 부피를 생각하면 물리적으로 거의 불가능할 정도였다고 한다. 실제로 학교교사들이나 공원들의 봉급은 매일 오전 10시 혹은 11시에 사이렌이 울림

3. 그러나 오늘날에는 변동환율제도가 그 당시 경제불안정의 원인이었다는 데 대해 의견이 일치하지 않고 있다. 오히려 무리하게 환율을 유지시키려던 영국 등의 노력이 경제에 더 큰 혼란을 초래했다고 보는 견해도 있다.

과 동시에 운동장에서 5톤짜리 트럭에 돈을 싣고 와서 산더미처럼 쌓아놓고 경리담당자는 그 꼭대기에 올라가서 돈더미를 집어 던지며 호명하며 지급했다. 봉급을 받으면 가격이 오르기전에 물건을 사기 위해 온식구가 나와서 지폐더미를 받자마자 가까운 가게로 각자 빨리 달려가서 잡히는 대로 아무 물건이나 바꿨다고 한다. 수레에 가득 싫은 마르크화는 신문 한 부를 사기에도 부족했고, 평생 동안 일을 한 연금생활자는 그 연금으로 커피한잔을 사 마시기에도 부족했다. 또한 변호사가 20년간 꼬박 부은 보험금을 타서 빵 조각을 겨우 샀다고 한다. 가게의 주인이 계란 1개를 사러온 주부에게 눈하나 깜짝하지 않고 1억 마르크를 불러도 조금도 놀라지 않았다고 한다. 또 한 예로, 한 대학생이 카페의 메뉴판에서 커피 한 잔에 5,000마르크를 보고 커피를 한 잔 시키고 잠시 후 또 다시 한 잔을 더 시키고 계산서를 받았더니 그동안 커피가격이 180%가 올라서 14,000마르크로 되어 있었다고 한다.

자료 : The German Hyperinflation, 1923 on PBS
www.pbs.org/wgbh/commandingheights/shared/minitext/ess_germanhyperinflation

2.3 금환본위제도와 브레튼우즈 체제

제2차 세계대전이 끝날 무렵인 1944년 새로운 국제통화질서의 확립을 위해 미국 브레튼우즈(Bretton Woods)에서 44개국의 대표들이 모인 가운데 국제통화기금(International Monetary Fund, IMF)이 창설되었는데, 이와 함께 출범한 새로운 국제통화제도를 '브레튼우즈 체제' 라고 한다.

브레튼우즈 체제는 미국의 달러화를 '기축통화' (vehicle currency)로 하는 금환본위제도(gold-exchange standard system)였다. 이는 미국의 달러화만이 금과 일정교환비율을 유지하고 각국의 통화는 기축통화인 달러와 기준환율(par value or central rate)을 설정 · 유지함으로써 환율을 안정시키고자 했던 제도이다.

금환본위제도가 제대로 기능을 다하기 위해서는 기축통화의 금평가(gold parity)가 고정되어야 하고 다른 통화들의 경우에도 기준환율의 조정이 최대로 억제되어야 한다.

따라서 브레튼우즈 체제에서는 일시적인 국제수지불균형이 생길 경우에는 IMF 각 회원국이 출자한 자금을 공여함으로써 불균형을 해소하고자 했고, 국제수지의 구조적 불균형(fundamental disequilibrium) 상태에서만 환율의 변동이 허락되었다. 결국 브레튼우즈 체제는 '조정가능 고정환율제도' (adjustable pegged exchange rate system)를 통해 환율을 안정시키고 국제수지의 불균형을 해소시킴으로써 국제무역을 증진시키는 것을 그 목적으로 했다.

이러한 브레튼우즈 체제는 1960년대에 이르기까지 환율의 안정을 유지하면서 세계무역 증진에 기여해왔으나 근본적으로 몇 가지 문제점을 안고 있었다.

첫째로 각국의 경제성장속도가 각각 다르고 인플레이션율이 각각 다른 상황하에서 고정환율제도를 유지하기가 쉽지 않다는 점이었다. 예를 들어, 1970년대 초에 제1차 석유파동이 일어났을 때, 각국 경제에 미친 여파는 각각 달랐고 이에 대응하는 정부의 정책도 상이했다. 그 결과 국가 간에는 격심한 인플레이션율의 차이가 발생하게 되었고, 이와 같은 상황 아래서 고정환율제도를 유지한다는 것은 용이하지 않았다. 또한 장기적으로 국제수지적자가 지속된 후에야 비로소 환율의 변경이 허용됨으로써 환투기가 성행했고 이에 따라 환율의 변동폭은 더욱 커지게 되어 경제에 커다란 부작용을 가져오게 되었다.

둘째는 국제유동성 확보와 달러화의 신뢰도(confidence) 문제이다. 국제유동성이란 국제적으로 보편적인 통용력을 갖는 지불수단을 말하는데, 초기의 브레튼우즈 체제에서는 금이나 달러화가 이 역할을 수행했다. 이러한 유동성은 국제무역의 증대에 따라 적정하게 공급되어야 하는데 브레튼우즈 체제에서 유동성공급은 금의 생산증대나 미국의 국제수지적자를 통한 방법밖에 없었다. 금의 생산량증가에는 한계가 있기 때문에 주로 미국의 국제수지적자를 통해 유동성이 공급되었는데, 이 경로를 통한 유동성의 증대는 달러화의 신뢰도를 떨어뜨리는 부작용을 가져왔다. 이와 같이 브레튼우즈 체제는 '유동성증대' 와 '신뢰도확보' 라는 상호 모순되는 과제를 안고 있었는데, 이를 유동성딜레마(liquidity dilemma) 또는 '트리핀의 딜레마' (Triffin' s dilemma)라고 한다.

실제로 제2차 세계대전 직후의 국제금융시장은 달러화 부족상태에 놓여 있었으나 1960년대 월남전을 통해 미국의 국제수지가 계속 악화됨에 따라 미국의 대외유동성부채가 증가하고 달러화는 오히려 공급과잉상태에 빠지게 되었다. 특히 미국의 금준비가 대외 유동성부채를 밑돌게 되자, 달러화의 국제적 가치가 의심받게 되어 국제통화위기가 발생했다.

결국 1960년과 1968년을 각각 전후해 일부 국가들은 미국에 대해 달러화의 금태환을 요구했고, 또 일부 국가들은 런던의 금시장을 통해 달러화를 금으로 전환했으며, 민간부문에 의한 달러화와 금과의 투기적 거래가 유발됨에 따라 국제통화질서가 흔들리기 시작했다.

이러한 통화위기를 해결하기 위해 IMF는 특별인출권(Special Drawing Rights, SDR)을 창출해 유동성을 공급하고, 국가 간 협력을 통한 금풀제(1961년)와 금의 이중가격제 등을 실시해 달러화의 국제신뢰도를 회복하려고 노력했다.

금풀제(International Gold Pool)는 런던의 금시장에서 투기를 목적으로 이루어지는 금거래를 막기 위해서 주요국들이 금을 지원해 금시세를 1온스당 35달러선에서 유지시키려던 조치였다. 1966년까지 금풀제는 금에 대한 민간부문의 투기를 억제하는 데는 성공적이었으나 본질적으로 투기의 발생원인을 완전히 제거할 수는 없는 조치였다.

금의 이중가격제(Two-Price System for Gold)는 1967년 이래 수차에 걸친 국제적인 '골드러쉬' (gold rush, 금매입)에 따른 국제통화위기를 극복하기 위해 1968년 3월에 취해진 조치로서 사실상 1961년 이래 유지되어 온 금풀제를 대체한 제도였다. 금의 이중가격제는 각국 중앙은행 간의 금거래에 있어서는 종전과 같이 1온스당 35달러의 공정가격을 적용했고 반면 일반거래에 있어서는 그 가격이 금시장에서 결정되게 한 조치였다. 또한 금시장을 통한 금융당국의 금거래를 중단시킴으로써, 금의 자유시세가 금의 공정가격을 능가할 경우 금융당국의 차익거래에 의한 수익도모를 방지했다.

그러나 이런 조치들에도 불구하고 달러화가 끝내 국제적 신뢰도를 회복하지 못한 채, 1971년 8월 닉슨 행정부는 '금태환중지선언' 을 하기에 이르렀다. 닉슨 행정부의 금태환중지선언이 있던 해 12월, 다시 고정환율제도를 회복하고자 달러화를 8.57% 평가절하(금 1온스당 35달러에서 38달러로 달러의 금평가조정)하고, 과거 기준환율의 1% 수준에서 제한되었던 환시세의 변동폭을 1%에서 2.25%로 확대하는 이른바 '와이더밴드환율제' (Wider Band Exchange Rate System)의 채택을 골자로 하는 스미소니언협정(Smithsonian Agreement)이 체결되었다.

스미소니언체제가 출범한 지 6개월 만인 1972년 6월에 영국은 잇따른 파운드화 파동을 견디지 못하고 변동환율제도를 채택함으로써 동 체제를 이탈했으며, 뒤이어 프랑스, 벨기에, 이탈리아 등도 이중환율제도를 택하게 되었다. 또한 투기자본이 마르크화와 엔화에 집중되어 달러화의 시세는 계속 하락하게 되었다. 결국 미국은 1973년 2월에 금 1온스당 38달러에서 42.22달러로 다시 평가절하를 단행하지 않을 수 없었고, EC제국은 동년 3월에 스미소미언체제를 이탈해 공동변동환율제도로 이행하게 되었다.

스미소니언체제가 달러화의 재평가절하로 와해된 이후 각국은 자국의 경제여건과 필요성에 따라 다양한 환율제도를 유지하게 되었으며, 이에 대처해 IMF는 1974년 6월 '변동환율운용지침'(Guidelines for the Management of Floating Rates)을 설정 · 운영하기에 이르렀다. 결국 브레튼우즈 협정의 양대 지주인 '달러화와 금의 태환'과 '고정환율제도'는 완전히 붕괴되었고, 국제통화제도도 크게 변모하게 되었다.

Box 15-2 International Monetary Fund(IMF)

국제통화기금으로 불리며, 가맹국들의 출자로 공동기금을 만들어 각국이 이용하도록 함으로써 회원국의 환율안정과 국제유동성확대, 자유무역의 안정적인 성장 등 세계경제의 번영을 가져오도록 하는 것을 목적으로 한다. 본부는 미국의 워싱턴에 있으며, IBRD(세계은행)과 함께 국제금융기구의 축으로 꼽힌다. 1944년 브레튼우즈 협정에 설립근거를 두고 1947년 3월에 설립되어 현재 188개국이 가입해 있으며, 한국은 1955년 8월에 가입했다. IMF 총출자액은 400억 달러의 금보유금을 포함해 약 1,450억 SDR이다. 가맹국은 크게 14조국과 8조국으로 나뉜다. 우리나라는 1955년 8월 14조국에 가입해 1988년 11월 8조국으로 옮겼다. 8조국은 일반적 의무로서 ① IMF 승인 없이는 국제수지의 경상적 지급에 대한 외환규제를 하지 않고 ② 타국에 대한 차별적 통화조치(2중 환율제)를 취하지 않고 ③ 통화의 자유교환성을 확대할 것 등이다.

국제금융시장에서 IMF의 위기관리자 역할은 지난 1982년 중남미 국가들의 채무불이행 때 크게 강화되었고, 1995년 멕시코 페소화 위기 수습에 적극 개입하면서 중요성이 부각되었다. 돈을 출자한 비율에 따라 의결권을 갖기 때문에 돈을 가장 많이 낸 미국의 입김이 가장 크게 작용한다. 회원국은 일시적인 국제수지 불균형에 직면할 경우 그들이 필요로 하는 외환을 IMF로부터 공급받을 수 있다. 이러한 인출로 인해 발생하는 국제 유동성 확대는 인출액을 상환할 때 다시 사라진다. IMF 차관(credit)은 단기적인 융자 중심이었으나 오일쇼크 이후에는 중기적 융자도 가능하게 되었다. 우리나라는 1997년 외환위기를 맞아 12월 3일 IMF의 구제금융양해각서(Korea-Memorandum on the Economic Program)에 합의하고 210억 달러(SDR 155억 달러)의 지원자금을 받은 바 있다.

자료 : www.imf.org

2.4 변동환율제도로의 이행

2.4.1 킹스턴 체제

1976년 1월 자메이카의 킹스턴(Kingston)에서 새로운 국제통화질서가 수립되어 국제통화제도는 지금까지의 브레튼우즈 체제에서 킹스턴 체제로 넘어가게 되었다. 킹스턴 체제는 브레튼우즈 체제의 붕괴 이후 현존하는 통화체제를 인정한 것이며, 새로운 국제통화제도를 향한 과도기적 체제라 할 수 있다. 킹스턴 체제의 기본 내용은 다음과 같다.

첫째, 회원국에게 그 경제여건에 적합한 독자적인 환율제도를 선택할 수 있는 재량권을 부여함으로써 오늘날 대부분의 선진국이 실시하고 있는 변동환율제도를 인정했다. 그리하여 환율변동이 국제수지불균형의 조정기능을 상당한 정도까지 담당하게 되었다.

둘째, 금의 공정가치가 폐지됨으로써 가치척도로서의 금의 역할이 사라지게 되었다. 대신 그 기능을 일명 '페이퍼 골드'(paper gold)라고 불리는 SDR이 맡게 됨으로써 브레튼우즈 체제에서의 금·달러 본위가 킹스턴 체제에서는 'SDR 본위'로 바꾸어진 것이다.

셋째, SDR의 국제통화로서의 기능과 위치를 강화하기 위해 그 사용범위를 크게 확대했다. SDR의 적절한 창출과 관리에 의해 국제유동성 부족 문제와 특정통화에 대한 지나친 의존에서 오는 국제통화신뢰도의 문제를 해결해 나가고자 한 것이다. 그러나 SDR의 사용이 아직은 주로 중앙은행 간의 공적 거래에 국한되어 있고 SDR의 과도한 창출은 세계적인 인플레이션을 야기시킬 우려가 있어 이의 적극적인 활용에는 한계가 있었다. 따라서 이후 달러화, 마르크화 등 주요국 통화의 국제통화로서의 역할은 계속되었다. 그리고 금의 국제통화로서의 기능 폐지와 변동환율제도의 실시로 인해 SDR 자체의 가치기준을 어디에 연결시키느냐 하는 문제도 남아 있었다.

넷째, 킹스턴 체제는 회원국의 국제수지불균형 문제를 국제통화체제의 안정을 저해하는 가장 큰 요인 중의 하나로 보았다. 따라서 킹스턴 체제는 IMF의 국제수지 조정 지원기능을 확대하기 위해 IMF신용을 크게 확대했으며 또한 이용조건을 완화했다.

2.4.2 석유파동과 달러화 상승

1970년대 변동환율제도로 이행한 직후 세계경제는 두 차례의 혹독한 시련을 거치게 된다. 제1차 석유파동이 닥쳤을 때 미국은 경기침체를 우려해 팽창정책 기조를 취한 반면 다른 국가들은 인플레이션을 우려해 대부분 팽창정책을 주저했다. 그러나 제2차 석유파동이 발생했을 때 미국은 제1차 석유파동때와는 달리 인플레이션을 억제하기 위해 이자율을 급등시킴으로써 달러가치가 급상승하게 되었다.

일본과 같은 일부 선진국들은 이와 같은 결과에 비교적 만족했다. 즉, 이들 국가는 인플레이션이 큰 문제가 되지 않는 상황에서 엔화가치 하락에 따른 순수출증가는 그만큼 자국경제를 활성화하는 데 도움이 된다고 믿었기 때문이다.

그렇지만 인플레이션 때문에 어려움을 겪던 국가들은 이와 같은 미국의 경제정책이 바람직하지 않다고 생각했다. 달러가치의 상승은 이들의 경기회복에는 도움을 주었지만 이들 국가의 인플레이션을 더욱 악화시켰다. 달러가치의 상승에 따른 수입재가격 상승은 인플레이션을 악화시켰고 그 결과 노동자들도 높은 임금을 요구했기 때문이다. 그리고 이와 같은 물가상승은 수요부문에서 실질통화잔고의 감소와 실질 부(富)의 감소를 초래했고, 공급부문에서 비용상승을 가져와 그만큼 순수출 증가에 따른 소득증가 효과를 감소시켰다.

제2차 석유파동으로 미국과 마찬가지로 인플레이션의 어려움을 겪고 있던 이들 국가는 달러가치의 상승을 완화시키기 위해서 외환시장에 개입해 달러를 팔고 자국통화를 사들이게 되었다. 또한 자본의 해외유출을 막고 달러가치의 상승을 완화시키기 위해서 이들 선진국들도 국내이자율을 올리고 긴축금융정책을 채택한 결과, 경기침체현상이 계속되었다.

한편 1980년대 초 미국의 레이건 정부는 공급경제학(supply-side economics)을 신봉해 개인의 일할 인센티브를 높이기 위한 조세감면정책을 실행에 옮겼다. 조세감면조치는 재정지출증가와 정책적인 효과가 같으므로 팽창재정정책을 택한 경우로 해석할 수 있다.

미국의 조세감면정책은 세계경제를 회복시키는 효과는 있었다. 그러나 팽창재정정책은 미국의 이자율을 높이고 달러가치를 더욱 상승시켰다. 달러가치의 상승은 미국의 경상수지를 더욱 악화시켰고 소득증대 효과를 반감시켰다. 더구나 조세감면정책에 따른 재정적자는 경상수지적자로 이어져 미국경제를 더욱 어렵게 만들었다.

조세감면에 따른 재정적자가 민간의 저축증가로 많은 부문이 상쇄되었다면 경상수지가 크게 악화되지는 않았겠지만 실질적으로 민간저축의 증가현상은 별로 나타나지 않아서 미국의 재정적자는 경상수지적자로 이어졌다.

달러가치의 상승은 수입재의 가격을 하락시켜 미국 국내 인플레이션을 낮추는 데는 크게 기여했다. 그러나 다른 한편으로 달러가치의 상승은 미국 수출재의 가격을 비싸게 만들고 수입재의 가격을 싸게 하여 국제재화시장에서 미국재화에 대한 수요를 크게 줄였다. 특히 농산물, 섬유, 강철 그리고 자동차 등에서 미국은 가격경쟁력을 잃고 어려움을 겪게 되었다.

또한 달러의 가치가 오랫동안 고평가됨으로 말미암아 미국은 제조업 분야에서 경쟁력을 잃고 산업공동화 현상을 보이기 시작했다. 그 결과 미국에서 보호무역주의에 대한 요구가 거세게 일어나게 되었다.

2.4.3 정책공조와 환율안정

미국정부는 경상수지적자가 계속되고 국제경쟁력을 잃어감에 따라 강한 달러가 강한 미국경제력을 의미한다는 종래의 생각을 바꾸게 되었고 더이상 달러의 고평가현상이 바람직하지 않다는 생각을 갖게 되었다. 한편 일본, 독일 등도 계속해서 국제수지흑자를 누적시킬 경우 미국과의 무역마찰이 증가할 것을 우려해 미국 달러의 평가절하가 필요하다는 생각을 하게 되었다. 이에 미국, 독일, 일본, 프랑스, 영국 선진 5개국(Group of Five, G5)의 재무장관들이 1985년 9월에 미국 뉴욕의 플라자호텔에서 회의를 열고 플라자 협정(Plaza Accord)을 발표하기에 이르렀다. 이 플라자 협정의 주요내용은 미국 달러의 가치하락을 유도하기 위해서 G5의 중앙은행들이 외환시장에 동시에 개입해 보유외환(달러)을 매각하겠다는 것이다.

플라자 협정을 계기로 달러의 가치는 급격히 하락하기 시작했다. 사실 각국이 외환시장에 개입할지라도 그 규모는 자본거래량에 비하면 상대적으로 작은 것이다. 그럼에도 불구하고 플라자 협정이 성공할 수 있었던 이유는 이 협정이 달러의 고평가현상이 더이상 계속될 수 없다는 생각을 투자가들에게 확고히 심어주었기 때문이다.

그런데 미국 달러의 계속된 평가절하에도 불구하고 미국의 경상수지적자는 개선되지 않았다. 이에 미국정부는 미국의 수출확대를 통한 국제수지개선을 꾀하기 위해 일본과 독일 등에 대해서 팽창수요관리정책을 택할 것을 종용하기에 이르렀다. 그러나 인플레이션을 우려한 독일과 일본은 이러한 팽창수요관리정책을 채택하지 않고 미국에 대해서 재정적자를 줄여 경상수지를 개선할 것을 요구했다. 한편 계속되는 미국의 경상수지적자로 말미암아 달러가치의 하락은 계속되었다.

달러의 가치가 계속 하락함에 따라 1987년 2월 선진 6개국(G5 + 캐나다)의 재무장관과 중앙은행장들은 파리의 루브르 박물관에 모여 환율안정을 위한 루브르 협정(Louvre Accord)을 체결하기에 이르렀다. 이들 선진국은 목표환율대(target zone)를 설정하고 외환시장개입을 통해 이 환율대 안에서 환율을 안정시키자는 데 합의를 보았다. 이때 목표환율대는 공표되지 않았지만 그 당시 환율인 달러당 1.825마르크와 1달러당 153엔을 기준으로 환율변동을 5% 내에서 유지하려 했다는 견해가 지배적이었다. 그러나 이와 같은 환율대는 미국의 경상수지적자가 계속 누적됨에 따라 지켜지지 못했고 엔화와 마르크화의 절상이 계속되었다. 결국 경제적인 상황과 괴리되는 환율대의 설정이라는 것은 지켜질 수 없었다. 이들 선진국은 환율안정을 달성하기 위해서 직접적으로 외환시장에 개입하기보다는 오히려 이를 위한 재정정책과 금융정책을 조화롭게 사용하는 것이 보다 효율적이라는 결론을 얻게 되었다.

2.4.4 국제금융위기와 국제금융체제의 불안

1990년대 들어와서도 달러, 엔, 마르크 등 주요 국제통화들 간의 환율이 때때로 불안하기는 했지만 각국의 외환시장개입은 1980년대에 비해 많지 않았다. 이는 외환시장개입이 근본적으로 환율을 안정시키는 데 한계가 있었고 또한 국제자본이동규모가 커짐에 따라 외환시장개입이 더욱 어려워졌기 때문이다. 그럼에도 불구하고 1995년 달러화가 사상 최저치를 기록하자 시장개입을 합의하는 등 필요한 경우 협의해 외환시장개입을 해오고 있다.

그런데 1990년대 이후의 국제금융체제의 불안은 주요 국제통화들 간의 환율불안정 외에도 크게 두 가지 추가적인 형태로 나타나고 있다. 첫째, 국제자본이동이 자유로워진 상황에서 대내적인 경제여건과 환율 등 대외적인 경제여건 간에 괴리가 발생하면, 이를 기회로 삼기 위한 투기자본의 급격한 이동으로 세계 도처에서 외환 · 금융위기가 빈번히 발생하고 있다. 1992～1993년의 유럽통화체제의 위기가 발생한 이래 1994년 멕시코 위기, 1997년 동아시아 위기, 1998년 러시아 위기, 1999년 브라질 위기, 2002년 아르헨티나 위기 등 수많은 국제금융위기가 이어져

오고 있다. 또한 2007년 이후의 미국발 글로벌 금융위기 및 유럽의 재정위기는 이러한 금융위기가 신흥시장국에 국한된 것이 아니라 선진국에서도 발생할 수 있다는 것을 보여주고 있다. 둘째, 소위 말하는 글로벌 불균형 문제로서, 미국과 아시아 특히 미국과 중국 간 국제수지 불균형이 심각한 수준으로까지 확대되고 있다. 이러한 문제는 글로벌 금융위기의 원인으로 작용했을 뿐만 아니라 장기적으로 달러화의 가치를 떨어뜨려 국제통화질서에 불안정 및 새로운 변화를 야기할 수도 있다.

2.5 국제통화제도 개편 방향

1970년대 초 변동환율제도로 이행한 이후 환율의 움직임은 기초경제여건과 너무 동떨어져 움직이는 불안정상태를 지속해왔고 게다가 자본이동이 활발해지면서 이와 같은 환율의 불안정은 국제금융위기의 빌미를 제공하게 되었다. 이전까지는 이러한 문제들을 해당국의 개별적인 문제라고 인식했었으나, 국제금융위기가 빈번해지자 이제는 국제통화제도에도 구조적인 문제가 내포되어 있다고 판단하고 이를 개선하기 위한 노력이 활발히 진행되고 있다.

2.5.1 효율적 국제통화제도의 조건

국제통화제도가 효율적이고 성공적인 제도로 정착되기 위해서는 기본적으로 안정성과 유동성을 확보할 수 있어야 한다.

환율의 불안정은 국제무역 및 투자를 저해함으로써 각국의 경제에 부정적인 영향을 미칠 수 있으며 또한 최근과 같이 자본거래가 활발한 시대에는 쉽게 위기를 야기할 수도 있다. 환율불안정 문제는 변동환율제도이든 고정환율제도이든 어떤 통화제도에서도 발생할 수 있다.

변동환율제도의 경우, 예를 들어 외환시장에서 어떤 국가의 통화가 평가절하되고 있는 것을 외환에서 인식하기 시작했다고 하자. 통화제도의 운영에 커다란 문제가 없었다면 장기적으로 평가절하 압력이 사라지고 원상복귀가 이루어질 것이다. 그러나 만일 통화제도에 대한 신뢰성에 문제가 있어 시장에서 초기의 평가절하를 추후 계속되는 평가절하의 전주곡으로 인식한다면 보다 많은 사람들이 평가절하된 통화를 매각하려 할 것이고 이러한 매각행위는 그 통화를 더욱 평가절하시키는 악순환을 가져올 것이다. 따라서 일시적인 교란 요인이 장기적인 교란으로 실현되게 된다.

한편 고정환율제도의 경우 어떤 국가의 경상수지가 누적되었다고 하자. 이때 중앙은행이 어느 정도까지는 외환보유액(reserves)을 줄여 해소할 수 있지만 중앙은행이 보유한 외환보유액이 감소해감에 따라 사람들은 경상수지적자를 해소하기 위해 정부가 통화를 평가절하시킬 것이라고 예상하게 된다. 통화가 평가절하되는 경우 국내자산 가치가 하락할 것이므로 사람들은 국내자산을 조기에 매각하려 할 것이고 이러한 국내자산의 매각행위로 인해 실제적으로 통화가 평가절하되는 결과를 낳게 될 것이다. 즉, 일시적인 교란을 치유하기 위한 노력이 통화제도에 대한 신뢰부족 때문에 실효를 거두지 못하는 경우 교란요인의 불안정이 더욱 가속될 것이다. 따라서 어떤 제도가 되든 환율의 움직임이 기초경제변수들의 움직임과 크게 다르지 않고 안정적인 행태를 유지할 수 있는 바탕을 제공해야 한다.

한편 국제통화제도가 안정적으로 운영되더라도 때로는 여러 가지 충격으로 인해 불가피하게 불안정이 초래되는 경우가 있을 것이다. 이런 경우 신속히 충격을 해소하고 안정을 회복하기 위해서는 긴급사태에 대비할 수 있는 조정메커니즘이 필요하다. 이러한 메커니즘을 통해 환율조정을 고려할 수도 있으나, 일련의 국제금융위기에서 보았듯이 급박한 위기상황에서는 환율조정만으로는 해결되지 못하고 긴급유동성을 제공하는 것이 훨씬 더 절실히 요구된다.

유동성을 확보하기 위해서는 국제무역, 국제수지 조정 및 적절한 외환보유액 유지에 필요한 국제통화를 공급할 수 있는 메커니즘이 마련되어야 한다. 유동성은 외환보유액, IMF 지원, 국가들 간의 긴급융자협조, 민간금융기관으로부터의 차입 등 다양한 방법을 통해 조달될 수 있는데, 이러한 메커니즘이 어떻게 작동하가는 국제통화제도 및 금융체제에 따라 달라진다.

흔히들 국제유동성의 문제는 고정환율제도 및 국가 간 자본이동이 활발하지 않은 상황에서만 중요한 관심사라고 생각하고 있으나, 이는 변동환율제도 및 자본이동이 활발한 상황에서도 마찬가지로 중요한 문제가 된다. 변동환율제도에서도 국제금융자본의 뱅크런 현상 및 이로 인한 일시적인 유동성 부족에 따라 기초경제여건과는 무관하게 통화금융위기가 자주 발생하고 있는데 이는 긴급유동성의 필요성을 강조하고 있다.

2.5.2 국제통화제도 개선 논의

최근 전개되고 있는 국제통화제도의 개선논의는 크게 두 가지 측면에서 설명할 수 있다. 하나는 통화적인 측면에서 환율제도를 어떻게 개선해 나갈 것인가에 대한 논의이고 다른 하나는 점증하고 있는 국제금융거래를 고려해 어떻게 국제금융협력을 개선시켜 나갈 것인가에 대한 논의이다. 양자는 서로 분리될 수 없고 대부분의 국제회의에서도 함께 논의되고 있지만 편의를 위해 따로따로 설명하고자 한다.

통화적인 측면에서의 개선논의는 현재의 국제통화제도인 변동환율제도를 다른 환율제도로 변경할 것인가 말 것인가로 압축될 수 있다. 이와 관련해서는 극단적으로 과거의 브레튼우즈 체제와 같은 고정환율제도로 돌아가자는 주장부터 현재의 변동환율제도보다 더 나은 대안은 없다는 주장까지 다양한 의견이 대립되고 있다.

현재의 제도를 개편하고 고정환율제도로 돌아가자는 견해들은 과거 브레튼우즈 체제에서 국제경제가 효율적으로 작동했고 아울러 전세계경제의 성장률 및 물가안정에서 좋은 성과를 보였음을 강조한다. 그러나 이러한 주장들이 상정하고 있는 제도는 과거의 국제통화제도와 한 가지 크게 다른 점이 있다. 과거 브레튼우즈 체제가 달러화를 기축통화로 했었다면 최근의 개선안들은 여러 통화가 조합된 통화바스켓을 기축통화로 하는 복합통화 기축통화안이다.

브레튼우즈 체제의 붕괴 이후 무엇보다도 커다란 변화는 세계경제에서 미국이 차지하는 비중이 감소하고 달러화의 역할이 축소되었다는 것이다. 따라서 세계물가안정이나 경제성장에 대한 미국경제의 영향이 과거와는 달리 한계가 있으며 따라서 세계경제질서를 유지하기 위한 미국의 영향력도 한계를 가지게 되었다. 또 다른 변화는 사회주의 체제가 붕괴하고 자본주의 내에서 유럽이 통화통합을 이루고 아시아가 부상함으로써 세계정치 및 경제의 질서가 양극체제에서 미국, 유럽 및 아시아의 삼극체제로 전환했다는 것이다. 따라서 이제는 명실공히 세계경제의 안정을 유지하기 위한 국제통화질서의 확립은 삼극체제의 협조와 임무분담을 통해서만 가능하게 되었다. 게다가 이들 3대 경제블럭은 상호간에 환율을 고정시킨다는 약속이 없음에도 불구하고 저인플레이션을 유지하는 데 상당히 성공해왔다. 이러한 국제상황의 변화는 향후 국제통화제도가 개선된다면 이들 3대 경제블럭의 통화들을 포함시키는 복합통화 기축통화제도 형태로 개선되어야 한다는 것을 시사한다.

현재의 제도를 개편하자는 또 다른 논의는 변동환율제도 또는 고정환율제도와 같은 극단적인 제도보다는 양자가 적당히 결합된 중간적인 제도로 이행하자고 제안하고 있다. 대표적인 제안으로는 목표환율대제도를 들 수 있는데, 환율이 평상시에는 자유로이 변동할 수 있으나 한계수준을 벗어나는 경우 정부가 외환시장에 개입해 환율의 움직임을 한도 내에 머물도록 한다는 것이다. 이 안을 옹호하는 사람들은 기본적으로 대부분의 경우 정부가 통화정책을 국내경제를 위해 자유로이 사용할 수 있다는 변동환율제도의 장점과 환율변화를 일정한 범위 내에 국한시킴으로써 안정적인 환율을 유지할 수 있다는 고정환율제도의 장점을 살릴 수 있다고 주장하고 있다.[4]

위에서와 같은 주요국 통화 간의 관계뿐만 아니라 지역적인 차원에서도 유사한 논의가 전개되고 있다. 주요 지역 간에는 일부 차이가 나타나기도 하지만, 지역 내에서 주요통화와 기타 통화 간의 관계에 대해서는 아주 커다란 의견차이가 있지는 않다. 즉, 국제통화제도는 현재 세계경제의 추세를 반영해 아시아, 북미, 유럽 각각의 경제권을 대표하는 통화들 간의 관계는 느슨한 환율관계를 유지하되 각각의 경제축 내에서의 환율관계는 상대적으로 견고하게 유지되는 다통화블럭 제도의 모습을 보이는 것이 바람직한 것이다.

금융협력 차원에서의 논의는 오늘날의 대규모 자본이동을 고려해볼 때 환율안정은 금융안정이 수반되지 않고는 불가능하다는 인식에서 출발하고 있다. 따라서 국제통화제도의 개선논의는 단순히 통화적인 측면뿐만 아니라 반드시 금융체제의 개선을 위한 논의가 수반되어야 한다는 것이다.

이에 따라 각국의 금융체제 및 국제금융제도를 효율적이고 안정적으로 기능하도록 만들기 위해, BIS(Bank for International Settlement) 자본규제를 통해 금융기관들의 재무구조를 개선시키고, 자본시장에 대한 규제 및 감독기능을 강화하며, 회계의 투명성 및 정책의 투명성을 제고시키고, 기업지배구조를 개선하는 방안들이 제시되고 있다.

아울러 긴급한 상황이 발생했을 때 이를 방지하기 위한 방안으로 범세계적 차원에서 IMF 및 기타 국제금융기관의 융자제도를 개선하기 위한 방안도 마련되었으며, 각 지역별 차원에서도 각국 중앙은행들 간의 긴급융자제도 협정체결 등과 같은

4. 이들의 주장과는 달리, 오늘날의 대규모 국제자본이동을 고려할 때 중간적인 형태의 제도는 지속 불가능하고 단지 극단적인 고정 또는 극단적인 변동만이 유지 가능하다는 주장도 최근에는 많은 지지를 얻고 있다. 이러한 주장을 공동화(空洞化) 이론(hollowing out theory)이라고 부른다.

노력이 진행되고 있다.

지금까지 국제통화제도 개선에 대해 논의해왔다. 그러나 국제통화 및 금융질서를 정립하고 국제통화제도가 성공적으로 유지되기 위해 무엇보다도 필수적인 요건은 국가들 간에 상호 협조체제가 공고해져야 한다는 것이다. 과거의 경험에 비추어 얻을 수 있는 가장 큰 교훈은 국제통화제도는 각국의 협조하에 잘 기능할 수 있고 각국이 개별적으로 자국의 이익을 좇아 행동하는 경우 여지없이 붕괴했다는 것이다. 각 국가들 간의 정책협조가 원활하다면 변동환율제도이든 고정환율제도이든 기능을 잘하지 않을 이유가 전혀 없다. 과거 금본위제도 및 초기의 브레튼우즈 체제, 그리고 관세인하에 합의한 GATT 제도에서 보듯이 각국이 노력하면 국제적인 협조를 도출해내기가 어려운 것만은 아니다. 이러한 성공적인 경험과 국제통화제도 붕괴의 원인을 돌이켜 볼 때 향후 국제통화질서를 유지하기 위해서는 국제적인 협력을 도출하는 것이 필수적이며, 이러한 국제적인 협조가 각국의 국내이익을 증진하기 위해 마련되는 수단으로서가 아니라 그 자체가 목적으로 추구되어야 할 것이다.

3. 지역 통화금융협력

범세계적인 통화 · 금융협력 움직임과 더불어 지역적인 협력노력도 활발하게 이루어지고 있다. 이와 같은 지역적인 협력 움직임이 나타나고 있는 이유는 첫째, 점점 확산되고 있는 세계경제의 블록화 현상과 더불어 통화 · 금융 측면에서의 지역 협력이 요구되기 때문이다. 둘째, 최근의 국제금융위기 경험에서 알 수 있듯이 위기는 지역적으로 급히 전이되는 특징을 가지고 있어 이를 방지하기 위해서는 지역 차원에서의 협력이 필요하기 때문이다. 셋째, IMF 등과 같은 범세계적 기구는 지역적인 문제를 별도로 특별히 고려할 수 없다는 인식이 확산되고 있기 때문이다.

3.1 유럽통화통합

유럽국가들은 전통적으로 비슷한 정치 · 경제 · 문화 환경을 가졌지만 여러 국가들로 나누어져 있었고 역사적으로 보아도 전쟁이 끊이질 않았다. 제2차 세계대전 이후 세계경제의 주도권을 미국과 일본에 넘겨주면서 유럽국가들은 연대의 필요성을 절감하게 되었고, 경제통합을 통해 규모의 경제를 달성하고 국제경제에서의 주도권을 회복하고자 하는 정책을 꾸준히 추진하게 되었다.

표 15-2 유럽의 통화통합 과정

연도	주요 내용
1951	유럽석탄철강공동체(ECSC) 출범
1957	로마조약(EEC 조약) : 공동시장의 창설
1972	바젤협정 : 스네이크 제도 도입
1973	브레튼우즈 체제 붕괴 : 공동변동환율제도 도입
1979	EMS 창설
1986	단일유럽의정서 채택 : EC1992 계획의 추진
1992-1993	ERM 위기
1993	마스트리히트 조약 발효
1995	Euro 명칭 채택
1996	재정건전화, 안정 및 성장에 관한 협약
1999	단일통화 출범
2002	통화통합 완료

3.1.1 통합논의의 진전

유럽통합논의는 1951년 유럽석탄철강공동체(ECSC)에서 출발하고 1957년 로마조약을 맺으면서 공동시장을 창설하고 이후 경제통합의 기초를 형성하게 된다. 통화통합에 대한 필요성은 1960년대 후반부터 달러의 금태환과 고정환율제도를 양대 축으로 하는 브레튼우즈 체제가 위기를 맞게 되자 국제통화제도에 대한 불안이 심화되면서부터라고 할 수 있다. 이에 따라 1969년 헤이그 정상회담에서는 경제 · 통화 동맹의 형성에 합의하고 베르너 보고서(Werner Report)를 작성하기에 이르렀다. 1970년 작성된 베르너 보고서에는 1980년까지 3단계에 걸쳐 경제통합을 완성하고 공동의 통화정책을 실시하도록 되어 있었지만, 석유파동 등에 따른 인플레이션과 환율급변에 대응한 각국의 독자정책 사용으로 인해 달성되지 못했다.

1971년 미국정부가 금태환중지를 선언한 이후 국제통화제도가 더욱 불안정해지자 선진 주요국가들은 이에 대처하고자 스미소니언 협정을 체결했다. 유럽국가들은 자체적으로 환율안정의 필요성을 인식하고 1972년 바젤 협정을 통해 스네이크 체제(snake in the tunnel)를 출범시켰다. 이 체제를 통해 가맹국통화의 대미 달러

환율변동폭은 스미소니언 협정에 따라 상하 2.25%에서 운용하고, 역내통화 간의 환율변동폭은 대미 환율변동폭의 1/2로 한정함으로써 환율안정을 꾀했다. 하지만, 1973년 스미소니언체제의 붕괴로 국제통화제도가 자유변동환율제도로 이행하면서 스네이크 체제는 공동변동환율제도(European System of Narrower Exchange Rate Margins : Snake System)로 바뀌었다.[5] 이는 역내통화 간 환율변동폭은 그대로 유지하면서 대미 달러 환율변동 제한을 폐지한 제도였지만 영국, 아일랜드, 이탈리아 등 가맹국들이 이탈·복귀를 계속하는 가운데 그 결속력이 크게 약화되었다.

이에 유럽 각국들은 보다 실효성 있고 강력한 환율안정화장치의 필요성에 대해 공동의 인식을 하고, 이러한 인식을 바탕으로 1979년 환율조정 메커니즘(Exchange Rate Mechanism, ERM)의 운영과 유럽통화단위(European Currency Unit, ECU)[6]의 창출을 근간으로 하는 유럽통화제도(European Monetary System, EMS)가 출범하게 되었다. ECU는 가맹국의 경제력을 가중치로 하여 가맹국 화폐로 구성된 통화바스켓의 단위로서, 가맹국 통화에 대한 가치척도의 기능을 수행하며, 역내정부 간 그리고 역내정부와 EC기구와의 거래시 공식적인 계산단위 및 결제수단으로서의 기능을 수행한다. ERM은 가맹국합의를 통해 ECU 중심환율과 각 통화 간의 기준환율을 설정한다. 환율의 변동폭을 기준환율의 상하 2.25% 이내로 제한하고 환율이 이 한계수준에 도달할 경우 통화당국은 외환시장에 개입해 환율변동을 방어하도록 되어 있다. ERM은 시행 초기에 환율의 재조정이 있었지만, 전반적으로 역내환율의 안정을 도모하는 데 기여했다.

3.1.2 유럽경제통화동맹(Economic and Monetary Union, EMU)

1980년대 들어 유럽의 경기침체가 장기화되자 유럽국가들의 시장분할이 미국이나 일본 및 아시아 신흥공업에 대한 경제력 열세의 한 원인이 된다는 인식을 하게 되면서 EMU에 대한 논의가 시작되었다. 그 결과 1985년 단일시장의 창출을 도모하는 '1992년 계획'을 발표하고, 1986년 유럽단일의정서(Single European Act)가

5. 1972년 스미소니언 체제에서 유럽 역내통화들 간 변동폭을 대미 달러 변동폭과 동일한 2.25%로 유지하기로 한 환율변동 형태를 '터널 속의 뱀' (snake in the tunnel)이라고 부르고, 1973년 스미소니언 체제를 이탈한 후 역내통화들 간 변동폭은 유지하되 대미 달러 변동폭을 자유화한 형태의 공동변동환율제도를 '터널을 나온 뱀' (snake out of the tunnel) 또는 단순히 스네이크 제도(snake system)라고 불렀다.

6. 1995년 마드리드 정상회담을 통해 Euro로 바뀌었다.

채택되었다. 이 의정서에는 1992년 말까지 282개의 각종 무역장벽을 제거해 상품, 서비스, 노동 및 자본의 자유로운 이동을 가능케 하는 역내시장통합을 완성할 것을 목표로 했다.

그러나 단일시장을 완성하고 자본이동을 완전자유화하는 과정에서 환율조정 메커니즘을 유지하기 위해서는 회원국들의 통화정책에 대한 자율성 침해가 불가피해졌고, 이에 따라 EMS 체제로는 시장통합에 대한 이익을 극대화하는 데 한계가 있다는 인식을 하게 되었다. 그 결과 1970년 작성된 베르너 보고서에서 제시했던 통화통합 논의가 다시 대두되면서 1989년에 들로르 보고서가 작성되었다. 이 보고서를 근거로 1991년 단일통화의 창출과 단일통화정책을 중심내용으로 하는 EMU와 정치동맹에 대한 합의가 이루어져 마스트리히트조약의 탄생을 보게 된 것이다.

마스트리히트조약에서는 EMU를 3단계로 나누어 추진하는 것으로 되어 있다. 제1단계는 1990년 7월에서 1993년 12월까지로 정해져 있었다. 이 단계에서는 역내시장통합에 따라 단일유럽법에 의해 시장을 자유화하고 3대 시장장벽(통관절차 등 물리적 장벽, 제품규격 및 기술면허 등 기술적 장벽, 조세제도 차이 등 조세장벽)을 제거했다. 또한 EMU에 참가하려는 국가들은 각국에서의 비준절차를 걸쳐 마스트리히트조약을 발효하고, EMS의 효율적 운용을 위해서 EU의 회원국 모두가 ERM에 가입해 가입국 간에 통화 · 환율정책의 협조를 강화하고자 했다.

제2단계는 1994년부터 시작되었는데, 이 기간은 제3단계를 시작하기 위한 여건을 준비하는 기간으로서, 이 기간 내에 물가, 금리, 환율, 재정적자 등에서 경제수렴조건을 충족해야 한다. 또, 유럽중앙은행의 전(前) 단계로서 유럽통화기구(European Monetary Institute, EMI)를 설립해 회원국들의 중앙은행 간 통화정책의 협조를 강화하고, 유럽중앙은행의 설립과 단일통화창출 등 제3단계 이행을 위한 준비작업을 하며, 단일통화에 대한 안정성을 유지하고자 했다. 한편, 유럽중앙은행제도의 독립성을 보장하기 위해 각국의 중앙은행 독립성이 제도적으로 보장되도록 각국의 중앙은행법을 개정했다.

제3단계는 빠르면 1997년 1월, 늦어도 1999년 1월부터 시행되는 통화통합을 완성하는 시기로 유럽중앙은행제도(European System of Central Banks, ESCB)가 유럽통화기구의 업무를 이어받고, 참가국으로부터 통화주권을 이양받아 단일통화(Euro)를 창출하고 단일통화정책을 수립해 집행하고자 했다.

마스트리히트조약 비준을 거치면서 유럽통화통합이 대세로 굳어지는 듯했으나 독일통일을 기점으로 해 외환시장에서 약세통화의 투매현상과 함께 ERM은 흔들리기 시작해 통합의 전망이 불투명해지기도 했다. 독일통일에 따라 구동독지역을 지원하기 위한 재정지출로 재정적자가 누적되고 인플레이션에 대한 압력이 커져 독일은 1991년 초부터 고금리정책을 취하게 되었다. 그 결과 다른 ERM국가들은 경기침체의 상황 속에서도 독일을 따라 금리를 계속해서 인상하지 않을 수 없게 되었고, 이 과정에서 국가 간 경제력차이와 그로 인한 정책입장차이에 따라 국가 간 정책협조체제가 약화되었다. 결국 영국과 이탈리아가 ERM을 탈퇴하고 환율변동폭이 상하 15%로 확대되면서 단일통화체제의 도입을 목표로 한 EMU에 대한 회의론이 제기되기도 했다.

그렇지만 이러한 회의론은 1995년 마드리드 정상회담에 참석한 회원국 정상들의 강력한 통합 의지표명에 따라 사그러들었다. 이 회담에서 EMU의 1차 참가국들을 1997년도의 경제여건에 근거해 1998년 초에 결정하고 마스트리히트조약에서 결정된 경제의 수렴조건을 충족시키지 못하는 국가는 EMU 참여에서 배제한다고 선언했다. 또한 단일통화의 명칭을 유로(Euro)로 정하고 2002년 상반기내에 각국 지폐의 법화로서의 지위를 박탈하고 유일한 법화로서의 지위를 유로에 부여함으로써 유럽통화통합을 완료하도록 했다.

3.1.3 통화통합의 경제수렴조건

EMU의 완성단계인 제3단계에 진입하기 위해 충족시켜야 하는 경제수렴조건[7]이란 단일통화정책이 효율적으로 운용될 수 있는 바탕을 마련하기 위해 각 회원국의 거시경제 운용환경을 동질화하려는 것이다. 각국의 물가, 장기금리, 재정적자, 환율 4가지 거시경제변수들에 대해 일정한 목표수준을 설정하고 있는데, 그 내용은 다음과 같다.

- 첫째, 물가는 최근 1년간 소비자물가상승률이 가장 낮은 3개 회원국의 평균 상승률 +1.5% 수준 이내로 유지되어야 한다.

---

7. 마스트리히트조약의 제2단계 과정인 경제수렴조건의 타당성에 대한 반대의견도 만만치 않다. 즉, 수렴조건을 무리하게 충족시키는 과정에서 과다한 비용을 치르게 할 수 있고, 회원국 간에 비대칭적인 충격이 발생할 경우 궁극적 목표인 통화통합에 오히려 방해가 될 수도 있다는 논리이다.

- 둘째, 장기금리수준은 최근 1년간 소비자물가상승률이 가장 낮은 3개 회원국의 평균 명목장기금리 +2% 수준 이내에서 유지되어야 한다.
- 셋째, 재정적자는 경상 GDP의 3% 이내여야 하고, 정부부채가 경상 GDP의 60% 이내로 유지되어야 한다.
- 넷째, 환율은 자국통화와 다른 회원국통화 간의 환율을 ERM의 환율변동 허용폭 범위내에서 유지하되 최근 2년간 회원국통화 간에 설정된 기준환율을 유지해야 한다.

원래의 EMU 일정에 따르면 1997년 혹은 늦어도 1999년 제3단계로 이행할 때, 그 전년도의 회원국의 경제수렴조건의 충족여부를 근거로 통화통합의 최종단계에 진입하는 회원국을 선정하도록 되어 있었다. 1996년을 기준으로 볼 때 물가, 이자율, 환율의 경우 일부 국가를 제외한 주요 회원국들이 이 기준을 충족시키고 있다. 그렇지만, 재정적자가 1996년 경상 GDP의 3% 미만으로 내려간 나라는 네덜란드, 룩셈부르크, 아일랜드, 덴마크 등 4개국에 그치고, 정부부채의 경우도 프랑스와 룩셈부르크만이 경상GDP의 60% 이내에서 유지되고 있다. 따라서 경제수렴조건 4가지를 모두 충족시키고 있는 국가는 룩셈부르크 한 나라밖에 없는 실정이었다.

이에 따라 EU 회원국 정부는 이 재정기준을 충족시키기 위해 재정지출을 줄이고 조세를 늘리는 긴축재정을 운용하고 있었다. 하지만, 불경기와 실업을 유발하는 긴축정책에 대한 일부 정파와 국민들의 반대가 심하고 주요 회원국들이 재정기준을 모두 충족시킬 가능성이 높지 않았다. 이러한 상황에서 재정기준에 관한 조항을 좀 더 유연하게 해석해[8] 상당수의 국가들이 재정적자와 정부부채의 기준을 충족시킨 것으로 처리되었고, 결국 1999년 1월 11개국이 통화통합의 3단계로 이행했다. 그리스는 2001년 수렴기준을 충족시킨 후에 뒤늦게 가입했다. 이후 2007년 슬로베니아, 2008년 말타 및 사이프러스, 2009년 슬로바키아, 그리고 2011년 에스토니아가 가입함으로써 현재 회원국은 총 17개국으로 증가했다.

8. 마스트리히트조약 104조에서는 "…GDP에 대한 재정적자비율이 기준치에 가까운 수준으로 접근…, …GDP에 대한 정부부채비율이 충분히 감소해 만족스러운 속도로 기준치에 접근…"으로 규정해 재정기준을 유연하게 해석할 여지를 남겨 놓았다.

그림 15-2 EU회원국 및 Euro 도입국

주 : 짙은색이 유로 도입국을 의미한다.

3.2 동아시아 통화 · 금융협력

그동안 동아시아 지역에서도 경제협력에 대한 논의가 꾸준히 제기되어 왔었다. 과거에는 이러한 논의가 대부분 무역, 투자 등 실물경제와 관련된 것이었고 통화 및 금융협력에 관한 논의는 많지 않았다. 또한 경제협력에 관한 노력은 동아시아 지역의 경제발전과 더불어 자연스럽게 나타난 것이었으며 어떤 제도적인 노력이 기울여진 것은 아니었다. 그러나 1990년대 이후 특히 1997년 동아시아를 강타한 외환금융위기 이후, 동아시아에서도 실물뿐만 아니라 통화 · 금융분야에서 지역협력 노력이 진행되고 있고, 과거와는 달리 제도적인 장치를 마련하기 위한 다양한 협의가 추진되고 있다.

동아시아 지역에서의 경제협력과 관련해, 무역 및 투자분야에서는 양자간 자유무역협정 혹은 역내 일부국가들간의 국지적인 협력형태를 띤 노력들이 많았다. 반면, 통화 · 금융분야에서의 협력구상은 상대적으로 국지적인 형태보다 많은 경우 동아시아 지역 전체 또는 동아시아 지역을 넘어서는 초동아시아적 협력 형태를 띠고 있다는 특징이 있다. 또한 무역 및 투자협력에 대한 논의는 1990년대 이전부터 논의되어 온 반면, 동아시아 지역에서의 통화 · 금융협력과 관련된 구상들은 주로 1990년대 이후 나타난다.

1990년대 이후 제기되었던 통화 · 금융협력 아이디어들은 처음에는 동아시아 지역에 국한된 협력을 위한 것이라기보다 국제협력 차원에서의 구상들이었다. 예를 들어 1991년 시작된 EMEAP(Executives' Meeting of East Asia Pacific Central Banks), 호주 중앙은행 총재인 프레이저(Fraser)가 제안한 Asian BIS, 동아시아 위기가 발발하자 이에 대한 대응으로 1997년 11월 APEC 재무장관 회의에서 창설된 마닐라 그룹(Manila Framework Group, MFG) 등과 같이 위기 이전에는 대부분 아태통화협력의 구상들이 주로 제안되었다.

그러나 동아시아 위기 이후에는 지역에 국한된 협력구상들이 많이 제시되고 있다. 가장 널리 알려진 것으로는 1997년 9월 일본정부에 의해 제안된 AMF(Asia Monetary Fund) 구상을 들 수 있는데, 동아시아 지역에서 IMF의 기능을 수행하려고 하던 이 구상은 IMF 및 미국의 강력한 반대에 의해 무산되고 말았다. 비록 AMF 구상이 무위로 끝났지만, 이후 1998년 10월 일본 미야자와 재무장관(미야자와 플랜), 1999년 말레이시아 마하티르 수상 및 필리핀 에스트라다 대통령 등에 의해 꾸준히 AMF와 유사한 기구의 필요성이 반복제기되었고, 동아시아 국가들은 금융협력을 강화하기 위한 다방면의 노력을 계속해왔다. 이러한 노력의 일환으로 동아시아 지역에서 금융문제를 해결하고 공동협력방안을 모색하는 가장 중요한 협의체로 자리잡은 것이 ASEAN + 3회의이다.

ASEAN + 3회의는 1997년 12월 말레이시아 콸라룸푸르에서 개최된 ASEAN 창립 30주년 기념 정상회의에 한국, 중국, 일본 등 3국 정상이 초청되어 ASEAN 10개국[9]과 극동지역의 3개국이 결합함으로써 최초로 형성되었다. 이어 1998년 12월

9. ASEAN(동남아시아국가연합) 회원국은 1967년 결성 당시 인도네시아, 말레이시아, 싱가포르, 태국, 필리핀 등 5개국이었으나 이후 브루나이(1984년), 베트남(1995년), 라오스, 미얀마(1997년), 캄보디아(1999년) 등이 가입해 현재의 10개국으로 확대되었다.

베트남 하노이에서 개최된 ASEAN + 3국 정상회의에서는 역내 의견교환 및 협력강화를 위해 재무장관회의 및 대표자(Deputies)회의를 정기적으로 개최키로 합의했다. 1999년 11월의 마닐라 정상회의에서 포괄적인 역내 금융협력을 강화키로 합의하는 공동성명을 천명함에 따라 동아시아 금융협력은 새로운 전기를 맞이하기 시작했다. 정상회담 후속조치의 하나인 역내 유동성지원장치를 수립하기 위한 방안으로 결실을 맺은 것이 2000년 5월 태국 치앙마이 재무장관회의에서 채택된 치앙마이합의(Chiang Mai Initiative, CMI)이다.

CMI의 주요내용은 기존 ASEAN 국가간의 통화스왑협정을 확대하고 한 · 중 · 일과 ASEAN 중앙은행 간에 스왑 및 환매조건부거래(Repo) 네트워크를 구축해 외환위기시 약정금액 한도내에서 상대국으로부터 달러화를 지원받을 수 있도록 하자는 것이다.[10] ASEAN + 3국은 이어 수 차례에 걸친 재무차관 및 중앙은행 부총재급 회의에서 CMI의 세부적인 내용을 구체화했고 2000년 11월 싱가포르에서 열린 정상회의에서 이를 추인한 다음 개별적인 협상을 통해 쌍무적인 통화스왑계약을 추진해왔는데 현재 총 780억 달러 규모의 계약이 체결되었다.

하지만 CMI가 지역협력이라고는 하나 양자간 통화스와프(bilateral swap arrangement)를 기반으로 하고 있어서 개별국가 간 통화스와프의 지역적 형태일 뿐 역내에서 이를 통제하거나 관리하는 제도적 근거가 없었으며 선택적 이탈(opt-out)이 가능해 현실적인 유효성에 의문이 제기되었다. 이런 가운데 역내국가들의 외환보유액 증가와 금융시장의 개방화 및 통합추세 강화로 CMI의 개선요구가 높아짐에 따라 CMI의 다자화(CMI Multilateralization, CMIM)가 추진되었고, 2010년 3월부터 CMIM 체제가 공식적으로 출범했다.

10. 이에 앞서 미 국채를 담보로 한 환매조건부(Repo) 금융지원 계약체결은 1995년부터 시작되었다. 동아시아 8개국이 안정적인 재원 확보 및 외환시장 안정 도모를 위해 미정부채 Repo 계약에 참여하고 있으나, 실제 자금지원이 이루어진 사례는 없다. 이후 보다 체계화된 금융지원 형태를 도입할 필요성이 커짐에 따라 ASEAN + 3 협의체에서 CMI에 의한 양자간 통화스왑계약을 추진하게 된 것이다.

표 15-3 **CMI에 의한 양자간 통화스왑계약 현황**

	위기시(CMI 체제 통화스와프)				평상시
	한국	중국	일본	ASEAN	
한국	–	40억 달러	100억 달러 지원 50억 달러 수혜	65억 달러	한 · 중 : 260억 달러 한 · 일 : 200억 달러
중국	40억 달러	–	30억 달러	95억 달러 수혜	
일본	50억 달러 지원 100억 달러 수혜	30억 달러	–	45억 달러 지원 220억 달러 수혜	
ASEAN	65억 달러	95억 달러 지원	220억 달러 지원 45억 달러 수혜	–	
총계	155억 달러 지원 205억 달러 수혜	165억 달러 지원 70억 달러 수혜	350억 달러 지원 125억 달러 수혜	110억 달러 지원 380억 달러 수혜	460억 달러
	총합 : 780억 달러				

자료 : 기획재정부

비록 CMIM 체제가 진일보하기는 했지만 여전히 많은 한계를 가지고 있다. 우선 1,200억 달러로 전체규모는 증가했지만 각국이 인출할 수 있는 금액은 자국의 출자금에 연동되어 있으며 국제금융자본의 이동규모를 고려할 때 실제 위기를 막을 수 있는 규모가 되지 못한다. 또한 자금 인출시 CMIM이 독자적인 결정을 할 수 있는 부분은 20%에 불과하고 나머지는 IMF의 통제를 받게 되어 있어 CMIM 체제가 IMF지원의 보조적 역할에 그칠 수 있다. 이 외에도 약정금 형태로만 되어 있고 상설펀드로서 존재하지 않아 여전히 위기시 지원금의 제공이 보장되지 않을 수도 있다.

금융협력의 또다른 노력으로 2003년 8월 마닐라에서 열린 ASEAN + 3 재무장관회의에서는 '아시아 채권시장 육성이니셔티브'(Asia Bond Market Initiative, ABMI)를 협력사업으로 채택했다. 이후 지속적인 논의와 연구를 거쳐 2008년 5월 장관회의에서 ABMI 논의를 보다 체계적이고 효율적으로 추진하기 위한 새로운 로드맵을 채택했다. 이에 따라 역내 채권시장 발전방안을 수요, 공급, 규제, 인프라의 4개 영역으로 나누어 각 영역에 대한 네 개의 태스크포스 활동을 조정하기 위해 운영그룹(Steering Group)을 설립했는데, 이 그룹의 핵심과제는 〈표 15-4〉와 같다.

표 15-4 태스크포스의 핵심과제와 추진내용

구분	핵심과제	추진내용
태스크 포스 1	역내통화채권 발행 확대 (의장 : 중국, 태국)	■ 라오스의 태국 바트화 채권 발행 ■ 신용보증투자기구 ■ 인프라채권
태스크 포스 2	역내통화채권에 대한 수요 촉진 (의장 : 일본, 싱가포르)	■ 기관투자가를 위한 투자환경 조성 방안 ■ 기관투자가에 대한 홍보 ■ 역내 채권시장 활성화를 위한 컨퍼런스
태스크 포스 3	규제체제 개선 (의장 : 일본, 말레이시아)	■ 역내 규제/감독당국 간 협력 강화 방안 ■ 규제/감독당국의 역량 강화 방안 ■ 아시아 채권표준 연구 진행 ■ 역내 규제체계 선진화를 위한 세미나 ■ 역내 채권시장 규제 표준화를 위한 논의체계 정비
태스크 포스 4	채권시장 인프라 개선 (의장 : 한국, 필리핀)	■ 채권 유동성 증가 방안에 대한 연구 ■ 증권결제 인프라 구축 ■ 역내 예탁결제기구에 대한 전문가그룹(GoE)의 연구

자료 : 박영준 · 이동은 · 오용협 · 안지연(2010)

ABMI는 본질적인 한계를 지니고 있다. 무엇보다도 아시아 지역 채권시장의 발전은 시장에 의해 추동되어야 안정적 발전이 가능한데, 따라서 ABMI와 같이 정부간 협력을 통한 발전방안은 한계에 직면할 것이다. 또한 역내 채권시장이 발전하기 위해서는 국제적으로 호환성 있는 통화가 많아야 하나, 아직까지 일본의 엔화 외에는 국제적 호환성이 보장되어 있지 않으며 최근에는 일본 경제의 침체로 엔화마저 변동성이 높고 정책적 통제 능력이 부족하다. 그 외에도 채권시장 규모가 제한적이어서 투자자들에게 안정적인 투자환경을 제공하지 못하며, 역내 국가들의 금융시장 국제화 수준이 낮고 상호간 정치적 협력관계가 안정되지 못해 내부적으로도 신뢰를 충분히 획득하지 못하고 있다는 것도 문제점으로 지적할 수 있다.

한편 동아시아 금융위기 이후 세계금융시장에 대한 안정을 위해 국제금융체제 개편에 대한 필요성, 금융위기 대처 능력의 부재에 대한 반성과 IMF의 역할에 대한 불신으로 호환성 있는 역내통화의 창출에 대한 필요성 등이 제기되면서 통화협력에 대한 논의도 전개되었다. 통화협력과 관련해 가장 대표적인 논의는 ACU(Asian Currency Unit)로 대변되는 지역통화단위의 구성이다. 2004년부터 ASEAN + 3 Research Group에서 통화통합 논의를 다루도록 제안했으며, 2006년 한중일 재무장관회의에서 지역통화단위 도입문제를 정부차원에서 본격 논의하기로 합의했다.

이에 따라 ASEAN + 3 Research Group에서 지역통화단위 구성, 감시감독체계와의 연계, 지역통화단위 활용방안 등에 대한 연구가 추진되었으나 2008년 ASEAN + 3 회의 이후에는 별다는 논의가 전개되지 않고 있다.

이처럼 통화협력 논의가 지지부진한 이유는 여러 가지가 있다. 지역통화협력을 위해서는 경제적 및 비경제적 여건이 조성되어야 한다. 동아시아 경제에서 경제적인 측면에서는 그래도 어느 정도 여건이 형성되어 있으나 기타 정치적 및 사회문화적인 측면에서 통화협력 분위기가 좀처럼 형성되고 있지 않다. 그동안 동아시아 국가들은 냉전 등의 이유 때문에 정치적인 면에서 상호협력을 해본 경험이 거의 없고, 동아시아 전체를 하나의 공동체로 통합하고자하는 비젼도 제시된 바가 없었다는 것은 사실이다. 또한 동아시아 지역에는 많은 갈등의 소지가 상존하고 있고 동아시아 국가내에서 지역통합이 커다란 지지를 받지는 못하고 있다는 것도 장애요인으로 작용할 수 있다. 게다가 과거 역사에 대한 경험으로 인해 역내 각국 간의 앙금이 여전히 해소되지 않고 있으며, 상호 간의 신뢰정도가 유럽 등 타 지역에 비해 낮은 수준이다. 더욱이 동아시아에서의 복잡한 역학 구도로 인해 중국과 일본 간 지나친 경쟁관계는 지역의 정체성 형성 및 지역통합의 리더십에 상당한 손상을 입히고 있는 실정이다.

요약

1. 현행 국제환율체계를 분류해보면 크게는 경성고정환율제도, 연성고정환율제도, 변동환율제도로 구별할 수 있다. 경성고정환율제도에는 개별국 법적통화가 없는 제도와 통화위원회제도가 있으며, 연성고정환율제도에는 전통적 고정환율제도, 목표환율대제도, 크롤링고정환율제도, 크롤링환율대제도 등이 있다. 변동환율제도는 다시 운영방식에 따라 관리변동환율제도와 독자적 변동환율제도로 세분될 수 있다.

2. 국제통화제도는 금본위제도, 전간기의 다양한 제도, 1944년부터 1970년대 초까지 브레튼우즈 체제를 거쳐 현재의 변동환율체제로 이행되었다. 이처럼 국제통화제도가 고정 및 변동을 반복하는 까닭은 환경이 변화되면서 기존의 제도가 새로운 환경에 부합하지 않기 때문이다. 국제통화제도가 성공적으로 정착되기 위해서는 기본적으로 안정성과 유동성을 확보할 수 있어야 한다. 최근 국제통화제도를 개선하기 위한 노력은 통화적인 관점에서 환율제도를 개선하기 위한 노력과 아울러 금융질서를 정립하기 위한 금융체제 개선 노력이 함께 진행되고 있다.

3. 지역통화통합의 대표적 사례로 유럽통화통합을 들 수 있다. 유럽은 단일시장을 완성하기 위해 통합을 추구했는데 최종통합에 이르기 전 중간형태로 유럽통화제도(EMS)를 도입했다. 유럽통화제도의 기본 골격은 '유럽통화단위'(ECU)와 '환율조정메커니즘'(ERM)인데, 가맹국들의 환율안정을 꾀했다. 이후 마스트리히트조약에 따라 단계별로 통화통합을 추진한 결과 1999년 EMU를 출범시키고 단일통화인 유로를 도입했다.

4. 동아시아 지역에서도 1997년 외환금융위기 이후 위기의 재발방지, 지역주의 확산에 대한 대응 및 지역경제 성장잠재력의 지속적인 확대 등을 목적으로 독자적인 통화 · 금융협력체를 구성해야 한다는 목소리가 커지고 있다. 이를 위해 ASEAN+3 회의를 중심으로 CMI 등 구체적인 노력이 꾸준히 진행되어 오고 있다.

부록 우리나라의 환율제도 변화

1. 단일변동환율제도

우리나라는 1964년 5월에 미화 1달러당 130원의 '고정환율제도'를 폐지하고 달러당 255원을 하한으로 하는 '단일변동환율제도'를 채택했다. 이 제도의 당초 목

그림 A15-1 우리나라 환율의 변화추이

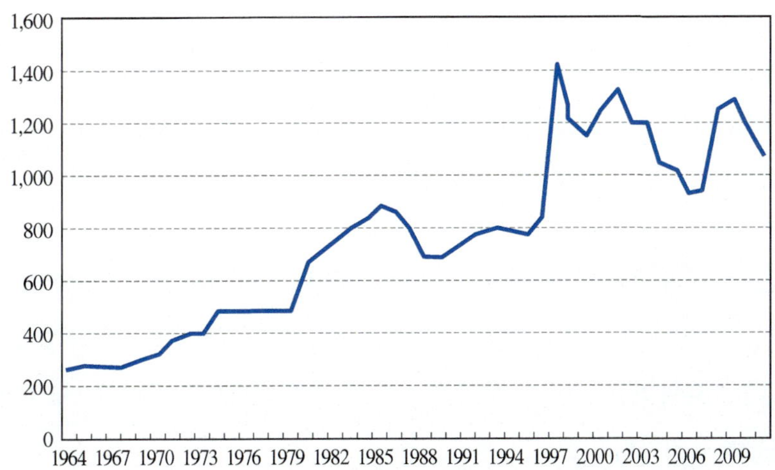

적은 공정환율을 외환시장의 수급에 따라 유동적으로 조정함으로써 공정환율의 실세화를 도모하고자 한 것이었다. 그러나 새로 채택된 단일변동환율제도에 있어서도 원화환율의 실세반영이 제대로 이루어지지 않았는데, 그 이유는 이 기간동안 한국은행의 외환시장개입으로 환율이 사실상 미국 달러화에 계속 고정되어 있었기 때문이다.

물론 그 이후에도 1969년 11월의 4.5% 평가절하, 1971년 6월의 13% 평가절하, 그리고 1974년 12월 석유파동에 대처하기 위한 21.3%의 평가절하 등 몇 차례에 걸쳐 환율의 평가절하가 있었으나 환율은 1979년 말까지 장기적으로 고정되어 온 셈이다.

그러나 이와 같이 대미 달러화에 연동(pegging)된 실질적인 고정환율제도를 계속 유지하는 데는 여러 가지 문제가 발생하게 되었다.

첫째로 국내의 인플레이션이 외국에 비해 훨씬 높은 상황에서 환율이 고정되어 있었으므로 우리나라의 수출재는 국제시장에서 가격경쟁력을 잃게 되었다. 그리고 이를 보완하기 위해 실시된 수출재에 대한 각종의 보조금정책은 자원의 효율적인 배분을 저해하는 요인이 되었다. 결국 국제수지조정수단으로서의 환율의 기능이 배제된 상태에서 국제수지는 악화되었고, 두 차례에 걸친 석유파동은 국제수지적자를 더욱 확대시켜 외채의 누적을 가져오게 되었다.

둘째 문제는 원화를 단일통화에 연동시킨 데서 발생한 문제이다. 1970년대 주요 선진국들이 변동환율제도로 이행함에 따라, 달러에 연동된 고정환율 아래에서는 원화가치의 변동없이도 달러가치의 변동에 의해 원화의 대외가치가 자동적으로 변동하게 되었다. 특히 석유파동 이후 달러가 주요 선진국 통화에 대해 강세를 보임에 따라 원화의 과대평가현상이 더욱 두드러지게 되었다.

셋째로 적시에 실세를 반영해 환율의 조정이 이루어지지 못하고 불가피한 상황에서 대폭적인 평가절하가 이루어졌기 때문에 경제 전반에 미치는 충격과 부작용이 지대했다.

이와 같은 문제점을 해결하기 위해 다음과 같은 기본방침하에서 제도의 개편이 추진되었다. 첫째, 미국 달러화에 연동된 종전의 환율결정방식을 복수통화군제도로 전환함으로써 미국 달러화 이외의 기타 통화에 대해서도 상대적으로 안정적인 환율변동을 유지하려고 했다.

둘째, 과거와 같이 일거에 대폭적으로 환율을 인상하는 환율조정방식을 피하기 위해 환율이 점진적으로 실세를 반영하도록 함으로써 환율의 국제수지조정기능을 회복시키려고 했다.

표 A15-1 우리나라 환율제도의 변천

시행기간	환율제도 형태
1. 1945년 10월~1964년 5월	고정환율제도
2. 1964년 5월~1980년 2월	단일변동환율제도
3. 1980년 2월~1990년 2월	복수통화군제도
4. 1990년 3월~1997년 12월	시장평균환율제도
5. 1997년 12월 16일~현재	자유변동환율제도

2. 복수통화군제도

제2차 석유파동의 여파로 1980년 1월에 들어와서 환율은 1달러당 484원에서 580원으로 19% 평가절하되었고 동년 2월에는 복수통화군제도가 채택되었다.

복수통화군제도란 앞서 언급한 원화의 대미 달러화 고정에서 야기된 문제점들을 해결하기 위해서 원화가치를 SDR통화군(SDR basket)과 교역량을 가중치로 한 독자통화군을 결합한 복수통화군에 연동시키면서도 환율이 외환의 실세를 적절히 반영하도록 한 일종의 '관리변동환율제도'이다.

이 제도하에서 환율은 다음의 환율결정식에 의해 결정되어졌다.

$$E = \beta \cdot \text{SDR통화군} + \beta' \cdot \text{독자통화군} + \alpha$$

여기서 E는 대미환율, β와 β'은 각각 SDR통화군[11]과 독자통화군[12]의 가중치($\beta + \beta' = 1$), 그리고 α는 정책변수인 실세반영장치를 의미한다.

이 환율결정공식은 SDR통화군과 독자통화군에 의해 원화의 대미 달러화 환율을 산출한 뒤 이를 각 통화군의 가중치로 가중평균하고 여기에 국내외의 이자율차, 인플레이션, 외환시장의 전망 등 외환의 실세를 반영해 환율이 결정됨을 보여준다.

11. SDR통화군이란 당시 SDR(IMF특별인출권)의 가치를 구성하는 각국 통화의 구성을 말한다. 즉, 미국 달러화, 일본 엔화, 영국 파운드화, 독일 마르크화, 프랑스 프랑화 등 5개국 통화의 가치에 의해 결정되었다.

12. 독자통화군은 우리나라의 주요 교역상대국통화로서 구성되나 그 구체적 내용은 대외적으로 알려진 바 없다.

따라서 대미환율의 결정에 있어서 실세를 반영할 수 있는 장치가 도입되었고 대미환율은 유동화되었다.

이러한 제도의 도입은 달러화 변동에 따르는 원화의 제3통화에 대한 자동적인 평가절상 혹은 평가절하를 중화시켰다. 복수통화군 중에 독자통화군을 포함한 이유는 우리의 대외교역이 미국과 일본에 편중되어 있어 우리의 가격경쟁력 유지를 위한 환율산출에 이를 반영할 필요가 있기 때문이다. 그러나 독자통화군만 포함한 경우 자본거래에서 중요한 비중을 차지하는 주요통화가 과소평가될 우려가 있었기 때문에 SDR통화군도 포함시켰다.

그러나 독자통화군과 SDR통화군에 주어지는 가중치(β, β'), 독자통화군의 구성통화, 그리고 실세반영장치(α)가 공표되지 않아서 이러한 환율결정식을 가지고 환율을 예측하기가 어려웠다.

또한 환율이 외환시장의 수급에 의해서만 결정되는 것이 아니고 실세반영장치를 통해서 통화당국에 의해 인위적으로 결정되어짐에 따라 환율의 가격기능이 제대로 발휘되지 못했다. 한편 이러한 실세반영장치의 운영으로 말미암아 1986년 이후 국제수지의 흑자전환을 계기로 우리는 환율조작국이라는 비난을 받게 되었다.

3. 시장평균환율제도

복수통화군제도는 다수통화에 연동시킴으로써 수출재의 가격경쟁력을 유지하고 실효환율을 안정시킨다는 장점이 있다. 그러나 이 제도에서는 환율이 외환시장의 수급상황을 원활히 반영하지 못하는 문제점이 여전히 남아 있었고 대외적으로는 특히 미국에게 한국의 통화당국이 환율을 인위적으로 조작한다는 인상을 주었다. 이에 정책당국은 환율결정과정에서 시장기능을 살리면서 외환시장의 활성화를 촉진할 수 있는 새로운 환율제도의 도입을 모색하게 되었다.

외환시장의 활성화와 자본 · 금융의 국제화를 촉진시키기 위한 환율제도의 단계적 개편방안의 일환으로 1990년 3월부터 도입한 것이 시장평균환율제도(market-average exchange rate regime)이다. 이 제도에서는 환율이 국내외환시장에서 외환의 수급에 따라 결정되어진다. 따라서 이 제도에서 환율의 가격기능은 과거보다 제고되어 대외거래를 원활히 뒷받침할 수 있게 되었으며, 환율운영에 따른 대외통상마찰요인을 완화할 수 있는 이점을 갖게 되었다.

시장평균환율제도에서 대미 달러화에 대한 원화의 환율(당일의 매매기준율)은 전일자 외국환은행의 은행간 현물환거래환율을 거래량으로 가중평균함으로써 얻어진다. 또한 이 제도에서는 외환시장 수급의 일시적 불균형에 따른 환율의 급격한 변동을 방지할 목적으로 은행간 거래환율의 일일변동폭을 설정하고 있다. 초기에는 거래환율의 일일변동범위를 시장평균환율의 상하 각각 0.4% 이내로 설정했는데 이후 변동폭이 점차 확대되었다.

그런데 시장평균환율제도에서는 정부의 외환시장개입정책이 허용되고 있다. 외환수급불균형에 따라 시장평균환율이 급격하게 변동할 경우에 한국은행은 외환시장에 개입해 환율의 안정을 도모할 수 있다는 예외조항을 둠으로써 개입을 허용하고 있다.

우리나라에서 시행되었던 시장평균환율제도는 자유변동환율제도로 이행하기 위한 전초단계로서 이해될 수 있으며, 과거의 '복수통화군제도'와 비교해서는 환율이 일정범위내에서 시장원리에 의해 결정된다는 점이 다르며, '자유변동환율제도'와는 정책당국의 외환시장개입이 허용된다는 점에서 다르다고 할 수 있다.

그런데 환율이 원칙적으로 외환시장의 수급에 따라서 결정되기 위해서는 무엇보다 외환시장기능의 활성화가 중요하다. 정부는 외환시장기능의 활성화를 위해서 1990년 3월부터 외환집중제를 완화하는 정책을 수립했다. 외환집중제란 해외에서 생긴 외화는 국내로, 국내에 들어온 외화는 외국환은행으로, 외국환은행의 외화는 다시 한국은행으로 집중하는 제도이다. 결국 외환집중제는 모든 외환이 한국은행에 모아지도록 해 외환의 누출을 방지하는 데 주안점을 두었기 때문에 사실상 외환시장의 기능을 무력하게 한다. 따라서 시장평균환율제도가 시행되면서 외환집중제가 존속하게 되면 대규모 외화를 거래하는 기업들은 환율의 유동성에 대처할 융통성이 없게 된다. 이와 같은 점을 감안해 정부는 1990년 3월부터 외환집중제를 완화하는 조처를 취했다.

4. 자유변동환율제도

1990년 3월 도입된 시장평균환율제도는 초기에 환율의 변동폭을 상하 0.4%로 제한해왔으나, 1993년 10월에는 1.0%로, 1995년 12월에는 상하 2.25%로 점진적으로 확대하면서 유지되어 왔다.

1997년에 들어 대기업의 잇단 도산, 금융시장의 불안정, 대외신인도 하락 등의 악재가 연쇄적으로 발생하면서 국내에 유입된 해외자본이 이탈하기 시작했다. 또한 원화가치의 방어와 대외 단기채무 상환에 따라 외환보유액이 바닥을 보이기 시작했다. 외환위기가 현실로 다가오면서 우리나라의 외환시장은 극도로 불안정해졌고, 환율은 투기적 요인에 의해 큰 폭의 변동을 보이며 거래중단선까지 상승하면서 외환보유액을 잠식했다. 이에 정부는 1997년 11월 19일 환율변동폭을 10%로 완화함으로써 환율의 가격기능을 회복시키고자 했다.

그러나 이러한 조치도 투기적인 공격을 막아내지 못했고, 환율이 상한선까지 폭등하는 일이 빈발하는 등 외환시장은 마비상태에 접어들었다. 이러한 급박한 상황에서 이미 자금지원을 하기로 약속한 IMF는 조기자금지원을 내세워 환율이 시장에서 결정되도록 조치를 취할 것을 요구했고, 정부는 1997년 12월 16일 환율의 변동제한폭을 완전히 풀어 외환시장의 수급상황에 의해 환율이 결정되도록 했다.

결국 1990년 3월부터 운영되어 온 시장평균환율제도는 7년 8개월여 만에 미국, 일본 등 선진국과 같이 사실상 자유변동환율제도로 바뀌었다. 이후 외환거래와 관련된 규제를 대폭 완화해 환율이 외환시장의 수급을 더욱 잘 반영하도록 노력하고 있다.

연습문제

01. 변동환율제도를 택하고 있고 높은 인플레이션에 시달리고 있는 국가에서 대통령 선거가 있었는데, 인플레이션을 억제하겠다는 공약을 내세운 당의 후보가 대통령으로 선출되었다.

a. 만일 새로운 정부가 변동환율제도를 유지한다면 이 정부는 어떻게 선거공약을 실천할 수 있겠는가?

b. 인플레이션을 억제하기 위한 방안중의 하나로 고정환율제도를 택할 수도 있는데 그 이유는 무엇인가?

02. 브레튼우즈 체제에서 각국의 달러보유액 증가가 세계경제성장에 따른 각국의 기축통화준비금 요구로 인해 증가되었다는 수요결정설과 미국 국내상황변화에 따른 미국통화량 확대로 인해 증가되었다는 공급결정설 중 어느 주장에 동의하는

가? 그 주장에 근거해 브레튼우즈 체제에서의 세계 총달러량과 세계 인플레이션 간의 관계에 대해 설명하라.

03. 위의 2번 문제와 관련해 브레튼우즈 체제에서 미국의 대외적자가 미국이 적자를 해소하기 위해 적절한 조치를 취하지 않아 발생했다는 공급결정설과 외국이 흑자 해소를 위해 적절한 조치를 취하지 않았다는 수요결정설 간의 논쟁이 치열하게 전개되었다. 다음과 같은 상황은 어떠한 주장을 뒷받침하는지 설명하라.

a. 1960년대 초반 및 중반 미국의 경상수지가 개선되었지만 종합수지는 계속 적자였다.

b. 1970년대 초 IMF가 각국에 새로운 준비자산을 할당했음에도 불구하고 미국의 적자는 급증했다.

04. 2002년 유로화의 도입은 많은 사람들의 우려와는 달리 큰 문제없이 진행되었다. 아직까지 유로화를 도입하지 않고 있는 영국에 대해 EMU에 가입하도록 설득하고자 한다.

a. 영국에게 가입하라고 주장하는 근거는 무엇인가?

b. 반면 영국인이 계속 가입하지 않겠다고 주장할 수 있는 근거는 무엇인가?

05. EMS는 투기적 공격을 억제하고자 1993년 환율변동범위를 2.25%에서 15%로 확대했다. 이러한 조치가 효과를 거둘 수 있다면 어떤 이유에서인지 설명하라.

06. 1997년 외환 · 금융위기 이후 동아시아 지역에서도 통화통합에 대한 논의가 전개되고 있다. 동아시아 지역의 통화통합 여건은 유럽지역에 비해 상대적으로 열악하다고 평가되는데 이를 설명하라.

07. 우리나라는 여러 경제지역들로 구성되어 있다. 각 경제지역을 하나의 독립된 경제단위라고 하자.

a. 각 경제단위는 매년 다른 경제단위에 대해 일종의 국제수지가 균형을 이루고 있는가?

b. 이들 경제단위가 똑같이 동일한 통화인 원화를 사용하는 단일통화지역인데 여기서 생기는 문제들은 무엇이고, 또 그 문제들이 어떻게 해결되는지 설명해 보라.

16장
Chapter sixteen

외환 · 금융위기

1. 외환 · 금융위기 이론

동아시아 외환위기 이전에 외환 · 금융위기를 설명하는 주요 이론으로는 국내 정책 간의 기본적인 불일치에 의해 위기가 발생한다는 크루그만(P. Krugman)의 제1세대 위기모형과 환율제도 유지의 비용-편익 간 상충문제로 인해 자기실현적(self-fulfilling) 위기가 발행한다는 옵스펠트(M. Obstfeld)의 제2세대 위기모형이 있었다.

그러나 1997년 한국을 비롯해 동아시아 전반에 걸쳐 발생한 위기에서는 기존의 위기모형으로 설명이 안되는 양상들도 나타나기 때문에 이를 설명하기 위한 새로운 여러 가지 시도가 있었다. 대표적인 것이 정부의 금융기관에 대한 암묵적 지급보증이 가져오는 도덕적 해이에서 그 원인을 찾고 있는 크루그만의 도덕적 해이(moral hazard) 모형과 한 국가의 대외부채와 대외자산 간의 유동성 불일치가 존재하는 상태에서 외부적 충격으로 인해 국제적인 예금인출사태(bank run)가 발생한다고 보는 삭스(J. Sachs)의 현대화된 금융공황(financial panic) 모형이 있다. 한편 자본자유화와 붐-버스트 사이클 과정에서 국내 금융시스템의 부실과 금융감독 · 규제의 미비가 위기를 불러올 수 있다는 붐-버스트사이클 모형도 제시되고 있다.

1.1 기존의 외환위기 이론

1.1.1 제1세대 외환위기 모형

크루그만(1979)에서 유래해 플로드와 가버(R. Flood and P. Garber, 1984)에 의해 발전된 제1세대 위기모형은 남미의 경제위기를 잘 설명하고 있다. 이 모형은 통화팽창에 의한 재정적자의 유지와 고정환율제도의 유지 같은 국내정책 간의 기본적인 불일치에 의해 위기가 발생한다고 설명한다.

예를 들어 정부의 과다한 지출로 인해 재정적자가 지속되고 있는데, 이러한 적자를 통화발행으로 충당하고 있다고 가정하자. 정부의 적자에 따른 통화증발은 당연히 본국 통화의 가치를 하락하게 만들 것이다. 그러나 현재 환율이 고정환율제도이므로 중앙은행이 목표환율을 유지하기 위해 외환시장에 개입해 외환보유액을 매도해야만 한다. 만일 정부의 재정정책이 조정되지 않으면 통화가치 하락 압력은 지속될 것이므로 환율을 유지하기 위한 계속적인 외환시장개입으로 외환보유액이 점점 소진될 것이다. 외환보유액이 곧 고갈될 것이라는 사실이 외환시장에 노출되면 국내 통화에 대한 갑작스런 대규모 투기적 공격이 이루어지고 외환위기가 발생하게 된다.

다시 말하면 전통적 외환위기 제1세대 모형에서는 외환위기의 원인을 과도한 재정적자와 고정환율제도의 유지라는 정책들 간의 일관성 결여에서 찾고 있다. 그 결과 환율이 기존수준에서 유지될 수 없다고 생각되면 외환에 대한 투기적인 공격이 일어나면서 외환위기가 발생한다는 것이다. 특히 외환보유액이 환투기를 막기에 부족하다고 생각되면 환투기가 가속화된다는 것이다.

이 모형의 주요 시사점은 기초경제여건(economic fundamentals)의 문제가 위기의 원인이 되며, 따라서 재정적자, 외채누적, 외환보유액 감소 등을 통해 위기를 예측할 수 있다고 설명한다. 그런데 이 모형은 정부의 경제정책을 너무 기계적인 것으로 가정한 점에서 한계가 있다. 실제로는 환율안정을 위한 정부정책의 범위가 더 넓어서 중앙은행은 외환시장개입 이외에도 긴축통화정책과 같은 환율방어를 위한 다양한 수단을 보유하고 있다는 점을 간과하고 있다.

1.1.2 제2세대 외환위기 모형

옵스펠트(1994)에 의해 발전된 이론으로 1990년대 초반 유럽의 ERM위기를 잘 설명하는 모형이다. 제2세대 모형은 기초경제여건의 문제 그 자체를 외환위기의 원인으로 보지는 않는다. 기초경제여건에 위기를 발생시킬만한 큰 문제가 없어도 정부 정책에 대한 신뢰에 문제가 생기면 환투기를 가져오면서 외환위기가 발생한다고 본다.

제2세대 외환위기 모형에서는 평가절하를 고용과 물가안정이라는 상충관계(trade-off)하에서 경제비용을 극소화하기 위한(효용을 극대화하기 위한) 정부의 선택이라고 본다. 예를 들어 정부는 실업이 경제현안으로 등장한 상황에서 실업률이 상승하면 고정환율제도를 포기하고 경기부양책을 쓸 유인이 생길 것이다. 반면에 환율안정이 국제무역과 투자촉진에 유리하고 외국투자자들에 대한 신뢰유지의 수단이 될 수 있다는 점에서 정부는 고정환율제도를 계속 유지할 유인도 있다. 이러한 상황에서 고정환율제도를 유지하는 비용이 포기하는 비용보다 더 커질 경우 정부는 투기적 공격이 없어도 고정환율제도를 포기하고 평가절하를 실시할 것이다.

그런데 그 과정에서 정부가 고정환율제도를 포기할 것이라고 사람들이 예상하게 된다면 그 예상 자체가 환율방어의 비용을 증가시키게 된다. 현명한 투기자들이라면 평가절하 이전에 자국통화를 매각하려 할 것이고, 그 결과 환율이 적절한 수준으로 조정되기 전에 투기적 공격으로 인해 고정환율제도가 붕괴되고 외환위기로 발전할 것이다. 환율안정을 유지할 수 있는 기초경제여건을 갖추고 있는 국가라 할지라도 환율유지의 비용을 크게 증가시키는 투기적 공격에 의해 환율안정을 포기하게 될 수도 있다는 것이다. 즉 평가절하를 예상한 투기적 공격은 그것 자체만으로도 평가절하의 주요 원인이 된다.

이 모형의 주요 강조점은 위기가 기초경제여건과 무관하게 자기실현적 기대(self-fulfilling expectation)에 의해 발생할 수 있으며, 이런 경우 시장에서는 풍문에 의해 집단적으로 움직이는 패거리 행동(herding behavior)이 나타나게 된다. 따라서 이 모형에 따르면 금융시장은 속성상 불안정할 수밖에 없으며 금융시장에 대한 규제가 정당화될 수도 있다.

1.2 동아시아 외환 · 금융위기 이론

1.2.1 도덕적 해이 모형

크루그만(1998)은 아시아 외환위기를 제1세대 및 제2세대 모형으로는 설명할 수 없다고 보면서 정부의 암묵적 지급보증이 가져오는 도덕적 해이(moral hazard)에서 그 원인을 찾고 있다. 투자를 하는 데 가장 중요한 고려사항은 기대수익과 위험에 대한 평가이다. 그런데 아시아 금융기관들은 기업에 대한 정부의 암묵적 지급보증을 믿어서 자유시장경제에서보다 기업들의 파산 가능성을 낮게 평가한다는 것이다. 그 결과 위험에 대한 고려를 제대로 하지 않고 기대수익만 높은 자산에 투자를 하게 된다. 이런 왜곡된 상태가 자산가격을 기초경제여건들에 의해서 정당화될 수 없는 수준으로 상승시켰고, 과잉투자와 이중투자를 가져왔다는 것이다.

그런데 이런 상황은 은행에 대한 정부의 암묵적 지급보증이 유효하다고 믿을 수 있는 시점까지만 지속이 가능하며, 그런 믿음이 상실되면 자산가격이 급격히 하락하게 된다. 자산시장에서의 거품붕괴로 인해 주가 및 부동산가격 등이 하락하면 은행부실을 가져온다. 중앙은행이 이 문제를 부실은행에 대한 통화공급으로 해결하려 하면 시장에서는 통화가치가 하락할 것이라고 예상하게 된다. 또한 자산가격의 하락으로 외국투자자들이 단기자본을 철수하고 자본이 해외로 빠져나가면서 큰 폭의 평가절하가 필요하리라 예상된다. 이러한 평가절하에 대한 예상이 환투기로 이어지면서 외환위기가 발생한다는 것이다.

이러한 크루그만의 외환 · 금융위기에 대한 분석은 그 원인을 금융부실을 가져오는 도덕적 해이(moral hazard)라는 대내적인 요인에서 찾고 있다. 크루그만 분석의 미래에 대한 정책적 함의는 다음 네 가지로 요약될 수 있다. 첫째, 동아시아 외환 · 금융위기의 주원인이 정부부문의 방만함이 아니므로 IMF 처방에 따른 단기해결(quick fix)은 어렵고 따라서 멕시코식의 빠른 회복은 가능하지 않다. 둘째, 자산가격의 거품은 정부의 보호에 대한 그릇된 기대에 기초한 것이므로 자산가격은 회복되더라도 이전보다는 낮은 수준에 머물 것이다. 셋째, 통화가치 역시 은행부문에 대한 중앙은행의 통화공급 증대 가능성과 경상수지 흑자를 위한 환율정책을 택할 가능성을 고려할 때 위기 이전보다 낮은 수준에서 균형이 이루어질 것이다. 현재의 환율수준에서는 큰 폭의 경상수지 흑자가 가능하므로 대외신인도와 국제유동성이 회복되기만 하면 위기국들의 통화가치는 회복될 것이다. 마지막으로 위기를 해결하는 중요한 요소는 은행과 기업의 부실을 하루빨리 해소하는 것이다.

1.2.2 현대화된 금융공황 모형

삭스(1998)는 아시아 외환위기의 원인을 현대화된 금융공황(financial panic)이론에서 찾고 있다. 금융공황의 가능성은 단기로 자금을 빌려와 장기로 대출을 하는 금융중개기관의 본질적 기능과 연관되어 있다. 금융중개기관들은 다수의 자금을 모아서 대부분의 자금을 비유동적인 장기투자에 사용하고, 일상적인 인출수요에 대비해 일부만 유동적인 자산으로 보유하고 있다. 일정시점의 예금과 인출의 차액은 그리 크지 않아서 평균의 법칙에 따라서 금융중개기관들은 그 차액만큼을 유동자산으로 보유해 인출에 대비하는 것이다. 그런데 이러한 부분준비금제도는 자기실현적 금융공황에 따른 예금인출사태의 위험에 항상 노출되게 된다. 다시 말하면 외부적인 충격에 접해서 모든 예금자들이 남보다 먼저 예금을 인출하려 할 경우에는 자기실현적인 예금인출사태(bank run)를 가져와 건전한 금융기관도 파산위기에 빠지게 된다.

삭스는 이러한 금융공황이론을 개방경제에 적용해 동아시아 위기를 설명하고 있다. 그 동안 동아시아 지역에 과도하게 투자했던 해외투자자들이 기존자금에 대한 회전(roll-over)을 중지시키고 일시에 자금을 회수해 나가는 과정에서 외환위기가 심화되었다는 것이다. 다시 말하면 국제투자자들의 돌발적인 대규모 자금회수현상이 금융위기를 가져오는 촉발제가 되었다는 것이다. 삭스는 동아시아 외환 · 금융위기의 원인으로 대외적인 요인을 강조하고 있으며 해외투자자들도 동아시아 외환 · 금융위기에 대한 책임이 있음을 지적하고 있다. 높은 금리를 노려 대규모로 투자했던 자금을 미래에 대한 전망이 흐려지자 일시에 회수해 나간 해외투자자들의 도덕적 해이 문제도 함께 지적하고 있다.

만약 삭스의 견해를 따른다면 국제유동성 문제를 해결해주는 것이 문제해결의 본질이며 내부적 요인에 초점을 맞추어 산업부실과 금융부실을 일시에 해결하려는 노력은 오히려 사태를 악화시킬 가능성이 있다고 본다.

1.2.3 자본자유화와 붐-버스트 사이클 모형

동아시아의 외환위기는 대내적 요인 및 대외적 요인이 함께 작용해 발생했다. 크루그만의 논의는 왜 동아시아 국가들의 산업과 금융기관의 부실이 급속히 가속화되었는가 그리고 주식과 부동산 시장의 거품경제현상이 왜 발생했는지를 설명하는데 도움이 된다. 반면에 삭스는 해외자본이 일시에 빠져나감으로 인해 국제유동성 위기가 발생할 수 있다는 점을 설명해준다.

그러나 이와 더불어 동아시아 외환 · 금융위기에 대해서 설명하려면 어떻게 단기간에 외채가 큰 폭으로 누적이 되었는가 그리고 경제가 순환하는 과정에서 환율 움직임과 외채누적이 어떤 관계를 보이는가도 함께 설명해야 할 것이다.

동아시아 경제가 붐-버스트 사이클(boom-bust cycle)을 보이는 가운데 외채가 급격히 증가한 현상을 설명하기 위해 다음과 같은 경제를 고려해보자. 즉, 동아시아 국가들처럼 국내외 이자율에 큰 격차가 있었고 자본자유화가 이루어진 가운데 환율이 단기에는 금리격차에 따른 자본이동에 영향을 받지만 장기적으로는 가격경쟁력에 영향을 받는 경제를 상정해보자.

자본자유화가 이루어지면 자본이 이자율이 낮은 곳에서 높은 곳으로 이동할 것이다. 그 결과 이자율이 높은 국가의 경우 자본시장개방에 따라 자본이 유입되면서 환율이 하락하고 경제가 활성화된다. 물론 자본자유화의 효과는 어떤 환율제도를 택하느냐 하는 데에 따라 다르다. 이론적으로는 고정환율제도에서의 자본유입은 통화팽창으로 나타난다. 반면에 변동환율제도에서는 통화가치의 상승으로 나타난다. 현실적으로는 양자가 혼합된 통화팽창과 환율하락으로 나타날 것이다.

자본유입에 따른 통화공급 증가는 먼저 부동산 가격과 주식 가격 등을 상승시키면서 거품경제를 가져올 것이다. 그리고 이러한 거품경제의 생성과 소멸 과정에서 붐-버스트 사이클이 더욱 두드러질 것이다. 그렇지만 거품경제현상이 붐-버스트 사이클의 필요조건은 아니다. 붐-버스트 사이클은 이자율격차가 존재하는 상태에서 자본자유화에 따른 자본유입이 궁극적으로 국제수지 불균형을 발생시킴으로써 자본이 다시 유출되는 과정에서 나타난다.

이자율이 높은 나라로의 자본유입은 이 나라의 환율을 하락시키고 그 결과 가격경쟁력이 악화되어 경상수지가 적자로 될 것이다. 또한 자본유입에 따른 경기활성화도 경상수지를 악화시키는 한 요인이 될 것이다. 물론 어느 기간까지는 경상수지 적자가 자본유입으로 보전되기 때문에 이 나라 통화의 고평가현상이 유지될 수 있다.

그런데 환율의 고평가로 경상수지 적자가 상당기간 누적되면 외국투자자들이 이 나라 경제의 기본 건전성에 회의를 갖게 되고 자본을 회수해 나가려 할 것이다. 이제 고금리는 더이상 자본유입의 유인이 되지 못하고 따라서 환율에도 영향을 주지 못할 것이다. 이때부터 누적된 경상수지 적자가 환율에 주로 영향을 끼치게 되고 경상수지 악화로 인해 환율은 상승할 것이다. 한편 누적된 경상수지 적자가 우려되면, 그동안 들어왔던 자본이 해외로 빠져나가려 함에 따라 환율은 더욱더 상승하면서 경기침체는 가속화될 것이다.

외채가 자본시장 개방후 급격히 늘어난 데에는 국내투자자들이 자본시장 개방당시의 자본도입 비용을 과소평가한 데에 그 원인이 있다. 붐-버스트 사이클에 따라 경상수지 적자가 누적될 때 환율이 다시 크게 상승할 수 있다는 점을 간과했기 때문이다. 개방 당시 외국자본에 대한 국제금리가 낮았고 환율도 계속 하락하리라 믿어서 과도한 차입을 하게 된 것이다.

2. 외환 · 금융위기의 특징

2.1 외환위기와 금융위기의 관계

1970년대 후반과 1980년대 초반의 라틴아메리카 위기의 경우에는 크루그만(1979)에서 강조된 바와 같이 국가가 재정적자를 통화발행으로 충당함으로써 신용이 과다하게 증가했고 결국 고정환율제도가 붕괴하게 되었다. 그러나 유럽 ERM의 붕괴, 멕시코의 페소화 위기, 최근의 동아시아 위기가 발생하면서 외환위기에 대한 주요 관점이 재정 및 금융 정책과 고정환율제도의 불일치에서 국제자본시장에서의 자기실현적 기대로 이동했다.

그러나 외환위기의 원인이 무엇이든 간에 〈표 16-1〉에서 볼 수 있는 바와 같이 역사적으로 외환위기를 겪은 많은 국가들이 대내적으로 심각한 금융위기를 겪었다. 금융위기와 외환위기가 함께 발생하는 것을 '쌍둥이 위기'(twin crises)라고 하는데, 이런 쌍둥이 위기는 태국, 인도네시아, 한국의 동아시아 위기에서 처음 나타난 것이 아니라 역사적으로 칠레, 핀란드, 멕시코, 노르웨이, 스웨덴 등 많은 전례를 가지고 있다. 이러한 역사적 사실에서와 같이 쌍둥이 위기의 존재는 외환위기와 금융위기 간에 상호관계가 있음을 나타내고 있다고 볼 수 있다.

표 16-1 1970년대 이후의 각국의 금융위기와 외환위기

국가	금융자율화	금융위기(발생)	금융위기(절정)	외환위기
아르헨티나	1997	1980. 3.	1982. 7.	1981. 2.
		1985. 5.	Not Available	1986. 9.
		1984. 12.	1995. 3.	1990. 2.
볼리비아	1985	1987. 10.	1988. 6.	1985. 9.
브라질	1975	1985. 11.	1985. 11.	1985. 11.
		1994. 12.	1996. 3.	1991. 10.
칠레	1974	1981. 9.	1983. 3.	1982. 8.
콜롬비아	1980	1982. 7.	1985. 6.	1983. 3.
덴마크	1980년대 초	1987. 3.	1990. 6.	1983. 8.
핀란드	1982	1991. 9.	1992. 6.	1991. 11.
인도네시아	1983	1992. 11.	1992. 11.	1986. 9.
이스라엘	1985	1983. 10.	1984. 6.	1983. 10.
말레이시아	1978	1985. 7.	1986. 8.	1975. 7.
멕시코	1974	1982. 9.	1984. 6.	1982. 12.
	1991	1992. 10.	1996. 3.	1994. 12.
노르웨이	1980	1988. 11.	1991. 10.	1986. 5.
페루	1991	1983. 3.	1983. 4.	1987. 10.
필리핀	1980	1981. 1.	1985. 6.	1983. 10.
스페인	1974	1978. 11.	1983. 1.	1977. 7.
스웨덴	1980	1991. 11.	1992. 9.	1992. 11.
태국	1989	1979. 3.	1979. 3.	1978. 11.
		1983. 10.	1985. 6.	1984. 11.
터키	1980	1991. 1.	1991. 3.	1994. 3.
우루과이	1976-1979	1971. 3.	1971. 12.	1971. 12.
		1981. 3.	1985. 6.	1982. 10.
베네수엘라	1981, 1989	1993. 10.	1994. 8.	1994. 5.
대한민국	1995	1997. 11.	1998. 6.	1997. 10.

자료 : Kaminsky and Reinhart(1998) 및 저자 자료 정리.

이러한 금융위기와 외환위기의 상호관계에 대해 카민스키와 라인하트(G. Kaminsky and C. Reinhart, 1998)는 1970년대 이후 76번의 외환위기와 26번의 금융위기를 연구대상으로 해 금융위기와 외환위기 사이에 서로를 더욱 악화시키는 악순환이 존재한다는 것을 실증적 연구를 통해 보여주고 있다. 이 연구에 의하면 금융 및 외환위기가 금융자율화와 밀접한 관계가 있으며, 일반적으로 외환위기 이전에 금융위기가 발생함을 보여주고 있다. 그리고 금융위기와 외환위기가 동시에 발생할 경우 그 피해가 더욱 심각한 것으로 나타났다. 또한 금융위기와 외환위기 모두에서 금융자율화와 자본자유화 등이 붐-버스트 사이클을 더욱 심화시키는 것으로 나타

났다.

한편 금융위기와 외환위기 간의 상호관계에 대한 이론적 설명은 다양하게 나타나고 있다. 스토커(J. Stoker, 1995)는 외환위기가 금융위기로 발전하는 과정을 다음과 같이 설명한다. 외국이자율의 상승과 같은 외부충격과 고정환율제도의 유지가 외환보유액의 손실을 발생시키고, 이는 불태화정책이 수반되지 않을 경우 신용경색을 초래해 기업부도를 증가시키고 금융위기를 야기하게 된다는 것이다. 미시킨(F. Mishkin, 1996)은 평가절하가 발생하면 은행부채의 많은 부분이 외국통화로 표시되어 있는 경우 은행의 경영상태가 더욱 악화되어 금융위기가 발생한다고 주장한다.

반대로 벨라스코(A. Velasco, 1987)는 금융위기가 외환위기로 발전하는 과정을, 중앙은행이 위기에 처한 금융기관을 통화발행으로 구제할 경우 통화의 초과공급으로 인해 외환위기가 발생하는 것으로 설명하고 있다.

한편 골드판과 발데스(I. Goldfajn and R. Valdes, 1997)는 금융위기와 외환위기가 함께 발생하는 과정을 설명하고 있다. 즉, 대규모의 외국자본이 직접투자가 아닌 금융기관의 간접금융 형태로 유입되었다가 갑자기 유출되면 쌍둥이 위기가 함께 발생된다는 것이다. 이 모형은 금융기관을 통한 외화자금의 중개기능(intermediation of capital inflows)을 중시하는 모형으로서 내용을 요약하면 다음과 같다.

첫째, 금융기관이 자본도입의 주체가 됨에 따라 기업이 직접 자본을 도입하는 경우보다 자본유입규모가 커지게 된다. 이것은 금융기관들이 기업들에 비해 대외신인도가 높고 국제금융업무에도 비교우위를 가지고 있어 외국투자자들에게 상대적으로 유리한 투자유인을 제공해줄 수 있기 때문이다. 둘째, 금융기관들은 이미 개설되어 있는 신용공여한도 등을 이용해 국제상업은행들로부터 외화자금을 조달하기 때문에 조달면에서는 단기자금이 주종을 이루게 되는 반면, 운용면에서는 금융기관들이 기업들을 상대로 대출하기 때문에 기업자금수요가 반영되어 장기자금이 대부분을 차지하게 된다. 따라서 금융기관들의 외화자금 조달과 운용에 대한 감독이 제대로 이루어지지 않을 경우 금융기관들의 자금조달 · 운용에 유동성 불일치문제가 생기기 쉽다. 셋째, 외국투자자들이 갑자기 자금을 회수하게 되면 이러한 유동성 불일치문제 때문에 은행은 유동성부족에 빠질 수 있으며 그 결과 금융위기가 발생할 수 있다. 넷째, 외국투자자들이 어느 나라 은행들로부터 자금을 회수하기 시작하면 다른 외국인투자자들도 해당국 은행들의 도산 가능성이 높아진 것으로 판단해 경쟁적으로 자금회수에 나서게 됨으로써 대규모의 자본유출이 유발된다. 즉, 갑자기 금융위기와 외환위기가 함께 발생하게 되는 것이다.

여기서 중요한 것은 금융중개기능(intermediation)이 두 가지의 상반된 효과를 가진다는 것이다. 한편으로는 자국으로의 자본유입을 증가시키며, 다른 한편으로는 예금인출사태를 발생시켜 대규모의 자본유출을 유발할 수 있다. 또한 환율의 붕괴와 금융중개기관에 대한 예금인출사태의 발생은 서로 영향을 미친다. 즉, 금융중개기관에 대한 예금인출사태는 외환보유액에 대한 수요를 갑자기 증가시켜 국내통화에 평가절하 압력을 발생시킬 수 있는 반면, 예상된 국내통화의 평가절하는 국내투자에 대한 수익에 영향을 주어 국내금융기관에 대한 예금인출사태의 확률을 증가시킨다.

2.2 외환위기 당시 나타난 현상[1]

2.2.1 자기실현적 위기

해외투자자들의 공포가 자금회수로 이어져서 외환위기가 발생한다면 이것이 자기실현적 위기(self-fulfilling crisis)의 대표적인 한 예가 될 것이다. 이 경우 외환위기가 기초경제여건과 무관하게 발생할 수 있다. 앞의 예와 같은 외환위기는 많은 투자자들이 자기실현적인 비관론에 의해 돈을 회수할 때 구체화되기 때문에 위기국 입장에서는 기초경제여건이 양호하더라도 불필요한 위기를 겪을 수 있다.

그렇지만 일반적으로 자기실현적 위기는 통화가 투기적 공격에 취약하거나 기초경제여건이 취약할 때 발생하기 쉽다. 외환보유액, 정부의 재정상태, 고정환율제도 유지에 대한 정부의 의지 등이 취약할 때에 국가가 투기적 공격에 노출될 가능성이 크다. 자기실현적 위기 모형이 의미하는 것은 위기가 발생하거나 그렇지 않을 중간 영역이 존재하는데 기초경제여건이 취약할수록 자기실현적인 투기에 의해서 위기로 발전할 가능성이 커진다는 것이다.

투기자들이 본국통화를 매각해 외환을 획득할 경우 만약 환율제도가 붕괴되면 자본이득을 보게 되고 붕괴되지 않는다고 해도 그 이득만큼의 손실을 보지 않는다고 하면 이 상황은 투기자들에게 일방적인 선택권이 있는 상황이다. 이러한 상황에

1. 이 소절과 다음 소절의 내용은 크루그만(1998b)에서 논의된 내용임을 밝힌다.

서 위기의 징후에 투기자들로 하여금 반응하지 못하게 만드는 요인은 거래비용 등 미시경제적인 마찰비용이다. 따라서 금융시장의 기술적 발전으로 인한 거래비용의 하락이 1990년대의 잦은 외환위기 발생원인의 하나가 된 것이다.

2.2.2 패거리 행동

환율은 때로는 비정상적인 양상을 보이는 경우가 있다. 이러한 비정상적인 환율움직임을 패거리 행동(herding behavior)으로 설명할 수 있다. 쉴러(R. Shiller)는 1987년 주식시장 붕괴 연구에서 허위정보를 통해 투매현상이 심화될 수 있다는 사실을 보여주고 있다.

이와 같은 패거리 행동의 발생원인은 두 가지가 있다. 먼저, 시류편승효과(bandwagon effects)이다. 이것은 각 투자자들마다 사적 정보를 가지고 있다는 사실의 인식에서 발생한다. 키호와 채리(P. Kehoe and V. Chari, 1996)는 이러한 시류편승효과가 일종의 핫머니를 창출하기도 한다고 주장한다. 다음으로 내부적 투자자-대리인 문제(internal principal-agent problem)로 설명한다. 투자대리인들이 다른 대리인들과의 비교를 통해 보수가 결정되는 한 비록 시장의 판단이 사실과 다르다는 정보를 개인적으로 가지고 있다고 하더라도 다른 대리인들과 같이 행동할 유인이 강해서 패거리 행동이 나타난다는 것이다.

한편 반패거리 행동(reverse herding)도 생각해볼 수 있다. 이 경우는 위기의 가능성이 충분하다고 생각되더라도 시장은 위기발생의 바로 직전까지 아무 반응이 없을 수 있다는 것이다. 이 현상도 투자자-대리인 문제로 설명이 가능하다. 대리인들은 같이 행동하기 때문에 그렇지 않을 때보다 위기에 주의를 덜 기울이므로 이러한 현상이 나타난다는 것이다.

2.2.3 위기의 전염효과

외환위기가 발생했을 때 나타나는 가장 중요한 현상 중의 하나는 위기가 급속하게 주변으로 전염된다는 것이다. 위기의 전염효과에 대한 가장 간단한 설명은 이들 국가들이 실물경제적인 측면에서 서로 밀접하게 연결되어 있다는 점이다. 다시 말하면 무역과 직접투자 측면에서 이들 지역이 밀접하게 연결되어 있다는 주장이다.

국가들 간의 실물경제적 연계가 강하면 한 국가의 통화위기가 경쟁적 평가절하의 형태로 주변국으로 전염될 것이다. 그러나 1990년대에 발생한 유럽이나 아시아 위기의 경우 무역을 통한 연계가 미미했으며 라틴아메리카의 경우는 거의 없었다.

또 다른 설명은 투자자들이 이들 국가들을 하나의 그룹으로 인식할 경우 위기의 전염효과가 나타난다는 것이다. 그룹의 한 국가가 외환위기에 직면해 고정환율제도를 포기한다고 한다면 투자자들은 고정환율제도를 유지하고 있는 그룹내의 다른 국가들도 뒤따를 것으로 예상함으로써 위기가 전파된다는 것이다.

고정환율제도에 대한 정치적 공약 자체가 패거리 행동에 취약하므로 한 나라의 외환위기가 경쟁적인 평가절하를 가져와서 다른 나라로 위기가 전염되기도 한다. 1990년대 유럽위기 때 영국과 이탈리아가 유럽통화제도에서 탈퇴함으로써 스웨덴도 부담감을 덜 가지면서 평가절하를 한 것은 하나의 좋은 예이다.

물론 전염효과에는 부정적인 것 외에 긍정적인 것도 있다. 1990년대 초반 멕시코와 아르헨티나의 개혁에 따른 낙관론으로 인해, 브라질과 같이 거의 개혁을 하지 않은 국가도 개혁한 나라와 비슷하게 평가되기도 했다.

3. 외환 · 금융위기의 사례

외환 · 금융거래와 관련된 위기[2]는 외환위기(currency crisis), 금융위기(banking crisis), 체제적 금융위기(systemic financial crisis), 외채위기(foreign debt crisis)로 크게 나눌 수 있다. 먼저 외환위기는 하나의 통화에 대한 투기적 공격이 그 통화의 평가절하를 유발시키거나, 정부가 외환보유액의 사용 또는 국내이자율의 상승을 통해 환율을 방어하게 하는 경우를 지칭한다. 한편 금융위기는 실제적 혹은 잠재적 예금인출쇄도가 은행부채의 태환성을 보장하지 못하거나, 정부가 이를 막기 위해 대규모의 개입을 하는 경우를 지칭한다. 또한 체제적 금융위기는 효율적인 기능을 수행하는 시장의 기능을 손상시킴으로써 실물경제에 큰 역효과를 나타낼 수 있는 금융시스템의 전체적인 혼란상태이다. 마지막으로 외채위기는 한 국

2. IMF(1998)는 이를 포괄적으로 경제위기(economic crisis)라고 부르고 있다.

가가 공공부문 혹은 민간부문의 대외채무를 이행하지 못하는 상태를 가리킨다.

동아시아 위기와 라틴아메리카 위기와 같이 많은 경우 외환, 금융, 외채 위기의 요소들이 동시에 나타날 수도 있다. 게다가 하나의 위기 형태에서 다른 위기 형태로 발전할 수도 있다. 다음에는 외환 · 금융위기의 주요 사례로서 1990년대 이후에 발생한 유럽 ERM 위기, 라틴아메리카 위기, 동아시아 위기, 러시아 위기, 서브프라임 위기에 관해 알아보자.

3.1 유럽 ERM 위기

먼저 유럽 ERM 위기는 1992년 대규모 자본의 공격에 의해 영국, 이탈리아, 스페인이 ERM을 탈퇴하면서 발생했다. ERM 위기는 그 이전의 제1세대 위기모형으로는 설명하기 어려운 성격을 가졌다. 즉 투기적 공격을 받은 정부들이 국제자본시장에서 자유롭게 자본조달이 가능했기 때문에 재정적자를 통화발행으로 유지할 필요가 없었으며, 국내신용의 급격한 증가도 없었다. 또한 위기 전후를 통해 낮고 안정된 인플레이션을 보였다. 반면에 ERM 위기는 제2세대 위기모형의 전형적인 예로서 수요부족으로 인한 실업이 팽창적인 통화정책에 압력을 가중시킴으로써 실업으로 인한 정치적 비용과 ERM 탈퇴로 인한 정치적 비용 사이에 상충관계가 발생했다. 여기에 통독 이후 독일의 팽창재정정책 실시와 이에 따른 긴축통화정책 실시로 인해 독일 마르크에 환율이 고정되어 있는 나머지 유럽국들은 팽창재정정책 없이 긴축통화정책을 실시해야 했다. 이로 인한 경기후퇴가 ERM 유지의 비용을 더욱 증가시킴으로써 ERM 위기가 발생했다.

이러한 ERM 위기는 다음과 같은 특징을 보였다. 먼저 소로스와 같은 투기자들이 영국 파운드화에 대해 대규모의 매도 포지션(short position)을 구축한 후 투기적 공격을 개시해 위기의 촉발시점을 앞당기는 역할을 수행했다. 또한 대규모 자본이동하에서 한 국가의 외환보유액은 별 의미가 없었다. 예를 들면 영국의 경우 약 500억 달러 정도의 파운드화 매입을 통한 개입을 시도했으나 결국 실패했다. 한편 인플레이션 없이 실업률이 급감한 영국의 경우와 같이 고정환율을 포기하고 ERM에서 탈퇴한 국가들이 통화방어에 성공한 국가들에 비해 위기 이후에 더욱 경제가 호전되는 현상이 나타났으며, 위기의 발생이 시장에 의해 거의 예측되지 못했다.

3.2 라틴아메리카 위기

라틴아메리카 위기는 1980년대 외채위기, 1994～1995년 데킬라 위기, 1999년 브라질 위기, 2001년 아르헨티나 위기 등 여러번 발생했다. 1990년대 들어 처음 발생한 데킬라 위기는 멕시코에서 치아파스(Chiapas) 지방의 농민폭동, 집권당 대통령후보의 암살로 인한 정치적 불확실성이 증대되고, 대통령선거로 인한 정부의 방만한 재정운영과 외국자본의 유입정지로 외환보유액이 급격히 감소해 달러로 표시된 테소본드(Tesobond)를 더이상 회전시킬 수 없게 되면서 발생했다. 위기에 직면하자 멕시코 정부는 15% 규모의 페소화에 대한 평가절하를 실시했다. 그러나 평가절하 규모가 불충분하다고 여겨졌고, 평가절하 이전에 자국기업에게만 정보를 주어 외국투자자들의 정부정책에 대한 신뢰가 완전히 상실되었다. 이로 인해 페소화는 급격히 평가절하되었고 물가가 급등했으며, 이를 막기 위해 정부는 80% 이상에 달하는 고금리정책을 실시하게 되었다. 그러나 위기발생 이후 미국의 적극적인 대규모 개입으로 사태는 곧 진정되었다.

한편 아르헨티나는 위기 이전에 통화위원회(currency board system)를 채택하고 있었기 때문에 멕시코발 위기로부터 방어될 것으로 생각되었다. 그러나 투기자들은 아르헨티나가 높은 실업률로 인해 통화위원회를 포기할지도 모른다고 생각하고 투기적 공격을 감행했으며, 통화위원회제도에서의 자본유출은 본원통화의 감소를 의미하므로 금융시스템의 위기를 초래했다. 그러나 과거 초인플레이션에 시달렸던 아르헨티나는 이후에도 통화위원회제도를 계속 유지했으며, 데킬라 위기가 진정되면서 다시 성장을 이루기도 했다.

ERM 위기에서는 고정환율을 포기한 영국이 ERM에서 탈퇴하지 않은 프랑스보다 위기 이후에 더 나은 모습을 보였으나, 데킬라 위기에서는 환율제도를 포기한 멕시코와 환율제도를 유지한 아르헨티나 모두 심각한 경기후퇴를 겪었으며, 오히려 환율제도를 포기한 멕시코가 적어도 처음에는 더 큰 어려움을 겪었다.

그러나 라틴아메리카의 위기는 한번으로 끝나지 않았다. 브라질은 1994년 이후 '헤알계획'(Real Plan)을 실시해 초인플레이션을 억제하는 데 상당한 성공을 거두었다. 그러나 경제는 충분히 회복되지 않았고 정부부채는 여전히 심각한 수준이었다. 이로 인해 헤알화에 대한 평가절하 압력이 지속되었고 이를 억제하기 위해 브라질은 높은 이자율을 유지할 수밖에 없었기 때문에 재정적자는 더욱 악화되어 갔다. 1998년 외환보유액이 고갈되자 IMF는 위기의 파급을 우려해 금융지원을 제공했으나 실패했고, 1999년 들어 브라질에서 주정부들이 연방정부에 대해 채무지불유예를 잇달아 선언하면서 외자유출이 가속화되었고 헤알화는 폭락하게 되었다.

브라질의 위기는 3년후 아르헨티나 위기로 이어진다. 브라질 위기 여파, 재정긴축에 따른 내수 위축 및 이에 따른 투자 저하, 그리고 페소화의 상대적인 고평가에 따른 산업경쟁력 약화 등으로 지속적인 경기침체를 벗어나지 못했던 아르헨티나는 결국 부채상환능력을 상실하게 되었다. 이에 2001년 12월 모라토리엄을 선언했고 2002년 통화위원회제도를 폐지하면서 페소화가치가 70% 이상 폭락했다.

3.3 동아시아 위기

동아시아 위기는 1997년 7월 2일 태국의 바트화가 폭락하면서 시작되었다. 태국의 외환위기는 이웃나라인 인도네시아, 말레이시아, 필리핀으로 전파되었고 마침내 10월에는 우리나라에까지 파급되었다.

태국과 인도네시아 등이 외환 · 금융위기를 겪게 된 근본적 요인으로 1994년에 단행된 40%에 달하는 중국 위안화의 평가절하에서 그 원인을 찾는 시각도 있다. 중국의 평가절하에 따라 이들 국가들이 가격경쟁력을 잃었기 때문이라는 것이다.

태국과 인도네시아의 통화들이 외환 · 금융위기 전 수년간 고평가된 것은 사실이다. 1990년대 들어 이들 국가들의 경상수지 적자의 대 GDP 비율이 계속해서 6～7%선에서 유지되었음에도 환율에는 별 변화가 없었다. 단기간에는 자본유입에 따라 경상수지 적자에도 불구하고 환율이 안정적으로 유지될 수 있었지만 이러한 상황은 장기적으로 계속될 수 없었고 결국 외환 · 금융위기로 치닫게 되었다.

그렇지만 동아시아의 경제상황은 라틴아메리카보다 훨씬 양호했고 위기를 유발할만큼 나쁜 편은 아니었다. 동아시아 위기의 경우, 현대적인 공황이론(panic theory)에서 지적하듯이 외국투자자들이 위기발생에 앞서 국제유동성 공급을 별안간 회수하면서 이 지역의 외환 · 금융위기를 심화시킨 측면도 있다. 이러한 주장은 과연 1년 사이에 1,051억 달러의 자금흐름을 바꿀 만한 경제적인 변화가 이 지역에 있었는가 하는 질문과도 연결된다. 만약 이들이 동아시아 외환 · 금융위기를 예상하고도 이 지역에 대해서 그 동안 자금공급을 과도하게 했다면 도덕적 해이 문제를 피할 수 없고, 만약에 예상을 하지 못했다면 이 지역 외환 · 금융위기에 대한 공동책임이 있는 것이다.

3.4 러시아 위기

소련 붕괴 이후 다른 동구권 국가들과 마찬가지로 러시아는 1990년대 내내 심각한 경기침체 및 인플레이션에 시달렸다. 1997년 들어서야 IMF 지원으로 루블화 가치를 안정시키고 인플레이션을 일부 진정시키기 시작했다. 그러나 재정적자문제는 여전히 해결되지 못했고 따라서 정부부채는 지속적으로 급증해 갔다. 이러한 상황에서 1997년 동아시아 위기로 석유를 비롯한 러시아의 주요 수출품에 대한 수요가 감소하면서, 투자자들은 루블화의 가치도 절하될 것이라는 우려를 하기 시작했다. 러시아 정부의 차입에 대한 이자비용은 증대했고 따라서 정부재정 문제는 더욱 악화되어 갔다.

러시아의 붕괴가 미칠 파장을 염려해 IMF는 루블화 가치를 유지하려고 대규모로 지원을 했으나, 1998년 8월 러시아 정부는 환율목표를 포기하고 동시에 부채에 대한 채무불이행 및 외자지급 동결을 선언했다. 이후 1개월도 채 안돼 루블화 가치는 반으로 떨어졌고 인플레이션이 급등했으며 경기는 심한 침체에 빠져 들었다.

3.5 서브프라임 위기

2000년대 이후 미국의 부동산 시장이 호황을 맞으면서 은행들은 서로 앞다투어 부동산 관련 대출을 증대시켜 왔다. 지속적인 부동산 가격 상승으로 인해 사람들은 주택에 대한 투자가 높은 수익률을 보장할 것이라고 생각했고, 또한 은행들도 부실위험은 없다고 믿어 신용이 열악한 사람들에게도 대출을 확대했다. 서브프라임 모기지 대출은 신용조건이 가장 낮은 사람들을 상대로 집 시세의 거의 100% 수준으로 대출을 해주는 대신 금리가 높은 미국의 대출 프로그램이다. 이처럼 신용이 최악인 사람들에까지 대출이 확대되었을 뿐만 아니라, 이를 기초로 한 다양한 파생상품에 국제금융시장의 헤지펀드 및 금융기관들이 막대한 금액을 투자했다.

그런데 미국의 집값이 하락하면서 서브프라임 모기지 대출자들이 대출금을 상환하지 못하게 되었고 연체율이 급증하면서 서브프라임 모기지 회사들이 도산하기 시작했다. 이후, 부실대출에 따른 손실 및 관련 파생금융상품 투자 손실 등으로 미

그림 16-1 국제금융위기의 충격 비교

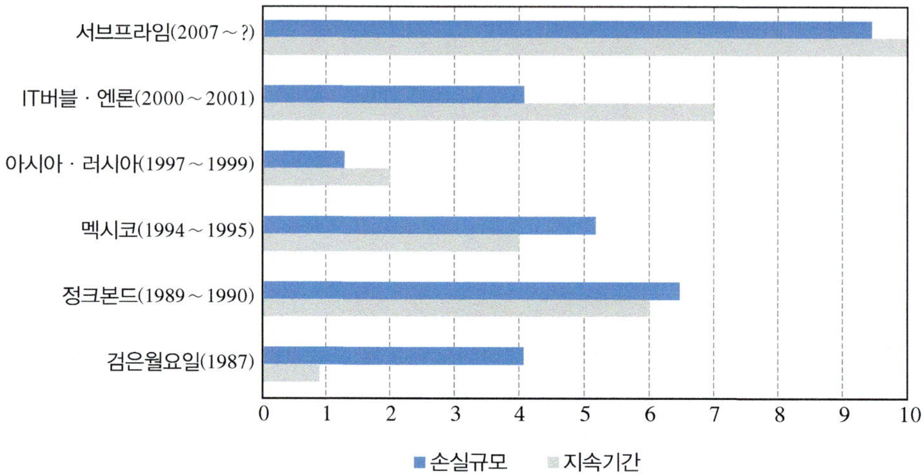

주 : 여기서 충격은 미국기업들의 이득(earnings)에 대한 충격을 의미한다. 지속기간은 위기 직전 분기의 이득수준으로 회복될 때까지의 분기수를 나타내고, 손실규모는 위기 직전 분기 이득(A) 대비 지속기간 중 총손실규모(B)의 배율(=B/A)을 나타낸다.

자료 : Economist, 2008. 5. 17.

국을 비롯한 세계의 헤지펀드, 은행, 보험사 등이 연쇄적으로 붕괴하면서 불안감이 증폭되었다. 미국 정부는 위기의 확산을 차단하고자 베어스턴스에 긴급 구제금융을 제공하는 등 과거에는 전례가 없었던 적극적인 개입 입장을 보였으나, 2008년 리만 브라더스가 파산하면서 본격적인 위기에 접어들었다. 서브프라임 시장에서 시작된 위기는 금융시장을 거쳐 실물분야에까지 확대되었고, 이어 미국뿐만 아니라 전세계에 충격을 미친 글로벌 금융위기로 확산되었다. 서브프라임 위기에 따른 충격은 근래의 국제금융 위기 중에서 가장 큰 것으로 평가되고 있다([그림 16-1]).

Box 16-1 1990년대 이후 주요 금융사고의 손실규모

금융시장의 붐-버스트 특성 때문에 거품이 꺼지는 과정에서 대형 사고가 발생하곤 한다. 최근에는 파생상품 거래에 깊숙이 관여하면서 금융사고에 따른 손실규모가 천문학적으로 커져 가고 있는데, 아래의 표는 1990년대 이후 대규모 금융사고의 예를 보여주고 있다.

표 16-2 대규모 금융사고 사례

사건	손실규모 (억 달러)	발생연도	내용
Enron	318	2001	에너지중개업으로 급성장했으나 에너지선물 등 신종파생상품에 투자하면서 엄청난 손실을 입었고 더욱이 분식회계로 이를 감추고자 해 몰락을 초래함
Parmalat	170	2003	다국적 낙농업체로서 손실에 따른 과도한 부채를 조작한 회계부정 사건으로 정부의 파산보호 조치를 받음
BCCI	160	1991	한때 급성장했던 BCCI는 돈세탁과 의심스러운 고객, 대출 등으로 인해 고전하다 금융사기에 휘말리면서 파산. 이는 당시 세계 최대규모의 은행파산
WorldCom	110	2002	IT거품이 꺼지면서 손실이 발생했음에도 회계부정을 통해 주가를 조작하려다 결국에는 파산
Societe Generale	71	2008	제롬 케르비엘은 은행 안에 비밀 사업체를 세우고 선물상품을 투자하다가 실패해 회사측에 엄청난 피해를 입힘
Amaranth	66	2006	95억 달러 가량의 자산규모를 가진 견고한 회사였는데 천연가스 선물에 투자했다가 불과 3주만에 무려 60억 달러 이상을 날림
LTCM	40	1998	아시아 위기로 확대된 이자율 스프레드가 향후 축소될 것으로 예상하고 투자했으나 러시아 위기이후 안전자산 선호하면서 오히려 스프레드가 축소되어 손실 초래
Sumitomo Copper	26	1996	구리 선물거래에 투기한 후 가격상승을 조작하려 했으나 결국 실패하고 보유한 현물을 대량 매각하면서 엄청난 손실입음
Barings	17	1995	닉 리슨은 싱가폴 국제통화거래소에서 니케이지수 선물거래를 했으나 예측 오류 및 여러 실수로 손실이 발생했는데도, 이를 숨기고 손실을 만회하기 위한 무모한 거래로 결국 은행의 파산을 가져옴
Allied Irish Bank	7	2002	AIB의 미국 볼티모어 소재 현지법인인 Allfirst의 직원 루스낙은 외환거래에서 발생한 손실을 감추기 위해 가상의 옵션거래를 이용함으로써 손실을 초래
Refco	4	2005	미국 최대선물회사였는데 CEO가 기업공개 당시 부채은닉 등 회계부정 사건이 적발되면서 위기에 몰림

자료 : Financial News(www.efinancialnews.com)를 이용해 정리

4. 국제 투기세력과 각국의 외환위기[3]

4.1 한국

IMF 위기 이전에는 한국의 엄격한 외환관리 규정으로 국제 투기자본이 공격할 틈이 거의 없었다. 1997년 9월 22일~24일까지 리처드 로버트슨 산하 타이거펀드 계열이 한국에서 3일 동안 약 3억 달러(1997년 9월 22일에 2억 달러, 나머지 이틀 동안 1억 달러)를 회수한 적이 있을 정도였다. 이에 따라 달러/원 환율은 900원 초반에서 2일간 급등해 920원까지 폭등했으나 이후 곧 914원에서 안정을 되찾았다.

그러나 IMF 위기 이후에는 투기적 공격이 종종 발생했다. 2000년 5월 19일~29일까지 NDF 시장에서 현대 사태를 계기로 달러매입/원화매도의 공격이 있었다. 이러한 투기적 공격은 1,112원대의 환율을 1,140원대로 끌어올리며 마지노선이었던 1,150원선을 위협했다. 5월 24일 오후장 시작부터 1,150원선이 뚫리자 서울 외환시장에서는 공황의 기미가 보였다. 그러나 오후 들어 우리나라 주식시장에서 외국인 순매수세가 강하게 일어나며 대기하고 있던 달러 매물이 대거 쏟아져 나오면서 1,138원까지 환율이 수직 강하했다. 이후 29일까지 NDF 시장은 혼조를 거듭했으나 결국 현물환과 비슷한 수준인 1,110원대에서 마감되었다.

당시 제2의 환란 예상을 불식시키고 한국의 원화가 다른 동남아 통화와 달리 쉽게 약세에서 탈출할 수 있었던 까닭은 소위 역시세추종(negative feedback)으로 설명할 수 있다.[4] 한국의 경우, 자본시장 개방이 급격히 진행되어 많은 외국자본이 유입됨에 의해 투기적 포지션, 즉, 현재의 추세에 대해 반대되는 포지션을 취해 이익을 보려는 세력들 역시 많아지면서, 전체 금융시장의 깊이 및 다양성이 증진되었고 이에 따라 금융시장의 안정도가 높아졌다는 것이다.

---

3. http://www.jabo.co.kr/44th/44-eco-1.htm 및 석진욱(seokjeff@hitel.net)을 참고해 정리.
4. 이 현상은 외환시장에서 추세를 따라서 매매하기보다는 추세 전환을 예상하고 매매하는 것을 말하며, 이는 기본적으로 시장을 균형상태로 이끄는 기능을 한다. 금융시장의 규모가 충분히 크고 깊은 경우에는 이러한 피드백(feedback)의 영향으로 '보통' 은 웬만한 충격에도 금융시스템이 붕괴되지 않고 안정을 찾아간다. 한편에서는 자본시장이 통제되면 이러한 피드백 효과를 기대하기 어렵다고 주장한다. 자본시장을 통제할 경우 자본시장의 규모가 작아져서 이러한 현상이 일어날 확률 및 크기가 작아지므로 한번 시장이 불안해지면 급격히 시장의 불안정성이 커져 버릴 수 있기 때문이다.

4.2 태국과 인도네시아

이들은 NDF 시장에서 국제투기자본의 공격을 받아 자국화폐의 가치가 무너지면서 외환위기가 금융공황으로 들어선 경우이다. 따라서 태국과 인도네시아의 경우에는 국제투기자본의 책임이 상당히 있다고 볼 수 있다. 즉, 태국과 인도네시아의 국내외환시장과는 관계없이 싱가포르 및 말레이시아 NDF 시장에서 헤지펀드들의 농간이 외환위기를 유발했다고 볼 수 있다.

태국과 인도네시아 경제가 중국의 등장으로 1990년대 중반 이후 내리막길을 걷기 시작하자 헤지펀드를 비롯한 많은 외국의 금융기관들은 태국 바트화의 하락을 예상하고 NDF 시장에서 바트화 공매도를 활발히 전개했다. 결국 그 여파로 국내 선물환시장 및 현물환시장에서도 태국 바트화 가치가 하락하게 되자, 모든 사람들이 서둘러 달러를 보유하려 했다. 이처럼 달러화에 대한 수요는 급증하는 반면 바트화는 서둘러 매각하려는 현상이 발생하자 바트화 하락을 확신하는 다른 투기세력들까지 합세함으로써 바트화 하락은 폭락으로 돌변했다. 결국 태국 중앙은행이 백기를 들고 IMF에 긴급융자를 신청했을 때 달러화는 오를 대로 오르고 바트화는 가치가 땅에 떨어질 대로 떨어졌다. 그 때야 비로소 외국의 헤지펀드들은 태국으로 달러를 들고 와서 살려준다는 식으로 선물환 포지션을 풀고(unwinding) 달러를 바트로 교환해 여러 가지 투자를 함으로써 엄청난 환차익을 챙기게 되었다.

4.3 베네수엘라

브래디 채권은 1980년대 남미 국가들이 과중한 외채부담으로 외채위기에 빠져들면서 외환유동성이 급격히 축소되자 이들 남미국가들의 외채상환을 도와주기 위해 미국의 유수 금융기관과 미 재무성이 협력해 발행한 채권이다. 브래디 채권은 발행국가가 남미국가이기는 하지만, 미 재무성과 금융기관들이 지급을 보증하므로 안정성이 높은 채권이었다.

1994년 하반기 월스트리트에 온통 브래디 채권관련 금융상품이 붐을 이루자 미국의 투자금융회사 메릴린치(Merril Lynch)와 헤지펀드인 스타인하트 파트너스(Steinhardt Partners) 간에 브래디 채권을 둘러싸고 싸움이 일어났다. 메릴린치는 베네수엘라 채권가격이 비정상적으로 급등하지 않을 것으로 예상하고 브래디 낙인 옵션(knock-in-option)을 개발해 판매(sell)했다.[5] 반면에 또 다른 미국계 헤지펀드인 스타인하트 파트너스는 베네수엘라 경제가 안정되면서 채권가격이 오를 것으로 예상하고, 채권 가격이 오르면(즉, 베네수엘라 기준 금리가 내린다면) 옵션이 살아나게 되어 엄청난 이익을 볼 수 있는 브래디 낙인옵션을 대량으로 구매(buy)했다.

시장에서 스타인하트 파트너스의 채권 대량구매로 베네수엘라 금리가 급락하며 낙인옵션 행사가 눈앞에 다가왔다. 그러자 발행 주간사인 메릴린치는 낙인옵션이 행사되지 못하도록 보유하고 있는 브래디 채권을 대량 시장에 내다 팔았다. 그러자 이번에는 브래디 채권 가격이 급락하며(금리가 폭등하며) 스타인하트 측에 불리하게 되자 스타인하트 측은 사용할 수 있는 모든 유동성을 총 동원해 브래디 채권을 다시 매집했다. 다시 이에 대항해 메릴린치는 보유하고 있는 베네수엘라 브래디 채권은 물론이고 베네수엘라의 각종 채권과 다른 남미국가들의 채권들까지 무더기로 시장에 팔아치우면서 대응해 채권가격 폭락을 야기했다.

수개월간의 밀고 당기는 싸움 끝에 1995년 약 1조 3천억 달러의 고객자산을 운용하는 메릴린치가 결국 승리를 했다. 그러나 고래싸움에 새우등 터지는 격으로 베네수엘라 경제는 풍비박산이 나고 말았다. 즉, 처음에는 금리가 떨어지므로 많은 베네수엘라 기업이나 국민들은 금융기관에서 쉽게 돈을 빌릴 수 있었다. 그러나 금리가 요동치다가 결국 금리가 높은 상태에서 수렴되자 많은 기업들과 국민들이 금융비용을 감당하지 못하고 파산할 수밖에 없었다. 게다가 1995년부터 석유가격이 다시 떨어지기 시작하자 베네수엘라는 급격히 경제불황에 직면했고 1997년 1월경에는 베네수엘라 경제사상 최악의 상태로 빠져 들어가고 말았다.

이 사건은 메릴린치와 스타인하트라는 미국계 금융기관 간의 이해관계 때문에 일어난 일이다. 이와 같이 미국의 금융자본들은 한푼의 자본도 베네수엘라에 유출입하지 않고 또한 베네수엘라 근처도 가지 않고 월스트리트에서 싸우면서 결국 베네수엘라의 경제를 말아먹은 결과를 낳았다.

4.4 중국

1998년 당시 퀀텀펀드를 위시한 국제 투기자본들은 홍콩을 대상으로 위안화

5. 낙인 옵션에 대한 자세한 설명은 제14장을 참조할 것.

공격에 들어갔고 이때 동원된 달러금액은 약 600억 달러로 추산되고 있다. 그런데 당시 중국정부와 홍콩정부는 중국의 외환보유액 1,200억 달러와 홍콩의 외환보유액 800억 달러, 그리고 유사시 대만에 대한 협조를 통해 구할 수 있는 대만의 외환보유액 900억 달러까지 합해 총 3,000억 달러 규모의 외환 유동성이 있는 상태였다. 북경의 중국인민은행과 홍콩 지점은 국제투기자본의 공격에 대해서 보유 외환을 통해 적절히 반격함으로써 국제투기자본을 굴복시키는데 성공한다. 이때 입은 손실을 만회하기 위해서 퀀텀펀드를 위시한 헤지펀드들은 당시 경제난으로 금리가 대단히 높던 러시아 국채(당시 금리 105%~150%선)를 대량으로 사들였다가 러시아가 모라토리엄을 선언을 하는 바람에 LTCM과 같은 유명 헤지펀드가 파산직전에 몰릴 정도로 더욱 큰 손해를 보았다. 결국 1999년에 유명 헤지펀드들은 대거 해산하게 된다. 이 예는 국제투기자본이 실패한 드문 경우라고 볼 수 있다.

요약

1. 외환 · 금융위기를 설명하는 이론으로는 제1세대 위기모형, 제2세대 위기모형, 도덕적 해이 모형, 현대화된 금융공황 모형, 자본자유화와 붐-버스트 사이클 모형 등이 있으나 하나의 모형으로 모든 외환 · 금융위기를 설명할 수는 없다. 신흥경제국의 경우 투자자들의 이중적 기준에 의해 환율상승이 대외신인도 상실로 이어진다면 단기자본이 대량유출되면서 자기실현적 위기가 가능해진다.

2. 금융위기와 외환위기 사이에는 서로 위기를 더욱 악화시키는 악순환이 존재하며 자본자유화와 밀접한 관련이 있다. 금융위기와 외환위기가 함께 발생하는 쌍둥이 위기의 경우 그 피해가 더욱 심해진다. 위기가 발생하면 패거리 행동이 나타나고 한 국가의 위기는 주변국가로 급속히 전이되는 특징을 가지고 있다.

3. 국제금융위기는 외환위기, 금융위기, 체제적 금융위기, 외채위기 등으로 나눌 수 있으나, 때에 따라서 각 위기의 요소들이 동시에 나타날 수 있으며, 하나의 위기형태가 다른 위기형태로 발전할 수도 있다. 1990년대 이후 발생한 유럽ERM 위기, 라틴아메리카 위기, 동아시아 위기, 러시아 위기, 서브프라임 위기 등에서는 여러 가지 위기의 형태가 복합적으로 나타나고 있다.

4. 각국의 외환위기 배경에는 종종 국제투기세력의 공격이 있다. 우리나라의 경우 IMF 위기 이후

투기세력의 공격이 있었으나 금융시장의 규모 및 깊이가 개선되면서 큰 피해없이 벗어날 수 있었다. 반면 태국, 인도네시아, 베네수엘라 등에서는 투기세력들이 공격을 통해 엄청난 이득을 챙긴 반면, 해당국의 금융시장 및 경제는 심각한 피해를 입었다. 투기세력이 실패한 경우는 중국이었는데, 중국 정부는 충분한 외환보유액을 통해 적절히 반격함으로써 국제투기자본을 굴복시키는데 성공했다.

부록 우리나라의 외환 · 금융위기

1. 1997년 IMF 위기

1.1 위기의 전개과정

1980년대 이후 자본자유화 정책을 추진해 온 정부는 1990년대 들어 보다 본격적으로 자본시장을 개방해 왔다. 자본시장 개방은 한국경제에 여러 모로 긍정적인 역할을 할 것으로 기대되었다. 정부는 우리보다 먼저 자본시장을 개방한 다른 국가들에서 나타난 부작용을 고려해 일정한 여건이 성숙된 후에야 추가적인 조치를 취하는 상당히 신중한 자세를 견지해 왔다. 이와 같은 조심스런 자본시장 개방 정책은 어느 정도 성공적인 결과를 가져 온듯이 보여, 1990년대 우리 경제의 전반적인 추세는 큰 문제없이 진행되어 왔다.

비교적 안정적인 추세를 유지해오던 한국경제는 1997년에 접어들면서 불안정한 조짐을 보이기 시작했다. 1996년 12월 노동법 파동을 둘러싸고 한차례 홍역을 치른 후, 1997년에 들어서자마자 1월 23일 한보철강의 부도를 시작으로 3월 중에는 우성과 삼미가 도산하는 등 재벌들이 줄줄이 무너졌다. 이에 따라 외환시장에서도 전반적인 한국경제에 대한 신뢰감이 상실되었다. 원화기피 현상이 발생해, 그동안 별다른 변화가 없던 환율이 1월 하순 이후 빠른 속도로 상승했고 이러한 추세는 3월까지 계속되었다. 정부는 원화가치의 급격한 상실을 방지하고자 적극적으로 외환시장에 개입해 2월 및 3월 두 달 동안 95억 달러의 외환을 매도했다. 정부의 적극적인 환율방어 노력으로 원화의 급격한 하락추세는 곧 진정되었다. 4월 이후에도 진로, 건영, 대농, 한신공영 등의 대기업이 퇴출되었으나, 외환시장은 비교적 안정적으로 움직였고 환율도 몇 달 동안 890원대에 머물렀다.

내부적인 불안요인이 잠잠해져 특별한 일이 없는 듯 보였지만, 태국, 인도네시아 등 동남아 외환위기가 본격적으로 진행되면서 한국에서도 위기조짐이 나타나기 시작했다. 7월 2일 태국 바트화의 폭락을 시작으로 인도네시아 루피아, 필리핀 페소 등이 연이어 폭락하면서 외환위기는 동남아 전역으로 확대되었다. 이처럼 국제금융시장의 불안이 확대되고 있는 가운데, 국내에서도 7월 중 기아가 최종적으로 부도를 내는 등 불안이 가중되었다. 동남아 위기는 전혀 진정될 기미를 보이지 않았으며, 오히려 건실하다고 여겨졌던 타이완 달러가 10월 17일 대규모로 평가절하되고 10월 23일에는 홍콩증시가 10.4% 폭락하면서 한국의 외환시장도 걷잡을 수 없는 혼란에 빠져들면서 외환 · 금융위기가 시작되었다. 원화의 폭락을 방지하고자 정부는 9월부터 11월까지 3개월 동안 154억 달러를 매도하는 등 모든 수단을 동원해서 외환시장에 개입을 했으나 연초와는 달리 아무런 성과를 거둘 수 없었다. 외환 · 금융위기가 심각해져감에 따라 외환이 고갈되면서 국가부도의 위기상황에 직면하게 되자, 한국정부는 결국 1997년 11월 21일 IMF에 구제금융을 신청했고 그 해 12월 3일 구제금융양해각서를 체결해 IMF로부터 자금을 지원받게 되었다.

1.2 위기의 주요 원인

우리나라의 외환 · 금융위기의 발생은 대내적 · 대외적 요인 모두에 복합적으로 영향을 받았다.

① 대외적인 요인

대외적인 요인으로는 무엇보다도 태국과 인도네시아 등의 외환 · 금융위기가 우리에게 전염된 것을 들 수 있다. 태국과 인도네시아 등 동남아시아에서 위기가 발생함에 따라 선진국들은 그들의 자산구성에서 동아시아의 비중을 갑자기 크게 줄였다. 그 결과 우리나라에 투자된 자본을 회수해 나가면서 우리의 외환 · 금융위기를 가져온 것이다.

아시아 위기 이전에는 한국을 포함해 외환 · 금융위기를 겪은 동아시아 5개국의 경우, 이 지역의 높은 수익률을 노린 자본유입 규모가 매년 크게 늘어났었다. 이와 같이 이 지역의 자본유입이 급격히 증가한 것은 직접투자나 포트폴리오투자보다 상업은행들의 대출이 크게 증가했기 때문이다. 그런데 문제는 이와 같이 급격히 늘어나던 자본유입이 외환 · 금융위기 직전에 급격히 빠른 속도로 빠져나간 것이다. 민간부문의 자금움직임을 보면 그 주체는 주로 상업은행들로 단기자본의 대출연장을 거부하면서 급속히 회수해 나갔다.

우리나라의 경우 객관적인 거시경제지표가 태국 등 동남아시아 국가들보다 훨씬 좋았음에도 불구하고 이들과 거의 동시에 위기를 맞이하게 되었다. 이는 외국투자자들이 동남아 국가들의 위기로 인해 패닉 상태에 들어가 우리나라에 대한 자금을 갑자기 회수하면서 우리나라도 위기에 빠지게 되었음을 의미한다.

한편 태국의 외환위기가 발생하면서 타이완이 자국통화를 두 차례에 걸쳐 15.8% 평가절하한 것도 우리의 외환 · 금융위기를 발생시킨 한 요인이다. 800억 달러에 달하는 외환보유액을 갖고 있고 경상수지 흑자를 기록하고 있는 타이완이 큰 폭의 평가절하를 할 경우 상대적으로 경상수지 적자를 겪고 있었고 외환보유액이 급격히 줄고 있었던 우리나라의 평가절하폭은 훨씬 더 클 것이라는 기대감이 우리의 외환 · 금융위기를 가속화시킨 한 요인으로 작용한 것도 사실이다.

② 도덕적 위기와 산업 · 금융부실

우리나라의 경우 거시경제의 기본변수는 다른 외환 · 금융위기를 겪은 개발도상국가들에 비해서 상대적으로 건실했다. 그렇지만 미시적인 차원에서는 재벌 중심의 실물부문과 대기업의 도산, 부실증권투자에 따라 부실채권을 누적시킨 금융부문에서 구조적인 문제를 내포하고 있었다.

오랫동안 한국정부는 금융을 산업정책의 수단으로 사용해 왔고 그 과정에서 한국 산업구조는 소수의 재벌에 의해서 지배되는 불균형적인 발전을 보였다. 재벌들의 과다한 차입결과 30대 재벌기업들의 재무구조는 악화되어 평균 부채-자본비율이 400%를 초과하게 되었다. 그 결과 재벌들은 경기변동과 외부의 충격에 보다 취약하게 되었다. 이와 같은 대기업의 과다차입으로 인해 한국경제는 차입경제라고 특징지어졌다.

1995년 경제가 호황을 누릴 때에는 재벌들이 커다란 이익을 누렸고 산업구조의 취약성도 감춰질 수 있었다. 그러나 1996년 반도체경기 침체와 엔화의 평가절하로 경기가 하락하면서 우리 산업구조가 가지는 취약성이 그대로 노출되었다. 기업의 투자수익률이 급격히 떨어지면서 부채-자본비율도 급격히 악화되었다. 부채-자본비율이 높을 경우 투자수익률이 차입금리를 상회할 때에는 자기자본수익률을 높이지만 반면에 하회할 때에는 빠른 속도로 자기자본을 잠식하면서 산업부실을 가속화시킨다.

한편 정부의 금융시장 개입은 산업과 금융 부문에서 도덕적 해이 문제를 크게 가져왔다. 정부의 지시에 순응하는 대가로 금융기관들은 정부의 암묵적인 지급보증이라는 안전망을 누리게 되었다. 그 결과 금융기관들은 정부가 재벌들을 도산시키지 않을 것이라고 믿었고 차입자들에 대한 대출심사를 제대로 하지 않았다. 1996년 말부터 재벌들이 도산하기 시작함에 따라 재벌들이 그 동안 누적시킨 부실대출 규모가 예상했던 규모보다 훨씬 더 크다는 사실이 판명되었다.

정부의 암묵적인 지급보증에 따른 안정망에 대한 믿음은 금융기관들로 하여금 위험을 제대로 고려하지 않고 수익이 높은 부문에 무분별하게 투자를 하게 만들었고 그 결과 금융기관의 건전성은 크게 훼손되기에 이르렀다. 특히 자본자유화 과정에서 자본의 국내유입은 단계적으로 개방되었지만 유출에는 아무런 제약이 없었던 결과 금융기관들의 해외투자가 무분별하게 이루어지면서 금융기관의 부실을 가속화시켰다. 동남아 증권시장에 대한 과도한 투자와 무분별한 파생상품에 대한 투자가 대표적인 경우이다.

③ 외채누적과 취약한 외채구조

1990년대에 들어와서 경상수지 악화와 자본자유화로 인해 총외채가 빠른 속도로 누적되었다. 세계은행 편재기준에 의한 총외채 규모는 1992년 428억 달러에서 IMF 금융지원이 이루어지기 직전 1997년 11월 말에는 1,161억 달러로 늘어났다. 이와 같이 총외채가 빠른 속도로 증가한 중요한 원인 중의 하나는 OECD 가입 등에 따른 자본자유화 과정에서 자본유입에 따라 원화가 고평가된 점이다. 〈표 A16-1〉은 1990년대 한국의 자본수지 추이를 보여주고 있다. 원화의 고평가에 따라 경상수지가 악화되었을 뿐만 아니라 기업들과 금융기관들은 자본비용을 과소평가하게 되었다. 그런데 문제는 이와 같은 고평가현상이 자본자유화 과정에서 나타난 일시적인 현상임에도 불구하고 이러한 환율추세가 계속될 것으로 믿게 되었고 이러한 믿음과 도덕적 해이 현상이 겹치면서 과잉투자와 중복투자를 낳아 총외채가 빠른 속도로 누적되게 되었다.

표 A16-1 한국의 자본수지 (단위 : 백만 달러)

	1992	1993	1994	1995	1996	1997
자본수지	6,587.0	2,740.7	10,295.1	16,785.6	23,326.8	1,314.4
투자수지	6,994.0	3,215.8	10,731.6	17,273.2	23,924.4	1,922.0
직접투자	−433.2	−751.9	−1,652.1	−1,776.2	−2,344.7	−1,605.2
포트폴리오투자	5,802.5	10,014.4	6,120.1	11,590.7	15,184.6	14,295.3
기타투자	1,624.7	−6,046.7	6,263.6	7,458.7	11,084.5	−10,768.1
기타자본수지	−407.0	−475.1	−436.5	−487.6	−597.6	−607.6

자료 : 한국은행 『국제수지』, 1998. 9.

그런데 보다 큰 문제는 우리 경제주체가 짊어지고 있는 총대외차입에 대한 규모를 정확히 알지 못하고 있었다는 점이다. 막연히 우리 기업과 민간부문이 해외에서 자금을 많이 조달해 운용한다고 생각했을 뿐 구체적인 규모파악을 제대로 하지 못하고 있었다. 금융기관 역외차입금과 국외점포의 해외차입금을 합산해 산출한 총대외지불부담(total external liabilities)은 1997년 11월 말 현재 1,618억 달러로 공식적인 외채규모의 1.5배가 되는 실정이었다. 여기에 기업부문의 외국은행으로부터의 현지금융을 더할 경우 동년 12월 말 현재 총부담 규모는 1,868억 달러에 이르렀다. 이와 더불어 우리 기업 현지법인들의 본사 지급보증이 없는 외화자금의 조달과 운용규모, 금융기관들의 파생금융상품에 투자한 장부외거래 규모 등은 제대로 파악되지 않은 상태였다. 특히 해외에서 조성된 자금은 역외펀드 형태로 국내 주식시장 등에 투자되었으며, 동남아 등의 고수익 · 고위험 유가증권에 투자되었고 상당부분은 해외 직접투자에 충당되었다. 그런데 이러한 투자들이 부실화되면서 외환 · 금융위기를 가속화시켰다. 결국 그 동안 우리가 외화자금 조달 · 운용규모를 정확히 파악하지 못하고 있었다는 점이 외환 · 금융위기에 적절히 대응하지 못한 가장 중요한 이유 중의 하나였다.

한편 총외채에서 단기부채가 차지하는 비중이 과도하게 높다는 것도 문제였다. 단기외채가 총외채에서 차지하는 비중은 같은 외환위기를 겪었던 태국이나 멕시코에 비해서 우리가 훨씬 높았다. 단기외채의 비중이 높은 데에는 정부의 책임도 크다. 정부는 장기 해외차입의 경우에는 신고의무를 부과한 반면 단기차입은 무역금융과 관련된 것으로 보아 특별히 규제를 하지 않아서 단기차입의 유인을 그만큼 높였다. 많은 금융기관과 기업들이 외화자금을 단기로 조달해 장기로 운용한 관계로 만기구조에 불일치를 보였다. 상대적으로 금리가 낮은 단기로 자본을 들여와 장기

설비 · 시설에 투자함으로써 자금의 조달과 운용상의 만기구조에서 심각한 불일치를 보였던 것이다. 만기구조의 불일치는 금융경색현상이 일어나면서 국제 유동성위기를 심화시킨 원인이 되었다. 한국경제에 대한 신뢰도 하락으로 금융기관들이 해외에서 새로운 자금을 확보하고 기존의 대출을 회전(roll-over)시키는 데 어려움을 겪으면서 외환위기가 시작되었다.

외채누적과 더불어 외환위기를 직접적으로 촉발시킨 중요한 요인 중의 하나는 정부가 적정 외환보유액을 확보하는 데 실패한 점이다. 우선 공식적으로 발표된 외화유동성 규모도 부족했을 뿐만 아니라 이 중 상당부분은 사용 가능 외화유동성이 아니었다. 1997년 3월 공식 외환보유액은 291.5억 달러였지만 중앙은행의 국내은행 해외점포에 대한 예치금이 80.1억 달러로 크게 늘어난 관계로 가용 외환보유액은 211.4억 달러에 불과했다. 또한 11월에도 164억 달러가 국내은행 해외지점에 예치되어 실질적인 가용 외환보유액은 2개월치 수입분에도 채 못 미치는 수준이었다. 이와 같이 해외점포 예치금이 큰 폭으로 증가한 이유는 해외점포들이 유동성을 확보하지 못해서 파산위기에 직면했기 때문인데, 이는 환율관리를 위한 적극적인 외환시장 개입과 더불어 외환보유액을 바닥나게 만들었다. 이에 따라 외환위기 조기경보지표 중의 하나인 $\frac{(\text{가용외환보유액})}{(\text{단기총외채 + 경상수지 적자})}$ 비율이 외환위기 직전인 11월 말에 10.3%에 불과했는데, 이는 외환위기 직전 외환보유액이 적정수준에 훨씬 못 미치고 있었음을 나타낸다.

1.3 위기 대응 방안

우리나라에서 외환 · 금융위기의 극복과정은 기본적으로 IMF의 프로그램을 따라 이루어졌다고 할 수 있다. 그렇지만, 우리 정부도 나름대로 최선의 노력을 기울여 당초 예정보다 훨씬 빠르게 2001년 8월 23일 IMF로 받은 지원금액 전액을 상환하고 IMF 관리체제로부터 벗어나게 되었다.

① IMF 금융지원과 정책합의

외환 · 금융위기에 처한 국가가 IMF에 구제금융을 요청하는 경우, IMF는 지원을 댓가로 수혜국에게 위기극복을 위한 요구조건, 즉 IMF 프로그램을 실천하도록 의무화한다. 1997년 외환 · 금융위기에 처한 정부가 IMF에 구제금융을 요청함에 따라 우리나라에도 IMF프로그램이 실시되게 되었다.

1997년 12월 3일 발표된 IMF와의 합의서는 경제상황의 변화에 따라 수차례에 걸쳐 거시경제목표와 정책방향에 대한 보완작업을 했지만, 기본적으로 긴축재정 · 금융정책 채택, 자유변동환율제도 채택, 전반적인 금융구조조정과 개혁, 산업구조와 기업지배구조 개혁, 전면적인 자본자유화, 그리고 수입다변화정책의 폐지 등의 정책처방을 포함했다. 이러한 내용들을 종합적으로 고려할 때 한국에 대한 IMF 프로그램은 결국 세 가지 측면에서 처방을 내놓았다고 볼 수 있다. 첫째, 환율안정과 국제수지 개선을 위한 처방이다. IMF의 역할을 국제금융시장에서 최종대부자라고 정의할 때 이는 외환위기시 IMF 본연의 임무이며 1980년대 남미의 외환위기시 IMF 처방은 주로 이 분야에 국한되었다. 외환안정과 국제수지 개선을 위해서 IMF는 우리 정부에 대해 긴축재정과 긴축금융 정책을 요구했다. 둘째, 구조조정에 대한 처방을 요구했다. 외환위기의 근본적인 원인을 금융과 산업 부실로 보아 이 분야에서 구조조정이 필요하다는 시각이다. IMF 프로그램이 구조조정을 포함하기 시작한 것은 IMF가 구소련과 동구권의 구조조정에 본격적으로 개입하기 시작하면서부터이다. 마지막으로 자유화조치를 요구했다. 당시 IMF의 자유화조치 요구는 자본자유화조치뿐만 아니라 수입선다변화조치 폐지를 포함한 무역자유화조치를 포함하고 있었다.

② 우리 정부의 정책대응

IMF 프로그램 외에도 우리 정부가 위기 극복을 위해 시행한 정책대응을 크게 분류해보면, 유동성 확보를 통한 거시경제 안정, 경제체질을 개선하기 위한 구조 개혁, 위기충격을 완화하기 위한 사회안전망 확충의 세 가지 방향으로 나눌 수 있다.

첫째, 우리 정부는 단기외채 상환불능으로 유동성 위기에 처한 상황에서 IMF 구제금융 신청과 더불어 JP모건을 위시로 한 해외채권단과 외채만기 연장 협상을 벌였다. 1998년 1년 뉴욕에서 열렸던 협상에서 국채발행 방식이 아닌 정부보증을 통해 총 217.4억 달러의 단기외채를 1～3년 만기로 연장하는데 합의했다. 외채협상 때 특히 중요했던 문제는 금리결정 문제였는데, 1년만기에 대해서는 LIBOR + 2.25%, 2년만기에 대해서는 LIBOR + 2.50%, 3년만기에 대해서는 LIBOR + 2.75%를 적용하기로 했다. 이처럼 단기외채를 중장기외채로 전환했으며 또한 6개월후부터는 2년 및 3년 만기의 외채에 대해 채무자인 우리나라의 은행들이 조기상환하더라도 범칙금을 부과하지 않기로 하는 합의도 아울러 이끌어냈다. 초기의 유동성 위기가 해결되는 기미를 보이자 정부는 경기회복을 도모하고자 IMF에 의해 도입되었던 고강도 긴축정책을 완화하고 금리를 인하하기 시작했다. 초기의 고금리 정책 여파로 기업도산과 실업이 급증하면서 1998년 −6.9%의 성장률을 기록할 정도로 과도하게 위축되었던 우리 경제는 1999년 이후 다시 (+) 성장을 회복하게 되었다.

둘째, 당시 외환 · 금융위기의 원인에 대해 논란이 있기는 했지만, 우리 경제의 고질적인 병폐도 중요한 원인이었음은 부정할 수 없었다. 따라서 정부는 초기의 유동성 확보를 위한 노력을 진행하면서도 중장기적으로 우리 경제 전 분야에 대한 개혁이 위기의 근본적인 원인을 해결하는 데 필수적이라고 인식하고, 기업, 금융, 노동, 공공부문 등 4대 분야에 대한 구조개혁을 추구했다. 이와 같은 구조개혁 노력은 경제 전체적으로 부실을 감소시키고 건전성을 강화하는 데 기여를 한 것으로 평가된다. 예를 들어 기업의 부채비율은 이전보다 반 이상 낮아졌고, 은행들의 BIS 자기자본비율도 1997년 7.0% 수준에서 최근에는 12.0% 이상으로 높아졌다. 그러나 노동시장의 유연성이 제도적으로 개선되지 못하고 공공부문 비중이 여전히 비대하게 남아 있다는 것은 향후 추가적인 노력이 필요한 부분이다.

셋째, 외환 · 금융위기에 따른 충격으로 많은 기업 및 금융기관들이 도산하고 아울러 구조조정 과정에서 대규모 정리해고가 발생해 실업자가 양산되면서 빈곤층이 크게 확대되었다. 이에 대비하기 위한 노력은 고용을 확대하기 위한 정책과 생계비 지원을 위한 정책 두 방향으로 진행되었다. 고용을 확대하기 위해 우선적으로 직업훈련사업을 대폭 강화했고 아울러 정부가 직접 고용을 창출해 실직자에게 단기 일자리를 제공하고자 공공근로사업을 추진했다. 한편, 일자리 대신에 생계비를 지원했던 정책으로는 고용보험 적용범위 확대, 국민기초생활보장제도 도입 등을 들 수 있다. 이 중 국민기초생활제도의 도입은 대상자 규모와 급여 면에서 공공부조의 대폭적인 확대를 가져와, 그 이전의 정책적 흐름을 획기적으로 전환시킨 것으로 평가받는다. 그러나 수급자들이 빈곤에서 탈출하기 위해 노력할 동기가 미약해 궁극적인 빈곤문제 해결책이 되지 못한다는 문제점도 내포하고 있다. 아울러 이러한 정책에도 불구하고 외환위기 이후 소득 및 임금격차가 확대되고 있다는 점에서 경제구조 변화에 따른 새로운 빈곤대책을 모색하는 것도 필요하다고 생각된다.

2. 2008년 글로벌 금융위기

2.1 위기의 전개과정

미국 서브프라임 시장에서 시작된 글로벌 금융위기가 전세계로 퍼져가면서 한국도 예외는 아니었다. 2007년 4월 미국 2위의 서브프라임 모기지 회사인 뉴센튜리파이낸셜이 부도처리된 이후 그 해 중반 국제금융시장이 불안한 움직임을 보인 적이 있다. 외환시장을 비롯한 우리나라 금융시장도 요동을 치면서 한 때 주가가 급락하면서 국제금융위기 우려를 자아내기도 했으나 그 후에는 다시 안정을 찾아 2008년 초반까지 특별한 움직임이 없었다. 그러나 2008년 3월 서브프라임 채권에 과도한 투자를 했던 베어스턴스가 매각되면서 미국 시장에서의 위기가 우리나라에도 조금씩 느껴지기 시작했다.

그러나 우리나라에서 또 다른 위기가 본격적으로 시작된 것은 2008년 9월 15일 리만브라더스가 파산하면서부터이다. 미국 정부가 베어스턴스의 경우와는 달리 리만브라더스에 대해서 구제금융을 거절하고 부도처리하면서 미국 금융시장이 패닉상태에 들어가자, 우리나라 금융시장도 함께 패닉상태에 빠지게 되었다. 2007년말 930원대였던 환율은 리만브라더스 파산 2개월여만에 1,500원대까지 치솟았으며 반대로 주가는 2007년말 1,900 근처에서 1,000대로 곤두박질쳤다. 또한 외국계 금융기관들이 자금을 회수하면서 국내 외환시장에서 달러 구하기가 불가능해졌으며, 국내 금융기관들도 만일의 사태에 대비해 현금을 확보하고자 자금제공을 꺼려하면서 신용경색 현상이 나타났다. 글로벌 신용 경색 및 안전자산 선호 확대에 따른 대규모 외국인투자자금 유출, 외화차입 여건 악화 등으로 우리나라를 포함한 신흥시장국 CDS 프리미엄 및 환율이 급등했던 것이다. 또한 금융 및 외환시장 불안에 따른 내수위축과 함께 선진국 경기침체에 따른 수출 급감 등으로 국내 경기가 빠르게 침체되었다.

제2의 IMF 위기가 목전이라는 소문이 무성했고 일부에서는 정부가 IMF에 구제금융을 신청할 것이라는 추측을 하기도 했다. 정부는 이러한 위기감을 해소시키기 위해 리만브라더스 사태 이후 2개월동안 외환시장개입을 통해 500억 달러를 상회하는 외환보유액을 소진했지만 환율을 안정시키는데 실패했다. 또한 민간신용경색 위축을 방어하기 위한 조치, 경기부양을 위한 재정 및 금융정책을 제시했으나 여전히 금융시장을 안정시키지는 못했다. 그러다가 2008년 10월 말 한국은행이 미국 연방은행과 300억 달러의 통화스왑을 체결하면서 달러유동성을 확보할 수 있다는 인식이 외환시장에 퍼져나갔고 이후 전체적인 금융시장도 안정되기 시작했다.

2.2 위기의 주요 원인

① 글로벌 금융위기의 원인

미국에서 서브프라임 위기가 발생한 원인으로 크게 미국의 대내외적인 거시불균형과 미국 금융시스템의 고질적인 문제를 들 수 있다. 거시적인 측면에서 우선 과잉유동성과 저금리에 따른 대내불균형 문제를 지적할 수 있다. 2000년대초 IT 버블 붕괴와 9·11 사태 이후 경기부양을 위해 2001~2004년 중 장기간 지속된 저금리 정책은 유동성 팽창의 요인으로 작용했다. 1990년대 이후 신경제 현상으로 저인플레이션 기조가 정착되면서 인플레이션에 대한 우려없이 유동성 팽창이 가능했던 것이다. 그러나 저금리의 과잉유동성은 민간부문의 과잉 지출을 가져왔고 탈출구로 부동산시장을 선택하게 되어 부동산 버블을 유발시켰다. 한편 글로벌 불균형으로 대변되는 미국의 대외불균형도 위기의 원인으로 작용했다. 글로벌 불균형 현상의 지속으로 동아시아 신흥개도국 자금이 대규모로 미국으로 유입되어 유동성팽창 및 버블을 촉발시킨 것이다. 동아시아 국가들이 경상수지 흑자로 벌어들인 자금을 미국 금융상품에 투자해 미국의 대외불균형의 문제를 보조해줌으로써 불균형 및 저금리가 장기간 지속될 수 있었다.

그러나 이러한 문제보다도 더욱 중요한 원인은 미국 금융시스템 내부의 문제라고 할 수 있다. 우선 금융기관 자체적으로 도덕적 해이가 만연해 단기적인 성과를 올리기 위한 과잉레버리지 현상이 만연했고 위험은 무시되었으며 또한 회사의 장기적인 성장 여부와는 상관없이 단기적인 보상만을 획득하려는 투자결정이 주를 이루었다. 개별기관이 문제가 있는 경우 시장에서 적절히 시정될 수 있어야 하지만, 미국의 금융시장은 이러한 기능을 상실했다. 낮은 단기금리와 높은 경제성장 지속으로 인해 위험선호(risk-taking)가 증대되어 높은 레버리지를 이용한 모기지담보증권(MBS), 부채담보부증권(CDO) 등 고수익 상품에 대한 투자가 증가했다. 그러나 금융시장에서 금융의 증권화, 파생금융상품의 발달로 거래관계가 복잡지면서 거래상대방 위험이 상승했고 또한 차입자와 투자자 간 신용위험 전가거리가 멀어 누가 얼마만큼의 위험을 부담하는지 불확실함에 따라 위험을 제대로 평가하지 못하게 되었다. 금융감독이 제대로 이루어지면 이러한 위험이 현실화될 가능성이 줄어들겠지만, 당시 미국의 감독체계는 이에 따른 위험관리를 하는데 미흡했다. 자산유동화에 따른 위험의 성격과 규모가 제대로 파악되지 않고 계속 재생산되면서 규제사각 부문인 투자은행 등에서 레버리지가 급증하는데도 이를 관리하기 위한 감독체계가 갖추어져 있지 않았다. 더욱이 금융당국은 증권화가 불특정 다수의 투자자에게 위험을 분산시킨다는 이론을 믿고 있어 감독을 강화할 유인을 갖고 있지 않았다.

② 우리나라에서 위기가 발생한 원인

우리나라에서 위기가 발생하게 된 것은 무엇보다도 대외적인 요인이 크다. 즉, 서브프라임 위기가 미국에서 발생했음에도 불구하고 금융거래 및 무역거래가 전 세계적으로 얽혀 있어 우리나라에도 충격의 여파가 진행된 것이다. 특히 우리나라의 경우 미국을 포함한 세계경제와 둔화에 따른 수출감소와 자본의 해외유출로 인해 그 충격이 더욱 컸다.

그러나 이러한 대외적인 요인 외에도 유독 우리나라에서 글로벌 금융위기의 충격이 크게 느껴진 것은 대내적인 요인들도 중요한 역할을 했음을 의미한다. IMF 위기 이후 산업부문 및 금융부문 등에서 강력한 구조조정을 통해 전반적인 재무구조가 건실해져 이번 위기가 닥쳤을 때 과거와 같은 줄도산이 발생하지는 않았다. 그럼에도 불구하고 여전히 환율이 급등하고 주가가 폭락하는 패닉현상이 나타났다. 이처럼 미국발 충격에 민감하게 반응한 대내적인 원인 중 첫 번째는 글로벌 위기가 발생하기 수년전부터 갑작스럽게 외채문제가 다시 취약해졌기 때문이다. [그림 A16-1]에 따르면 IMF 위기 이후 안정된 추이를 유지하던 대외부채가 2006년부터 갑작스럽게 증가하기 시작했다. 특히 이러한 대외부채의 증가는 대부분 단기부채때문이었는데, 이에 따라 단기부채의 비중이 2005년말 35%대에서 1년여만인 2007년 1분기에는 46%대로 10% 이상 급증했다.

이렇게 외채가 급등한 이유는 금융시장에서 차익거래 기회가 존재하면서 단기차입이 대거 유입되었기 때문이다. 당시 통화스왑(currency swap, CRS) 금리가 시장수급요인으로 인해 국내채권금리를 크게 하회하는 상황이 발생했었는데, 특히 외국계은행들이 이러한 차익기회를 획득하기 위해 대규모로 단기외화차입을 도입했다. 이들은 해외시장에서 외화자금을 차입해 이를 통화스왑 계약을 통해 원화자금과 교환한 후 원화자금으로 통안증권 등을 매입함으로써 위험부담없이 차익을 챙길 수 있었다. 만일 외환시장 및 단기금융시장이 효율적이라면 이러한 차익기회가 일시적으로 나타나더라도 곧 소멸된다. 그러나 아직 효율적이지 못한 국내금융시장에서는 이러한 차익기회가 장기간 지속됨으로써 상당한 기간 동안 단기차입이 계속되었고 이로 인해 단기외채를 중심으로 전체적인 외채가 급등했던 것이다.

이러한 단기차입금들은 조그마한 충격에도 급격히 방향을 전환할 수 있다. [그림 A16-2]는 자본구성별로 유출입을 보여주고 있는데, 은행차입금의 경우 리만브라더스 사태 이전까지 대규모로 계속 유입되다가 사태가 발생하자마자 급격히 빠져나가기 시작한다. 반대로 주식투자자금의 경우 그 이전에 차익실현을 위해 유출되었지만, 리만브라더스 사태 이후에는 크지는 않지만 오히려 유입세로 전환되었다. 따라서 위기와 더불어 발생하는 외국인들의 자금회수는 거의 대부분 외채로 나타나는 대출자금임을 알 수 있다. 이처럼 외채 규모가 급등한 것은 IMF 위기 직전의 상황과 매우 흡사한데, 특히 단기 외채 규모가 급속히 늘어나면 조그마한 외부 충격에도 단기 외국 자본이 빠져나가면서 환율이 요동치고 위기가 발생할 수 있다는 사실

그림 A16-1 총외채 및 단기외채 추이

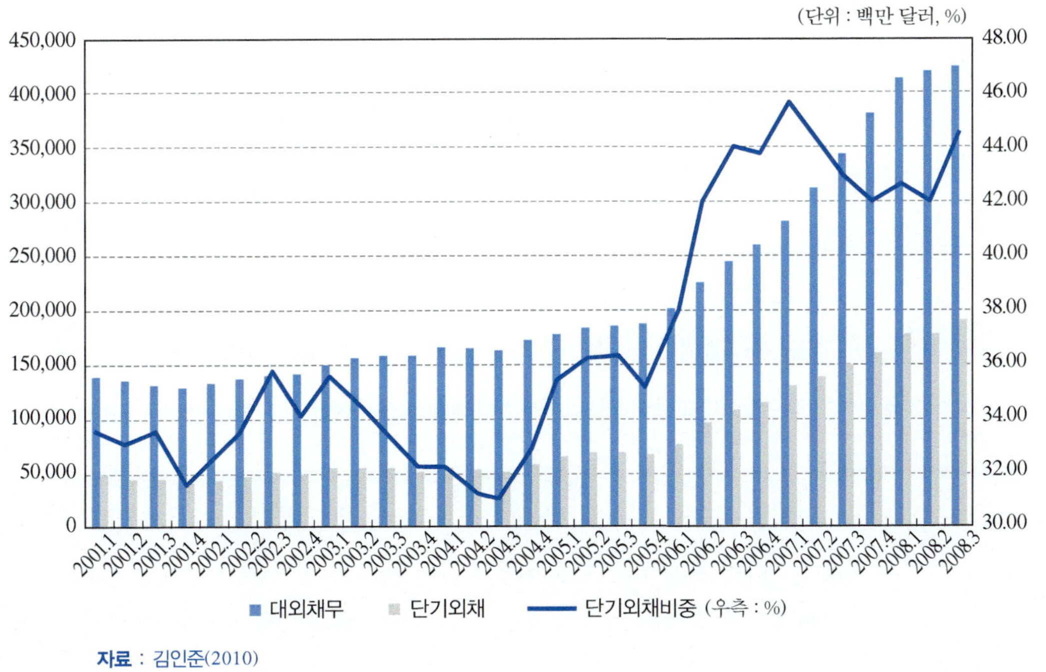

자료 : 김인준(2010)

그림 A16-2 대출자금과 주식자금의 유출입

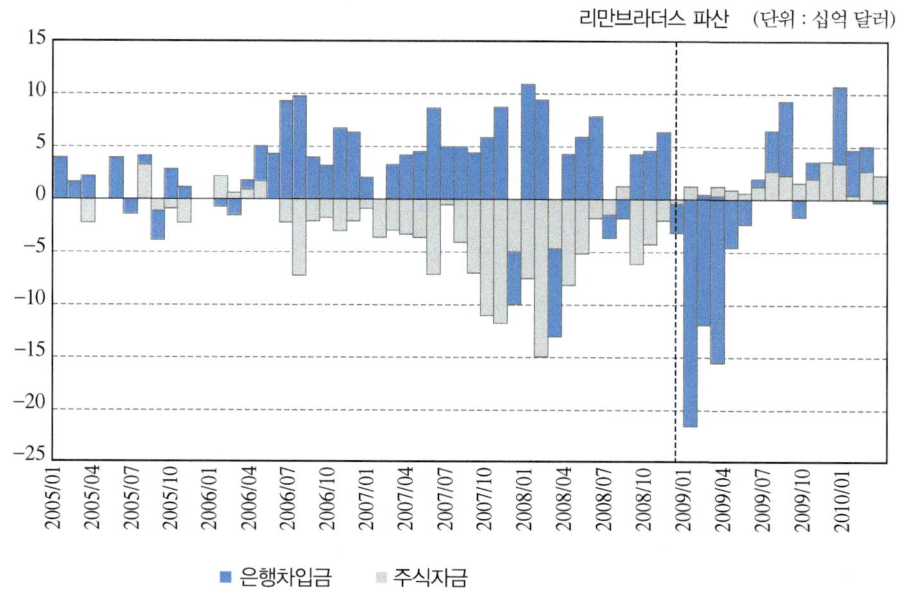

주 : (+)는 유입, (−)는 유출을 나타냄
자료 : 한국은행

을 우리는 IMF 위기를 겪고도 잊어버렸던 것이다. 이렇게 단기에 외채가 급속히 늘어나도록 방치한데는 해당 금융기관들뿐만 아니라 금융 당국의 책임도 클 것이다.

우리나라가 글로벌 금융위기의 충격을 받게 만든 두 번째 대내적 원인은 우리나라 금융시장 및 경제가 충격에 취약한 구조를 갖고 있기 때문이다. 글로벌 금융위기가 발생하기 이전 2000년대 초반부터 수년 동안 우리나라의 부동산 시장에는 상당한 거품이 형성되었다. 2001년 말 대비 2007년 말 전국 주택매매가격 종합지수와 서울 주택매매가격 지수는 각각 44%와 72% 상승했으며, 서울 강남 등 버블 세븐 지역으로 지정된 지역의 아파트 가격은 2006년 1년 동안에 30～40% 상승하기도 했다.[6]

이처럼 부동산 시장의 버블이 심화되었음에도 불구하고 금융기관들은 외국에 비해 상대적으로 부동산 대출 규모가 작고 담보인정비율(Loan to Value, LTV)나 원리금상환부담률(Debt Service Ratio, DSR)이 낮아서 미국의 서브프라임 모기지 위기

6. 아래의 내용은 김인준(2010)을 기초로 정리한 것임.

와 같은 일은 발생하지 않을 것이라고 주장했다. 그런데 은행의 LTV가 미국만큼 높지 않아 주택가격 등의 하락에 대한 은행의 손실이 제한적일 것이라고 하지만 타 금융기관의 제2담보를 포함할 경우 그 수치는 크게 높아진다. 한편 주택담보대출을 차입한 가계부문의 DSR은 2005년 12월 15.3%에서 2007년 12월 20.2%로 높아졌다. 이렇게 주택담보대출이 늘어난 가운데 시장금리가 상승하면 이에 연동된 대출금리도 동반 상승하게 되어 소득 수준이 낮고 차입 규모가 과다한 가계들은 어려움을 겪을 수 있다. 이와 함께 은행 신용대출의 상당부분도 부동산 담보 가치를 고려해서 이루어지는 경우가 많기 때문에 부동산 가격이 급락할 경우 금융기관의 부실로 직결될 가능성이 크다. 즉, 가계부문이나 금융기관이나 부동산 경기에 의존하는 부분이 큰데, 경기변동 혹은 외부적인 충격으로 부동산 버블이 붕괴되면 이들 또한 붕괴될 가능성이 높은 취약한 경제구조를 가지고 있었다.

또 다른 취약성은 환위험헤지를 위한 선물환매도, 키코(KIKO) 등과 같은 외환시장에서의 파생상품거래때문이었는데, 이러한 거래들은 자그마한 충격도 과다하게 증폭시키는 역할을 했다. 우선 글로벌 금융위기 이전 원화가 전반적으로 강세추이를 보였기 때문에 수출업자 및 해외투자자들은 선물환매도 계약을 미리 해놓았다. 그런데 만기 환율이 선물환을 계약할 당시 예상보다 크게 오를 경우 선물환 매도 시 손실을 크게 본다. 위기가 발발하기 시작한 2008년 후반 환율이 오르기 시작하면서 선물환 매도에 따른 손실을 보게 되었다. 특히 역외펀드들은 해외시장의 주가하락에다가 선물환 매도를 실행하기 위한 환헤지 손실로 이중손실을 보면서 위기의 충격을 증폭시켰다. 또한 키코는 환율이 일정 수준을 조금만 넘어서면 구매한 기업들이 손실을 크게 볼 수 있는 상품이었는데, 위기와 더불어 환율이 상승하기 시작하자 중소기업의 구매자들은 천문학적인 손실을 입게 되었다. 키코와 관련해서는 논란의 여기가 많으나, 상품을 만든 금융기관의 도덕적 해이, 그리고 키코 판매자가 아니라 구매자가 환율 급변에 책임을 지는 형태의 문제가 있었다는 점을 알아채지 못한 금융감독 당국 모두가 책임이 있다고 할 수 있다.

2.3 위기 대응 방안

일반적으로 외환 · 금융위기가 발생하면 정부는 크게 두 가지 방향으로 대책을 마련한다. 하나는 당장 확산되고 있는 위기를 수습하기 위한 유동성 확보 방안이고 다른 하나는 위기가 진정된 이후 본질적인 문제를 해결하기 위한 구조개혁이다.

글로벌 금융위기가 우리나라에 파급되자 정부는 재정 · 통화 · 금융 · 외환 등 전 부문에 걸친 정책수단을 동원해 위기를 극복하기 위한 노력을 기울였다. 특히 우리나라는 과거 IMF 위기 경험 등을 토대로 주요국과 차별되는 선제적 · 효율적인 정책가동체제를 구축했다. 우선, 정부는 다각적인 방법으로 외화유동성 확보에 노력했다. 리먼브라더스 파산 이후 2008년 4/4분기에 418억 달러의 자본이 유출되는 등 외화유동성 경색이 심화되자 외환보유액을 활용해 금융기관의 외화유동성을 지원하고 또한 수출입금융에 필요한 외화유동성을 지원했다. 또한 은행권 외화차입에 대한 정부의 지급보증도 실시해 글로벌 신용경색으로 외화자금 조달에 어려움을 겪는 시중은행을 지원하고자 했다. 그러나 이러한 노력보다도 성과를 거둔 것은 미국 등 주요국과의 통화스왑을 체결하는 등 외교적 노력을 통해 국제적 정책협력체제를 강화한 것이었다. 특히, 미국, 중국, 일본 등과 통화스왑을 체결한 후 외환시장 안정효과가 뚜렷이 나타났다.

이와 더불어 정부는 재정을 동원한 적극적 경기부양책을 실시하고 금리인하 및 대규모 유동성 공급 및 선제적 금융시장안정정책 실시하는 등 재정, 금융의 가능한 수단을 동원해 경기를 부양시키고자 했다. 우선 정부의 예산규모를 2008년 262.8조원에서 2009년 301.8조원으로 14.8% 증가시키고 경기진작 효과가 큰 사업은 전반기에 전체 예산의 65%를 조기 집행하도록 했다. 또한 한국은행은 정책금리를 2009년 2월까지 여섯 차례에 걸쳐 5.25%에서 2.00%까지 인하했으며, 총액대출한도 증액 등을 통해 원화유동성 공급을 증대시키고자 노력했다. 이러한 적극적인 경기부양책은 위기에 따른 경기침체를 조기에 극복할 수 있도록 하는데 효과가 있었다.

이러한 유동성 공급 대책 및 경기부양책 외에도 구조조정을 위한 대책도 마련해 추진했었다. 그러나 IMF 위기때와는 달리 국가 전 분야에 걸친 구조조정이라기보다는 일부 문제가 심각한 분야의 구조조정을 추진하는 데 국한되었다. 당시 가장 문제가 심각했던 분야가 건설업, 중소조선업, 해운업 등이었는데, 총 186개 업체 중 C등급 29개, D 등급 7개를 선정해 구조조정을 추진했다.

연습문제

01. "외국투자자들이 채무연장을 거부해 위기에 직면한 국가가 IMF에 대규모 구제금융을 신청하는 경우, IMF는 이를 거부해야 한다. 대신 그 국가의 정부로 하여금 외채지불을 유예하고 채권단들과 외채조정 및 감면에 대한 재협상을 하도록 유도해야 한다." 이 주장에 대해 어떻게 생각하는가?

02. 다음의 상황들은 개발도상국에서의 외환 · 금융위기 발생에 어떤 영향을 미칠 수 있는가?

a. 달러표시 단기 외채의 급증
b. 주변국에서의 외환 · 금융위기 발생

03. 다음의 사항들은 어떻게 외환 · 금융위기의 발생 가능성을 감소시킬 수 있는가?

a. 개발도상국의 외채 및 외환보유액 정보에 대한 신속하고 정확한 공개
b. 개발도상국으로의 자본유입에 대한 통제

04. 어떤 정부가 자국통화의 가치가 급락하는 것을 방지하기 위해 가능한 모든 수단을 동원해 외환을 통제했다고 하자. 이러한 조치는 어떤 효과를 가지며 향후 어떤 양상이 전개될 수 있는가?

05. 1990년대 발생한 유럽ERM 위기, 라틴아메리카 위기, 동아시아 위기의 공통점과 차이점을 논하라.

06. 우리나라의 입장에서 IMF 위기와 글로벌 금융위기가 원인 및 영향 측면에서 어떤 차이가 있는지 비교 설명하라.

07. IMF 위기 때는 IMF의 금융지원 결정이 외환시장을 안정시키는데 별로 효과가 없었는데 글로벌 금융 위기때는 미국과의 통화스왑 협정이 외환시장을 안정시키는데 큰 효과가 있었다. 왜 이런 차이가 나타났는지 설명하라.

참고문헌

주요 참고문헌

김인준, 『대한민국, 경제학에게 길을 묻다』, 중앙Books, 2009.

김인준 · 이영섭, 『국제경제론』, 제6판, 다산출판사, 2008.

김인준 · 이영섭, 『국제금융론』, 제2판, 율곡출판사, 2008.

한국외환은행, 『국제금융외환용어사전』, 1994.

한국은행, 『우리나라의 금융시장』, 2001.

Bank for International Settlements, *Central Bank Survey of Foreign Exchange and Derivatives Market Activity*, various issues.

International Monetary Fund, *Global Financial Stability Report*, various issues.

Luca, Cornelius, *Trading in the Global Currency Markets* (2nd ed.), Prentice Hall Press, 2000.

Solnik, B., *International Investment* (3rd ed.), Addison-Wesley, 1996.

참고문헌

고봉찬, 「Total Return swap사례 ; 에메럴드 펀드의 파산」, 『경영사례연구』, 제41권, 서울대학교 경영대학, 2007.

국제금융연구회, 『글로벌시대의 국제금융론』, 제4판, 경문사, 2008.

김중근, 『엘리어트 파동이론』, 사계절, 1994.

김철중 · 정치화, 「GARCH-M모형을 이용한 선물환시장의 위험프리미엄 검증」, 『재무관리연구』, 제16권 제2호, 1999. 12.

김철중 · 정치화, 「원/달러 선물환시장의 위험프리미엄에 관한 연구」, 『재무연구』, 제15권, 1998. 5.

김형태 · 이현진, 『장외파생상품 실패사례 분석과 시사점』, 한국증권연구원, 2003.

농협경제연구소, 『NHERI 금융경제정보』, 2010. 6. 30.

다케나카 마사하루 · 구보타 마코토, 『통화옵션전략』, 동경은행서울지점 옮김, 매일경제신문사, 1992.

라브즈스키, 존 · 존 나이호프, 『금융옵션거래』, 국제종합금융(주)역, 법문사, 1988.

매일경제신문, 각호.

문우식 · 윤덕룡 · 이영섭, 「아시아위기 및 유로화 출범에 대비한 동아시아 통화, 금융협력」, 한국은행, 『경제분석』, 제6권 제2호, 2000.

신관호 · 왕윤종 · 이종화, 「동아시아 통화통합의 비용 · 편익분석과 정치경제학적 함의」, 대외경제정책연구원, 『정책연구』 03-01, 2003.

신상기, 『외환시스템의 이해』, 자유아카데미, 2010. 2.

쑹훙빈, 『화폐전쟁』, 차혜정 옮김, 랜덤하우스코리아(주), 2008.

오규택 · 신성환, 「다이아몬드 펀드의 파생상품 거래 손실 사례 분석」, 한국선물학회, 『선물연구』, 제6권, 1998. 12.

윤덕룡 · 이영섭 · 이종화 · 채희율, 『동아시아 통화통합을 위한 여건과 가능성』, 재경부, 2005. 12.

윤제철, 『외환위기는 끝났는가?』, 제2권, 비봉출판사, 2007.

이데일리, 『통화스왑 서바이벌』, 이데일리 마켓 3호, 2011. 5.

이영섭, 「지역통합의 이론 및 여건 분석」, 전홍택 · 박명호 편, 『동아시아 통합전략: 성장-안정-연대의 공동체 구축』, 제2장, 한국개발연구원, 2010.12.

이영섭, 「우리나라 외환시장개입의 장단기 효과 분석」, 『금융학회지』, 제2권 제1호, 1997.

이영섭 · 채희율, 「국제증권결제제도의 대안」, 『대외경제연구』, 2005.

이창복, 『파생금융상품과 기초금융자산』, 율곡출판사, 2007.

전승철, 「동아시아 지역 통화협력 방안에 관한 최근 논의와 과제」, 한국은행 금융연구원, 『금융경제연구』, 제150호, 2003.

정치화, 「선물환시장의 시간변화위험프리미엄과 효율성에 관한연구: GARCH-M 모형 중심」, 홍익대학교 대학원 박사학위논문, 1997. 12.

주상영, 「금융자본자유화에 따른 금융위기 사례와 정책시사점」, 대외경제정책연구원, 『정책연구』, 1996.

증권선물거래소, 『선물시장 거래제도의 이해』, 2007. 8.

차명준, 『옵션거래 이론과 실제』, (주)대전서적, 1995.

창, 알파, *Fundamental Methods of Mathematical Economics*, (『경제수학입문』, 정기준 · 이성순 옮김), 비봉출판사, 1995.

최원근 · 고종문 · 소영일, 『금융옵션』, 박영사, 1998.

최혁, 『2008 글로벌 금융위기』, K-books, 2009.

퍼구슨, 닐, *An Ascent of Money: A History of Financial World*, (『금융의 지배』, 김선영

옮김), 민음사, 2010.

한국거래소, 『주식선물시장의 이해』, 2009. 12.

한국금융연구원, 『국제금융이슈』, 제19권 12호, 2010. 3.

한국은행, 『금융안정보고서』, 각호.

한국은행, 『동경외환시장관행위원회의 행동규범』, 1995.

한국은행, 『알기쉬운 경제지표 해설』, 2010.

한국은행, 『우리나라의 금융제도』, 2006.

한국은행, 『우리나라의 외환제도와 외환시장』, 2010.

Acharya, Viral and Matthew Richardson (eds.), *Restoring Financial Stability: How to Repair a Failed System*, John Wiley & Sons, 2009.

Achelis, Steve B., *Technical Analysis from A to Z* (2nd ed.), McGraw-Hill, 2001.

Aliber, R.Z., "Speculation in the Foreign Exchange: The European Experience, 1919~1926," *Yale Economics Essays* 2, 1962.

Aliber, R.Z., "The Interest Rate Parity Theorem: A Representation," *Journal of Political Economy* 81, 1973, pp. 1451-1459.

Almeida, A., C. Goohart and R. Payne, "The Effects of Macroeconomic News on High Frequency Exchange Rate Behavior," *Journal of Financial Quantitative Analysis* 33(3), 1998, pp.383-408.

Andersen, Torben Juul, *Currency and Interest-Rate Hedging: A User's Guide to Options, Futures, Swaps and Forward Contracts*, New York Institute of Finance, Prentice-Hall, 1987.

Anthony, Steven, *Foreign Exchange in Practice*, IFR Publishing Ltd., 1989.

Archer, Michael Duane, *Getting Started in Currency Trading* (3rd ed), John Willey & Sons, 2010.

Baillie, R.T., and P.C. McMahon, *The Foreign Exchange Market: Theory and Econometric Evidence*, Cambridge University Press, 1989, Ch. 3.

Balassa, B., "The Puschasing Power Doctrine: A Reappraisal," *Journal of Political Economy* 72, 1964, pp. 584-596.

Bank For International Settlements, *Annual Report*, various issues.

Bank for International Settlements, *International Banking and Financial Market Development*, various issues.

Bank For International Settlements, "Financial Sector under Stress," *Annual Report* 2009, Ch.3.

Bank for International Settlements, "Derivatives in Emerging Markets,"

December 13, 2010.

Bank For International Settlements, "Group of Governors and Heads of Supervision Announces Higher Global Minimum Capital Standards," *BIS Press Release*, 12 September 2010.

Bank for International Settlements, "The $4 Trillion Question : What Explains FX Growth since the 2007 Survey?" December 13, 2010.

Bank of England, "The Foreign Exchange Market in London," Press Notice, 1995.

Bark, Taeho and Yeongseop Rhee, "The G20 : from Seoul to Paris and Beyond," 『국제통상연구』, 제16호 제1호, 2011, pp.1–42.

Bartov, E. and G.M. Bodnar, "Firm Valuation, Earnings Expectations, and the Exchange Rate Exposure Effect," *Journal of Finance* 49(5), 1994, pp.1755–1785.

Bergsten, F., "Towards a Tripartite World," *The Economist*, July 13th, 2000.

Bilson, J.F.O., "Rational Expectations and the Exchange Rate," in J.A. Frenkel and H. Johnson (eds.), *The Economics of Exchange Rates*, Addison–Wesley, 1978.

Black, F., and M. Scholes, "The Pricing of Options and Corporate Liabilities," *Journal of Political Economy*, 1973.

Bodurtha, J. Jr. and G. Gourtadon, "Efficiency Tests of the Foreign Currency Options Market," *Journal of Finance* 41, 1986, pp.151–162.

Brunnermeier, M., A. Crockett, C. Goodhart, A. Persaud, and H. Shin, *The Fundamental Principles of Financial Regulation*, Geneva Reports on the World Economy No.11, 2009.

Burghardt, Galen D. and Terrence M. Belton, *The Treasury Bond Basis*, Probus Publishing Company, 1994.

Caballero, Ricardo J. and Arvind Krishnamurthy, "Collective Risk Management in a Flight to Quality Episode," *Journal of Finance*, 2008.

Calvo, G., L. Leiderman and C. Reinhart, "The Capital Inflows Problem : Concepts and Issues," *IMF Paper on Policy Analysis and Assessment*, 1993.

Canada–Korea High Level G20 Seminar, Report 2010.

Chai, Heeyul, Woosik Moon, Yeongseop Rhee and Deokryong Yoon, "Roles of Regional Monetary Unit for Financial Transactions in East Asia," *Asia Pacific Journal of EU Studies* 6, 2008.

Chiang, T.C., "International Parity Conditions and Market Risk," *mimeo*, Drexell University, 2003.

CIA, *World Factbook*, various issues.

Clark, Pete,r Leonardo Bartolinin, Tamin Bayoumi and Steven Symansky, "Exchange Rates and Economic Fundamentals: A Framework for Analysis," International Monetary Fund, Washington DC, *Occasional Paper* 115, December 1994.

Comptroller of the Currency Administrator of National Banks, *Risk Management of Financial Derivatives: Comptroller's Handbook*, 1997.

Copeland, Laurence S., *Exchange Rates and International Finance* (5th ed.), Addison-Wesley, 2008.

Copsey, Ian, *Integrated Technical Analysis*, John Wiley & Sons, 1999.

Cornell, B., "Spot Rates, Forward Rates and Exchange Market Efficiency," *Journal of Financial Economics* 5, 1977.

Cox, J.C., S.A. Ross, and M. Rubinstein, "Option Pricing: A Simplied Approach," *Journal of Financial Economics* 7, 1979, pp.229-263.

Currie, D. and S.G. Hall, "A Stock-Flow Model of the UK Effective Exchange Rate," National Institute of Economic and Social Research, *Discussion Paper* No.124, 1986.

Das, Satyajit, *Swap and Derivative Financing: The Global Reference to Products I & II*, 1993.

De Grauwe, P., *The Economics of Monetary Integration*, Oxford University Press, 1997.

Derosa, David F., *Options on Foreign Exchange* (2nd ed.), Probus Publishing Company, 2000,

Dewatripont, M. and J. Tirole, *The Prudential Regulation of Banks*, MIT Press, 1994.

Dornbusch, R., "Expectation and Exchange Rate Dynamics," *Journal of Political Economy*, 1976.

Dornbusch, R., "Purchasing Power Parity," *The New Palgrave: A Dictionary of Economics*, Stockton Press, 1988.

Dunaway, Steven, "Global Imbalances and the Financial Crisis", *Council Special Report* 44, Council on Foreign Relations: Center for Economic Studies, 2009.

Dunis, Christian (ed.), *Forecasting Financial Markets, Exchange Rates, Interest Rates and Asset Management*. Series in Financial Economics and Quantitative Analysis, Chemical Bank, John Wiley & Son, 1996.

Durbin, Michael, *All About Derivatives* (2nd ed.), McGraw Hill, 2011.

Economist, "Special Report on International Banking," May 2009.

Economist, various issues.

EDC, "Managing Foreign Exchange Risk," Canada *EDC White Paper*.

Eichengreen, B., *International Monetary Arrangements for the 21st Century*, Brookings Institution, 1994.

Eichengreen, B., *European Monetary Union : Theory, Practice, and Analysis*, MIT Press, 1997.

Eichengreen, Barry and Ricardo Hausmann, "Exchange Rates and Financial Fragility," *NBER Working Paper* 7418, 1999.

Eichengreen, B., *Globalizing Capital : A History of the International Monetary System*, Princeton University Press, 2008.

Eichengreen, Barry. and Tamin. Bayoumi, "Is Asia an Optimum Currency Area? Can it become one? Regional, Global and Historical Perspectives on Asian Monetary Relations," in Stephan Collignon and Jean Pisani-Ferry (Eds.), *Exchange Rate Policies in Emerging Asian Countries : Domestic and International Aspects*, Routledge, 1999.

Emerson, M., D. Gros, A. Italianer, J. Pisani-Ferry, and H. Reichenbach, *One Money One Market : An Evaluation of the Potential Benefits and Costs of Forming an Economic and Monetary Union*, Oxford University Press, 1992.

Eun, C.S. and B.G. Resnick, *International Financial Management* (2nd ed.), Irwin McGraw-Hill, 2008.

Fama, E.F. "Efficient Capital Markets : A Review of Theory and Empirical Work," *Journal of Finance* 25, 1970, pp.383-417.

Fama, E.F., Forward and Spot Exchange Rates, *Journal of Monetary Economics* 14, 1984, pp.319-328.

Fama, E.F., *Foundations of Finance*, Basic Books, 1976.

Federal Reserve Bank of New York, *Summary Results of the U.S. Foreign Exchange Market Turnover*, April 1992.

Financial Times, various issues.

Fleming, J.M., "Domestic Financial Policies under Fixed and under Floating

Exchange Rates," *IMF Staff Papers*, 1962.

Flood, R. and P. Garber, "Collapsing Exchange Rate Regimes: Some Linear Examples," *Journal of International Economics*, 1984, pp.1–13.

Frankel, J. and A. MacArthur, "Political vs. Currency Premia in International Real Interest Differentials: A Study of Forward Rates for 24 Countries", *NBER Working Paper* 2309, 1987.

Frankel, J.A., and K.A. Froot, "Chartists, Fundamentalists, and Trading in the Foreign Exchange Market," *American Economic Review,* 1990.

Frankel, J.A., and K.A. Froot, "Using Survey Data to Test Standard Propositions Regarding Exchange Rate Expectations," *American Economic Review*, 1987.

Frankel, J.A., G. Galli and A. Givannini (eds.), *Microstructure of Foreign Exchange Markets*, University of Chicago Press, 1995.

Frankel, J. and A. MacArthur, "Political vs. Currency Premia in International Real Interest Differentials: A Study of Forwars Rates for 24 Countries," *European Economic Review* 32, 1988, pp.1083–1121.

Frankel, J.A. and A.A. Rose, "Empirical Research on Nominal Exchange Rates," in G. Grossman and K. Rogoff (eds.), *Handbook of International Economics* (vol. III), 1995.

Frenkel, J.A. and R.M. Levich, "Covered Interest Arbitrage: Unexpected Profits?" *Journal of Political Economy* 83, 1975, pp. 325–338.

Frenkel, J.A., "A Monetary Approach to the Exchange Rate: Doctrinal Aspects and Empirical Evidence," *Scandinavian Journal of Economics*, 1976.

Friedman, M., "The Case for Flexible Rates," in M. Friedman (ed.), *Essays in Positive Economics*, University of Chicago Press, 1953.

Froot, K.A. and K. Rogoff, "Perspective on PPP and the Long-run Real Exchange Rate," in G.M. Grossman and K. Rogoff (eds.), *Handbook of International Economics* (vol. III), North-Holland, 1995.

Froot, K., and R. Thaler, "Anomalies: Foreign Exchange," *Journal of Economic Perspectives* 4, 1990.

Frumkin, Norman, *Guide to Economic Indicators*, M.E. Shrpe Inc., 1990.

G20 (2011), The G20 Seoul Summit Document, November 11–12.

Galati, Gabriele and Michael Melvin, "Why Has FX Rrading Surged? Explaining the 2004 Triennial Survey," Bank for International Settlements, December

2004. http://www.bis.org/publ/qtrpdf/r_qt0412f.pdf

Gang, Fan, "Currency Asymmetry, Global Imbalance, and Rethinking again of International Currency System," *mimeo*, National Economic Research Institute, China Reform Foundation, 2006.

Garman, M. and S. Kohlhagen, "Foreign Currency Option Values," *Journal of International Money and Finance* 2, 1983, pp.231–238.

Ghysels, E. and J. Seon, "The Asian Financial Crisis : The Role of Derivative Securities Trading and Foreign Investors," *mimeo*, 2000.

Gilpin, R., *The Political Economy of International Relations*, Princeton University Press, 1987.

Goldfajn, I. and R.O. Valdes, "Capital Flows and the Twin Crises : The Role of Liquidity," *IMF Working Paper*, 1997.

Goldstein, M., G.L. Kaminsky and C.M. Reinhart, *Assessing Financial Vulnerability : An Early Warning System for Emerging Markets*, Institute for International Economics, 2000.

Goodhart, C., "The Foreign Exchange Market : A Random Walk with a Dragging Anchor," *Economica* 55, 1988.

Habermeier, Karl, Annamaria Kokenyne, Romain Veyrune and Harald Anderson, Revised System for the Classification of Exchange Rate Arrangements, *IMF Working Paper* 09/211, 2009.

Hafner, Christian M., *Nonlinear Time Series Analysis with Applications to Foreign Exchange Rate Volatility*, Physica–Verlag, A Springer–Verlag Company. 1998.

Hallwood, C.P. and R. MacDonald, *International Money and Finance*, Blackwell, 2000.

Helpman, E. and A. Razin, "A Comparison of Exchange Rate Regimes in the Presence of Imperfect Capital Markets," *International Economic Review*, 1982.

Herring, R., "BCCI & Barings : Bank Resolutions Complicated by Fraud and Global Corporate Structure," *Wharton School Working Paper* 05–18.

Hicks, Alan, *Foreign Exchange Options : An International Guide to Options Trading and Practice*, Woodhead Publishing Limited, 1994.

Ho, T. and S. Yi, *The Oxford Guide to Financial Modelling : Applications for Capital Markets, Corporate Finance, Risk Management, and Financial Institutions*,

Ch.17. "Structured Finance: Foreign Exchange Models," 2004.

Hooper, P. and J.E. Morton, "Fluctuations in the Dollar: A Model of Nominal and Real Exchange Rate Determination," *Journal of International Money and Finance* 1, 1982.

Huang, R.D. and R.W. Masulis, "FX Spreads and Dealer Competition Across the 24-hour Trading Day," *Review of Financial Studies* 12(1), 1999, pp.61-93.

Hubbard, R. Glenn, *Money, the Financial System and the Economy* (3rd ed.), Addison-Wesley Longman, 1999.

Hull, John C,. *Options, Futures, and Other Derivatives* (4th ed.), Prentice-Hall, 2000.

Hume, D., "Of the Balance of Trade," in R.N. Cooper (ed.), *International Finance : Selected Readings*, Penguin, 1969.

Ickes, B.W., "The Foreign Exchange Market," *lecture note*, Penn State University, 2006

IMF, *World Economic Outlook*, various issues.

Institute of International Finance, "Capital Flows to Emerging Market Economies," January 1998.

International Economy, "Asia and the Dollar," January/February 1999.

International Financial Corporation, *Emerging Markets Factbook*, various issues.

International Monetary Fund, *International Capital Markets*, various issues.

International Monetary Fund, *World Economic Outlook*, various issues.

International Monetary Fund, "Determinants and Systematic Consequences of International Capital Flows," *IMF Occasional Paper* 77, 1991.

International Monetary Fund, *De Facto Classification of Exchange Rate Arrangements and Monetary Policy Frameworks*, 2005.

International Monetary Fund, *Sixth Edition of the IMF's Balance of Payments and International Investment Position Manual*, ch.2, 2010.

Isard, P., "How Far Can We Push the Law of One Price?" *American Economic Review*, 1977.

Johnson, H.G., "Political Economy Aspects of International Monetary Reform," *Journal of International Economics*, 1972.

Johnson, H.G., "The Case for Flexible Exchange Rates," Federal Reserve Bank of St. Louis, *Review*, 1969.

Kaminsky, G. and C. Reinhart, "The Twin Crises: The Causes of Banking and

Balance-of-Payments Problems?" *mimeo*, The Federal Reserve System, 1998.

Kehoe, P. and V. Chari, "Hot Money," *NBER Working Papers* 6007, 1997.

Kenen, P., "The Theory of Optimum Currency Areas: An Ecletic View," in R. Mundell and A. Swoboda (eds.), *Monetary Problems in the International Economy*, University of Chicago Press, 1969.

Kenen, P., *Economic and Monetary Union in Europe*, Cambridge University Press, 1995.

Khil, J. and S. Suh, "Risk Management Lessons from 'KIKO' Option Disaster," *mimeo*, 2009.

Kim, In June and Yeongeop Rhee, "Currency Crises of the Emerging Economies in a Globalized Financial Market," in the Bank of Korea (ed.). *The Implication of Globalization of World Financial Markets*, Seoul, 1998.

Kim, In June and Yeongseop Rhee, "Global Financial Crisis and the Korean Economy," *Seoul Journal of Economics*, 2009.

Kose, M. Ayhan, Eswar Prasad, Kenneth Rogoff, and Shang-Jin Wei, "Financial Globalization: A Reappraisal," *IMF Working Paper* 06-189, 2006.

Kouri, P.J.K., "The Exchange Rate and the Balance of Payments in the Short Run and in the Long Run: A Monetary Approach," *Scandinavian Journal of Economics*, 1976.

Krueger, A.O., *Exchange Rate Determination*, Oxford University Press, 1985.

Krugman, P., "A Model of Balance-of-Payments Crises," *Journal of Money, Credit, and Banking* 11, 1979, pp.311-325.

Krugman, P., "Target Zones and Exchange Rate Dynamics," *Quarterly Journal of Economics*, 1991.

Krugman, P., "Currency Crises," *mimeo*, 1998a.

Krugman, P., "What Happened to Asia?" *mimeo*, 1998b.

Lederman, Jesse and Robert A. Klein, *Financial Engineering with Derivatives, Cutting-Edge Innovations and Real-World Applications*, IRWIN Professional Publishing, 1995.

Levi, M.D., *International Finance* (2nd ed.), McGraw-Hill, 1990.

Levich, R., "Empirical Studies of Exchange Rates: Price Behavior, Rate Determination, and Market Efficiency," in R. Jones and P. Kenen (eds.), *Handbook of International Economics* (vol. II), Elsevier Publisher, 1985.

Levich, R.M., *International Financial Markets : Prices and Policies*, McGraw-Hill Irwin, 2001.

Little, J.S., *Euro-Dollars : The Money Market Gypsies*, Harper&Row, 1975.

Logue, D. (eds.), *The Eurocurrency Market and the International Monetary System*, American Enterprise Institute, 1976.

Lothian, J. and L. Wu, "Uncovered Interest Parity over the Past Two Centuries", *CRIF Working Paper*, 2005.

MaCormick, F., "Covered Interest Arbitrage : Unexpected Profits? Comment," *Journal of Political Economy* 87, 1979, pp. 411-417.

Mark, N.S., "Some Evidence on the International Inequality of Real Interest Rates," *Journal of International Money and Finance* 4, 1985, pp. 189-208.

Mathieson, D. and L. Rojas-Suarez, "Liberalization of the Capital Account : Experiences and Issues," *IMF Working Paper* 92/46, 1992.

McCormick, F., "A Multiperiod Theory of Forward Exchange," *Journal of International Economics*, 1977.

Mckinnon, R.I., "Optimum Currency Areas," *American Economic Review* 53, 1963.

McKinnon, R.I., *The Rules of the Game : International Money and Exchange Rates*, MIT Press, 1996.

Meera, Ahamed Kameel Mydin, "Hedging Foreign Exchange Risk with Forwards, Futures, Options and the Gold Dinar : A Comparison Note," *mimeo*, International Islamic University Malaysia.

Meese, R.A., and K. Rogoff, "Empirical Exchange Rate Models of the Seventies : Do They Fit Out of Sample," *Journal of International Economics* 14, 1983.

Melnik, A. and D. Nissim, "Issue Costs in the Eurobond Market : The Effects of Market Integration", *Journal of Banking and Finance* 30(1), 2006.

Mishkin, F., "Understanding Financial Crises : A Developing Country Perspective," in K. Bruno and Pleskovic (eds.), *Annual World Bank Conference on Development Economics*, 1996, pp.29-62.

Mishkin, F.S., "Are Real Interest Rates Equal Across Countries? An Empirical Investigation of International Parity Conditions," *Journal of Finance* 39, 1984, pp.1345-1357.

Mishkin, Frederic S., *The Economics of Money, Banking and Financial Markets* (5th ed.), Addison-Wesley Longman, 1997.

Moon, Woosik and Yeongseop Rhee, "Monetary Integration in East Asia," in W. Moon and B. Andresso (eds.), *Regional Integration : Europe and Asia Compared*, Ashgate, 2004.

Moon, Woosik and Yeongseop Rhee, "Financial Integration and Exchange Rate Coordination in Asia", in B. Eichengreen and D. Chung (eds.), *Fostering Monetary and Economic Cooperation in East Asia*, World Scientific Publishing Company, 2009.

Mundell, R.A., "A Theory of Optimum Currency Areas," *American Economic Review* 51, 1961.

Mundell, R.A., *International Economics*, Macmillan, 1968.

Mundell, R.A., *Monetary Theory*, Pacific Palisades, Goodyear, 1971.

Mussa,M.,"A Model of Exchange Rate Dynamics," *Journal of Political Economy*, 1982.

Mussa, M., "Nominal Exchange Rate Regimes and the Behavior of Real Exchange Rates: Evidence and Implications," in K. Brunner and A. Meltzer (eds.), *Real Business Cycles, Real Exchange Rates and Actual Prices*, Carnegie–Rochester Conference Series on Public Policy 25, 1986, pp. 117–214.

Natenberg, Sheldon, *Option Volatility and Pricing : Advanced Trading Strategies and Techniques*, Probus Publishing Company, 1994.

Neal, L. and D. Barbezat, *Economics of European Union and Economies of Europe*, Oxford University Press, 1998.

Obstfeld, M., "The Logic of Currency Crises," *NBER Working Paper* 4640, 1994.

Obstfeld, M., "The Global Capital: Benefactor or Menace?" *Journal of Economic Perspective* 12 (4), 1998, pp.9–30.

Obstfeld, M. and K. Rogoff, *Foundations of International Macroeconomics*, MIT Press, 1996.

Obstfeld, M. and A. Stockman, "Exchange–Rate Dynamics," in R. Jones and P. Kenen (eds.), *Handbook of International Economics* (vol. II), Elsevier Publisher, 1985.

OECD, *Financial Market Trends*, various issues.

Officer, L.H., "The Purchasing–Power Parity: Theory of Exchange Rates," *IMF Staff Papers*, 1964.

Pantzalis, Christos and Betty J. Simkins, and Paul A. Laux, "Operational Hedges and the Foreign Exchange Exposure of U.S. Multinational Corporations,"

Journal of International Business Studies 32(4), 2001, pp.793–812.

Porthin, Markus, "Advanced Case Studies in Risk Management," *mimeo*, Helsinki University of Technology, 2004.

Prati, Alessandro, Martin Schindler, and Patricio Valenzuela, "Who Benefits from Capital Account Liberalization? Evidence from Firm–Level Credit Ratings Data," *IMF Working Paper* 09–210, 2009.

Radelet, S. and J. Sachs, "The Onset of the East Asian Crisis," *mimeo*, February 1998.

Rendleman, R.J. Jr. and B.J. Bartter, "Two–State Option Pricing," *Journal of Finance* 34, 1979, pp.1093–1110.

Reuters, *An Introduction to Foreign Exchange and Money Markets*, John Wiley & Sons, 1999.

Rhee, S.G. and R.P. Chang, "Intra–day Arbitrage Opportunities in Foreign Exchange and Eurocurrency Markets," *Journal of Finance* 47, 1992, pp. 363–379.

Rodriguez, C.A., "The Role of Trade Flows in Exchange Rate Determination : A Rational Expectations Approach," *Journal of Political Economy*, 1980.

Rogoff, K., "The Purchasing Power Parity Puzzle," *Journal of Economic Perspective* 34(2), 1996.

Sachs, J., "Alternative Approaches to Financial Crises in Emerging Markets," *Development Discussion Paper* 568, Harvard University, 1997.

Scarlata, J.G., "Institutional Developments in the Globalization of Securities and Futures Markets," Federal Reserve Bank of St. Louis, *Riview* 74(1), 1992, pp.17–30.

Sercu, P., R. Uppal, and C.V. Hulle, "The Exchange Rate in the Presence of Transaction Costs : Implications for Tests of Purchasing Power Parity," *Journal of Finance* 50(4), 1995, pp.1309–1319.

Shiller, R.J., *Irrational Exuberance*, Prince University Press, 2000.

Solnik, B., "Why Not Diversify Internationally Rather Than Domestically?" in D. Lessard (ed.), *International Financial Management*, Warren, Gorham & Lamont, 1979.

Solnik, B., *International Investment* (2nd ed.), Addison–Wesley, 1991.

Stockman, A., "A Theory of Exchange Rate Determination," *Journal of Political Economy*, 1980.

Stulz, R., "Demystifying Financial Derivatives," *Milken Review*, 2003.

Stulz, R., "Should We Fear Derivatives," *NBER Working Paper* 10574, 2004.

Sweeny, R., "Beating the Foreign Exchange Market," *Journal of Finance*, 1986, pp.163–182.

Swiss Bank Corporation, *Foreign Exchange and Money Market Operations*, August 1983.

Taylor, Francesca, *Mastering Foreign Exchange and Currency Options : A practitioner's Guide to the Mechanics of the Markets*, FT Market editions, Pitman Publishing, 1997.

Taylor, M.P., "The Economics of Exchange Rates," *Journal of Economic Literature* 33(1), 1995, pp.13–47.

The Euromoney, *FX Survey*, various issues.

The Globecon Group, Ltd. *Derivatives Engineering : A Guide to Structuring, Pricing and Marketing Derivatives*, IRWIN Professional Publishing, 1995.

Thiessen, Gordon (2010), "International Financial Regulation and Reform," in Canada–Korea High–Level G20 Seminar, Report 2010.

Tow, Michael, Cheung David, W. K. Yeung, *Pricing Foreign Exchange Options : Incorporating Purchasing Power Parity*, Hong Kong University Press, 1992.

Triffin, R., *Gold and the Dollar Crisis : The Future of Convertibility*, Yale University Press, 1960.

Triffin, R., *Our International Monetary System : Yesterday, Today and Tomorrow*, Random House, 1968.

Velasco, A., "Financial and Balance–of–Payments Crises," *Journal of Development Economics* 27, 1987, pp.263–283.

von Hagen, Jürgen, "Herstatt crisis," in P. Newman, M. Milgate and J. Eatwell (eds.), *The New Palgrave Dictionary of Money and Finance*, Macmillan, 1992.

Walmsley, Julian, *The Foreign Exchange and Money Markets Guide* (2nd ed.), John Willey & Sons, 2000.

Williamson, J., *The Exchange Rate System*, Institute for International Economics, 1983.

Williamson, John, "Exchange Rate Economics," Peterson Institute of International Economics, *Working Paper Series* 08–3, 2008.

World Trade Organization, *International Trade Statistics*, various issues.

참고 웹사이트 목록

국내외 주요기관 :

국제금융센터(글로벌 리스크 워치 타워) : www.kcif.or.kr

국제금융센터 : www.kcif..or.kr

금융감독원 : www.fsc.go.kr

대우증권 : http://www.bestez.com

서울외국환중개(주) : www.smbs.biz/index.jsp

예금보험공사 : www.kdic.or.kr

이 트레이드 증권 : http://www.etrade.co.kr/

재정경제부 : www.mofe.go.kr

전국은행연합회 : www.kfb.or.kr

한국개발연구원 : www.kdi.re.kr

한국거래소 : www.krx.co.kr

한국거래소 환리스크 관리 교육센터 : http://riskdoctor.krx.co.kr/

한국금융연구원 : www.kif.re.kr

한국수출입은행 : www.koreaexim.go.kr

한국외환은행 : www.keb.co.kr

한국은행 : www.bok.or.kr

한국자금중개(주) : www.kmbco.com

한국자본시장연구원 : www.ksri.org

BIS : www.bis.org

China, Shanghai Stock Exchange : www.sse.com.cn

European Central Bank : www.ecb.org

European Union : http://europa.eu.int/comm

Hong Kong Stock Exchange : www.sehk.com.hk

International Monetary Fund : www.imf.org

International Finance Corporation : www.ifc.org

International Swaps and Derivatives Association : www.isda.org

Japan, Ministry of Finance : www.mof.go.jp

Japan, Tokyo Financial Exchange : www.tfx.or.jp

Japan, Tokyo Stock Exchange : www.tse.or.jp

OECD : www.oecd.org

Singapore International Monetary Exchange : www.simex.com.sp

U.K. Financial Services Authority : www.fsa.gov.uk

U.K. London International Financial Futures and Options Exchange : www.liffe.com

U.K. London Stock Exchange : www.londonstockexchange.com

U.S. Commodity Futures Trading Commission : www.cftc.gov

U.S. House of Representatives : http://law2.house.gov

U.S. National Archives and Records Administration : www.access.gpo.gov

U.S. National Association of Securities Dealers Automated Quotations : www.nasdaq.com

U.S. National Futures Association : www.nfa.futures.org

U.S. New York Stock Exchange : www.nyse.com

U.S. Securities and Exchange Commission : www.sec.gov

World Bank : www.worldbank.org

기타 주요기관 :

ACI The Finacial Markets Association : www.aciforex.com

Banker : www.thebanker.com

Bloomberg : www.bloomberg.com

Central Intelligence Agency : www.cia.gov

Clearing House CHIPS EPN EVPCO : www.chips.org

CME Group : www.cmegroup.com

Dow Jones A News Corporation Company : www.dowjones.com

Economist : www.economist.com

Euroclear : www.euroclear.com

EX EUREX : www.eurexchange.com

Export Development Canada : www.edc.ca/

Finacial Times : www.ft.com

Fitch Ratings : www.fitchibca.com

International Business Times : www.ibtimes.com

International Financing Review : www.ifrmagazine.com

International Monetary Fund : www.imf.org

ISDA : www.isda.org

J.P. Morgan : www.jpmorgan.com

London Metal Exchange : www.lme.com

Moody's : www.moodys.com

MSCI Indices RiskMetrics : www.msci.com

Nikkei BP net : www.nikkeibp.co.jp

NYSE Euronext : www.euronext.com

Reuters : www.reuters.com

Wall Street Journal : www.wsj.com

FX 전문 정보 소스 웹 사이트 :

나이스 채권평가(주) : www.npricing.co.kr

아이포렉스시스템즈 : www.iforex.co.kr

천리안 홈타운 : http://user.chollian.net

Acrotec, WD Gann Resources : www.acrotec.com

Asia Hedge Fund Managers : www.vanhedge.com

ATC Brokers : www.atcbrokers.com

Babypips, the beginner's guide to forex trading : www.babypips.com

Best online Forex Brokers : www.bestonlineforexbrokers.com

CMS FOREX : www.cmsfx.com

Daily Forex, Market News and Analysis : www.dailyfx.com

Daily FX Forums : http://forexforums.dailyfx.com/

Depository Trust & Clearing Corporation : www.dtcc.com

Develope your trading plan : www.trading-plan.com

Etrade : www.etrade.com

FOREX Factory : www.forexfactory.com

FOREX Trading Chart : http://forex.tradingcharts.com

FOREXHIT : www.forexhit.com

FXCM Listed NYSE : www.fxcm.com

FXDD : www.fxdd.com

GAIN CAPITAL : www.gaincapital.com

GFI Group : www.gfigroup.com/markets

GFTFOREX : www.gftforex.com

Hot Candlestik : www.hotcandlestick.com

ICAP broker : www.icap.com/

ICE Global Markets in clear view : www.theice.com

IKON Global Markets IGM : www.ikon-royal.com

INVESTOPEDIA : www.investopedia.com

Investor Words : www.investorwords.com/

Kshitij Consultancy Services : www.kshitij.com

Mark Monitor : www.merill-lynch.com

Market Calls : www.marketcalls.in

Master Forex V Professional : www.masterforex-v.su

MB Trading, look closer, trade better : www.mbtrading.com

Money Extreme Company : www.themoneyextreme.com

Money Laudering : www.moneylaundering.com

MVISION Private Equity Advisers : www.mvision.com/

NANO Forex Corp. Professional Forex Traing : www.nanoforexcorp.com

NASDAQ OMX trader.com : www.nasdaqtrader.com

New York University STERN School of Busness : www.stern.nyu.edu

Newsbook Limited : www.hkex.com

OANDA : www.oanda.com

OECD 50 : www.oecd.org

Option Trading Tips : www.optiontradingtips.com

OZFOEX foreign exchange service : www.ozforex.com.au

PBS Be more : www.pbs.org

PFGBEST : www.pfgbest.com

Singapore Exchange : www.sgx.com

Source for Stocks : www.1source4stocks.com

Stock Charts : http://stockcharts.com

SWIFT : www.swift.com

THOMSON REUTERS : www.thomsonreuters.com

TRADITION broker : www.tradition.com

Tullett Prebon : www.tullettprebon.com/

Voice Electronic Brokerage : www.bgcpartners.com

찾아보기-국문

가

마

바

사

아

자

차

카

하

찾아보기-영문

F

O

P

Q

R

S

T

U V W Z

지은이

이영섭

서울대학교 경제학과 졸업(경제학 학사)
미국 University of California, Berkeley 졸업(경제학 박사)
한국개발연구원(KDI) 부연구위원
숙명여자대학교 경제학부 교수
미국 University of California, Berkeley 객원교수
일본 동경대학교 객원교수
미국 Brookings 연구소 객원연구원
금융발전심의위원회 위원
한국EU학회 회장
현, 서울대학교 국제대학원 교수

정치화

홍익대학교 상경대학 졸업(경영학 학사)
고려대학교 경영대학원 졸업(경영학 석사)
홍익대학교 경영대학원 졸업(경영학 박사)
University of California, Santa Barbara 객원연구원
콘티넨탈일리노이 은행(CINB) 서울지점 딜링룸 근무(FX Trader)
Credit Lyonnais 은행 런던지점, 홍콩지점, 서울지점 딜링룸 근무(Trader)
Credit Lyonnais Rouse(Futures) 서울지점장 겸 한국대표
숙명여자대학교, 홍익대학교, 헬싱키경영대학원, 한국금융연수원 강사
전, (주)코리츠 수석부사장
전, 홍익대학교 경영대학 겸임교수
현, 한성대학교 교수

외환시장의 이론과 실무

초판 1쇄 발행 2011년 9월 2일
초판 3쇄 발행 2023년 2월 23일

지은이 이영섭 · 정치화
펴낸이 박기남
펴낸곳 **율곡출판사**
153-797 서울시 금천구 가산디지털1로 84, 803호
전화 (代) 02) 718-9872/3
팩스 02) 718-9874
홈페이지 www.yulgokbooks.co.kr
이메일 yulgokbook@naver.com
등록 1989.11.10. 제2014-000031호
ISBN 978-89-91830-94-3 93320

정가 35,000원